当代中国学者代表作文库

宗教学通论新编

吕大吉 著

中国社会科学出版社

图书在版编目(CIP)数据

宗教学通论新编 / 吕大吉著．—北京：中国社会科学出版社，2010.9（2025.11 重印）

ISBN 978-7-5004-2343-0

（当代中国学者代表作文库）

Ⅰ．宗… Ⅱ．吕… Ⅲ．宗教学 Ⅳ．B920

中国版本图书馆 CIP 数据核字(1998)第 26395 号

出 版 人 季为民
责任编辑 陈 彪
责任校对 王应来
责任印制 张雪娇

出 版 中国社会科学出版社
社 址 北京鼓楼西大街甲 158 号
邮 编 100720
网 址 http://www.csspw.cn
发 行 部 010-84083685
门 市 部 010-84029450
经 销 新华书店及其他书店

印 刷 北京君升印刷有限公司
装 订 廊坊市广阳区广增装订厂
版 次 1997 年 2 月第 1 版
2010 年 9 月第 2 版
印 次 2025 年 11 月第 7 次印刷

开 本 710×1000 1/16
印 张 46
插 页 2
字 数 755 千字
定 价 168.00 元

凡购买中国社会科学出版社图书，如有质量问题请与本社营销中心联系调换
电话：010-84083683

《当代中国学者代表作文库》
编 委 会

《当代中国学者代表作文库》出版说明

中华人民共和国的成立开启了当代中国历史发展的新进程。伴随社会主义革命、建设和发展的历史，特别是改革开放以来中国特色社会主义道路的探索、开辟和中国特色社会主义理论体系的形成，全球化的深入发展以及中西文化的碰撞交汇，中国的哲学社会科学研究事业得到了显著的发展，涌现了一大批优秀的人文哲学社会科学学者及著作。这些著作体现了时代特色、民族特色和实践特色的统一，在其相应学科中具有开创性、奠基性和代表性。正是这些具有中国特色、中国气派、中国风格的作品铸就了当代中国哲学社会科学发展的辉煌成就，形成了中国哲学社会科学理论和方法的创新体系。

中国社会科学出版社作为中国社会科学院直属的专门从事哲学社会科学学术成果出版的学术出版社，建社 30 多年来，一直秉持传播学术经典的出版理念，把追求高质量、高品位的哲学社会科学学术著作作为自己的主要出版任务。为展示当代中国哲学社会科学研究的巨大成就，积极推动中国哲学社会科学优秀人才和优秀成果走向世界，提高中华文化的软实力，扩大中国哲学社会科学的国际话语权，增强在全球化、信息化背景下中国和平崛起所必需的文化自觉和文化自信，我社决定编辑出版《当代中国学者代表作文库》。

《当代中国学者代表作文库》收录新中国建立以来我国哲学社会科学各学科的优秀代表作，即在当代中国哲学社会科学学科体系中具有开创性、奠基性和代表性意义的著作。入选这一文库的著作应当是当代中国哲学社会科学的精品和珍品。因此，这一文库也应当代表当代中国哲学社会科学的最高学术水平。

编辑出版《当代中国学者代表作文库》是一件具有重大战略意义的国家学术文化工程，对构建中国特色社会主义核心价值观，推动中国当代学术的创新发展，加强中外学术文化交流，让世界从更深层次了解中国文化，扩大中国文化的国际影响力，必将产生十分重要和深远的影响。让我们合心戮力，共襄这一学术盛举。

中国社会科学出版社
2010 年 8 月

目　　录

第一编　宗教的本质及其表现

第三编　宗教与文化

附　　录

写在新版之前的几句话

中国社会科学出版社决定第三次将拙作《宗教学通论新编》出一个新的版本。我想借此机会说几句心里话。《新编》及其前身《宗教学通论》先后已出了八版（其中台湾地区出了两版）。《新编》初版时，我对《通论》进行了大量修改。但限于自身的学术水平，始终对《新编》的不少地方不满足，总觉得缺了点什么。此次是《新编》的第三次再版，照理说我应该对已发现的不足之处进行修改和增补，把这些年我对宗教学理论的一些新的体悟说出来，写进去，可是由于病患，我实在痛感无能为力了。为了这，我向敬爱的读者大众致以歉意。

这个新版本除了改正排印中一些已经发现的错别字以外，我把拙作《宗教的未来》一文作为“附录”附于书末。我是这样考虑的：《宗教学通论新编》作为通论宗教学基础理论的一部著作，其中第二编“宗教的起源与发展”只讨论了人类宗教的起源及其在历史上的发展进程，却未论及它的未来。这在理论上、逻辑上是不完整的。借此新版出版之机，我把我在《宗教学纲要》一书（高等教育出版社，2003 年初版，至今已五次再版）中新写的这部分文字附录于本书之后，聊补《新编》之不足。我没有重写，一是因为我对这部分内容多少还有些自信；二是因为我现在身在病中，也写不出更新更好的东西来。请读者诸君给予谅解。

吕大吉
2009 年 7 月
于北京书寓

再 版 序

日前，中国社会科学出版社编辑部通知我说，《宗教学通论新编》第一版已经全部售罄，而求购者仍索购甚殷，拟立即再版。连同本书前身《宗教学通论》所出两版，这应算是第四版了。另外，在中国台湾还出了一个繁体字本。一本专业性如此之强、部头又如此之大的纯学术著作，能有这样大的社会读者群，说明社会和学术界对本书的厚爱和对作者的鼓励。我深受感动之余，也进一步感受到一个严肃的学者应该承担的社会责任感的压力。我曾在《宗教学通论新编·自序》最后一段中说过一句话：从《通论》到《新编》，是我做的一个“追求完美的理想之梦”。一位我视为知己的朋友鼓励我把这“美梦”变为真实。《新编》出版了，也受到了社会的欢迎。许多从未谋面的读者曾利用各种机会对我和本书说了不少鼓励的话，一些在宗教研究领域颇有成就的中青年学者也曾当面对我说，他们是在读我的著作中成长起来的。但我还有点自知之明。我自知《新编》远未达到理想的程度。从正式出版发行时起，我一直在审思和检索本书那些尚不完善的地方。我常打算，如果社会需要再版这本书，我应该再拿起笔来作进一步的修改，使那个“完美的理想之梦”实现得更接近于“完美”和“理想”一些，只有这样，才能酬答鼓励我的知己和厚爱本书的读者。

我很遗憾，这次《新编》再版，时间要求紧迫，我又有国家重点科研任务重压在身，实在挤不出足够的时间做我想做而且应做的修改了。我的那个“追求完美的理想之梦”仍是一场并未实现的梦——一个可望而不可即的幻影。时间主宰了我的命运。在时间面前，我感到渺小和无奈。我似乎只有再一次愧对知己和读者们了。请允许我再许个心愿吧：如果上天假我以时间，我是永远不会放弃我的理想和追求的。

《新编》的排印和校对，总的来说是认真负责的。错误难免有一些。不过，一个读书人，看到一本书中的错别字，有时有如鲠在喉的感觉。利用这次再版的机会，我把自己现已发现的错别字和其他讹误改正过来。这是这次再版我所作的唯一的“修改”；出版社又重作了编校，并为读者考虑，将原书分为上、下两册。我希望，购阅本版的读者在阅读时，将感到更为方便。

吕大吉
2001 年秋
于北京书寓

序

牟钟鉴

我的挚友吕大吉教授自著《宗教学通论新编》出版之际，约我作序，我感到很难胜任，因为我的学术工作偏重于中国思想史和中国宗教史，虽然对于宗教理论也作过若干思考，但缺乏深入系统的研究，无法对这部他半生心血凝结成的理论巨著做出并非空泛而能言之有物的精当评论。不过我还是愉快地答应为他作序，原因不仅在于我与他是知己朋友，了解他的研究工作，还在于我曾经参与过《新编》的前身《宗教学通论》的写作，对于从《通论》到《新编》的过程有所了解，觉得有些话需要向读者加以说明。

事情还要从《通论》说起。吕教授主编的《宗教学通论》于1989年出版，至今快有十年了。该书出版以来，获得各界高度赞扬，它对于宗教学术研究和宗教实际工作，都产生了广泛而积极的影响，成为连续多年的畅销书，这在大型学术专著中是不多见的。

宗教学在我国是一门新学科，“文化大革命”以后才出现在我们学术界。开始时有几本通俗作品，但没有体系性的理论著作。《通论》是我国宗教学说史上的开山之作，是第一部拥有严整体系的宗教学上乘之作，具有划时代的意义。我国已故宗教学前辈权威罗竹风先生在该书出版不久的一次学术会上指出：“这部书对于中国的宗教学术研究具有里程碑的性质”，这是分量很重的评语，《通论》可以说是当之无愧的。该书不久又在台湾地区发行了繁体字版，受到当地学界的欢迎和重视。

这部书的若干章节是集体分工写成的，吕教授对于参加者的脑力劳动非常尊重，给予充分的评价，并在目录和序言中作了明确具体的标示。我要在这里说明的是，这部书的核心部分，即关于宗教学的理论内涵和范畴体系，是由吕教授一人独立创建的，全书的写作都是在这些基础性原理指导下进行的。他还亲自撰写了全书大多数重要篇章。他创造性地运用唯物史观，同时广泛而又认真地吸收西方百余年来各派宗教学的优秀成果，结合世界各种宗教尤其是中国宗教的历史与现实资料，提炼出宗教学的基本理念和逻辑框架，把具有中国特色的宗教学主体格局建立起来了。

《通论》写作于1983—1986年，时值我国社会生活和思想观念急剧转变的时期，这不能不使该书在获得巨大成功的同时，还存在着许多不成熟不完备的地方，又因集体写作而不可避免地带来某些芜杂不齐的问题。因此我和参与《通论》写作的几位朋友多次向吕教授建议，在适当时候由他独立地对《通论》做一次通盘的修改和补充，一方面把理论不完善的地方完善起来；另一方面把他已经创建起来的理论贯彻到全书的始末，使宗教学的内在逻辑结构更为严密，形成一家之言，这是学界对他的期盼。而这样一项工程，只有他自己去做，别人是无法替代的。吕教授经过多年的思考，终于采纳了我们的建议，下决心对《通论》来一次重新的制作。又经过数年精心的再研究再加工，他终于出色地完成了这项学术工程，这便是如今的《宗教学通论新编》。可以说，《新编》是吕教授二十余年研究宗教学的最高理论结晶，使他自己同时也使朋友们的一桩大的久悬心愿终于得到了却。

《新编》至少有如下特色。第一，在指导思想上强调“以真理为师”，坚持唯物史观的精神实质，同时博采众长，力求使宗教学研究走向科学化和普遍化。作者对待马克思主义宗教理论，既不像教条主义者那样机械照搬，也不像有些曾经相信马克思主义的人后来又简单地把马克思主义抛弃，而是一切以实践为检验真理的标准，存其所当存者，弃其所当弃者，视马克思主义宗教理论为一种开放的学说，破除学术宗派主义的狭隘性，十分重视吸收人类学术文化的各种含有真理的成分，给予各家学说以应有的历史地位，然后进行批判的继承和综合的创造，体现了一个彻底唯物主义者的求实态度。

第二，在对待宗教的态度上，作者提出“学术需理性，信仰要宽容”的原则，既不赞成用信仰主义的态度研究宗教，也不赞成与宗教对立而无同情的研究立场，提倡理性与宽容并重，站在世界文化发展的高度，历史地全面地看待宗教，对各种形态的宗教进行实事求是的具体的分析和评价。正是由于作者的这种平实的态度，使《新编》具有高度的学术价值。非信教读者可以从中得到关于宗教学原理的清晰理念及一系列深刻见解，教徒读者也能通过读这部书而扩大视野，获取有益的思想营养。

第三，在理论构成上，《新编》比《原理》建立了更为严谨的逻辑框架结构，这个结构是多层面的、立体化的和多姿多彩的。导言部分探讨宗教学的性质、内容构成和宗教学的理论与方法。第一编探讨宗教的本质、要素、分类，并分别就每一要素展开论述。第二编探讨宗教的起源与发展，既有历时性的历史追溯，又有共时性的理论分析与总结，体现了历史与逻辑的统一。第三编探讨宗教与文化，明确提出“宗教是一种社会文化形态”的文化学观点，从而扩大了宗教研究的范围。该编还精辟论述了宗教与许多重要文化形态之间的关系，使宗教研究与各门人文学科相互贯通起来。《新编》对于世界范围内历史上发生过的和现实中存在着的各种主要宗教，都有扼要的论述，并依据这些宗教的实际资料和参考各派宗教学的研究成果，概括出一系列理论性极强的范畴和观点，进而揭示这些范畴和观点之间的内在逻辑关系，从而形成一个思想一贯、规模巨大、内容完整的宗教学理论体系。

第四，在理论特色上，《新编》凸显了“宗教四要素说”，把四要素作为统一说明一切宗教现象的基础性原理，全书围绕着“宗教四要素说”这一轴线，层层展开各部分的内容，自始至终，一以贯之。作者认为构成一切宗教的基本要素有四，即“宗教观念”、“宗教体验”、“宗教行为”、“宗教体制”。四要素说首见于《通论》，一经提出便在学界迅速传播流行，得到许多学者和读者的认同。如今吕教授又在《新编》中进一步完善了四要素说的理论，用四要素说说明宗教形态、宗教历史、宗教文化，在实际应用中证实四要素说的普遍可行性。这是吕教授对于开拓宗教学研究做出的最重要的理论贡献。

吕教授是一个非常认真、从不满足的人。他的宗教学研究历程是他数十年坚持真理、修正错误、不断开拓、不断深化的过程，充满了劳苦与艰辛。他从来不自封为权威，总是检讨自己的不足，认为自己的工作是初步的，是在为宗教学的研究开辟道路，期待着更多的青年学者从事这项研究事业并能超过自己。我一向钦佩吕教授那深厚的学问功底、很强的理论思维能力和洋溢的超群才气；我更钦佩他的宽博心态、开放精神、超越自我的勇气和提携后进的热情。人们从《新编》中不仅可以得到许多理论上的有益启示，而且会看到一位诚实学者的性情和风格。它使我们懂得，真理的追求需要全副生命的投入，学问的建树需要长期辛勤的耕耘。急功近利的人将永远被自己排除在神圣的学术殿堂之外。

自　　序

《宗教学通论》（吕大吉主编）1989年出版发行，至今刚好十年，这本《宗教学通论新编》接着问世。此时此刻，我想有必要写几句话说说其中原委。

也许是天生的兴趣和爱好吧，我在青年时代为自己的人生道路选择了求学、教书、做学问；但由于命运的安排，我的治学方向从20世纪70年代逐渐从哲学转到了宗教学。哲学与宗教学之间本来性质较为接近，内容多有相通。但深下去，毕竟各有天地，不是一回事。1975年我调到世界宗教研究所工作时，我对从事宗教研究还是三心二意，并无“终身相许”之意。我曾对当时主持宗教所工作的任继愈先生许过愿，也求过情：既到宗教所来，总得为宗教所做点事。我打算做两件事：一是写一本宗教学；二是写一本宗教学史。事成之后，希望宗教所高抬贵手，让我回到哲学研究领域。记得任先生当时说了一句意味深长的话：据说当年陈毅老总说过，他本是学文学出身，不得已而从武打仗。什么时候仗打完了，一定回头搞文学。可后来他并未实现自己的心愿。你将来在学术上的命运，说不定和陈老总差不多。我理解任先生的意思，但心里却大不以为然。陈老总是革命家，应该为革命的需要做些身不由己的事情。我算什么，小知识分子一个。继续搞宗教学，还是回头搞哲学，都不过是小事一桩，无关国家社会的大局。我坚信自己可以按自由意志安排自己的未来。可是，后来的事态发展竟完全不出任先生之所预料。

从20世纪80年代初，我开始集中全部心力，致力于宗教学和西方宗教史的研究。《宗教学通论》和《西方宗教学说史》两部著作先后出版。照理说，我对昔日的许诺已经有了个交代。心愿既了，尘缘尽矣，可以无所歉疚地回到打从青年时起就苦苦追求的哲学王国中去“参禅悟道”，实现本来的理想。但是，也正是在这时节，我才发现，由于我这几年在宗教学领域迈出的这几步路，我已很难再回过头来了。这真有点应了佛教的

“业报”说。作下了“业”，就种下了“因”。因必有果，果必有报，我迟早必须面对《通论》和《学说史》的业因引来的果报。出乎我的预料，这种业报来得出奇的快和早。就著作而言，如果出版后无人理睬，毫无社会反响，那也算是一种报应。既然社会对你的著作不感兴趣，你遗憾之余，大可改弦更张，另觅新路，以求善果。《通论》的报应似乎与此不同。问世不久，就在学术界和社会上引起反响，而且还相当强烈。除了不同意见的善意批评，更多的是不乏溢美之词的赞誉，还获得了各种荣誉[①]。在众多的评论中，罗竹风先生的意见尤其引人注目。他在其主编的《人·社会·宗教》一书的序言中写道：“《宗教学通论》吸取东西方研究成果，联系中国实际，对宗教作了科学论证，不愧为‘扛鼎之作’。”罗老是宗教学界德高望重的理论权威，大家都很景仰他。他对《通论》的美赞，无疑是作者求之难得的“善报”，自是感谢不尽。但我总算是个多少有点自知之明的人。在这些赞誉面前，我不仅没有任何“飘飘然”之感，反而于心有所不安，于理有所未得，激发起来的省思，更多的是《通论》的缺陷与不足。平心而论，这部著作本不过是我们在中国试图应用马克思主义创建宗教学理论体系的一次尝试。尽管我们主观上兢兢业业，做了一些有益的探索，但我深知，宗教学是一个广袤无边、深不可测的学术海洋，《通论》的探索是初步的，许多地方都不成熟，留下了不少空白点和薄弱环节。它至多只不过是为未来的宗教学大厦的建设提供了一份可资参考的草图，打了一点基础，准备了一些建筑材料而已，实在承受不起罗老等人对它的盛誉。我不断省思一个问题：《通论》的写作始于1983年，完稿于1986年，时值“文化大革命”之后思想解放运动初期，新旧各种思想纷乱杂陈。从那以后，社会在变革，学术在进步，观念在更新。在这种情况下，每次重新翻阅《通论》旧稿，总觉得其中多有未尽完善之处，实有重新思考、补充、修改以至重写的必要。《通论》受到学界的好评和社会的欢迎，更加强化了我决心重修旧稿，以一个更加完善的新编本来回报学界和社会的社会责任感。本来，《通论》一版二版均很快销售一空。为应社会的需要，中国社会科学出版社方面曾几次有再版之议。但他们在听取了我的上述想法之后，最后都对我的决定表示支持。这

① 《宗教学通论》曾荣获第四届中国图书奖一等奖（1990）；第一届国家图书奖（1980年、1992年间）提名奖；中国社会科学院优秀著作奖（1992）。

段心路历程，就是我重编这部《宗教学通论新编》的由来。

本书既名《宗教学通论新编》，顾名思义，它本质上是《宗教学通论》的继续与发展。一方面，无论在内容，还是在体系结构上，它对《通论》进行了大量的修改、删节和补充，约近一半的篇章是重新编写的；另一方面，它不仅保留原书的大部分篇章，更重要的是坚持并完善了原书的基本思想、主要内容和逻辑结构。《新编》对于《通论》的修改和删补、继承与发展，其种种细节，这篇短序难以尽说。这里只选择其中一二重要之点作些说明。

如果说《通论》还有什么属于自己特色的东西，那首先是它力图消除教条主义时代所特有的那种文化宗派主义的精神束缚，努力吸取近代各派宗教学（比较宗教学、宗教人类学、宗教史学、宗教心理学、宗教社会学、宗教现象学、宗教哲学）的理论与方法，并使之与马克思主义宗教观协调起来，使它们在一个统一的理论体系中各得其所，各展所长，各尽其用。在这方面，《通论》体现出了一种学术开放精神。《新编》进一步继承和发扬了这种精神。它在新写的《导言》中放弃了与此精神不相协调的旧观念，提出了“以真理为师”的新思路，对近代西方比较宗教学的发展进行了比较系统的回顾与反思，总结它们的学术成果，作为建设我们自己的宗教学理论体系的借鉴。与此同时，《导言》对马克思主义唯物史观在宗教研究中的应用也进行了实事求是的全面分析。

《宗教学通论》在宗教学基础理论方面的另一特色是提出了“宗教四要素说”（认为宗教是由宗教观念→宗教体验→宗教行为→宗教体制四要素逻辑构成的社会文化体系）。这个学说是《通论》所主张的“宗教要素的结构性分类”方法，对宗教现象进行分类，并据此构建宗教学范畴体系的基础性原理。尽管我是这个学说的提出者，但应承认，我在写作《通论》时，对宗教四要素作为宗教学基本范畴的内涵及其逻辑结构，对这个学说在宗教史、宗教之文化作用和社会功能等方面的意义和应用，认识上仍有一些误区。我和合作者之间对它的理解与应用自然也不会完全一致。因此，《通论》的不同篇章在体现宗教四要素说的旨趣和精神方面，出现不平衡甚至不一致的情况，便是不可避免的了。近几年来，我对宗教四要素说的各个方面进行了新的思考和探索，有一些新的体会。在《新编》的修编写作过程中，我把宗教四要素说作为分析各种宗教现象、认识各种宗教问题的认识论和方法论。从宗教现象的本质与结构，到宗教的发生与发展，以及宗教作为社会文化形式而在社会生活和历史发展上所起的作用……对所有这些宗教学上的基本问题，都力图用这个学说对之作统一的分析。宗教四要素说作为一条思想轴线贯穿于《新编》全书之中。

从《通论》到《新编》，第一编“宗教的本质及其表现”的主旨都是直接论述宗教四要素本身的内容。这一部分内容，《新编》基本上直接承袭下来，但修改重写之处也甚多，而且很重要。一是对“灵魂观”部分作了大大的充实；二是把“宗教礼仪”不是简单地列为“宗教行为”的一部分，而是视为宗教行为的规范化、制度化，从而在宗教学的体系结构上把这部分改放在“宗教的组织与制度”这一章之内；三是纠正了《通论》把宗教第四要素“宗教的组织与制度”的内容仅限于“宗教组织”的局限性，全面地总结出它的内容，除了宗教信仰者的组织化以外，还应该包括其他三要素的规范化和制度化。在《新编》中，“宗教的组织与制度”这一部分于是逻辑地发展为四个方面的内容。即：由宗教信徒的组织化而形成的宗教组织和教阶体制；由宗教观念的信条化而形成的教义系统和信仰体制；由宗教体验的目的化而形成的修行体制；由宗教行为的规范化而形成的礼仪体制。《新编》的这些修改，反映了它对宗教四要素说有了更全面、更准确、更科学的理解，使宗教学的范畴体系更加逻辑化，内容更加丰富和充实。

《新编》第二编“宗教的起源与发展”仍然继承《通论》主张的宗教发展的历史性分类方法，把世界宗教在历史上的形态演变视为从原始社会的氏族—部落宗教→阶级社会的民族—国家宗教→世界性宗教的发展。但《新编》不再像《通论》那样，对这些宗教进行单纯性的历史叙述，而是进一步应用宗教四要素说的理论，力图说明这些宗教如何从各自所有的最基本的“宗教观念”，逻辑地发展出相应的宗教体验，外在化为相应的崇拜行为，最后体制化为制度性的氏族—部落宗教、古代文明古国的民族—国家宗教，三大世界性宗教，《新编》在叙说世界各种宗教形成和发展的历史过程的同时，把它论证为从宗教现象→宗教体验→宗教行为→宗教体制的逻辑发展过程。我相信，我的这种尝试是有益的。但我感到遗憾的是，我毕竟只是一个宗教学基础理论的研究者，不是通晓世界各种宗教史的宗教史家，由于掌握有关史料的不足，我的论述是很不充分的。

《通论》第三编“宗教与其他社会意识形态的关系”，在《新编》中改为“宗教与文化”，这是作者学术观念上的重要改变。在我国的学术用语中，“社会意识形态”一词带有强烈的政治色彩。把宗教、政治、道德、艺术……说成社会意识形态，势必自觉不自觉地把对这类人文现象的研究引向泛政治化。为了纠正这种泛滥成灾的学术政治化倾向，我认为应该把它们一律改称为“文化”。“文化”无疑也具有“社会意识”的性质，但并不等于它，其内涵更丰富、更全面，也更深刻。把宗教视为一种文化，并在文化学的意义上来考察宗教与其他文化形式（政治、道德、艺术……）的关系，必将对宗教学的研究开拓出新的领域，赋予它新的内容和形式。《新编》为此进行了自己的探索。它从基本概念上探讨了“文化”的含义，论证宗教是一种“社会文化形式”，而不仅仅是一种政治性的“社会意识形态”。与此同时，《新编》继续应用其贯穿全书的基本理论——“宗教四要素说”来具体分析宗教诸要素何以并如何对其他社会文化形式发挥自己的作用与影响。在各种具体宗教史论著中，描述和说明宗教与民族文化的关系者不乏其人，但对此进行深层次的理论分析，具体而非空泛地说明宗教与文化之关系者，实不多见。《新编》的探索当然也是尝试性的。我不敢奢望它能得到学界的普遍认同，但我却希望它能引起社会对此问题的重视，进行更多更深的探讨，提出更新更有说服力的意见，把“宗教与文化”的学术研究推向更高的水平。

在序言的最后，我想应该说明一个重要的事实。《通论》本是一部集体著作，其中，牟钟鉴教授所撰的“中国历史上的宗教”，何光沪博士所撰的“宗教的组织与制度”、“宗教与政治”、“宗教与艺术”……都是书中重要篇章，受到学术界的好评。在筹划《新编》的编著时，我曾多次真诚地求助于他们，希望我们能再次合作。可惜我却得到消极的回答。他们建议我独力来完成这项工作，我既无法说服他们，也就只好接受他们的说服。我之所以如此，既有事出无奈的方面，也有其他的考虑。因为我进行《新编》，有一个基本思路，这就是想把宗教四要素说作为统一说明一切宗教现象的基本性原理。而这个学说只是我个人的学术思想，其是非曲直，有待未来历史的检验。别人是否赞同，只能诉诸个人的判断，强人所难是有违于学术自由的精神的。这样一来，我只好孤家寡人、单枪匹马地从事《新编》工作，对原合作者所写的章节也得重新写作。当然，他们过去的成果，仍然是《新编》的起点，其中一切我认为仍有价值的观点和资料，《新编》尽量予以吸收和集留。我想以此来体现我对他们的学术成就的尊重，体现《新编》对《通论》的继承性。

人生在世，总是有所追求的。所不同者，追求的目标各有不同而已。追求的目标有美丑之分，追求之行为亦因之而有高下之别。对于高尚的追求是高尚的，对于完美的追求是美好的。尽管追求之行的结果未必遂人所愿，但这并不能改变这种志在完美的行为所具有的美好性质。绝对完美的人格和事物，大概只存在于理想世界和美妙的梦境之中。但一个人只要不自甘卑下，就不应放弃这种追求完美的理想之梦。我从《通论》到《新编》的过程，也就是一场如此这般的“理想之梦”吧！不过这种性质的梦是我心甘情愿、孜孜以求的。不仅我自己，而且我视为终身知己的友人也给我以支持，鼓励我把“美梦”变为真实。“十年一觉《新编》梦”，醒来一看，赢得什么呢？除了兴奋，也有很多的失望。因为，变为现实的《新编》远未达到原来所期望的完美境界，仍然留下了许多缺陷。唯一使我聊可自慰者，我毕竟不仅曾做过一场追求完美的梦，而且还伴随了一场求其实现的行动过程，而对完美的追求也是完美的。“嘤其鸣矣，求其友声。”知我心者，其唯天乎！其唯知己乎！我把这部书，把凝结在书中的我的心血，献给我的知己。

吕大吉
1998 年夏于中国社会科学院
世界宗教研究所

导　　言

第一节　宗教学的性质和内容构成

宗教学与宗教观

“宗教学”这个概念，在我国学术界已经消失多年了。重新使用它，还是“文化大革命”之后发生的新事情，与我国宗教学术研究的新近发展有关。

近年来，关于宗教的研究越来越受到我国学术界的重视。随着具体宗教史和具体宗教问题研究的进展，学者们普遍感到，如果没有一种对宗教之本质和一般规律作出科学说明的宗教理论提供认识论和方法论的指导，宗教研究的深入发展是有困难的。这就提出了建设一门新的学科——“宗教学”的问题。一些学者正在研究这门学科的性质和体系结构问题，一些大学也在考虑开设宗教学的课程，编写有关的教材。但究竟有没有（甚至是否可能建立起）这样一门学问，在我国学术界中仍是一个颇有争议、需作认真探索的问题。相当长的时期以来，人们把“宗教学”当成“资产阶级伪科学”予以批判，从根本上否定这门学科存在的合理性与必要性；而一旦提出建立“宗教学”的任务时，又往往认为马克思主义关于宗教的理论就是现存的宗教学体系。其实，这两种看法都不尽妥当。无论是对非马克思主义的“资产阶级”宗教学，还是对马克思主义的宗教理论都有一个清醒的估价和全面的认识问题。

由于历史的原因，我们常常自觉或不自觉地把马克思主义当成一种包罗万象、自给自足的百科大全。只要听说要发展某种理论，就立即在马克思、恩格斯、列宁、毛泽东（甚至还有斯大林）等人的著作中找根据，进而便把各种有关的论说编织成一个体系，似乎就此即可以形成一个新的学科，并冠之以“马克思主义××学”的名号。在宗教学的建设问题上，我们应该克服这种偏向。

让我们首先从“宗教学”这个名称（或概念）谈起。我们在观念上应该认识到，“宗教学”作为一门独立的人文学科，它与个别性的宗教理论或宗教学说是有区别的。有许多人，特别是那些从事哲学社会科学研究的学者们，差不多都有自己的宗教观。他们对待宗教问题常有自己的态度，并通过一定的理论形式或概念形式表现出这种态度来，因而形成或提出了关于宗教的观点、理论或学说。但是，这并不意味着他就是一位宗教学家，其宗教观就等于宗教学。一个人的宗教观，不仅有“系统的”和“零散的”之分，而且还有“独立性的”和“从属性的”之别。有些学者提出过某种宗教理论或宗教学说，甚至还很有价值，但如果这些理论或学说是作为其哲学或社会科学之附属物而零散地、偶然地表现出来的，对于这种情况，我们就只能说此人拥有一定的宗教观，这种宗教观尚未发展为系统的理论体系，他的宗教学说尚未发展为独立的学科。从这里，我们可以看到，宗教学有其不同于一般所谓宗教观的两个特点：第一是它在学科上的独立性。它以宗教这一社会历史现象作为认识对象，对它进行学术性的考察和研究。真正的宗教学，如同哲学、历史学、文学、政治学、法律学……一样，应该是一门独立的人文学科；第二是它在内容上的系统性。宗教学应该是在对宗教的各个方面进行系统研究的基础上形成的关于宗教的知识体系，而不仅只是个别性的观点和理论。

马克思、恩格斯有自己的宗教理论，许多西方宗教学者也承认它的学术价值。但是马克思、恩格斯一般是把宗教作为历史唯物主义哲学的一个方面进行讨论的。在这个意义上，它们实际上只是马克思主义哲学的附属物。同时，这些论述还比较分散，没有系统化为宗教学体系。就是说，在马克思、恩格斯那里，只有散见于各篇论著中的“宗教观”，没有现成的“宗教学”体系可以照搬照抄，拿来就用。我们有必要认真纠正过去那种视某个主义为人类一切知识之“最高真理”、“最后结晶”、“发展顶峰”的庸俗学风。知识的领域是比太平洋还要大、还要深的海洋，任何人都不可能游遍这个大洋的每一个角落；即使是在一个相对有限的局部领域里，也没有任何已经穷尽、不可超越的“顶峰”。科学就是永无止境的探索。如果把某个个人、某个学派、某个主义绝对化，当成神圣不可侵犯、“止矣、尽矣、不可以复加矣”的教义体系，那只会培植宗教徒式的虔诚与迷信，而不能促进知识的进步。

我们对待马克思、恩格斯的宗教理论，也如同对待其他宗教学派一样，应取一种实事求是的态度，既不人为地抬高为“神圣”，也不会弃之若“敝屣”。马克思、恩格斯虽然没有建立起一种独立的宗教学体系，但他们的确也有一系列深刻的宗教学术思想。历史唯物主义哲学作为一种方法论，在分析宗教问题和其他社会文化形式时，常常是有效的工具，该借鉴的就要借鉴，能应用的就要应用。在我国的学术世界中，宗教学至今尚未取得立足之地，仍是一片空白。我们应该从长期的文化专制主义形成的自我封闭状态中走出来，奔向人类文化的广阔天地，敞开博大的胸怀，广泛吸取宗教学术研究中的一切有价值的成果；像勤劳的蜜蜂一样，采百花之精华，营造精巧的蜂房，酿成甜美的蜜汁。

在建立我们自己的“宗教学”体系时，首先需要考虑和解决的学术问题是：宗教学作为一门独立的人文学科，它的性质如何规定？研究对象又是什么？它应该包含哪些内容和范畴？这些内容和范畴又应按什么样的原理和原则构成一个合乎逻辑的体系？在这方面，我们应该实事求是地承认，19 世纪中叶以来在西方世界兴起的比较宗教学有许多东西值得我们参考借鉴。因此，我们大有必要对近百年来的西方比较宗教学作一番历史性的回顾与反思。

宗教学的形成及其历史条件

19 世纪下半纪以后，西欧各国宗教研究出现了真正的高潮，其显著的特点是：一方面它逐渐摆脱传统宗教神学的束缚，不是站在信仰主义的立场，而是以理智的态度对宗教现象进行学术性的研究；另一方面它又从哲学体系中分化出来，以“宗教学”或“比较宗教学”的名称，作为一门独立的人文学科出现于学术之林。1870 年，英籍德国学者麦克斯·缪勒在英国皇家学会作了题为《宗教学导论》的一系列学术讲演，他在这里第一次提出了“宗教学”这个概念。同时，他对宗教的研究远远超出了传统基督教的范围，对古代的宗教和东方宗教作了广泛的比较性研究，所以，西方的宗教学者一般都把缪勒称为宗教学的奠基人，把《宗教学导论》的讲演看成是宗教学的开端。

近代宗教学的兴起有其社会的原因和历史的条件，主要有三点：

第一，启蒙思想的发展动摇了基督教的独断统治。

文艺复兴时期以来，自然科学、人文主义启蒙思想、唯物主义哲学和无神论宗教观有了强大发展，从各个方面给予宗教和教会以沉重的打击。基督教及其教会从中世纪以来的独断性统治地位严重动摇了，神的灵光黯然失色，不那么神圣了。人们（特别是知识阶层）逐渐把信仰的虔诚视为愚昧的迷信。这就为宗教研究者创造了一种思想条件，使他们有可能不再把宗教视为盲目信仰的对象，而当成理智思考的对象。他们开始把基督教当成世界上众多宗教中的一种，把它摆在与其他宗教并列的地位上作比较性的考察。如果没有启蒙思想对信仰主义和基督教至上主义的冲击，对宗教进行理性的思考和学术性的研究是完全不可能的。在这个意义上，近代西方的比较宗教学是启蒙思想的产物。

第二，宗教视野的扩大和世界上各种宗教资料的积累。

要想使宗教研究摆脱基督教中心主义，学者的眼光就必须走出西欧—地中海地区的狭小天地，对世界历史上的各种宗教有必要的了解。如果没有这方面的知识和资料，就不可能有对世界上各种宗教的比较研究。16 世纪的地理大发现，打开了欧洲人的眼界，越来越多地接触到世界其他地区和民族的文化与宗教。随着知识与资料的积累，直到 19 世纪才使宗教学者对世界上各种宗教进行比较性的综合研究成为可能。从 17 世纪到 19 世纪上半纪，陆续出现了一些对不同宗教和宗教现象进行比较分析的著作。①

第三，进化论观念对比较宗教研究的影响。

非西方文化和非基督教宗教资料的积累，迟早会引起宗教观念的变化。用一种新的宗教观念对世界上各种宗教现象作出综合性把握，从而对比较宗教学的形成起了决定性作用者，就是“发展”和“进化”的观念。近代西方比较宗教学形成时期的一个最为重要的特点，就是力图用历史进化的观念去统一把握世界历史上的各种宗教，把它们纳入一个世界性的历史演化的体系之中。这种进化观念有两种形态，一是哲学上的宗教发展观；一是科学上的生物进化论。

18 世纪的启蒙思想家霍尔巴赫以及休谟，19 世纪的黑格尔和孔德都曾以不同的形式提出了宗教发展观的主张，其中，半有宗教史实的依据，半属哲学性的思辨，它们是对当时已知的宗教史实的初步综合，对近代比较宗教学的形成有历史的影响。

1859 年，达尔文的《物种起源》提出了生物进化论，对欧洲和人类的精神立即产生了无法估量的巨大影响。在宗教研究领域内，它使上述哲学思辨性的宗教发展观有了科学根据，立即成了比较宗教研究的基本原理

① 例如：爱德华·布雷尔伍德（Edward Brerewood）的《世界主要地区的语言差异和宗教差异之研究》（1614）；亚历山大·罗斯（Alexander Ross）的《世界全部宗教一览》（1653）；拉菲托神甫（Father Lafitau）的《美洲野蛮人的风俗与原始时代的风俗之比较》（1724）；皮卡德（Picard）与伯纳德（Bernard）的《世界各民族的宗教习俗和宗教仪式》（1723—1724）；C. F. 迪皮伊（Dupuis）的《各种宗教信仰的起源》（1795）；本杰明·康斯坦特（Benjamin Constant）的《宗教》五卷本（1824—1831）。

和方法。在把进化观念引入宗教学的进程中，斯宾塞起了特殊的作用。还在《物种起源》出版之前，他已用进化观念来说明社会生活和文化的各个方面。1862 年，他在其《第一原理》中更把“进化”说成是一切事物皆必遵循的普遍规律：

> 首先我要指出：有机物的进化规律是一切事物进化的规律，无论是地球的发展，还是地球表面上的生命的发展，社会，政府，人工制品，商业贸易，语言，文化，科学艺术的发展，同样是从简单的事物经过连续的分化而发展为复杂的事物。①

由于斯宾塞和其他学者对进化论的大力提倡，进化论思想迅速进入宗教研究和其他人文学科领域，成为新时代的学术精神。既然人类是进化的，那么，人类的文明也是进化的。人文学者用进化论观念来考察人类文化的各个领域，力图了解它的起源和发展。宗教自不例外。宗教学者无不热衷于宗教的起源和演化问题，特别致力于原始时代宗教信仰的资料的收集、整理与研究。比较宗教学因此而勃兴起来，而且必然与人类学相结合，形成宗教人类学。著名的英国宗教人类学家马雷特在 1911 年的《人类学》中写道：“人类学是用进化观念照亮和影响的人类的整个历史……人类学是达尔文的产儿，达尔文主义使之成为可能。如果否定达尔文主义，就必然同样否定人类学。”②

比较宗教学作为达尔文进化论的产儿，也随着达尔文主义在科学上的胜利而不断前进。它很快就发展为一门颇有声势的独立的人文学科，其主要标志是：欧美一些名牌大学相继开设了比较宗教学（当时一般以《宗教通史》为名）课程，设立教授讲席；出版了专业刊物；1900 年在巴黎召开了第一届宗教史国际会议，并建立了国际性的学术研究组织。在巴黎会议上，会议主持人阿尔门特·列维尔的开幕词谈到了这门学科在当时的情况：

> 宗教史这门学科正如所有的历史学科一样，只有依靠一切愿为之

① 斯宾塞：《第一原理》，伦敦 1862 年版，第 148 页。

② 马雷特：《人类学》，伦敦 1911 年版，第 8 页。

> 贡献精力的人们的集体劳动，才有可能进行研究。我们绝不能说：这件事已经做得很彻底、很完善、无可改进了。然而，我们可以说，它的主要轮廓已经勾画出来，矿藏的范围已经探明，已经划分，已经深挖，而且，现在已经轮到每一个采矿者尽其所能去开凿分配给他的每一个矿层了。对于我们在整个科学进步的天地中所占据的地位，我们既不夸张，也不低估。我们多半都是些谦卑微贱的工匠，但我们正在从泥土中提取宝贵的金属。……尽管有种种东西仍然在阻碍我们达到那吸引我们的理想目标，19 世纪还是应该享有这样的荣誉——它在宗教史方面为 20 世纪留下了一笔不能不增值的资本。假如我们真诚地热爱真理，那么对我们来说，这必然会成为能够使我们满足的一种抱负。①

这段话大体上说明了比较宗教学到 1900 年时所取得的进展和成就。

宗教学的发展与分期问题

自 1870 年，麦克斯·缪勒发表《宗教学导论》的系统讲演以来，宗教学已有百余年的发展史。美籍德国宗教学者乔·瓦哈把它分为三个阶段：

第一阶段，是把宗教学从基督教神学独立出来的时期，不单研究基督教，也研究其他宗教，但仍具有哲学思辨的性质。其代表人物是麦克斯·缪勒和荷兰学者蒂勒。

第二阶段，学者从人类学、历史学、社会学和心理学等各种角度来研究宗教，特别热衷于研究宗教的起源和进化的历史，形成宗教人类学、宗教史学、宗教社会学和宗教心理学等分支学科，其学术特点是具有浓厚的实证主义倾向。主要代表人物有英国的泰勒、法国的杜尔凯姆、德国的冯特等。

第三阶段，第一次世界大战后，哲学和神学取代实证主义，重新在宗教研究中取得地位，主要代表人物在哲学方面是柏格森和胡塞尔，在天主教神学方面是冯·胡格尔（Hügel）和席勒尔（Sche ler）；新教神学方面是瑟德布洛姆（Söderblom）、巴特（Barth）和奥托（Otto）。他们企图克

---

①《第一届国际宗教史大会文集》，1901 年，第 48—49 页，转引自夏普《比较宗教学史》，吕大吉等译，上海人民出版社 1988 年版，第 158 页。

服实证主义在宗教学研究中造成的专科化，致力于研究宗教经验的本性和基础，探索终极实在的客观性，通过对宗教经验中非理性因素的强调，反对理性主义，使宗教学与宗教神学达成新的结合。

瓦哈的说法有一定的参考价值，但并不完全符合于历史实际。实证主义在宗教研究中的影响一直很强大，至今未衰；宗教学分科化的过程也未结束，除宗教人类学呈衰颓之势以外，宗教史学、宗教社会学、宗教心理学、宗教现象学都在继续发展之中；至于把宗教学与神学结合起来的企图，虽然第一次世界大战后趋于明显化，但多数学者仍坚持实证主义的原则和方法。整个说来，西方宗教学至今未丧失其独立于神学的地位。考虑到上述情况，如果我们把它分为两个阶段似乎更符合于历史实际一些。

第一阶段：从宗教学的兴起到20世纪初年或第一次世界大战之前，比较宗教学主要是在进化论的强大影响之下研究宗教的起源和发展问题，出现了各种不同的宗教起源和宗教演化体系。就宗教起源论而言，影响较大者，有麦克斯·缪勒等德国自然神话学派的“自然神话说”①，英国人类学家泰勒的“万物有灵论”②，斯宾塞的“祖灵论”③，史密斯（英）、杜尔凯姆（法）和弗洛伊德（奥）等人的“图腾说”④，马雷特、金、弗雷泽等人的“前万物有灵论”⑤。这种种理论实质上都是把宗教归原于原始时代野蛮人的错误观念，把文明社会的比较精致、复杂、高级的宗教说成是宗教的进化，这就打破了基督教神学长期宣扬的宗教天启说，有其合理的因素，具有启蒙的意义。正因为上述这些宗教起源问题上的宗教进化论具有反传统宗教的启蒙意义，一些具有护教色彩的宗教学者也利用某些宗教人类学的材料构造出反对宗教进化论的宗教退化论体系。著名代表人物是维也纳的天主教神甫威廉·施米特。他认为世界上文化层次最古老、最原始的种族都信仰至上神，一神观念是亘古以来就有的，起源于上帝对人类的原始启示，多神教则是原始一神信仰的退化。施米特这种宗教起源

---

① 认为宗教和神话中的“神”都是自然力（特别是日月星辰）的人格化。

② 认为原始人由于对梦、出神等生理心理现象的误解而产生的灵魂观念是一切宗教的最初起源。

③ 认为对死去祖先的鬼灵的崇拜是一切宗教的起源。

④ 认为原始人的图腾崇拜是全部宗教的原初形式。

⑤ 认为在原始人信仰万物有灵之前有某种更原始的宗教形式。“前万物有灵论”有两种理论形态：一为金氏和弗雷泽的“巫术先行论”；一是马雷特的“玛纳—禁忌论”。

论称为“原始启示说”或“原始一神论”。施米特的理论具有浓郁的护教色彩：他所根据的人类学、民族学材料很多也不那么可靠，因此，不少宗教学者都对之表示怀疑，甚至采取批判以至否定的态度。但与此同时，也有一些学者认为，在有些原始民族中，确有信仰至上神的事实，不容一概否定。这些事实，性质上是与当时流行的各种宗教进化论完全抵触的，以进化论为其原则的宗教人类学的权威地位从此受到挑战，产生动摇。

同时，19 世纪下半叶以来的各种宗教起源论和宗教演化体系，不可避免地都具有“想当然”的猜测性质，它们往往只是根据体系构造者各自掌握的那一部分人类学、民族学和考古学的事实，难免各执一偏，在理论上和事实上互相否定。在实证主义思潮流行的西方世界，这种情况的继续，必然使宗教学者逐渐对比较宗教学研究宗教之起源和发展问题的理论和方法产生怀疑。他们把这种研究称之为半哲学的思辨，说什么这种研究不可能得到经验材料的实证，不可能使比较宗教学成为真正的科学。社会的因素又进一步刺激了这种怀疑情绪的发展。1914 年第一次世界大战的爆发及其对社会的严重破坏，从社会心理上打击了关于社会文明不断进步的乐观主义情绪，加强了资产阶级对宗教的需要。他们意识到从达尔文的生物进化论到比较宗教学、宗教人类学的宗教进化论都是在挖传统宗教信仰的墙脚，必须放弃。这种种因素结合在一起，就使得西方宗教学者逐渐放弃宗教的起源和发展问题的研究。这个趋势从 20 世纪初开始，第一次世界大战后更趋明朗。

第二阶段：随着宗教学者放弃无所不包的宗教进化体系的构造，他们逐渐专注于特殊的宗教、具体的宗教问题和宗教现象的实证性研究，这就造成了宗教学的分科化，形成不同的分支学科，使比较宗教学进入第二个发展阶段。主要有这样几个分支学科：

1. 宗教史学。主要是各种不同宗教的宗教史，而不再是熔世界上各种宗教于一炉的“宗教通史”（这是早期用进化论观点对古今各种宗教进行历史比较的“比较宗教学”）。

2. 宗教社会学。主要研究宗教与社会的关系，宗教在社会体系中的作用，宗教在社会生活和历史变迁中的功能。开创时期的主要代表人物是法国的杜尔凯姆和德国的马克斯·韦伯。

3. 宗教心理学。对宗教现象中的心理因素进行分析由来已久，但宗教心理学作为一门学科从宗教学中分化出来，则是 19 世纪末 20 世纪初的事情。近代实验心理学之父冯特的十卷本《民族心理学》用了三卷之多的篇幅专门讨论神话和宗教问题，他的美国学生斯塔伯克于 1900 年第一次以《宗教心理学》（*The Psychology of Religion*）为标题出版。留巴、詹姆士、普拉特、奥托相继而起，宗教心理研究之风吹及欧美，盛极一时。宗教心理学中流派很多，倾向不一，至今未形成一致公认的体系，难以作统一说明。

4. 宗教现象学。最早提出这个概念的是荷兰学者向特比·德·拉·索萨耶，但范·德尔·莱乌的《宗教现象学》（1933）则是这门学科成型的标志。

第一次世界大战之后，欧洲资产阶级鉴于战争在人们心灵上造成的创伤，进一步意识到宗教拯救的需要。一些宗教学者有感于作为宗教人类学和严格的宗教历史学的比较宗教学破坏了宗教的神圣性，转而要求宗教学能说明宗教的真实性，把种种宗教现象说成是宗教本质的直接表现。这就产生了宗教现象学的理论和方法。宗教现象学不强调研究宗教的起源及其历史，而是把构成各种宗教体系的基本现象类型化、范畴化，对之作出不带任何价值判断的客观描述。现象学的理论原则有两条：第一，不作判断，即不用哲学的预设去作主观的解释；第二，直观本质，即把祭祀、祈祷、忏悔、礼仪等宗教现象视为信仰者内在本质的直接体现，对之表示理解、同情和爱。但在宗教现象学领域中，仍有描述现象学和哲学现象学之分。

回顾之后的反思

概略地回顾比较宗教学的发展过程，我们可以看到，近代西方的比较宗教学的确已经摆脱神学的传统窠臼和对哲学的依附，发展为一门有自己的对象和研究方法的独立学科。它对许多宗教现象和宗教问题的研究，取得了颇有价值的成果。尽管绝大多数比较宗教学者并不是真正的无神论者，但他们对宗教之起源和发展的研究，对各种宗教现象的分析，一般都抛弃了上帝启示论，消除了宗教现象的神圣性和神秘性，无疑具有科学的因素，值得我们认真总结，批判吸取。但在西方世界，由于传统宗教观念的束缚，总是会对比较宗教研究产生消极性的影响。因此，尽管西方宗教学虽已有百余年的发展史，但对这门学科性质、对象、内容构成等这样一些最基本的问题还未找到科学的答案。让我们首先从这门学科的名称谈起。

反思之一:"宗教学"的名称问题

西方宗教学者对到底使用什么样的名称来称谓这门学问，至今仍有不同意见。麦克斯·缪勒最早提出了"宗教学"（The Science of Religion）这个概念，意思是它是关于宗教的科学。可是在后来的发展中，逐渐放弃了这个概念，常用的是"比较宗教"（Comparative Relgion）和"比较宗教研究"（Conparative Study of Religions）这两个名称，强调所谓宗教学就是对各种不同的宗教进行比较性的说明和研究，避而不谈这门学问是否为"科学"（Science）的问题。

早期的"比较研究"主要是广泛收集各种原始宗教和古代东方宗教的材料，对历史上各种形态的宗教进行历史的研究，这就形成了"宗教史学"（History of Religions），它事实上成了"比较宗教学"的代名词。所以，比较宗教学者召开的国际会议都叫做"宗教史国际会议"。1950年，由各国宗教学者组成的国际学会取名为"宗教史研究国际学会"（International Association for the Study of History of Religions）。以后又从中去掉"研究"一词，改称为"宗教史国际学会"（International Association for the History of Religions），简称"IAHR"。单从名称上看，"比较宗教学"和"宗教史学"似乎差别很大，但二者实际上是一回事。因为西方宗教学者所谓的"宗教史学"，实际是按各种宗教在历史上出现的时间顺序对其现象形态作一种经验描述。在他们看来，这也就是从历史顺序上对历史上出现的各种宗教的一种比较研究。因此，不少名为"比较宗教学"的著作，实即一部宗教通史。欧美一些大学最初开设的比较宗教学课程，一般都名为"宗教通史"。

近几十年来，由于宗教社会学、宗教心理学、宗教现象学等分支学科的出现，它们的内容又不属于时间性的历史范畴，而是对各种宗教所同具的某一方面的特性进行研究。这样一来，如果继续把宗教学等同于宗教史学，这些非历史性的分支学科就难以包容在宗教史学之中，从而被排斥于宗教学之外。于是，我们看到，又出现了更为空泛一般的"宗教研究"（Religions Studies）之类名称。近年来，有些西方宗教学者鉴于关于宗教学的各种名称都有不妥之处，提议使用"Religiology"这个名词。但是，由于这个词包含有关于研究宗教之内在逻辑或规律的含义，许多宗教学者觉得难以接受。因此，这个名称未在国际上得到支持。

宗教学的名称难以确定以及因此而出现的意见分歧，说明了一个重要的事实：虽然宗教学作为一门人文学科在西方已有百余年之久，但这门学科的性质仍在继续探索之中。这种情况的出现看来与实证主义思潮的影响有关。在实证主义思潮影响之下，许多宗教学者都想把宗教学研究的对象和研究范围限制在宗教现象的领域之内，既不主张涉及宗教现象的本质，也闭口不谈宗教发展的规律。可是，宗教和任何事物一样，它的现象形态和外部特性是多种多样的，如果我们对宗教的研究只限于对它的现象形态作经验的描述，那么，这种描述既可从某一或某些方面着手，也可以从另一些方面着手。观察或描写的角度不同，就会有不同的宗教概念，形成不同种类的宗教学。看来，这就是西方宗教学者难以确定宗教学的名称，对宗教学的性质认识不清的主要原因。

反思之二：宗教学的内容和体系构成问题

宗教学体系应该包括哪些内容，在西方宗教学者中更是众说纷纭，莫衷一是。主要争论集中在两个问题上：一是宗教研究与哲学和神学的关系；二是宗教研究内，历时性的历史研究与共时性的现象研究的关系。宗教学的奠基人麦克斯·缪勒在其《宗教学导论》中把这门新学科分为“比较神学”和“理论神学”两部分。[①] 他所了解的“比较神学”，其内容是纯粹研究宗教的历史形态，“理论神学”的内容则试图说明任何形态的宗教之所以可能的条件，相当于教义神学和宗教哲学的混合物。他的兴致集中在第一部分。以后，宗教学者中，一派主张宗教学的内容应包括宗教哲学和神学；一派则主张把宗教哲学和神学排除出去。比利时宗教学者阿尔维拉主张宗教学的内容应分为三类：一是神圣志（Hierography），关于宗教事实及其地理分布的记录；二是神圣学（Hierology），关于宗教事实的分类；三是神圣哲学（Hierosophy），评判各宗教的真理、价值及其形而上的特性。法国宗教学者普拉伊和维也纳宗教人类学者施米特都表赞同。施米特还提议将“神圣的”一词直接换成“宗教的”，用“Religiography”（宗教志）、“Religiology”（宗教学）、“Religios-

① “宗教史国际学会”前任秘书长、英国宗教学者夏普在其《比较宗教学史》中对麦克斯·缪勒所用的“神学”一词作了如下评论：“非常有趣的是，这两个部分的名称都是用‘神学’一词组成的，这或许是用以标志其来源，或许至少是标志其肃然起敬的性质。”（该书英文版，第43页）

ophy”（宗教哲学）三词代替上述三个名称。施米特是一位积极护教的天主教神甫，他主张把宗教学、宗教史、宗教心理学、宗教哲学作为发现上帝“原始启示”的一种途径，他的比较宗教研究与宗教神学结为一体。乔·瓦哈于 1924 年的《宗教学——为建立这门学问之基础的导论》一书，讨论了宗教学的方法论以规定宗教学的性质、对象和内容构成。他认为宗教研究有两种方法和两方面的内容：一是“规范性（normative）研究”；一是“描述性的（descriptive）研究”。前者指对宗教的本质作出价值判断的研究，后者则是对宗教的现象作经验性的记录和描述。他本人力图把宗教学与宗教哲学、神学结合起来。

上述这种主张受到相当多数宗教学者的抵制，他们反对把神学和宗教哲学融入比较宗教学之中。他们认为神学和宗教哲学所研究的是超经验的形而上学问题，与作为经验科学的比较宗教学无关；神学属于信仰范围，不能列入严肃的学术研究之内，宗教学应排除宗教哲学和神学。但是，由于比较宗教学的发展和分科化，出现了宗教史学、宗教社会学、宗教心理学、宗教现象学等分支学科，在这一派学者中，对宗教学体系的内容构成也发生了意见分歧。有些人主张，只有共时性的比较宗教研究才算真正的宗教学或宗教科学，历时性的宗教史学应属于“宗教志”的范畴。

岸本英夫论宗教学的内容

日本宗教学者岸本英夫在其《宗教学》一书中总结了上述种种情况，对宗教学的内容构成提出了一个简单明快的图示。岸本英夫把宗教研究的立场和方法分为“主观的立场”和“客观的立场”两种。主观性的研究是从信仰的角度或批判信仰的角度出发的研究，是探讨宗教应该怎样存在或批判这种存在的研究；客观性的研究与此根本不同，是所谓如实地用实证的和价值中立的方法来研究作为社会文化现象的宗教；主观立场的研究包括基于信仰的“神学”和基于理性以批判性地探求宗教本质的宗教哲学；客观立场的研究则包括宗教史或他所了解的宗教科学。岸本英夫认为宗教学的对象和内容大致可归纳为四种不同的类型，并用图 1 来表示。

据图 1 中，第一种（A）意义下的宗教学，对象范围最广，是神学、宗教哲学、宗教史、宗教科学以及有关宗教问题的一切研究的总称；第二种（B）意义下的宗教学则是不包括神学在内的关于宗教的批判性研究；第三种（C）意义下的宗教学对象和范围又窄了一些，把宗教哲学作为与

神学性质一样的所谓主观性研究而予以取消，只包括所谓客观性的研究

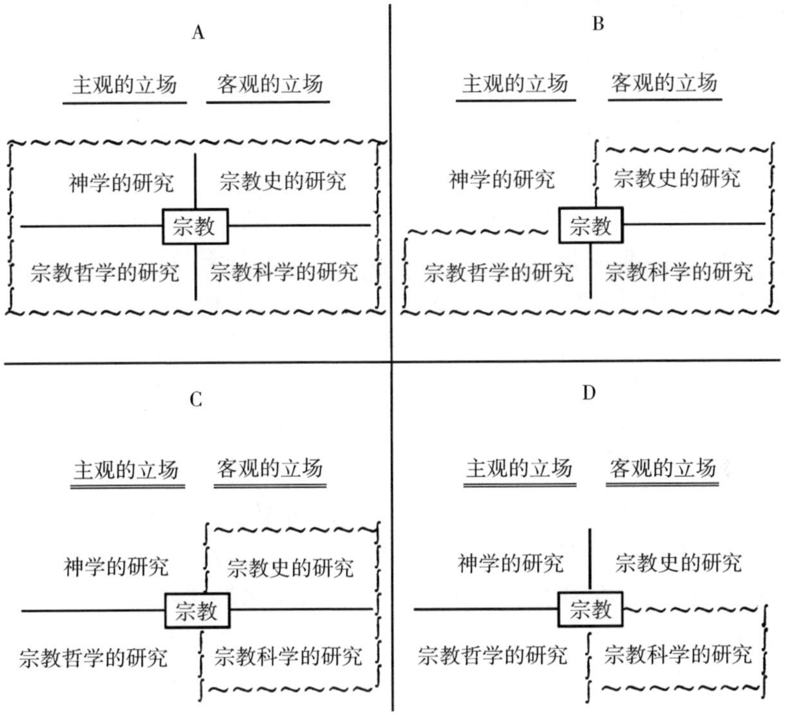

图 1　宗教学的内容

（宗教史和宗教科学）；第四种（D）意义下的宗教学，对象范围最窄，连宗教史也取消了，只剩下宗教现象学、宗教社会学之类。[①]

岸本英夫上述主张的特点就是把宗教学作为“描述性的”（或“客观的”）研究学科，企图把它和所谓“规范性的”（或“主观的”）神学及宗教哲学严格地加以区别，以此来强调宗教学独立于神学和宗教哲学之外，对于宗教神学既不取信仰的态度，也不取批判的态度；宗教学的研究不涉及宗教的本质，更不对之作出价值性的评判。按照这种主张，宗教学所研究的对象仅仅是各种宗教的历史形态和外部现象，这门学科的性质是经验的，而非理论的；是客观中立的，而非信仰的和批判

---

① 上述岸本英夫的主张，见于他的《宗教学》一书，日本大明堂 1965 年版，第 5—9 页。

的；在方法上，则是单纯描述性的。岸本英夫的主张在近代西方宗教学者中有相当大的代表性，它与施米特、瓦哈等人的主张有明显的区别。他把神学和宗教哲学贬为“主观性的”东西而主张把它们从宗教学中排挤出去，力图使宗教学在信仰主义与宗教批判之间保持价值中立地位，显然具有抵制把宗教学神学化的积极因素，我们应该给予实事求是的评价。

但是，岸本英夫所表述的关于宗教学的性质和内容构成的观点，仍然留下了一些值得进一步推敲的问题。首先，科学与宗教、信仰主义和理性主义在历史上常常是对立的。宗教学作为一门人文科学，它一般总是对宗教采取批判的立场，它的学术结论常常与宗教的信条和基本理论产生冲突和矛盾。事实证明，所谓在科学与宗教之间、信仰主义和理性主义之间保持客观中立的立场是很困难的。

其次，在宗教研究中，区分“主观性的”与“客观性的”两种态度，也许是有必要的，但这两种态度的区分必须有科学的标准，不能说，只有描述性的研究，才是客观性的研究，而对宗教的真假和价值作出某种评判，就是主观性的研究。对宗教事实采取单纯描述性的态度本身并不能保证研究者的“描述”就一定是客观的，描述性研究的结果也有准确和错误之分。同样的道理也适用于岸本英夫所谓的“主观性的”研究。对宗教的评价，事实上对任何研究者而言都是无法避免的，总是有所偏向的，有护教的，也有批判宗教的。评价，必然也有正确和错误之分。只有错误的评价才能说是“主观性的”，而正确的评价，既然是符合于客观事实的，那应该说是客观性的真理，而不应贬之为“主观性的”意见。神学和以护教为目的“宗教哲学”，由于它所辩护的宗教乃是一种颠倒的世界观，可以排除于宗教科学之外；至于对宗教取批判态度的“宗教哲学”，例如历史上的启蒙思想以及真正科学的宗教学，那是不应该把它们和神学以及以护教为目的的宗教哲学混为一谈，一律扫地出门的。

同时，把宗教学规定为单纯描述性的东西，而不以把握宗教现象的内在本质及其发生发展的规律为目的，这样的宗教研究会变成宗教事实的堆砌和排列，我们只能在其中见到宗教的现象形态，而看不到它的内在根据；只能见到宗教在历史上的先后继起，而看不到它发生发展的客观逻辑，这样的一种学问，也很难说是科学的宗教学。

本书对宗教学的性质和内容构成问题的理解

简单地回顾近代西方宗教学的发展过程、实事求是地分析它的成就与缺欠，可以为我国宗教学的建设提供有益的教训，使我们能比较科学地确定宗教学的性质和内容构成问题。

宗教学所研究的对象当然是作为社会现象的宗教。但如果要把宗教学建设成为一门真正的社会科学，我们对宗教的研究就不能停留在宗教的现象形态和外部特性的范围。我们必须透过宗教的外部现象把握决定它们的内在本质，通过偶然的属性揭示其必然的规律。认识和把握对象的本质和规律、这是一切科学之所以为科学的基本要求。物理学不仅仅是描述声、光、电、磁等物理对象的表面特性，而且还要透过这些外部现象揭示它们的内在本质和运动规律。生物学不仅仅是描述各种生物的外部现象，而且还要研究生命现象的本质和生物发生、发展的规律。社会科学也是如此。各门具体社会科学的研究对象，是相应的社会历史现象。一切社会历史现象和自然界的物理对象一样，它们都是运动的，而运动都是有自己的规律的，它们的一切外部特性都是由其内在的本质所决定的。历史学不是关于王朝兴替的事实记叙，而是通过历史变迁的事实把握社会发展的运动和规律。不承认社会历史现象有其内在的根据和本质，不承认它们的发生发展有其必然的规律，这样的学说和理论，很难说是一种真正的社会科学。当然，承认不等于认识。虽然我们承认一门科学必须反映它的对象的本质和规律，但在自己的学说和理论中却很可能没有正确的、如实的反映它。

根据这个道理，我们似乎可以这样来规定宗教学的性质和对象：宗教学是认识宗教现象的本质，揭示宗教产生和发展的规律的科学。

如果这个规定可以成立，我们就可以由此出发来进一步确定宗教学所应包含的基本内容，探索宗教学作为一种学科体系的内在结构，使宗教学研究有自己的正确方向。

宗教学要具体研究宗教构成的基本要素

第一，作为科学的宗教学的研究对象，既然是宗教的本质，那么，我们就必须具体分析宗教作为社会文化形式的基本内容或构成宗教的基本要素，从对这些内容或要素的具体分析出发，找到宗教之所以为宗教并与其他社会文化形式区别开来的本质规定性，这就要求我们对各种宗教信仰的宗教观念（如神灵观念、灵魂观念、神性观念等）、宗教感情（敬畏感、依赖感、神秘感）、宗教行为（各种形式的崇拜活动和崇拜仪式，如祈祷、献祭、巫术、禁忌、礼仪等）和宗教制度进行比较分析。只有通过对这些构成一切宗教的基本要素的比较分析，才有可能使我们具体地而不是抽象地、深入地而不是表面地认识宗教的本质。在西方的宗教学中有所谓“宗教现象学”的分支学科，大体上就是对各种宗教所共同具有的现象形态进行同时性的并列和比较。如果我们把这种性质的研究作为深入具体地把握宗教之本质的前奏和手段，那么，这种“宗教现象学”就变成了“宗教本质学”的必经的阶梯和有用的向导。脱离对宗教现象形态的研究，所谓对宗教本质的认识，就不可避免地成为一种没有具体内容的抽象。

宗教学要研究宗教与其他文化形式的关系

第二，为了进一步认识和把握宗教的本质，我们必须具体研究宗教的社会功能及其在历史上所起的作用。宗教作为社会文化体系中一种文化形式，它的基本特征就在于满足社会的某种需要，为社会服务，它的本质也就在这种社会服务中表现出来。宗教学既然以认识和把握宗教的本质为自己的主要任务，那就必须深入研究宗教与其他社会文化形式的关系；因为宗教的社会意义，以及宗教在社会历史上的作用，就具体体现在上述这些关系之中，而正是这些实际作用具体体现了宗教的本质和基本特征。

具体地说，宗教学应该包括宗教与政治、宗教与哲学、宗教与伦理道德、宗教与文学艺术、宗教与科学等问题的研究，通过这些问题的专门研究，可以构成宗教学的若干分支学科：如宗教政治学、宗教伦理学、宗教文化学、宗教与哲学和科学的关系学等等，这些专门研究既有各自独立的内涵，彼此又互相联系、互相关联，不能截然分开。

宗教学要研究宗教史

第三，既然宗教学要揭示宗教发生、发展和走向消亡的客观规律。我们便必须对出现于历史舞台上的各种具体宗教的发展史进行研究，从中概括和总结出宗教产生和存在的根源，找出决定宗教发展的动力和原因，探索宗教演变的一般历史形态和内在的逻辑。这种研究，事实上构成西方宗教学者所谓的宗教史学。不过，我们所主张的按宗教的历史发展形态进行研究的宗教史学，根本目的在于借此来探索宗教演变的历史逻辑，正如社会历史的研究是为了探索社会发展的规律，指明历史发展的方向一样，宗教史的研究也是为了探索宗教发展的规律，预测宗教在未来的演变。

在我们的宗教学的体系中，宗教史的研究具有非常重要的地位。宗教发展的规律，只有在宗教的历史演变中才能体现出来。没有宗教史的深入研究，要把握宗教发展的规律是根本谈不上的。我们绝不能拿思维中逻辑推理的必然性来代替在历史发展中展现出来的客观规律性。所以，我们必须具体地研究原始宗教的形成和发展，研究古代社会的氏族宗教和部落宗教，阶级社会各国的民族宗教和国家宗教以及各种世界性宗教。宗教学中关于宗教史的研究当然要包括对各种具体宗教的历史的研究，但又与具体宗教的历史研究有所不同。在宗教学体系中，各种具体宗教的历史不应该以独立的历史出现，而是应该把它们摆在世界宗教的历史位置上，寻找世界宗教发展的总的轨迹，揭示各种宗教产生发展的共同规律。

宗教学包括宗教哲学

第四，宗教信仰的对象是上帝、神灵、灵魂和来世生活，任何一种宗教都是对上帝和神灵的崇拜，对灵魂不朽的信仰和对来世生活的追求，它们构成宗教的实质和基础。因此，各种宗教学说或宗教理论事实上都不可能回避上述这些宗教的基本问题，这就像伦理学和美学不能不回答什么是善、什么是美，哲学不能不回答精神与物质的本质及其关系问题一样。历史上出现的各种宗教理论，都曾用自己的理论、范畴和逻辑对上述宗教基本问题提出了自己的答案。他们或者肯定其有，或者断言其无，或者提出新的说法变相地维护或批判传统神道观念。于是，一方面出现了宗教神学和论证有神论的各种哲学；另一方面则出现了无神论世界观、各种形式的自由思想和启蒙思潮，这两种宗教理论在历史上进行过长期而又激烈的论争，甚至发展为政治上的冲突和斗争。这种论争和冲突今后仍将继续下去。只要宗教继续存在，它就要肯定神灵的存在，灵魂的不朽和来世的天堂；而且也会适应科学的发展，利用科学一时说不清的问题构建新的神学体系。无神论哲学和自然科学则会根据新的科学发现和人性解放的新的要求，对传统的宗教神学进行新的批评。从历史看未来，我们大体上可以预见到：有神论和无神论、信仰主义与启蒙哲学、科学与宗教的论争，可能改变形式，但不会停息。宗教学术研究很难置身于两种宗教哲学的论争之外，保持所谓“客观中立”立场。近百余年来的西方比较宗教学的各派学者，宗教人类学也好，宗教史学也好，宗教心理学也好，宗教社会学也好，尽管他可能在主观上对有神无神之类宗教哲学问题确有保持价值中立的意向，但在具体研究中不能不有所偏好，总是有某种“哲学”观念支配着他们的研究。泰勒的“万物有灵论”把一切宗教的神灵都归源于人由于误解梦幻、出神之类生理—心理现象而产生的“灵魂”观念，这个理论本身实际上具有普遍性的哲学意义，而且具有无神论的性质。其他各派宗教学也是如此。既然自成一“派”，它就必然具有某种异于“他派”的“主义”或“观点”，并用它来解释和说明各种宗教现象，而这无疑就是一种普遍性的“哲学”。所以，有神无神两种宗教哲学之争，不仅存在于哲学领域，也存在于宗教学的内部。各派宗教学事实上都有某种宗教哲学作为它的理论基础或指导性的思想。对于宗教哲学，宗教学与其徒托空言式地逃避，不如实事求是地承认和自觉地选择。抛弃与科学事实不相符合的、虚假的宗教哲学；选择与科学事实一致的、科学的宗教哲学。这就意味着：我们的宗教学体系本身就包含宗教哲学，宗教哲学构成了宗教学的基础理论或基本原理。

对于宗教哲学，宗教学既然只有“选择”而无法“逃避”，那么，为了“选择”便只有对它进行广泛的研究。不仅研究当代的各种宗教哲学和宗教学说，而且要研究历史上的各种宗教哲学和宗教学说，总结并吸取它们的一切有价值的东西。宗教学说史上一切具有科学价值的优秀成果，绝不能被视为过时的东西而被简单地否定，而是应该在我们今天的宗教学体系中得到更科学、更健康的发展。一切合乎科学的东西都是不会过时的。即使是那些在今天看来已经是错误的东西，也会从反面给我们以启发，开阔我们的眼界，打开我们的思路。通过对宗教学说史（包括无神论宗教哲学史）的研究，不仅可以使我们对宗教学的形成和发展有更深刻、更全面的理解，而且可以使我们在各种宗教哲学和宗教学说的历史比较中，为我们正在建设的宗教学理论体系确定一个合适的位置和坐标，并为宗教学今后的发展，找到一条正确的方向和道路。

上述四个方面构成了宗教学的主要内容，我对宗教学的性质、对象、内容和体系构成的选择和确定，从我个人的主观意图说，不是随意之所好，信手拈来、胡乱决定的，而是通过对近代比较学的形成与发展的回顾与反思总结出来的。我希望本书读者阅读本书时，将接触到一个既有比较合理的科学体系，又有丰富内容的学术世界。

第二节　宗教学的理论和方法

宗教研究和任何一种科学研究一样，需要一种科学的方法。方法是处理研究对象的程序和方式。但研究者对这种程序和方式的选择，并不是任意的，一般总是以行为主体对待对象的基本态度为前提，以关于对象之本质和特性的认识为基础。所以，一般意义的方法论，既包括认识论，也包括态度问题和立场问题。在科学研究中，选择何种态度立场、认识论和方法论，非常重要，此即通常所谓“工欲善其事，必先利其器”。立场态度正确，理论方法对路，可收事半功倍之效；态度和方法不对，犹如南其辕而北其辙，必将走到预定愿望的反面。“大跃进”时期“除四害”（蚊子、苍蝇、臭虫、麻雀），把麻雀列入四害之中，这是对待麻雀的“立场、态度”不对头；还没有开步走，方向就选错了。用行政命令手段，发动全国数亿人民之众，同一时刻停止一切生产和工作到野外摇旗呐喊，大轰大嗡，围歼麻雀，这是方法不对路，除了劳民伤财，不会有好结果。用镰刀斧头造不出宇宙飞船，用氢弹也消灭不了地球上的蚂蚁。我们要想对宗教进行科学的研究，建设一门具有科学意义的宗教学理论体系，也应该选择一种适合于这门学问的立场、态度、理论和方法。

学术需理性
信仰要宽容

宗教本质上是对超人间、超自然权能的一种信仰，在宗教研究中如何对待这种信仰，这是必须首先解决的立场和态度问题。这个态度是宗教研究者进行研究活动的基本立足点和出发点，对他们在研究中究竟选择什么样的理论和方法起决定性的作用。如果宗教研究者根本不了解宗教信仰者的信仰心理，把他们的一切宗教感受、宗教感情、宗教体验当成欺骗和捏造，把宗教生活中的一切斥为胡说八道、绝对荒谬，从对待宗教的这种立场和态度出发，那就谈不上、也不需要对宗教进行任何具体深入的研究，只要作一次简单的宣告：“宗教是谎言”，足矣！何必殚精竭虑，劳神费力，献身于对这个“绝对荒谬”的对象批判！但是，另一方面，如果一个宗教研究者一开始就站在宗教信仰主义的立场，用虔诚宗教徒式的盲目迷信和狂热信仰的态度去看待宗教，那么，宗教崇拜的对象（上帝、神灵、佛、菩萨、神仙、鬼怪、佛说天启、经典教义之类）对他就成了神圣不可侵犯的对象；上帝、神、佛的形象在他的心目中高大无比，神圣的灵光辉煌灿烂，光彩夺目，使他睁不开眼睛；神灵的威严先声夺人，使他跪倒在神座之前；歌颂礼赞唯恐不及，礼拜献祭唯恐不周，哪里还谈得上对他的崇拜对象进行理智性的审查和研究！这两种对待宗教的态度，都有害于宗教学术的发展。我们在持第一种态度的人那里，只能听到几句“立即消灭宗教”之类的无神论口号；而在持第二种态度的人那里，又只能看到在木雕泥塑的偶像面前五体投地的跪拜。这两种态度在我国的宗教领域都曾不断地登台表演，各显神通。我国宗教学术研究之所以虚脱乏力，停滞不前，在很大程度上就是由于上述这两种态度的影响。正确的立场和态度应该是：既要在尊重宗教信仰者的信仰的基础上，深入研究他们的信仰；同时，又要避免一切盲目迷信的信仰主义。毋庸讳言，本书作者在世界观上是无神论者，我不相信世界上真有什么超自然的神仙鬼怪之类的存在，但是这种“相信”应该是以对宗教信仰的理性思考和学术考察为根据。如果不对宗教进行深入细致的研究，就得不出令人信服的结论；但是，如果我们不尊重宗教信仰者的信仰，不尊重他们的权利和人格，也就不会有对宗教的深入细致的学术研究。只有对宗教信仰者的尊重和宽容，才能赢得他们对非宗教信仰者的尊重和宽容，从而开创一个宽松的环境，使实事求是，心平气和的学术研究成为可能。但是，尊重宗教信仰者的信仰，并不等于理智上对宗教信仰的赞同。我在理论上可能否定宗教有神论，但却在政治上可以用我的理论来维护宗教信仰者信仰宗教的权利。宗教信仰者有权利要求无神论者尊重自己的信仰，却没有权利要求无神论者放弃他们的理论。在历史上，宗教界常常对理性主义的宗教研究和理论上的无神论是不宽容、不尊重的，甚至使用极端的暴力和强权，对他们进行异端迫害。反过来，也有一些无神论者在掌握国家政权之后，也曾对宗教信仰采取过压制以至消灭的极端政策。这两种互相压制、彼此迫害的情况，都加剧了社会的矛盾与冲突，妨碍了宗教学术研究的进行与发展。尽管最近几个世纪，社会有了巨大的发展，但宗教与无神论在世界观上的矛盾，仍以各种方式在宗教研究中表现出来。在宗教界中，要求学术服从于宗教信仰的信仰主义仍是根深蒂固的，它以各种变化了的形式流行于世。在世界上不少地区，都不断出现反对和迫害理智性宗教研究和非宗教思想家的事件。他们总是要求宗教学术研究的结论不能否定和危害宗教的教义和信条，否则就是不尊重他们的信仰，就要对之采取强力措施。宗教势力进行的这种异端迫害，不仅妨碍科学和学术的自由发展，而且也招致知识界对宗教的反感，从根本上说有害于宗教的形象，不符合各种宗教自己所主张的“慈忍无诤”、“仁爱”之类教义。任何一种宗教，任何一个民族，如果把自己的教义和传统神圣化，不容忍不同的意见，不仅不能表现其自封的崇高和神圣，反倒暴露其褊狭与落后。只有提倡对不同意见和不同宗教信仰的宽容，鼓励学术上的自由讨论，才能推动民族的繁荣和进步，使传统的宗教和文化适应不断变化的时代，从而树立起自己的宗教和自己的民族在世人心中较好的形象。

科学的宗教研究，既要尊重宗教信仰者的信仰，也要反对信仰主义。信仰不等于信仰主义。信仰，可以是理性的，也可以是非理性的；而信仰主义，本质上是非理性的。一个人虽然有某种宗教信仰，但只要不是盲目地迷信自己的信仰，而是理性地对待自己所信和别人所信的宗教，这种态度就不是信仰主义。在学术领域和知识阶层中，这样的人并不少见。在我国，一个时期曾流行过一种说法，认为有宗教信仰的人不能研究宗教，只有马克思主义才行。这看来是把宗教信仰和宗教信仰主义混为一谈了。一个有宗教信仰的人，是有可能理性地对待宗教问题，从事宗教学术研究的。即使你是“马克思主义者”，但如你对“马克思主义”持一种盲目迷信而非理智性的态度，视之为不可超越和侵犯的“神圣”，这种态度也是一种反理性、反科学的信仰主义。这些年来，我们吃这种信仰主义的“亏”，难道还不够吗？

同时，我们还应注意到另一种情况。有些有宗教倾向的人坚持认为，只有具有宗教信仰的人，才有资格从事宗教研究，说什么一个宗教研究者如果不首先信仰宗教，就不可能理解宗教；一个不进宗教之门的门外汉，又怎能研究宗教?！著名的宗教人类学家施米特把这个道理作了淋漓尽致的说明：

> 但是，在研究宗教史上，一个有信仰的学者，比一个无信仰的学者更占便宜，而且前者的造就是后者难以追及的。如果宗教的本质是内在的生命，那么就惟有藉着内心，才能把握宗教的真义。所以唯有意识中具有宗教经验的人，对于宗教问题，才能有深刻的明了。无宗教信仰的人来谈宗教，真可说是危险重重，就好比盲人谈颜色、聋子谈音乐一样。勒南认清了这一点，然而他认为曾经信仰过宗教而又背弃了宗教的人，再来研究宗教，比较更适宜些。这又是不能令人承认的，因为背弃宗教者，既然对真理下了一种很强烈的评判，他的客观的态度自然也就受了威胁。①

---

① 施米特：《比较宗教学》，肖师毅、陈祥春译，辅仁书局 1948 年版，第 7 页。以下凡引此书，只注页码。

施米特神甫的主张实际上从根本上取消了无信仰者，放弃信仰者和无神论者研究宗教的资格。尽管这不是政治上的异端迫害，但却是学术上的异端歧视。这段话貌似有理，逻辑上却自相矛盾。如果无信仰者和放弃信仰者，因其已对宗教下了“很强烈的评判”从而没有资格研究宗教，根据同样的道理，有信仰者亦因其对宗教下了“很强烈的评判”而笃信不疑，岂不也失去了研究宗教的资格吗？无信仰者固然不会有信教者内心感受到的那种宗教体验，但这并不能成为不能对之进行学术探讨的理由。一个没有钱财的穷汉，并不妨碍他承认金钱的权能和百万富翁们对此的感受和体验。不会创作诗歌和其他艺术的人，也可以欣赏和品味诗歌和艺术。须知，任何内在的宗教体验都会表现为外在的宗教行为，从而成为别人可以感性接触、进行科学考察的客观对象。不表现为宗教行为的纯粹内在的宗教体验不过只是单个人的内心感受，没有普遍的效准，是没有任何意义和价值的，也是无法进行科学处理的。如果像施米特神甫那样，把宗教学的研究权仅仅赐给虔诚派宗教信徒，会出现什么情况呢？那时，每一种宗教，每一个教派，以至每一个自称具有宗教体验的宗教信徒都会把自己内心中的“宗教体验”说成是“宗教的内在生命”或“宗教的真理和真义”；这样一来，世界上有多少种宗教和教派，或许就会有多少种“宗教真理”；甚至世界上有多少个声称具有“宗教体验”的宗教徒，就可能出现多少种不同的“宗教真理”。因为，不仅各种不同的宗教各有自己不同的宗教体验，而且同一宗教、同一教派中的不同信仰者也会有自己不同的“宗教体验”。每个人的气质、学识、宗教上的需要各不相同，他们的“宗教体验”也必然会各有千秋，甚至互相冲突。在这种情况下，如果有某个骗子坚持他的谎言是得自内心感受到的上帝亲口启示，用施米特的逻辑是无法不予承认的。这不是空口推论，而是铁的历史事实。基督教旧教（天主教）说，基督徒只有经过教皇和教会的中介才能得到救赎；而基督教新教则认为基督徒个人只要虔诚地信仰上帝和耶稣基督，他就可以因此信仰而得救。如果这两派的代表人物在一起开个辩论会，他们各自都说他是从上帝、基督那里得到这种神圣的启示……在这种情况下，请问，这场官司怎么打下去呢？我们究竟相信谁呢？这种性质的糊涂官司在宗教史上多得数不清。事实告诉我们，在宗教学术研究中，我们绝不能站在特定宗教的立场，一般地说，不能站在宗教信仰主义的立场。宗教学的研究不是为了论证和肯定任何一种宗教，而是对宗教的事实作理性的分析。有信仰的人可以研究宗教，没有宗教信仰或放弃宗教信仰的人也可以研究宗教。问题不在于他们有无宗教信仰本身，而是在于他们是否因此而影响宗教研究的客观性和科学性。有信仰的人完全有可能在研究过程中暂时把个人的特殊信仰放在一边，而对宗教的事实（包括他个人内在的、真实无虚的宗教体验）作出真正客观的描述和严格理智的分析；无信仰和放弃宗教信仰的人也完全有可能承认并深入研究各种各样的“宗教体验”。我们所反对的，不是个人的信仰，而是一切服从于个人信仰的信仰主义。站在特定的宗教立场，把自己的“宗教体验”宣布为宗教的真理，这是信仰主义，不是学术研究；为了表示无神论的坚定性、彻底性，以至于置事实于不顾，否定任何“宗教体验”，否定宗教的任何一种积极的意义和价值，那也是一种“以无神论为至上”的“信仰主义”。这两种情况都不合乎理性的科学态度。

近代西方宗教学者中颇有不少有识之士对信仰主义不以为然。他们呼吁宗教研究者不要站在某一特定宗教立场，而要对各种宗教一视同仁，把它们放在平等的地位进行客观的分析与比较。麦克斯·缪勒在《宗教学导论》的讲演中大声疾呼：“应当对人类所有的宗教进行不偏不倚的、真正科学的比较，在此基础上建立宗教学。”在对一切宗教的比较研究中，各教地位一律平等，不要扬此抑彼：

> 在我的心目中，凡想利用宗教比较研究贬低基督教而抬高其他宗教的人，跟那些认为为了抬高基督教而必须贬低所有其他宗教的人一样，都是危险的同盟者。科学不需要宗派。①

自麦克斯·缪勒建立比较宗教学并使之独立以来，这种在宗教研究中要求客观性的呼吁，成了这门学科的强烈要求，它与西方世界中传统的基督教信仰主义的精神统治相对抗，反对把基督教以外的其他宗教一律视为“异教”、“低级宗教”、“野蛮人的宗教”而加以排斥，从而使各种宗教的比较研究成为可能。应该说，这种客观主义的呼吁是非常必要的，有助

① 麦克斯·缪勒：《宗教学导论》，1972年印度重印本，第28页。以下凡引此书，只注页码。

于思想的解放，促进了近代比较宗教学的发展。当然，我们也要看到问题的另外一面。有些宗教学者常常把这种“客观主义”解释成对宗教不问真假、不求是非的“中立主义”；谁要是对宗教神学持批判态度，就被斥为“不客观”。于是，无神论的、启蒙思想的宗教观便被贬为“形而上学”。这种“中立主义”在这种情况下便成了维护宗教信仰主义的一块盾牌。

另外一些宗教学者更有甚焉，甚至对“客观主义”的口号也大谬不然，反对宗教学在对待宗教的态度上持客观主义的中立态度。例如瓦哈就反对纯中立的客观主义，而提出他所谓的“相对的客观主义”。他认为，我们对待宗教是不可能也不应该持“中立态度”或“冷漠态度”的。他明确地要求制止过去的比较宗教学所培植起来的“怀疑主义、相对主义和历史主义”，为了维护社会的“公共道德”，要把自由主义和信仰宗教的热诚结合起来。他在其《比较宗教学》一书的第一章引用并赞同席勒在《20世纪的美国宗教》中所说的一句话：“自由精神与信仰宗教的热诚的调和，已经成为公共道德的一个严肃问题。”[①] 他认为，情感和激情在宗教研究中起着一种正当合法的作用，宗教研究者必须而且应该对宗教持热情的态度，而宗教学的任务在于指导和净化这种信教热忱：

> 如果说，神学的任务是调查、支持和教导一种为宗教社团所承认的信仰，并燃起捍卫和传播这种信仰的热忱和热情的话，那么，比较宗教学的职责则是予以指导和使之净化。如何才能做到这一点呢？对于我最为尊重、热爱和深切支持的事物，我也希望彻底地理解它的含义，如果你热爱真理，你就必须憎恶谬误，这是正确的；但是，如果为了提高你自己的信仰的地位，你就必须憎恶和贬低其他的信仰，那就是不正确的了。这种新时代的比较宗教学有可能使我们拥有更充分的远见，认识到宗教经验可能具有何种意义，它可能的表现形式是什么？它对于人可能做些什么。[②]

瓦哈的所谓“相对的客观主义”，使得他反对那种“如果为了提高你自己

---

① 瓦哈：《比较宗教学》，哥伦比亚大学 1958 年版，第 7 页。

② 同上书，第 9 页。

的信仰的地位，就必须憎恶和反对其他的信仰”的狭隘态度。但其目的是维护和提高信仰宗教的热忱，他的立足点不是个别的特定的宗教，而是整个宗教；他摆脱了某种褊狭的信仰主义，但却坚持了一种更高、更广泛的“信仰主义”。他从这种立场出发，反对对待宗教的“中立态度”和“冷漠态度”。这种主张没有虚饰，比虚伪的“客观主义”、“中立主义”更为真诚，是可以理解的。但是，如果把西方社会中公共道德的败坏完全归罪于近代比较宗教学所培植起来的对于宗教的“怀疑主义、相对主义和历史主义”，那就未免不那么“客观”了。传统道德必然随着社会的发展而发生演变，其中既有道德的进步，也有道德的败坏，不能一概而论。由于在传统社会中，道德的维系往往在很大程度上依赖于公众信教的热忱，一旦这种信教热忱在作为启蒙思潮的比较宗教学的理性分析面前，经受不起“怀疑主义、相对主义和历史主义”的冲击而趋于淡漠时，传统道德的重要纽带就解散了。如果我们坚持真正的客观主义，那就应该承认，这种演变是社会进步和道德进化的契机，一切主张社会进步的人是应该为之鼓掌欢呼的。这是近代比较宗教学的光荣，而不是过错。这只能证明道德不能像过去那样建立在公众的信教热忱之上。要净化道德，就要净化社会；要重建道德，就要重建社会。在这个问题上，我们与瓦哈既有一致，又有分歧。我们也不赞成比较宗教学对待宗教持“中立态度”和“冷漠态度”。比较宗教学作为一门崇尚理性分析的人文学科，理应赞成“真理”，批评“谬误”，而不应鼓吹不分是非曲直的“中立态度”。只要比较宗教学仍然是一门崇尚理性的人文学科，它对宗教的态度就必然具有“怀疑主义、相对主义和历史主义”的因素，甚至超越这些而走向“非宗教化”；否定比较宗教学的“怀疑主义、相对主义和历史主义”，也就是否定比较宗教学的传统和特性，实质上意味着否定比较宗教学自身。

宗教学研究中的实证主义

近代意义的宗教学或比较宗教学是在摆脱宗教神学的精神垄断和哲学的规范性研究之后而出现于学术之林的，因此，它一起步就深受实证主义哲学的影响，把自己规定为某种经验科学，倾向于拒绝理论思维的规范和指导。在这里，我们有必要对西方的实证主义思潮作些分析。西方世界自18—19世纪以来，由于休谟和康德的不可知主义哲学的影响，兴起了实证主义思潮。时至今日，仍很有声势。实证主义认为，任何一种讨论事物之内在本质的理论，都是一种使人类认识超出经验范围之外的形而上学，是一种伪科学，必须予以抛弃。真正的科学只能是对感官所感之现象进行纯经验、纯客观主义的描述，可用经验予以实证的学问。实证主义思潮在宗教研究领域影响更大。宗教中的上帝、神灵、灵魂、天堂、地狱和来世生活之类，在实证哲学看来都是超经验的存在，既不能证实，也不能证伪。宗教神学固然是形而上学，唯物主义、无神论亦是形而上学，故都应抛弃。宗教学所能做的事，就是对宗教的形之于外的现象和事实，进行历史的记叙和经验的描写。

休谟、康德的怀疑主义（或不可知主义）以及实证主义对于传统的神学和通俗的迷信，实际上是持否定和批判态度的，在历史上起过肯定的作用，“当心形而上学”的呼吁也有其合理的因素，不能贸然否定。不过，实证主义在反对一切“形而上学”的名义下反对一切理论思维在宗教研究中的指导作用，则未免言之过头，逻辑上也有不能自圆其说的地方。否定一切理论思维，那怀疑主义和实证主义本身作为一种理论思维是否也要否定呢？抛弃任何指导思想，这种主张本身作为一种思想是否也在抛弃之列呢？怀疑主义自身的逻辑也包含着对自身的否定。

正如我们在上一节所说的，任何一种学问，如果要想把它建设成为真正的科学，都不能满足于描述其对象的表面特性和外部现象，而必须通过外部现象认识其内在本质，通过偶然的属性揭示其必然的规律，这是科学之所以为科学的基本特性。对外部现象的认识固然可以诉诸经验的观察，但关于对象之内在本质和必然规律的认识，如果单凭经验的观察，那是远远不够用的。感官经验可以向我们提供关于物体的可感特性（色、声、味、嗅、触之类）的知识，但此类感官经验无论在数量上如何丰富，在质量上如何准确，永远也不是物理学；因为它们永远不能直接向我们展示此种可感特性的内在根据。要达到事物之内在本质的认识，把经验升华为科学理论，就得依靠我们的理论思维。科学以感官经验作为认识之基础和源泉，但却以理论思维作为指导的理论和方法。与自然科学所研究的对象（物质自然界）比较起来，宗教是一种更为复杂的社会历史现象。宗教研究对理论思维的要求更高。因为古今中外各种宗教名目繁多，花样百出，神仙鬼怪，无奇不有，它们还用奥妙难解、玄而又玄的神学理论把这些虚无缥缈的东西装潢起来。世界上诸大宗教都有自己的经典、教义和神学理论体系。佛教有经、律、论三藏，基督教有新旧约全书，伊斯兰教有古兰经和圣训，它们又各自拥有数量众多、浩如烟海的神学著作。宗教研究是一座充满神秘主义浓云密雾的迷宫。在这座迷宫之前，如果我们放弃一切理论思维，那就只会把它置于永远不可解破的神秘境地；如果我们带着错误的导游图（错误的理论和方法），那就会使我们永远陷入迷宫而找不到正确的出路。只有借助于科学理论的理性之光，才能照亮幽暗的黑夜，给我们指示走出迷津的正确方向，解破宗教的神秘，把宗教研究变成具有科学意义的人文学科。

事实上，所谓抛弃任何理论思维和理论解释的纯粹经验描述的学科，在学术研究领域是根本不存在的。以西方的宗教学为例，19 世纪末到 20 世纪初，各种宗教学派差不多都是着重研究宗教的起源和发展问题。它们各自根据手头上掌握的宗教史的材料，提出了各式各样的关于宗教的起源和发展的理论。在起源问题上，有的认为宗教起源于关于星辰的神话，有的认为起源于万物有灵观念，有的认为起源于巫术，有的认为起源于祖灵崇拜或图腾崇拜……在宗教的发展问题上，主要有两大思潮，一种认为宗教的发展是进化的，是从低级的自然宗教发展为多神教，再发展为高级形式的一神教。这是宗教进化论。另一种思潮则认为宗教产生于上帝的原始启示，一开始就是原始一神教；后来由于低级崇拜的产生和渗入，原始的一神教逐渐退化，出现了多神崇拜。这是宗教退化论。所有这些不同的宗教学说，其主要的区别之点，与其说是由于经验资料的不同，不如说是对经验资料作出了不同的理论解释。不同的宗教学说，本质上是不同的宗教理论的表现。孔德、斯宾塞在哲学体系上本来是实证主义的奠基人，正是他们在那里大声疾呼反对一切形而上学；可也正是他们就宗教的起源和发展问题，用进化论的哲学观念对之进行理论概括。任何学术研究都是由人来进行的，研究者本人的世界观和方法论便不能不自觉或不自觉地渗入其研究过程之中。研究主题的确定，资料的选择与解释，结论的作出，都会反映出研究主体的世界观和方法论。更何况，研究者毕竟生活在一定的社会环境和宗教背景之中，传统的教育，习俗的熏染，信仰的权威以及资助者的宗教倾向和政治需要，都会对宗教研究者产生有力的影响。施米特神甫在其名著《比较宗教史》中也曾向自己提出过在宗教研究中是否可能完全不受成见的影响这一问题。他的回答是：现在各派有识之士对此问题，都一致予以否定的回答，他们认为人不能不受成见的影响：

现代的比较宗教史学，力避一切与己无关之心理学上的讨论，以别于宗教心理学。同样又避免评判各种宗教的真理与价值，以与宗教哲学的界限也俨然划分。这个宗教哲学，可以站在自己的哲学——这种哲学是不能离开宇宙观的——立场上，来评判各种宗教及其成分所含的真理，及其与人生所具有的价值。宗教史学对于这种评判，绝对与以戒忌，并且注意避免任何不经心的评判，以免影响宗教事实的陈述与解说。

但是在这方面完全不受影响的陈述，是否可能呢？现在各派有识者对此问题，都一致予以否定的答复。他们认为人不能绝对不受成见的影响。有些头脑简单得可笑的人，会以为宗教学上无成见的观察，这是不信宗教者的特征。法国的宗教研究者彼那德·部拉逸，对于这种论调，曾有以下的名言供我们参考。他说：若说辩护自己的宗教是本能与自然的倾向，这是不可否认的事实；不过对于这平凡已极的事实，我们往往忽略了应有的补充。因为这种倾向的根本动力，在于人们以为信仰宗教是拿人生的一切赌输赢，就是为了确信各自的宗教，他决不惜把自己的人格，以及其来世酬报的得失去作孤注一掷。但是这个孤注一掷的问题，不但对于信仰宗教的人有偌大关系，就是对于不信宗教的人，这种不可避免的人生观问题，也是同样的严重；不信宗教的人们，怀着一种不同的理想，那是真的。可是这理想与信仰宗教者的信仰一样，也成为推动他们行为的玄妙弹簧，使他们为其所识之至善而效命。因此当事人的观点虽是对立的，而那潜在的效用却仍相同。这两种同样偏袒的思想，影响每个研究者的心灵。无宗教的或是反宗教的心理学家，都应当和有宗教的心理学家一样，尽力使自己偏见的倾向，少些侵入自己的研究。

那么，有信仰的与无信仰的研究者，都有同样的责任，就是使他们的宇宙观，他们的哲学，以及他们对于真理与价值的评判，无论如何，不要影响历史事实的叙述。诚实地寻求客观真理的研究者，对于一个和自己主张不同的人，所发表的坦白批评，应当特别感激，因为这些批评，暴露自己不可避免的弱点，促进自己对于整个真理的探求，有时比朋友的助力还大得多。①

① 施米特：《比较宗教史》，第5—7页。

在宗教学说上，本书作者并不赞同施米特神甫的“原始启示说”和“原始一神教”，同时也并不绝对否认他的“退化论”观点有任何宗教人类学上的根据。上面引述的这段话，施米特神甫讲得很坦率，也相当符合于事实。在承认宗教学研究没有、也不可能排斥宗教哲学这一问题上，我们的观点是一致的。

瓦哈也明确反对所谓宗教学只要经验实证，不要理论指导的主张。他认为在西方比较宗教学发展史上的第一阶段和第二阶段，实证主义思潮的影响过于强大，有把宗教学变成单纯描述性的学问的危险。自第一次世界大战之后，西方比较宗教学就进入第三阶段。这一阶段的宗教学的主要特点则是摆脱实证主义及其在宗教信仰上的自由主义，用某种新的形而上学概念深入洞察宗教经验的本性，论证宗教信仰和崇拜的终极实在的客观性，为宗教信仰提供某种形而上学和哲学的理论基础。瓦哈本人是这一阶段的代表人物之一。他在其《比较宗教学》中力求建立某种研究宗教学的统一的方法，并把这种统一的方法建立在某种统一的原理之上。他承认有一种把不同存在等级的一切事物统一起来的终极实在或终极真理，而一切事物（物质、生命、心灵和自我意识）都不过是再现了这种实体的不同等级或秩序。[①] 这种实体，实质上就是传统唯心主义哲学的“绝对物”或宗教神学的上帝。瓦哈所理解的西方宗教学第三阶段自觉地把宗教学和宗教神学联系起来，用一种具有浓厚的宗教神学色彩的唯心主义世界观作为其宗教学的理论基础。

近年来，有些日本宗教学者，如田丸德善，也不同意把宗教学说成是纯描述性的学科。他认为研究者都拥有一定的价值观念（即他所信仰的哲学世界观），而且社会的制度，时代的环境和思潮都会对宗教研究产生影响，因此，他们或者对宗教持积极信仰的态度，或者取消极批判的态度。他把这种对宗教作出价值评判的学问称之为宗教学的外在因素。同时，他还认为他们理解的宗教学的内在因素中，既有资料性的部分，也有理论性的部分。作为科学的东西，只有把经验资料用一定的理论加工整理，使之系统化后才能成立。未经加工的资料，在他看来，只是宗教科学的一个必要条件，还不能称之为科学。资料与理论的互相结合是一切科学的普遍性结构。他认为，宗教学主要是由两部分东西构成，一是资料性的

① 参见乔·瓦哈《比较宗教学》英文版，第15—21页。

宗教志，一是把它系统化而成的宗教史；宗教学则是处于宗教志和宗教史的延长线上，作为它的系统化而出现的。田丸德善的主张还是颇有见地的。

事实证明，在宗教学的研究过程中，不存在要不要理论思维和指导思想的问题，而只是这种理论思维和指导思想是否正确的问题。这就像在大海航行中的船，如果没有导向设备是不行的。问题是选择什么样的设备来导引船的航向。是根据星辰的位置、指南针的指向呢？抑或根据先进的雷达或电子导航设备呢？我们的宗教学研究，总是应该选择最先进、最有效的导航设备，即科学的世界观和方法论来作为指导思想。

宗教学研究与马克思主义

在我国，宗教学的研究刚刚起步，既没有坚实的理论准备，也没有充分的资料基础，真可谓是名副其实的“一穷二白”。为了把这门学问建设起来，我们当前迫切需要的是一种学术上的开放精神。放眼世界，敞开胸怀，把古今中外宗教学说史上一切有价值的探讨，都虚心地引进吸收、参考借鉴；一切具有科学意义的理论、观点和方法，我们都应该认真学习，虚心求教，借以指导我们的研究和建设。

一般地说，在学术研究领域（特别是社会科学领域），不可能有什么“唯一科学”的理论与方法。各种理论的“科学性”，大概都只具有相对的意义，谁也无权宣称他那一家之言就是“绝对真理”，而其他各家都是非科学的“谬误”。我们看到，在历史上，只要把某一种理论宣布为至高无上的真理，随之而来的便是文化上的专制主义。思想和文化就会僵化，社会就会停滞，以至倒退。中世纪宗教神学的独占统治和精神垄断是这样，我国历史上“独尊儒术”以后的儒家经学和所谓的“文化大革命”也都是这种情况。在宗教学领域中，自 19 世纪 70 年代这门学科摆脱宗教与哲学的控制而独立以来，一直是千帆竞渡、百舸争流的局面。任何一派学说都没有获得公认为无可争议的权威地位。一种观点问世之后不久，总有十种、数十种不同的观点站出来唱反调。马克思、恩格斯是发动无产阶级起来推翻旧世界的革命家，是创建共产主义思想体系的思想家，他们在共产主义体系中的权威地位是无可争议的。但他们不是专业的宗教学者，他们并没有建立一个完整、系统的宗教学理论体系，对于马克思、恩格斯的宗教观，我们大概既不能说它是“至高无上的”，也不能说它是“唯一科学的”。但是，一个实事求是的宗教学者总会看到一个事实：马克思、恩格斯的宗教观在近百年来的历史上（特别是在前苏联、东欧的社会主义国家和我们中国）发生了非常重大的影响；他们对一些重大宗教理论的分析，至今看来，仍是很有价值的。按照学术开放精神和以真理为师的原则，一切有科学意义的理论，不管是马克思主义的，还是非马克思主义的，都可以借鉴拿过来，指导我们的宗教学研究和建设。本书作者至今仍认为马克思主义唯物史观的基本思想，如关于社会存在和社会意识、经济基础和上层建筑、阶级斗争与阶级分析的原理，在说明包括宗教在内的诸社会意识形态和各种文化形式的本质和功能时，仍具有比较普遍的指导意义。著名的英国哲学家罗素在其《西方哲学史》中就承认这一点，并把唯物史观的原则应用于西方哲学史的研究。在分析一个时代的哲学思想时，努力去说明它们的社会背景，把哲学家的哲学思想理解为环境的产物。罗素并不拒绝马克思主义中他认为有价值的东西，他也不搞自我封闭的关门主义和宗派主义。我们现在也应树立这种科学态度。在抛弃把某种理论当成“唯一科学的世界观和方法论”这种形而上学绝对化的同时，学习和吸取一切科学的世界观和方法论，“以［别］人为鉴”，以真理为师。

关于阶级斗争的理论和阶级分析的方法，是马克思主义唯物史观的基本思想之一，如果我们承认唯物史观的意义，就难以否认宗教具有阶级属性这一马克思主义的结论。在我国，几十年来，毛泽东把阶级斗争绝对化，年年讲，月月讲，天天讲；不仅“讲”，而且联系实际，搞年年斗，月月斗，天天斗。斗得天怒人怨、民穷财尽。在科学研究领域内也推广阶级斗争理论和阶级分析方法，不仅科学家和学者本人要划阶级成分，而且对任何一种理论和学说，不管他产生于那个时代，也都要划阶级成分，贴阶级标签。学者们一听到“阶级斗争，一抓就灵”，就谈虎色变，畏之有逾于虎。“文化大革命”破产之后，老百姓和学者普遍厌弃这种理论。中共中央也放弃了“以阶级斗争为纲”的理论。现在的问题是：阶级斗争理论和阶级分析方法，在分析历史事实和说明社会现实时是否仍有一定的适用意义？这种理论和方法是否过时？我个人至今仍认为，阶级的分野，乃是客观存在的历史事实。贵族与自由民、奴隶主与奴隶、封建主与农奴、地主与佃农、工人与资本家、剥削者与被剥削者、统治者与被统治者、特权阶层和无权平民……在世界各民族的历史上，在各种社会形态中，都是客观存在的，是尊重事实的学者所无法否认的。早在马克思、恩格斯之前，资产阶级的历史学者就已发现阶级划分和阶级斗争的历史事实了。阶级斗争学说并不是马克思主义的新发明，马克思主义在这方面所特有的发明是“无产阶级专政”理论。非马克思主义的人文学者可以不承认无产阶级专政理论，但仍可以承认阶级区分的历史事实和阶级斗争的社会理论。

本书作者认为，宗教在历史上一般都在上层建筑诸领域中居于统治地位，与社会的政治结构结合在一起。大体上似乎可以给出一个一般性的判断：在历史的各个发展阶段上，各种社会阶级、各种社会力量都曾自觉或不自觉地利用宗教为自己服务。在他们崇奉的宗教神灵身上打上自己阶级的印记；在社会上居于统治地位的宗教总是统治阶级的宗教。

但是，我们也不同意“马克思主义”学者通常所做的那样，把宗教和统治阶级的特性联系起来以后就一概否定宗教在历史上的积极作用，把宗教视为反动的东西。即使我们严格地按照马克思、恩格斯的唯物史观原理，也不一定就得出“宗教即反动”的结论。按照马克思、恩格斯的观点，一个社会阶级或社会集团在历史上究竟起了什么样的作用，是积极作用，还是消极作用？是进步作用，还是保守作用或反动作用？关键在于它所维护的社会制度和经济基础是否符合于历史的发展。如果符合，那么，这个社会阶级在那个历史阶段上就是推动历史前进的进步阶级，而不管它是统治阶级，还是被统治阶级；剥削阶级，还是被剥削阶级。这就是说，并不是任何统治阶级在历史上都是起反动作用的社会力量。代替过时的社会经济体制的新兴的奴隶制、封建制和资本主义制度，显然比它们所代替的旧体制优越得多。它们在当时解放了社会生产力，推动了社会的进步，在相当长的历史阶段起了推动历史发展的作用。在那个历史阶段上，代表这种进步的社会体制的社会阶级无疑是进步的。只是到这种社会经济发展到了它的没落时期，成了阻碍社会生产力和历史前进的东西，而代表它的社会阶级仍继续维护它的时候，它才成了保守的、以至反动的社会力量。历史上的被压迫阶级、被剥削阶级常年从事劳动生产，维持了社会的生存。但由于历史本身的原因，历史上的被压迫、被剥削阶级并非都是先进的社会经济体制的代表者。他们理想和追求的社会经济制度超不出平均主义的空想范围。这种平均主义即使实现了，也不符合社会发展的规律。不仅不能解放社会生产力，推动社会历史的发展，反而对社会生产起极大的破坏作用，很快被社会历史的发展所否定。他们无疑是令人同情的，但并不一定是进步的。似乎应该承认，这种阶级分析的方法和结论，是符合历史唯物主义的基本精神的。相反，通常那种把统治阶级与反动、被统治阶级与进步联系起来，甚至直接画上等号的“阶级分析”方法，倒是不符合历史唯物主义的。

我们还可以换一种方式来表述这种分析宗教问题的方法。

社会的经济关系本质上是人与人的社会关系，各种社会意识形式和上层建筑则是人与人的社会关系在观念上的反映。宗教的性质也是如此。宗教信仰和崇奉的神是人的创造物，神的神性本质上是人的人性的自我异化。宗教的一切表现形式，如宗教观念、宗教感情、宗教经验、宗教行为、宗教制度，都意在表现人对神的依赖、敬畏、景仰、皈依和服从，在内容上体现为人与神的关系。人—神关系是一种宗教关系。但是，既然神性是人性的异化，神是人的投影，人—神宗教关系本质上便是人—人社会关系的反映或表现。这种观点就为我们具体分析宗教的本质、功能和历史作用问题提供了一个一般性的原理和方法。如果人—神宗教关系所表现的人—人社会关系具有历史的合理性，那么，尽管表现它的人—神宗教关系是颠倒的、虚幻的，但它的社会意义也具有历史的合理性，在特定的历史条件下有可能起进步的、积极的作用。反过来说，如果宗教所表现的人—人社会关系不合理，已经或正在被历史所否定，那么，用人—神宗教关系来维护和强化这种不合理的社会关系，其于社会和历史上的作用显然是消极的。只要我们找到了人—神宗教关系的社会原型，我们就不难对宗教的社会本质、社会功能和历史作用作出实事求是的分析和合理可信的评价。

在阶级社会里，人与人的社会关系在很多场合都具有阶级关系的性质。所以，如果我们应用阶级分析方法来分析说明宗教问题，我们就不仅要从人—神宗教关系一般地看到人—人社会关系的原型，而且还要进一步分析出其中可能蕴涵的人—人社会关系的阶级内容（当然，有些人—人社会关系并不具有阶级内容）。事实上，历史上许多宗教崇奉之神的神性确实都具有明显的阶级色彩。因果报应之说，天堂地狱之教，以及“死生有命，富贵在天”的信仰，表面上对社会体系中的各色人等一视同仁，机会均等，普遍有效，似乎没有特定的阶级性；但在实际生活中，由于社会上已经存在阶级分化的既成事实，这些教义的实际作用对于不同的阶级而言是不大相同的。从根本上说，它们对社会的既得利益集团更为有利，他们可以把自己的“既得利益”归因于前世善行的果报或上天命定的命运。历史上不同社会政治力量之间的斗争常常与宗教关系密切。统治者常常利用传统宗教作为维护其统治秩序的精神支柱，推动社会前进的进步力量则经常进行反对传统宗教的斗争。在这种斗争中，他们根据当时的社会条件，或者走向各种形式的无神论，或者利用宗教的传统形式和宗教的某些教义，作为掩饰其政治经济要求的思想外衣。苦于危厄之中的人们常常把摆脱现实苦难的希望寄托于大慈大悲、救苦救难的菩萨和神灵的恩赐上，把对幸福生活的渴望寄托于西天的净土或来世的天堂。他们总是赋予神灵和菩萨以自己所希望的神性，在幻想的人神关系中倾注自己的关于某种新的人际社会关系的理想。

实事求是地对宗教的各个方面的意义和功能进行阶级分析，并不一定导致宗教研究简单化，只要这种分析符合于历史的事实和生活的真实，它将使我们的宗教研究更深入、更具体、更令人信服；阶级分析也不必然引导人们一概否定宗教的社会价值，倒是有可能使宗教的社会价值得到更合理的说明。既然唯物史观把宗教视为上层建筑的一部分和阶级斗争的一种工具，宗教也就脱离个人信仰的狭小天地而得到了广泛深刻的社会意义。无论它对宗教之价值所作的评价是肯定，还是否定，都具有更重要的含义。

总之，按照我的这种理解，马克思主义唯物史观的基本思想仍然具有科学意义。但是，任何一种具有科学意义的理论和学说，都不能离开人而单靠思想本身自动起作用。当然，一种理论和学说，只要是科学的真理，就能征服人，得到人的承认；但并非人人都能理解它，承认它，更不是每一个人都能正确地应用它。即使科学真理的创建者本人也不一定能保证他永远正确地理解和应用他所发现的科学真理。牛顿创建了古典力学，发现了力学的三条基本定律，但他并不完全正确地理解他的力学定律的应用范围。马克思、恩格斯在应用他们的唯物史观来分析一切社会历史现象时也不一定都恰如其分。他们的后继人在一百余年来的长期应用中更常有教条化、极端化、标签化、简单化的表现。正如我们不能因为牛顿力学的误解和误用而抛弃牛顿定律一样，也不能因为人们对唯物史观的误解和误用而抛弃唯物史观所具有的科学内容。我们在宗教学研究和建设中提倡“以真理为师”的学术开放精神，对包括唯物史观在内的一切具有科学意义的“真理”，都力求准确地理解，正确地应用，尽可能避免犯误解和误用的错误。那么，本书在应用唯物史观于宗教现象的分析中是否仍会有

"标签化"、"简单化"的"常见病"呢？这是很可能的。因为本书作者是普通人，而且是普通的中国人。生活在中国的社会环境之中，呼吸着中国大地上的空气，感染上中国社会的"常见病"，那是很自然的。我的态度是：第一，力求少犯一些；第二，欢迎各方面读者批评指正；第三，希望大家宽容、谅解。

认真借鉴近代西方比较宗教学的成果

我们在上文已经指出，宗教学作为一门独立的人文学科出现于世，是19世纪70年代麦克斯·缪勒、爱德华·泰勒等一代宗教学者奠定基础、开辟道路的。一百余年来，大批学者相继而起，各树一帜，推动这门学问不断向前发展，逐渐分化出宗教人类学、宗教史学、宗教心理学、宗教社会学、宗教现象学等分支学科。宗教学领域内百花竞放，硕果累累，蔚为壮观。各分支学科仍在向纵深发展，至今方兴未艾。我们应该如实地承认，近代西方比较宗教学各种流派应用各具特色的理论和方法，对各种宗教现象和宗教问题进行了精细的分析，提出了种种不同的学说，其中确实不乏真知灼见。在这些领域，我国学者过去几乎未曾涉猎问津，基本上是一片空白。为了发展我国的宗教研究，建设我们自己的宗教学体系，我们应该了解和借鉴西方比较宗教学中一切有价值的成果。我们不仅要利用他们长期积累起来的丰富资料，也不仅只是借鉴他们在局部性问题上的具体分析，而且还应借鉴他们具有科学意义的理论和方法。当然，我们同时也要尽量避免它们未能避免的局限性和片面性。各种宗教研究的理论和方法，当其高度发展而形成"学派"之后，往往就会被学派中人奉之为"高于一切"的"主义"，就会不可避免地具有"排他性"，变成"宗派主义"。这种情况在各派宗教学中也难以避免。倡导"同时性的比较研究"的宗教心理学、宗教社会学和宗教现象学不仅排斥"主观性研究"的宗教哲学，而且还认为"历时性的比较研究"的宗教史学和研究宗教之起源和发展问题的宗教人类学不属于宗教学的固有范围。而宗教心理学、宗教社会学和宗教现象学互相之间又各自推崇自己的理论和方法而互相排斥。既然本书作者提倡"以真理为师"，主张借鉴一切具有科学精神的理论和方法，我们自然不效法上述诸派宗教学互相排斥的这种狭隘性。真理绝不是互相排斥的，而是彼此互相兼容的。我们的宗教学理论体系应该博采众家之长，以一切真理为师；我们努力使各种理论和方法在一个统一的理论体系内都取得自己适当的位置，发挥特有的作用；各得其所，各展所长。细心而又公正的读者在审读本书时，当不难发现本书是努力贯彻这个原则的。例如，我们应用宗教现象学的同时性比较方法分析了一切宗教的现象和要素，提出了宗教构成的四要素说，据此形成了本书第一编《宗教的本质及其表现》的理论框架；我们又应用宗教史学、宗教人类学的历时性比较方法，吸取了恩格斯唯物史观宗教历史形态发展论，提出了宗教历史发展的三种形态说，据此构成了本书第二编《宗教的起源与发展》的理论框架；第三编《宗教与文化》则专门探讨了宗教与道德，宗教与政治、宗教与艺术、宗教与科学的关系，在这些部分分析了宗教作为社会文化形式所具有的价值与功能。

同时，在分析某一种宗教现象和宗教问题时，我们也是从各种不同的角度，应用各派宗教学的理论和方法，对之作出全面的说明。不管是哪一种宗教观念、宗教经验和宗教行为，我们力图把一切宗教所共同具有的各种现象和因素，作出宗教现象学的比较与分类；对其本质作出宗教心理学的探讨；对其起源与演变作出宗教史学的说明；对其社会功能进行宗教社会学的分析；对其真假作出宗教哲学上的评论。这种兼容并蓄的学术开放精神，体现在本书的理论框架之中。我希望，本书可以提供一种证明：近代宗教学的各种理论与方法并不是互相排斥的，而可以在一个宗教学理论体系中兼容共存，各得其所。

第一编

宗教的本质及其表现

第一章　宗教的本质、要素和类型

第一节　宗教的本质

宗教本质论的多元化趋势

宗教是一种历史悠久、影响深广的社会现象，人们对它从小就耳濡目染，非常熟悉。神佛显灵的传闻，妖怪作祟的迷信，祭天祀祖的仪礼，驱邪赶鬼的巫术，五体投地的皈依，念念有词的祝祷，香烟缭绕的庙宇，尖塔耸天的教堂……持久而深入地在人们心灵里打上了宗教的烙印。只要一提到宗教，这种种现象就会浮现在我们的眼前，在心中生起无尽的遐想。但是，如果要求人们就“宗教是什么”的问题，作出一个揭示其本质的概括论断，下一个科学的界说，情况大概就完全不同了。人们往往会对自认为生来熟悉的宗教说不出个所以然来。即使对宗教问题进行过专门研究的专家，也常常感到这是个非常棘手、一言难尽的问题。而且，越是对古往今来的各种宗教有比较广泛的了解，越是感到难以找到一个适合于一切宗教的揭示其本质的科学定义。无论我们从哪个方面来规定宗教的本质和含义，似乎都可以找到例外的情形。各种有关宗教研究的论著和辞书，曾就这个问题作过讨论，提出了自己的回答。如果把这些答案集中起来，将有惊人的数量。特别是近百年来，随着宗教学的发展，宗教学者从不同的立场和角度，应用不同的观点和方法去研究宗教，在宗教研究领域建立了不同的分支学科，他们在分析宗教现象之后得出的结论常常是各不相同的。宗教学者们对“宗教”概念的本质规定性的理解，以及对宗教所下的定义，不是走向统一，而是日趋多样化，甚至互相冲突和对立。麦克斯·缪勒谈到这种状况时说道：“各个宗教定义从其出现不久，立刻会激起另一个断然否定它的定义。看来，世界上有多少宗教，就会有多少宗教的定义，而坚持不同宗教定义的人们间的敌意，几乎不亚于信仰不同宗教的人们。”[①] 因此，有些讨论宗教问题的论著拒绝讨论宗教的本质为何的问题，避免就“宗教是什么”作出定义式的规定。

此种理解多元化的趋势，近年来在马克思主义的宗教研究中也有所表现。马克思主义的宗教研究工作者对如何理解宗教的本质并规定宗教的定义，也出现了不同意见。应该说，这是宗教研究日趋深入，对宗教的理解更加全面地反映。我们的任务应该是认真研究这种多元化的趋势，分析各种宗教学说的内容，取其所长，去其所短，使我们对这个问题有一个更加全面、更加深入、更为准确的理解。

要对所有关于宗教之本质和定义的说法一一展开讨论和分析，既无可能，又无必要。比较可行的做法，是在众多的学说中抓住几种较有影响和代表性的主张进行必要的分析，借以打开我们的眼界和思路。

在近代宗教学中，对于宗教的研究有三种方法和倾向最有影响，一是宗教人类学和宗教历史学；二是宗教心理学；三是宗教社会学。它们对宗教的本质和基本特性问题的看法各有侧重，在此基础上对宗教提出了不同的界说。宗教人类学和宗教历史学的学者们一般侧重于以宗教信仰的对象（神和神性物）为中心来规定宗教的本质和定义；宗教心理学者则一般着眼于宗教信仰者个人内心世界对神或神性物的主观感受和内在体验；宗教社会学者往往以社会为中心来看待宗教，把宗教对于社会生活的影响和作用视为宗教的核心和基础。大体上可以这样说，在把握和规定宗教的本质问题上，第一种是以宗教信仰的对象（神）为中心，第二种是以宗教信仰的主体（个人）为中心；第三种则是以宗教信仰的环境（社会）为中心。

第一种意见：以神为中心来规定宗教的本质

各种传统的制度化宗教显然是以对神灵的信仰和崇拜作为所信宗教的中心和基础的。如果我们问一个犹太人：什么是宗教？他会说：宗教就是对上帝耶和华的信仰；如果问的是基督徒和穆斯林，他则会把对上帝、基督或真主的信仰作为宗教的基本内容。各个地区、各个时代的宗教都把对神灵的信仰和崇拜体制化了。所不同者，只是对神所赋予的神性各有不同的特点而已。中国历史上的宗教也不例外。

---

① 麦克斯·缪勒：《宗教的起源和发展》，1972 年印度重印本，第 21 页。

我国古代典籍无“宗教”一词。这个外来词有两个来源，一是来源于印度佛教。佛教以佛陀所说为教，以佛弟子所说为宗，宗为教的分派，合称宗教，意指佛教的教理。① 我们现在所说的“宗教”一词，来源于西文“religion”。意义远比佛教所谓的宗教意义更广泛，而是泛指对神道的信仰。尽管这是个外来概念，但我国古籍上有类似的说法。我国古代有关于神道设教的思想，这反映了古人的一种宗教观。他们当时把宗教理解为一种用神道教化人民的手段。《礼记·祭义》也说：“合鬼与神，教之至也。”意思是说，对鬼与神的信仰与崇拜，是教化人民的至理，从而也就是宗教的根本道理。我国近代有些人仍根据这个传统，从字面上来解释宗教的含义：宗者本也；宗教者，有所本而以为教也。他们所谓的“本”，即本诸神道。这是“神道设教”的另一种说法。

19 世纪末 20 世纪初这一时期的近代宗教学主要是以宗教人类学和宗教历史学为基本内容，学者们着重研究人类历史上的宗教的形成和演进。传统宗教以神道信仰为中心的历史事实，使宗教学者们承袭了关于宗教的传统观念，把宗教理解为某种以神道为中心的信仰系统。但由于逐渐积累了世界历史上各种神道宗教的事实，对它们进行比较性的研究，促使宗教学者们超出特定的宗教神道信仰，把各种各样的宗教信仰对象抽象化，一般化，从而使用“无限存在物”、“精灵实体”或“超世的”、“超自然的存在”之类抽象的哲学概念来表述，使之适用于世界历史上的各种宗教体系。近代宗教学的奠基人麦克斯·缪勒和著名代表人物泰勒、弗雷泽等人的宗教观是这方面的典型。麦克斯·缪勒认为人们产生宗教意识的种子，乃是人们对无限存在物的认识和追求，因此，他认为，所谓宗教就是对某种无限存在物的信仰。② 在爱德华·泰勒看来，宗教发端于万物有灵

① 《景德传灯录·圭峰宗密禅师答史山人十问》：“（佛）灭度后，委付迦叶，展转相承一人者，此亦盖论当代为宗教主，如土无二王，非得度者唯尔数也。”

② 麦克斯·缪勒在《宗教学导论》一书中对宗教的特点作了如下的说明：“如果我们说把人与其他动物区分开的是宗教，我们指的并不是基督徒的宗教或犹太人的宗教，而是指一种心理能力或倾向，它与感觉和理性无关，但它使人感到有‘神’（the infinity——意为无限）的存在，于是神有了各种不同的名称，各种不同的形象。没有这种信仰的天赋，就不可能有宗教，连最低级的偶像崇拜或物神崇拜也不可能有。只要我们耐心倾听，在任何宗教中都能听到灵魂的呻吟，也就是力图认识那不可能认识的，力图说出那说不出的，那是一种对神的渴望，对上帝的爱。”（该书第 13—14 页）。后来，他在《宗教的起源和发展》一书中把这段话说成是他给宗教所下的定义（见该书 1972 年印度重印本，第 22—23 页）。

的观念，因此，他对宗教所下的定义就是“对于精灵实体的信仰”[①]。泰勒关于宗教的本质和定义的观点是根据他对原始宗教的研究作出来的，没有概括出其他宗教信仰系统的特点，所以，在他以后的弗雷泽便提出了更概括的说法，认为宗教是对超人力量讨好并祈求和解的一种手段：“我说的宗教，指的是对被认为能够指导和控制自然与人生进程的超人力量的迎合或抚慰。”[②] 宗教人类学家、天主教神甫威廉·施米特虽然在宗教学说上持不同于上述几位学者的观点，但对宗教的本质和定义的看法，在基本精神上仍是以宗教信仰对象（神）为中心。他在其《比较宗教史》一书中曾对“宗教”下了一个比较完整的定义：“宗教的定义，有主观与客观之别。从主观来说，宗教是人对系属于一个或多个超世而具有人格之力的知或觉；根据这种知识或感觉，人与此力有一种相互的交际。从客观来说，宗教即是表现这主观宗教之一切动作的综合，如祈祷、祭献、圣事（Sacraments）、礼仪、修行、伦理的规条等。”[③] 简言之，施米特认为所谓宗教，从主观上看是对“超世（即超自然界的）而具有人格之力”的知觉，从客观上看是对这种力量的崇拜。上述所谓“无限存在物”、“精灵存在物”、“超人力量”、“超世而具有人格之力”……实际上都是关于上帝或神灵的哲学术语，所以，他们都是把宗教规定为信仰和崇拜神灵的体系。据此，泰勒认为宗教是神与人的关系，施米特则说，宗教是人与超自然力（上帝）的相互交际。

这种类型的宗教定义，受到了各种批评。各种异议的共同点在于说它不适合于一切宗教。在不同意见者看来，虽然有些宗教中的神灵是具有无

① 泰勒是一个宗教进化论者，认为人类的各种宗教均起源于原始时代的发展较低的种族之中，宗教学要对这种种族宗教进行系统的研究，首先就必须提出一个基本的宗教定义。但是，如果这个定义包括了对上帝或来世的信仰以及相应的礼仪教条，那就必然会把许多原始种族的信仰排斥于宗教范畴之外。为此，泰勒认为，我们必须返回到宗教得以产生的深层动机，即宗教的根本或本质因素来对宗教作一种普遍适用的规定。泰勒在其名著《原始文化》中指出，一切宗教，不管是发展层次较高的种族的宗教，还是发展层次较低的种族的宗教，它的最深层、最根本的根据是对“灵魂”或“精灵”的信仰。他根据他当时掌握的大量人类学资料论证说，在人们已经完全了解的所有低级种族中，都存在着对精灵的信仰。据此，泰勒直接把对精灵的信仰作为宗教的最低限度的定义。

② 弗雷泽：《金枝》，上卷，徐育新、汪培基、张泽石译，中国民间文艺出版社 1987 年版，第 77 页。

③ 《比较宗教史》，第 2 页。

限性的存在，但有些宗教体系中的神灵并不具有无限性；虽然有些宗教中的神灵具有超自然和人格化的性质，但另一些宗教的神灵则并不具有此种性质。更严重的异议是：许多宗教学者认为，有些宗教（西方宗教学家最喜欢征引的典型例子便是原始佛教和我国的儒教）崇奉的对象，并非人格化的神灵，这些宗教被他们说成是“无神的”宗教。因此，他们认为，对于宗教信仰和崇拜的对象，最好不要用“神”（God）的观念，而改用“神圣事物”（the Sacred）的观念。他们所理解的“神圣事物”这个概念，其主要内容是：它是不同于普通的世俗事物的事物。一件事物，只要被人视为不同于世俗之物，便被遵奉为“神圣”而成为宗教信仰、宗教禁忌和宗教仪式的对象。“神圣事物”这个概念可以把一切宗教信仰的对象（不管是有限的、还是无限的；超人的，还是非超人的；超自然的，还是非超自然的；宗教的，还是巫术的……）一包在内，涵盖无遗。因此，在这种宗教观看来，宗教就是对某种被奉为“神圣事物”的信奉。持此说的宗教学家，主要代表者是法国的杜尔凯姆，瑞典的瑟德布罗姆，英国的马雷特等。这种“宗教即神圣”之说，被认为是关于宗教之本质的一种最简单、包容性最广的说明。

更有一种倾向，不仅回避用“神”的观念，甚至连“神圣事物”这种观念也回避使用。有些宗教学者认为宗教的本质就在于信仰并俯首听命于某种比人更高的力量。例如，英国的宗教人类学家马林诺夫斯基就直接把宗教规定为“对于较高势力的乞求”。这种观点近年来在西方宗教学中相当流行。

第二种意见：以信仰主体的个人体验作为宗教的基础和本质

在近代西方宗教学从人类学和历史学角度研究宗教的时候，逐渐兴起了一种新的方法，即从心理学角度来分析宗教信仰问题。宗教心理学特别强调宗教信仰者个人内在的心理活动在宗教生活中的意义，往往把信仰者个人的主观性的宗教感受和宗教体验视为宗教之最本质的东西和宗教之真正秘密所在。有些宗教心理学者认为，正是由于信教者有了关于神或神圣物的宗教感情和宗教体验，才对他们体验到的神圣对象进行崇拜、祈祷、祭祀，从而形成各种宗教体系。美国实用主义哲学家和宗教心理学家威廉·詹姆士的《宗教经验之种种》，专从个人的宗教体验研究宗教的性质和作用，实际上是把个人的宗教体验作为宗教的基础和本质。他认为，以个人的宗教体验为本质的“个人宗教”，比以神学信条和教会制度为根本的制度宗教更为根本。以教会为基础的制度宗教一经成立，就变成因袭相承的传统。可是每个教会的创立者的力量，最初都是由教会创立者个人直接与神感通的宗教经验而来。不仅耶稣、佛陀、穆罕默德等超人的创教者如此，而且一切创建教派的人也是如此。詹姆士认为个人的宗教体验是宗教中最先起、最根本的因素。据此，他提出了自己的宗教定义："因此，我现在请你们武断地采纳的对于宗教的定义，就是：各个人在他孤单时候由于觉得他与任何种他认为神圣的对象保持关系所发生的感情、行为和经验。"① 詹姆士所理解的宗教就是个人对于神圣对象的感情和经验。詹姆士以后，西方宗教学者把个人的宗教感情和宗教体验作为宗教的基础和本质因素，并以此来分析各种宗教现象的方式大为时兴。德国神学家和宗教学者鲁道夫·奥托在1917年发表的名著《论神圣观念》中发挥了这种主张，把信仰者个人对神圣物的直觉性体验——"对神既敬畏又向往的感情交织"（The numinous），说成是一切宗教的本质。对于奥托说来，这种对神既敬畏又向往的感情和经验就是宗教。奥托的宗教观迎合了西方世界在20世纪个人主义高度发展时期的宗教心理，引起了很大的反响，得到了广泛的关注和支持，《论神圣观念》一书很快被译成欧洲各国文字，一版再版。英国当代著名的宗教学者麦奎利认为宗教中最根本的东西就是人与神的交际和感通。他据此对宗教下了这样一个定义：宗教是存在本身（神或上帝）对人的触及，以及人对这种触及的反应。麦奎利这里所说的人对神的感触和反应，是指宗教信仰者个人对信仰对象的主观感受或宗教经验而言。

当然，在宗教心理学者中，对于"宗教经验"的看法并不完全相同。有由此出发来肯定宗教者，也有由此而对宗教持批判态度者。例如，弗洛伊德从分析人类潜意识出发推论宗教的起源和本质，把宗教说成是人感到畏怖时的一种需要，他的态度显然是批判性的。

同时，我们也注意到，宗教学者已对这种宗教观提出了强有力的非议。因为，即使我们承认某些宗教信仰者的内心世界有过某种神秘的宗教体验，但却没有理由和根据说广大信教群众普遍地具有这种经验。对于他们来说，即使承认其有，那至少也是表现得非常模糊的。如果我们把主观性的宗教体验视为宗教的本质，那么，最标准的宗教只能是诸如伊斯兰教

---

① 《宗教经验之种种》，上册，唐钺译，商务印书馆1947年版，第30页。

苏菲派之类极少数神秘主义教派，这种宗教观显然没有普遍的适用性。

第三种意见：以宗教的社会功能来规定宗教的本质

宗教社会学者一般把宗教在人类社会生活中的功能和作用作为宗教的基本因素。以法国的杜尔凯姆为例，他一方面把宗教规定为一种与神圣事物相关联的信仰和行为的统一体系，同时又认为，宗教的基础是社会的需要，故被宗教遵奉为“神圣”的事物，本质上无非就是社会本身。用他的话讲，神明不是什么别的东西，而无非是被改造的和被象征地表现出来的社会。一切宗教的祭祀、礼仪、道德诫命、神学信条、宗教团体和宗教制度，都是由社会需要所决定，为维护社会的一体化而产生的。杜尔凯姆的宗教观在宗教社会学家中颇有代表性。宗教社会学家逐渐趋向于完全撇开宗教在观念上与其他社会意识区别开来的本质，专门致力于研究宗教的社会功能。有些学者甚至还把宗教的社会功能当成宗教的本质，并以此来规定宗教的定义。美国宗教学家密尔顿·英格在其《宗教的科学研究》中把宗教规定为“人们藉以和生活中的根本问题进行斗争的信仰和行动的体系”。[①] 在他看来，人生根本的问题就是“存在”问题，其中包括死亡、罪恶、痛苦、不幸等，宗教的功能则在于减轻人生的不幸和痛苦，使之转化为最高的幸福。宗教是人们获得最高幸福的手段。

日本宗教学家岸本英夫的《宗教学》一书在规定宗教定义时，基本上也贯穿了上述社会功能学派的观点。他明确地说，他是以人的生活活动为中心来观察作为社会文化现象的宗教，从宗教在人们的生活中具有什么作用、发挥何种效能的角度来规定宗教。据此，他认为，所谓宗教，就是一种使人们生活的最终目的明了化、相信人的问题能得到最终解决，并以这种运动为中心的文化现象。[②] 这就是说，宗教的最基本的特征就是相信人生问题能得到最终解决。岸本英夫的这个规定与上述英格的观点异曲同工，一个认为宗教是使人获致“最高幸福”的工具，一个则认为宗教是使人生问题求得“最终解决”的手段。人有了最高的幸福，当然人生问题也就得到最终解决了。两种说法的基本意思和基本精神是完全一样的。

按照宗教学研究中社会功能学派的主张，我们势必会得出一个结论：凡是与他们所规定的宗教社会功能起着相似作用的社会文化现象，都可以

---

① 《宗教的科学研究》，纽约 1970 年版，第 7 页。

② 《宗教学》，日本大明堂 1961 年版，第 17 页。

成为宗教的等价物或类似物。他们事实上也是这样看的。从20世纪60年代以来，西方宗教社会学出现了这样一种趋向：把在社会功能上近似于宗教的非宗教现象称之为“非宗教的宗教”或“世俗宗教”。许多颇有名气的社会学家把共产主义、爱国主义、民族主义，甚至热爱科学、推崇民主等等都当成类似宗教的“世俗宗教”。因为他们认为这些社会意识形式和社会文化现象都起着维系社会秩序、决定社会伦理价值的功能，与宗教的社会功能等价。而且宗教体验的突出表现，如崇拜、忠诚、入迷、自我牺牲等现象，在爱国主义、民族主义和共产主义等社会意识中也可见到。

社会功能学派的主张有明显的缺陷。因为它用各种社会文化现象在某些社会功能上的相似，抹杀宗教与非宗教的根本区别。这样一来，任何事物都将因此而失去本质的规定性，变成彼此莫分的一团混沌了。放电、摩擦、火都具有产生热的功能，但如因此而把电、摩擦运动与火混为一谈，只能是荒唐的笑话。英格也承认，从社会功能学派的观点看，宗教与非宗教是连续的统一体，其中没有根本性的区别，因而在定义上含混，以致越来越不能应用。这是看到了小的近似性，忽略了大的不同性。岸本英夫也看到了他的宗教定义有把宗教与其他文化现象混为一谈的倾向，便在定义之后附加了一句“但书”，承认宗教作为解决人生问题的文化现象有一个特点：它经常伴随着神圣性或神的观念。从这一事实可以看到，宗教与其他社会文化现象的根本区别，就在于它的社会功能依赖于对神、神圣物或超自然力量的信仰。正是这种信仰构成了宗教区别于其他社会文化现象和社会意识形态的本质特征。

对上述三种意见的比较分析

上述关于宗教之本质和定义的三类主张只是就大概情形而言，既有例外的情况，也有不能单纯归属于其中任何一类的说法。我们已在上文顺便指出，三种主张都未得到学术界普遍的认可，因为它们都缺乏适用于一切宗教的普遍有效性，或者容易与其他的社会文化现象混同。宗教学在探索宗教的本质、分析宗教的含义并规定一个科学的定义时，既要充分注意各种学说的合理内核，也要认真吸收学术界批判研究的成果，尽量避免已经发现的明显缺陷。要对宗教下一个比较科学的定义，必须解决一个认识论和方法论的问题。对一个概念下定义，也就是对这个概念所反映的那类事物的界限作出规定，指出这类事物之所以是这类事物而区别于他类事物的质的规定性，即揭露它的本质。定义是事物之本质在概念上的表现，定义如不表现事物的本质，必然不能把此类事物和他类事物清楚地区别开来。同类事物只是在本质上是相同的，而在现象形态上则可能是多种多样的。如果从现象形态上而不从本质上规定一类事物，这样的规定便不能涵盖该类事物在现象形态上的多样性，从而失去其普遍的适用性。上述三种宗教观的基本缺陷即在于此。它们或者是以现象为本质，或者是未全面准确地把握宗教的本质。神秘的宗教体验不可能是决定和产生一切宗教现象的本质。宗教经验乃是宗教传统和宗教教育以及习俗迷信的结果。人心中本无上帝神灵，此类体验必然得自后天，即使把我们的探索追根溯源地进行下去，找到某个第一位自称拥有此种宗教体验的人，它的根源和本质仍然在社会存在和客观环境之中。宗教体验并非宗教生活的出发点和原动力，而是传统宗教生活积淀而成的副产品。

宗教的社会功能，显然是宗教体系中一个举足轻重的问题。各种宗教学说都承认宗教是一种极其重要的社会文化现象。宗教研究中的社会功能学派强调研究宗教的社会功能问题，显然是有益之举。但我们不能因此而把宗教的社会功能看成是宗教的本质。一种事物的“功能”，乃是它所表现出来的作用和作用的结果，因而属于事物之现象形态范围。不同的事物可能有同样的作用和效果。坏事可能是坏人干的，也有可能是好心人干的，反过来也是如此。能够对维系社会的秩序和一体化起作用者，可以是宗教，也可以是政治法律体系，还可以是哲学世界观和伦理道德规范；给予苦难不幸者的安慰，既可以来自来世的天堂，也可以来自现实的世界。宗教与它的社会功能之间，并没有等质、等量或等价的关系。

任何事物的功能都是其内在本质的外在体现，不仅不能决定事物的本质，相反倒为本质所决定。宗教的社会功能，与政治、法律、道德、哲学、文化艺术的社会功能，尽管彼此有互相交叉和重合的现象，但如仔细地观察和分析，是厘然有别的。它们各自发生作用的方式，更是大不相同。究其原因，只能说，这是由于这些不同的社会文化形式各有其独特的本质，各自的本质决定其自身并把自身与其他事物区别开来。由于宗教的社会功能乃是宗教之本质的表现，我们可以而且应该通过它来认识和揭露宗教的本质，却不能用宗教的社会功能来代替宗教的本质。要想给予宗教的社会功能以科学的说明，只有真正科学地把握了宗教的本质才有可能，这就像普通车工和工程师的关系一样。一个熟练的车工对车床的功能很熟悉，但他并不一定熟悉车床的设计原理，而工程师之所以在技术上高于普通的车工，就在于他掌握了车床的设计原理，正是这些原理决定了车床之所以为车床，并且决定了车床的工作效能。

按照社会功能学派的说法，宗教的社会功能主要在于它能维系社会的稳定和一体性。可是，能发挥此种社会功能者，不止宗教一家，其他许多社会文化现象亦可发生同样的作用。为了区别起见，就必须从它们发挥作用的方式、工具和方法上寻找各自的特殊性。用他们的话讲，宗教之所以是宗教，就在于它是以某种象征体系和价值体系来发挥其社会功能，而哲学是以概念体系，政治是以法权体系发挥自己的社会作用的。即使我们接受这种理论，宗教社会学家仍然必须进一步回答：宗教的象征体系和价值体系是什么？它为什么就能发生如此这般的社会功能？这就是说，必须进一步探索宗教社会功能的内在根据，即宗教的本质。所谓象征体系和价值体系无非就是神或天命之类。宗教之为宗教，正是在于它用神或神的诫命作为人们崇拜敬畏的象征性对象，从而发挥其固有的社会作用，所以，宗教社会学最后仍然把神的观念作为宗教社会功能的内在根据和区别于其他社会文化现象的基本标志。实际上，离开了神的观念，宗教社会学家就不能谈宗教及其社会功能；或者，所谈的对象就不复是真正的宗教，而是其他的社会文化对象了。正是由于这个缘故，杜尔凯姆仍然认为宗教是与对神圣的事物的信仰和行为相关联的统一体系，岸本英夫也得在其宗教定义之后加上附加语，承认宗教在发挥其最终解决人生问题的功能时，常常是通过神的观念进行的。

要把握宗教的本质，规定宗教的定义，看来还是要返回到以神的观念为中心的第一种主张上去。把宗教确定为信仰和崇拜神的体系、从总体上看是正确的。至于使用什么样的概念或术语来表述神更为恰当（例如，是用“无限物”、“终极物”、“超自然力量”之类抽象的哲学概念，还是用“神圣的”、“比人更高的力量”之类术语），那是可以继续讨论的另一个问题。不管宗教学者使用何种术语，它所指的仍是那种超人的神圣的东西。“比人更高的力量”、不是“神”又是什么！自然界中哪有比人更高的存在[①]！所谓比人更高的力量实质上仍不过是超人间、超自然的力量。许多西方宗教学者津津乐道所谓“无神的宗教”，而且把佛教和儒教归入

① 也许有一天，我们的科学家会在宇宙的某一空间发现某种比人类的智慧更高的存在，但可以断言，那也不会是超自然的存在。

此类。其实，就是从传统的西方宗教神学着眼，这种说法也得作很大的限制和修正。孔子本人崇天畏命，而对天和天命的崇拜，恰恰是中国神道观念的基础和核心，从殷周以来，一直是中国宗教崇拜的正统。释迦牟尼宣扬诸法无我、诸行无常、涅槃寂静，在理论上似乎否定了永恒不灭、常住不变的神或灵魂实体，但其六道轮回的教义，却又在逻辑上必然肯定接受此种轮回的业力主体，这实际上等于承认灵魂不灭；至于涅槃境界，即被认之为佛教修炼的最后归宿，在佛徒的理想中显然是某种永恒的、超自然的神秘境界，灵魂在此并非消灭于绝对的无，而是免除轮回不已的痛苦得到永恒的安息。早期佛教中，佛尚未被神化，后来佛被神化了。佛教徒心目中的神与其他宗教中的神虽有细微的差异，但本质上并无原则的区别。释迦牟尼之后，佛教事实上逐渐演变成了典型的神道宗教。瓦哈在其《比较宗教学》一书中就对所谓佛教是无神宗教之说表示异议。

历史上是否有过标榜无神的宗教呢？确也有过。18 世纪的英国自由思想家约翰·托兰德所主张的“自然宗教”，就是以对自然、自然规律的崇拜去代替对神的崇拜。费尔巴哈的“爱的宗教”，孔德的“人道教”和卢那察尔斯基的“造神论”和“社会主义宗教”，都可以说是“无神的宗教”，因为它们都是公开否定神和上帝的存在的。但是，惟其如此，他们不过是借着宗教之名、行反对宗教之实，绝不是真正的宗教，而是真正反宗教的哲学体系。保留宗教的名称，只是无神论不彻底的表现而已。因此我们没有理由把托兰德、费尔巴哈与佛陀的原始佛教混为一谈。

在这个问题上，主要之点似乎并不在于历史上是否确有无神宗教的存在，而是如何理解和确定作为宗教崇拜对象的“神”的概念。世界上各种主要的大宗教，其崇拜的神都具有强烈而浓郁的、与人同形同性的人格性，如果以此为准来衡量一切形态的宗教，就可能会发生所谓例外的情况。但如果像许多宗教学者所主张的那样，对“神”概念作广义的理解，视为某种超人间、超自然的力量，把宗教理解为与此有关的信仰体系，或者对所谓神的“人格性”作更科学的规定，那么，对于宗教含义的上述理解显然便会有广泛的适用性。

当然，关于宗教的定义如果仅限于此，还是不够充分的。对宗教的科学规定，不仅应该指出宗教是信仰和崇拜超自然、超人间力量的体系，而且应当力求揭示此种力量为什么能成为人们信仰和崇拜的对象，它们又如何表现于人们的观念之中，从而把宗教与其他意识形式区别开来。

马克思、恩格斯的有关论述

对于“宗教是什么?”这个问题，马克思、恩格斯曾在自己的著作中不止一次地提出了自己的回答。但是，究竟其中哪一个答案可以算作马克思主义宗教观关于宗教的定义，在马克思主义的宗教研究者中尚有不同意见。我们认为，要对一个概念下一个比较科学的定义，应该符合两个条件：第一，在内容上，必须准确地揭示这个概念所反映的事物的本质，提示出该事物之所以为该事物，并与他类事物清楚地区分开来的根据或质的规定性；第二，在逻辑形式上，应该涵盖它所表述的同类事物，在外延上要周延。如果用这两条标准去分析马克思、恩格斯的有关论断，就可以看到这些论断并不都是揭露宗教之本质的定义规定。尽管在论断的逻辑形式上都是采用了“宗教是……”的形式，但大多数论断的内容都是从不同的侧面揭示宗教的各种特性和社会功能。我们可以对这些论断作扼要的分析。

马克思、恩格斯关于“宗教是……”的论断，数量有十来例之多。但如果细加分类，大体上也可分为上文所讲的那三类：第一类是以宗教信仰和崇拜的对象为中心的；第二类是以宗教信仰的主体为中心的；第三类则是论述宗教之社会功能的。如果这个分类可以成立，那么，根据上文对三类宗教本质观的综合分析，我们就不能把第二、第三类视为揭示宗教之本质的宗教定义。而第一类是否符合定义的条件，也要通过认真、具体的分析加以确定。兹分别分析如下。

马克思、恩格斯、列宁关于宗教的论述属于第二类的有：

> 宗教是那些还没有获得自己或是再度丧失了自己的人的自我意识和自我感觉。①

马克思的这段话把宗教当成某些人的自我意识和自我感觉，在论断的形式上颇有一点宗教心理学者视宗教信仰主体的心理感受为宗教之本质的味道。但马克思在这里并没有把这种“自我意识和自我感觉”说成是宗教的本质。所谓“还没有获得自己，或再度丧失了自己的人”，似可解释为尚没有意识到自己的主体性或丧失了自己的主体性的人。这里的“主体性”，意指自己的命运。如果这个解释可以成立，那么，马克思的这句话

---

① 马克思：《〈黑格尔法哲学批判〉导言》，见《马克思恩格斯选集》，第1卷，第1页。

可以理解为：宗教是那些尚没有掌握自己命运的人的自我意识，是他们的自我意识和自我感觉的异化。含义是深刻的，但在内容上并未说明宗教意识不同于其他意识的特殊本质。人的丧失主体性的自我意识并不一定表现为乞求上帝或追求来世的宗教意识，而完全可能用文学艺术、哲学或政治思想等形式予以表现。魏晋大文人阮籍有一首《咏怀诗》写道："嘉树下成蹊，东园桃与李。秋风吹飞藿，零落从此始。繁华有憔悴，堂上生荆杞。驱马舍之去，去上西山趾。一身不自保，何况恋妻子。凝霜被野草，岁暮亦云已。"所谓"咏怀"，就是阮籍的自我意识的表白。这种人生无常、身不自保的感怀岂不正是丧失了主体性或命运主人感的自我意识？阮籍在这里并未把这种自我意识表现为对宗教的皈依，而是抒发为伤感悲凉的诗歌。在封建社会里，"君叫臣死，臣不得不死；父命子亡，子不得不亡"。臣、子在君、父面前也是"丧失了自己"的人，但臣、子对于这种丧失自己的自我意识却不是表现为宗教意识，而是表现为"事君以忠，事父以孝"的伦理意识。在尼采的"超人哲学"中，平庸低能的下等人也是"没有获得自己或再度丧失了自己"的一群人。但尼采为他们安排的"救世主"并不是传统宗教的"上帝"（尼采宣布：上帝已死!），而是权力意志达于顶峰，才能出类拔萃的"超人"。"超人"是人，而不是神，"超人哲学"并不是宗教。

当然，我们同时也要看到，各个时代的宗教都是不能掌握自己命运的人的"自我意识"。这是宗教在各个时代的"共性"，但这种"共性"并不是宗教所特有的，其他社会意识也可能具有这种性质。这表明它不是决定宗教之所以为宗教、把宗教与非宗教区别开来的本质规定性。只有当这种意识与对超人间、超自然的力量（神）的敬畏崇拜联系起来时，它才是宗教意识。这似乎可以证明我们在本文第一节所作的结论，要揭示宗教的本质，看来还得要回到以宗教崇拜的对象为中心的第一类主张上去。

马克思、恩格斯关于"宗教是什么"的论断许多是说明宗教的社会功能的。如前所述，宗教的社会功能并不等同于宗教的本质。我们不妨分析几段最著名的论断。

> 国家、社会产生了宗教即颠倒了的世界观，因为它们本身就是颠倒了的世界。宗教是这个世界的总的理论，是它的包罗万象的纲领，它的通俗逻辑，它的唯灵论的荣誉问题，它的热情，它的道德上的核

准，它的庄严补充，它借以安慰和辩护的普遍根据。[①]

这一大段话主要讲的是宗教的社会基础和社会功能。马克思认为，宗教作为“颠倒了的世界观”，其社会基础是“颠倒了的世界”，它的社会功能就是为“颠倒了的世界”提供总的理论上的辩护、感情上的安慰和道德上的核准。但这些社会功用也可以是其他形式的“颠倒了的世界观”（例如为反动社会力量服务的社会意识形态）所同样具有的。宗教虽是“颠倒了的世界观”，但“颠倒了的世界观”并不就是宗教。这个论断并不符合揭示宗教之本质并对宗教下定义的逻辑要求。我们再看马克思的另一论述：

宗教是人民的鸦片。[②]

由于后来列宁把马克思的这句名言誉为“马克思主义在宗教问题上的全部世界观的基石”，所以有些马克思主义的宗教理论工作者常把这句名言认作为集中揭示了宗教之本质的经典论述。其实，这句话的内容讲的也是宗教的社会功能。在马克思看来，宗教的社会功能，集中到一点，就是对人民的麻醉。所以，宗教是人民的鸦片。上文已经指出，事物的功能乃是事物本质的表现，本质与本质的表现不应混淆。本质不同的事物可以表现出相似的功能，对人民起鸦片麻醉作用的不仅限于宗教。一切“颠倒了的世界观”都可以为“颠倒的世界”服务，都可以成为“人民的鸦片”。“三从四德”之类封建礼教、诲淫诲盗之类黄色书刊，实际上都是麻醉人民的精神鸦片。所以，“人民的鸦片”不是把宗教和其他社会意识区别开来的本质规定性。

与此有关，列宁说过：“宗教是一种精神上的劣质酒。”[③] 这是列宁对马克思上述论断的另一种说法，其意义和性质与上相同，不必赘述。

恩格斯在《英国状况：评托玛斯·卡莱尔的“过去与现在”》一文中提出过一个说明“宗教是什么”的论断：

---

① 马克思：《〈黑格尔法哲学批判〉导言》，见《马克思恩格斯选集》，第1卷，第2页。

② 同上。

③ 《社会主义与宗教》，《列宁全集》，第10卷，第62页。

> 宗教按其本质来说就是剥夺人和大自然的全部内容，把它转给彼岸之神的幻影，然后彼岸之神大发慈悲，把一部分恩典还给人和大自然。……

这一段论述很长，不拟全部征引。其主旨在于说明神性是人性的异化，宗教的本质就是人的本质，从而把宗教和神还原为自然和人。这是一篇论述宗教之本质的论文，而不是集中而概括地揭示宗教本质的定义。而且正如恩格斯在这段论述之后所说明的那样，基本上是“照抄费尔巴哈的话”。[①] 恩格斯后来对宗教的本质有更完整的表述。

恩格斯对宗教的规　定

上述马克思、恩格斯的论断是他们在1844年1月之前写的，这属于他们的历史唯物主义的世界观和宗教观的形成时期。这些论述从各方面揭露了宗教的世俗基础、社会功能以及它们所表现的本质，但马克思、恩格斯都不是用定义的形式集中说明宗教之所以是宗教的本质。解决这个问题是恩格斯1876—1878年所写的《反杜林论》中实现的。这部著作的“社会主义”编在讨论宗教问题时，一开始就对“宗教是什么”的问题提出了如下的答案：

> 一切宗教都不过是支配着人们日常生活的外部力量在人们头脑中的幻想的反映，在这种反映中，人间的力量采取了超人间的力量的形式。[②]

恩格斯本人并没有说他在这里是在给宗教下定义，但马克思主义的宗教理论工作者大多数都把它当成马克思主义的宗教定义来使用。因为这段话概括地揭示了宗教之所以为宗教的本质规定性，并把宗教与其他社会意识形式区别开来。短短一句话，包含有以下几点内容：

第一，说明了宗教作为意识形式的特征：“一切宗教不过是支配着人们日常生活的外部力量在人们头脑中的幻想的反映。”世界上有没有本质上不是“幻想的反映”的宗教观念呢？没有。因为宗教信仰和崇拜的对

---

① 《马克思恩格斯全集》，第1卷，第647页。

② 《马克思恩格斯选集》，第3卷，第354页。

象都是幻想出来的东西，客观上不存在。佛教的佛、道教的神仙、基督教的上帝、伊斯兰教的真主以及原始宗教的神灵鬼怪、超自然的巫术力……统统都是幻想。恩格斯所谓的“幻想的反映”，也就是马克思所谓的“颠倒了的世界观”。但宗教作为“幻想的反映”，有别于其他形式的颠倒了的世界观，体现了宗教意识的特殊性。

第二，揭示了宗教幻想的内容和对象乃是“支配着人们日常生活的外部力量”。这就说明宗教信仰和崇拜的对象，并不是什么超出经验之外，不可捉摸的神秘权能，而是与人们的日常生活密切相关，但却支配着人们的日常生活的外部力量。神圣的宗教于是还原为它的世俗基础。

值得我们注意的是，恩格斯这里并没有把宗教信仰和崇拜的对象，直接等同于“神灵”之类，他显然注意到了19世纪下半叶以来的西方比较宗教学有关于此的争论，考虑到了原始时代以来各种宗教信仰千差万别的复杂情况。当时，许多西方宗教学者根据一些宗教调查资料认为，许多原始民族的宗教信仰并没有明确的人格化的“神灵”观念。在他们看来，把一切宗教都规定为对人格化神灵的崇拜，对各种宗教是否具有普遍的适用性，是一个值得怀疑的问题。[①] 但是，正如恩格斯所提示的，宗教崇拜的对象，不管其是否已被幻想地反映为人格化的神灵，但总是一种“支配着人们日常生活的外部力量”。西方宗教学家津津乐道的所谓“非人格化的”、“非神”的宗教崇拜对象（如苏族人〔Sioux〕的“瓦康”〔Wakan〕，易洛魁人〔Iroquois〕的“奥伦达”〔Orenda〕，阿尔贡钦人〔Algonkins〕的“马尼图”〔Manitu〕，美拉尼西亚人〔Melanesia〕的“玛纳”〔Mana〕，澳洲人的“阿伦魁尔塔”〔Arunquiltha〕等），在这些民族的心目中，也就是支配他们日常生活的外部力量，因此，恩格斯关于宗教的上述规定对诸如此类的宗教也有其适用性。

恩格斯反对把宗教信仰对象归结为纯粹的自然力量的超越化，而忽略了社会力量的超越化及其在宗教中的地位和作用。《反杜林论》在这段话之后的一个脚注里曾明确地批评了以麦克斯·缪勒为代表的比较神话学者把“神”单纯归结为“自然力量”的片面性：“神的形象后来具有的这种两重性，是比较神话学（它片面地以为神只是自然力量的反映）所忽略

---

① 本书著者并不完全同意这个观点。具体论述请参见本书第一编第二章第二节“神灵观念的性质及其产生”。

的、使神话学以后陷入混乱的原因之一。”[①] 恩格斯根据宗教史的事实，观察了神灵观念在宗教史上的历史发展过程。首先是自然力量被原始人幻想地反映为超人间的力量；随着历史的进展，支配人们日常生活的社会力量，也被幻想地反映为超人间的力量。所以，被人们幻想地反映为宗教崇拜物的东西，不仅有异己的自然力量，而且也包括异己的社会力量。宗教的神既有自然的属性，又有社会的属性。恩格斯的论断使用了“外部力量”这个概念，就涵盖了宗教信仰对象（神）的两重性。

第三，它说明了宗教观念采取了“超人间化”的特殊表现形式。这就是说，这些支配人们日常生活的外部力量反映在人们头脑中，并不直接是以自然力量和社会力量这些“人间力量”所固有的形式表现出来，而是表现为“超人间力量”的形式，因而具有超自然、超人间的神圣性。如果人间力量不超人间化，它也就和其他的自然力量和社会力量一样。它们也许是未被认识、未能控制的，因而是可怕的；但因其未被“超人间化”，因而并不是神圣的。人们也就不会对它们产生神秘之感和敬畏之情，发展为信奉崇拜之举，从而也就不会有宗教的产生。释迦牟尼创建佛教时构想出的教义，其基本内容主要是着眼于如何使人从生、老、病、死之类使人痛苦烦恼的力量的压迫下解脱出来，最终摆脱生死轮回之苦，进入永恒寂静的涅槃境界。对于生老病死之类，我们很难说成是超自然力量，而应该承认它们是人类生活中极其常见、合乎自然法则的现象。但是，正因为它们是任何生命皆不可避免的自然必然性，所以，绝对超出这种自然必然性、永远摆脱生老病死之苦的涅槃境界，当然只能是与自然与人间绝对对立的超自然、超人间境界。如果否定这种境界，也就取消了佛教赖以存在的基础。这说明，人间力量的宗教化，世俗力量的神圣化，宗教理想境界的超自然化，乃是宗教产生的前提。宗教信仰对象表现为超人间力量或超自然境界的形式，乃是宗教的基本特征，普遍适用于各种宗教。

第四，它说明了人间力量超人间化的原因，揭示了宗教观念的世俗基础和客观根源。按照恩格斯的论断，宗教所信仰和崇拜的对象，并不是任何一种“外部力量”，而只是那些“支配着人们日常生活的外部力量”。因为，当一种“外部力量”已经为人掌握和支配以后，它就不再是人们

① 《马克思恩格斯选集》，第3卷，第355页。

生活的主宰，反倒是为人们生活服务的工具，一般地说，人们是不会奉之为神圣而对之顶礼膜拜的。从哲学认识论角度看问题，一种外在力量之所以能为人所用，其前提条件必须是对它的性能有所认识，即其性能在人的认识中得到正确的反映。既然如此，人们一般就不会对它产生“非非之想”，幻想地反映为“超人间力量”了。只有当外部力量支配着人们的日常生活，对人是“异己力量”的时候，人们才有可能和必要把它当成生活所依，生存所系的主宰，幻想为神圣物而对之崇拜。费尔巴哈正是洞察到此中奥秘，才把依赖感说成是宗教的根源。人的依赖感是人被支配的情绪表现。恩格斯发展了费尔巴哈的宗教观，从主观进到客观，把支配着人们日常生活的异己力量作为宗教产生的客观基础。所以，恩格斯这个论断不仅表述了他对宗教之本质的观点，也附带说明了宗教异化的原因和根据。由此出发，就可以进一步探索宗教存在的根源和消亡的途径之类宗教理论问题了。

恩格斯论断只涉及宗教观念的本质，而非关于宗教的完整定义

恩格斯的上述论断虽有相当丰富的内容，但严格说来，它所论断的只涉及宗教观念（“神”观念）的本质特性。如果我们把这段话看成是恩格斯关于“神”观念的定义，那确是可以成立的；但如果视之为“宗教”的定义，仍有所不足。这是因为宗教并不单纯是存在于个人头脑中的主观观念，它同时也是客观存在的社会事实；宗教也不单纯是个人对某种超人间、超自然力量的虚幻信仰，它同时还是某种与社会结构密切相关的现实的社会力量。作为个人信仰的宗教观念是一回事，作为社会现实而客观存在的宗教又是另一回事，二者有联系，也有区别。只要人们把支配自己日常生活的异己力量幻想地反映为超人间力量，这种反映就构成宗教观念。没有这种反映，就没有宗教信仰的对象和对它的信仰活动和崇拜行为，也就没有所谓宗教的存在。但这种反映却完全有可能停留在反映者个人的头脑之中，并不必然表现为信仰宗教、崇拜神灵的行为。唯心主义哲学家可能在世界观上承认某种超验的绝对物（超自然神或上帝）的存在，但却不一定就是某种宗教的信徒。宗教观念只是宗教体系的前提，但有了前提并不等于得出了结论，正如背熟了几何学的公理和定义并不意味着证明了几何学的定理，在打好的地基上并不一定就建有房屋一样。只有当宗教反映超出了观念形态的主观性，表现为宗教信仰的外在行为，超出纯个人的信念，表现为社会性群众性的信仰、准则和行为规范的时候，主观的宗教观念才获得了它的“物质外壳”，宗教才作为一种社会现象而出现于世。

总结以上的讨论，似乎可以得出这样一个结论：无论是西方近现代各派宗教学的宗教本质论，还是马克思、恩格斯的各种论断，尽管它们各自都在揭示宗教之本质问题上提出了许多有价值的内容，推动了整个宗教学研究的进步，但它们也都有自身的缺欠，都还不能作为现存的答案全盘接收过来，我们应该在它们已经提供的基础上，把这项重要的研究向前推进一步。

第二节　宗教的基本要素及其逻辑结构

通过上一节的分析，我们看到，各种类型的宗教规定都离不开神或神性物的观念。具有超人间、超自然的神或神性物的观念，在宗教体系中构成核心的、本质的因素。但是，我们同时也指出，单是神观念并不构成宗教的全体。无论我们对神观念作了多么准确的规定，也不等于对宗教有了完整的定义。因为宗教并不单纯是一种主观的观念，而是一种客观存在的社会文化系统，包含有比神观念更广泛的内容。下面，我们尝试对从神观念进一步构成宗教文化系统的各种基本要素作一次比较系统的研究。

宗教是客观存在的社会现象

支配着人们日常生活的外部力量，或者是具体的，或者是不具体的。无论何种情况，一旦其被人们的幻想超人间化、超自然化以后，它就变成了某种神秘的或神圣的东西。这种虚幻的宗教观念要想成为信众共同崇拜的对象，就不能始终局限在主观的幻想世界之中，而必须把它表象为信众可以感知和体认的感性物。因此之故，各种宗教几乎都是把其所崇奉的神圣对象客观化为某种具有感性形态的象征系统。原始宗教所崇奉的图腾、氏族祖先、自然物和自然力，多神教中的各种偶像，都是神灵观念的感性象征。天主教神学家虽然把他们的上帝抽象化为无形的精神性存在，但同时又把十字架、圣母像、圣徒遗物之类作为上帝的象征和神圣事物；把耶稣基督说成是“道成肉身”和“上帝之子”，这实际上也是把他作为上帝和圣灵的感性象征。伊斯兰教谴责一切偶像崇拜，但真主却偏要通过某个具体的人（真主的使者穆罕默德）来传达他的启示，而且圣城麦加的克而白庙还要供奉一块黑石头。至于佛教寺庙中佛和菩萨的偶像更是多如牛毛。

有了宗教崇拜的偶像或其他象征表现，还必须有宗教象征物的安息之所、供奉之地，以便为信仰者提供宗教活动的场所。于是，金碧辉煌的寺庙、巍峨壮丽的教堂便傲然矗立在大地之上，虚无缥缈的神灵便具有物质存在的形式。这说明宗教的神并不仅仅是信仰者主观的观念，它客观化了、社会化了。这种客观化、社会化的情况进一步体现在宗教信仰者的行为之中。

宗教信仰者的行为是信仰者用语言和肉体进行的外在活动，它是内在的宗教观念和宗教感情的客观表现。一定的宗教观念和一定的宗教感情总是像磁铁的两极一样相伴而生。当人们把异己力量表象为超人间、超自然的力量的时候，也就伴生了对这种超人间、超自然力量的敬畏感、依赖感和神秘感。情动于中则形之于外，发之为尊敬、爱慕、畏怖、祈求、祷告的言辞，表现为相应的崇拜活动。各种宗教都通过一定的仪式把这些原为自发而且分散的宗教行为规范化、程式化，并附加上神圣的意义。因此，一切宗教的礼仪行为都是规范化的，而且是有组织地进行的，具有鲜明的社会性。

宗教的社会性更具体地表现为宗教组织和制度的建立。在原始社会里，整个氏族部落都崇拜共同的神灵，有组织地进行共同的宗教活动。宗教信仰和活动把每一个氏族成员凝结在氏族社会的组织之中。在阶级社会里，由于多种宗教的同时共存和彼此竞争，由于新兴宗教和教派的不时出现，各种宗教和教派的信徒往往由于社会利益的不同和信仰上的差异，导致各种形式的冲突和斗争。在此基础上，形成了各种不同的宗教组织。宗教组织的出现，进一步消除了原始宗教信仰上的自发性，而使宗教成为以宗教组织为基础的社会性宗教。宗教既然有了一定的组织形态，为了对外立异和对内认同的需要，便相应地把本教的基本宗教观念教义化、信条化，并建立与教义相适应的各种戒律规范和教会生活制度。这些共同的礼仪行为、共同的教义信条、共同的教会生活制度、共同的戒律规范，强化了宗教的社会性，把广大信仰者纳入共同的组织和体制，规范了他们的信仰和行为，影响以至决定了他们的整个社会生活，这就使宗教在现实生活中成为一种重要的社会力量，更由于宗教的教义、信条、行为规范、礼仪规定……常通过文化、艺术、哲学、道德的形式表现出来，不仅铸型信仰者的信念和灵魂，更规定他们的价值观念和价值取向，所以宗教也是一种社会文化体系。

宗教的基本要素及其相互关系

通过上述分析，我们可以看到，宗教作为一种社会化的客观存在具有一些基本要素。我们把这些要素分为两类：一类是宗教的内在因素；一类是宗教的外在因素。宗教的内在因素有两部分：①宗教的观念或思想；②宗教的感情或体验。宗教的外在因素也有两部分：①宗教的行为或活动；②宗教的组织和制度。一个比较完整的成型的宗教，便是上述内外四种因素的综合。

宗教的四种基本要素在宗教体系中有一定的关系和结构。长期以来，宗教学者在如何理解和说明这种关系和结构问题上各有不同的看法，体现了他们在宗教本质论上的差异。有强调宗教神道观念是宗教的基础和本质者，有强调宗教的感情或体验是宗教的核心者，也有强调最初的宗教原本是无意识的行为，宗教观念和宗教体验不过是宗教行为理智化和感情化的结果者。各执一词，难以一致。看来，如果要以四种因素产生的时间先后来区分宗教的本质因素与非本质因素，是难以找到可信的答案的。实际上，宗教观念和宗教体验是统一的宗教意识的互相依存的两个方面。没有无识之情，亦无无情之识。宗教意识的情与识又必然形之于外，体现为宗教信仰和崇拜的行为，这一切又逐渐规范化为宗教的组织和制度。所以，构成宗教的内外两类因素乃是同一事物的两个方面，概念上可分析为二，实质上内外一体，它们是相互伴生、相互制约的。

如果我们把宗教四要素产生的时间先后这个烦琐问题撇在一边，着重分析它们在宗教体系中的关系结构，那么应该承认，它们在逻辑上是有序的（当然，逻辑的秩序不是一个时间概念，而是义理上的蕴涵关系）。从逻辑上看，四个要素在宗教体系中实际上有四个层次。处于基础层或核心层的是宗教观念（主要是神道观念）。只有在有了宗教神道观念的逻辑前提下，才有可能产生观念主体对它的心理感受或体验。因此，我们把宗教的感受或体验作为伴生于宗教神道观念的第二个层次。宗教崇拜的行为（巫术、祭祀、祈祷、禁忌等）显然是宗教观念和宗教体验之外在的表现，属于宗教体系的第三个层次。宗教的组织与制度则是宗教观念信条化、宗教信徒组织化、宗教行为仪式化、宗教生活规范化和制度化的结果，它处于宗教体系的最外层，对宗教信仰者及其宗教观念、宗教体验和宗教行为起着凝聚固结的作用，保证宗教这种社会现象作为社会结构的一部分而存在于社会之中。宗教体系的层次结构可以用图 1 来表示：

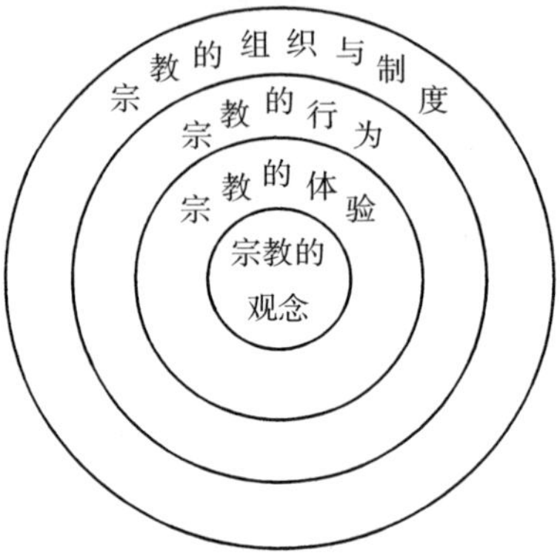

图 1　宗教的四要素

第三节　本书关于宗教的定义

宗教四要素说的宗教定义

图 1 对“宗教是什么”的问题给了一个一目了然的回答，不仅说明了宗教是四个基本要素的综合，而且形象地表明了这四大要素的关系和结构。宗教作为一个整体，就是这四大要素如此结构组合而成的社会文化体系。有此四要素，并如此结构起来，就有了宗教体系；缺乏其中任何一个要素，都不成其为完整的宗教。因此，现在如果有人问：“什么是宗教?”本书的回答是：请看图 1。

本书把这种研究方法称之为宗教要素的结构性分析。这种分析暂时还是把宗教体系作为一个封闭性的系统来处理的。但是，宗教并不是一个自身决定、自给自足的封闭性系统。宗教的外在要素当然是其内在要素的外在表现。在内在要素中，宗教的感情和体验逻辑上必须以对神或神性物的信仰为条件。问题是，神和神性物又是什么？这种观念从何而来？这就进入宗教体系的深层本质。从观念自身去说明神观念的来源，等于把它当成既定的、先在的事实，实际上犹如同语反复，什么问题也没有说。而要说明神观念的来源及其本质，这就涉及研究者的哲学世界观和宗教价值观，仁山智水，绝难一致。泰勒说，一切神灵观念起源于原始时代野蛮人对于梦幻、出神、疾病等生理、心理现象作了错误理解而产生的“精灵”观念；杜尔凯姆则认为，神灵观念来源于社会本身的神圣化；恩格斯以为那是对支配人们日常生活的异己力量的幻想反映……至于宗教神学家们则直截了当地肯定神灵的真实存在。各种见解分歧如此之大，如果都在宗教的定义规定中反映出来，那么，这样的定义规定便只能在本派哲学信奉者中得到承认，而必然受到其他学派的批判。为了避免这种没完没了的争论，在对宗教下定义时，我们似乎应该只限于说明一切宗教皆以信仰和崇拜神或神性物为中心和基础这一基本事实，而不必进一步揭示神或神性物观念的来源和本质。当然，这不是否定深层次的研究，而只是把这种深层次研究保留到宗教定义之后或之外。这样的宗教定义，既然只限于经验事实，而不再涉及神或神性物的真假是非，不包含任何价值性评判，它就比较容易为各派宗教学者所认可。在此之外的进一步宗教研究中，你可以坚持你的无神论，也可以坚持你的有神论，甚至具体阐述你的“精灵论”、“巫术论”、“鬼魂论”、“图腾论”、“玛纳—塔布论”、“超神论”、“泛神论”、“内在神论”、“原始一神论”……本书作者过去曾经接受过恩格斯在《反杜林论》中提出的那个论断，把它作为宗教的定义。后来觉得不妥，但仍认为那个论断虽然不足以成为宗教的完整定义，但却可以承认为关于“神”观念的定义。因此，我曾经把它纳入宗教四要素说之中，从而对宗教下了这样一个定义：

> 宗教是把支配人们日常生活的异己力量幻想地反映为超人间、超自然力量的一种社会意识，以及因此而对之表示信仰和崇拜的行为，是综合这种意识和行为并使之规范化、体制化的社会文化体系。

根据笔者在上文表明的新的思考，这种视神观念为“幻想反映”的无神论价值评判在宗教定义中出现，并不是必要的（不是说它错误，而只是说没有必要），笔者打算对这个论断作如下的修改：

> 宗教是关于超人间、超自然力量的一种社会意识，以及因此而对之表示信仰和崇拜的行为，是综合这种意识和行为并使之规范化、体制化的社会文化体系。

用不着多加解释，这个表述意在从经验事实上说明宗教是一种社会性的宗教意识（宗教神道观念和宗教体验）及其外在表现（各种宗教行为和宗教制度）诸多因素组合而成的社会文化体系，并且蕴涵着这四大基本要素的逻辑关系和层次结构。

本书之宗教定义的理解与应用

为了寻找一个具有广泛的适用性、准确反映宗教之所以为宗教并能与其他社会文化形式区别开来的宗教定义，我们曾在宗教学的广阔领域进行了一番学术性的漫游，最后得出了自己的结论。无论是对西方各派宗教学，还是对马克思、恩格斯的宗教观，对于他们给出的宗教定义，我们的评论自信是公正客观、实事求是的。既未轻率地否定一种观点，也不盲目接受一种说法，各种宗教定义都有不尽满意之处。但是，为了建设我国的宗教学理论体系、为了对各种宗教现象进行研究，我们总得对宗教的本质、宗教这种事物所包含的基本内容、基本要素有一个看法。如果没有这样一种看法，那就会连什么是宗教、什么不是宗教也分不清，宗教研究也就根本无法进行了。这个宗教定义是指导本书作者进行宗教研究、构建宗教学理论体系的基础理论。我当然希望学术界能接纳本书给出的宗教定义，也愿意尊重各种不同的意见。以下，我们从三个方面谈一谈自己对所下宗教定义的理解与应用。

宗教四要素说揭示了宗教的本质及其基本内容，把宗教与非宗教明确区分开来

本书宗教定义理论上的最大特点是把宗教当成四种要素（宗教观念、宗教体验、宗教行为、宗教体制）的综合与统一。它一方面揭示了宗教的核心和本质内容是关于超人间、超自然力量的信仰（“神”观念）；另一方面又指出了这种作为宗教之核心和本质的“神”观念必然表现为宗教的感情和体验，宗教的崇拜行为和崇拜活动以及宗教的组织和制度，这就意味着宗教的本质与其表现的统一。它一方面指出宗教的内在因素（宗教观念和宗教体验）；另一方面又指出了宗教的外在因素，因此，宗教乃是内外诸种因素的综合。正是由于本书宗教定义规定了宗教乃是宗教之本质与其表现的统一，是宗教之内外诸种因素的综合，它就给予了宗教一种最为完整的规定，把宗教与非宗教作了明确的区分。在宗教学说史上，有些宗教学者之所以把某些非宗教文化形式宣布为“宗教”、“准宗教”、“世俗宗教”……其主要原因就在于他们不知道宗教是四种要素的统一与综合，而把宗教与非宗教在某一方面或某几个方面的相似之处夸大为整体上的相同。我国和西方都有相当多的学者把“儒家学说”说成是一种“宗教”——“儒教”，就是因为他们看到中国历史上的孔孟之徒把孔孟奉为“圣贤”，把他们的著作奉为“经典”，采取某种类似宗教崇拜活动的行为对“大成至圣先师孔子”顶礼膜拜。“儒教说”之所以不妥，主要就在于此说只看到了儒家与宗教在外在行为方面的相似性，而忽略了一个本质性的事实：孔子、孟子本人是学者；他们的门徒也只是把他们看成是“圣贤”；而所谓“圣贤”，不过是道德高尚、知识渊博的人，而不是超自然的神。孔孟创建的理论是一种社会的、政治的、伦理的学说，而不是引导世人去追求天堂、净土之类超自然境界的宗教体系。对于中国传统的民族宗教，他们既有信仰的一面，也有否定的一面。孔子相信“死生有命，富贵在天”，主张“畏天命”，这是宗教性的信仰；但他同时又主张“敬鬼神而远之”，“不语怪力、乱神”，表现出反传统宗教的态度。显而易见，孔孟儒家并未构想出某种作为宗教之核心和本质因素的超自然神灵观念。因而，我们不能视其为宗教。当然，这只是就孔孟学说的本来面貌和中国历史上儒家学说的主流而言。后来的中国社会中确有一部分人把孔子神格化，把儒学神学化、宗教化，不过，这并未成为中国儒学的主流。我们今天不能把支流等同于主流，把整个儒家当成宗教。本书作者为什么不采用恩格斯那个著名论断作为宗教定义呢？也是因为恩格斯的论断只规定了“神”观念的定义，而没有把宗教的其他基本要素概括于其中，它未能划清有神论哲学和宗教的界限。一个哲学家是有可能承认某种超人间、超自然的力量，可是并不一定把这种力量当成崇拜对象，对之礼拜、祈求和崇拜的。

这里的问题在于，我们如此强调宗教是四要素的统一，固然可以把某些与宗教部分要素相似的世俗文化形式排斥于真正宗教之外，但是否因此而有可能把某种虽不完全具有四个宗教要素，但却是货真价实的真正宗教（例如原始社会中的宗教崇拜）排斥于宗教之外呢？我的回答是：如果它确实是货真价实的宗教，那它就必然具有上述四个要素。

以中国原始时代的宗教为例，北京周口店山顶洞人的尸体丧葬，是迄今为止我国最最原始的宗教迹象了，比它更早期、更原始的宗教迹象至今尚未发现。它是我国宗教的最早萌芽，但尚未发育成型为完整的宗教。可即使在这最早的宗教“幼芽”中，也已出现了宗教四要素的“种子”。如果山顶洞人没有某种死后生活的观念（即使是非常模糊的），他们就不会把死人进行丧葬处理，并随葬装饰用品和生活用物。这种观念就是发展为灵魂不死和“神”观念的“种子”，此之谓“超人间、超自然”的宗教观念、神观念。既然山顶洞人有了某种“死后生活”的遐想，就必然会伴生对“死灵”的“敬”、“畏”感，没有这种感情和感受，就不会出现使用殉葬物的行动，此即是宗教的感情和宗教的行为。死者不会自己埋葬自己。在当时，葬他者只能是与他具有血缘关系的血缘集团中人，可以设想，埋葬时是同一血缘集团成员集体进行的。这是一种社会性、集体性的宗教行动，是以原始社会中的氏族血缘关系作为背景的。可见，即使是在山顶洞人的“丧葬”这种最简单、最原始的宗教活动中，也已具备了宗教四要素的“种子”。随着原始社会氏族制的形成与完备，原始宗教的四要素也发育成型。崇拜的对象越来越具有超人间、超自然的神秘性和神圣性，成了原始氏族集团的命运的决定者、保护者；原始人越来越强烈地对之感到“尊敬”、“爱慕”、“景仰”、“畏惧”、“恐怖”、“震慑”，于是便表现为“祈求”、“崇拜”、“祭祀”、“操纵利用”……之类行动；原始的神灵总是氏族集体共同信仰的对象，对他的献祭和崇拜行动也总是氏族成员集体进行的，集体性的宗教活动越来越规范化，体制化，成为氏族成员共同遵守、一致奉行的制度。宗教行为制度化与社会制度宗教化同步进行，整个氏族制度下的一切社会生活都宗教化了。可见，原始时代的宗教实际上已明显而完备地具有宗教的四大基本要素。原始宗教尚且如此，后来的宗教又岂能例外。古往今来，到底有没有不完全具备宗教四要素的宗教呢？当然没有！

宗教四要素及其层次结构为宗教分类和宗教学的范畴体系提供了理论依据

任何一门学科，如果它确是具有科学意义的一种学问，它应具有两点标志。第一，从内容上看，它应该反映其研究对象的本质与规律。本质找到了，它所决定的众多现象就找到了共同的根据，得到了统一的说明；规律找到了，众多的现象之间就有了必然的联系，而不再是偶然的堆砌；现象与现象之间的关联应该有可重复性，其关联应该是只能如此，不能如彼；而不再是凭人兴之所之，随意之所好而串联起来，既可如此，亦可如彼。第二，从表现形式上看，这门学科应有反映其对象之本质、现象和规律的概念和范畴，而且这些概念、范畴之间的关联，也应像它们所表现的对象的现象之间的必然联系一样，有其严格而必然的逻辑联系，而不是研究者可以随意之所好任意排列的。因为，概念、范畴之间的逻辑必然性乃是事物、现象之间的规律必然性的表现。

如果我们要把“宗教学”建设成一门真正的科学，就应使它符合于上述两个标志。笔者相信，宗教四要素说可以满足这两点要求。

第一，它把古往今来、中外各民族的一切宗教中的宗教现象，按照同一的原理和逻辑，予以分类，最后归纳为四大类，并确定：任何一种宗教，只要它是真正的宗教，都必然具有这四种共同的现象，作为它组成的要素。一切宗教的事物和现象都可归类于这四大类宗教现象之中（似乎还没有任何一种宗教现象可以游离于这种分类之外）；一切宗教都必然具有这四类现象并以之作为组成宗教的要素（似乎也没有任何一种宗教可以不具有这一要素或那一要素）。这是否可以表明，宗教四要素说具有一种科学性的理论所应该具有的普遍适用性呢？

第二，它发现并确定了宗教四要素之间的逻辑关系。人头脑中萌生的宗教观念（主要是灵魂观念、神灵观念、神性观念）是一切宗教的逻辑出发点；由于它被设想为超人间、超自然的力量和支配人们生活的异己力量，设想者便必然伴生对它的依赖感、崇敬感、畏怖感、神圣感、神秘感；内在的宗教敬畏感必然外在化为崇拜神灵的宗教行为，具体表现为巫术、献祭、祈祷、礼拜、崇拜、皈依、修行、悟道、苦行、禁欲……之类宗教活动；由于宗教信仰的社会性和集体性，为了对内认同、对外立异的需要，就必然要求把宗教的信仰和行为规范化，于是就必然出现宗教观念的信条化、教义化、经典化；宗教经验的虔诚化、神秘化、目的化；宗教行为的仪式化、礼仪化；宗教信徒的组织化和宗教生活的制度化。于是，就出现了“宗教观念→宗教经验→宗教行为→宗教体制”的逻辑序列过程。四大要素的关联是严格符合于这一逻辑必然性的；它们各自在此逻辑序列的位置只能如此，不能如彼，在这里，没有任何主观随意性可言。

第三，宗教四要素说反映了宗教四大范畴之间的逻辑序列与宗教发生与发展的历史过程的一致。只要宗教学者们不带任何成见和偏见去观察历史上任何一种宗教发生和发展的过程，当可发现，都可归纳为“宗教观念→宗教经验→宗教行为→宗教体制”的过程。前面我们分析过原始宗教从萌芽状态到成型状态的发展历程，它非常典型地体现了宗教四要素依次发展的历史逻辑。佛教的创立，开始于佛陀在菩提树下静坐沉思数日之后的“觉悟”，他“悟”到了作为最终解脱的“涅槃”境界（成佛）。有了这种对“涅槃”境界的直觉，就会伴生对涅槃成佛的景仰、渴慕和追求；为了进入这种境界，佛陀逐渐形成了“四圣谛”、“八正道”、“三法印”一整套止观并行、定慧双修的修行法门。初转法轮进行传道之后，有了越来越多的追随者，结成僧伽团体。有了一个社会化的集体，自然要求集体成员奉行共同的教义，执行共同的纪律，实行共同的行为规范，于是，佛教的戒律规定由之而产生。总之，随着佛教信仰者的组织化，推进了佛教哲理的教义化、涅槃悟道的目的化、宗教生活的戒律化、宗教行为规范化，一个体制化的佛教于是成型。

按照新约圣经的描述，耶稣创建基督教的过程与此大同小异。旧约时代以色列先知关于上帝将派“弥赛亚”（基督、救世主）到世上来建立“千年王国”的预言，乃是基督教创教时的基本宗教观念。耶稣于是自称是上帝之子，上帝派他来此世界拯救苦难大众，他就是“弥赛亚”、就是“基督”，他将建立地上的天国，而且做王一千年。据福音书记载，耶稣在约旦河受洗之后，天忽然为他开了，他看见上帝之灵如鸽降在他身上，天上有声音说，这是我的爱子，我所喜悦的（《新约圣经·马太福音》第3章第16节）。有了这种宗教体验，耶稣就开始传道。随着基督教的传播、信仰者的增多，自然而然地形成教会组织。教徒在共同的教会组织中过共同的宗教生活，礼拜上帝和基督，实行“圣餐”之类宗教仪式。后来，为了在不同宗教的竞争中获得胜利，为了克服教内不同教派之间的分歧，逐渐用各种方式把基督教的思想、观念、主张系统化为统一的教义，作为基督教徒必须遵奉的“信经”。在成为罗马帝国和中世纪封建制国家的国教之后，又适应社会的政治结构形成教阶制度。穆罕默德创建伊斯兰教大体上也是如此过程。

所以，无论是原始社会的氏族宗教，国家社会中的国家宗教，还是像佛教、基督教这样由创教者创建的世界性宗教，它们从其萌芽到生长、再到成型的历史过程，实际上都是经历“宗教观念→宗教体验→宗教行为→宗教体制”这样一个过程，宗教史的历史事实证明，宗教四要素的层次结构体现了宗教发生发展的历史逻辑。如果换个说法，用我们所熟悉的黑格尔的语言，可以这样说：宗教四要素说体现了理论与事实、逻辑的东西与历史的东西的一致。

作者对自己提出的宗教四要素说的科学意义和应用价值是有几分自信

的。本书的理论框架和范畴体系大体上就是按照“宗教要素的结构性分类法”构建起来的。

如果宗教四要素说确实体现了理论与事实、逻辑与历史的一致，它的应用价值当不会局限于比较宗教学，而且将会对各种具体宗教史的研究发挥一定的理论参照作用。在以往的宗教史研究中，由于学者们一般把“神”观念等同于宗教，于是便自觉不自觉地把宗教史的发展看成是宗教观念（主要是神的观念）的发展。具体内容往往局限于宗教观念、宗教教义、宗教哲学的提出和演变、各种教派在这些方面的分歧与论争上；而对于宗教的其他要素（宗教情感、宗教行为、宗教组织、宗教体制）的形成与变化，却很少涉及，甚至基本没有涉及。从我们的宗教四要素说来看，这样性质的宗教史并非完整的宗教史而只能算作“宗教观念史”或“宗教教义史”。对于任何一种宗教而言，一部完整的宗教史应该包括宗教四要素诸方面的内容。我们相信，宗教四要素说将会为各种具体宗教史的研究提供一种认识论和方法论，为宗教史研究开辟更广阔的研究空间，使它的内容更充实，形式更完整。

本书对“宗教”给出的规定还提出了宗教是一种“社会文化体系”的说法，这涉及宗教与文化之间的关系问题。问题重要而且复杂，如：宗教究竟在什么意义上是一种社会文化？宗教在文化大系统中处于什么样的地位？宗教对文化各部门究竟起着什么样的作用？……考虑到这些问题在宗教学中的重要性，本书拟在第三编“宗教与文化”中对这些问题进行专题讨论。

第四节　宗教的分类

宗教分类在宗教研究中的意义

任何一门学科的目的和任务，都是要从其研究对象的现象形态中找到此类现象的本质和规律，从多样性中找到同一性，使我们的有关知识成为有条理、合逻辑的系统。如果所研究的现象形态过于复杂多变，一种行之有效的方法，便是使用某种统一的原理或原则，把它们分门别类。这样一来，便在原来看来是杂乱无章的知识中找到了类属的同一性，在各种类别中建立或发现它们固有的联系。各种科学都是如此。生物学并不是一开始就认识到生命的本质及其发展的规律的。千百年来，生物学面对无限复杂多样的生命现象，主要的工作就是对生命现象进行各种各样的分类。分类越细密，反映了对各种生物的特性认识越深刻，也就更深刻更具体地认识到了各类生物之间的联系和生命系统的统一性。世界上和历史上的社会形态和社会制度也是多种多样的。社会学和历史学的研究者也只有通过分类，才能逐步认识各类社会形态的异同和关系，揭示社会历史的共同本质和发展规律。

分类法在各种科学领域内获得的成功，应该成为宗教学的借鉴。宗教在历史上的各个时期和世界上的各地区、各民族展现出了非常丰富的多样性。每一个把宗教作为整体进行综合研究的学者，都会面临世界宗教中的大量现象，其数量之大令人难以想象，花样之多令人瞠目结舌。宗教研究如果无视这种多样性，就势必成为空泛之论；如果专注于各种具体宗教的研究，则不成其为作为一般科学的宗教学。要使我们对宗教的认识，达到多样性与统一性，个别与一般的统一，比较可行的办法便是对多种多样的宗教现象进行分门别类，从分类中发现秩序和规律。19 世纪以来的西方宗教学非常重视宗教分类方法的研究和应用，努力按照各种宗教的共同特征进行宗教分类，以求发现宗教和宗教现象的各种类型。按照西方宗教学的奠基人麦克斯·缪勒的说法："一切真正的科学均以分类为基础，只有在我们处于不能成功地对各种信仰予以分类的场合，我们才会承认，宗教的科学实际上是不可能成立的。"① 只有能正确地发现宗教的各种类型，我们才会有科学的宗教学。

宗教分类的关键，在于我们据以分类的原理或原则是否正确。一种被实践证明为科学的、正确的分类原理，实质上乃是关于对象之不同层次的本质和规律的正确反映。所以，此种分类原理的发现和提出，乃是从杂多性的感性认识到统一性的理性认识的进化，也就是从认识事物之现象到认识事物之本质的发展。这种进化和发展显然不可能实现于认识过程的开端，而只能完成于认识过程中一定阶段的终点。然后终点又变成开端，为科学研究打开进入新阶段的大门。西方的生物分类学从亚里士多德就开始了，经过两千多年的发展，才由 19 世纪下半叶的林奈分类学总其成。林奈之后，生物分类法仍在不断地完善和发展之中。相比之下，宗教学关于

---

① 麦克斯·缪勒：《宗教学导论》，第 68 页。

宗教分类的研究和应用是相当晚近的事情，所以很不充分，至今尚没有形成得到一致公认的科学结论。我们必须开展这方面的研究，要用科学的观点和方法，一方面批判地继承前人的成果；另一方面对宗教的本质和现象进行广泛深入的研究，只有这样，我们才有可能在这个问题上日益接近于科学的认识。

在宗教研究领域，已有不少知名的宗教学家提出了各具特色的宗教分类的方案和原理。不同的分类原理反映了不同的宗教观。彼此之间常不一致，甚至互相冲突。这种冲突有其积极意义，可以互相启发和补充。总的来说，各种分类方法及其原理，都从一个侧面或不同的层次反映宗教的特性，有助于加深我们对宗教的本质和规律的认识，促进宗教学的发展。我们必须对先前的成果进行客观的总结。为此，我们拟选择若干有影响的分类方法，对之进行一番比较性的分析。

地理学的分类

这是西方比较宗教学一般读物中常见的一种分类法，它以宗教在地理上的分布为基础，把世界上各种宗教划分为如下几种：

（一）近东宗教：包括犹太教、基督教、伊斯兰教、琐罗亚斯德教和其他出现于近东地区的古代宗教；

（二）远东宗教：包括中国、日本和朝鲜的各种宗教，如儒教、道教、大乘佛教和神道教；

（三）印度宗教：包括早期佛教、印度教、耆那教、锡克教、小乘佛教以及由于印度教和佛教的影响而在南亚地区兴起的其他宗教；

（四）非洲宗教或黑非洲部落民的宗教崇拜（古代埃及宗教例外，因它一般被视为古代近东宗教）；

（五）美洲宗教：包括南北美洲印第安土著民族的各种宗教；

（六）大洋洲宗教：即太平洋诸岛、澳大利亚和新西兰诸土著民族的宗教体系；

（七）古代希腊、罗马宗教以及受其影响的各古典宗教。

地理学分类根据宗教在地理上的分布的原则，把人类历史上的各种宗教纳入一个统一的格架之中，使品种繁多的宗教清晰地展示在一幅平面图上，在应用上很是方便。以一个特定地区为中心的诸种宗教，由于在历史起源上存在着各种联系，常常具有不少类似之点，这也给我们提供了某种地理学分类的根据。但是，这种分类有明显的缺陷。主要是宗教产生的地理位置既不能决定宗教的本质因素，也很难展现出该种宗教的特殊性。宗教地理分类在外延上更常常与实际情况不相重合。许多重要宗教的分布并不局限于单一的地区（如各种世界性宗教），而且它们的最大活力常常并不出现在它们的起源地（如佛教并不昌盛于印度，基督教亦不昌盛于巴勒斯坦）。宗教地理学的框子，早已被宗教发展的本身冲破了。

人种学—语言学的分类

麦克斯·缪勒认为，在人类历史的早期，各民族之间在语言和宗教上有着最密切的关系，人们可据此找到宗教的共同起源，为各种宗教进行起源学上的分类。按照他的理论，亚欧大陆最早居住着三大种族：图兰人（Turanians，包括乌拉尔—阿尔泰诸民族）；闪米特人；雅利安人。与此相应则有三大语系。最初，三大种族各自构成一个统一体。以后，随着历史的变迁，他们各自分裂为无数的民族、操许多不同的语言，在宗教信仰上各有特色。缪勒相信，只要我们对各民族的语言、宗教神话、宗教术语（神的名称）、宗教生活和宗教制度进行比较研究，就可找到它们的共同性和类似点，从而发现各民族宗教的原始统一体，揭示出它们的共同起源。缪勒本人致力于雅利安人种各分支的语言、文化和神话的比较研究以及雅利安人和闪米特人两大种族的宗教观念的比较研究，作出了举世公认的贡献。他推动大批学者走上了比较宗教学研究的道路。

缪勒的分类法受到了宗教学者的广泛重视，有些学者接受并发展了他的分类原则，例如德国学者杜伦·J. H. 瓦德的《宗教的分类》(1909)，接受了种族与宗教相联系的前提，据他说：相同的影响、力量和孤立的环境，造就了一种特殊的种族，同时也造就了一种特殊的宗教，宗教是一个种族之必然的组成要素或成分。他按照种族与宗教密切联系的原则，从人种学的分类推论出宗教的分类，他把人种分为五类：①大洋洲人种；②非洲人种；③美洲人种；④蒙古人种；⑤地中海沿岸地区人种。上述每一人种都有自己独特的宗教，从而相应地有五种类型的宗教体系。

种族与语言、宗教的联系无疑是存在的，不同的种族最初显然有不同的语言和不同的宗教信仰，同一种族在语言和宗教上的共同性也不会随着种族的分裂而完全消失。因此，缪勒、瓦德所主张的人种学—语言学的分类无疑是有意义的，有助于宗教学去探索某些种族的宗教的共同起源。缪勒在比较神话学上作出的贡献显然与此原则有关。问题在于人种上的分类很复杂，各种分类至今仍属于假设性质。各种语言的比较研究更是困难之事。宗教学者在其有限的生涯中，很难掌握大量的语言工具。尤其需要注意之点是种族和宗教的联系不能无限夸大。一个种族在变化不定的历史过程中，常常转而接受其他种族的宗教；新兴的、外来的宗教往往代替许多民族各自的传统宗教而成为它们的共同信仰。人种学—语言学的分类在探索宗教的起源上可能是有益的方法，但却不能说明宗教在历史上的演变，人类的种族特征可以为宗教涂染上一层民族的色彩，但却不能决定宗教的共同本质。宗教与种族之间并无内在的必然的联系。如果把人种学的宗教分类看成是普遍的分类原则，看来是不尽妥当的。

进化论的分类

文艺复兴时期以来，启蒙思想家出于批判传统宗教神学的需要，特别起劲地反对基督教起源于上帝启示的神学说教。为此，他们先后从事宗教起源和发展问题的研究，并因此而把历史进化的观念带进宗教研究之中。按照他们的观点，基督教并不是最原始、最古老的天启宗教，而是宗教逐步演进的结果。人类的宗教在其产生和演进的过程中，经历了不同的阶段，而在不同的阶段上，宗教则表现为不同的类型。这种观念逐渐发展为宗教学中历史进化论的分类原理。

18 世纪法国唯物主义者和启蒙思想家主要代表之一霍尔巴赫考察了宗教观念和宗教体制在历史上的发展，他把宗教的历史发展分为三个阶段，与此相应则有三种类型的宗教：拜物教、多神教和一神教。最初，人们崇拜的是自然界的自然势力，即粗野的物质对象本身，是为拜物教；以后他们开始崇拜那支配自然势力的实体，即强有力的神、低级的神、英雄伟人之类，是为多神教；进一步，人们把这一崇拜体系简单化，使整个自然界服从于一个唯一的神，即推动这个自然界及其各个部分的最高理性、精神、宇宙灵魂，形成一神的观念，是为一神教。

18 世纪英国的自由思想家和哲学—宗教上的怀疑主义者休谟也提出大致类似的主张。他认为人类最初的宗教乃是多神教和偶像崇拜，后来才演化为基督教之类的一神教。

霍尔巴赫、休谟的宗教进化论，半属哲学性的思辨，半以当时已知的各民族宗教史实为依据，在细节上可能粗糙失真，但把历史进化的观念带进宗教发展史的研究之中，在总体上则反映了历史的逻辑。这种宗教发展观在 19 世纪德国哲学家黑格尔那里得到了更充分的发展。

黑格尔是一位唯心主义哲学家和辩证法的大师，他把自然、人类社会和思维的一切都视为绝对精神自我认识和辩证发展的历史过程。他认为宗教和哲学一样，乃是绝对精神辩证发展的不同阶段，是绝对精神在人的精神中对自己的自我意识。所不同者，宗教是以感性表象形式，而哲学则是以概念来认识和展现绝对精神。既然宗教是绝对精神辩证发展的一个阶段，它本身也是发展的。而且这种发展也和绝对精神的整个发展一样，遵循辩证法进展的三段式：从一种宗教形式（正题）过渡到作为其对立面的另一种宗教形式（反题），然后达到对立面的统一，进到更高级的宗教形式（合题）。在黑格尔的宗教哲学中，人类历史上的各种宗教因此而成为绝对精神在人的精神中以感性表象形式来展示自己，认识自己的不同阶梯。黑格尔以这种唯心主义哲学的形式对人类历史上的全部宗教进行了一次大规模的综合，提出了下列宗教学说史上相当系统、完整的宗教进化论的分类图式：

（一）自然宗教

1. 直接的自然宗教：巫术。
2. 意识本身分成的宗教。
   甲、度的宗教（中国）；
   乙、想象的宗教（印度婆罗门教）；
   丙、存在本身的宗教（佛教）。
3. 向自主的、主观的意识过渡的宗教。
   甲、善或光明的宗教（波斯袄教）；
   乙、痛苦的宗教（腓尼基人的宗教）；
   丙、谜语的宗教（埃及宗教）。

（二）精神个别性的宗教或自由的主观的宗教

1. 崇高的宗教（犹太教）；
2. 美的宗教（希腊宗教）；
3. 实用的宗教（罗马宗教）。

（三）绝对宗教（基督教）

黑格尔的宗教演进史以及据此而划分的宗教类型，显然是按照其唯心主义哲学体系的格架构造起来的“空中楼阁”。如此“宏伟不凡”的图式，竟没有给伊斯兰教留下一席之地，突出地暴露了它的缺陷。他的宗教发展观把宗教说成从低级宗教发展为高级宗教的历史过程。就宗教发展观念而言，这本来是有一定的合理性的。可是黑格尔不是把这种发展理解为世界各大民族和各大宗教都经历的过程，而是把它硬说成是绝对精神从东方前进到西方的旅程，意在表明西方基督教是“绝对而完善的宗教”。既满足了欧洲人的自大狂，又迎合了基督教会的虚荣心。伊斯兰教出现在东方，又在基督教之后，这显然不符合于黑格尔所理解的绝对精神的发展逻辑，于是他只好采取了我们以为不可思议的态度，对其视而不见，置之不顾。

到 19 世纪，进化和发展的观念在自然科学中得到了很大的发展，对社会科学（包括宗教学）的研究产生了强烈的影响。许多宗教学说都贯彻了进化观念，把宗教视为一种从低级到高级的进化过程。孔德的实证主义哲学把人类的发展史分为三大阶段：第一是神学的或虚构的时期；第二是形而上的或抽象的时期；第三是实证的或科学的时期。他又把神学时期再分为实物崇拜、多神教与一神教三个阶段。这实际上是把人类历史上的各种宗教划分为依次出现的三种类型。当然，孔德没有忘记指出：在他所谓的第三时期（即实证的或科学的时期），宗教将演变为在实证哲学基础上建立起来的“人道宗教”。

约翰·拉布克发展了孔德的进化论的历史分类，他把宗教发展史上的各种宗教按历史顺序分为如下几类：（一）无神时期或完全没有宗教的时期；（二）实物崇拜；（三）图腾崇拜或自然崇拜；（四）萨满教；（五）神人同形或偶像崇拜；（六）以天主为造物主，并将宗教与伦理合而为一的宗教。这种宗教历史的分类是孔德学说的扩大和延长。

英国宗教人类学家泰勒根据他的万物有灵论，系统地论述了宗教的起源和发展，形成了关于宗教在不同历史阶段的不同形态的进化论分类：

（一）灵魂观念的形成，由做梦、出神、疾病、死亡等现象想象出与身体不同的独立存在的灵魂；

（二）祖先崇拜：对死者灵魂的尊敬；

（三）自然崇拜或拜物教：把精灵观念应用到自然物之上，形成自然崇拜，进而导致用偶像来象征神灵的偶像崇拜；

（四）种类神崇拜或多神教，从对单个神灵的崇拜转化为对整个一类自然力的“种类神”的崇拜，如天帝、雷神、雨神、水神、火神、日神等自然神和主管人生特殊时期与功能的神、如生产神、农业神、战神、死神等；

（五）一神教：信仰至高无上的、独一无二的神。

泰勒的万物有灵论以及由此而形成的进化论分类，体系完整，内容丰富，在宗教学领域里产生了很大的影响。

荷兰宗教学者蒂勒也提出了一种进化论的分类体系。他认为，宗教的进化基本上是从自然宗教发展为伦理宗教的过程。但自然宗教和伦理宗教按进化顺序又可再予划分。他的分类体系大致如下：

（一）自然宗教

1. 崇拜多魔的（多灵的）巫术宗教；

2. 崇拜半人半兽的多神教；

3. 神人同形同性的多神教。

（二）伦理宗教

1. 民族性的律法宗教（局限于单一民族范围内的个别性宗教）。

2. 普世性宗教。以抽象的原理和公理为基础，希望得到一切人的承认和信仰。属于此类的宗教只有三种：伊斯兰教、基督教和佛教。蒂勒的宗教分类在宗教学中也颇有影响，以进化论观念为基础的宗教发展观和宗教分类学说，还有不少表现形式，此处略而不赘。

进化论分类把宗教视为在历史上不断发展的过程，并根据宗教在不同历史阶段展现出来的不同形态进行分类，故有些宗教学者又称之为“形态学的分类”。这种分类具有自发的辩证法因素，而且这种根据历史进行的分类一般都具有比较严整的体系，把历史上各种形式的宗教纳入一个系统的格架之中，使人们有可能比较方便地认识到一种宗教在历史上的因果连锁和地位，有助于我们进一步探索宗教发展的规律。但是，从 20 世纪初年起，这种进化论的宗教观便受到非议。主要有两种批评，第一种批评认为一神教不是从原始自然崇拜经多神教而发展的结果。据说一神观念乃是上帝对人类的原始启示，因而人类最原始的宗教是一神教。拜物教或多神教乃是原始一神教退化的结果。这种观点叫做退化论，以施米特为其代表。第二种批评有所不同，他们认为进化论分类把宗教分为低级宗教和高级宗教，有扬此抑彼之嫌。施米特的原始一神论一度颇有影响，但因其具有显而易见的护教色彩，资料的来源和解释又多不足凭信，因而很快被西方宗教学者普遍予以排斥。第二种批评从其口头表示的动机而论也许无可厚非，但否定宗教的进化，科学性则有所不足。人类各民族历史上的各种宗教和一切事物一样，显然也处在演变和发展之中。无论就其宗教观念、教义信条、规范而言，还是就其象征体系和行为体系而言，都是从粗疏越来越走向精致。当然，在使用低级宗教或高级宗教之类术语的时候，要作科学的说明。一切宗教都是虚幻的反映和颠倒的世界观。所谓高级宗教，并不意味着它就具有更高的真、善、美价值，因而就具有比所谓低级宗教更优越的地位。科学的宗教进化观念不包含任何道德上的价值判断，不意味着对所谓高级宗教的肯定。

宗教进化论以及相应的宗教分类，其主要缺陷并不在于肯定宗教的进化。而是在于它不是从社会制度的演变来说明宗教进化的内在根据，从而不可能科学地确定宗教在不同进化过程中的不同形态。

现象学的分类

西方宗教学中近年来兴起所谓宗教现象学的研究，不少宗教现象学者把进化论的宗教发展观指斥为武断的半哲学概念，反对把历史上各种具体宗教作为整体来进行进化论的分类。他们主张越过具体宗教的界限，而将各种宗教所共同具有的表现形式（或现象形态）进行编组分类。荷兰宗教学者 W. 布雷德·克里斯顿森说：宗教现象学力图通过对宗教现象进行分类来理解宗教现象……我们必须尽可能按照宗教的本质性因素和形态性因素来组合现象。克氏在其《宗教的意义》一书中把宗教现象分为如下几类：

（一）宇宙学：包括自然崇拜（在形式上是天地诸神），动物崇拜、图腾崇拜和万物有灵论；

（二）人类学：考察人的本性，人的生活以及人在社会中的联系；

（三）崇拜礼仪：包括对圣地、圣时和圣像的考察；

（四）崇拜行为：如祈祷、宣誓、诅咒、神判法等。

著名的荷兰宗教现象学者范·德·莱乌在其《宗教的本质和表现》一书中，把宗教生活的各种事实分为如下几类：

（一）宗教的客体：即能激发起宗教反应的东西；

（二）宗教的主体：其中包括神圣的人、神圣的团体以及内在于人内部的神圣物（即灵魂）；

（三）客体与主体的交互作用；

（四）俗世：通向俗世的道路以及俗世的目的；

（五）宗教的各种表现形式。

严格意义的现象学分类是与进化论分类相对而言的。进化论的分类是历史的分类，即对历史上各种具体宗教按照其进化的阶段性而作的分类；现象学的分类则是非历史的同时性的分类，它是把各种宗教系统的共同因素或共同现象形态抽象出来进行分类。如果说，进化论的分类意在揭示宗教发展的历史，那么，现象学的分类则意在展现宗教体系的要素及其结构；如果前者是“线”的分类，后者则是“面”的分类。

宗教现象学的分类对于宗教研究是有用的、有意义的，因为宗教的本质必然表现为宗教的现象，宗教的内在结构必然展现为各种宗教要素的组合，而我们只有通过对外在的现象和构成要素的认识才能进一步认识到宗教的本质和内在结构，因此，通过现象学分类，深入具体地研究各种宗教现象和宗教要素，乃是宗教研究的必由之路。

宗教现象学者把现象学与进化论对立起来，也是不可取的。宗教在历史上的发展是一个客观的过程，当代诸宗教显然与人类早期的宗教崇拜活动和历史上宗教的演变有密切的关系。宗教历史的分阶段和进化论的分类是否反映了宗教史的客观进程是可以讨论和争辩的问题，但这种客观过程的存在则是不容置疑的。同时性的、平面性的现象学分类完全可以与历史的进化论分类并行不悖，甚至还可以相得益彰。各种宗教现象本身也可以作为一类对象来处理，对之进行历史演变的探讨。例如我们可以在宗教学中专门研究宗教观念（神灵观、灵魂观、生死命运观），宗教体验（依赖感、敬畏感、神人交通的神秘感）、宗教行为（祭祀、巫术、祈祷、仪式）和宗教组织（僧侣、教派教团）的形成和发展过程。实际上，西方有些宗教学者也企图把这两种分类结合起来，例如，美国社会学者罗伯特·贝拉一方面按照历史过程把历史上出现的各种宗教分为五种：原始时代的宗教，古典时代的宗教，历史上的宗教、现代早期宗教以及现代宗教。但又认为在宗教历史过程中的每一阶段上的宗教，其表现形式又都可分为几类：象征体系、宗教活动、宗教组织和社会含义等。贝拉的宗教分类在西方宗教社会学中受到重视，引起了广泛的讨论。

除此以外，还有许多分类法，限于篇幅，此处从略。

通过对上述几种主要的分类法的评述，我们可以看到，这些分类法都各有其一定的适用性，因而都具有一定的价值。同时，它们也都各有自己的缺陷。但是，无论是它们的长处，还是它们的短处，对我们的宗教研究都有教益。

本书采用的宗教分类及其原理

从对上述各种宗教分类理论的比较分析中，我们可以看到，宗教分类问题是非常复杂的，要建立一个完善的、科学的分类方案是相当困难的。一种真正科学的宗教分类，应该是以科学的原理为其出发点和理论根据，而这种科学的原理则应该是正确认识宗教之本质和发展规律的结果。上述各种宗教分类的理论和方案，有其合理的因素，它们从不同的侧面反映了宗教的某些性质和规律；也有缺陷和不足，因为它们各自在总体上都没有反映宗教的本质和规律。我们应当有可能在此基础上找到一个比较完善的宗教分类方法。当然，所谓“应当”，只是一种可能性。要使可能变为现实，必须对有关问题进行艰苦深入的研究。宗教分类，是对世界历史上各种宗教进行大规模的综合研究的结果，既需要对丰富多彩、复杂多变的宗教材料有全面的了解，又需要熟练掌握科学的理论和方法，正确认识宗教的本质和规律。实现这样的任务，绝不可能一蹴而就。本书打算在继承前人的研究成果的基础上，作一些尝试性的说明。

恩格斯在谈到科学分类的一般原则时指出：“科学的分类。每一门科学都是分析某一个别的运动形式或一系列互相关联和互相转化的运动形式的，因此科学分类就是这些运动形式本身依据其内部所固有的次序的分类和排列，而它的重要性也正是在这里。”① 这是就对科学总体之分类而言的。但这个原则对于每门科学内部的分类也有其一定的适用性。这就是说，每门科学对其研究的对象和材料的分类也应当依据其“内部所固有的次序”进行分类和排列。宗教内部所固有的次序，总的来说，可以归纳为两种序列：一是横向的，表现为各种宗教现象或宗教要素的结构、排列和组合；一是纵向的，表现为宗教在其历史发展中展现出来历史形态的次序。前一种序列是平面性的、同时性的、非历史的；后一种序列是线性的、非同时性的、历史的。在我们看来，这两种客观存在的序列可以给我们提供出宗教分类的原理，对宗教进行两种形式的分类。

宗教要素的结构性分类

依据上述第一种序列，我们可以把构成一切宗教的共同性的要素或普遍性的现象进行分类。这种分类可以叫做宗教要素或宗教现象的结构性分类。宗教和其他一切事物一样都是本质与现象、整体和要素的统一。宗教的本

① 《自然辩证法》，《马克思恩格斯全集》，人民出版社 1971 年版，第 593 页。

质对于各种宗教而言是同一的，它决定了宗教之所以为宗教。因此，如果仅仅局限于宗教的本质是无法进行宗教分类的。但本质是通过现象展现出来的，宗教现象的多样性乃是同一的宗教本质在不同时空条件下的特殊表现形式，宗教的整体体现为各种宗教现象和宗教要素的结构和组合。既然现象和要素的多样性是宗教整体性和本质同一性的表现，我们就可以对多种多样的要素或现象加以分类，经过抽象、综合与归纳，概括为一切宗教所共同具有的几种类型。在本章第二节《宗教的要素及其逻辑结构》中，已对宗教构成的要素作了比较详细具体的分析，提出了“宗教四要素说”。我们这个学说不仅把一切宗教现象区分为四类组成宗教的要素，而且发现了四类要素的层次结构和逻辑关系。它为宗教要素的结构性分类提供了理论依据：

（一）宗教的观念：灵魂观念
神灵观念
神性观念｛天命观念；神迹观念｝

（二）宗教的体验：对神圣物的依赖感
在神圣物面前的敬畏感
对神圣力量之神奇和无限的惊异感
对违反神意而生的罪恶感和羞耻感
相信神的仁慈和宽恕而产生的安宁感
自觉与神际遇或与神合一的神秘感

（三）宗教的行为：巫术
禁忌
献祭
祈祷

（四）宗教的体制：由宗教信徒的组织化而形成的宗教组织和教阶体制
由宗教观念的信条化而形成的教义系统和信仰体制
由宗教体验的目的化而形成的修道体制
由宗教行为的规范化而形成的宗教礼仪

上述这种宗教要素的结构性分类方法在很大程度上类似于西方宗教学

中的现象学分类，不过，我们的分类建基于“宗教四要素说”，理论上较为充实，形式上较为严整。本书第一编的体系结构就是这种宗教分类原理的具体应用。

宗教发展的历史性分类

根据上述第二种序列，我们可以把宗教在其发展中展现出来的历史形态进行分类，这种分类可以称为宗教发展的历史性分类。各种由宗教人类学家构想的关于宗教的进化论分类，大体上均可看做宗教发展的历史性分类。本书接受了恩格斯关于宗教在历史上是从“部落宗教”发展为“民族宗教”，再发展为“世界宗教”的主张。

恩格斯在《布鲁诺·鲍威尔和早期基督教》中提到了从部落宗教到民族宗教的发展及民族宗教走向消亡的社会原因：“古代一切宗教都是自发的部落宗教和后来的民族宗教，它们从各民族的社会和政治条件中产生，并和它们一起生长。宗教的这些基础一旦遭到破坏，沿袭的社会形式，继承的政治结构和民族独立一旦遭到毁灭，那么与之相适应的宗教也就崩溃。本民族神可以容许异民族神和自己并立（这在古代是通常现象），但不能容许他们居于自己之上。东方的祭神仪式移植到罗马，只损害了罗马宗教，但不能阻止东方宗教的衰落。民族神一旦不能保卫本民族的独立和自主，就会自取灭亡。”①

恩格斯在《路德维希·费尔巴哈和德国古典哲学的终结》一书中又继续说明了从“民族宗教”到“世界宗教”的历史进程：“这样在每一个民族中形成的神，都是民族的神，这些神的王国不越出它们所守护的民族领域，在这个界线以外，就由别的神无可争辩地统治了。只要这些民族存在，这些神也就继续活在人们的观念中；这些民族没落了，这些神也就随之消亡。罗马世界帝国使得旧有的民族没落了……旧有的民族的神就消亡了……罗马曾企图除本地的神以外还承认和供奉一切多少受崇敬的异族的神，这种企图清楚地表现了拿一种世界宗教来充实世界帝国的需要。但是一种新的世界宗教是不能这样用皇帝的敕令创造出来的。”② 后来，基督教终于适应了罗马世界帝国的需要成了世界宗教。恩格斯这里没有具体分析佛教、伊斯兰教等世界宗教形成的过程，但他的原理和方法对它们是适

---

① 《马克思恩格斯全集》，第 19 卷，第 333 页。

② 《马克思恩格斯选集》，第 4 卷，第 250—251 页。

用的。

宗教从“部落宗教”→“民族宗教”→“世界宗教”的发展，一方面反映了宗教历史发展的进程；另一方面，宗教的这三种历史形态也就是对宗教的历史形态所作的分类。

恩格斯的上述论述表现了他的历史唯物主义宗教观。一切宗教都是从各种族集团的社会政治条件中产生，并随着这些条件的演变而演变。在以血缘关系为社会结构之纽带的古代社会里，最初的宗教观念是由每个有血缘关系的部落和民族所共有，故原始部落社会的宗教表现为自发的氏族—部落宗教。民族集团（国家）的神都是民族（国家）的保护神，神的存废决定于民族（国家）的盛衰，这样的宗教是民族宗教（国家宗教）。随着世界性帝国的形成，为适应它的需要，便出现了取代民族宗教（国家宗教）的世界性宗教。如果我们在当代从作为一个专业宗教学家的眼光来看恩格斯的这些论述，它们无疑过于概略和简单，哲学性的概论代替了宗教史的实证。但是，正因为恩格斯是位哲学家、思想家，才有可能省去历史的细节，从宏观上对宗教形态的历史演变做整体性的把握。这个图式体现了唯物史观的基本精神，内容上比较深刻，形式上比较严整，适用范围也较广泛，大体上可以把历史上出现的各种形态的宗教体系涵盖进去。当然，我们也绝不能说它是放之四海而皆准的宗教历史发展的规律。因为，事实上许多种族和民族的民族性宗教至今并未发展为世界性宗教，其中许多早已在历史上消失，有些则至今仍并存于世界上的民族宗教之林，在可以预见的将来，在很长的历史时期之内，它们也不可能被世界性宗教所取代。也许有那么一天有可能出现一个大同世界和世界大同的宗教。但那一天毕竟太遥远了。科学不能建立在“也许”之上。尽管如此，现代世界上的三大世界宗教确是随着跨民族大国或世界性帝国的发展而形成的。在这个范围内，恩格斯提出的这个图式还是适用的。本书有条件地吸收了恩格斯的上述主张。第二编在探讨宗教的发生和发展问题时，大体上就是按照这一分类原理进行的。

第二章　宗教的观念与思想

各种宗教都有一套说明其信仰的观念，甚至形成一套论证其信仰的观念体系，构成一种宗教世界观。它是宗教行为的内在根据，是宗教组织借以建立信仰体制的骨架，对整个宗教体系的构成起着基础性的作用。

各种宗教体系的宗教观念无论在内容上有何差别，都得通过一定的语言或文字形式表现出来。释迦牟尼在菩提树下所悟的道理，从内在的观念变为外在的语言。弟子集“佛说”而成为佛教经典。穆罕默德也是把他在山洞中沉思默想所得的观念以及他自称听到大天使迦伯列传达的“天启”，通过语言的宣讲，辗转形成《古兰经》和《圣训》。宗教观念一旦通过语言和文字表现出来，它就超出个人体验和内在信仰的范围从而可能具有社会的意义，成为一种社会文化形式和宗教传道的工具。

就主要的宗教体系而言，宗教观念的基本内容是说明其所信仰的信条和教义，再进一步，则是通过理论性的论证而演为教理，形成具有理智性色彩的神学体系。各种宗教体系的信条、教义、教理各有不同，对它们的具体说明乃是各种部门宗教史的任务。本书作为一般的宗教学，只能对各种宗教的共通性的基本概念，作一些综合性的比较分析，借以揭示宗教的共同本质。

最基本、最重要的宗教观念大致可归结为三个方面的内容：一是宗教的灵魂观；二是宗教的神灵观；三是宗教的神性观。三种观念是其他一切宗教观念的基础。各种宗教的信条、教义和教理事实上都是在这三种观念的基础上建立起来的。其所以如此，是由宗教的本质所决定的。在宗教反映中，宗教信仰和崇拜的对象采取了超人间力量的形式。这种“超人间力量”也就是宗教所说的灵魂和神灵。神灵如何支配人们的日常生活，取决于人们对神灵的性质和权能的理解，即取决于人们赋予神灵以什么样的智慧、意志和权能。这些就构成了宗教神灵的神性。神的神性总是在他支配世界和人间生活中展现出来的。神支配世界和人间生活的方式就是“神意”或“天命”。最能体现其意志和性能的行为则是神创造的“神迹”。所以，“天命”和“神迹”构成神性的主要内容和表现形式。

灵魂观念、神灵观念、神性观念在不同的宗教体系、不同的时代和不同的地域有不同的表现形式。分析和比较各派宗教观念的异同，追踪不同条件下宗教观念的演变及其根据，应该成为宗教研究的重要课题。

第一节　灵魂观

灵魂观念的含义

灵魂观念，在一切宗教观念中是最重要、最基本的观念之一。关于形灭而灵魂不灭的信仰，是广泛流行于古今世界上各种宗教体系中的普通信条。按照近代西方宗教学的奠基人之一爱德华·泰勒的“万物有灵论”，灵魂观念是整个宗教信仰的发端和赖以存在的基础，是全部宗教意识的核心内容；如果没有超自然的、不朽的灵魂观念，就不可能有超自然、超人间的神灵观念，从而也就不会有所谓宗教信仰本身。在基督教神学中，灵魂不朽，与上帝存在、意志自由一起，构成宗教神学的基本命题。伊斯兰教神学大体上也是如此。早期佛教不讲灵魂不灭，但其因果报应，生死轮回的教义在逻辑上必然导致承认不灭灵魂的存在，并以之作为业报轮回的主体；佛教传入中国后很快就完成了灵魂观的这一种发展，“神不灭”成了中国佛教的坚定信仰。虽然各种宗教体系对于灵魂的存在有着一致的信仰，但对于灵魂观念的性质和含义却有不尽一致的理解。因此，宗教学者有时感到很难找到一种适合于一切宗教的灵魂观念的规定。哲学上，一般把灵魂规定为存在于人的身体之中，但却与身体对立的精神实体。这是与欧洲基督教信仰直接有关的西方哲学的灵魂观。它反映了一定的哲学世界观，对基督教之外的有些宗教体系也有一定的适用性，但却并不适合于一切宗教。至少有两种例外的情况。第一，有些宗教系统把灵魂视为某种物质性的东西。原始人和古代人心中的灵魂观念就很难摆脱物质的形态。甚至像伊斯兰教这种高度发达的世界宗教也仍把灵魂说成是某种“稀薄细微的物体”。按照我国古代的宗教观念，灵魂本质上是一种物质性的“精气”。《左传·昭公七年》对灵魂的规定是：“附形之灵为魄，附气之神为魂。”虽然尚没有完全把魂魄直接等同于形气，但却附属于形气，并没有直接肯定灵魂独立自存。《大戴礼·曾子天园》的说法则进一步，直接在灵魂与精气之间画等号：“阳之精气曰神，阴之精气曰灵。”精气有阴阳两种，它们分别是“灵”或“神”。这里的“神”和“灵”就是灵魂。中国哲学史上的元气唯物论也是这种看法。在古代希腊，视灵魂为物质实体者也大有人在。赫拉克利特认为灵魂是“火”。以德谟克里特为代表的原子唯物论认为灵魂是最精细的原子。第二，许多宗教认为不仅是人才有灵魂，动物、植物、甚至无生物亦有灵魂。原始时代即已出现了“万物有灵论”的观念，而且继续流传于各民族的宗教传统之中。我国古人所谓的“魑魅魍魉”，即为山林石木之灵魂化为“物精”或“木石之怪”者。《左传·文公十八年》注“魑魅”曰：“山林异气所生，为人害者也。”《孔子家语·辩物》把“魍魉”说成是“木石之怪”：“木石之怪夔魍魉。”

考虑到上述例外情况，我们不能说，宗教的灵魂观念就是独立于人的形体之外的精神实体的观念。这种灵魂观是最精致的一种灵魂观。反映了宗教灵魂观的发展趋势，但不能说历史上各种宗教的灵魂观都是如此主张。

在宗教学说史上，对宗教的灵魂观念进行探讨的学者为数众多，但就其研究的深度与广度而言，至今仍以英国宗教人类学家爱德华·泰勒为最。他在其闻名遐迩的著作《原始文化》中对灵魂观念的性质和特点作了广泛深刻的研究，并对“灵魂”下了一个冗长的定义：

> 灵魂是不可捉摸的虚幻的人的影像，按其本质来说，虚无得像蒸汽、薄雾或阴影；它是那赋予个体以生气的生命和思想之源；它能独立地支配着肉体所有者过去和现在的个人意识和意志；它能离开肉体并从一个地方迅速地转移到另一个地方，它大部分是摸不着看不到的，它同样地也显示物质力量，尤其看起来好像醒着的或睡着的人，一个离开肉体但跟肉体相似的幽灵；它继续存在和生活在死后的人的肉体上；它能进入另一个人的肉体中去，能够进入动物内甚至物体内，支配它们，影响它们。①

---

① 泰勒：《原始文化》，连树声译，上海文艺出版社 1992 年版，第 416 页。

泰勒这个灵魂定义实际上是把世界上许多民族（特别是原始民族）对灵魂的看法综合在一起，历数了这些民族灵魂观念的主要特点。可以认为，这是一个宗教人类学的灵魂定义。它综合和包容了众多民族宗教（主要是原始民族）灵魂观念的特点和内容。但其中的每一特点和内容是否适合于一切民族一切宗教（非原始性宗教），自然就成了问题。泰勒自己也承认，“这个定义并不意味着普遍地适用”。但他同时也认为，“它已足以成为普遍采用的标准，随着各民族间或大或小的区别而变化着”①。对于原始性民族和古代民族的灵魂观念，泰勒的规定大体上说得过去。在各民族间有着“或大或小的区别”。但对发展程度较高的所谓“高级宗教”，例如基督教和伊斯兰教后来发展了的灵魂观，其间的差别就很大了。它们的灵魂观念后来日益摆脱了“蒸汽、薄雾和阴影”之类物质形象之类性质。因此，如果我们把泰勒这个主要以原始性宗教为对象归纳而成的灵魂规定作为普遍的宗教灵魂观念的定义，看来是不妥当的。为了寻求一种更具普遍适用性的关于“灵魂”的定义，我们必须把一切宗教（原始宗教、古代民族宗教、基督教、伊斯兰教之类世界性宗教）的灵魂观的性质和内容作更广泛的比较研究，进行进一步的概括。如果我们暂时对各民族、各宗教灵魂观念中相对次要的特殊情况略而不计，当可看到，它们之中确有一些共同之点，构成一切灵魂观念的本质性因素。主要有两点：

第一，它们都认为灵魂是其所在之个体（人或物）的一切活动的生命力、原动力和操纵者，是个体之一切行为的主宰。用泰勒的说法，“它是那赋予个体以生气的生命和思想之源，它能独立地支配着肉体所有者过去和现在的个人意识和意志”。

第二，它们都认为灵魂可以离开形体而独立活动，甚至更进一步认为灵魂不会随形体的死亡而死亡。用泰勒的说法，它是“一个离开肉体但跟肉体相似的幽灵，它继续存在和生活在死后的人的肉体上”。中世纪之后的基督教神学和伊斯兰教神学虽然并不认为人的灵魂具有与人体相似的形象，但却肯定灵魂可以离肉体而活动和存在。随着灵魂观念的发展，甚至进一步认为永远不朽，不随肉体的死亡而死亡。

如果这两条大体上符合于各民族、各宗教灵魂观念的情况，并构成一切灵魂观念的基本内容。我们就可得出一个重要的结论：一切民族和一切

① 泰勒：《原始文化》，连树声译，上海文艺出版社 1992 年版，第 416 页。

宗教的灵魂观念，原始性的也好，神学思辨性的也好；粗糙的也好，精致的也好，它的一个最重要、最基本的特点就是它总是在不同程度上与物质形体或肉体对立：它高于形体、支配形体、独立于形体而活动，直到不随形体之死亡而死亡。这种形与灵的对立，在不同宗教系统中可能有不同的程度，但这种对立之存在却是普遍的，而且随着宗教神学的发展，终致导向完全的对立，形成截然不同的两种实体或存在。如果说，自然物体（包括人的肉体）的自然属性是有形、有生、有灭，那么，各种宗教所信仰的灵魂的无形、不灭和独立于形体之外，显然是在不同程度上认为灵魂具有超自然的特性。这就是说，各种民族和各种宗教的灵魂观念，在不同程度上都是具有超自然性质的东西。如果这个说法可以成立，我们似乎就可以把宗教的灵魂观念理解为：灵魂是寓于个体之中，赋予个体生命力，并主宰其一切活动的超自然存在。本书的这种理解是从泰勒关于灵魂的宗教人类学定义演化出来的，但更为概括集中，也更为简单明了。

灵魂观念的产生

对于灵魂观念的产生，恩格斯在《路德维希·费尔巴哈与德国古典哲学的终结》一书中作了如下说明："在远古时代，人们还完全不知道自己身体的构造，并且受梦中景象的影响，于是就产生一种观念：他们的思维和感觉不是他们身体的活动，而是一种独特的、寓于这个身体之中而在人死亡时就离开身体的灵魂的活动。"① 在我国，学者们在说明宗教的灵魂观念如何产生的问题时，一般都爱征引恩格斯这段话作为理论根据。把灵魂观念的最初产生归结为"远古时代"的人们"受梦中景象的影响"，理论上并没有错，但如果宗教研究只限于此，那就过于简单化了。这个一般性的论断远没有看到问题的复杂性，而且缺乏人类学、民族学的事实根据。实际上，恩格斯在写作《路德维希·费尔巴哈与德国古典哲学的终结》的时候（1886），泰勒的《原始文化》已经问世了15年（1871）。这部书对宗教的灵魂观念的产生和发展问题作了深刻的研究，用极为丰富的宗教人类学和民族学的事实对此问题提供了有力的证明。泰勒提出的理论和提供的事实，至今看来仍是很有说服力，富有启发的。

毫无疑问，灵魂观念的最初萌芽，产生于遥远的过去，即人类的"远古时代"。但此"远古时代"，究竟远在何时，则难以具体确定。总

---

① 《马克思恩格斯选集》，第4卷，第219—220页。

之，人类学和考古学的发现证明那是非常之古远的。史前考古学发现了一个重要事实：古猿人的洞穴遗物与旧石器时代中期（所谓“智人”）的墓地随葬物有着明显的差别。在后者的墓地中发现死者肉体的安放有一定的方向和位置，尸体周围有各种随葬物。北京周口店山顶洞人尸体之旁放有钻孔的兽齿、石珠、骨坠等物，推测当为死者生前的装饰物，同时，肉体周围还撒有红色的赤铁矿粉末。此类情况在欧亚各地的“智人”时代的原始人洞穴中均有发现。学者们由此断定此时的原始人已经产生了关于死后生活的观念。此种情况在古猿人的地下发现中是没有的。因此，我们可以合理地推断：当人类从类人猿脱颖而出之后，是没有什么灵魂观念的。这种观念是原始人类进化到一定阶段（根据现在发现的资料是在旧时器时代的中期或晚期）的产物，也是我们迄今所能发现的证实人类最原始的宗教观念的考古事实。那么，原始人又是怎样和为什么在他们的头脑中产生出灵魂观念呢？泰勒对此问题进行了系统的探讨，提出了富有启发性的说明。

按照泰勒的观点，原始人是从两种生理现象的观察中构成了一种与身体完全不同的灵魂观念的：

> 显然，处于低级文化阶段上的能独立思考的人，尤其关心两类生物学的问题。他们力求了解，第一，是什么构成生和死的肉体之间的差别，是什么引起清醒、梦、失神、疾病和死亡？第二，出现在梦幻中的人的形象究竟是怎么回事？看到这两类现象，古代的蒙昧人——哲学家们大概首先就自己做出了显而易见的推论，每个人都有生命，也有幽灵。显然，两者同身体有密切联系：生命给予它感觉、思想和活动的能力，而幽灵则构成了它的形象，或者第二个“我”。由此看来，两者跟肉体是可以离开的；生命可以离开它出走而使它失去感觉或死亡；幽灵则向人表明远离肉体。①

泰勒从死亡和梦幻两种现象推论出原始人的灵魂观念，这种心理过程和认识论过程的分析有相当的说服力。在原始时代，当人们还不能科学地理解死亡现象的时候。很自然地便会把这归因于作为生命力之实质的灵魂

① 泰勒：《原始文化》，第416页。

的离去。我们不妨设身处地于原始人中间来考虑这个问题：我的一位氏族同胞昨天还生活着，他与我谈话，我们一同上山打猎，追赶一头山羊，他一箭射穿了山羊的咽喉，然后我们一起把山羊弄回村就分而食之，唱歌跳舞……可是，在今天早晨上山打猎的时候，突然一头猛虎猛扑过来，把他咬得遍体鳞伤，伤口淌着鲜血，最后血流完了，气也断了，这位昨天还生龙活虎般的同胞口不能说话吃东西了，肢体不能活动了，死去了。面对此情此景，我们的原始人就有可能推想，这位死去的同胞比他昨天一定是少了一件什么东西，而那个“什么东西”一定是使他得以活生生地活着的东西。一旦这个“什么东西”从他身上走开了，身体也就不能活动，死亡了。这种使身体活动的“生命力”、“活动力”、“生活力”……就是原始人的“灵魂观念”。细心一点的原始人还可能从死者死去时的情景进一步推论：这种作为生命力的灵魂大概是从呼吸的鼻孔和流血的伤口中逃走的；灵魂甚至就是呼吸的气息或流通于身体中的血液。

上述推断并非纯粹“想当然耳”的主观空想，宗教史已提供了不少的经验事实可资佐证。《左传・昭公二十五年》说：“心之精爽，是谓魂魄。魂魄去之，何以能久”，汉代一首古诗也说：“我命绝今日，魂去尸长留”（《玉台新咏・古诗为焦仲卿妻作》），这都是把灵魂看成是人的生命所在。灵魂离人而去，生命于是结束，身体就变成了一具没有生命力的“尸体”。麦克斯・缪勒对古代各民族的灵魂观念的形成和发展，从比较语言学的角度进行了广泛的比较研究。他的结论是：几乎所有用来称呼“灵魂”的词，最初都是指与生命有关的呼吸或生命气息。

> 灵魂这个词，我们经常在各种意义上听到它，研究它，使用它。但在我们使用它，对它进行推理之前，无疑应该力争找出它是从什么地方来的，以及它最初是如何产生的。灵魂这个词在各种语言中的历史是非常久远的。但这么远的历史是不可能在这短短的篇幅中一一描述的。好在我已经在另外几本书（如《宗教人类学》）中叙述过了。其结论可以用几句话加以概括。几乎所有用来称呼“灵魂”的词，最初都是来自用来称呼从嘴里吐纳的、可见的和可嗅的气流或呼吸的词。当人们发现这种生命体的呼吸只是某种非本质的属性，是来去不定的时候，就开始用这些词指谓我们身体之中的某种生命气息或激情，以及内在的活动，于是这些词就逐渐脱下了物质的、可见的等等

> 属性的外衣。留下了什么呢？不是气息或生命之意，而是那种仅仅构成表示有生命的呼吸这样一种属性的“生命”之意……①

泰勒在《原始文化》中收集了大量的人类学、民族学的事实来证明原始人把灵魂等同于生命力的灵魂观。加勒比人用同一个词来标志“灵魂、生命和心”。他们把心的搏动与灵魂联系了起来，并认为被指定在未来天国生活的人的主要灵魂就住在心里。太平洋上的汤加人认为，灵魂遍布全身，然而主要的是被关在心中。巴苏陀人谈到死了的人时说：“他的人走了”，而对病愈的人则说：“他的心回来了”。这是因为原始时代的人把人的心看做人的生命、思想和情欲的主要动力。

由于动物的呼吸的停止与生命的停止是如此的紧密一致，因而原始人十分自然地把呼吸跟生命或灵魂视为一个东西。澳大利亚人把同一个词“瓦乌格”用作“呼吸、精灵和灵魂”。在加利福尼亚的内特拉（印第安部落民）语中，“皮乌茨”的意思是“生命、呼吸、灵魂”。某些格陵兰人认为人有两个灵魂，即是他的阴影和他的呼吸。马来人说，死人的灵魂通过他的鼻孔出来；爪哇人用一个词“纳乌亚”来表示“呼吸、生命和灵魂”。泰勒还特别指出，从语源学上看，关于灵魂即呼吸的观念可能溯源于闪米特人和雅利安人。希伯来人把“涅菲什”（呼吸气息）用来表示“生命、灵魂、智慧、动物”；至于“鲁卡赫”和“涅沙玛”等词同样表示由“呼吸”向“精灵”的过渡，阿拉伯人的“涅弗斯”和“鲁赫”等词与上述说法相当。梵语中的“阿特曼”和“普拉那”同样如此。斯拉夫语中的“杜赫”把呼吸的概念转化为“灵魂”或精灵的概念，在吉卜赛人的语言中，“杜克”一词的意义即为“呼吸、灵魂、生命”。德语的geist和英语的“灵魂”一词也可能有一个同样原始的关于呼吸的概念。《旧约圣经》的灵魂观念也是如此。《创世记》说：“耶和华上帝用地上的尘土造人，将生气吹在他的鼻孔里，他就成了有灵的活人，名叫亚当。”（第2章第7节）。这个神话说明了一个重要的事实。希伯来人最初把呼吸的生气认之为赋予人生命力的灵魂。希腊文的“灵魂”一词是Pneuma，Psyche，anemos，拉丁文的“灵魂”一词是anima。开始都用作“呼吸”

---

① 麦克斯·缪勒：《人是否不朽》，此文收入《最后的论文》第2集，朗曼（Longman）1901年版。

的意思。奥古斯丁指出，在《新约》的希腊文本中“圣灵”常常被称为“圣呼吸”。荷马史诗中表示人的灵魂的字眼，一是“狄莫斯”（Θυμόs），一是“普塞克”（Ψυχη）。前者大体上是与人的呼吸和生命有关的呼吸灵魂，后者则是人死亡后进入地府哈得斯宫的阴影。“狄莫斯”显然与呼吸的气息有关。我国古代认为“附气之神曰魂”。魂所附之气，看来主要是指呼吸之气，是从呼吸与生命的关系的经验观察中得来。

以色列人的《圣经》还把灵魂和动物的血液联系起来，甚至认为灵魂就是血。在《利未记》中，上帝对摩西说：“凡以色列家中的人，或是寄居在他们中间的外人，若吃什么血，我必向那吃血的人变脸，把他从民中剪除。因为活物的生命是在血中，我把这血赐给你们，可以在坛上为你们的生命赎罪。因血里有生命，所以能赎罪。因此我对以色列人说，你们都不可吃血。”（第 17 章第 10、11、12 节）“论到一切活物的生命，就在血中。所以我对以色列人说，无论什么活物的血，你们都不可吃。因为一切活物的血，就是他的生命。”（第 17 章第 14 节）这显然是从打猎杀牲、战争阵亡等事件的经验观察中得到的结论。既然流血过多导致死亡，那么，血就是生命力，就是灵魂。

原始人的梦幻经验，不仅使他们得出了灵魂可以脱离身体而独立活动的观念，而且可以由此推论出灵魂的具体形象就是梦幻中的影像。原始人梦中见到别人，与梦中人交谈议事打交道，煞有介事。可一觉醒来，梦中人不见了，不仅不在身边，而且远在异乡，原始人由此推论出，这必是梦中人的灵魂离开了他的身体进入我的梦境所致，他把梦中的经历当成一种真实的感官经验，把梦中的幻影当成真人真物的副本——他的灵魂。灵魂因此而取得了和身体一样的具体形象。这种宗教心理学的分析也有可靠的宗教史的事实基础。许多民族的宗教观念都认为人在睡眠时，人的灵魂就离开他而去。如果灵魂不回来，人的身体就不会醒。因此，澳洲土人认为决不应当触怒灵魂，否则它就抛弃身体这个寓所。如果要把睡眠者唤醒过来，绝不能操之过急，因为睡者的灵魂可能远游他方，只有慢慢地唤醒睡者，才能给灵魂返回身体留下足够的时间。在印度的某些地区，不许改变睡眠者的外貌，如果给他的脸上涂上颜色或贴上胡子，就等于犯了杀人罪。因为他的灵魂返回时可能不认识原来的寓主，不能进入其中，睡眠者于是就会死去。由于相信人的灵魂具有和身体一样的形象，加尔维依岛上的土著居民认为胖子的灵魂也胖、瘦子的灵魂也瘦。许多民族的语言中，都使用同一个词来表示阴影和灵魂。美拉尼西亚人的灵魂和人的影子没有区别，在他们的几种方言中，用来表示灵魂、影子、水中的影像以及画像的字眼是同一个词。塔斯马尼亚人也是如此。阿尔贡钦部族的印第安人称灵魂为“奥塔赫朱克”，意思是“他的阴影”。生活在危地马拉的印第安人——基切人的语言中，“纳图勃”这个词的意思既是“阴影”又是“灵魂”。阿拉华克人（南美印第安人，主要生活在巴西和委内瑞拉）的“乌耶哈”，意思是“阴影”、“灵魂”和“形象”。阿比彭人用“洛阿卡尔”一词来表示阴影、灵魂、回声和形象。祖鲁人不止把“吞吉”这个词用作“阴影”、“精灵”和“灵魂”，而且还认为，在人死时，人的阴影就会离开人的肉体，从而成为祖先的精灵。巴苏陀人不止称死后留下的灵魂为“谢利其”或“阴影”，而且还认为，当一个人沿着河岸走的时候，鳄鱼能够在水中捉住他的阴影，于是把他拖入水中。非洲几内亚沿海的旧卡拉巴尔人把精灵和阴影混为一谈，认为人如失掉他的阴影或灵魂，人就死亡。但丁《神曲》也是把灵魂等同于他的阴影。炼狱中的死人们看出了但丁是个活人。因为他与死人们不同，他的肉体把阴影投射到了地上。

总之，泰勒关于原始人形成灵魂观念的心理分析，大体上符合于宗教人类学提供的事实。

从物质性的灵魂观念到非物质性的灵魂观念

至于灵魂观念形成以后的进一步发展，泰勒的“万物有灵论”也进行了系统的讨论和说明，提出了一个从灵魂观念发展到整个宗教的宏伟壮观的宗教进化论体系。

泰勒指出，灵魂观念产生以后，原始人最初仅仅应用到人的灵魂上，随后就发生了人死后灵魂继续存在及转世托生的信仰。由于原始人把自己的存在看成是其他一切存在的标准，便把个人直接经验到的性质用来推论其他事物的性质。从认为个人有形体，也有灵魂进一步推论到其他的动物、植物和一切事物也和自己一样既有形体也有灵魂。由于相信灵魂独立于肉体，便进而相信灵魂不会随身体的死亡而死亡。死者既已没有生前的肉身，便只有纯粹的灵魂。原始人因此而有了纯粹精灵的概念。这些精灵可以随意或暂时附在别人的身体之上，从而产生精灵“附体”或“附魔”的现象。精灵如附着于自然物上则为“实物崇拜”和“偶像崇拜”。纯粹灵魂观念应用到自然界，便把各种自然物和自然力变成自然宗教所崇拜的各种神灵，演化为比较高级的多神教；然后又经过一系列的进化，逐渐形成统辖众神的“至上神”，最后通过各种途径，导致没有具体形象的、阴影式的唯一神的一神宗教。

泰勒这个从灵魂观念到神灵观念的博大宏伟的进化论体系，在宗教学领域很快就产生了巨大的影响。许多宗教学者又各自提出了从灵魂观念到整个宗教体系的发展图式，说法不同，花样各异。主要是两派观点。一派是以安德烈·兰格和威廉·施米特为代表的“退化论”派。此派反对泰勒关于灵魂和神灵，从多神教到一神教的宗教进化论系统。坚持认为人类最原始的宗教信仰就是由于上帝的原始启示而产生的原始一神信仰，多神教乃是原始一神观念的退化；另一派则是绝大多数宗教学者所坚持的宗教进化论。尽管他们对于宗教进化的具体历程的说法与泰勒不尽相同，但基本路线是一致的。由于世界各民族的宗教信仰太过复杂多样了，宗教学家掌握的材料不可能完备无缺，他们提出的宗教进化图式各有差异，这是完全自然的。要想构造一个放之四海而皆准的图式是非常困难的。我们认为，要找到这样一种普通有效的宗教进化图式是一个需要长期探索的课题，慎重的态度是继续这种探索，避免作任何绝对化的独断性结论。我们只能说，灵魂观念等宗教观念，也和世界上一切事物一样，处在不断的发展过程之中。原始人的灵魂观念与后来的各种古代宗教体系的灵魂观念和基督教、佛教、伊斯兰教的灵魂观念相比，必然是不同的。而后来各种宗教的灵魂观念乃是从原始的灵魂观念发展而来。至于这个长期发展过程的具体脉络，则应留待宗教历史学家和比较宗教学家去作细致的研究。如果要求我们根据现在掌握的材料和宗教研究的成果，为这种研究指出一个大致不差的、方向性的路标的话，那么，我们似乎可以这样说，人类的灵魂观念的发展历程，大体上是从与形体相联系的物质性的灵魂观念逐步发展为独立于形体的非物质性的灵魂观念；从人自身的灵魂观念通过对象化，发展为超自然、超人间的神灵观念。神灵观念从灵魂观念脱胎而出之后，当然又会经历自己的发展历程。

根据宗教人类学提供的大量事实，我们可以相当肯定地说，原始人最初形成的灵魂观念，并不是完全独立于身体的，也就是说，并不是纯粹灵性的。近代实验心理学的奠基人，著名的德国科学家冯特曾用了二十年之久的时间研究民族心理学问题。他继承和发展了泰勒关于灵魂观念的产生和发展的基本原理，但不完全同意泰勒关于完全独立于身体的灵魂的说法，他对之作了部分修正。增加了“体魂”概念来补充泰勒的独立于身体的灵魂观念。他所谓“体魂”，就是与整个身体联系或与某个特殊器官相联合的灵魂。体魂不同于独立灵魂，因为独立灵魂出现时表现为“气灵”与“阴灵”的形式。冯特的这一修正和补充有大量的事实根据，也符合我国古代宗教的历史情况。我国古人心目中的“灵魂”就并非完全独立于身体的非物质的独立灵魂。且不说三代以前的原始社会，直到春秋时代，杰出的政治家和思想家郑子产仍把人的灵魂区分为“魂”与“魄”两种，而且两种灵魂都没有摆脱物质性的形态：

> 子产曰：人生始化曰魄，既生魄，阳生魂。……匹夫匹妇强死，其魂魄犹能凭依于人，以为淫厉。（《左传》昭公七年）

孔颖达对这段话的解释是：

> 魂魄，神灵之名，本从形气而有；形气既殊，魂魄亦异。附形之灵曰魄，附气之神为魂也。附形之灵者，谓初生之时，耳目心识手足运动啼呼为声，此则魂之灵也；附气之神者，谓精神性识渐有所知，此则附气之神也。

孔颖达把“附形”之魄与“附气”之魂作了明确的划分。附形之魄显然是冯特所谓的“体魂”。孔颖达是唐朝人，但他对郑子产这些话的解释并不是他个人的发明，而是以古代宗教传统信仰的灵魂观念为本。据《礼记·檀弓下》说，吴季札认为：“骨肉归复于土，命也。若魂气则无不之也。”魂与骨肉之身的性质不同，归宿不同。但魂是“魂气”，与气是一体。人死后“魂气”像气一样到处游荡。《礼记·郊特牲》也说：“魂气归于天，形魄归于地。”魂与魄在品质和性能上是各有不同的，魂与气相关、魄与形相连。形魄的性能主要与人的感官反应有关，气魂的性能则与更高级的精神活动和思维活动有关。按照《礼记》的灵魂观，由于两种灵魂有不同的品质和性能，故其归宿之所才有天地之差。

中国古代宗教的灵魂观是这样，其他许多民族的灵魂观也是如此。泰勒在广泛考察了原始民族的灵魂观念的性质后得出结论说：“蒙昧部族对人类灵魂的原始观点，是把它想象为一种轻浮的或气状的物质，而这种观点在一切世纪的人类思维中占有显著的地位。实际上，现代的关于灵魂之虚无性的形而上学的概念对于蒙昧人未必能有什么意义。”[①] 这个结论不仅对原始民族，而且对已开化民族的情况也有广泛的适用性。上文提到古代犹太人和其他民族，把灵魂说成是圣呼吸、是血液、是影子、是气息……凡此种种，都是物质性的灵魂。即使在比较发达的宗教中，它们的灵魂观念也仍然是物质性的。以印度宗教为例，相信灵魂不死和不断轮回，是印度宗教的根本教义。但印度宗教所理解的灵魂，按照英国学者查尔斯·埃利奥特的《印度教与佛教史纲》的说法：“……携带有心识和感受之行李的灵魂，实际是一种微妙身，但仍然是气体的而不是精神的。”[②] 以吠檀多哲学为例，它承认灵魂转世，但又认为灵魂在转世时伴随有“苏迦尸摩舍利”，这是一种微妙身。这种东西虽被说成是有死之身体的相对物，但却是透明不可见的物质之物。

伊斯兰教的灵魂观始终没有摆脱物质的特性。《古兰经》规定了灵魂的不死和复活，却并未明确说明灵魂的本质究竟是物质还是精神。但许多重要的伊斯兰神学家仍把灵魂理解为非常稀薄精微的物体。著名的伊斯兰神学家爱勒吉斯尔的《回教真相》对此问题作了如下的说明：

> 回教徒虽一致的信仰每人有一个灵魂，但是，他们对于灵魂本质的研究，态度各不相同。有人以为经典中既无明文说明灵魂的本质，我们就应当阙疑。依这一派的主张，经典的明文既提及灵魂，我们只要信仰每人有一个灵魂，灵魂是实在的，其本质如何，惟有安拉知道。这样信仰，就算尽了我们的义务了。灵魂的存在，是理智所能承认的；不能感觉灵魂，不足以证明灵魂是不存在的。因为我们不能感觉灵魂，或许是因为灵魂太稀薄，如诸君所承认的以太，也是因为太稀薄而不能感觉的；又或许是因为灵魂太细微，如微生虫一般，不轻易看得见。有人又主张研究，据奈瓦威氏说，对于灵魂本体的解释，以两圣地的教长朱伟尼氏的解释为最正确，他说：“灵魂是稀薄细微的物体，能独立生存；灵魂与肉体相错杂，如水分与绿枝相错杂一般。”他们对于灵魂的住所有种种的解释。有人说住在人身体之内，

---

① 泰勒：《原始文化》，第443页。

② 《印度教与佛教史纲》，第一卷，李荣熙译，商务印书馆1982年版，第56页。

> 但是不知在那一肢体。有人说住在肚腹里，有人又说住在心脏旁边，有人又说住在心脏里。(见爱密尔氏《信仰明珠集注疏》)①

各种说法，都没有把灵魂说成是非物质的纯精神性的实体。

早期基督教大体上仍保持《旧约圣经》的传统灵魂观念，并没有把灵魂说成是非物质的东西。著名教父神学家德尔图良仍认为灵魂是由不可捉摸的物质与气体组成的，只是由于柏拉图哲学的影响，经院派神学家才逐渐清除了灵魂的物质外壳。特别是17世纪的著名哲学家笛卡儿把物质与精神、肉体与思想绝对地对立起来，于是就把灵魂变成了纯粹精神性的实体。所以，极端的非物质的灵魂观念是唯心主义哲学演变为宗教神学信条，并不是宗教本身固有的教义。即使是这样，著名哲学家培根和笛卡儿仍把人的灵魂区分为“感觉灵魂”和“理性灵魂”两种。他们所谓的“感觉灵魂”，就不能脱离人的感官而存在。由于感觉本质上是身体的感官（眼耳鼻舌身）对外界作用的反应，所以，感觉灵魂是不能独立于身体而独立存在的。笛卡儿的二元论哲学所谓的以思维为本质的非物质灵魂指的是“理性灵魂”。

正如泰勒所分析的那样，最初的灵魂观念本来是从人类的生理——心理现象（死亡和睡眠等）的错误分析中产生出来的，是只属于人才拥有的东西。

万物有灵——灵魂观念的外推与泛化

早期人类在形成“灵魂”观念之后，常常把这个观念从人自身外推到与自己生活有关的万物之上，想象它们也和人类一样有一个灵魂，支配着它们的活动。18世纪英国的著名哲学家休谟在其《宗教自然史》一书中对这种人性的自然倾向作出过深刻的分析：

> 人们身上普遍存在着这样一种意向，即认为一切生物都跟他们自身相类似，并把这些他们非常熟悉和他们完全理解的……品格转移到每一种物象上面。那些经常占据他们的思想并且总是以同样的形式出现的未知的原因，使得他们把一切都预想成是完全相同的。还在不久以前，我们曾经把思想、智慧和情欲赋予了它们，有时甚至把人的肢

① 《回教真相》，马坚译，商务印书馆1937年版，第251—252页。

体和形象也赋予了它们，以便力求使它们和我们相似。①

19世纪法国的著名哲学家奥古斯特·孔德也把这种人性外推和泛灵化的自然倾向称之为“天赋意向”，并认为“物神崇拜”这种宗教现象就是由此而形成的：

> 这种物神崇拜的特点就是自由而直接地运用我们下面的天赋意向，即在所有自然的和人工的外在物品中看到由生命而赋予灵性的实质，这种生命在其本质方面跟我们是相类似的，但是在力量方面却是变化着的。②

把外在于我的自然物品和人工物品，都想象为具有“灵性”和“生命”的存在，想象为与我们人类相似的存在，这就导致以物为灵、以物为神的“物神崇拜”。而这种“物神”观念实质上不过是人的“灵魂”观念的外推和泛化。泰勒则把孔德这里所谓的“物神崇拜”称之为“万物有灵论”。在泰勒看来，这种由人之灵魂外推或泛化为“万物有灵”的推理方式是人类的童年时期思维的普遍特征。在这个问题上，对于自己童年时代情况的回忆可以为我们提供最好的指南。那时，我们常常自然而然地把棍棒、椅子和玩具之类的非生命事物当成活生生的人物。通过人性的外推与泛化，人把生命力或灵魂赋予外间事物。不仅赋予有生命力的动物和植物，也赋予本无生命的自然事物（日月星辰山水金火之类）和人工器物。于是，物质自然界变成了皆有生命和灵魂的万物有灵的世界，变成了人性化的精灵世界。

这种万物有灵的信仰绝非“想当然耳”的臆想，而是可由普遍的考古学和人类学的事实予以证明。我国许多地方出土了大量新石器时代以来的各种墓葬及其随葬物，就是我国原始人类和古代先人相信万物有灵的最好证物。如果他们不相信死者灵魂的死后存在，就不会有对尸体的墓葬；如果他们不相信各种生活日用器物——生产工具、武器、装饰物、衣帛布

---

①　休谟：《宗教自然史》，参见《原始文化》，第463—464页。

②　奥·孔德：《实证哲学教程》，1830—1842. V. 30——原注。参见《原始文化》，第464页。

粟——具有某种“物魂”，能继续在幽灵世界派上用场，那怎会把这些非生命的器物随葬在死者的墓穴之中。一位美国人类学家阿尔杰尔对此现象有深刻的洞察，在其《未来生活学说批判史》中写道：“很明显，野蛮人的智力一般是处在每件物品都具有像人那样的灵魂这种思想的影响之下……同死人一起埋葬或者焚烧物品的习俗，大概——至少是在某些情况下，产生于下面的推测，即每一件物品都有阴影。”① 对于秦始皇的兵马俑，似乎也只有按照这种万物有灵论的观念，才能作出比较恰当的解释。秦始皇的那个由各种战车和兵马俑组成的雄壮宏伟的军阵，如果仅是一种显示帝王威仪的摆设，那就应该展示在地表之上。它们之所以被深埋在地下，显然是因为兵马坑的主人相信，这些由兵马俑组成的幽灵军团将追随秦始皇的亡灵永远在未来世界东伐西讨，南征北战。

文化人类学和民族学又以确凿无疑的事实证实了考古学的推理。不仅原始民族，而且许多进入高级文明时代的民族仍相信包括非生命的事物在内的自然物具有类似人的生命和灵魂。

动物有灵魂的信仰最为普遍，也比较容易理解。南美巴塔哥尼亚部落把死者的武器和装饰品同死人一起埋葬，并把所有属于死者的动物杀死，以便他能在冥界使用它们。北美印第安人相信，每一个动物都有自己的灵魂，而且每一个灵魂都有未来的生活，狗的灵魂在另一个世界也继续为主人服务。波尼部落的战士死后，人们把他的战马杀死在他的坟墓之上，以便战士死后乘骑。堪察达尔人相信，每一个生物，甚至最小的虫子，都将在冥界重新生活。库基人认为，凡在狩猎中被他们杀死的动物，其灵魂在未来生活中仍归属他们所有。祖鲁人则说，他们杀死的牛，将在地府中复活并成为他们死后生活的财产。这种动物有灵的观念，甚至在基督教神学中保留其地位与影响。18 世纪英国的著名宗教家、创建了新教卫斯理宗教会的约翰·卫斯理（John Wesley，1703—1791）不仅相信动物生前有灵，而且相信，动物死后，在未来世界中，将上升而且高于它们最初的肉体和精神的状态，它们那丑陋可怕的外观将被原始的美所代替，甚至会变成像人一样具有宗教本能的生物。

植物虽然不像动物那样，具有空间行走的本领和情感欲望的表现，但在有生有死、有健康与疾病方面则与动物相同。所以，自原始时代以来，

① 转引自泰勒《原始文化》，第 469 页。

人们就常把灵魂赋予植物之身。我国西南地区一些少数民族（如佤族）和南亚一些民族（如克伦人）均相信稻谷有“稻魂”，稻魂的去留决定稻谷的生长是否繁壮，因此而有相当隆重的祭谷魂仪式。克伦人在稻子生长不好的时候，便要举行招谷魂仪式。他们念的咒语说道：“哦！来呀！稻子的魂灵！回到地里来！回到稻子上来！……从西方来，从东方来！从飞鸟的喉咙，从猿猴的口中，从大象的鼻中！……从所有的谷仓中！哦！稻子的魂灵，回到稻子上来！”①

在我们中国人的传统信仰中，万物皆有灵性，都是活的生命。狐狸可以成仙，龟蛇皆能成神，木石之怪可以变为魑魅魍魉。不仅老百姓信而不疑，有事则祭而拜之；甚至还被佛道引入经典，诗人和小说家者流则绘声绘色写进自己的作品之中。宋代大诗人范成大有诗为证：“柳魂花魄都无恙，依旧商量好作春。”《封神榜》中的截教诸神，《聊斋志异》的狐仙人鬼，《白蛇传》的蛇精（白素贞）龟灵（法海）……固然是小说家的文学虚构，可也集中反映了我们民族传之悠久、信之弥深的万物有灵论。

来世生活的场所——冥府和天国

一个能脱离形体而独立活动、形体死后仍将继续存在的灵魂观念，在原始人类的头脑中产生出来之后，给他们的宗教想象力添上了翱翔的翅膀，逐渐构想出各种宗教幻想的世界。这种灵魂观念对于人类宗教信仰体制和宗教生活产生了决定性的影响，其中之最具重要意义者，就是它迫使人们去设想灵魂在人体死后的“来世生活”。首先得构想亡灵存在于其中的“来世”究竟是一个什么样的世界？这个幽灵世界与人间世界有什么关系？这个世界即宗教所称的“冥府”。显然“冥府”观念乃是灵魂观念的伴生物。这个“冥府”或幽灵世界的具体状况，必然是以其灵魂在其生活的人间世界的情况为转移。因为人们只能根据他生活于其中的时代和社会的情状作出自己的构想。各人有各自不同的现实生活，他们对冥府的构想也必然各有差异。但无论这些差异有多么不同，它们都是现实社会生活的投影。正如当代美国好莱坞有关外星人生活的电影，不管其构思多么巧妙离奇、想入非非，实际上仍无非是当代美国社会生活的折光。

在古老的年代，人们在构想灵魂之国所在地时，当然有多种可能的选择。但是，如果我们对古往今来一切民族的“冥府”观念作一番比较研

① 引自《原始文化》，第461—462页。

究，按其空间地域的共同性进行分类，这些幽冥世界的所在地，仍不过只有三类：一类是在地面之上；一类是在地底之下；一类是在天上。

第一类：地面之上。

世界上许多民族都相信人死之后，其灵魂仍活动在地面之上。至于在地面上的哪个地方，则有各种各样的说法。其中相当普遍的一个说法是认为，亡灵将继续活动在生前生活的地区，或者回到其祖先的发源地。中国古代的说法是，人死为鬼，鬼者归也。意思是说，死后的亡灵（鬼）将回到家乡之地。我国新石器时代的墓葬地，许多都选择在原始人聚居村落的附近，对此可以作出这样的解释，亡灵们将继续生活在氏族村落所在地的周围，与他们的亲族保持着密切的交往。许多地区的墓葬群，其头向均大体一致。考古学家和文化人类学家一般均认为，其头向表示其祖先发源地，人死后其亡灵将回到那里，与其祖灵生活在一起。这种解释有民族学上的根据。云南丽江地区纳西族在人死之后要举行开丧仪式。开丧，纳西语称“欣开”或“日媚”，意为指路，即为死灵指引道路，送回北方祖先故地。瑶族认为人有三个灵魂。死后，三个灵魂均继续活动在原来生活过的地方：一个在墓地里，一个在家里，一个在其祖先故地——扬州十八洞。古代蒙古人的“冥域”亦被他们安排在地面之上，而不在地底之下。根据他们生活的地域特殊性，他们认为，勒拿河便是“阳间”和“阴间”的分界线。“阴间”冥府就位于勒拿河的东面。因此，在布里亚特蒙古语中，所谓“去东方”之意就是“死亡”。在那个东方冥域中，设有 88 座监狱，其中备有各种刑具（这一点，显然受了佛教“地狱”观念的影响）。

北美印第安人（如奇卡索人）相信，亡灵往返于生前生活过的环境之中。阿留申岛土著人认为，亡灵仍在其亲属中走来走去，只不过活着的人们看不见他而已。此种信仰产生于原始时代，但仍继续流传于中世纪，甚至保留在现代文明人的内心深处。现代欧洲、美洲的许多的普通平民仍相信世界充满幽灵，它们在半夜里坐在家中壁炉之旁，有时在那些被幽灵故事弄得精神失常的姑娘的肩膀上显现出来。正是由于相信亡灵继续活动在原来的住地，许多民智未开的民族对此感到恐惧，因此常常在亲人死去之后，便抛弃死人住房，不敢到其房子中去，以免碰见幽灵（霍屯督人）。雅库特人则毁灭死者原来的住宅，认其为恶魔的住地。南亚克伦人甚至毁掉死者生前居住的整个村庄，以期躲开亡灵的祸害。有些原始民族则举行巫术性仪式，不许亡灵回到原来的住地。

也许正是为了避免亡灵回到原住地而给亲属带来的祸害与恐惧，有些民族便把灵魂之国安排在远离住地的其他地方，如荒远而又晦暗的深渊；与原住地无路可通的闭塞的溪谷；或者是太阳落下的西方；或者是西边大海中的某个岛屿。爪哇岛上的萨吉拉人认为，他们的祖先的灵魂住在一座高山之上。智利人认为，死者灵魂的住地乃是西边海中一座山后。古代希腊人相信亡灵生活在遥远的大西洋中的极乐岛上。

第二类：地底之下。

这种信仰在原始社会相当普遍。北美塔库利人认为，人死后，灵魂就去到土地的内部。南美巴西人的亡灵去到西方的阴曹地府，而巴塔哥尼亚人的亡灵则去到古代神祇们的山洞里享受永久的陶醉。太平洋中的萨摩亚人认为，人死后，一群精灵就带领其灵魂沿着陆地和海洋去到冥国的进口，这冥国就处在最西边的萨瓦依岛的极西方。在这里可以看到两个圆孔，灵魂将通过这圆孔下降到地府，那里有它自己的天、地、海洋和具有实体的人。亚洲的克伦人的冥国所在地，说法不一，但占优势的意见仍放在地底之下。春秋时代的中国人仍认为，亡灵的居留地是在地下的“黄泉”（《左传·隐公元年》：“不及黄泉，不相见也。”）。古代希腊人和罗马人的亡灵冥国都在地下。欧洲的一般平民的共同信仰是，死人的灵魂在夜间能够从地下冥国出来，黎明时则回到地下冥国去。以色列人所谓的地下洞府“谢屋尔”，那是亡灵居住的场所，位于地下深处，是一个阴森森的晦暗之地。

第三类：天上。

把灵魂的居留地设想在天上，也有不同的说法。有些民族认为是天上的太阳和月亮，有些民族则认之为云天之上的天堂。美国密西西比河边的印第安纳切斯人和佛罗里达的阿帕拉奇人认为，他们的领袖和勇士死后将去到太阳那个光明的所在。而南美的印第安瓜依鲁库人则把月亮视为其领袖和巫师的处所。太平洋上的波利尼西亚人也把月亮当成其当权长官的死后天堂。同时，我们也注意到，有一些古代民族则把月亮当成地狱。

在原始民族中，选择天上的苍穹作为灵魂之国者，为数较少，但也非绝对没有。一些澳大利亚土著人认为，人死后，灵魂就升入云天，在那里吃、喝、狩猎和捕鱼，就像在地上一样。北美的温尼贝戈人也把天国当做未来灵魂的极乐世界。智力发展程度较高的秘鲁人把天国说成是森林茂密的原野，当地上是黑夜时，太阳照在天上，那是阿兹特克战士的灵魂之国。这种天国或天堂观念，在发达的宗教体系中，如婆罗门教、佛教、拜火教、犹太教、基督教、伊斯兰教中，得到突出的表现和发展。

泰勒认为，上述三种构想体现了人类智力发展上的不同阶段："第一，关于灵魂在地上存在的学说，乃是蒙昧文化的一种广泛而深刻的成分，但是，它在野蛮时期就已经产生出来，只是作为一种微弱的残余而存在于中世纪。第二，关于地下的阴间的学说，不只是在蒙昧人的宗教中占有重要的地位，而且也牢牢地保留在发达的宗教里。但是，在这里，这种地下世界越来越丧失了死人住所的意义，而较快地被看做涤罪所和地狱的悲惨区域。最后，关于处在看得见的苍穹下或在最高的大气球体中的天国的学说，在蒙昧人中有，显然比起前两种学说来要较为少见，然而它在现代民族的观点中的影响，显然是相当大的。"[①] 天堂、地狱的信仰，在世界历史上的各大宗教信仰体系中（佛教、基督教、伊斯兰教等）占有非常重要的地位，是各大宗教最基本的信条。但根据泰勒的研究，它们都发端于原始人为死者灵魂寻求一个归宿之地，安排冥世生活的构想。这种构想的原初形态是非常粗疏的，既无真实的存在，也无神圣的来源。

来世生活的两种类型——"继续说"和"报偿说"

人类产生灵魂观念之后，不仅要为死者的灵魂安排一个生活和活动的场所，而且还必然会进一步构想它在"冥府"中生活和活动的状况。亡灵们究竟是如何生活的？来世生活的状况与其活着时的生活状况有什么区别？又有什么联系？根据泰勒的比较研究，世界各民族关于来世生活的构想大体上可区分为两种类型："继续存在论"和"报应论"：

> 在那些人类借以描绘未来生活的形象之间，应当特别注意两种最主要的观念。其中之一是把未来的生活描写为当前生活的反映：在新的世界里，或者在幻想性美好世界里或虚幻迷濛的世界里，人保持着世上的形状和从前的生存条件，生活在世上的朋友中间，占有自己世上的财产并从事着通常世上的事业。其中的另一种观念，即未来生活是对当前生活的报酬，人的命运，在那里是他地上生活的结果，最确切地说，是对地上生活的奖赏或惩罚。这些思想中的第一种可以称

① 泰勒：《原始文化》，第546页。

> 作……“继续存在论”，而另一种则与第一种思想相对立，可以称作“报应论”。①

这两种说法都可找到大量的文化人类学事实作为经验上的实证。前一种出现于文化学上更古老、更原始的年代，后一种则出现于社会上已经产生等级划分之后。

人类最早构想的来世生活状况与其生前的生活状况是没有什么区别的。原始人的生活极其简陋而又单一，几乎不可能为原始人类提供美妙生活的想象力。克伦人的亡灵仍然要使用镰刀来割稻子，用斧头来建造房屋。阿尔贡钦猎人的灵魂则继续乘着滑雪板掠过雪原去猎获海狸和麋鹿，当然，那里的一切，滑雪板、雪原、海狸、麋鹿……之类，都已被想象为精灵世界的精灵。一个人生前身体健康，它的亡灵也是健康的；如果他生时体弱多病，或者残废，他在幽灵世界里也仍然是个多病者或者残废人，他们继续着生前的生活方式。在早期及以后的很长时期的人类的想象中，精灵世界是一个朦胧缥缈的梦幻世界，但这个“梦幻”却获得了物质的现实性，人们总是不忘记赋予这梦幻世界以强烈的理想色彩和清醒的生活情感，在那里，环境更美好，住宅更宽敞，物资更丰富，生活更幸福。非洲扎伊尔人的灵魂生活在一个名叫“卡隆格”的所在。当我们这个世界已入黑夜的时候，那里却是白天，亡灵们过着丰衣足食的美好生活，妇女们侍候着他们，经常打猎，跳舞，快乐而又幸福。尽管这种生活情景富于理想，但却是以现实生活作为其装饰基调的。较为开化民族心目中的“未来世界”，更为发达的宗教体系的“天国”，尽管比原始民族的“冥府”更为美妙，但就其实质而言，仍然不过是这种“继续存在论”的放大和延长，本质上仍是把世人对幸福生活的向往理想化。斯堪的纳维亚人的未来世界“瓦尔加尔”中的战士灵魂们，每天早晨仍像其生前一样排成战斗行列，出发到奥丁的原野上，互相厮杀。午饭时，战士们不管战胜还是战败，都骑马回到冥府的家中，吃野猪肉，喝蜜汁和啤酒。在佛教的极乐世界，黄金为地，宝树成行，春风拂面，神鸟雅鸣，思衣即得妙衣，思食即得美食，应念现前，无不俱足，随心所欲，乐不可言。佛徒修行时的禁欲主义生活一下子转换成了一切情欲皆可心想事成的理想世界。道教

---

① 泰勒：《原始文化》，第 547 页。

的神仙世界与此大同小异："饮则玉醴金浆，食则翠芝朱英。居则瑶台瑰室，行则逍遥太清……膳可以咀茹华璚，势可以总摄罗酆，威可以叱咤梁柱。"（《抱朴子·对俗卷第三》）伊斯兰教徒在其"极乐园"里，"佩金质的手镯，穿绫罗锦缎的绿袍，靠在床上"（《古兰经》第18章第30、31节）。

灵魂生活"继续存在论"所设想的幽灵世界也并不都是美好的乐园，也有阴暗悲惨的一面。西非达荷美人相信，在死后的世界里，国王仍是国王，奴隶仍终身是奴隶，并不存在什么道德性的奖赏或惩罚。奴隶们的阴间生活并不比生前有什么改善。达荷美人的邻族约鲁巴人说："今世的家比精灵世界的家好。"古代希腊人的冥土是阴惨惨的，死人的住所是黑色的。阴魂在那里保留着自己在世上的一切特征和临死时的创伤。古代巴比伦—亚述人的地府"伊尔卡拉"和古代犹太人的"谢屋尔"也都是阴森森的地下世界：山洞、深渊。古代巴比伦人、犹太人、希腊人，不管他们是平民还是国王，死后的阴魂都要到那里去。这种死后的归宿地和生活状况，并不含有道德报偿的意义。只是到了后来，人们的来世信仰发生了根本性的变革之后，灵魂未来生活的"继续存在论"才逐步让位于"报应论"，灵魂到底是进入幸福的乐园，还是阴惨的地狱，取决于人们生前行为的善恶。

关于未来生活的好坏乃是对生前行为的善恶和功业大小的报偿这种信仰，在世界各原始民族中并没有普遍必然的有效性。许多古代民族并无这种信仰。泰勒在作了大量的人类学的研究之后指出，一般的大量事实最终表明，蒙昧人关于未来世界生活的概念最初不包括关于道德报应的思想，经过了各种不同的过渡阶段之后才达到的。实现这种"过渡"的一种可能的途径，就是从现世的等级社会过渡到不同等级的未来世界。在"继续论"的信仰中，等级社会的未来世界也仍是等级社会，首领仍是首领，奴隶仍是奴隶，这种状况很容易在宗教信仰上从社会学的根据转换成伦理学的根据，把"继续论"转换成"报应论"。人性的本质可能就是这种转换的自然原因。原始人无论其开化程度如何，都必须依赖于他所在的氏族群体。群体之间的争斗和厮杀是常见的事情。为本群体的生存而勇敢战斗以至流血，理所当然是一种英雄的美德，是应予鼓励和奖赏的业绩。反之，在战斗中畏怯不前，做了不利于群体利益的事，无疑也应受到惩罚。这种生前的报偿观念会转移到死后的未来世界是非常合乎自然人性要求的。16世纪法国旅行家让·德·列利在其《巴西旅游史》中说，巴西图皮人相信，生活有德行的人，也就是向敌人报仇雪恨并吃掉许多敌人的人，他们的灵魂将迁居到大山后面，同其父亲的灵魂一起，在豪华的庭院里欢欣跳舞。至于那些怯于战斗，微不足道的人的灵魂，则将去到恶魔艾因尼扬那里永远受难。

在文明程度更发达的社会，人的行为是否符合于社会的道德规范受到了更多的重视。在这种情况下，宗教很容易设想出一种来世奖罚的信条来强化世人对社会道德规范的遵守。宗教祭司阶级则会把他们的特殊利益带进来，确定一种把是否举行宗教仪式和贡献祭品之类作为能否得到来世幸福的条件。在这方面，古代埃及人的宗教信仰提供了鲜明突出的范例。在《亡灵书》中说，古埃及人的亡灵将被带到冥府之神奥西里斯和阿门奇的42位法官面前被审判。亡灵必须重复如下的说辞，借以表明生前遵从了宗教的法规，并无违犯道德的罪行："哦，真主！让我认识你……请您拭去我的罪恶。我没有存心对人作过恶。……我在真理的法庭前没有说谎。我没有做过任何恶事。……我没有强迫过农民完成每天规定的工作。……我没有向奴隶的主人诋毁过奴隶。……我没有杀死过……我没有欺骗过……我在我的国内没有耍过任何手段。我没有毁损过神像。我没有从死人的棺材罩上撕过布片。我没有过通奸。我没有从婴儿口中夺过牛奶。……我没有在牧场上猎捕过野兽。……我是纯洁的！我是纯洁的！我是纯洁的！"如果亡灵的说辞得以通过，他就立刻可以生活在那五谷丰登、凉风吹拂的乐园之中，享受来世的幸福，否则就将受到惩罚。古印度《吠陀经》中的圣歌说，正直的人在神灵居住的天层中无穷幸福，而那些撒谎者、不法者和不给神供献祭品的人则将被抛入深渊。在印度人的宗教——婆罗门教、佛教等中，道德报应说得到了惊心动魄的表现，发展为因果报应和生死轮回的信仰。人的一切行为，都将因其善恶而得到死后的报应，无恶不罚，无善不偿。或者升为天神，或者重新降生为人，或者转生为牲畜，或者沦为饿鬼，或者打入地狱。古印度人以其丰富的宗教想象力把人间一切美好的享受放进天庭，而把人间一切可能想到的痛苦集中到地狱，上刀山、下火海、沸腾的油锅、黑暗的牢狱……古典的婆罗门教和后来的印度人更看重道德的仪式性方面对于未来生活的决定性作用。死后的报应，与其取决于纯洁的生活和善良的事功，不如说取决于生前是否严格遵从净手、斋戒之类宗教仪式和是否奉献给婆罗门祭司以丰厚的祭品和礼物。这种有利于祭司阶级的信仰规定，当然并非婆罗门教和印度教的专利品，即使在以崇尚道德著称于世的佛教中也可找到它的踪影。尽管佛教为道德罪人准备的地狱极其残酷，但对礼佛斋僧的罪人却又慷慨仁慈至极点。只要对佛僧慷慨施舍，或者捐造浮屠寺庙，便是无量功德，不仅可免生前罪愆，而且可以泽及先人。《佛说盂兰盆经》说，目连的母亲只因不给游僧一碗斋饭，便被罚为地狱中的饿鬼。因此，佛陀指示，只要人们每年7月15日准备饭食，供应十方众僧，其父母六亲，便可立解诸苦；父母现在者，可享百年福乐；前七世父母，都可以升天住安乐处。宗教的道德报应说在这里完全变了味，成了祭司僧侣们为了谋取私利的一种手段。爱德华·泰勒说得好："对未来报应学说的信仰，事实上变成了各民族生活中强有力的杠杆。由于它以同等的力量扩及善和恶，它已经变成了许多宗教的强有力的手段。祭司们为了自己的利益，为了强化自己的阶级并使它富有，为了在奉为准则的制度的范围内阻止智力和社会的进步，他们公开地利用它。在死河的岸上，在许多世纪之间，站着许多祭司，以便挡在所有那些不能满足他们关于仪式、宗教成规和礼品的要求的贫穷灵魂的道路。"[1] 泰勒的见解一针见血地揭示了道德报应说与祭司阶级的私利之间的联系，理智清醒的读者难道能无如拨云雾、顿开茅塞之感吗！

灵魂崇拜与丧葬礼仪

如果我们放眼以观各民族善男信女的日常性宗教信仰活动，我们也许会发现一个颇带普遍性的情况：他们日常生活中大量的宗教行为和宗教活动，在很大程度上与他们的"灵魂"观念有关，是围绕灵魂观念而展开的。其文明发展程度越是接近于原始时代，这种情况就越是明显而且突出。这是否可以看成是泰勒关于人类宗教起源于灵魂观念和万物有灵论的一种验证呢？人类之所以围绕灵魂观念形成一套又一套的宗教崇拜活动，其原因并不难理解。这是因为古往今来的宗教信仰者总是把人的灵魂理解为人的生命力，或赋予人以生命力的某种存在。既然人的全部生命活动、一切生命过程（诸如生、老、病、死之类）都被认之为"灵魂"的某种活动，是灵魂主宰和操纵的结果，那么，为了求得更好的生，为了避免谁也不愿意经历的衰老、病痛与死亡，人们想出了各种办法与"灵魂"发生关系：或者操纵"灵魂"的活动，使之服从于人的生存意愿；或者祈求"灵魂"

---

① 泰勒：《原始文化》，第572页。

的善意和关照；除此之外，实无其他的选择。正是人类的这种发之于求生本能的人性要求，形成了人类最早的宗教信念、宗教感情和宗教行为。此即宗教学上所谓的“灵魂崇拜”。

由于“灵魂”被认为是生、老、病、死等生命过程的操纵者或主持者，所以，对于灵魂的崇拜活动，灵魂崇拜的全部表现形式基本上都是围绕生、老、病、死等生命过程进行的。

婴儿的降生，在不少民族中被认为是灵魂附于胎儿的结果。我国云南佤族人就是这样。他们认为，母腹中的胎儿，其灵魂尚未来附，仍然在其母所在村落四处游荡。为使婴儿降生，必须通过“叫魂”仪式使之附体，否则婴儿必然死亡。印度奥里萨邦的孔德人认为，人有四个灵魂，其中一个将世世代代留在孔德部族中间，一代一代地复生。因此，每当一个婴儿降生时，祭司都要问：部族成员中的哪一个回到了地上。北美印第安人瓦尼卡部落也认为，死去的祖先的灵魂使婴儿盈生，而这正是他跟父亲或母亲相貌相像的原因。在几内亚，跟死去的亲属在肉体上或精神上相似的幼儿，人们普遍确信他继承了亲属的灵魂。约卢巴人常用“你回来了”这句话来迎接新生的婴儿，以便了解是哪位祖先的灵魂回到了婴儿的形体之中。有些民族的巫师还要通过各种巫术方式来确定究竟是哪一位祖先的灵魂附身到婴儿之上。

人生过程中的疾病与衰老更被广泛地认之为“灵魂”的活动，并由此而产生了各种各样稀奇古怪的巫术性宗教行为。这构成了早期民族宗教生活中的主要内容。世界上许多民族都把疾病说成是病人的“魂”离开了他的肉体；病人如处于昏迷状态，则认为他失去了灵魂；在这种情况下，只有延请巫师把他的灵魂找回来。招魂术或招魂仪式成了许多民族的巫师和祭司们的专门技能。还有许多民族把疾病说成是人的灵魂受到其他的灵魂（鬼魂或精灵）的伤害，这就逐渐形成了各种形式的驱鬼治病巫术。特别是社会发展到一定程度，人际关系失去了原始时代的单纯性，彼此之间（氏族与氏族之间、部落与部落之间，甚至氏族成员内部）产生了利害冲突和敌对关系，这种关系也会相应地投射到幽灵世界。因利害关系而敌对的人死后，其鬼魂或幽灵也会被认为是有害于我的敌人或恶鬼。一旦个人遭遇病痛灾祸，就会自然地联想到这是作为敌人的鬼魂作祟所致。与此同时，如果个人或氏族集体事事称心如意，则会归功于氏族先人或其他善鬼的福佑。据《礼记·檀弓上》载：成子高说：“吾闻之也，生有益于人，死不害于人，吾纵生无益于人，吾可以死害于人乎哉。”可见，当时的人们相信，生前有益于人的鬼魂也将继续做有益于人的事，而生前有害于人的鬼魂当然就有可能继续为非作歹。照此推论，人间祸福就有可能被认之为善鬼或恶鬼的所作所为了。正是这种宗教心理，产生了原始时代和古代社会对鬼魂的崇拜，或者祈求鬼魂的帮助，或者控制和镇伏恶鬼的作祟。《搜神记》载有一段故事说：“昔颛顼氏有三子（生下即死），死而为疫鬼，一居江水为疟鬼；一居若水为魍魉鬼；一居人宫室，善惊人小儿，为小鬼。于是正岁命方相氏帅肆傩以驱疫鬼。”这则故事反映古代人的一种普遍的迷信：各种非正常死亡的人（早死者、屈死者、恶死者等），其鬼魂都将为害于人，于是便出现方相氏之类巫师或祭司“帅傩”驱鬼的宗教仪式。在早期社会，诸如此类的宗教信仰和巫术活动是非常普遍的。《楚辞·天问》的序言说，屈原政治上不得意，受到打击，“长离殃而愁苦”，造成“魂魄离散”，精神恍惚，神不守舍。上帝同情他的不幸，便派一名叫“巫阳”的巫师下到人间为屈原招魂，以恢复屈原的精神，延长屈原的寿命。为病人招魂以疗疾的宗教活动，从古及今，延续不绝。清人胡文英著《屈骚指掌》，征引了吴楚等地的招魂仪式情况：“今吴楚俗，为生人叫魂者，取病人里衣，备一小斗，实之以米，米上埋箸，箸旁插剪尺，剪尺上挂线，用三人于深夜无人时往招。去时无声，疾行。至土神庙，或野处，化楮叫呼生人乳名，其抱斗者随声作应，背行引魂。至家，以衣复病者，遂愈也。”这里所说的招魂仪式的具体过程，当然只是吴楚民俗。中国其他各地区、各民族的招魂仪式不一定与此相同。但因病而招魂的信仰，则不仅在中国各民族中，而且在世界各民族中都普遍流行。缅甸的克伦人把灵魂、精灵和神灵通称为“拉”。拉可以离开肉体而独立活动，这时就会生病。因此，人们必须把拉保持在身体之上，召唤它，给它提供食品。灵魂大多在肉体睡眠时出来游荡，长时间不返回，人就会生病或死亡，这时，人们就围绕着病人跑，希望捉住他那游荡的灵魂，把它送回病人的头上，或在病人衣服上举行招魂仪式，向灵魂供献煮熟的鸡肉米饭，祈求灵魂“拉”重新回到病人身上。我国古书把这种招魂仪式称为“复”。意即用此仪式使失去的灵魂复返于自身。孔颖达注《礼记》所谓“复”礼说：“招魂者是六国以来之言，故《楚辞》有《招魂》之篇。礼则云复，冀精气反复于身形。”由于这种宗教心理，我国古代礼仪对人死时如何进行招魂仪式（复礼）作了非常具体的规定。

生命的终结或死亡，被认之为灵魂的永久脱离肉体，而不是灵魂的死亡，这就产生了一系列有关死亡的丧葬礼仪和丧葬制度。丧葬礼仪和丧葬制度是古代人灵魂不灭观念的最生动、最集中的体现。在这方面，古代中国人最为重视，留下了最为丰富的考古文物，制定了最为详细的典章制度。深入研究和分析不同时期的丧葬仪规和墓葬文物，不仅可以推知当时人们的宗教心理，而且可以进一步了解当时的社会关系。

人类社会的早期，人死后的尸体并无墓葬，古籍记载有这种传统。《周易·系辞传》说："古之葬者厚衣之以薪，葬之中野，不封不树，丧期无数"，人们把尸体放置在野外荒郊之地，用大量树枝掩盖起来就算完事，既不挖土坑埋葬，也不种树以为标记，对服丧期限也不作出规定。《孟子·滕文公上》也有类似说法："盖上世尝有不葬其亲者，其亲死则举而委之于壑。他日过之，狐狸食之，蝇呐姑嘬之，其颡有泚，睨而不视。……盖归反虆梩而掩之。……则孝子仁人之掩其亲，亦必有道矣。"孟子认为埋葬尸体的礼制是孝子仁人之道发展的结果。所谓孝子仁人之道，无非是血缘关系社会培养起来的一种亲情，其产生的年代应该是相当古老的氏族制社会。考古资料证明，山顶洞人已经开始埋葬尸体，时在一万八千余年之前，属旧石器时代晚期。新石器时代的文化遗址中，尸体埋葬高度发展。考古发现了大量的墓葬群，出现了各式各样的葬法与葬式，这些葬法与葬式，说明我们的上古祖先对灵魂世界有着多么丰富多彩的想象力。

葬法。埋葬尸体的方法多种多样，如土葬、火葬、水葬、天葬、崖葬，等等。不同葬法表现了不同的灵魂世界状况。华夏氏族历来实行土葬，大概与他们相信鬼魂的归宿地在地下的"黄泉"、阴间地府……有关。中国和世界上有不少民族还有实行火葬、水葬、天葬、崖葬（包括洞穴葬、悬于危崖之上的悬棺葬等），以及由亲属吃掉尸体的各种葬法。其中的宗教意义和灵魂观念的内容很难一概而论。《墨子·节葬》记载过诸如此类葬法，但无定性的评论："昔者越之东有輆沭之国者，其长子生则解而食之，谓之宜弟。……楚之南有啖人国者，其亲戚死，朽其肉而弃之，然后埋其骨，乃成为孝子。秦之西有仪渠之国者，其亲戚死，聚柴薪焚之，熏上谓之登遐，然而成为孝子。"火葬其亲，意在使其亲人灵魂升天，这个说法可能言之有据。我国云南普米族人就如此看待火葬。我国古代南方百越族与西南地区的百濮、僰人苗瑶诸族曾流行各种崖葬和悬棺葬，据推测，可能反映当时的人们希望灵魂升天，而不愿下地为鬼的观念。道教提倡崖葬，显然是其“羽化成仙”观念的反映。因此道教常把其修炼和崖葬的地区称之为仙人跌、仙人山、升真洞、仙蜕岩、换骨岩、仙岩之类名称。西藏的天葬让鹰吃掉尸体以使死者灵魂升天。许多葬法的目的都是为了让死者的灵魂得到理想的归宿之地。

葬式。埋葬尸体的方式也各式各样，常见的有仰身直肢葬、俯身葬、竖身葬、侧身葬、屈肢葬、解肢葬，它们曲折地反映了人际关系。仰身直肢葬与睡眠姿势同，反映亲人希望死者安息。父系社会的墓葬中，女性多为侧身屈肢，而同墓的男性则为仰身直肢，显然反映女性生前对于男性的附从地位。春秋秦人墓中，贵族为仰身直肢，殉奴则多为屈肢，这种葬式反映社会生活中的阶级结构。至于那些普遍实行屈肢葬的民族其意义自不相同。如云南独龙族的屈肢葬，是为了让死者像生前一样环火塘而睡眠。古苗族实行扭首葬，其意义在于让死者面向背后，关照其后人顺利成长。① 台湾高山族一些支系将死者埋入床下的一深圆坑中，象征死者与家人继续生活在同一居室之中。仫佬族俯身侧葬，以求避魔。②

氏族墓群。我国考古发现了新石器时代各文化遗址的墓葬群，无疑是氏族的公共墓地。血缘社会的集体生活在幽灵世界继续延长。各文化遗址的氏族墓地有一个共同现象：同一墓地的众多墓葬，其头向大体一致。河南新郑裴李岗墓地的 114 座墓葬，头向朝南或略微偏西。西安半坡的 250 座墓葬基本都西向（相差不过 20°），宝鸡北首岭有土坑墓 350 座，临潼姜寨 360 座，华县元君庙 57 座，也均西向。这中间暗含着某种一致的宗教观念和灵魂观念。据学者推测，墓向或者说明其祖先的发源地，或者反映其幽魂的归宿地。这些说法都可以找到一定的民族学、民俗学的依据。但有些民族学者（如宋兆麟）同时指出，头向问题复杂，不能一概而论。傣族、黎族、壮族和部分瑶族用鸡蛋卜的办法来决定墓穴和方位，各个墓向并不一致。有些民族有固定方向，但解释各不相同。有的布朗族头向日落方向，赫哲族认为西方为大，头必向西；独龙族则面向日出的东方。

---

① 李宗昉：《黔记》卷三：“郎慈苗，在威宁州属……父母将死，俟气初绝时，将首扭向背后，谓曰好看后人。”

② 陆次云：《峒谿纤志》卷二：“狇狫叛服无常，与苗同俗，死则俯身侧葬，云为死者避魔也。”

物殉与人殉。人死灵魂继续存在的观念导致最为直接的后果，就是以物殉葬和以人殉葬的礼制。为使死者继续生活，人们随葬生活用品和生产工具，甚至还有装饰品。随着社会地位和财富占有的分化，随葬物随之而有多寡悬殊的现象。新石器时代后期，这种情况即已出现。到三代以后，由于祖先崇拜和孝亲伦理的发展，更逐渐形成厚葬的风气和等级化的丧葬体制。《墨子·节葬》指出："今王公大人之为葬埋……必大棺、中棺、革䩡三杂，璧玉既具，戈剑鼎鼓，壶滥、文绣、素练、大鞅、衣衾万领、舆马、女乐皆具。曰必捶垛道，垄堆仿山陵。此为攝民之事，糜民之财，不可胜计也。"证之大量的帝王陵寝和贵族墓的出土，墨子所言非虚。厚葬制浪费社会财富，实受其害者则为下层民众，故墨子反对厚葬，主张薄葬。但作为国家正统指导思想的儒家本质上是与墨家思想对立的。厚葬制的唯一好处是为我们今天了解古代的文化与社会生活状况留下了大量的实物凭证。

杀人殉葬是灵魂不死观念导致的野蛮而又惊心动魄的后果。泰勒考察了人殉仪式的源流，其结论是："从民族学志的材料中可以看出，这种仪式在最低级的文化阶段上表现得并不过分突出，但是在蒙昧人的进一步发展中兴起，在野蛮时代大力发展起来，而后继续存在或退化为遗风。"①《原始文化》书中对世界各地的原始部族到文明时代的许多民族流行杀人殉葬和以人为牺牲的野蛮习俗进行了大量的收集，读者可直接参阅，此处不赘引。

我国新石器时代的不少墓葬中已发现大量人殉现象。山东大汶口文化（约公元前4300—前2400年）的刘林墓地、王因墓地、呈子墓地、大汶口墓地中已有男左女右的一次性入葬，当为妻妾殉葬。殷商时代帝王陵墓中，殉葬有数以十、百计的奴隶。《墨子·节葬》说："天子杀殉，众者数百，寡者数十，将军、大夫杀殉，众者数十、寡者数人"，这大概说的是西周时代的杀殉制情况。直到春秋战国时期，尽管已有人指责杀殉非礼，但社会上仍在实行。《史记·秦本纪》载："二十年，武公卒，葬雍平阳。初以人从死，从死者六十六人。""三十九年，缪公卒，葬雍，从死者百七十七人，秦之良臣子舆氏三人名曰奄息、仲行、鍼虎，亦在从死之中。"秦始皇陵不仅有数以千计的兵马俑，而且还有以秦之公子、公主

① 泰勒：《原始文化》，第444页。

和旧臣杀殉的数十座殉葬墓和近百座真马葬坑。直到汉代，我国历史上的杀殉制度才逐渐废止。即使有之，也只是偶尔出现的个别情况了。此即泰勒所说的“遗风”吧。

宗教学者追溯上述这些千奇百怪的往事，自然难免会发出思古之幽情，感慨系之矣！灵魂观念和灵魂不死观念的产生，是人类思维发展史上一次质的飞跃。我曾在一篇论原始宗教的文章中写过一段话：

> 凭借自然本能，终日以生存为务的原始人群，不知何时竟能构想出某种脱离肉体的“灵魂”观念，再进一步，竟至设想灵魂的不死，设想出飘忽不定的“精灵”，设想出能创造出原始人所不能创造的“奇迹”的“神灵”……这样的幻想，较之于现代科学家设计脱离地球引力的宇宙飞船，是毫不逊色的，那是划破原始时代黑暗世界的一道曙光。原始宗教的灵魂观念给原始人的想象添上了超自然的羽翼，使之解脱人类生理本能的自然束缚，翱翔于超自然的无垠空间；正是这种具有超自然性质的宗教观念和灵魂—神灵观念，孕育了人与超人、自然与超自然的思考，成了文明时代各种哲学思辨和科学探索的起点。①

当然，我们同时也不应忘记，原始人的灵魂观念也促生了阴森森的阴曹地府、血淋淋的杀殉制度，以及诸如此类，令文明时代的考古学家、人文学家喟然兴叹，沉吟深思！

关于灵魂不朽问题

人的肉体有死亡，而灵魂却继续存在甚至可以不灭，这是原始时代以来各种民族宗教体系的共同信念。但是，为什么肉体有死亡而灵魂却继续存在和不灭呢？泰勒把信仰万物有灵论的原始人看成是原始时代的哲学家，他们是从疾病、死亡和梦幻、出神等生理—心理现象中推论出灵魂独立于身体而存在，并从灵魂与身体的对立和不同进一步推论到灵魂的不死性的。许多宗教学家反对泰勒这个说法，不同意把原始人说成是具有哲学思维能力，进行思辨推理的原始哲学家。他们认为，与其说原始人的灵魂观念和万物有灵论出于哲学性的推理，不如说是由于他们对身心关系的无知。这

① 吕大吉、何耀华总主编：《中国各民族原始宗教资料集成·总序》，中国社会科学出版社1996年版。

两种意见都应予批判地分析。把原始人说成是原始哲学家，当然是过头之词。但是如果原始人没有任何关于身体与精神之间区别和对立的观念，我们也很难设想原始人又何以能形成不同于身体的灵魂观念。事实上，随着宗教思想和灵魂观念的发展而逐步发展起来的宗教神学理论和唯心主义哲学关于灵魂不死的论证，在思路上无非也是把肉体与精神对立起来，并把这种对立推向极端的结果。不少有重要影响的宗教神学理论和唯心主义哲学差不多都是从身体与灵魂根本不同出发，从身体的有死进一步推论出灵魂的不灭。推论过程和原始人并没有本质上的差别。我国南北朝齐梁时代，围绕神灭与神不灭问题发生过一场规模空前的大辩论。主张神不灭的人都是政治上和宗教界的大权威，他们或者讲不出道理，只会以势压人（梁武帝肖衍的理论集中起来只是一句话："源神明以不断为精"，意思是说，神不灭是精神的本质。这是一句同语反复的废话）；或者其推理过程大体上类似于泰勒所谓的"原始哲学家"。当时比较能讲点道理出来与神灭论的杰出代表范缜进行论战的是曹思文和肖琛。他们的根据也就是形神对立的二元论，从睡梦推论出形神不共体；从圣凡同形而异神，推论出神不同形，故形亡而神不灭。曹思文和肖琛的思路与泰勒所谓的"原始哲学家"相比，并无本质上的区别。

印度宗教对灵魂不灭的信仰最为坚定。但灵魂何以不灭，也未在理论上说出个所以然来。他们相信生命会自然延续下去，今生结束了，又会在其他生物中轮回转生。至于灵魂为什么有可能轮回转世，他们并未认真讨论。原始佛教否认永恒不变的"神我"（即灵魂）。但却相信它在现世的确存在，并相信它存在于生前和死后。按照佛教的教义，在人死亡时，如果尚有对于来世的欲望（除了佛，人人皆有此种欲念）。那就会以前世之业因造成另一生命。生命犹如火焰，肉体死亡之时，好像一根薪木已经烧尽，而生命的程序则持续下去，并在另一肉体中重新开始。佛教也和婆罗门教一样并不讨论灵魂何以轮回转世的教义本身。

柏拉图对灵魂不灭说的论证

对灵魂不灭说从逻辑上进行论证的，是古代希腊的唯心主义哲学家柏拉图。他无疑受东方宗教、特别是印度宗教灵魂不灭信仰和轮回转生教义的直接影响。但他不是简单地相信了事，而是从理论上对之作系统的证明。这些证明集中见于《斐多篇》。在这篇著作中，柏拉图提出了一系列逻辑论证，主要有三种。后来发展起来的基督教神学以及唯心主义哲学关于灵魂不灭的理论，事实上都是直接继承柏拉图哲学而来。我们有必要对柏拉图的论证作一些具体的剖析。

柏拉图的第一论证是：万物都有对立面，都是由它们的对立面产生出来；生与死是对立面，故生必产生死，死必产生生；因此，灵魂于人生之前必先存在，死后的灵魂也必产生出生；哲学家的灵魂死后升入天国，与众神一起享福；其他众生的灵魂，因其不纯不洁，会变成荒冢中的游魂，或者各按其特性而进到动物的身体里面去，或是驴，或是狼，或是鹰；一个虽曾有德，但并非哲学家的人，死后将变为蜜蜂、黄蜂或蚂蚁，或者变为其他某种社会性群居动物。

柏拉图这种论证荒诞而且有趣，它无疑来源于信仰轮回转生的印度宗教和埃及宗教，不过在这种信仰上面涂上了一层上面所说的佛教式辩证思维的狂想和诡辩。生死的对立和转化，颇有辩证法的外观。在自然界中，生死转化的事实是存在的。有机物、生命现象（生），是从非生命的无机物（死）经过长期进化过程转化而来。而在生命（生）结束之后，又将转化为非生物（死）。所以，生命的本质就是新陈代谢，亦即生死的斗争与转化。一般所谓“灵魂”，说的是生命体（人）的一种机能，即精神现象，它依赖于生命体的身体而存在，它的生死转化随肉体的生死转化而定，即随肉体生命的产生而产生，成长而成长，死亡而死亡。离开了肉体，并没有灵魂本身的生死转化，当然也就谈不上肉体死亡后的灵魂永生。如果坚持柏拉图的生死互相产生和转化的理论，并一以贯之地用来说明灵魂的生死转化，那么，我们倒是应该从承认灵魂的生推论到灵魂的死，从而得出灵魂有死的结论。肉体有生有死，灵魂也有生有死；而不能只是肯定肉体有死，而灵魂永生。

柏拉图的第二论证，是从“知识即回忆”的唯心主义先验论推论出灵魂在生前的存在。他认为真正可靠的知识是所谓理念知识，理念知识不能来自感官所得的感觉，而必为我们灵魂先天而有。既然灵魂先天拥有理念，则我们的灵魂在人受生之前必已生活在理念世界之中，故灵魂在人生之前已经存在：“灵魂在取得人的形态之前，就早已先于人体独立存在了，并且还是具有知识的。”①

这个论证主要是一个与认识论有关的哲学问题。详细讨论理性认识的

---

①　柏拉图：《斐多篇》，页 76c。（按：此系斯特丰编定的柏拉图对话的标准页码）

本质和源泉，超出本书的范围。我在认识论上主张辩证的认识发展论。我认为一切理性认识皆由感性认识发展而来，柏拉图的理念亦复如此，故独立的理念世界不存在。先天生活于理念世界之中的灵魂更不存在。17世纪法国著名的哲学家笛卡儿也曾发挥过类似于柏拉图的先验论，对此，18世纪法国伟大的启蒙思想家伏尔泰有过一段辛辣的讽刺，颇为引人入胜，发人深思。他指出：如果灵魂本来就拥有一切形而上学的理念，那么一个尚在娘肚子中的胎儿或者刚刚出世、连一句话也不会说的婴儿，也会和最伟大、最博学的思想家、科学家一样满腹经纶、学富五车了。可惜的是，这个博学深思的灵魂一出娘肚就把这些宝贝全部忘光，而且从此以后永远不曾恢复起来。人类知识不断成长发展的事实，否定了柏拉图的先天存在于理念世界之中的永恒的灵魂。

柏拉图的第三论证，是最重要的一个论证。它的大意是说，所谓事物的毁灭和死亡，乃是组成事物之部分的分解，而只有由部分所组成的复杂事物，才有部分，也才可以被分解，从而才有所谓事物的毁灭。柏拉图认为，灵魂与身体完全不同，只有身体才是由部分所组成的，因而才可分解，故为有死之物。他认为灵魂乃是没有部分的绝对单一的东西，本身无组成部分，不能分解。没有部分的组成，即是无生，无始；没有部分的分解，则无死，无终。因而，灵魂永恒存在，是永生的。

柏拉图关于从灵魂单一性到灵魂不死性的论证，在哲学史和宗教神学史上极为重要。一直是宗教神学和唯心主义哲学论证灵魂实体的非物质性和不朽性的基本论证方式。他们把灵魂的单一性和身体的组合性的对立，视为灵魂的非物质性和身体的物质性的对立；因为只有物质才是部分的组合。而没有部分的单一性，则是非物质实体的本质。在西方哲学和宗教神学中，所谓灵魂就是与物质根本对立的单一不可分的精神实体。莱布尼兹哲学中的“单子”就是这种灵魂观念的集中体现。现代天主教神学的重要代表人物雅克·马里坦仍把柏拉图这一论证作为灵魂不朽的基本论证：

> 精神性的灵魂是不可能毁灭的，因为它不拥有任何质料；它不可能分解，因为它没有任何物质的组成部分；它不可能丧失自身的个体统一性，因为它是依靠自身生存的；它也不可能失掉自己内部的精力，因为它自身之中包含着自身精力的一切源泉。人的灵魂不可能死

亡。它一旦存在，就不能消失；它必将永远存在，无穷延续。[1]

应该说，柏拉图的这一理论是相当精巧的。它有许多令人迷惑之处。但是，从宗教神学的立场看，它并不符合于各种宗教体系对于灵魂体的信仰。如上所说，人们的灵魂观念，尽管在人类早期即有把灵魂和身体对立起来的因素，但并未把这种对立视为精神与物质的对立，更未把灵魂看成是纯精神性的实体。原始宗教和各种更高级的宗教原来几乎都是把灵魂视为某种精微的物质；单一性的灵魂，不可分的精神实体之说，则只是欧洲哲学和宗教神学所特有的现象。实际上是柏拉图哲学的独特发明。许多宗教体系不仅没有灵魂单一性之说，而且更有多种灵魂的信仰。

狄德罗对灵魂单一性的批判

尽管柏拉图这一论证在理论上非常精巧，但也经不起科学和哲学的批判分析。在这个问题上，18世纪法国百科全书派和启蒙思想家的领袖狄德罗对它的批判最为深刻，值得我们认真借鉴。他把这种理论称为“神学上的呓语”。在狄德罗看来，精神是物质的一种特性，如果精神是单一的，不可分的，那么，物质的一切特性亦莫不如此，也是单一的，不可分的。以物质的“不可入性”而论，既没有多一些的不可入性，也没有少一些的不可入性。一个圆形的物体的一半是有的，但是此圆形物体的“圆性”的一半却是没有的。具有或多或少的运动的东西是有的，但是较多的和较少的“运动”是没有的。一个脑袋，一只耳朵，一根手指是没有一半，没有三分之一，没有四分之一的，一个思想也没有一半，三分之一，四分之一。如果说：宇宙中没有一个分子和另一个分子相似，甚至即使一个分子中的点，没有一个点和另一个点相似。那么，我们就得承认，物质的分子和原子也具有一个不可分的性质和不可分的形式。因此，可分性是与任何物体的“形式的本质”不相容的，因为可分性破坏了“形式的本质”。[2]

这就是说，既然物质的一切特性都具有不可分的单一性，那就不应该把它从物质实体中独立出来，作为根本不同于物质实体的精神实体和

---

① 雅克·马里坦：《理性的范围》，伦敦1953年版，第60页。

② 狄德罗的上述思想，见于他的著作《达朗贝和狄德罗的谈话》。此文载于《狄德罗哲学选集》，三联书店1956年版，第129页。

灵魂。

王充、范缜对灵魂不灭说的批判

事实上，世界上只存在单一而不可分的属性而不存在单一而不可分的实体。灵魂，作为人的精神现象，无非就是身体所具有的一种特性。具体地说，是高度组织起来的物质——大脑所具有的机能。属性不能脱离人的身体而存在。作为精神性的灵魂亦不能脱离人的身体而存在。我国历史上的无神论者和唯物主义哲学家，根据这个道理对宗教的灵魂不灭论进行了持久而有力的批判。东汉时代哲学家王充坚决反对独立于身体的精神或灵魂："形须气而成，气须形而知。天下无独燃之火，世间安得无体独知之精。"（《论衡·论死》）既然神（灵魂）不能独立于形（身体），当然也就随身体的死亡而死亡。在此基础上，他反对鬼魂的存在："天地之性，能更生火，不能使灭火复燃；能更生人，不能令死人复见。"（同上）他用当时所能有的生理学知识对神灭论作了具体的说明："人之所以生者，精气也；……能为精神者，血脉也；人死血脉竭，竭而精气灭，灭而形体朽，朽而成灰土，何用为鬼?"（同上）南北朝齐梁时代的无神思想家范缜继承和发挥了我国古代无神论的传统，进一步论证了神灭论。对宗教神学的神不灭论展开了激烈而深刻的批判。他主张"形神相即"，"形质神用"，即人的神（灵魂）与人的形（身体）永远结合，不可分离。身体是本质，是实体，而神只是形的作用和机能。（"形称其质，神言其用"）没有体或质，其作用和机能又何以表现和存在？他以著名的刃利之喻来类比形神关系：锋利是刀刃的性能，刀刃才是锋利的体质。如果没有刀刃，又何来刀刃的锋利；如果没有形体，又哪有精神性的作用？所以神决不是独立于形的精神实体。由此，范缜作出了神灭的结论："形存则神存，形谢则神灭。"一旦形体死亡，精神或灵魂也随之消灭。

西方无神论者对灵魂不灭说的批判

在西方，无神论基本上也是坚持这样的思想路线来反对宗教的灵魂不朽说的。18 世纪法国无神论的代表人物霍尔巴赫，在灵魂问题上，也是把灵魂视为身体的作用和机能，反对把灵魂从身体中独立出来并与身体对立起来。他指出，灵魂本来就是身体，只不过从身体的特殊本性和构造使它具有的某些作用或机能去看，才称之为灵魂。灵魂是和身体一起诞生，一同成长的。只是成长到一定阶段，它才拥有理性、判断力和能动性（这些一般被视为精神或灵魂的属性）。灵魂分享身体的苦乐，身体健康时，灵魂也健康；身体患病时，灵魂也痛苦。当然，身体死亡时，灵魂作为身体的机能也将消失或消灭。西方和中国的无神论思想家在反对灵魂不朽的信仰时，有着共同的思路，得出了相同的结论。

近代的宗教神学为了论证灵魂的非物质性和不死性，在方法和论据上已有所变化，它不再像过去那样，完全借助于所谓灵魂或精神的单一性或不可分性的思辨，而是把重点放在利用当时哲学和自然科学在说明这个问题时的暂时性困难。古代的朴素唯物论和近代的机械唯物论都是用物质元素的分解与组合来说明世界万物的生灭和性质，在此基础上说明精神或灵魂以及生命的本质。可是，他们心目中的物质却是只具空间属性的东西。这种只具单纯空间属性的物质怎能通过分解与组合，产生出生龙活虎的生命和变幻无穷的精神（灵魂）呢？这是以前的唯物论和无神论的共同困难。宗教神学和附属于它的唯心主义哲学利用了这点，根本否定物质实体具有思维能力和精神机能的可能，而用独立于身体的非物质的精神实体来说明人的一切精神现象，这个精神实体也就是宗教所谓的灵魂。

对于这种神学的驳难，近代的哲学和无神论有两个办法：

第一种办法是揭露宗教神学的漏洞。他们指出，即使我们把物质看成是只具空间属性的、被动的、消极的东西，承认物质本身不可能产生精神和思想，但宗教的上帝却是万能的；既然如此，为什么万能的上帝不能赋予物质以精神的属性和思想的能力呢？如果宗教神学家和唯心主义哲学家否认这种可能性，那你们岂不就否认了上帝的万能性？难道这不是一种渎神的思想吗？在欧洲，中世纪的英国思想家琼斯·司各脱、17 世纪英国唯物主义哲学家约翰·洛克和 18 世纪法国启蒙思想家的泰斗伏尔泰先后都曾用这种办法来证明物质可能具有精神属性和思维能力，从而否定独立存在的精神实体和灵魂。按照马克思的评价，他们是强迫神学来宣传唯物主义和无神论。当然，这种论证方式并不能在理论上根本克服灵魂非物质性的宗教神学，要战胜宗教神学，决不能求助于上帝的万能和上帝对无神论的援助，而必须改变旧唯物主义的物质观，用自然科学的成就和健全的哲学推理来证明物质可以转化为精神，精神确是物质的机能和作用。这就导致反对宗教神学的第二种办法。在这方面，狄德罗是主要的代表。狄德罗改造了机械唯物主义的物质观，认为物质是能动的实体，物质具有普遍的感受性；不过，有些物质的感受性比较迟钝（如大理石），有些物质的感受性则比较活跃（如动物）；但活跃的感受性是从迟钝的感受性转化和发展而来。在《达朗贝和狄德罗的谈话》中，狄德罗通过经验的观察和巧妙的推理来证明这种转化。大理石雕像可以转化为人的肌肉组织，“人们用肉来造大理石，也用大理石来造肉”。我们把大理石雕像捣成极细极细的粉末，撒到粪土或腐殖土里，搅和均匀浇上水，让它腐烂，使之变成粪土。然后在其上种上菜蔬，植物从土里吸收养料，人则从植物里吸收养料，人要经过“吃、消化、吸收养料，长大成人”这个过程。这个成长全过程可通过物质因素予以说明，而无须借助任何非物质的精神事物。他对达朗贝说，你受生之初，也是一个迟钝的生物，然后通过上述过程，才成为一个有感觉的生物，一个有思想的生物，一个解决岁差问题的生物，一个奇妙的生物，一个衰老、萎弱、死去、消解而化为腐土的生物。

狄德罗还以蛋转化为鸡的过程来驳斥非物质实体（灵魂）的说教。这个蛋在胚芽进来之前，是一块没有感觉的东西；在胚芽进来之后，还是一块没有感觉的东西，因为胚芽本身也是一种呆板的、粗糙的液体，它靠热量过渡到有感受性的生命，而产生热量的是运动，后来经过一系列成长过程变成有意欲和感情的动物。这说明，一切生物的生命和精神特性都是从物质的普遍感受性发展而来，无须任何非物质精神的假定。否定了非物质的精神实体，也就是否定了独立于身体的灵魂，从而否定了灵魂不灭的宗教信条。狄德罗写道：“我们就是拿这个蛋来推翻一切神学学派和地球上的一切神庙。”①

狄德罗的论断，当然还只是一种哲学性的推理，能否成立，尚需自然科学用科学实验予以证明。不过，18 世纪以来的自然科学的主流大体上是按此方向前进的。19 世纪末、20 世纪初德国的著名自然科学家和无神论思想家赫克尔在自然哲学上把物质与力统一起来，创立一元主义哲学，以此来解释一切物理的、化学的、生命的现象与过程，把人类的精神活动（灵魂）视为物质和生物之进化。在此基础上，否定了各种宗教神学所谓的灵魂不死说。赫克尔分析了各种有关灵魂不死的论证，最后斩钉截铁地宣称，它们全都不符合科学事实。神学家所谓上帝造人时赋予人以不死的灵魂，乃是纯粹的神话；所谓伦理秩序的维持有赖于人类灵魂的永久生活，不过是无根据的独断；所谓灵魂不死和上帝之信仰乃一切人类普遍具有的真理，不过是完全不合乎人类学事实的事实错误；所谓灵魂是单一

① 《达朗贝和狄德罗的谈话》，《狄德罗哲学选集》，三联书店 1956 年版，第 127 页。

的、不可分的非物质实体，死后不能消灭之说，更是心理学上的一种谬见，为唯心派哲学的错误。“凡此一切及其他相似的不死说证据，皆不能成立。依近数十年之科学批评，已完全被破坏矣。”① “总而言之，据现今进步之人类学、生理学、心理学、宇宙学以观察不死说，可断言，人类灵魂不死之信仰乃一种独断论，与现今自然科学所得真确之实验条文决不能相容者也。”② 当然，我们至今仍不能说，现代自然科学已经最终解决了这个问题。但是，科学的发展是没有止境的。今天尚未解答的问题，将来总有一天会用精确的科学实验作出解答的，也许在不久的将来，分子生物学和分子遗传学会在分子水平上找到一定的精神活动与一定的脑分子结构和遗传密码之间的因果关系。到那时，自然科学就将用科学实验证明这条无神论哲学的真理：人类的灵魂（精神作用）乃是物质大脑的机能和作用。到那时，一切关于超自然的灵魂体的信仰和来世生活、幽灵世界的想象，都将被自然科学确证为虚幻的幻想。

第二节　神灵观之一：神灵观念的性质

神是什么

宗教是社会的产物，宗教观念的内容，归根到底是人与人间社会关系的反映。但是，在宗教反映中，人与人的社会关系表现为人与神的宗教关系。人是信仰者，神是被信仰者；人是崇拜者，神是被崇拜者。简言之，人是宗教信仰和宗教崇拜的主体。神则是宗教信仰和宗教崇拜的对象。没有神，也就没有信仰和崇拜的对象，宗教将何从说起，所谓无神的宗教实际上并不存在。如果某种宗教确系货真价实地相信无神，那么它也绝非货真价实的宗教，而成了别的什么东西。

问题并不在于宗教是否相信神的有无，而是各种宗教对神的理解，以及它们赋予神以什么样的神性。在这一点上，各种宗教是不尽相同，甚至是千差万别的。

如果有人问：神是什么？人们首先想到的大概总是神与人不同。例

① 赫克尔：《宇宙之谜》，马君武译，中华书局 1958 年版，第 132 页。

② 同上书，第 136 页。

如，神的本领比人大。人在自然途径下不能办到的事，神则能轻而易举地办到。更有甚者，神总是想到做到，意到事成。人的生命总是有限的，有生也有死，神则永恒不灭、长生不死。就这些差别而论，可以归结为一句话：人是遵循自然法则的存在，神则是不受自然法则限制的超自然存在。

但是，如果人们再问：神的形象如何？并请你把它描述一番，那时，一般人的想法大概就会从神与人的差异转向神与人的相同，把神设想为与人同形同性的东西。不管是中国道教的玉皇大帝、太上老君，佛教的罗汉、菩萨、佛，犹太教按照自己形象造人的耶和华上帝，基督教的耶稣基督，古希腊人的宙斯，古罗马人的朱比特，以及古代各民族宗教的保护神……都是人形，不过比一般人更气派、更完美罢了。根据神的这个特点，宗教学有个专门术语，叫做“人格化”，也就是说，神是人格化的东西。由于上面所说的两点内容，宗教学中通常把神说成是“人格化的超自然存在”。但这个提法后来受到怀疑性的批判。不少宗教学者认为它只是概括了部分宗教所信仰的神灵的特性，并不适合于一切宗教的情况。因为不少宗教学者通过对原始宗教的研究后，发现有些原始人所信仰和崇拜的对象，尽管具有超自然的性质，但并未人格化。有些民族所信仰和崇拜的“玛那”、“玛尼图”之类，就只是某种泛泛的灵性力量，而没有与人同形的具体形象。还有许多原始民族，则信奉和崇拜动物，植物或稀奇古怪的灵性实物，把这些等而下之的东西奉为神圣。他们认为这些宗教对象是“神圣化”的，但并不一定是“人格化”的。

我国古代典籍中的神灵观念，大体上有四重含义：其一，天神或神灵。如《周礼·春官·大司乐》说：“以祀天神”。其注曰：“谓五帝及日月星辰也。”其二，人死后的魂灵。如屈原的《楚辞·九歌·国殇》中说：“身既死兮神以灵，子魂魄兮为鬼雄。”其三，人的意识和精神。如荀子的《天论》说：“天职既立，天功既成，形具而神生。”这里的“神”指的是与人的形体相对而言的精神作用。其四，万物的奥妙和变化的原理。此义见于《易·系辞上》：“阴阳不测之谓神”。其注说：“神也者，变化之极，妙万物而为言。不可以形诘者也。”这就是说：神无具体形象，它是万物的奥秘，变化的原理，玄妙神奇，不可测度。《易·系辞》的神是泛灵性的，而不是与人同形的。与美拉尼西亚人的“玛那”，易洛魁人的“奥伦达”之类精神上颇相似。当然，它哲学化了，抽象化了。

如果我们把神的“人格性”限定为在形象上与人同形，那么，作为一切宗教之普遍性的崇拜对象的“神”，就不一定必然具有人形的人格化。

但是，所谓神的人格化，其含义并不仅限于同形，更重要的内容是与人同“性”，即在思想、感情、意欲等方面具有与人相同或相似的性格。在这一方面，我们可以肯定地说，一切宗教的崇拜对象，都是与人同性的。泛灵性的“玛那”、“奥伦达”也好，氏族社会的图腾物也好，灵物崇拜者的灵物也好，伊斯兰教没有任何具体形象的真主也好。……在崇拜者的心目中，都是具有人一样的思想、感情和意欲，按照人的行为方式进行活动的。费尔巴哈以自然宗教所崇拜的太阳神为例，说明太阳神在自然宗教中已被人格人为具有人性的实体：“自然界是宗教的第一个对象；但是当自然界受人崇拜时，人并不是拿它看做像我们所说的自然界，而是拿它看做一种似人的或者不如说是属人的东西。人站在自然宗教观点上崇拜太阳，因为他看见一切都是依赖太阳的……但是，倘若他没有将太阳想象做一个实体，自愿在天上运行着，像人一般，倘若他没有将太阳的影响想象为太阳出于纯粹好意而自愿送给地球的礼物，那他就不会去崇拜太阳，向太阳祈祷。倘若人用着我们看自然界时所用的眼睛，恰如其实地去看自然界，那么宗教崇拜的一切动因都要丧失无存了。驱使人去崇拜某个对象的那种感情，显然是以这个观念为前提。即人认为对象并不是对这种崇拜无动于衷的，它有感情，它有一颗心，而且有一颗能感知人类事务的人心。”① 费尔巴哈的分析适合于一切宗教的神圣对象，它们都被人性化，人格化，具有人一样的好恶和爱憎，喜好人的尊敬，厌恶对它的亵渎，信仰者可以用种种讨好的方式祈求它的帮助，它们也常常因人们对它的亵渎而发脾气，对人降祸示警，进行惩戒。所有这一切，待人处事的原则和方式，都是人性化的。在世界历史上，在一切宗教体系中，有没有任何根本不具人性的崇拜对象呢？没有，也不可能有。人之所以要崇拜某个神圣的对象，无非是这个神圣的对象与人的日常生活被人认为有密切的关系，它用种种方式干预人的日常生活。如果设定的神圣对象没有思想、感情、意欲之类性格，它怎能理解崇拜者的行为和要求是否正当，又怎能对之产生好恶之心，做出干预人间生活之举呢？神圣对象的“神性”如果本质上不是人性，或者在神性中没有任何一丝一毫的人性，那么，神与人之间就没有任何“共同语言”，不可能进行交际和交流，从而就不可能有任何形

① 《费尔巴哈哲学著作选集》，下卷，三联书店 1962 年版，第 679—680 页。

式的宗教。一切宗教的神圣对象的性能，本质上都是人性的，只不过这种人性在神圣对象身上被神圣化而已。

基于上述分析，把宗教崇拜的神灵理解为人格化的超自然存在，还是妥当的。不过，这里所说的“人格化”，可能与人同形，也可能与人不同形，但无论如何与人同性。人格化的神，实际上是人性的神格化。①

如果上述关于神灵的性质和意义的理解可以成立。那么，我们也就可以进一步理解神灵观念之所以产生的根据和秘密了。既然神的本性就是人性，神的本质就是人的本质，我们就不能在神那里，而应该在人那里去寻找神的本性和本质。我们所要解答的问题不是神的神性本来如何如何，而是人如何和为什么要把人自己的本性神格化为神。

人性神格化的两种方式

人性的神格化有两种方式，一是把人的本性附加到一个本来不具人性的对象之上，使之变成人格化的神；一是把人的本性抽象出来，变成为独立的实体。第一方式在自然宗教和古代宗教中表现得非常明显。第二种方式以基督教神学最为典型。但两种方式都表现为人性的对象化或“异化”。那么，人性的对象化或异化是如何实现的呢？正如费尔巴哈所分析的，这显然是人类想象力幻想的结果。如果没有人类想象力的参与，人性的宗教异化是不能实现的。以自然宗教为例：“究竟有什么力量使得一种自然对象转变为人性的东西呢？是幻想、想象力！幻想使得一件东西在我们面前表现出与本来面目不同的样子；幻想使得人在一种让理智昏迷和眼睛眩惑的光辉中去看自然界。人的语言就称这种光辉为神性、神；可见，幻想给人

---

① 近读美国学者约翰·J. 古德的《原始宗教》，我发现他的神灵观与笔者十分相似，兹摘抄其一段论述如下：

“神作为超自然实体，并不总是具有人的躯体的。但它的价值观念、意向、知觉、思维方式都具有人性和社会性，换言之，它具有与社会成员相同的‘人格’，其根据如下：

（1）神总是注意着人的行为。

（2）总的来说，神的行为目的在于不断满足人类的要求，这种要求与社会需求联系紧密。

（3）神渴望赢得人们的关注和尊敬，人们对神的忽视也会使之不快。

（4）神经常惩罚现世那些违背社会准则而行事的人。

（5）神并不总是大发‘慈悲’的，它们也会喜怒无常，滥施神威，从而产生破坏性作用。

（6）神与人的关系以及诸神内部的相互关系都具有社会特征，因为这些关系包含着互相交流、承诺、暗示、认可，甚至互相威胁等情况。”

（摘自该书中译本第42页，河南人民出版社1990年版）

类造成了神。我已经说过，‘神’、‘神性’这类字眼起初是普通名词而非固有名词。‘神’这个字起初不是主语而是述语，即不是本质而是属性，这属性得适合或应用于那在幻想光辉中对人现出神性的、给人以所谓神性印象的每个对象。所以，每个对象都能够成为一个神，或者（这是一样的）成为宗教崇拜的一个对象，我说：这是一样的，神也好，宗教崇拜的对象也好；因为，除了受宗教崇拜以外，没有别的东西可以作为神性的特征；一个神，就是一个受宗教崇拜的东西。但是，一个对象，惟有在它成为幻想或想象力的一个本质、一个对象时，它才被人拿来做宗教崇拜的对象。”①

在基督教中，上帝或神被说成是一个脱离任何自然物体的纯粹的精神实体。实质上，基督教上帝的本质仍是人的本质，是人的人格性在想象中摆脱了一切自然界限的结果。费尔巴哈说得好：“上帝乃是纯粹的、绝对的、摆脱了一切自然界限的人格性：他原本就是属人的个体所仅仅应当是的、将要是的。所以，对上帝的信仰，就是人对他自己的本质之无限性及真理性的信仰。属神的本质就是属人的本质，并且，是处于其绝对的自由与无限性之中的主观地属人的本质。”② 人的智慧、权能和存在都是有限的，但人的想象力却是绝对自由和无限的。人通过这种无限的想象力可以把有限的智慧无限地扩大为无所不知的全知，把有限的权能无限地扩大为无所不能的全能，把有限的存在无限地扩大为无所不在的全在。于是，在人的幻想中就形成了基督教所崇拜的“全知、全能、全在”的上帝观念。

总之，一切宗教中神的神性就是人的人性，神的本质就是人的本质。神灵观念之所以产生，是人通过想象力把人的人性和本质异化或对象化为一个神圣对象的结果。因此被宗教奉为神圣神灵和创世主的上帝并没有客观的存在，更没有神圣和神秘的来源，本质上是人自己的创造，是幻想的产物。不是神创造人，而是人创造神。

人性神格化的社会基础

我们对神灵观念的性质的分析，不应仅限于把神的神性简单地还原为人的人性，把神的本质简单地还原为人的本质，而应进一步分析人的本性和本质究竟是什么？究竟是什么原因使人把自己的本性和本质对象化，异化为

① 《费尔巴哈哲学著作选集》，下卷，第680页。

② 同上书，第221—222页。

宗教的神灵？这要从人作为社会性存在的人性本质出发进行我们的分析。人是社会的主体，而不是一般的生物。作为生物，人具有生物的一般属性：要生存，要吃喝，要传宗接代，有两性之欲和男女之爱……但作为社会的主体——人却受着各种社会关系的制约，人要满足和实现饮食男女之类的需要，就必须进行生产活动，而在生产活动中，人与人之间必定结成一定的社会关系。社会关系是人的本性和本质的社会基础和客观源泉。社会关系的性质决定着人性的性质，社会关系的变化决定着人性的变化。这样一个基本事实为我们分析神灵观念的性质及其产生和发展，提供了理论上和方法论上的指导原则。

最早的神灵观念产生于原始时代，是当时的原始人把自己的本性，通过想象力附加到一个异己的对象之上而形成的。但是，原始人之所以产生这种幻想的反映，却是由社会的生存条件决定的。在原始社会生产力极度低下的时代，一切生存所系和生活所依的自然对象都是支配人们日常生活的异己力量。既然人只是人，那么支配人的力量便在想象中成了高于人的存在：既然人的一切作为、权能和智慧受自然法则的限制，那么高于人的支配力量便在想象中幻想为不受自然法则的限制。这种高于人的、不受自然法则限制的超自然存在，便成为宗教崇拜的对象，成为各种宗教的神灵。原始人赋予其神灵的神性都被打上了原始人际关系的烙印。原始社会的基本社会体制是氏族制公社。血缘关系、共同生产、集体分配的社会关系构成了原始人的人性的基本内容，也构成了原始宗教神的神性的基本内容。原始宗教本质上是氏族社会中的上层建筑，而它所崇奉的“神灵”，其神性本质上是氏族制度的神圣象征，是氏族制公社社会生活的组织者，决定者和保护者。

在有阶级的社会中，人的人性随着人的阶级地位、阶级利益的不同而有阶级性的特征。这必然反映在人所崇拜之神灵的神性上。统治阶级需要自己的神灵来维护自己的统治，被统治的人民亦需要某个救苦救难的神灵来满足他们幻想的某种幸福的要求。宗教随着社会关系的变化而不断调整自己的教义信条和体系，神的神性亦随着社会需要的不同而不同，随着人际社会关系的变化而变化。无论何时何地，我们都可从神灵世界的结构中看到社会结构的投影，在以社会性为其本质内容的人性中找到神的神性的原型。

宗教的神灵观念，是人幻想的产物，但这种幻想的产生，却有其真实的社会基础。

第三节　神灵观之二：神灵观念的主要类型

在近代西方宗教学的早期阶段，宗教学者差不多都致力于探讨宗教和神灵观念在人类历史上产生和发展的具体过程，他们各自提出了自己的发展图式。这些研究，有助于我们了解宗教的本质及其发展的规律，推动了宗教研究的进一步发展。但是，所有这些发展图式后来都受到怀疑性的审视。不断发掘出来的宗教史的事实，不是从整体上就是在细节上修正以至否定过去的图式，几乎没有一种图式能得到宗教学者的公认。这是因为，世界上各种不同的种族和民族处在不同的时间空间和不同的历史条件之中，他们的宗教信仰各有其自己的特殊性。各种宗教观念的发展途径有着极其多样的形式。要想把如此众多、如此复杂的宗教发展方式，不仅从大致轮廓上，而且在细节上都纳入一个统一的图式，事实上是办不到的。考虑到这个情况，我们不打算具体追踪神灵观念的发展史，而只想概括地综合描述一下历史上出现过的各种神灵观念的类型，并对各种神灵观念的宗教意义和社会意义作一些必要的分析。我们下面概述的种种神灵观念均是人类历史上曾经发生过的。但它们出现于历史上的时序，在不同民族的宗教发展史上则可能是不同的。

综观历史上和世界中各种宗教体系崇拜和信仰的神灵。通过比较分析，大致可归纳为如下几种主要类型。

自　然　神

宗教学说史上有不少的思想家指出：人类历史上早期出现的宗教崇拜对象，并不是至高无上、绝对唯一的上帝，而是自然和自然力。由于对最早的自然神看法不同，从而形成各种不同的宗教起源论。古代希腊的唯物主义哲学家德谟克里特认为，古代希腊人所信仰的神灵就是打雷、闪电之类的自然现象，此种神灵观念起源于对自然奇异现象的恐惧。后来欧洲的启蒙思想家们一直继承和发展了这种理论。18 世纪法国百科全书派的主要代表之一霍尔巴赫明确肯定人类历史上最早出现的宗教是拜物教。其所崇拜的对象就是自然物和自然势力，即粗俗的物质对象本身，以后才逐渐发展为崇拜那支配自然势力的实体，即人格化的神灵，从而从拜物教发展为多神教，最后由多神教发展为一神教。费尔巴哈也明确指出："自然是宗教最后的、原始的对象，这一点是一切宗教，一切民族的历史充分证明的。"① 费尔巴哈对此原理进行了细致的哲学认识论分析和广泛的民族学的论证。麦克斯·缪勒以来的宗教学，在很大程度上继承了这条路线。不少著名的宗教学者提出各自的宗教起源学说，从不同的角度证明人类最初的宗教崇拜对象是自然物和自然势力。宗教起源于原始人的自然崇拜。

麦克斯·缪勒提出了宗教神灵起源于自然物崇拜，主要是天体崇拜的学说。他根据对印欧语系各民族的神名的语源研究得出自己的结论，认为神名的含义就是天体或天体现象。缪勒还把人类最早的宗教称为"物质的宗教"。因为他认为当时人们宗教崇拜的对象就是物质性的自然事物，又分为三类：一是能把握的物体如石头、甲壳等；二是部分能把握的物体，如树木、山河等；三是完全不能把握的物体，如天空、太阳、星辰等，古代诗人的神话诗中所歌颂的不是第一类，而是后两类。他们赞颂这些物体是活动的，有生命的，而且是发光的。第一类发展为神物；第二类发展为神；第三类发展为高级神。

缪勒之前的孔德也认为人类最早的宗教是崇拜一切自然物体的宗教（而且不管这些物体中是否寓居着神灵）。只是到宗教发展的第二阶段，这些实物才被人格化为神灵，即相信其中有神灵存在。

英国人类宗教学家泰勒原则上并不否认人类早期的宗教崇拜对象是自然物和自然力。但他认为这些自然物之所以受到原始人类的崇拜，乃是当时的人们相信万物的背后有某种灵魂或精灵。原始人形成了与身体不同的灵魂观念之后，把它应用到自然物之上，使自然物和自然力精灵化、神灵化，从而成为宗教崇拜的对象。泰勒的这种理论不同于缪勒的物质宗教说，叫做万物有灵论。

泰勒之后，又出现了修正泰勒学说的前万物有灵论。前万物有灵论的主要代表人物一为弗雷泽的巫术论，一为马雷特的巫力（玛纳）论。弗雷泽认为早在原始人进行万物有灵崇拜之前，已相信宇宙事物为某种非人格性的超自然力量所统治，并以此为据进行巫术活动，企图通过巫术来命令和控制自然事物，只是在巫术无效之后才对之进行宗教性的崇拜。马雷

① 《宗教的本质》第三节，见《费尔巴哈哲学著作选集》，下卷，三联书店 1962 年重版，第 436—437 页。

特认为人类最初视为神秘超自然力而进行崇拜和敬畏的对象，乃是某种泛灵的非人格的“力”，例如美拉尼西亚人的“玛纳”；易洛魁人的“奥伦达”；阿尔贡钦人的“玛尼图”；澳洲人的“阿伦魁尔塔”，等等。

此外，还有各种关于自然是最早的宗教崇拜对象的学说，无法一一列举。这些不同的理论在何种自然物或自然力是人类最早的宗教崇拜对象问题上看法各异，但在一个重要问题上却是相同的，这就是：他们都认为人类早期的宗教崇拜对象乃是自然物或某种控制自然的力。这个结论在不少民族的古代宗教中确可找到事实根据。古代印度—雅利安宗教中的自然神特别之多，万有皆神。梨俱吠陀分为三界：天界有日月星辰；空界有风雨雷电；地界有山河草木之神。主要天神有：特尤斯（Dyaus）是吠陀诸神中最原始的神。据麦克斯·缪勒的比较神话研究，此神之名与希腊大神宙斯（Zeus）、罗马大神朱比特（Jupite）词根相同，均由 Dyu（发光）一词转化而来。可见，此神是把光明之类自然现象神化而成。另一主要天神伐楼拉（Varuna）之神名，其词根“Var”为“包容”之意，其神性把天空现象包罗无遗，他以火神阿耆尼为面孔，以太阳女神苏尔耶为眼睛，以风神梵由为呼吸，以天空为座位，穿着金色的衣服。由此可见，此神是整个天空自身的神格化。此外尚有表示日月星辰及其各种性能的许多天神。主要的空界神灵因陀罗（Indra）是雷霆之神，因雷霆有绝大威力，又转化而为战神，是印度雅利安人的保护神。此外还有雷电之神罗特罗（Rudra），暴风雨之神马尔殊，风神梵由（Vayu），云雨之神巴尔加耶（Parjanya）等等。地界的主要神灵是阿耆尼（Agni），是印度人非常崇拜的火神，还有酒神苏摩（Soma）、地上祭坛之神祈祷主（Brhaspati）等。除天地空三界之外，还有魔界的恶神和饿鬼之类以及数不清的动植物和各种实物之神。

我国各民族信仰和崇拜过的自然神也非常普遍。山川河流，日月星辰，风雨雷电……都被视为神灵。华夏民族的远古传说以及各种古代典籍，都有此类记载。甲骨文已有祭土和祭山川的记载。书经和诗经则明确记载古代人崇拜“上下神祇”，即天神地祇。天神包括日月星辰，风雨雷电以及司命、司中的神灵。地祇则包括名山大川大湖的神灵。《书·舜典》记：“肆类于上帝，禋于六宗，望于山川，偏于群神。”所谓“六宗”，就是星、辰、风、雨、司中，司命。《礼记·王制》谈及古代的宗教祭祀制度如下：“天子祭天地，诸侯祭社稷，大夫祭五祀，天子祭天下名山大川。五岳视三公，四渎视诸侯。诸侯祭名山大川之所在其地者。”这里所说的“五祀”，在月令章中解释为家中的门、行、户、灶、中等五种神灵。“五岳”，是泰山、衡山、华山、恒山、嵩山。“四渎”，为长江、黄河、淮河、齐水。

风雨雷电等自然现象和自然势力也被视为神灵，《周礼·大宗伯》已有所谓“风师雨师”的说法。他们在屈原《楚辞》中还有特定的名称。《离骚》和《远游》把风神叫做“飞廉”和“风伯”，把云帅和雷帅叫做“丰隆”。《天问》把雨神叫“蓱”,[①] 水神则不止一名。《云游》称为“海若”，《九歌》称为“河伯”，《九章》称为“阳侯”。

为什么要崇拜和祭祀这些自然物和自然力呢？古籍中可以看到有两种说法。一种说法是认为它们是神灵。殷商时代，我国宗教已出现作为至上神的天帝。因此，在甲骨文卜辞中已把风、雨、雷、电之类看成是天帝属下的神灵。这些自然神是与人民生活密切关联的自然现象的主宰，如不崇奉祭祀，则它们将带来自然灾害。《左传·昭公元年》说：“山川之神，则水旱疠疫之灾，于是乎禜之；日月星辰之神，则雪霜风雨之不时，于是乎禜之。”“禜”，是古代一种专用于禳除灾害之祭。崇拜自然神的目的，在于祈求神灵的恩惠，免除神灵降灾为害之苦。还有一种说法略有不同，认为人们之所以崇拜它们，是因为它们与人们的生活密切相关，有功于人，有益于民。

据《国语·鲁语上》记载，春秋名人展禽论及国之祀典时指出，国家对宗教崇拜对象的确定，主要是因为它们有功德于人民，崇拜所以报恩以偿德：

> 加之以社稷山川之神，皆有功烈于民者也；及前哲令德之人，所以为明质也；及天之三辰，民所以瞻仰也；及地之五行，所以生殖也；及九洲名山川泽，所以出财用也。

这两种说法体现了古代中国人对自然崇拜物的性格的两种观点。前一种肯定了自然崇拜物具有神性，即为神灵；后一种则认为自然物之所以成

---

① 《山海经·大荒东经》称其名为“应龙”；“应龙处南极，杀蚩尤与夸父，不得复上，故下数旱。旱而为应龙之状，乃得大雨。”

为宗教崇拜对象乃是因其功德，其本身可能是不具神性的物质对象。前一种说法类似泰勒的万物有灵论；后一种说法类似缪勒的物质宗教说。

这两种说法，每一种都反映古代人对于自然力量和自然事物的关系。一方面无知，一方面又依赖。因其无知，才把它们视之为神，把生活必需的生殖财用，看成是它们的恩赐；因其依赖于自然，才对之崇拜，求其赏赐，报其恩德。对自然物和自然力的依赖和无知，都是古代社会生产力极端低下的反映。古代社会极端低下的生产力，使自然界处于人类控制之外，把古代人变成了受制于自然力的奴隶。人类的生存所系和生活所需，几乎无不仰赖于自然的恩赐和偶然的机遇。此种情况，既是古代人无知的反映，又是他们无知的原因。在社会生产力和人类理智力所达不到的地方，人类的想象力便长上了飞翔的羽翼，前来填补理智的空白，把这些支配日常生活的自然力和自然物，变成了超自然、超人间的神物，成为宗教信仰和宗教崇拜的对象。

氏 族 神

神性是人性的异化，神是人的创造物。人的社会存在必然反映在人的神灵观念之上，使神灵社会成为人类社会的投影。当原始人群由血缘群婚制社会发展为族外婚制社会时，便形成原始的氏族制社会。有了固定的婚姻制度，人们便有了亲属关系。族外婚制度把各个婚姻集团变成了固定的氏族。对于氏族制社会的演变，民族学者有各种观点，比较普遍的看法是认为：开始时是以母系为中心的氏族制，人们只知有母，不知有父。后来，由于社会经济生活的演变使氏族集团中的男子居于主导地位，母权制氏族社会便逐渐过渡到父权制氏族社会。各个民族的原始社会大体上都经过了上述演变过程。

在氏族制社会之中，氏族的祖先和领袖乃是氏族共同生活的组织者和领导者，因而自然而然地成为原始氏族社会成员敬仰的中心。在那个普遍信仰人死灵魂不灭的幽灵世界里，氏族的祖先和领袖的死灵魂逐渐升华而为氏族集团的保护神。于是，在原始氏族制社会阶段，对氏族神的信仰和崇拜，便成为普遍的宗教现象。英国社会学家斯宾塞的宗教学说特别强调祖灵崇拜在宗教发展史上的意义。他在《社会学原理》一书中力图证明一切宗教形式都是从祖先崇拜发展而来，神灵本身也是发端于祖先崇拜。

祖先神或氏族神的原始形式，宗教学者一般认为是图腾崇拜。图腾崇拜是祖先崇拜与自然崇拜的结合。所谓图腾崇拜，就是把某一种动物、植物或其他自然物作为一个氏族的共同祖先的信仰体系，相信图腾物与人有着血缘关系。这显然是以血缘为纽带的氏族制社会的反映。图腾崇拜和一般的动植物崇拜有明显的不同。一般的动植物崇拜是把动植物神格化，崇拜者不分氏族，不分血统，都对之进行崇拜；而图腾崇拜则表示某一氏族全体与某一特种动植物全体在血缘上的集团性关系。大多数图腾氏族都有关于该族如何出生于该图腾的神话和传说。图腾崇拜在澳大利亚、北美和非洲的原始民族中非常发达，并以之为中心形成了一系列完整的宗教禁忌和崇拜仪式活动。由于图腾崇拜广泛发现于原始民族之中，所以相当的一批宗教学者，例如麦克林南、史密斯、弗洛伊德、杜尔凯姆等，都把图腾崇拜当做宗教的起点（我们在这里把图腾崇拜当做祖先神或氏族神的特殊形式）。有些学者虽然把图腾崇拜作为祖先崇拜的原始形式，但又在来源上把它和祖先崇拜区别开来，认为图腾崇拜属于自然崇拜范畴，而祖先崇拜是从死者的亡灵崇拜发展而来。这个说法不无道理，也有一定的事实根据，但似乎不可绝对化。在许多情况下，两种崇拜形式都有，不过前者是对本氏族最原始的祖先的崇拜，后者则是对家族的近期祖先的崇拜。在前一种形式中，氏族祖先常常直接起源于某种神圣的动植物，而且氏族祖先常常具有半人半兽的形象；而在后一种形式中，氏族制社会多半已瓦解为个体的家庭，形成家族制或家支制的社会结构。我国古代的华夏民族以及现今的彝族等少数民族都存在此种情况。这就是说，图腾崇拜与祖先崇拜的区别，并不完全表现为自然物崇拜与亡灵崇拜的区别，而且也表现为始祖崇拜与近祖崇拜的差异。

原始氏族制社会向两个方向发展：一方面，随着氏族成员的生殖繁衍，便分裂为更多的小氏族，直到分裂为以个体家庭私有制为经济基础的家庭；另一方面，由于氏族制公社的增多，各氏族单位便联合形成部落或部族；在私有制和阶级形成之后，部落或部族的联盟便形成民族国家。社会历史的这种发展当然也会反映在人类的神灵观念之上。早期的氏族神随着社会的这种两向发展而发展。原始氏族以图腾为象征的始祖崇拜和祖灵崇拜（氏族神），一方面发展为以家族祖先为基础的近祖崇拜；另一方面，则发展为部族联盟以至民族国家的保护神。

作为氏族神之象征的图腾崇拜和祖先崇拜在各民族都很普遍。原始民族自不待详论，在已进入文明时期的古代民族中，亦可发现图腾崇拜的踪迹，并有发达的氏族神和部落国家保护神的崇拜。古代埃及旧王国时代各部落所信的神，即发源于图腾崇拜而来的祖先神。底比斯的地方神阿蒙是牡羊形，孟斐斯的地方神普塔是牡牛形，黑里奥波利斯的地方神阿顿是狮子形，等等。古代以色列人移居埃及之先，本由四个部族组成。其中两族称为野牛族和牝羊族，显然是图腾崇拜的表现。古代印度吠陀时期盛行动植物崇拜，甚至其所信仰的高级神亦为兽形，梨俱吠陀中天父特尤斯是牡牛形，阿闼婆吠陀称印度人的保护神因陀罗是牡牛形。后来的印度教更以牡牛为主神毗湿奴的化身。吠陀时代人类被视为神的子孙，把神称为"我等之父"，故可推断这些神是由图腾崇拜和祖先神、氏族神发展而来。古代希腊罗马的祖先崇拜很发达。希腊人相信人死后仍有鬼魂，仍与活着的后代同居。因此，便把死人葬在家里和家宅附近，一方面享受子孙的火祀；一方面则保护子孙的幸福。所谓火祀就是家家设一祭台，台上燃柴点火。一家之主的任务就是使此火常燃不息。家有家火，里有里火，部族和城邦也各有火坛，以此不熄之火为共同的祖先。宙斯在神话中被认为是希腊人的祖先，但宙斯和其他奥林匹斯诸神一方面与人同形同性；另一方面往往又被认为具有兽形。宙斯是鹫和牡牛形，赫拉是孔雀和牝牛形，雅典娜是蛇和猫头鹰形，阿波罗是狼和鼠形，阿尔泰弥斯是牝熊和扁角鹿形，阿芙洛蒂特是鸽子形。一些著名的氏族都自称起源于某种动物，如安菲洛希亚族起源于蛇，阿卡德族起源于熊。这些神话反映了古代希腊人的神灵与图腾崇拜和氏族神灵崇拜的密切关系。与祖先崇拜相结合的英雄崇拜在古希腊特别发达。荷马史诗中的英雄，其父母往往就是神，而氏族的领袖和英雄则被后代尊为天神（如赫拉克里斯）。

我国从远古以来，氏族制度和家族制度一直非常稳定。因此氏族神的信仰和崇拜乃是其宗教活动的中心。《礼记》说："神不歆（受祭）非类，民不祀非族"，"鬼神非其族类，不歆祭祀"。神民关系是血缘上的同族同类关系，神非同族，不受其祭，民也不祀异族之神，这是祖先崇拜的典型反映。其具体表现形式是：家有近祖，族有宗祖，慎终追远，直至始祖。而此始祖往往有其神圣的来源，与某个图腾神物感生相连。根据古史传说，我国从三皇、五帝开始，各个氏族部落都有自己的图腾，且有相应的象征徽志。据载，传说中的伏羲族是龙图腾，其族的支裔很多，有飞龙氏、潜龙氏、居龙氏、降龙氏、土龙氏、水龙氏、青龙氏、赤龙氏、白龙氏、黑龙氏等称号（据《竹书纪年》、《竹书笺注》）。这种图腾神的信仰一直流传到后代，并见于兄弟民族之中。在后汉制作的石刻画像中，伏羲、女娲都是人首蛇身，此二人的蛇身下半部互相绞在一起，看来二人被认为配偶。西南一些少数民族（如苗族）还把二人说成是兄妹，在洪水为患后只剩下他们二人，于是便结为夫妇，繁殖后代，成为祖先神。各古代氏族祖先的图腾传说不一，据范文澜的《中国通史》的说法，东方夷族太皞氏（即伏羲）为蛇（或龙）图腾；北方犬戎族自称祖先为二白犬，当是以犬为图腾；南方的九黎族包含有八十一个兄弟氏族，神话说他们全是兽身人首，头有角能触人，大概是以猛兽为图腾；中部炎帝族，神话说他牛头人身，大概是牛图腾的氏族；原居西方的黄帝族的领袖黄帝号有熊氏，他所统率的氏族分别以熊、罴、貔、貅、虎为图腾。随着社会的发展，图腾崇拜逐渐淡薄，但其残余信仰仍然存在。一些英雄伟人往往都被附会为神物感生。尧母感赤龙而生尧，契母感吞燕卵而生契。《诗经》说："天命玄鸟，降而生商。"孔子由其母梦黑帝（水星）而生，汉高祖刘邦被说成是由其母与蛟龙相合而生。图腾信仰的余音，在历史上不绝如缕。

我国各民族都盛行祖先和氏族神的崇拜，从原始氏族公社的中后期，各部落联盟即把其祖先、领袖和文化英雄定为氏族神或部落神而进行有组织的崇拜，奴隶制国家出现以后，更发展为法定的宗教制度。《国语·鲁语上》记，展禽当时对古代崇拜祖先神的宗教祭祀制度作了如下的叙述：

> 有虞氏禘黄帝而祖颛顼，郊尧而宗舜。夏后氏禘黄帝而祖颛顼，郊鲧而宗禹。商人禘舜而祖契，郊冥而宗汤。周人禘喾而郊稷，祖文王而宗武王。①

虞、夏、商、周都自称是炎黄世胄，故对祖宗的祭祀一以贯之。但郊宗的对象，则各选其较为接近者。原始时代与图腾相结合的始祖崇拜演化为近祖崇拜，并直接成为原始公社末期部落联盟和三代奴隶制国家所崇拜的主要神灵。但展禽同时也指出，当时的祖宗崇拜已不完全是血缘上的祖先，而是结合崇拜有功于民，垂德于世的文化英雄：

> 夫圣王之制祀也，法制于民则祀之，以死勤事则祀之，以劳定国

① 《礼记·祭法》的说法不尽相同："有虞氏禘黄帝而郊喾，祖颛顼而宗尧。夏后氏亦禘黄帝而郊鲧，祖颛顼而郊禹。殷人禘喾而郊冥，祖契而宗汤。周人禘喾而郊稷，祖文王而宗武王。"

则祀之，能御大灾则祀之，能捍大患则祀之，非是族也，不在祀典。昔烈山氏之有天下也，其子曰柱，能植百谷百蔬；夏之兴也，周弃继之，故祀以为稷。共工氏之伯九有也，其子曰后土，能平九土，故祀以为社。黄帝能成命百物，以明民共财；颛顼能修之。禘喾能序三辰以固民，尧能单均刑法以仪民，舜勤民事而野死。鲧障洪水而殛死，禹能以德修鲧之功，契为司徒而民辑，冥勤其官而水死，汤以宽治民而除其邪，稷勤百谷而山死。文王以文昭，武王去民之秽。故有虞氏禘黄帝而祖颛顼，效尧而宗舜。夏后氏禘黄帝而祖颛顼，郊鲧而宗禹。商人禘舜而祖契，郊冥而宗汤。周人禘喾而郊稷。祖文王而宗武王。幕，能帅颛项者也，有虞氏报焉。抒，能帅禹者也，夏后氏报焉。上甲微能帅契者也。商人报焉。高圉、大王能帅稷者也，周人报焉。凡禘、郊、祖、宗、报。此五者，国之典祀也。（《国语·鲁语上》）

这就是说，我国古代的祖先之祭，除了崇拜血统上的祖先以外，还包括“有功烈于民者”。因而，祖宗祭祀的含义已扩大为“祖有功、宗有德”，把祖先崇拜与英雄崇拜密切地结合起来了。斯宾塞的《社会学原理》对这种情况作了相当广泛的研究，他也得出了与此大体相近的结论：

在这种超自然神的背后，也正如在其他一切超自然神的背后一样，我们可以找到某种属于人类特性的人格。对一切超越于普通事物的东西，野蛮人就认之为超自然的或神圣的。超群的名人也是如此。这个名人也许不过是记忆中建立部族的远祖；也许是一位以孔武有力、骁勇善战而知名的领袖；也许是一位享有盛誉的巫医；也许是某些新器物的发明者，甚至他也许并非部族的成员、但却带来了技艺和知识的卓越的异乡人；或者也许是由于征服获胜而握有主权的优越种族的一分子。不管他是上述哪一种人物，由于其生前受人敬畏，其死后便受到更大的敬畏。对于这位鬼灵的邀宠礼，渐渐比那些不为人恐惧的鬼灵来得大，并发展为一种定为制度的崇拜。例外的情况是没有的。我们的结论是：如果按照祖先崇拜一词的那个最广大的意义（作为对属于血亲或非血亲的死者的崇拜）来说，祖先崇拜就是一切宗教的根源。[1]

斯宾塞关于一切宗教皆起源于祖先神的崇拜的理论，在宗教学领域中是有争论的，我们在此可以姑且不论，但他所揭露的关于世界各地各民族皆存在祖先神崇拜这一事实是确实可靠的。我国古代宗教崇拜制度不仅证明了上述事实的存在，而且证明了从氏族神到部落和国家保护神的发展。

氏族神观念的产生和发展，并非出于原始人和古代人的灵机一动，而是为了适应氏族制社会的需要。在氏族制社会内部，氏族公社成员共同劳动，共同生活；在与其他氏族和部落的争战中，他们一起战斗和斗争，都极其需要利用血统上的天然联系来维持氏族共同体的团结和一致。氏族神（包括图腾崇拜）的崇拜既能把自己所属的氏族与其他人群和氏族区别开来，又能把整个氏族共同体紧密地连为一体，所以，氏族神的观念以及对氏族神的崇拜体制，事实上构成氏族制社会制度的重要组成部分。杜尔凯姆就不把图腾崇拜说成是宗教，而直接把它当做原始氏族社会的社会制度。在我们看来，宗教与社会制度并不是对立的东西。在任何时代，宗教都是社会的上层建筑，而所谓上层建筑，就不仅表现为社会意识形态，而且也构成维护经济基础的政治、法律和宗教等制度。在原始氏族公社制社会内，宗教制度当时事实上构成了无所不包的上层建筑。

职　能　神

在世界各地的宗教神灵中，我们可以看到这样一种类型：他们不是某一种具体的自然事物，而是自然物所具有的某种特别的属性或功能；他们不是某个氏族的祖先和领袖，而是某种社会职业的原始创建者或某种行业成败的操纵者。他们往往脱离具体特殊的形象而具有更抽象的性格。我们可以把这种神灵叫做职能神。例如古代巴比伦诸神有智慧之神雅（Ea），慈悲之神新（Sin），司法神或奖善罚恶之神夏摩息（Schamasch），爱护生命之神、性欲之神、战争狩猎之神伊息塔尔（Ischtar），主管命运、艺术以及植物的繁荣的神奈婆（Nabu），治病及护田之神尼尼波（Ninib），主管打铁锻冶及神供之神基比尔（Gibil），守护植物之神达摩兹（Tammuz），等等。

印度吠陀神话的众多神灵中，有很多是表示自然物的某一方面性能和

---

① 斯宾塞：《社会学原理》，第1卷，Williams and Norgate，1885年版，第411页。

某一社会职能的职能神。例如，密多罗（Mitra）是表示太阳（昼间）之恩惠的神；苏尔耶（Surya）是表示太阳之具体形象的女神；沙维特（Savita）是表示太阳之活动方面的神；普山（Pusan）是表示太阳在“养”物方面的神（又为引导死者升天的向导神，牲畜的保护神、能为旅行者驱逐猛兽盗贼的神）。其他，乌舍斯（Vsas）为黎明女神；拉脱丽（Ratri）是夜之女神，阿须云（Asvin）为配偶神，能给老鳏夫以妻，给老处女以夫。此神还有众多性能，如给盲人以眼，给断腿折胫者以腿和脚，搭救落海遇难者，给人类以广泛的救济，故被视为海路之神和医药之神。最为奇特者，是吠陀神话竟认为某些词句本身即是神灵。丰满、死、信心、信仰、爱、贫乏、灭亡等词在阿闼婆吠陀中，皆认之为神，并对之进行祈祷和崇拜。

古代希腊罗马宗教中，职能神也很多。奥林匹斯诸神差不多都是主管某一行业的职能神。宙斯之子赫潘斯托斯（Hephaestos）是电光神和火神；雅典娜是战神；阿波罗（Apollo）是光神、预言之神、诗歌音乐之神、青年守护之神；赫尔墨斯（Hermes）是牧羊神、守护死者灵魂之神，商人、演说家及市场的保护神；阿芙洛蒂特（Aphrodite）是生物界繁茂之神，自然界丰收之神，人生恋爱之神，美之女神；阿尔泰米斯（Artemis）是表征处女的纯洁之神，狩猎之神，诞生之神以及妇女生活的保护神；亚力斯（Ares）是军阵之神；德米特尔（Demeter）是农业之神，这些神几乎都被罗马人移植过去并与罗马神灵融为一体。古代罗马宗教的职能神之多，崇拜活动之烦琐，简直到了令人难以置信的程度。他们相信，每一种自然物体和自然现象都有其神性。每座森林，河流以至小溪，每条道路以至十字路口，每座房屋以至每一扇门……都有自己的神。撒在地里的谷粒由萨托尔尼奴斯神（Saturninus）主宰，长出的植物由赛利斯（Ceres）女神主宰，成熟的植物由康苏斯（Consus）神主宰。摩托·摩托塔（MaterMatuta）是生产之神，拉林塔（Lalenta）是死亡之神。社会人事活动更是如此，不仅每一种行业都存在有专门的神，而且每一个人都有自己的保护神。更有甚者，似乎任何过程的每一瞬间都有专门的神主宰其间，主管人的活动的有行神、坐神、梦神，单是人的童年就由 43 个神主宰着，其中有婴孩第一声啼叫之神、摇篮神、走第一步之神。如此种种，无奇不有。日本民间宗教也有类似情况。日本人相信有学艺之神（天满宫）、航海之神（八幡）、谷神（稻荷）以及灶神、厕所神、痔疮神等。他们通过自己具有神性技能而与世人各行从业者保持着密切的关系。

我国古代宗教中对职能神的信仰和崇拜虽然不很发达，但仍然存在，不过多是传说中或历史上的英雄人物转化而来。燧人氏钻木取火，伏羲氏做网罟并做八卦以卜吉凶祸福，神农氏教民稼穑，尝百草以治民之病。这些传说表明古代人民并未把他们当做神灵，而是当做有功于人的文化英雄，后来才逐渐被神化变成行业神。伏羲被看成畜牧狩猎之神、占卜之神；神农氏则被看成农神、医药之神。随着社会上职业的分化，各行各业都逐渐有了自己的职能神。木匠有鲁班，航海有妈祖，读书人尊文昌帝君，武将重关公，纺织业奉黄道婆。除有具体历史人物的行业神以外，还出现了比较抽象的职能神，如主管男女婚姻恋爱的月下老人，主管人寿的寿星，以及招财童子、进宝郎君之类。职能神观念的出现，显然是社会分工在宗教上的反映。对职能神的崇拜，一方面是对历史上（或传说中）开创此类职业的文化英雄的纪念；另一方面说明人们对此项职业的本质和规律尚未完全认识，对生产和经营过程尚无把握，不得不求职能神的帮助。

高位神或至上神

上述各种类型的神，就其性能和形态而言，是各具特性、多种多样的。神灵是各自独立的存在体。神灵的多样性是由自然现象、氏族群体和事物性能的多样性所决定的，神灵各自的独立性则反映了信仰自然神、氏族神、职能神的人们的社会特性和认识水平。当他们生活在自成体系的氏族社会和民族实体之中的时候，他们的神灵便不能不具有氏族的、民族的特殊性，对于其他氏族的和民族的神灵自然具有排他性和独立性。当原始人和古代人站在自己所生活的那个非常有限的环境中的时候，他们心目中的神灵便只能是有限事物的主宰；当他们的生产力非常低下，生产方式非常狭窄，行业分工非常分散，经济上的联系还只是非常偶然的现象的时候，便不能把各种自然力和社会和各方面统一起来。反映在宗教观念上，他们的神灵也不能不是分散的。这种情况就决定了在世界历史的早期，各民族各地区普遍出现同时信奉许多神灵的多神教。宗教学者一般按地域划分多神教为如下几种类型：古代埃及和中东宗教，早期印度—波斯宗教，古典印度教与现代印度教，佛教，中国和东南亚宗教，希腊—罗马宗教，日耳曼—斯堪的纳维亚—凯尔特—斯拉夫神话宗教，古代中美洲宗教，非洲和其他地区的现代种族宗教。

上述各种类型的多神教尽管分布于全世界各个地区，各有一定的特殊性，但它们有一个共同的特点：即宗教信仰者心目中的神灵世界，同时存在着数目众多、各有特性、彼此不相隶属的神灵。希腊—罗马的古典宗教中的众多神灵，每一个都有自己的姓名和形态，各有自己所专长的功能。姓名、形态和功能的特殊性使他们不能互相替代。至于神的数量，理论上可多至无限，因为在多神信仰体系中，世界上的万事万物都可能被神圣化。中国祀“百神”。“百”非确数，言其多也。古典印度教信奉的神灵多得惊人，吠陀本集一处竟有3399个之多，而且多为有名有姓者。但大多数多神宗教体系所信奉的神，不超过数百个。

信奉多神、群神无首的状况，随着社会的发展逐渐发生了变化。生产力的发展和经济关系的扩大，把社会生活的各个方面和自然力的各种形态逐渐联系起来，走向统一。人的视界克服了井底观天的狭隘性，延伸到更广大的世界，人们开始思索那统一万有、支配世界的法则和秩序。神灵世界作为人间世界的幻影，也必然反映社会的这种发展，乌合之众的神灵世界逐渐被它的信奉者组织和统一起来，构成一定的秩序。所谓秩序总是包含着从属与支配，服从与主宰的关系。于是便出现了支配这种秩序、统率众多神灵的高位神或至上神。如：中国的上帝和天，印度的梵天，日本的天照大神，蒙古人的腾格里（Tangri）希腊的宙斯，罗马的朱比特，波斯的密特拉……

至上神观念的产生有复杂的原因和多种多样的途径。西方宗教学从过去到现在一直有两种观点，一派认为至上神观念产生于人类理智的需要，当人们追溯事物产生的时候，根据因果律，必然在逻辑上追溯到一个最后的第一因——造物主。另一派则认为至上神观念产生于人的生活和生存上的需要，当人们对生活和生存所系的崇高自然力量（天空、大地）感到神秘不解的时候，便创造了至上神观念。这两种观念都各有道理，但都不能绝对化。事实上，二者并不是对立的。包括至上神观念在内的各种神灵观念，无疑均以人的生活和生存为其基础，但从这种需要中构造出至上神观念无疑也有一定的理智活动。如果说构造至上神的古代人已经有明确而自觉的因果律观念，进行严整有序的逻辑推理，那确是可疑的。但不能否认从多神进到至上神，总是包含有自发的理智因素在内的，没有一定的秩序观念，神灵世界就不会形成一定的秩序。而这种秩序本质上乃是社会秩序在神灵观上的反映。对这个根本点，上述两派观点都忽略了，二者都有片面性。我们可从分析至上神观念的现象特性开始来分析它的基础和源泉。

麦克斯·缪勒及其以后的什勒德通过对印欧语系中有些民族的至上神神名的比较研究，发现过一个重要的事实：它们的词根都是共同的，而且与天的神格化有关。印欧语系的天主或至上神“deiwo”，词根是 div（意为照耀）。虽然表示“天”的词，在印欧语言中有种种不同，但 deiwo（至上神）一词是存在于各种语言中的。如：立陶宛的 dewas，古冰洲的 dia，高卢的 devo 及古普鲁士的 deiws，等等。

在印度，天帝秋奥斯比塔（Dyauspitar）的古名字是 DyausAsara，义为天的主宰。到吠陀时代，代之以伐楼拉，并且戴上了“王”（rajsn）的头衔。伐楼拉与波斯至上神密特拉（Mitra）极为相似，在一首歌中太阳被称为伐楼拉，也为密特拉的眼睛（波斯的密特拉在阿维斯塔时代以后正式成为太阳神）。

希腊的宙斯和罗马的朱比特的字根来源相同（div 照耀）已如上述，他们都是天空、暴风雨与雷霆之神。

印欧语系其他民族也有与上述类似的与“天”相联系的至上神，说明最早的至上神作为天的主宰，乃是“天”的神格化。[①]

拉斐尔·毕达宗尼也考察和分析了各种至上神观念的性质与现象结构，他认为至上神的产生有两种途径。有些民族的至上神是天空的神秘性能的神格化（天父），有些民族的至上神则是大地母亲的神秘性能的神格化（地母）。天父至上神的社会背景是畜牧业的父权制社会，地母至上神的社会背景是农业的母权制社会。

> 在天父的后面，有一个畜牧业的父权制文明的长期传统。在大地母亲的后面，有一个农业的母权制文明的长期传统。天父是象征以畜牧产品为生的游牧民的至上神，牧畜群以牧草为生，而牧草则转而依赖于来自天空的雨。大地母亲是象征农人的至上神，农人以土地上的产品为生。在农业和畜牧业以前的更悠远的年代里，至上神是动物的神，狩猎的成功依赖于这位动物神。使用至上神的观念，常常是以他是维持人类生存所必需的东西为其根据。至上神的观念，大多并不是

① 上引什勒德的观点，引自施米特《比较宗教史》，第 55—60 页。

发生于理智上的需要，而是发生于生存上的渴望。①

毕达宗尼的上述分析有一定的价值，他看到了神灵观念的特性与人类生存所系的经济生活的依存关系。但是，我们应该更加强调地指出，至上神观念表现了神与神的关系，表现了神灵世界的秩序和等级结构。这种关系、秩序和结构不能不是人间世界中人与人的社会关系、社会秩序和等级结构的反映，应该着重从人与人的社会关系去寻找至上神观念的主要根源。原始社会从氏族制发展为部族联盟。由于私有财产制和家族制的出现，部族联盟发展为作为政治实体的国家，这种社会结构把人与人的关系纳入一个稳定的社会秩序和社会关系之中，使一般的社会成员必须服从于氏族长老的权威，臣服于国王贵族、大祭司以及统治阶级的统治。至上神观念正是沿着这条社会秩序的发展轨道而运动和变化的。氏族长老的权威和氏族成员对他的无条件的顺从，就大有可能在他们的神灵世界中播下上下划分的种子，而国王和贵族则必然按照社会的统治秩序来安排万神殿的次序和等级。东方各种宗教中的至上神差不多都是在奴隶制国家的形成过程之中发展和突出出来的。中国历史上的上帝观念的产生和发展，几乎完全是与奴隶制国家的形成和发展同步运行的。商周是奴隶制国家，殷墟卜辞及其他考古发现，周代留下的大量史籍，确凿无疑地证明当时已流行天帝崇拜并发展为制度化的国家宗教。根据这些史籍记载并参证大量的历史传说，还可进一步推断至上神观念在传说中的五帝时代已经出现。传说中的尧舜，史家一般认为是部落联盟的首领，而此种部落联盟，在世界各民族的早期社会史上往往都是奴隶制国家的前身和雏形。据《书·舜典》所载，舜举办过祭祀上帝和群神的大典：

肆类于上帝，禋于六宗，望于山川，遍于群神。辑五瑞，既月，乃日，觐四岳群牧，班瑞于群后。

在这里，上帝、六宗、山川和群神已经构成了一种神灵等级秩序，而且把祭祀上帝群神的宗教仪式与部落联盟首领对下属群牧的行政权威联系

---

① 拉斐尔·毕达佐尼：《至上神的现象结构和历史发展》，此文载于芝加哥大学出版的《宗教史方法论文集》，1970年版（第5版）。

了起来。

夏商周三代是我国奴隶制国家制度形成和发展的时期，天帝观念也随之发展。由于君主专制体制的建立，天帝作为至上神的至上性也因之而高度发展，并与王族的祖先崇拜结合起来。殷代帝王的祖宗死后可以生活在上帝左右，传达上帝的旨意。这种君权神授观念在周代以后得到更高的发展。周代称上帝为天，天作为至上神是天上百神之主，在人间则是帝王之父，周王自称天子。从此以后，中国历代王朝都承袭了这种至上神观念，成为上下几千年一以贯之的正统宗教观念。

我国古代蒙古族的至上神“长生天”（“蒙客·腾格里”），据学者研究，是随着成吉思汗统一蒙古民族各部落建立统一帝国的过程中出现的。在此之前，蒙古族信奉众多的腾格里天神，他们又分裂为“西方善神”和“东言恶神”两大阵营。西方善神阵营有55位腾格里，以霍尔穆兹达为首。东方恶神阵营以阿拉乌兰为首。他们互相作对彼此不相隶属。后来，这个二元神观念发生了变化。霍尔穆兹达逐渐从55位西方善神之首升迁为99位腾格里天神之王，成为主宰整个神灵世界的至上神，并更名为“蒙客·腾格里”（意为“长生天”）。蒙古谚语《智慧集》说：“最高的腾格里天神是蒙客·腾格里（长生天），其王是霍尔穆兹达腾格里。”蒙古萨满教祈祷词说：“上有九十九尊腾格里天神，为首者是蒙客·腾格里（长生天）。”这个“蒙客·腾格里”即是“霍尔穆兹达”演变而来。《蒙古秘史》中共有69处提到“腾格里”（天神），其中有11处称作“蒙客·腾格里”，这11处都是在乞颜氏贵族“立铁木真做了皇帝，号成吉思”（见《蒙古秘史》，第123节）以后才出现的。由此可见，“蒙客·腾格里”是人间的统一民族国家的专制君王在神界的投影。蒙古萨满教的“至上神”观念是在成吉思汗时代才形成的。[①]

地中海沿岸地区的至上神观念也是随着国家的形成和发展而逐步发展的。以氏族和部族为中心的单一社会，随着经济、交通、政治、文化等方面与其他社会集团的联系和接触而逐渐丧失了它的单一性。通过战争，合并与融合，氏族、部族之间走向联合并逐渐形成国家。与此同时，在各自

① 这段有关“蒙客·腾格里”的研究，见于蒙古族学者佟德富、苏鲁格主编的《中国各民族原始宗教资料集成·蒙古族卷》的《前言·蒙古族萨满教概说》（吕大吉、何耀华为该书总主编）。

所奉的氏族保护神之间也进行着优劣强弱的比较和竞争，逐渐发展到神灵世界的统一。一些部落和氏族在政治社会上取得较为重要的地位之后，他们的神灵也因此而登上了显赫而独享尊荣的地位。埃及的至上神和人间帝王的中央集权制的发展有密切的联系。在埃及历史上，各地区分分合合。在这个过程中，轮到一个城成为盟主时，他们的神也就随之而取得同等的地位。在孟斐斯城成为全国的政治中心以后，普塔神（Ptah）也随之而成为全国宗教崇拜的主角。第四王朝、第五王朝的法老开始称为拉神（Ra，即太阳神 Re）之子，在全国被奉为最高神，其神庙建于安城（On），又称日城。公元前 18 世纪末，由于喜克索斯人的入侵，埃及本土势力退守到底比斯（Thebes）为中心的南方。前 16 世纪，南埃及起来反抗外族侵略，逐出喜克索斯人，底比斯的主神阿蒙神（Amon）便成为全国最高神。阿蒙神庙的祭司位尊势大，高于贵族。后来埃及人又将太阳神拉与阿蒙合而为一，称为阿蒙—拉（Amon-Ra）。国王阿蒙霍特普四世（约公元前 1424—前 1388 年）与阿蒙神庙祭司贵族矛盾尖锐化。为打击阿蒙祭司贵族，他企图恢复对传统太阳神的崇拜。他把太阳神称为阿顿（Aton），奉为宇宙唯一神、世界的创造主和统治者。他本人自称阿赫拉顿（Akhnaton），把自己与阿顿神联系起来。他通过创立一神教来加强自己的统治地位。在巴比伦，由于巴比伦城取得举足轻重的地位，它的保护神马尔都克遂成为巴比伦的万神之王。

绝对唯一神

至上神观念并不否定其他诸神的存在，而只是把它们置于从属的地位。绝对唯一神观念则有所不同，它不仅肯定神的至上性，而且进一步肯定神的唯一性。至上神的至上性是以多神的从属性作为逻辑上的前提的，在这里只有上与下的互相对立，而没有一与多的互相否定。因此，至上神观念是一个相对性的范畴。绝对一神观念则在强调神的独一性的基础上，把至上神观念中所包含的上下一多的对立完全否定了。因此，它是一个绝对的范畴，它的神是一个绝对的存在，被认为是独一真神。其他宗教的神灵或者被认为根本不存在，或者被认为是虚假的东西或魔鬼。尽管一神教信仰体系把它们的神或上帝说得与众不同、独一无二，但他们描述上帝的神性的术语，并没有自己的独特范畴，仍然是采用其他至上神观念形容其神的那些象征性词汇。比如上帝是造物主，天主、神、帝王、父亲之类。这些词汇在任何一种宗教中都可找到。不过，在搬用到一神教之后，全部打上了私有的标记作为独家的私产，再也不许其他宗教使用了。

宗教学者一般认为犹太教、基督教和伊斯兰教属于此一类型。这种绝对唯一神的信仰，决不是什么上帝启示，自古而然的，它有一个长期发展的历史过程。而且，即使到一神信仰成型以后，它们的上帝，既不是那么“唯一”，也不是那么“绝对”。在《旧约圣经》中，以色列人虽然断然反对信仰其他神灵，反对偶像崇拜，但至少并未明确否定过其他神灵的存在。而且就是这种相对有限的一神观念也是经历了长期的历史发展过程蒸馏出来的。

以色列人曾经崇拜过家神和偶像（《旧约》称之为“提拉菲姆”）。在沦为巴比伦之囚以前，以色列人曾因崇拜地区神和城邑神而受到过先知的谴责。[①] 有些学者据《旧约》统计，在列王统治时期的巴勒斯坦有九十八个圣所，在犹太南部还有十个圣所。圣所之主男女兼而有之，有的是成双结对的夫妻。希伯来文《旧约》的“艾洛希姆”本是由单数“艾洛哈”（“神”）而来，显然是以色列诸神的共同名称，不过以色列人在一大批艾洛希姆中挑出了雅赫维作为至上神。只是在沦亡巴比伦时期和以后，以色列人才开始表现出一神教的倾向。在第二个以赛亚书的许多经文中，雅赫维流露出想当万能的唯一的神的要求：“我是首先的，我是末后的，除我以外，再没有真神”，“除我以外，岂有真神吗?”（《以赛亚书》第44章第6、8节）从此，雅赫维逐渐抛弃了以色列人的民族至上神的民族局限性而演变成了创造并统治全世界和全人类的独一真神。

以色列人在发展出绝对一神观念的历史时期，虽然不曾建立起自己的大帝国，但因其先后流亡于埃及、地中海沿岸和亚述、巴比伦地区，目睹一些大帝王把自己的权力扩大到本民族以外的广阔世界，接触到了其他民族宗教中已经出现的一神观念，这就使他们有可能用波斯的居鲁士、巴比伦的尼布甲尼撒这样的世界统治者的形象来重新塑造雅赫维，把他变成了绝对唯一的上帝——耶和华。

基督教的绝对一神观念是在犹太教这种排他性的上帝观念的基础上发

---

① 《旧约·耶利米书》第11章第13节载：耶利米愤慨地说：“犹大啊，你神的数目和城的数目相等。你……所筑烧香的坛也与耶路撒冷街道相等。”据《旧约·列王记下》第17章第9—12节：以色列的子孙也受到指责，说他们“暗中行不正的事，违背雅赫维他们的神，在他们所有的城邑……建筑丘坛……在丘坛上烧香……且事奉偶像”。

展起来的。基督教的神学家们把上帝说成是绝对，他至高无上，唯一无二，全知、全能、全善，上帝之外，别无他神。但基督教的一神观念实际上也并不那样绝对。尼西亚会议承认上帝是圣父、圣子、圣灵的三位一体。这个观念在《新约圣经》中并无明确记载（只有一套祈求圣父、圣子、圣灵的三合一礼拜式的用语）。但这却被奉为基督教的正统教义。这个教义很特殊，实质上无异于承认上帝虽是唯一，表现形式却有三个，是多神观念与绝对一神观念的一种调和形式。伊斯兰教对此嗤之以鼻，斥之为三神论。伊斯兰教在此基础上发展出更极端、更排他、更不可妥协的绝对一神观念。穆斯林“五功”第一功的内容即是信仰只有安拉才是真主，除安拉外，别无神灵。不过，伊斯兰教仍然和基督教一样承认天使的存在，并把大天使迦百利作为安拉与其使者穆罕默德之间的中介，而天使之类仍然是次级神灵。由此可见，公认的三大一神宗教的一神观念都不是纯粹的和绝对的，他们以各种方式容纳了多神观念。

第四节　神灵观之三：至上神与诸神的关系

由于至上神观念并不否定其他诸神的存在，这就出现了至上神与其他诸神的关系问题。实际上，这是在宗教幻想领域里，至上神在神灵世界中究竟建立何种天国秩序，他以何种形式出现于这一秩序之中，用何种方式来支配这一秩序的问题。分析和研究至上神与诸神的各种关系，有助于我们进一步认识多神观念如何发展到一神观念的具体途径。

综合各种宗教的历史事实，至上神与诸神的关系大概有如下四种形式：

单拜主神教

第一种形式：至上神以超越众神之上的最高神的形式出现于万神殿中，成为神灵世界的主宰和君主，众神则成为它们的下属和臣僚。这种形式宗教学上称之为“单拜主神教”（Henotheism），中国古代的天帝崇拜、日本的神道教、希腊的宙斯、罗马的朱比特崇拜属于此类。

我国的道教也可算作“单拜主神教”类型。道教神灵多而且杂，但以元始天尊为最高神，其下有三清（玉清、上清、太清）。三清为太极所分的三天：清为天、犹宇天、大是天。一天为一清，一清有一主神。各天均有按等级秩序排列的一群神仙。对神仙的位秩，葛洪的《枕中记》与陶弘景的《真灵位业图》讲法各不相同，但总体上都是把南北朝门阀士族时代的封建等级制度搬到道教神仙世界。据陶弘景的说法："三清九宫，并有僚属。列左胜于右，其高总称曰道君，次真人、真公、真卿。其中有御史、玉郎诸小号，官位甚多也。女真则称元君、夫人，其名仙夫人之秩比仙公也。夫人亦随仙之小大。男女皆取所治处，以为署号，并有左右，凡称太上者，皆一宫之所尊。又有太清右仙公、蓬莱左仙公、太极仙侯、真伯、仙监、仙郎、仙宾。"① 《真灵位业图》序说："虽同号真人，真品乃有数；具曰真人，仙亦有等级千亿。"天国等级制比人间等级制还要复杂严格。道教的神仙世界完全是中国封建社会中央集权制度的缩影，是陶弘景等人按照封建社会帝王将相的官僚体系安排和构造的。

轮换主神教

第二种形式：有些宗教体系也崇拜一位主神，但此神不能永保至上神的主位，信仰者常在不同的时间，改变其所信奉的主神。有几位大神轮流坐庄，交替为主。这种形式以古典印度教最为典型。在印度的梨俱吠陀中阿耆尼、因陀罗、伐楼拉轮流居至上神的位置而受到人的崇拜。麦克斯·缪勒把这种情况称之为"轮换主神教"（"Kathenotheism"）。有些宗教学者认为埃及宗教和希腊宗教中也有类似情况。轮换主神教中主神不固定，这当然应从社会秩序和社会体制的特殊性去寻找此种宗教神灵观念的原因。可能与贵族权力的相对分散，城邦之间的互相牵制而未形成巩固的中央集权制度这种社会情况有关。这是一个饶有理论意义的问题，有待我们继续研究。

泛神教

第三种形式：把其他诸神作为单一的至上神的化身或表现。在这种至上神观念中，万神殿中的其他诸神并未丧失其特殊性和独立性，但同时却被认为是同一主神的本质的多种表现形式。这显然是调和独一真神和多种神的对立，解决神的统一性和神的多重形式的矛盾，使之同时并存的一种努力。这种情况相当普遍地存在于许多宗教体系之中。

东苏丹尼罗河流域的一个游牧民族努埃尔人（Nuer）崇拜一个被称为克乌斯（Kwothe）的神。努埃尔人的克乌斯就是神或上帝。此神被认

---

① 《太平御览》卷六六二，道部四《登真隐诀》。

为是天堂中的神，无形体而又无所不在。但它以很多形式来表现自己（如表现为空气形式、图腾形式或位置形式的神）。这些拥有姓名的诸神虽被作为独立的实体予以信奉，但却被认为除了表现克乌斯以外，别的则什么也不是。他们自己被称为 kwothe，即称为神。对此一形式的神的祭献并不同时是对另一形式的神的祭献，但无论对何种形式的神的祭献，却都是对克乌斯的祭献。

在希腊化时期的希腊—罗马神秘宗教中，有一种对女神爱瑟斯的崇拜，这种神秘宗教承认多种神的存在。但这些神无论以什么名字出现都是女神的表现形式之一。在阿波莱乌斯（Apuleius）的《金色的驴》中，女神自己说道："我的名字，我的神力被盖全世界。以各种方式，各种习惯，并借助许多的名称为人们所崇拜。"

在有些民族和地区，这种神灵观念常常与哲学性的思辨结合起来，得到更有力的发展。最为典型的形式是古典印度宗教。早在吠陀时代，这种神灵观念已经出现。梨俱吠陀卷十的"原人歌"神话中，原人神（Purusha）被诸神作为牺牲而举行祭祀。他身体的各部分便生出世界（包括空界、天界、地界）的万事万物，甚至印度的大神因陀罗、阿耆尼也由原人神产生而出。①

据此，原人神是世界万物和神灵的基础，一切事物都分享了他的生命。这首原人歌是印度泛神观念的起点。后来的《奥义书》和《薄伽梵歌》，逐渐把梨俱吠陀中作为创造物之主的"生主"（Prajapati）转化为"梵"。这个梵被认之为宇宙的本原、世界的最高原理，是最高的"自

---

① 《原人歌》写道：

"当诸神把原人（Purusha）作牺牲而举行祭祀时，那酥油是春，圣供是秋，夏则作为柴薪。"

"他们在草地上把作为牺牲的最早期出生的 Parasha 涂油，诸神和沙达（Sadhyas 修道的仙人）及律西都用他来作祭祀。从这伟大的总祭品上，滴下的油脂集合起来了，他形成了空中的生物，野的和家的牲畜。从这伟大的总祭品中，产生赞歌和咏歌，咒语由此而作，祭词也由此生，马由此生，一切有两排牙齿的牲畜由此生，牛由此生，山羊和绵羊都由此生。"

"当他们把 Purusha 分割时，他们割成多少份？他们把他的口叫做什么？手臂叫什么？他的腿和脚又给予什么名称？他的口是婆罗门，他的两臂作为王族，他的腿部变成吠舍，从他的脚上生出首陀罗来，旃陀罗（Chandra 月）从他的心上产生。苏雅（Suya 日）从他眼中来。因陀罗和阿耆尼自他的口中。他的气息变成梵由（Vayu 风）。空界从他脐中来，天界从他的头化成，地界生自他的脚，方位生自他的耳，这样他们就构成了这世界。"——引自《印度三大圣典》，糜文开译，中国文化大学出版部 1970 年版，第 42—43 页。

我”，而我们个人的灵魂或自我则来自大梵，故与梵在本质上实为同一，即所谓“我即梵”，“此我即是彼梵”。这就包含着一种思想：世界上万事万物都是大梵的一种表现形式。《奥义书》认为梵体现为现象者有三态：一是世界的支配神，此即梵天或自在天的人格神；二是时间空间中的物器世界，在空间位置上分为天、空、地三界，在时间上，认为世界在一定时间依梵而产生，又在一定时间之后复归于梵，世界因此而不断循环和轮回；三是一切有情之物，上至天人，下至植物，但中心是人。这种思想在神灵世界的应用，就是把一切诸神视为梵天的一种表现形式或化身。这样一来，众多的印度神灵便在这种泛神观念之下统一起来。印度教改革古典婆罗门教而兴起之后，更加系统地发展了这种神灵观念。它把民间信仰的英雄和神灵都说成是神的化身而加以崇拜。将梵天演为三种身份，一是婆罗摩（梵天），为宇宙的创造神；二是毗湿奴（那罗延天），为宇宙的保护神；三是湿婆（大自在天），为宇宙的破坏神。三位大神在性能上各异其趣，而其本体则为同一，乃由一元的本体所作三种不同的显现。同时，吠陀时代的众多神灵则降为三位大神的下属。此种思想与基督教的三位一体教义颇相类似，但本质上是一种泛神观念。

大乘佛教把他们所崇拜的佛神格化，使之成为地地道道的神灵，使佛教成为信奉数目众多的佛和菩萨的多神教。但有些佛教思想家则想办法把民间佛徒的信仰统一起来，开始提出佛有法身和化身的说法，说佛有化身，此化身有二身、三身以至十身。后来又发展为统一佛性论。认为一切皆有佛性，皆可成佛。中国佛教天台宗着力发展这个思想。湛然提出“无情有性”说，认为一切都是佛性的具体表现。佛性是一切事物的基础，也是佛徒成佛的根据。照此说，则一切佛皆是统一佛性的表现。

与这种神灵观念相应的宗教，在宗教学上称之为“泛神教”（Pantheism）。

二元神教

第四种形式：世界宗教中有这样一种特殊的神灵观念，它以一种二元论的宗教世界观来分析神性，划分神灵，把统治世界的力量说成是两个相互对立、但却又都是至高无上的神或一对对具有神性的实体。这种宗教体系把世界上的一切都分为对立的范畴：肉体与灵魂、物质与精神、黑暗与光明、死亡与生命、地与天、恶与善等等。反映在神灵世界上便出现两种对立的神：神与魔鬼、善神与恶神，形成二元的神灵观。在这种二元神灵观的影响之下，多神教中的杂多诸神被归属到两大对立的营垒之中，这显然是诸神的杂多性走向神性统一的一种特殊形式。宗教学把这种宗教信仰体系称为“二元神教”（Dualism）。二元神教作为一种神灵观念，广泛地存在于许多宗教体系之中，早在原始宗教中，在万物有灵崇拜的基础上就已开始了不死灵魂的分化，出现了神与鬼的对立。后来又根据人的利害观念，把有利于己的神称为善神，把不利或有害于己的神称为恶神。随着社会的发展，人们往往根据政治、道德的准则以及神学上解释罪恶的需要来区分神灵的善恶。甚至把二元神的对立扩大为两种终极神性的对立，来解释各种宗教生活现象，论证某种特殊的宗教信条。

古代埃及宗教不是典型的二元神宗教，但在奥西里斯神（Osiris）与塞特神（Seth）的对立和斗争中已有此种二元神观念的因素。在神话中，这两位神是兄弟，但二神的神性是完全对立的。埃及人最为景仰和崇拜的奥西里斯，是活动在尼罗河水域中的丰产之神和生命之神。塞特则被认为是一个强暴可怕、侵略成性、不生育的神。它的神性意味着埃及人最为害怕和厌恶的沙漠、风暴、荒芜、孤寂。二神的神性适成鲜明的对比。在奥西里斯神话中，塞特杀死了奥西里斯而被视为恶神。近年来在西苏丹的多贡（Dogon）人中发现了与此很相类似的神话。在这一神话中，诺莫神（Nommo）和尤拉格神（Yuragu）的神性也是对立的。诺莫神是一个丰产的、有幸福配偶的原始存在，其象征图像为鱼形。而尤拉格神则是一个不幸的、不生育的角色，住在荒原之上，没有伴侣，被描画为“灰色的狐狸。”

希腊的神秘宗教奥尔菲斯教把肉体与灵魂对立起来，认为灵魂是上帝的神性部分，而人的肉体则是灵魂的坟墓。灵魂属天，身体属地。灵魂与神同类，因有罪，才降到地上。人当努力向善，通过生死轮回，使灵魂脱离肉体回到天上，与诸神相会合。奥尔菲斯神秘教的宗教二元论对柏拉图关于物质与精神的哲学二元论的形成产生过重大影响，反过来又影响了后来的基督教神学，成为基督教禁欲主义和其他教义的理论根据。首先受奥尔菲斯教和柏拉图二元论影响的是诺斯替教派（Gnosticism），此教派把至上神和“巨匠造物主”（Demiurge）对立起来。至上神的神性本质是心灵、生命和光明。它流出人的灵魂。物质世界“浮兮斯”（Phusis）则是为“巨匠造物主”所造。人的肉体来源于浮兮斯，肉体是灵魂的坟墓，肉体欲望是罪恶之源，应该禁欲清修。只有彻悟及此，才算把握“诺斯”

（Gnosis 意为真知），灵魂方能得救。

我国蒙古族萨满教体系中包含有明确的二元神观念，按照布里亚特蒙古族的传说，在遥远的过去，有 99 尊腾格里天神，他们最初是和睦地生活在一起，后因权力之争分裂为两大阵营，西方的 55 尊天神为善神，其首领是霍尔穆兹达；东方的 44 尊天神是恶神，其首领是阿达·乌兰。在 99 尊天神之下，还有一大群被称为“哈特”的僚神，他们也分裂为两大派，分别隶属于东方恶神和西方善神两大阵营之下。善神的神性是光明、善良、正义、正直、洁净；恶神的神性则完全相反，代表黑暗、邪恶、虚伪、诳惑、污浊。这种二元神观念与琐罗亚斯德教非常类似。

二元神教的典型形式是波斯的琐罗亚斯德教。此教把善与恶、光明与黑暗、清净与不清、创造与破坏、生与死极端地对立起来，并归原于最高善神阿胡拉·玛兹达·波斯文（Ahura Mazda）与恶神安格拉·曼纽（波斯文 Angra Mainyu）。这二神是决然不同、不可还原的本原，一开始，他们就各自选择了生命与非生命、光明和黑暗。世界充满善与恶的斗争，但善终究会战胜恶。琐罗亚斯德教是二元神宗教的典型表现，它对后代的二元神宗教（包括前述的诺斯替教），特别是摩尼教产生过直接的影响。

基督教名义上虽然是绝对唯一神的宗教，但有些学者认为也可把它归属于二元神教的范畴，因为它在绝对的上帝之外，仍承认撒旦的存在，基督教圣经称撒旦为魔鬼，专门与上帝为敌。

从宗教观念的发展看，二元神观念无疑是使杂多的众神走向统一的一种形式，不过这里是使用善恶对立的范畴，故这种范畴规划出来的神界秩序成为严整有序的二元对立。这种善恶对立范畴的使用，有其宗教上的和社会政治上的根据。从宗教立场上看，如果把众神统一为绝对的一神，那么，此种绝对的一神便必须对世界的一切事物和现象承担责任，从而成为“恶”的源泉。宗教家为使他们的至上神从这种尴尬的局面中解脱出来，便常常臆构出与至上善神相对立的恶神或魔鬼来。

但是，如果单从宗教角度来分析二元神观念的基础，那还是肤浅和片面的。神灵观念既然是社会存在的折光，善恶二元神的对立和斗争便应该从社会上对立势力的冲突中去寻找它的根据。道德规范上的善恶观念当然也有可能被抽象出来，神格化为善恶神灵，但道德规范在分化为不同利益集团的社会中总是具有特殊利益集团的色彩，各利益集团的善恶观总是各有千秋，彼此不同，甚至互相对立。它在宗教上的反映（善恶二元神）

仍以社会冲突、利益对立为其最深刻的原因。当然，各种二元神观念之具体的社会根据如何，应该从它由之而产生的具体的社会历史条件出发进行具体的分析，不可一概而论。

大致说来，至上神与诸神的关系，一神观念得以从多神观念中形成和产生的方式，主要有上述四种。通过这些不同的途径，杂多而有独立性的众神逐步超越了它们原有的神性上的分散性，抛弃了地域和种族的狭隘性而走向了联合和统一，从而出现了多种形式的至上神，为唯一神观念和一神宗教的产生准备了思想条件。

第五节 神灵观之四：关于神的存在问题

原始宗教和古代社会各种宗教几乎从不讨论神灵是否存在、如何存在、如何证明神灵存在之类神学思辨问题。

我国古代的甲骨文都是乞求祖先神和上帝启示的卜辞。古印度吠陀经典充斥着讴歌神灵的颂歌。它们直接向上帝呼吁，请求上帝预示人间的吉凶祸福；它们赞颂神力的伟大，感谢神的恩惠。当时的宗教信仰者把神灵的存在视为当然而然，无可怀疑的事实。只是到了后来，由于自然科学和哲学的发展，特别是由于社会冲突的发展，社会上逐渐出现了否定和怀疑神灵存在的启蒙思想和无神论思潮，宗教神学家以及附属于他们的唯心主义哲学家才逐渐感觉到了从理论上论证神灵存在的必要性，产生了思辨神学。在这方面，古代希腊罗马的唯心主义哲学和中世纪的基督教神学特别发达。这些唯心主义哲学家和宗教神学家写下了大量著作，对神的存在、神灵存在的方式，进行了烦琐的讨论和逻辑证明，由于这些论证花样繁多，不可能逐一剖析，本书打算把它们归纳为几种主要的类型，作一些必要的评说。

所谓神如何存在，实际上是神灵的存在与世界的关系问题。因为，既曰存在，就有一个存在于世界上什么地方、神与世界这两个存在物彼此有何关系的问题。神与世界的关系，主要有三种形式：

超神论：神超越世界之上而存在

把神看成是超越世界而存在，这种神灵观在各种宗教中很普遍。但对这种超越神的存在进行理论证明者，则集中见于古代希腊的柏拉图和亚里士多德哲学以及受其影响而发展起来的中世纪基督教神学。柏拉图在《蒂迈欧篇》中提出了一种神灵创世说，并对此进行了一番理论上的“证明”。他提出这样一个问题：

> 整个世界究竟是永远存在而没有开始的呢，还是创造出来的而有一个开始呢？他的回答是：我认为它是创造出来的。因为它是看得见的，摸得着的，并且具有一个形体；所有这些东西都是可以感觉的，而一切可以感觉的东西都是意见和感觉的对象，因此都是处在一个创造的过程中而被创造出来的。……凡是创造出来的东西都必然是由于某种原因而被创造出来的。因此我们现在的任务就是要来发现这个世界的创造主和父亲。①

上述推论中有一个问题：为什么一切感觉的东西都是被造的呢？柏拉图的看法是，这是因为凡是意见和非理性的感觉对象总是变化不定的，而

> 凡是变化的东西必然是由于某种原因才发生变化的，因为如果没有原因，就没有什么东西会变化。②

在柏拉图看来，这个作为世界的创造者和变化之原因的存在就是“神”。正像人间的工匠按照一定的理念创造床、桌子、椅子和其他用具一样，这位创造主也按照理念创造了天和地，甚至创造了各种神以及天上地下所存在的一切。在这个意义上，柏拉图把作为造物主的神称为“神圣的工匠”和“父亲”。但柏拉图哲学并不认为神是无中生有地从虚无中创造世界。他认为原初世界是二元的，可感的物质世界本已存在，不过是杂乱无章、没有秩序、没有规则的一团混沌质料。神是至善的，他按照永恒的、最美的、最完善的模型来创造世界，从无秩序之中造出秩序来。神把理智放在灵魂里，又把灵魂放在身体里。他把整个世界造成一个既有灵魂又有理智的活物。柏拉图这种神灵创世说并不直接是对神的存在的一种理论证明。但如在逻辑上把它倒过来，就可以从物质世界的被造出发，追溯到一个最后的造物主，亚里士多德正是这样着手的。而且正是这种思路

---

① 《古希腊罗马哲学》，三联书店 1957 年版，第 208 页。

② 同上书，第 207 页。

影响了新柏拉图主义，然后又影响了整个中世纪基督教神学。柏拉图的《蒂迈欧篇》被西塞罗译成拉丁文，这是整个中世纪时期唯一被人所知的一篇柏拉图的对话。神学家既接受了《蒂迈欧篇》的神创论，又据此演绎出一套烦琐的关于上帝存在的逻辑证明。

亚里士多德以明确的理论形式提出了上帝超世存在的证明。亚里士多德不是从世界的创造进而肯定神的存在，而是从事物的动因论证神的存在。他认为世界事物在不停止地运动，因此必然有东西使之运动。这种东西又必然是主动而非被动的，其本身必须是不动的、永恒的本体。那么，这种不动的推动者是什么呢？它应是愿望的对象和理性的对象。愿望的对象是好的东西，是“善”；而真正好的东西，善的东西，只有理性才能认识。理性的对象就是真正的善、美等。这种善、美，正是一切事物运动所要达到的目的。它是目的因。目的因是表示某种存在。作为愿望和理性的对象，其本身是不动的，但是，由于它被爱，别的事物想要追求它，达到它，于是就产生了运动。它不像别的东西，由于被动作而产生运动。这种被动的运动可以如此，也可以如彼，因而具有偶然性。可是对于最高的目的因，作为一个自身不动的推动者，作为完全现实存在的本体来说，它是不能不如此的，因而是必然的。这就是说，其他的存在都有偶然性，只有第一推动者是必然的；因而它是必然的存在。亚里士多德认为这种不动的推动者，这种作为最高的善而成为事物追求的目的因，从而推动了事物运动，这个东西就是“神”。①

亚里士多德的“神”是哲学的神，是哲学所追求的第一原则、最高的善和美、最后的本体，与传统宗教所想象的那种帝王式的人格神大不相同。他用哲学的语言和逻辑的推理来证明神的存在，对中世纪的传统哲学（托马斯·阿奎那及其以后的基督教神学）产生了巨大的影响，使亚里士多德成了基督教的“先知”。基督教神学家们在亚理士多德的启发之下，构造出了各种形式的关于上帝存在的逻辑论证。

对上帝存在的论证构成欧洲中世纪基督教神学的中心内容之一。中世纪基督教神学有两个高潮：一是 11 世纪，以安瑟伦为代表；一是 13 世纪，以托马斯·阿奎那为代表，前者主要受柏拉图和新柏拉图派哲学的影响，后者主要是受亚里士多德哲学的影响。安瑟伦和托马斯·阿奎那都以

---

① 亚里士多德上述论证见于《形而上学》，1072b。

在神学上提出上帝存在的论证而知名。

安瑟伦提出了所谓“本体论证明”。大意如下：上帝观念是我们所能设想的无与伦比的伟大存在的观念。与此对应，还有一个不能设想的无与伦比的伟大存在，比我们心中的观念更为伟大。前者既然存在于我们心中，后者则应更为完善，是实际的存在。如果说，那种不可设想的、无与伦比的伟大存在，只是存在于心中，那么，它和那种可以设想的、无与伦比的伟大存在就是相同的存在了。但是，这显然是不可能的。因此，无可怀疑的是，那个不可设想的、无与伦比的伟大存在，不仅存在于我们心中，也存在于现实之中。这就是彪炳欧洲宗教史和哲学史的本体论证明。它的逻辑很简单，可以归结为一句话：上帝的完善性必然包含上帝的存在，如果上帝不存在，上帝就不完善了。就不符合于我们所能设想的上帝观念了。

安瑟伦的本体论证明对基督教神学的发展发生了重大的影响。按照康德的分析，其他关于上帝存在的证明都可以归结为本体论证明。但本体论证明出世之后，也一直遭到反对，其中包括来自神学家的反对。与安瑟伦同时代的僧侣高尼洛匿名出版了名为《反对安瑟伦论道篇中的推论》的书，明确揭露了安瑟伦论证的错误。他指出：作为思考的对象——观念来说，人们心中设想的上帝的存在，与人心中设想的其他东西的存在是一样的。如果说，这种设想可以证明上帝的存在，那也可以用同样的方法证明一个人心所能设想的美丽仙岛的存在：“如果一定要说有某个不能用任何事实来设想的东西在心中存在，那我也不否认它在我们心中存在。但从这个事实却不能得出结论说这个东西也在现实中存在，除非还有其他确凿无疑的证明，我们不承认它是真实存在着的。”“假如有人想用这种推理向我讲这个（最美丽的仙岛）真正存在，并说它的存在性再也不能怀疑。那么，我只觉得他是在开玩笑，否则，我们两人之中得有一个是大傻瓜，如果我同意他，我就是；如果他自以为他已确证了这个岛的存在，他就是。”[①] 高尼洛的反驳在西方哲学史上一直被承认是健全有力的。后来，康德又进一步发挥了这个思想，把本体论证明驳得体无完肤。

甚至托马斯·阿奎那也不同意本体论证明。他认为要想使用先验论的推理，根据上帝的本质包含存在的前提来证明上帝存在是不可能的。在上帝里面，本质与存在是否是同一的，上帝的本质是否包含存在，这只有在

① 见《圣安瑟伦的论证》，第 163、165 页。

我们知道上帝的本质这种情况下才是可能的。可是我们并不知道上帝的本质。任何一种被造物（包括人在内）都不具有足够的知识，从而能由上帝的本质推论出上帝的存在。

阿奎那认为，我们只可以用后验的方法来证明上帝的存在。即通过上帝的种种可为人感知的作用来认识上帝，即通过结果来认识原因，通过被制约者来认识制约者，通过已知者来认识未知者，一句话，通过上帝的创造物来认识上帝。他在《神学大全》中提出了关于上帝存在的五种证明。

第一，一切被推动的事物都是某物推动的，由此追溯，最终必须承认有一个始动而非受动的东西（此即亚里士多德所谓的“不动的推动者”）。

第二，一切事物都是某种原因的结果，由于不能无限地追溯原因，便必须承认有一个第一原因，它不需要任何其他东西作为自己的原因而存在。

第三，个别自然对象是偶然的，它们之所以存在不是必然的。因此，一定有某种东西，它不仅是可能的，而且是必然的。它是偶然之物的根据或基础，而其本身则是绝对必然的东西。

以上三种证明，其推理方式基本相同，康德把它们称之为“宇宙论的论证”。

第四，世界上的事物构成一个越来越完美的等级阶梯，这个等级序列必然有一个最高点，它是至善至美的事物，是宇宙中一切完美事物的原因。

第五，自然中任何事物都在实现和完成一个目的，既然如此，这个具有目的性的世界就必然蕴涵着一个制定其目的的伟大智慧。

这两种论证，一般称之为“目的论证明”，相当于康德所谓的“自然神学的证明”。

上述五种证明，都是把上帝作为超乎世界之上的存在和创世的造物主，把世界和合乎目的的世界秩序作为被造物，由之推论出它的创造主——上帝。

降至近代，不少哲学派别仍承认上帝的存在，甚至提出新的证明方式。笛卡儿恢复了安瑟伦的本体论证明；自然神论者则继承了亚里士多德的第一推动者证明，并综合托马斯·阿奎那的五种后天证明而提出“设计论的证明”；主观唯心论者贝克莱则构造了一种“感觉论的证明”。

笛卡儿的自然哲学是一种机械唯物主义的世界观，在那里没有上帝的地位和作用，但在政治上他不敢否认上帝的存在，甚至还学着安瑟伦的口气来肯定上帝："可是说到一个比我这个实体更完满的实体（指上帝）的观念，情形就不能是这样的了；因为要从虚无中捏造出这个观念，乃是显然不可能的事。因为要说比较完满的东西出于并且依赖于比较不完满的东西，其矛盾实不下于说有某种东西是从虚无中产生的。所以，我是不能够从我自己把这个观念造出来的；因此只能说，是由一个真正比我更完满的本性把这个观念放进我心里来的，而且这个本性具有我所能想到的一切完满性，就是说，简单一句话，它就是上帝。"① 具体说法与安瑟伦不尽相同，但也是从上帝观念的完满性推论出上帝的客观存在，与本体论证明异曲同工。

如果说，笛卡儿关于上帝存在的证明具有某种不得已而为之的政治气味的话，那么，贝克莱的情况就大异其趣了。他自觉地维护宗教的权威，反抗唯物主义无神论对宗教神学的进攻。他从"存在即被感知"这一根本原则出发，认为世界一切事物都是感觉的复合，但感觉依赖精神实体而存在。这种精神实体不能只是人的有限精神，因为一切有限精神都不能保证世界存在的连续性，故世界的依存者必须是"无限精神"，即上帝。② 贝克莱的上帝乃是超感觉世界的绝对体，是超越神。这个证明以主观唯心主义的感觉论为基础，比较新鲜，但在理论上漏洞百出。因为实际情况是感觉依赖于存在，而不是存在依赖于感觉；没有客观存在，何来感觉之有？而且，从逻辑上说，如果存在确实是被感知，那么，不能感知者就无所谓存在。贝克莱也承认精神实体（包括人的灵魂或自我和作为无限精神的上帝）是不能感知的。既然如此，我们又怎能不仅肯定它的存在，而且还把它作为世界的最后依据呢？这个理论上的大漏洞被大卫·休谟一语道破，从此就半文不值。所以，尽管贝克莱主观上对宗教神学异常忠

---

① 笛卡儿：《方法谈》第四部，引自《16—18 世纪西欧各国哲学》，商务印书馆 1975 年版，第 145 页。

② 贝克莱在其《哲学谈话三篇》中是这样进行推论的："神学家同哲学家也已经从造化各部分的美丽同效用，毫无疑义地证明那是上帝的作品了。不过我们只要能反想到：可感的世界只是我们凭各种感官所知觉到的东西，而感官所知觉到的东西，除了观念之外，又没有别的；而观念或观念的原型又离了心不能存在；——我们只要能作这样简易的反想，纵然不求助于天文学同自然哲学，纵然不存想事物间有何种巧构、有何种秩序、有何种适应，我们也可以单从可感物的存在，推论到无限的心之存在……"（见《贝克莱哲学谈话三篇》，关文运译，商务印书馆 1957 年版，第 51 页）

诚，但他发明的证明方式几乎未在神学上有过直接的影响。

17—18 世纪是欧洲的唯物主义哲学和无神论在发展的时代。他们从世界观的高度论证一切实体的存在都必须具有广延性，占有空间，在空间中存在，因而都是物质的实体。凡是不占空间、没有广延性的，就不存在于任何地方，就是不存在。托兰德和 18 世纪法国唯物论大师们还进一步认为物质是自己运动，通过物质的运动构成了千变万化的世界；物质运动的规律性和必然性，使整个世界呈现出合乎规律（合乎理性、合乎目的）的结构。世界的合目的性的美，完全是这种自然规律的结果，根本无须借助于上帝的智慧和善意来说明。这种唯物主义无神论的世界观从根本上推倒了一切关于上帝存在的神学证明，彻底否定了那种超乎世界之上而存在的神和上帝。

但是，直接从逻辑上推翻基督教神学家关于上帝存在的各种证明的主要思想家，应该说乃是 19 世纪的德国哲学家康德，他对这些证明进行了深入细致的批判分析。

康德把传统神学有关上帝存在的证明分为三种类型：一是本体论证明；二是宇宙论证明；三是目的论证明，通过他的批判分析，证明这三类证明都是错误的。

对于本体论证明，康德进一步发挥了高尼洛的主张，坚持不能把逻辑的必然性和存在的必然性混为一谈。上帝是否存在是一个事实问题，只有靠经验，而不能靠对上帝概念的分析予以证明，可是我们对上帝却无任何经验。

在康德看来，本体论证明乃是宇宙论证明和目的论证明的基础。因此，对前者的否定也就是对后两者的否定。

宇宙论证明是从一个有条件的有限存在出发，追溯其原因，而在最后推论出一个最高的必然存在；目的论证明则是从世界的秩序性推论出一个伟大智慧作为原因。显然，目的论证明实际上就是另一种形式的化了装的宇宙论证明。而宇宙论证明虽然是从经验出发走了第一步，但因经验并不能告知我们以最高的必然存在，所以便抛弃经验，肯定一个作为必然存在的第一原因。这实际上是在纯粹先验的概念里寻找出一个绝对必然的存在来。这种推理方式正是本体论证明，而本体论证明已被证明是虚假的。

康德说，在论证上帝存在问题上，思辨理性所能走的路，除上述三者以外，别无他途。这样看来，上帝的存在是人类思辨理性所完全不能证明的。康德的上述批判，在宗教思想史和哲学史上的影响非常巨大，传统神学受到了致命的打击。把上帝作为超越的存在而对之进行思辨性证明，已经是非常困难的事情了。基督教神学和唯心主义哲学要想论证上帝的存在，便不能不另走新的路子。同时，把上帝视为高踞于世界之上、超然于世界之外的绝对物，固然抬高了上帝的地位和权威，但上帝也因此而远离于世界，使他的信奉者可望而不可即，可畏而不可亲。原始宗教时代，神就在人的周围，可那种神与人的亲密关系在超神论宗教里从此永远消失于九天之外。这种情况也为宗教神学加强对信教者的影响造成了一定的困难。超越神在理论上和宗教实践上都遇到了不可忽视的困难。因此，我们看到，在康德之后，关于上帝存在的方式以及证明其存在的理论形式都出现了新的变化。泛神论、内在神论时兴起来。当然，这些神灵观并不是什么新东西，都有其历史上的传统根据。但这些历史遗物在新时代的花样翻新，却不能不说与康德的批判有关。不过，超越神观念及其神学论证，在正统的基督教神学中仍有自己的地位。至今，天主教罗马教廷仍把托马斯主义奉为神学的正宗。新托马斯主义继承其先辈的传统，仍把论证上帝的存在作为他们的根本任务。他们一方面维护其先辈关于上帝存在的传统证明；另一方面也力图寻找新的论据。罗马教皇庇护十二在 1951 年 11 月 12 日的一次讲话中，按照托马斯的宇宙论证明的思路，歪曲现代自然科学以证明上帝作为世界造物主的存在。他认为，不管现代自然科学把宇宙的存在推算到几十亿年或几百亿年之前，都只能说明这个物质的宇宙的出现和存在，在时间上是有限的：在此之前，必然有一个强有力的开端。这显然是托马斯第一论证的翻版。新托马斯主义的主要代表人物波亨斯基则继承了老托马斯的目的论证明："显然，世界的进程有一个目的，这个目的不能是别的，只能是甚至上帝本身也追求的，而且必然要追求的目的，即上帝本身。"①

另一位新托马斯主义的著名代表人物马利坦自称他发现了论证上帝的新论据。他"对于上帝的再发现"的基本内容是，人们首先直觉到在他之外存在着的现实是无情的、不可抗拒的；其次又"直觉"到个人的存在所容易陷入的死亡与空虚，个人被抛回到孤独与软弱之中；再次又"直觉"到无情的、不可抗拒的现实并不是同我一样容易陷入死亡与空

---

① 波亨斯基：《现代欧洲哲学》，加州大学 1957 年版，第 246 页。

虚，而是包含了某种绝对的、无可争辩的存在，而这就是上帝。马利坦所谓的“直觉”是非理性的。因而他通过对个人存在的有限性和对客观现实的绝对坚实性的“直觉”，推论到个人对上帝的确认、依赖与皈依，并不是什么理性的证明，而不过是一种个人在冷酷现实的逼迫下产生的感情的哀鸣和渴望。

有些新托马斯主义者歪曲利用现代自然科学的新成就，为其对上帝存在的论证穿上科学的外衣。法国神甫戴亚尔力图把科学的进化论与基督教教义协调起来。他认为整个世界的进化过程经历了宇宙生成，生物生成，人类生成，心智生成等几个主要阶段。人的生成意味着智慧、意识、反思和自由的出现，由此最后进入到一个“超意识”、“超个人”的境界，这实际就是上帝的境界。如果我们剥去戴亚尔理论中那些科学进化论的辞藻，就不难看到它与老托马斯的“目的论证明”（第四、第五论证）的类似之处。虽然不无花样翻新之处，但实质上仍是旧戏新唱。

泛神论：神泛同于世界而存在

泛神论反对上帝或神超越世界之上而存在，认为神即自然，神泛同于世界而存在。泛神论思想在各种宗教和哲学中都相当普遍。印度教的“大梵”、中国道教的“道”、大乘佛教的“佛性”，都是泛存于世界万物之中，而世界万物则被当成大梵、道、佛性的体现。中世纪以伊里杰纳、阿摩利为代表的基督教异端神学主张造物主与创造物无所区别。上帝表现在万物之中，也表现在人身上。这些泛神论思潮大体上都把神与世界、神与我融为一体，否定了超越的神，表现为宗教正统派超神论神学的对立物，在历史上常被打成“异端”。

宗教泛神论在宗教实践中一般都导致神秘主义，主张通过宗教修行和神秘的直接体验达到梵与我、神与人的合而为一，对信仰者有更大的精神麻醉作用。隋唐佛教天台宗主张“无情有性”说，认为万物皆有佛性，木石亦不例外。因此，人人有佛性，个个可成佛。禅宗再进一步，一方面把世界万物当做佛性的体现，因而不是真实的存在，借以破除信仰者对现实物质利益的执著，转向对真如佛性的追求；另一方面，又把佛性从西方极乐世界转向人的内心，主张“佛向性中作，莫向身外求”，“菩提只向心觅，何劳向外求玄，听说依此修行，西方只在眼前”。只要悟此道理，即可顿悟成佛。佛性泛神论扩大了佛性存在的范围，提供了成佛的方便途径，为信徒进入天堂佛国发放了廉价通行证，使佛教在我国历史上得到了广泛的传播，产生了更大的影响。

但是，也应该注意到，泛神论在历史上一般都是作为反对正统神学的异端而出现的。在正统神学的枷锁面前，它有时能起到破除旧信仰的积极作用。有些进步思想家、哲学家甚至系统发挥泛神论思想，有意识反对传统的宗教神学，把泛神论变成某种神学外衣掩饰下的哲学唯物主义和无神论。早在古代希腊时代，哲学家克塞诺芬尼就已利用泛神论来反对传统的神人同形同性的多神宗教。在他看来，神是永恒的。因此，神就不能是英雄人物或妇女诞生的人。因为凡是产生出来的东西都是暂时的、有死的，而不是永恒的存在。神应该是唯一的，而不是众多的诸神。既然神是唯一的存在，那么，神无论在形体上或思想上都不像凡人。神全视、全知、全能，永恒地保持在一个地方，永恒地静止不动。克塞诺芬尼说，这个永恒而唯一的神便是“唯一的宇宙”。把神与宇宙等同起来，既结束了神的“拟人性”，也消除了神的“超越性”，神由此等同于世界而泛在。

欧洲泛神论的最高形式是斯宾诺莎哲学。他继承和发展了克塞诺芬尼关于神等同于世界的基本命题，并用细致的逻辑推理给予理性主义的证明。

他从对“实体”概念的分析着手来证明“神即自然”的泛神论原理。他认为，“实体”作为独立自存的东西，必然是自身的原因。实体不以他物为原因，不能为别的东西所产生，否则，实体就不是实体了。既然实体是自因，那实体就必然是唯一的、无限的。这个唯一无二、绝对无限的实体，就是整个自然界。因为只有整个自然界才是这种唯一、无限的存在。既然宗教神学认为上帝或神是无限实体，所以，上帝或神就是自然。既然自然即神，是唯一的实体，是自因，它当然就不需要自身以外的东西作为世界的终极原因（造物主或第一推动者）。斯宾诺莎的泛神论虽然在形式上保留了神的存在，但实质上却否定了犹太教和基督教传统神学所崇奉的超越神或造物主。

泛神论思潮有宗教的形式，也有哲学的形式。但是，无论宗教的泛神论也好，哲学的泛神论也好，都有二重性。宗教泛神论没有否定神的存在，但却否定了神的与人同形的“人格性”和“超越性”，人格化的神变成了泛泛的“神性”。这种东西太空泛了，除了少数宗教神秘主义者外，对于绝大多数宗教信仰者而言，那是模模糊糊、不可捉摸的东西。这意味着对神的否定。斯宾诺莎等人在哲学上发展了这种因素，把泛神论变成了一种无神论哲学。

内在神论：神内含于世界之中而存在

内在神论与泛神论一样，也不把神视为超越世界的存在，而是把神说成是某种神性而内在于世界万物之中。神性内在于世界，实际上也是神的泛在，故内在神论与泛神论本质上是一个东西，可以看成是泛神论的一种特殊形式。

内在神论有两种形式：其一，神可能作为存于事物中的推动力或生命原则而存在。万物皆灵，各有神性，从这种形式的内在神论看神和世界，世界万物彼此之间是分散的独立的；世界是多元的，神也是多元的。原始宗教中的万物有灵论可以算作这种内在神论的典型形式。其二，内在神也有可能被视为统一的世界灵魂（中国道教的道、印度教的大梵、大乘佛教的佛性以及希腊哲学的奴斯、逻各斯、黑格尔哲学的绝对精神之类）或者把世界万物看成是世界灵魂的一部分，或者把整个世界说成是世界灵魂的表现。从这种形式的内在神论看神和世界，世界是统一的，神性也是统一的。我们可以把前者叫做多元的内在神论，后者叫做一元的内在神论。

希腊早期的哲学家用唯物主义的世界观反对传统宗教，他们在取消超世界而存在的神的时候，常常把神解释为万物的内在动力和生命原则。亚里士多德在《论灵魂》中指出："根据关于泰利士的记载来判断，他似乎是把灵魂看成某种具有引起运动的能力的东西。""人们还说，灵魂是作为组成部分存在于全宇宙中的，泰利士也许就是因此而得到万物都充满着神灵这个看法的。"[①] 这种具有物活论色彩的内在神论，在阿拉克萨戈拉和斯多葛学派那里得到进一步的发展。阿氏认为充满宇宙的奴斯（心灵）赋予世界万物的合乎理性的秩序并推动它们运动。斯多葛学派则认为神就是世界灵魂或"逻各斯"，它弥漫于宇宙之中，渗透于万物之内，整顿万物秩序并赋之以运动变化的活力。此派代表人物芝诺似乎把神定义为世界的烈火心灵。神是有形体的实体，而整个宇宙就构成神的形体。据德尔图良说，芝诺认为神渗透到物质世界就像蜜蜂渗透到蜂房里一样。据第欧根尼·拉尔修说，芝诺认为"普遍的规律"也就是"正当的理性"，是渗透于万物之中的，是与宇宙政府最高的首脑宙斯同一的，神、心灵、命运、

---

① 《古希腊罗马哲学》，三联书店 1957 年版，第 5 页。

宙斯都是同一个东西。命运是推动物质的力量，天意或自然就是它的别名。

上述几种希腊哲学中的内在神论，虽然提到了神的名称并讨论了神的内在的存在，但本质上是一种哲学学说，不是宗教教义。而且其主要目的是反对传统宗教的超越神的存在。不过后期斯多葛学派逐渐自觉地向宗教神学靠拢。新柏拉图主义在这一点上尤为突出，使具有反传统宗教色彩的内在神论演变成了浓厚的宗教神秘主义。普罗提诺把上帝说成是“绝对的太一”，它产生一切，流出一切，而上帝本身则是无因构成的初始因。这种上帝观无疑是超神论。但他认为世界不是由上帝“创生”，而是由上帝“流溢而出”。先流出观念（现象世界的模型），次流出世界灵魂，再次则流出物质自然。一切事物都分有灵魂和观念，从而具有神性。人因此而可以直观上帝，与上帝合一，复归于上帝。这种流溢说使世界上一切事物都内在地具有神性，甚至多神教的神祇也是神性的表现。普罗提诺的内在神论具有浓厚的神秘主义性质。公元 9 世纪著名神学家约翰·司各脱·伊里杰纳的思想既是泛神论，也是内在神论。他承认上帝按照其思想“逻各斯”中的计划和模式创造世界。但他因此而认为宇宙万物乃是上帝本质的表现。表现不脱离表现者，不是被上帝所抛弃，而是上帝活生生的外衣。上帝内在于世界之中。上帝与他的创造物是合二而一、浑然一体的，而不是超越世界之外的存在。伊里杰纳的内在神论影响了整个中世纪异端神学。12 世纪的阿摩利和迪南的戴维，13 世纪的博纳班图拉和埃克哈尔特均以不同的形式继承和发展了他的观点。

内在神论强调上帝内在于万物和人心中，否定超越神，从而导致对教会的否定，这就为 16 世纪的宗教改革及以后的一些新教神学派别打下了神学基础。

文艺复兴时期的人文学者在宗教哲学上大多都持内在神论观点。这方面最有特色的代表人物是库萨的尼古拉和乔尔丹诺·布鲁诺。库萨的尼古拉认为世界是上帝的展现和摹本，上帝以其全部力量呈现于世界每一部分之内，就上帝无限而无所不包而言，他是至大；就上帝呈现于每一个别事物之内而言，他是极小。从这个意义来看，每一现实事物都是一切事物的缩影，上帝潜伏地内在于其中。这是一种彻底的内在神论。

布鲁诺在神灵论上发展了库萨的尼古拉的内在神论思想。他否认基督教正统神学所理解的超越神。一方面把神说成是自然界；另一方面又把神说成是内在于自然界中的世界灵魂。自然界就是万物之神，自然界本身就是万物的最初本原、唯一的实体、无限的永恒存在，不是被造的东西。它既是无限的，就不可能有与它相反或不同的东西使它发生变化。自然界没有超自然的外在原因，自然界就是万物的产生者，万物即在自然之中。因此，自然界乃是产生与被产生的统一。就自然界是万物的产生者而言，是“能生的自然”；就自然界万物是被产生者而言，是“派生的自然”，不过，“能生”和“派生”都是自然界本身的活动。布鲁诺进一步把“能生的自然”的能动力量叫做“世界灵魂”或“万物之神”。他认为万物都有活力、有灵魂，具有神性，神弥漫于万物之中，给予万物以生机，使万物具有条理和秩序。布鲁诺的神灵观是一种彻底的泛神论和内在神论，在思想倾向上是无神论的一种特殊形式。布鲁诺因此而遭到罗马教廷的残酷迫害。他的泛神论是斯宾诺莎的先驱。斯宾诺莎把神等同于自然，并把内在于自然的神性视为自然界的规律性。17—18 世纪的唯物主义哲学家和自然科学家则把这种“神性”完全归结为机械力学所了解的自然规律，从而使内在神论的“神性”失去了宗教的意义，使 17—18 世纪成为唯物主义无神论和自然科学的世纪。

但是，19 世纪以来，由于机械力学在说明生命现象和精神现象方面有不可克服的困难，欧洲一些具有宗教倾向的唯心主义哲学家、自然科学家、宗教学家和神学家，又以各种方式恢复内在神论。其主要理论形式是以费希纳为代表的泛心灵主义和以柏格森等为代表的生命哲学。

费希纳是实验心理学的先驱和心理物理学的创始人。在哲学上是一位泛心灵论者。他认为一切生物有组织即有生命，有生命即有灵魂。任何事物在一定程度上都具有知觉能力，它们都作为某种更为广大的实体之生命的组成部分而活动着，而这种实体则处于一个一直扩展到神的系统之中，这个系统的成分包括一切实在。上帝是世界的灵魂，而世界则是上帝的身体。日、月、星、辰、植物、动物和人都有灵魂，他们的灵魂乃是世界灵魂（神）的片断，正如波浪与大海的关系一样。费希纳企图调和宗教与进化论的对立。他认为正因为上帝是至高无上的，所以，他即存在于发展进程之中，他决不会被任何其他东西所超过，而他则通过时间不断地超过自身。

以柏格森为代表的生命哲学与费希纳的泛心灵主义颇有异曲同工之妙。柏氏认为宇宙之中存在着一种“生命的冲动”，生命冲动是最真实的存在，世界万物的主宰者和创造者，宇宙间的一切。无论有无生命，都是这种神秘力量派生的。现实世界诸种事物的差异性，只表示这股神秘的“生命冲动”派生万物的方式的千差万别。柏格森把生命冲动当成一种与上帝同一的宇宙意志。生命冲动创造一切，实即上帝创造世界。但他的上帝不是超越于世界之外的超越神，而是永无终结的创造活动本身；上帝不使事物处于完成的状态，而是使事物处于不停顿的创造过程中。因此，柏格森说：上帝“就是不断的生命、活动、自由”。①

在费希纳的泛心灵论和柏格森的生命哲学中，神大体上都是作为精神原则（心灵、生命力之类）内在于世界万物之中，故可列在内在神论范围。表面看来，这种内在神论也是不同于基督教正统神学的超神论的，与文艺复兴时期的布鲁诺学说颇相近似。但时代不同，社会条件不同，它们的社会意义自然也不大相同了。布鲁诺身当基督教神学绝对统治的历史时期，他的反传统宗教的思想不能不采用泛神论和内在神论的神学外衣，布鲁诺的学说事实上促进了无神论启蒙思想的发展。费希纳和柏格森的内在神论的社会性质和社会作用则大相径庭。它们是在近代自然科学、唯物主义无神论大发展的形势下，利用机械论自然观的困难，转而肯定神的存在和恢复神的地位的一种努力。应该说，他们的主要目标是反唯物主义，反无神论世界观的。但是，在说明心灵、精神、生命等现象的问题上，机械论自然观的困难是暂时的。在本章上一节讨论“灵魂观念”时我们已探讨了狄德罗的唯物主义哲学，试图用物质的运动和普遍的感受性来说明这一切的努力。近百年来自然科学的进一步发展证实了这种努力的方向是完全正确的。生命和精神现象完全有可能从物质本身的进化来说明，根本无须假定某种灵性或神性的原则，现代的分子生物学和遗传学已经完全从物质结构的特殊性为各种精神现象找到了可靠的物质根据。恩格斯预言过，总有一天，我们将会在实验室中造出有新陈代谢活力的蛋白质，用物质造出生命。这个科学的预言正越来越接近于实现。宗教神灵的最后藏身之地将被自然科学和唯物主义哲学扫地以尽。为了说明世界上的一切现象（包括说明精神和生命现象），我们既不需要超越世界而存在的创世主，也不需要把世界本身说成是神，或假定任何内在于世界万物之中的超自然、非物质的灵力和神性。

---

① 柏格森：《创造进化论》，纽约 1928 年版，第 248 页。

第六节 神性观之一：天命观

宗教天命论的性质和意义

在宗教的幻想世界中，神灵是一种支配和操纵自然世界和人世生活的超人间、超自然力量。这种“支配和操纵”的力量，在宗教看来，乃是神灵的权能，也是神灵的根本神性。随着宗教神灵观念的演进，信神者的宗教心理活动便会促使他们去想象神灵究竟是如何支配和操纵自然世界和人间生活的。

从科学的宗教学看来，神灵是人的创造，神性则是人的特性（自然属性和社会属性）的异化。人总是按照人自身的属性和特征去构造神灵的神性，一般也是按照人自己支配和操纵自然世界和人间生活的可能和需要，去设想神灵所拥有的权能。人类活动的重要特点之一就在于他们的行动是在一定的思想和意志支配之下，具有预定的目的性。因此对于人自己所能支配和操纵的事物，往往认为它们是服从于人的意志和命令。把这种情况移植到宗教幻想世界，自然而然地就把人的意志和命令异化为所谓“神意或天命”，认为自然世界和人间生活是按照这种神意和天命，服从于神灵的支配和操纵。因此，如果说，支配和操纵自然世界和人间生活被宗教认之为神的神性和权能，那么，神意和天命便是神灵进行这种支配和操纵的动因。

神以自己的意志和命令来支配和操纵自然和人间生活，乃是神性的根本。如果神灵不具有这种神性，也就不成其为神。

按照神学家们的说法：

> 谁抛弃天意，谁就是抛弃上帝的整个本质，真正说来，就表明他不信有上帝存在……如果上帝并不关心人间的事情，不管是故意的还是无意的，那么，宗教就没有原因再存在，因为毫无得救的希望。（特里台米：《论神意》）
>
> 如果有一位上帝存在，那他就是给人以神意的上帝了。因为，只有当他通晓过去、知道现在和预知未来时，他才具有神性。（拉克丹修语）[①]

---

① 见《费尔巴哈哲学著作选集》，下卷，三联书店1962年版，第359页。

伊壁鸠鲁和卢克莱修并不曾绝对地否定神的存在，但却被宗教神学家指责为无神论者。因为他们认为，神如果像伊、卢所说的那样，生活于世界的空隙之间，过着与世无关、与人无干的生活，这样的神，对于世界和人类而言，实际等于不存在。既然神不干预世界事务和人事生活，人们便不会对神有所乞求，更不会产生敬畏和景仰之情，发展为顶礼膜拜之举。惟其如此，马丁·路德对亚里士多德的上帝观念也进行了无情的批判：

> 亚里士多德虽然并不公然称上帝为愚人，但他却还是几乎认为上帝对于我们的事一无所知，对于我们的企望一些也不认识、不理解、不看到，除了他自己以外，什么也不管……但是，这样的上帝或主又跟我们何关呢？他对我们有什么用呢？①

为了具体分析关于神意或天命的宗教信仰的性质，我们必须进一步分析这种信仰在观念上所包含的内容。主要有三个方面的内容：

第一，相信神灵经常关心并干预世界事务（包括自然进程和社会人事）。这种关心和干预，有与人为善、为人谋福者；亦有与人作对，为祸于人者。在许多宗教体系中，神鬼世界的构成都有善恶、正邪之分，或者把神魔的区分等价于善恶的二元对立。这种区分都是相信神灵对人事和自然经常干预的具体表现。在神灵干预世界事务的天命中，具有道德伦理的性质。

第二，相信神灵具有必要的智慧，懂得究竟通过什么样的一种安排，才能显示他对人的意愿。因为各种宗教体系的神灵一般都不直接出现于人的面前，而只是被说成存在于不可感知的无何有之乡，妙万物而为言。这种万物之“妙”，正是宗教家所谓来自上天的安排，是无声的天命和神灵智慧的表现。

第三，相信神灵具有实现其安排和意图的超自然力量和权能。神之所以被尊为神，无非只是他拥有超自然的权能，能实现和完成人通过自然途径所不能实现的意图。如果没有这种权能，也就无所谓“天命”。

天命信仰所要求和包含的道德（善恶）、智慧与权能三种神性，本质

---

①　见《费尔巴哈哲学著作选集》，下卷，第360页。

上是人类特性的宗教异化。对生存条件和幸福生活的追求，乃是人类作为最高级的有智慧的生物的自然本能。当人类还把支配自己日常生活的力量视为异己的神秘力量的时候，他们就会把自己生存所系的客观环境视为神灵的有意安排，把幸福生活的获得视为善良之神的仁爱；把苦难与不幸，或者看成是邪神或恶魔的作祟，或者视为由于自身的罪孽和不道德而受到来自上天或诸神的惩罚。他们往往把自己没有把握、不能确定的未来归诸奥秘莫测的天意，而把日月周行、列星照耀、风云变幻、雷鸣电闪、四时行焉、百物生焉、生死富贵、吉凶祸福……说成是皇皇天道的表现和神圣天命的显示。宗教天命观念的种种内容，处处都闪现着人类自身的意愿和特性的影子。

天命观念的基本形式

神意观念和天命信仰在各种宗教体系中的存在非常普遍，但其表现形式却不尽相同。同一宗教体系中的天命观也常常包含有不同的表现形式。天命观念的具体形式取决于各种宗教对其所崇拜的神灵之神性的理解，即取决于他们对天命观念所包含的道德、智慧和权能的具体理解，事实上，这三个方面都可以成为区分天命观的标准。神的力量和权能有大有小、有强有弱。小而至于一事一物，大可包容天地万物。在这种情况下，他们所发布的天命，其性能和作用的范围便相应而有大小广狭之分，从而表现为有限天命论和无限天命论两种形式。

自然宗教和多神宗教中的神灵、其权能必然是有限的。他们主管的领域和所能支配的事物限于特定的领域，他们发出的命令也不能超出这个范围。风神司风，雨神司雨，城隍是一地之长，灶君是一家之主，氏族的图腾、家族的祖宗和部落的保护神也只能在本氏族、本家族和本部落受到崇拜。氏族的长老、部落的首领、城邦国家的君主，虽然可以在自己控制的社会集团中发号施令，享有至高无上的权威，但此种权威一旦超出其特定的领地就失去任何效能。自然宗教和多神教正是这种分散性社会体制的宗教反映，它们的神灵的意志和权能及其相应的天命观，不能不具有相对有限的性质。

在多神教向一神教的发展过程中，天命观的表现形式及天命权限的范围亦由有限的领域向无限的领域扩张，在绝对的一神教体系中，上帝或天主变成了世界和天国之中的独一真神。这个唯一的上帝取消了多神教中诸神的存在，把分管世界各种事务的次级神灵所掌握的权能集中在自己手中，变成了主宰万有、号令一切、全知全能的绝对实体。上帝的意志决定一切，上帝的权能操纵一切。过去和现在的一切皆由天命发生，未来的一切亦由天命预为安排，上帝的天命在权能和效用上都是无限的。当然，正如在多神教与一神教之间存在着各种中间过渡型的单拜一神教、交替一神教、二元神教一样，在有限天命观和无限天命观之间也存在着各种兼具这两种类型的中间混合形式。

我国殷商时代就已出现了作为至上神的上帝观念。上帝作为至高无上的至上神，他可以按照自己的意志（天命）决定一切。从殷墟甲骨文卜辞中可以看到，殷人几乎是事无巨细，都要通过占卜，乞求天命的启示。大而至于发动战争之类的国家大事，小而至于起居行止之类生活细节，皆须秉天命而后行。但这种天命观念并不具有无限的性质，殷人也不认为人事一切都是由上帝天命所决定的。这是因为在殷人的宗教幻想世界中，除了上帝之外，还有一些次级神，他们也在那里发号施令。殷人对祖宗神的崇拜尤其虔诚，相信祖宗神对他们的切身利害更为关心。因此，殷墟甲骨文中大多数卜辞是通过祖宗神而向上帝乞求指示的。

相比之下，犹太教、基督教、伊斯兰教三大一神教的上帝或真主的权能大得多，其天命支配的领域也大得多。犹太人的上帝耶和华是万事万物的创世主，世界万物均由于他的一句话而得以产生，也可以由于他的一句话而停止其存在；他直接干预以色列人和各种事务，同他们订立契约，下达各种命令，规定他们的信仰，指导他们的行为，特别反对他们信仰其他神灵。对他们的违约抗命行为，进行严厉的惩罚，甚至用漫天洪水来毁灭他所创造的整个人类。这个上帝是号令一切、决定一切的严酷残忍、绝对专制的君主。

基督教上帝的权能，更被神学家推向无限的领域。在《新约·马太福音》中耶稣说道：

> 两个麻雀，不是卖一分银子么？若是你们的父不许，一个也不能掉在地上。就是你的头发，也都被数过了。（第 10 章第 29、30 节）

《新约·彼得前书》则宣称世界上发生的一切都是上帝安排、预先决定的：

> 匠人所弃的石头，已作了房角的头块石头。又说，作了绊脚的石头，跌人的磐石。他们既不顺从，就在道理上绊跌。他们这样绊跌，也是预定的。（第2章第8、9节）

这段经文所包含的天命观念后来被基督教神学家发展为上帝创造一切、上帝决定一切的无限天命论。说什么世界上万事万物均决定于上帝的安排，没有上帝的命令，一根头发也掉不下来。甚至一块石头的安排、人的绊跌（比喻一切事物和人和行为及其后果），也是上帝预先决定的。基督教最大的神学家之一奥古斯丁更把基督教天命观发展为铁一样严酷的宿命论和预定论。他宣称：上帝全智、全能、全善，决定世界一切。连一个人是行善，还是作恶，是蒙神恩而得救，还是受神罚而下地狱，都由上帝预为决定。

伊斯兰教的真主被该教说成是绝对唯一的真神，他的天命亦更具有绝对无限的性质。按照伊斯兰教的教义，除真主以外无创造者，除真主以外无统治者。真主安拉凭空创造万物，并且前定其未来的命运和情况，穆斯林的根本美德就是顺从上帝的安排，顺受上帝的前定。

各种宗教体系的天命观念中所包含的理智因素和伦理因素各有不同，这种不同也决定了天命观具有不同的色彩。

一事当前，人如何行动，取决于此人对此事的判断。同样，神意和天命的性质和内容亦取决于神的判断。对于神灵的内心世界，神灵的道德属性和理智特征，有些宗教神学家是用富于情欲和意志的色彩塑造和描绘出来的，而有些宗教神学家则使用富于智慧和理智的笔调去精心雕琢。这样一来，就使不同宗教的天命观，在内容和性质上有不同的形态和色调：或者发自神灵的恣情任意，表现为注重情欲的天命观；或者出自神灵的伦理和理性的思考，使其天命具有某些伦理性和理智性的特征。前一种天命常常是反复多变，不可捉摸。神灵喜怒无常，天命亦不可预测。后一种天命则往往表现为有常的天道和整然有序的世界结构。在前一种天命观中，既然天命取决于神灵的好恶与喜怒，故人们可以用种种献祭、仪式的宗教信仰行为去影响神的情绪，投其所好、博其所爱。发自神灵的天命是可以改变的，其于人事的利弊是可以影响的，正如对贪婪的法官，可以通过贿赂而影响其判决一样。但在后一种天命观中，由于天命有常，表现于一定的规律和整然有序的世界结构之中，所以，天命是定然如此，不可改变的。

这种规律和秩序，我国传统宗教常以“天道”之名称之。“天道”是天帝无声的命令，它显示了天命的不可抗拒、不能改变的神圣性。在这种天命观念支配之下，宗教天命论常常具有前定宿命论的性质。

原始宗教的精灵和神明，他们的意志、命令和行为，常常看不出其中有什么普遍性的理性原理，人们生活于“天有不测风云，人有旦夕祸福”的气氛之中，过着听天由命的生活。这不测的风云，旦夕的祸福，都发自神灵的无常的喜怒，起因于他们多变的情绪。以后逐渐认识到天道有常，社会有序，人必须顺乎自然的常规，适应社会的秩序。只有在这时，他们才会把这种常规和秩序异化到神灵及其天命之中。从前一种宗教天命观念到后一种宗教天命观念有一个漫长的发展过程。殷商时代的上帝虽被人们看成是自然和社会的最高主宰，但当时的人们不像犹太人或基督教徒那样把上帝说成是整个世界的无中生有的创造主，也不像欧洲 17、18 世纪的自然神论者那样，把上帝说成是创造和安排自然界的“设计师”。我们现在没有根据说殷商时代的上帝是按照什么样的秩序、规律或理性原则来安排和支配世界秩序的。从殷墟卜辞中可以看到，殷人的上帝对殷王求卜的事项发布各种指示，但这些“帝命”（天命）的性质和内容只不过是对求卜者作出或吉或凶、或可或否的简单回答，从中看不出他之所以作出这种回答的理性根据。殷人的上帝基本上是一个恣情任性的专制君主，他发出的天命基本上偏重于一己的意志和情欲。人们在生产实践和生活实践中逐渐认识到，日月星辰的运行和气象时序的变化是有一定的规律和秩序的。这种自然观是在漫长的历史过程中形成的。西周以后，这种观念得到进一步的发展。在此基础上形成了“天道”观念。天道观念向两个方向发展，一方面向科学和哲学方面发展；另一方面向天命神学发展。宗教神学认为天道是天命的表现。它体现了天帝的意旨，预示人事的吉凶。于是统治者便设置专门的神职人员去观察天道，觇知天命，这就是宗教神秘主义的占星术。孔子的生命观就保留了这种传统宗教的天道、天命观念。他认为天虽然不说话，不像天子、国君那样直接发号施令，但可通过自然事物的有规律、有秩序的运行来表现自己的意志：“子曰：天何言哉？四时行焉，万物生焉，天何言哉？”（《论语・阳货》）孟子也说：“天不言，以行与事示之而已矣。”（《孟子・万章上》）孔孟心目中的天命是表现于自然秩序和社会秩序之中的。

不仅自然秩序是天道或天命的表现，而且社会秩序和伦理规范也是天道或天命的表现。这种天命观念在我国传统宗教中表现得尤其强烈和突出，我国最早的一部成文典籍《尚书》从头到尾贯穿着这种天命观念。它认为虞夏商周历代王朝的兴替，重大历史事件的发生，典章制度的确立，伦理规范的制定均由天命所定，遵循天道而行。

西周代殷之后，周人特别强调天命的道德方面。周公旦提出以德配天的思想，认为天命靡常，唯德是辅，上天是否继续授命于人君，视人君之所作所为是否合于天德为转移。合则天命常在，违则天命转移，使有德者居之。周公的天命观，与殷代比起来，有明显的道德伦理因素。这种以德为本的天命转移论，后来又与阴阳家的阴阳五行说结合起来，形成了五行德运说，使天命神学发展到了新的高度。战国时期，邹衍把阴阳五行概念从自然界推广到社会历史领域，认为历代王朝的兴替是五行相克相胜的过程，据《吕氏春秋·名类》，其说如下：

> 凡帝王者之将兴也，天必先见祥乎下民，黄帝之时，天先见大蟥大蝼。黄帝曰：土气胜。土气胜，故其色尚黄，其事则土。及禹之时，天先见草木，秋冬不杀。禹曰：木气胜。木气胜，故其气尚青，其事则木。及汤之时，天先见金刃生于水。汤曰：金气胜。金气胜，故其色尚白，其事则金。及文王之时，天先见火，赤乌衔丹书，集于周社。文王曰：火气胜。火气胜，故其色尚赤，其事则火。代火者必将水，天且先见水气胜。水气胜，故其色尚黑，尚黑其事则水。水气至而不知数，备将徒于土。

整个历史过程，被阴阳五行家说成是五行运行、相生相克的循环过程。秦始皇统一中国后，应用这一套宗教神秘主义观念，来证明秦王朝以水德运，水克火，故代周而王，是奉天承运，天命所归。从此以后，我国历代王朝的帝王都要为自己的统治权从五行德运说寻找奉天承运的根据。汉武帝时，董仲舒把传统天命论与阴阳家的五行德运说进一步从理论上融为一体，建立了一整套以天人感应和天命观念为中心的宗教神学，使天命论更加系统化。他认为天是至高无上的主宰。天有阴阳二气、阴阳二气产生木→火→土→金→水五行。五行相生相胜、周而复始，循环不已，于是而有春（木）、夏（火）、秋（金）、冬（水）四时（土兼四时）和东（木）、南（火）、西（金）、北（水）四方（中配土），由此而产生万物。

五行相生体现了天的恩德，五行相胜体现了天的刑罚。天通过阴阳五行的变化而产生万物，指导人类。同时，君臣、父子、夫妇之类人伦关系，也是阴阳天道在社会人伦上的表现。儒家关于三纲五常的封建伦理道德，因此而有了天命所定的神圣性。董仲舒这一套是一种很有体系的天道观和天命论。在这种天道观和天命论中，天对世界万事万物的安排和操纵是有一定的原理原则的，天的意志和命令就体现在这种有固定秩序的运动和变化过程之中。从宗教学上看，这是一种表现为一定秩序的、具有一定理智色彩和浓厚的伦理色彩的天命论。董仲舒的天命论对我国传统宗教神学影响至巨。汉武帝定为一尊，历代帝王奉为正统。中国封建社会两千年，封建统治者的官方宗教神学的主体，基本上就是董仲舒这一套天命神学。当然也有一些变化和发展，但那些都是比较次要的东西。

世界其他宗教体系也出现有诸如此类把宇宙秩序视为天命体系的天命观念。

埃及大神瑞（Re）不仅是世界的创造主，而且通过他的旨意而建立了宇宙的秩序。这个由瑞的旨意而建立的宇宙秩序又被人格化为一个有名有姓的神——麦特（Maat）。麦特被认为是瑞的女儿，代表真理和秩序。秩序是天命的显示，不仅人类必须崇敬，即使诸神也必须遵循。按照古埃及的经文，女神麦特还是诸神的食粮。

波斯琐罗亚斯德教把规定宇宙秩序和道德规范的力量人格化为阿沙神（Asha）。他与代表混乱、邪恶、欺诈的恶神德拉格（Drag）相对立。印度祆教的瑞达神（Rta）是波斯阿沙神的对应物。众神保卫着作为天命之显示的宇宙秩序和道德秩序。但这种秩序是独立于神而存在的。虽然瑞达的力量按照既定的原则和规律起作用，但如果人们知道正确的方式，那么，人也能够在一定范围内为自身的利益而利用这个力量。祭仪就是利用这种力量的一种方式。诸神对于遵循瑞达旨意（天命）的人一般是慈善友好的，但对违背宇宙秩序和道德秩序的人，则视为违背天命而对之惩罚。麦特、阿沙、瑞达都是宇宙秩序的化身，是天命的人格化而成的神。这种天命观念在古代希腊宗教中表现得更为突出。

古代希腊的奥林匹亚诸神支配和操纵着各种自然力和人间事务，至上神宙斯不仅可以左右一切事务，而且还可以号令诸神。可是奥林匹亚诸神以及至高无上的宙斯却都不能违抗定数女神和命运女神规定和掌握的天命。按照荷马史诗的说法，任何事情都是命运女神和定数女神安排确定了的，每件事从其开始时就有了安排已定的结局，换个样子也不行，宙斯和其他诸神都不能改变这个必然的命运。希腊的定数女神和命运女神代表着某种神圣的宇宙秩序，是神与人皆不能违反和逾越的铁的必然性。希腊人后来企图把宙斯神和世界的必然命运统一起来。例如，公元前3世纪的克连瑟（Cleanthes）在其歌颂宙斯的赞美诗中把神说成是世界和人类的创造者，世界的和谐是由于宙斯的天命而得到的安排。据他说，这个巨大的宇宙为神转动，地球服从于神，而且神所统治的任何地方都服从于神，世界遵循神命而行。地球上的一切无价之物都是宙斯轻而易举地创造出来，在宙斯那里，一切事物都得到和谐的安排。

古代希腊人对女神爱瑟斯（Isis）的崇拜中，也相信她的天命有一定的原理或秩序，自然和社会的秩序是根据她的命令和意志而得到的安排。在对她的赞美诗中，她被誉为天国中的女王；她开天辟地，安排众星的轨道，规定日月运行的路线，她规定孩子要热爱父母，教导人们要尊敬神灵的偶像，她使公正强于金银财宝，并为那些行为不当的人建立了刑罚，教导人们宽恕祈求者，她也因发明写作、设计婚约、发明航海术和关照航海者而受到赞美。

古代希腊的唯心主义哲学家柏拉图在《蒂迈欧篇》中以神话形式提出了一种宇宙生成论。他把神说成是世界的建筑师，神以理想的世界模型和善的观念为指导，尽可能地构造一个完善的世界。他赋予世界以灵魂和生命，世界灵魂弥布于全世界，是世界上美、秩序与和谐的根源。据此，整个世界都是在神的理性和伦理原则的指导之下而形成的一种符合目的、井井有条的宇宙，是一件体现神的完美智慧的作品。

希腊—罗马时代的斯多葛派哲学也有这种具有浓厚宗教神学色彩的天道观和天命论。此派哲学把世界说成是由火而生，又回复于火的无穷循环的过程。每一新的循环都为规律所决定而完全重复过去，一切事物都是绝对被决定的。全宇宙形成一连串不断的因果链条，任何东西都必然地来自一个初始因和第一推动者，这就是上帝。上帝是万物之父。因此，世界的规律性、合理性以及由此而产生的必然性都渊源于上帝的理性与意志，世界一切都在上帝的意志或神圣的天道的控制之下。对于天命的安排，我们必须顺从。柏拉图和斯多葛学派的这种天道观和天命论对于基督教的天命神学的发展产生了重要的影响。中世纪的基督教神学继承了传统的唯心主义哲学中的天命观念，宣称上帝创造世界，天命决定一切；同时又把上帝说成是全知、全善、全能的存在，他创造的世界必然是尽善尽美的世界。世界秩序体现了上帝对人的善意与智慧，是上帝为了人的幸福而作出的最好的安排。天体运行之道为上帝所定，人君的统治权由上帝所授，道德规范在人受生之初由上帝亲手刻写在人的灵魂上。基督教把一切世界秩序、社会制度和伦理原则都归之于上帝的旨意，极力用理智性与伦理性的言辞去美化那神圣的天命。

天命传达的方式

神或天帝既然通过神意或天命来操纵自然、干预人事，就有一个如何显示和传达其旨意的方式问题。各种宗教体系都在自己特定的历史条件和文化背景之下，驰骋其宗教想象力，构造和臆想出天命表达的方式和途径。有些宗教神学家把神或上帝显示其旨意（天命）的方式统称之为“启示”(Revelation)，或称“天启”。归纳起来，天命启示的方式大致有两种：

第一，通过各种天象和天道启示天命。

各种宗教的神灵均被宗教家说成是超感官的存在，因此，他们不能亲自出场向人发表演说，颁布诫命，直接向人宣示自己的旨意和命令。但各种宗教体系均认为神与自然直接有关，认为自然为神所支配。

在这种天命观念的支配之下，各种自然现象往往被认之为天命显示的兆头，人们可以通过对兆头的解释来预测天命和神意的性质与内容。因此，各种宗教体系便构造出了种种宗教占卜方式。占吉凶、卜祸福、顺天命以定人事。占卜，就是根据启示预兆以测知神所启示的天命的一种宗教方式。

占卜的花样多得不可胜数，主要取决于信仰者对神性和天命的理解。如果他心目中的神无所不能，一切事物均在其支配之下，则一切事物均可视为天命启示的征兆。但在实际的宗教生活中，究竟选择何种征兆来占卜它所启示的天命，则往往与这种征兆在信仰者生活方式中的作用和意义有关系。以渔猎为主的社会与以农业为主的社会，它们关心的事项是不会相同的；对其命运起决定作用的征兆，也就会有不同的选择。占卜的方式、求卜的问题与对象，占卜的工具和手段，也因之而有所不同。宗教研究中一般都根据进行占卜的工具和手段来归纳出占卜的种类。常见的有观察飞鸟动向以测神意的“鸟占”，察看祭神所用牲畜的内脏的“内脏占”，用火焚祭物时观察火焰形象的“火占”，通过火焚龟甲和兽骨产生的裂纹而测卜天命的“甲骨占”，用蓍草进行占卜的“筮占”，观察星宿位置和运行以测天意的“星宿占”。还有骨相占、手相占、生辰占、卦占、签占、水晶球占等等。

在显示神意和天命的自然现象之中，日月星辰之类天象占有突出的地位。天体的运行和星座的位置结构，在古代各民族的早期文化中几乎都曾被宗教化为天帝的安排，当做天命或天道的显示。它决定了现存事物的命运，预兆着未来的变迁。人们相信可以通过观察和解释这些天象来测知天命或天道，以便对个人、团体、民族和国家的命运提出预告或施加影响。这就是遍及世界各地的占星术。有各种星占观念。有的认为天道不可改，天命不可违；有的则认为天象虽然启示了神意或天命，但它只是神祇用以向人启示未来命运的象征性语言，可以通过相反的征兆启示或献祭之类的宗教仪式，来缓解或改变于己不祥的天命。

我国历史上的占星术起源很早，商周时期的巫、祝、卜、史，就用占星术觇天命，测天道，卜吉凶，占祸福。据《周礼》卷第二十六：“保章氏掌天星，以志星辰日月之变动，以观天下之迁，辨其吉凶。以星土辨九州之地所封，封域皆有分星，以观妖祥。以十有二岁之相，观天下之妖祥。以五云之物，辨吉凶，水旱降丰荒之祲象。以十有二风，察天地之和，命乖别之妖祥。凡此五物者，以诏救政，访序事。”这个保章氏当是一位占星家，他根据日月星辰的位置和运动测占人事的吉凶；根据木星的十二年周期，预言世间的凶祥；根据五种云彩的颜色，断定水涝或干旱的来临；根据十二种不同的风，得出天地是否和谐的结论及其对社会的有利或有害的影响。这位占星家据此对皇帝和政府官吏提出告诫，根据天象来制定或改变政策。由此可见，在周代，我国已经发展出一套复杂的星占观念和星占方式。后来阴阳家又把阴阳五行观念用于占星术中，以日代表阳，为皇帝的象征；以月代表阴，为臣道的象征。太阳的明暗，象征国君施政是“有道”还是“无道”，臣子执法不得其中，则有月食；水、金、火、木、土五大行星被占星术士说成是五行的精灵、五帝之子、天之使者，它们的运行是天帝意志的表现，启示社会、国家和个人的命运：

> 五星者，五行之精也，五帝之子，天之使者。行于列舍（指二十八宿），以司无道之国。王者施恩布德，正直清虚，则五星顺度，出入应时，天下安宁，祸乱不生。人君无德，信奸佞，退忠良，远君

子，近小人，则五星逆行变色，出入不时，扬芒角怒，变为妖星。慧、孛、扫、天狗、枉矢、天枪、天棓、搀云、格泽；山崩、地震、川竭、雨血；众妖所出，天下大乱，主死国灭，不可救也。余殃不尽，如饥旱疾疫。（《荆州占》，《唐开元占经》卷十八引）

我国古代占星术把二十八宿中的房宿和心宿星区视为天王布政之明堂。如火星进入，预示朝廷有不吉之事；如火星进入角宿星区，预示世上将会发生战争。拱极星区被称为“紫微垣”，是朝廷的象征，如其出现星变现象，朝廷将发生变乱。我国历代朝廷极其重视天象观察。一方面用星象天道证明自己应天顺命，神化自己的统治；另一方面则使用各种宗教祭仪来禳解、改变据信于己不利的天命。

古代美索不达米亚人也是把星宿天象视为天命的显示，因此在非常古远的年代就已出现了相当复杂的天道观念和占星术。国家设有专职官吏“巴鲁”（Baru，天象预测官）观察、收集和解释天象征兆，并向帝王提供消灾免祸的方法。在公元前18—16世纪的巴比伦第一王朝时期，即已出现了用楔形文字写成的研究天象征兆和天道启示的书：《恩努马—安努—恩利尔》（*Enuma Anu Enlil*）。巴比伦占星术中经希腊人的发展，对欧洲产生了广泛持久的影响。15—16世纪欧洲占星术达到了鼎盛时期。研究占星术的学者根据人们企图测占天命的内容把占星术分为如下几类：

生辰占星术：根据个人出生时或坐胎时行星的位置和黄道十二宫的位置，预言个人未来生活的历程；

普通占星术：解释重要的天时（如春分、日食、月食或行星会合的时刻）与社会集团、国家或全人类的关系；

行止占星术：判断某个时刻是否有利于从该时刻开始的某项行动取得成功；

询问占星术：按询问时刻天空的情况，对询问者的问题作出回答。

这种种占星术都包含有星象启示天命、预兆命运的天命观念。16世纪以后，由于哥白尼、开普勒、伽利略、笛卡儿和牛顿等人为代表的天文学和自然科学的强大发展，占星术在文化知识界被视为骗术因而日趋衰微。但近年来，随着神秘主义在西方资本主义世界的重新崛起，占星术又开始兴旺起来。这反映资本主义世界的人们仍企图通过占星术之类宗教迷信来测占天命祸福，使自己能找到逃避不幸命运的途径，平安度过坎坷不平的人生。

第二，通过神讬、先知、救世主之类中介者来传达天命。

天象、天道等自然现象只是天命启示的象征性语言，这种象征性语言和其他一切象征物一样，其象征的意义一般总是不明确的，有赖于精于此道的占卜者和占星术士之类宗教职业者去作出解释。占卜者和占星术士个人经验和天命观念的差异，必然在解释过程中反映出来，从而常有对同一天象作出不同解释者。同时，各种自然征象常常一齐出现，互相冲突者更时有所见。所以，各种宗教体系几乎都同时承认有其他更为直接的天命启示方式。当然，神或上帝之类还是只存在于宗教神学家的想象之中，只能继续躲在后台，但他们可以委托神讬、先知或救世主之类中间人来传达自己的旨意和命令。这些中间人被认为是一些特殊的人物，他们常常自称与那些不但控制人类事务和命运，而且还控制着整个世界的超自然神灵有着特殊的、有效的联系。此等宗教人物早在原始宗教发展到一定阶段时即已在历史舞台上粉墨登场。世界很多地区的巫术宗教和萨满教中的巫师和萨满就被人们认为是神明和精灵的代理人。他们往往既是巫医、降神者、说预言者、秘传的占卜者，又是宗教祭仪的祭司。他们声称与超自然界的神明和精灵有特殊的交往，某个神明和精灵在一定的场合下附在他们的身体上，借他们的口直接宣示神灵的旨意。

上述情况不独巫术宗教和萨满教为然。许多宗教体系在其历史发展的各个阶段都曾不绝如缕地出现各种发布神谕的神托，传达天命的预言家和先知，受神委托普度众生的救世主，他们的身上事实上都保留有巫师的痕迹和萨满的阴影。

这种神人中介者往往被善男信女敬若神明，在社会政治经济方面地位显赫。他们的宗教使命甚至逐渐成为某个特殊的家族、部落、社会阶层和职业集团的世袭特权：古希腊埃留西斯神秘教（Eleusinan mystery religion）中的欧摩尔比德家族（Eumolpides），古犹太教的利未族，特别是该族中的亚伦家族（亚伦是传说中亲自与上帝立约的犹太大先知摩西之兄），印度的婆罗门种姓，马雅人的巫医等，皆是上述所说的典型实例。

一些著名的文化典籍和宗教的“神圣经典”，往往被说成是这种启示方式的产物——神或上帝向先知所作的启示。我国最古老的典籍《尚书》中的《洪范九畴》，据《洪范》本文称是天（帝）赐给夏禹王的治国大法：

箕子乃言曰：我闻在昔，鲧堙洪水，汩陈其五行，帝乃震怒，不畀洪范九畴，彝伦攸斁，鲧则殛死，禹乃嗣兴，天乃锡洪范九畴，彝伦攸叙。

《易·系辞》所谓“河出图，洛出书，圣人则之”，也是把古代的神圣典籍说成是天启或天赐。《汉书·五行志》说：

刘歆以为伏羲系天而王，河出图，则而画之，八卦是也；禹治洪水，锡洛书，法而陈之，洪范是也。

东汉时期的谶纬神学就是这种天命启示说的恶性发展。

婆罗门教和印度教也把最古老的四部《吠陀》及以后形成的《梵书》、《森林书》和《奥义书》统称为“天启”，认为它们有神圣的来源。婆罗门祭司甚至说吠陀经典在世界创造之前就已存在。麦克斯·缪勒因此把它称为世界上最极端的天启理论：“……婆罗门曾不遗余力地从吠陀颂歌中清除一切人的因素，以便使他们的经典不但具有天启的性质，而且说它在史前，甚至在世界创造之前就已存在。别的宗教的护教著作，从来没有这样极端的天启理论。”[①]

犹太教、基督教和伊斯兰教三大一神宗教更是如此。犹太教的《圣经》被说成是上帝直接向犹太人的众先知启示而成的神圣经典。上帝通过直接在烈火中向先知（如摩西）显现，派遣天使传达以及在梦中显现等方式把他的旨意告诉先知，而由先知向犹太人传达。

基督教承认犹太人的《圣经》是上帝的启示，但称之为《旧约》，即认为那是上帝过去与犹太人立下的约。据基督教说，上帝派其独生子耶稣来到世上，救赎世人，对他的门徒和信众留下了很多启示，传达上帝的福音。后来把这些启示编成四部《福音书》，再加上《启示录》和保罗等人的书信，于是便构成了基督教的《圣经》（新约）。基督教神学家，特别是原教旨派认为《圣经》从头到尾都是上帝的启示，一言一语都是上帝的话。因此，他们把《圣经》说成是真假、是非的标准，行为当否的准则。

---

① 麦克斯·缪勒：《宗教学导论》，第72页。

伊斯兰教照此办理，而更有甚焉。穆罕默德自称他是真主派来世上最大、也是最后的一个“先知”。他作为主的钦差大臣，其任务便是传达真主的旨意和命令。他把这个过程说得有声有色、活灵活现：当他在一个山洞中沉思时，突然听到一个叫着他的名字的声音，数日之后，同样的事又一次发生，而且这个声音向他讲话，还说他就是真主的大天使迦百利。由于此事多次重复出现，穆罕默德方确信真主已选他为先知。三年以后，真主最后向他启示，他将成为主的使者。他经常从大天使处得到真主的启示，并把这些启示公开传扬。据伊斯兰教神学家说，伊斯兰教的圣经《古兰经》就是收集这些来自上天的启示而成。由于犹太教、基督教和伊斯兰教都把他们的经典和教义说成是上帝或真主的启示，所以神学家们把这些宗教尊之为“天启宗教”或“启示宗教”。经典的一字一句，教义的一条一文教被说成是上帝或真主的旨意，是最高的真理，是一切其他真理的根据和源泉，不得怀疑，不许更改。天命启示说赋予宗教及其经典和教义以至高无上的地位和神圣不可侵犯的性质。

对宗教天命论的理性分析

在中外历史上，有不少的进步思想家，已经看到了天命信仰的反理性实质，对之进行了理性的分析。我国先秦时期的荀子，西方近代历史上著名的无神论者霍布斯、斯宾诺莎以及 18 世纪的百科全书派的启蒙思想家们都曾在各自的时代，对天命神学进行过深刻有力的理论批判。他们的有关著作至今仍对我们富有启发，值得我们认真借鉴。

第一，明天人之分。天道自然，决定人事吉凶祸福的超自然的天和天命根本不存在。

我国的荀子提出了“明于天人之分”的响亮口号，要求严格区分“天”和“人”的职分和作用。天就是自然界，而不是有人格、有意志、通过发布天命、决定人事祸福的上帝：

> 列星随旋，日月递炤，四时代御，阴阳大化，风雨博施，万物各得其和以生，各得其养以成，不见其事而见其功，夫是之谓神。皆知其所以成，莫知其无形，夫是之谓天。（《荀子·天论》）

他把天说成是日月星辰、风雨万物、四时变化等自然现象的总和，把“神”看成是自然变化的功用。自然现象有“常”性，即有规律，不依人的意志为转移："天道有常"，"天行有常，不为尧存，不为桀亡"（《荀子·天论》）。天道即是自然规律，并不决定、也不预兆人事吉凶。因此，荀子不仅反对"营巫祝，信禨祥"之类占卜天命神意的宗教迷信，而且呼吁人们积极进取，"制天命而用之"：

> 大天而思之，孰与物畜而制之？从天而颂之，孰与制天命而用之？望时而待之，孰与应时而使之？因物而多之，孰与骋能而化之？思物面物之，孰与理物而勿失之也？愿于物之所以生，孰与有物之所以成？故错人而思天，则失万物之情。（《荀子·天论》）

天不是超自然的神，而就是自然本身，故人可以顺天之时，应物之理，得物之情，在此基础上征服自然，使之为人所用。荀子这种人定胜天的思想与传统的天命神学针锋相对。西方的启蒙思想家（如斯宾诺莎）在反对宗教天命论的时候，也采取了完全与荀子相似的思路。如同荀子把中国的上帝——"天"说成是自然界，把天道说成是自然规律一样，斯宾诺莎也把西方的上帝说成是自然，天命、神律就是自然规律。他说，上帝并不是在天上发号施令统治世界的"国王"，宗教神学所理解的"天命"根本不存在。上帝就是自然，自然物都服从于严格的必然性，如果说有"天命"，这"天命"便是这种自然的必然性：

> 上帝的帮助，我以为是指固定不变的自然秩序或自然事物的连锁，因为……万物依自然的一般法则而存在，并且为之所决定。此自然的一般法则不过是另外一个名称以名上帝的永存的天命而已。上帝永存的天命，永远包含永久的真理和必然。所以，说万物遵从自然律而发生，和说万物被上帝的天命所规定是一件事情。①

> 自然的效能与力量就是上帝的效能与力量，自然的法则与规律就是上帝的指令。②

---

① 《神学政治论》，商务印书馆 1982 年版，第 52 页。

② 同上书，第 91 页。

在斯宾诺莎的笔下，上帝及其天命都丧失了传统宗教赋予的超自然的神圣性，与荀子对天与天命的批判异曲而同工。因此，斯宾诺莎要求人们不要害怕上帝和天命，对之进行诚惶诚恐的礼拜，而要认识自然规律，并根据这种理性的认识安排自己的生活，消除对神的恐惧，求得心灵的平静和思想的自由，获得真正幸福的、合乎伦理的生活。

斯宾诺莎以后，欧洲资产阶级的先进思想家继续沿着这个思路批判包括天命论在内的基督教传统神学。主要有两个发展方向，一是17、18世纪的自然神论，一是18世纪的法国无神论。自然神论承认上帝创世，但认为上帝完全遵守自然规律和理性法则。世界的有规律性表现了上帝天命的合理性，但上帝创世之后就高踞于他的超自然界的地位再也不插手世界事务。自然神论的上帝虽然存在，但与人事无关。人只要遵从自然规律和理性法则就行了。在自然神论那里，上帝不再是世界事务的随心所欲的统治者，天命也变成了自然法则的同义语。自然神论是摆脱宗教神学的一种方便的形式。18世纪的法国无神论者比斯宾诺莎的泛神论和自然神论更进一步，他们根本否定上帝的存在，把世界看成是严格按照自身的规律而运转的自然体系。一切决定于自然规律，任何意义上的“天命”都被否定了。18世纪法国无神论者对上帝的否定，也就是对宗教及其所维护的封建专制制度的否定；对“天命”的否定也就是对封建君主的“王命”的否定，反映了法国资产阶级革命的要求，为18世纪的法国大革命做了理论上和思想上的准备。

从中国的荀子到西方的无神论者，他们的理论体系中有一条大致相同的思想轴线：天就是自然，而不是超自然的神或上帝；一切自然现象都有其固有的法则和规律，是为此自然规律所决定的必然表现，它们不是什么超自然的天或上帝的安排，不表现上帝的旨意和天命。这种否定天命神学的无神论是他们的唯物主义自然观的理论表现。唯物主义自然观得到了自然科学的不断证实，它对天命神学的否定，在理论上是有说服力的，自然科学的发展，必将不断对此提供新的证明。

第二，对一切所谓天启的神圣经典，不要盲目迷信，而要用经验和理智去作科学的评判。

唯物主义自然观把全部自然现象当做自然法则所决定的自然本身，这就从根本上否定了一切把自然现象当做天命或神意之启示的神学说教，否定了任何占卜巫术和占星术的根本基础。但是，各种宗教体系中还有所谓众先知、神托和救世主传达的“启示”和集启示而成的神圣经典，他们总是声称这些启示是由他们直接受之于神。对于这种天启说，单从自然观方面去批判是不够的，必须从认识论方面作具体的分析。在这方面，历史上的许多先进思想家也留下了宝贵的理论遗产。我国东汉时，谶纬神学盛行一时，大肆宣扬神秘主义的先知预知说，把伪造的宗教预言，当做神秘的天启和圣人的先知，闹得乌烟瘴气。王充对谶纬神学进行了深入细致的理论斗争。他特别从认识论角度分析了这种神秘的天启和启示之根本不可能。他认为知识首先来源于感觉器官与外界事物的接触，超越感官经验的先知是不可能有的。王充根据这个唯物主义的认识原理，具体剖析了谶纬之书所载许多证明圣人神而先知的神怪故事的荒诞不经和虚伪不实。

17 世纪英国的著名无神论者霍布斯在这方面与王充的理论路线非常相似，他在其名著《利维坦》中进行了破除《圣经》天启说的理论分析。为了破除教会所谓《圣经》的每一句话都是由上帝启示给先知的“上帝之言”这种传统神学说教，霍布斯提出了一个认识论原则：对教会和圣经所说的一切，不能只凭单纯的信仰，而要用我们的感觉、经验和理智去作判断。他指出，所谓上帝的“启示”，无非只有两条路径：一是直接受启于上帝；二是间接地从“先知”口中得到。上帝的直接启示，对于直接受启的先知，可以说是自明的东西，但对此没有直接经验的第三者又怎能承认它是自明的呢？如第三者不承认先知直接受启，先知传达的“启示”，便无法证明。这就是说，这种启示是永远不能在信徒的直接经验中得到证明的。霍布斯进一步指出，《圣经》本身就曾承认过，传达上帝启示的先知有真有假。既然先知真假难分，《圣经》的天启性和神圣性显然可疑。因此，我们对《圣经》的来源，必须用理智的分析去审察和辨别。霍布斯还通过对《圣经》的批评考察，证明它不是神圣的天启，而是一部在历史上逐渐形成的世俗著作。

斯宾诺莎进一步继承和发展了霍布斯对圣经天启说的批判，他坚决反对使人的理智屈从于《圣经》的字句，坚持理智才是审判是非真假的最高权威。他揭露了《圣经》中大量存在的不合理性的自相矛盾和违反科学常识的无知之词，证明它不是“绝对真理”，他还通过深刻独到的历史学和语言学的考证，证明古代那些自称的“先知”，无非是一批预言家。他们传达的“启示”，完全出于自己的想象。他令人信服地证明了《圣经》的世俗性。

霍布斯和斯宾诺莎的这些科学分析，在西方开始了对《圣经》进行历史学和语言性的批判考察，在宗教学研究领域中，开辟了圣经批判学这门新的学科。

王充、霍布斯、斯宾诺莎对启示说的批判，虽然各有其历史的具体性，但他们的理论分析中却包含具有一般意义的原理和原则：对于宗教神学的一切说教，神圣经典中的任何教义，不管宗教神学家们把它们的来源和意义说得多么神圣，人们都不能盲目信从，都应该在经验和理性的审判台前予以审察。任何启示，都是反经验和反理性的，既不能在人类的经验中予以证实，也不能接受理性的检验。这个认识论的原理，是我们破除一切迷信的有力的思想武器，永远是我们识破一切伪托天启的宗教骗术的照妖镜。

第三，宗教天命观本质上是统治阶级的精神支柱。

如上所说，宗教天命观所包含的道德、智慧与权能三种神性，本质上是人类自身特性的宗教异化。但人类自身的特性并不是抽象的，而是历史的、具体的。在人分化为不同利益集团的阶级社会中，人的特性常被打上阶级的烙印。相当一部分道德观念具有明显的阶级性，至于理智与权能的运用，一般是为特定的利益集团服务的。当它们被投射到神性世界而成为天命观念的组成内容之后，神灵的神意，上帝的天命也就具有确定的阶级内涵。随着国家的形成和发展，宗教成为国家上层建筑的重要组成部分，从原始时代的自发性全民宗教演变为阶级社会中为统治阶级利益服务的宗教。于是，神意和天命便变成了统治阶级的意志和人间帝王的“帝命”的代名词，宗教天命论从而成为君权神授的政治理论。历史上的统治阶级，几乎没有一个不曾利用宗教天命论来论证自己的统治是天命所归，并以之为据，要求人民绝对驯服于统治秩序之下。在我国历史上，上帝（或天）与人君一直有着宗法血缘关系。人君是天的长子，天的“命”当然是以“天子”为中心而转动的。基督教的上帝被称为“天父”，是所谓一切人的“父”，表面上似乎超出了狭隘的统治阶级的阶级性。但既然社会秩序、伦理规范皆由天命所定，而现存社会秩序和伦理规范却又具有明确的统治阶级之性，被压迫人民服从“天父”之命，也就变成了统治阶级的奴隶。《新约圣经》的许多经文因此而直接要求人民绝对顺从当权者的统治。《罗马人书》写道：

> 在上有权柄的，人人当顺服他，因为没有权柄不是出于上帝的。凡掌权的都是上帝所命的。所以抗拒掌权的，就是抗拒上帝的命，抗拒的必自取刑罚。做官的原不是叫行善的惧怕，乃是叫作恶的惧怕。你愿意不惧怕掌权的么，你只要行善，就可得他的称赞，因为他是上帝的用人，是与你有益的。你若作恶，却当惧怕，因为他不是空空的佩剑，他是上帝的用人，是伸冤的，刑罚那作恶的。所以你们必须顺服，不但因为刑罚，也是因为良心。(第13章第1—6节)

《彼得前书》更要求人民服从人间“一切制度”、“君王”和“臣宰”:

> 你们为主的缘故，要顺服人的一切制度，或是在上的君王，或是君王所派罚恶赏善的臣宰。(第2章第13、14节)

公元2世纪末的基督教的著名神学家里昂主教爱利尼阿斯在《斥异端篇》中不仅把政权、法律直接宣布为天命所定，而且公然宣称上帝的律法是为统治奴隶而设立的，如同铁链牵着灵魂去服从诫命，使人学会侍奉神。神的道使灵魂得自由，叫人以当儿子的心，毫无勉强地跟从神。……奴仆对家主存顺服尊畏之心，虽是同儿子一样，但儿子对家主的信赖之心更大，儿子的职责也更高尚伟大。

这一类经文和神学说教，在基督教文献和神学著作中比比皆是，它们为统治阶级和人压迫人的社会制度服务的阶级特性是再也清楚不过的了。这不是基督教所特有和东西，而是普遍存在于世界历史上各种宗教体系之中。

在天命信仰的精神桎梏之下，被压迫人民便把自己的命运交给了渺茫莫测的天意和神圣天命的安排，不仅不是自己命运的主人，而且成了服从盲目命运的奴隶。当一个孔孟儒家的信徒相信了“死生有命、富贵在天”(《论语·颜渊》)、“莫非命也，顺受其正”(《孟子·尽心》)之类天命说教的时候，你怎么能设想他会反抗命运的压迫呢？当基督教把《圣经》所谓没有上帝的命令，一根头发也掉不下来的神学呓语当成上帝的神圣天命的时候，他怎么可能为改变剥削人、压迫人的社会体制而斗争呢？宗教天命论有着明确的阶级特性，对于只有改变现存秩序才有生存权利的被压迫人民而言，它是精神桎梏；对于在现存秩序中占有特权地位的统治阶级而言，它是精神支柱。

人民群众绝不应做天命论的信徒，把一切人为的横逆信为上天的安排而逆来顺受。我们一定要把命运掌握在自己的手中，只有在精神上成为自己命运的主人，才能昂首阔步地走向社会和世界，成为社会和世界的主人。

当然，被压迫人民也有可能把符合于自己利益的要求，用伪托天启的方式说成是来自上天的天道或天命。这种情况在中外历史上都曾不断出现过。但是，在剥削制度的社会里，占统治地位的宗教和神灵，总是统治阶级的宗教和神灵，它们享有传统的特权和优势，在社会上有着更广泛、更深刻的影响。这些作为被压迫者意识形态之宗教外衣的“伪托天启”，是难以与正统的统治宗教争锋抗衡的。它们总是被正统宗教打成“异端”而遭到镇压，以失败的命运告终。上帝的天命和启示，在中外的历史上，几乎总是偏向统治阶级一边。更为重要的是，被压迫人民把自己的解放，寄希望于上天的天命，正是他们丧失自主性的软弱无力的表现。对天命的信仰愈是虔诚，自主性的丧失也就愈加彻底，在行动上往往更加软弱无力。无论把宗教天命观想象得多么美妙，也未曾、也不会给苦难人民带来好运道。

第七节 神性观之二：神迹观

神迹的性质和意义

神迹，与神意或天命一样，乃是宗教赋予神的基本神性之一。对于神可创造神迹事件的信仰，是一切宗教的特性。宗教赋予神的意志、智慧和能力是超人的、超自然的。按照一神论宗教的说法，则是无所不知的“全知”，无所不能的“全能”。神的意志和意志的实现被说成是完全的统一，神可以随心所欲、意到事成。但是，神的意志、智慧和能力，无论说得多么高超神妙，毕竟还只是一种内在的可能性，总得表现于事实之中。宗教所谓的神迹，就是神按照自己的意志和能力创造的某些特殊事件。

根据许多宗教，特别是一神论宗教的神性观和天命论，一切自然事件都是天命的安排或神意的体现。但这并不意味着一切事件都是神迹。在宗教神学上，神迹一词有其更加特殊的含义。神迹一词的英文是“Miracle”，来源于希腊文“Thaumasion”和拉丁文“Miraculum”，意指那些使人感到惊奇的特殊反常事件。列星周旋、日月递炤、花开叶落、四时代谢、种瓜得瓜、种豆得豆……虽然按照宗教神学的说法也是神的创造和天命的安排，但这些现象却循乎一定的常规，合乎自然法则，因而常被自然科学和唯物主义哲学纳入自己的范围，从而作出科学的解释，得出无神论的结论。宗教神学所谓的“神迹”一般并不包括此类事件，而是另有所指。只有那些不能用自然常规作出解释的特殊而又反常的事件，才是宗教意义下的神迹。神迹事件有两大特性，一是“特殊”；二是“反常”，即反乎自然常规，不能用自然法则作出解释。两大特性不可或缺。因为所谓“特殊”并不一定违反自然法则，以世界之大，无奇不有，使人惊奇的特殊事件常有所见。长命百余岁，或一个身体健壮的人突然死去……这种事相当罕见，但却不一定真正反乎自然之“常”，往往可以找出其自然根据，因而并非神迹。但彭祖活八百岁，道教的神仙长生不老，基督教的耶稣死而复活……这些事并不能从自然法则中找到根据，而只能从超自然的神灵那里得到说明。所以，神迹的主要特性和本质内容，乃是对自然法则的违反和破坏，它是与自然法则直接矛盾的对立物。正是在这一点上，宗教所谓的“神迹”与自然界的“奇迹”有原则性的区别。费尔巴哈说：

> 所谓自然界奇迹，在我们看来才是奇迹，但就其本身来说或在自然界看来，并不是什么奇迹；所谓自然界奇迹，都在自然界本质中有其原因，不管这类原因是否被人发现或被人了解。有神论或宗教的奇迹，则超出自然界力量之上，不仅在自然界本质中没有其根据，而且简直同自然界本质互相矛盾；这种奇迹乃是一个与自然界不同而站在自然界以上和以外的实体之制造物及证明这东西存在的证据。①

任何一种事件，不管它是多么的惊天动地，壮观之极，但如其循着自然途径发生，我们总是迟早可以作出科学的说明，而无须借助于神的意志和力量。而宗教奇迹本质上必须是反乎自然规律的事件。伏修斯在其《论异教的起源和发展》一书中，也是这样把神迹规定为对自然必然性的违反：

---

① 《费尔巴哈哲学著作选集》，下卷，第736页。

> 神虽然给诸天定下他们必须遵守的秩序，但神自己并未放弃改变这些秩序的权利，神甚至命令太阳停止不动。所以由于神的命令，处女能够生子，瞎子能够看见，死人能够复活，这当然是违反自然界的所谓必然的秩序，违反自然界的必然性的。[①]

各种宗教体系之所以谒力宣扬违反自然科学的神迹信仰，在于宗教认为神迹的存在乃是对神的万能，乃至神本身的存在的证明。神在宗教中被视为自然和世界的主宰，既要主宰自然和世界，便必须拥有超乎自然力之上的能力，如果神不具有这种能力，就等于丧失了神性，神就不成其为神。神与人的根本差别在于神的能力是不受自然律限制的，而人的能力则是受自然律限制的。神的能力既不为自然律所限，就可以为所欲为，破坏一切自然的必然性而行人所不能的奇迹。所以，神迹或奇迹乃是神的全能的证明。

宗教把神置放在自然的顶端，作为统治世界的专制君主。正如一切专制君主都是凭借其自由意志可以自由立法和自由废法一样，神也通过为世界立法和废法来证明他确是一个自由行事的君主。神必须拥有废除自然法则，至少是在必要时暂时中断自然法则的效力，才能证明他是真正的神。唯有证明他废法，才能证明他是自然的立法者。奇迹便是神可以废除或中断自然法则的证据。

人之所以崇拜神，信仰宗教，在于相信可以通过自己的崇拜和信仰，得到仁慈的神的恩典，满足靠人力所不能满足的愿望。但是，神的仁慈如何表现？愿望的满足如何实现？这就得依靠神的超自然能力所创造的奇迹。大慈大悲，普度众生，是神之所以受人信爱的根本特性。但是，如果神不拥有超出自然法则之上的权能，不能违反自然法则，打不破自然必然性的锁链，不能在善男信女生死祸福的紧急关头，表现为满足其一切愿望欲求的恩主，神又怎能证明自己的慈悲仁爱？神的奇迹使人落水不沉，入火不烧，给饥者以食，寒者以衣，使瞎子复明，聋子复聪，救人苦难，直至使死者复活……由此可见，宗教奇迹无非是人的超自然主义的愿望的实现，或者说是一件被实现了的超自然主义的愿望。人的愿望和欲求，本来

---

① 《费尔巴哈哲学著作选集》，下卷，第 737 页。

就是不受任何限制的，总是希望超出规律和时间的要求立即实现，神的奇迹则正是以超自然的方式，一下子就毫无阻碍地实现属人的愿望。只要神一声令下，一切愿望立即变为现实，不借助于任何手段，奇迹是愿望和实现的直接统一。宗教奇迹，犹如 3 +2 不等于 5 或直线的圆。这些说法是数学上的荒谬，但对于神来说，则可使其实现。实现数学的荒谬，乃是神所必需的神性。所以，宗教的奇迹乃是一种奇迹的数学。费尔巴哈说得好：

> 如果神所满足的人的要求和愿望是没有神也可以满足的，是在自然原因的限度和条件下满足的，因而神只在技术和自然能帮助人的时候帮助人，当医药无效时，他就停止帮助人，那么这样一个神无非就是隐藏在神的名义后面的人格化的自然必然性。①

神迹的宗教意义和宗教功能即在于此。神迹是一种证明，它使善男信女不仅相信神的全能和仁爱，而且相信神的存在。因此对神迹的信仰，乃是宗教赖以立足的一块基石，教会组织极力维护对神迹的信仰。以基督教为例，它在 1870 年召开的第一次梵蒂冈宗教会议就正式宣布：如果有人竟说神迹不能实现出来，或者说它们永远不能确切地知道，或者说基督教的神圣起源不能通过神迹而得到合理的证明，则把他咒逐。对神迹的信仰，被教会规定为强制性的宗教义务。神迹在宗教体系中的作用与地位之重要，于此可见一斑。

神迹的种类

为了进一步认识神迹的宗教意义，我们必须从对“神迹”的概念分析转向事实的说明，通过神迹的各种类型及其在各种宗教体系中的现象形态来具体揭示它的特性和本质。

神迹有各种表现形式，但如想作出科学的分类则比较困难。我们这里打算根据神迹的不同的产生者和创造者来进行神迹分类。

总结各种宗教神迹的创造主体，大致有如下几种：

一、神和神圣力量

神迹总是发生或起源于某种神圣的、超自然的、精神性的神秘力量。

---

① 《费尔巴哈哲学著作选集》，下卷，第 492 页。

这种神圣而又神秘的力量可能以个体化形式表现为上帝、诸神、精灵之类，也可能表现为非个体的泛灵论式的超自然力（法术力）。

神灵和神圣力量本来就是超自然的异己力量的人格化，超自然力量的实现就是宗教所谓的“神迹”。神迹是神的自由意志和大能（或全能）的必然推论。宗教在其发展中可能越来越多地采用理性的形式以掩饰其反理性的本质，诸神和上帝可能越来越多地被赋予理智和道德的属性而改变传统宗教所塑造的像专制暴君一样随心所欲、恣情行事的神灵形象。但任何一种宗教和任何神灵都不可能取消神行奇迹的权能。因为否定奇迹或神迹，就是否定神具有超自然的力量，取消神的神性，最终导致对神和宗教本身的否定。

二、宗教创建人

各种宗教的创建人或教主，如果不是自封，也总是被其信徒群众奉为神圣人物。他们常常是神迹事件的主体和神奇传说的中心。他们的出生伴随着超自然奇象，生活行为笼罩着神秘主义的迷雾，生活的遗物、遗骨和坟墓都成了继续发生奇迹的源泉。种种神奇传说，究竟是怎样产生出来的，宗教学说史上有不同的观点，宗教神学当然是相信其实有，论证其真实的。但客观的宗教研究则持否定态度。

以宗教创建人为中心的神迹故事，其作者常常是宗教创建人的信徒，但也不排除创建人本人进行有意的欺骗。一种在传统宗教之外新建的创建宗教，要想赢得群众的信仰，当然主要依靠迎合群众的社会要求。但群众的宗教心弦也得同时用神奇的超自然力量去拨弄。神迹故事最能调动愚昧好奇之徒的狂热信仰。所以，宗教的创建者一般多假托天命，装神弄鬼。摩西自称他亲见上帝，面受上帝的诫命和律法；耶稣自称“神子”和基督（救世主）；穆罕默德自封为真主的使者；洪秀全自称是皇上帝的“次子”；杨秀清以上帝的“代信人”自居代天传命。我国各种民间宗教的教主往往自吹具有“刀砍不进，枪打不入”之类的神力异能——诸如此类神话，如果不是属于发自神经病患者的热昏的胡话，那就只能是有意的编造。

三大世界宗教的创建人对“神迹”的态度从史籍上看并不完全相同。在他们进行创教和传道的活动时，常常被群众要求表演超自然的奇迹以证明他们的神圣身份。佛陀和穆罕默德对此种要求或者拒绝表演，或者王顾左右而言他。耶稣则大不一样，他总是有求必应，在大庭广众、众目睽睽之下，表演许许多多令人瞠目结舌的奇迹。这两种情况的鲜明区分是颇有兴味和发人深省的。佛陀和穆罕默德作为历史人物，是不能冒险犯难去表演他根本没有的神力异能的。可是，为什么圣经福音书中的耶稣基督却像个江湖术士和魔术师那样以表演神迹为能事呢？这就不能不使冷静的读者就此进行理性的思考：这些神迹故事究竟是真实的历史，还是福音故事作者的编造？耶稣基督究竟是历史人物，还是宗教的幻想？19 世纪 30—40 年代，德国青年黑格尔派施特劳斯和布鲁诺·鲍威尔对圣经福音故事的批判，事实上就是对基督教神迹信仰的批判。施特劳斯认为福音书中记载的神话故事（神迹）绝不是历史事实，而是由于救世主观念在早期基督教社团中的流行而自然发生的结果，它是人的创造，但不是故事作者的故意捏造。布·鲍威尔则认为这些神迹故事既然不是历史，那就必然是人为的编造。故事作者既要编造故事，就得通过他的“自我意识”。因此，不仅福音书上的神迹故事没有丝毫的实际可能性。甚至耶稣在历史上也并无其人，这些东西完全是福音书作者的文学创作，布·鲍威尔由此得出了人创造宗教的无神论结论。

三、圣人（萨满、高僧、高道、圣徒）

宗教体系中有些“圣人”也常被认为是创造奇迹事件的主体。他们是人，比之于宗教创建者的超人地位他们更接近于普通人。但因他们往往自称（或被人相信）神灵附体，或者苦修得道，或者德行高超，从而超凡入圣，获得常人所没有的异能，能行常人所不能为的奇迹。原始巫术宗教中的巫术师、萨满教中的萨满，印度宗教中的苦修者和瑜伽师，佛教所谓禅定苦修而获神通的高僧、道教修行得道的真人和仙人，以及基督教、伊斯兰教中的德高望重的“圣徒”……就属于此种能行奇事的“圣人”。

“圣人”作为人，其所以能行奇事、创奇迹，宗教方面有不同的说法：或者是神灵的特别干预，赋予他所嘉许的圣洁人物以超凡的神力；或者是此类“圣人”通过苦修使精神摆脱肉体的束缚而获得绝对的自由，因此而具有精神本有的超自然力（印度教和佛教）

四、圣物

宗教的“圣人”，尽管有时在其生前即被神化，但毕竟是人，他们的寿命总是有限的（道教的“仙人”例外，他们肉体不朽、长生不老）。所以，各种宗教体系归之于“圣人”、“圣徒”的神迹大多是通过他们遗留在世上和坟墓中的非生命的遗骸或遗物而发生的。一个地方，如果拥有某个圣人或圣徒的遗骨或遗物（例如“佛牙”、“舍利”、所谓耶稣基督的裹尸布、所谓钉死耶稣的真正十字架的碎片），那里就会受到神的保护，成为宗教信徒朝拜的中心。因此，各地寺院或教堂经常为争夺圣物而钩心斗角，甚至互相窃取。以这些圣物为中心，逐渐产生许多神奇的奇迹故事。不过，与其说这些东西是神迹发生的主体，不如说只是一些狂热而又好奇的善男信女虔诚崇拜的对象。

五、圣地

某些特别神圣的地方，也可成为神迹的发源地，耶路撒冷、西奈山、麦加是犹太教、基督教、伊斯兰教著名的圣地。我国西藏地区的神山、神湖，内地的许多名山大寺，常被说成是某个神或佛居住或是显圣的所在。我国佛教信徒崇拜的四大菩萨各有其显示神迹的圣地。例如舟山群岛的“南海普陀”被信徒说成是观世音显灵的地方，九华山是地藏王菩萨，五台山是文殊师利菩萨，峨嵋眉是普贤菩萨显灵、说法的主要道场等。宗教创建人的出生地和活动中心，甚至他们的遗物、遗像保存的地方，由于它们具有的象征性的宗教意义和宗教价值，也成为信徒朝圣和崇拜的中心。朝拜圣地，常被宗教组织定为信徒的善功。许多善男信女把这作为一生最大的心愿，常常将多年的积蓄用在朝拜圣地之上。他们的心里充满着奇妙的幻想。不过，对他们，圣地所发生的真正神迹就是使他们倾家荡产，甚至在长途跋涉、筋疲力尽之余，倒地不起，进到他们所向往的来世世界。

各种宗教体系中的神迹

上述诸种神迹，普遍出现于世界各种宗教体系之中，兹分别概说如下：

一、原始宗教和古代宗教中的神迹

早在原始宗教和古代宗教关于诸神及其活动的神话传说中，诸神就被赋予了超自然的法术力和神通，受到人们的敬拜。诸神通过法术、神谕、治疗疾病、启示吉凶祸福，进行神判表演其奇妙神通，创造出许多非人力所能为的神迹。原始人和古代人的宗教幻想世界是一个到处有神灵，到处创奇迹的世界。

二、我国传统宗教中的神迹

我国传统宗教所崇拜的天帝虽是自然和人事的主宰，但天帝的人格化特征相对说来不太突出。孔子“不语怪力、乱神”的主张也限制了人们关于神创奇迹的想象力。不过，随着儒家的宗教化，使孔子在汉代的谶纬神学中逐渐变成了预知一切的宗教式先知。

秦汉时期的神仙方术赋予神仙以超自然的能力。早在《庄子》书中已宣传有所谓具有超自然神力的“真人”：“登高不栗，入水不濡，入火不热。”（《大宗师》）

如果说，《庄子》书中的“真人”是一种寓言，那么，秦汉时的方士则公开宣扬和贩卖长生久视的神仙之术。据《史记·秦始皇本纪》，方士卢生对秦始皇说道：“真人者，入水不濡，入火不热，凌云与天地久长。”秦皇汉武为神仙方术所惑，求不死之药，做神仙之梦。秦始皇至死不悟，汉武帝则追悔莫及。神仙方术在社会上广泛流传，帝王贵族之辈更是寄希望于神仙之真有。关于“真人”的超自然奇能和奇迹则被越说越奇：

> 所谓真人者，性合于道也。故有而若无，实而若虚……无为复朴，体本抱神，以游于天地之樊，芒然徜徉于尘垢之外……大泽焚而不能热，河汉涸而不能寒也，大雷毁山而不能惊也，大风晦日而不能伤也……休息于无委曲之隅，而游遨于无形埒之野，居而无容，处而无所，其动无形，其静无体，存而若亡，生而若死，出入无间，役使鬼神。（《淮南子·精神训》）

秦汉方士的神仙思想与巫术宗教相结合，后来发展为道教。道教的神仙思想认为人可以通过内丹和外丹之类修炼，得道成为长生不老的神仙，具有许多创造奇迹的法术和神通。印度佛教传入中国后，对中国人民的宗教幻想有很大的影响。在佛教的佛和道教的神仙的法力和神通方面，佛道既互相促进，又互相竞争。它们竞相吹嘘自己的崇拜对象所拥有的创造奇迹的超自然神通，确是“道高一尺，魔高一丈”。于是乎，在佛道和民间宗教的幻想世界中，充斥着变化莫测的神仙鬼怪，神通广大的高僧高道，魑魅魍魉，牛鬼蛇神，无奇不有。

三、印度宗教和佛教中的神迹

印度的宗教、神话和哲学，使印度成为一个万花筒式的神迹世界。神及其化身，具有神力异能的神话英雄，以及他们的神奇的行为和事功，在印度的吠陀经典和其他史诗中得到大肆铺陈，详予渲染。印度哲学则宣扬自我（精神）可以通过苦修摆脱身体的束缚而获得解脱与自由，从而拥有妙不可言的神通。瑜伽术之类“外道”，广泛流行，历久不衰。据原始佛教经典的说法，释迦牟尼似乎并不赞成说他具有神奇力量。据一则故事说，他在河岸上见到过一个苦行外道。此人苦修二十五年之久，从而获得在水面上自由行走的神通。佛陀却说，这太不值得，既然只花一文钱即可乘船渡河，又何必花二十五年的时间和工夫呢？然而，随着佛教的传播，有关佛陀的本生、本行之类神奇故事越来越多，愈演愈奇。

在早期部派佛教中，不同部派对佛陀到底是人还是神的问题，已有争论。大体上，上座部认为佛陀是历史上的人，他所不同于一般人者只是他人格伟大，智慧高深而已。大众部则把他描写为神：据说他从兜率天下凡入胎，其母站立分娩；他生来即有特异的“三十二相”。如头发乌黑发光，舌长及耳，臂长过膝，面色金黄，面颊如狮，头顶有肉髻，眉间有珠如球，音深而远，胸表卍字等。佛陀还有“八十种好”：有眉如月，耳轮垂埵，指圆而纤细，鼻不现孔等。三藏经典不断提到这些神异奇特的“大人”之相。尽管如此这般的形象实在有伤大雅，但其不同凡响的怪异却足以骇世惊俗。后来，大乘佛教传说把释迦牟尼的降生说得越来越奇，据《五灯会元》卷一所载，他“才生下，乃一手指天，一手指地，周行七步，目顾四方曰：‘天上天下，唯吾独尊。’”如此神奇的新生婴儿，普天之下，大宇之内，绝无仅有。按照大乘佛教关于佛的法身、应身之说，历史上的那位乔达摩·悉达多并不是佛的真身，而是佛为了在人间宣传教化的方便而依托的肉身。因此，他就具有佛所有的种种神通。据《异部宗轮论》说：“如来色身，实无边际；如来威力，亦无边际；诸佛寿量，亦无边际。”我国汉代牟融对佛的神通作了具体的渲染：

> 佛者，谥号也。犹言三皇神、五帝圣也。佛乃道德之元祖，神明之宗绪。佛之言觉也。恍惚变化，分身散体，或存或亡，能小能大、能圆能方，能老能少、能隐能彰，蹈火不烧，履刃不伤，在污不染，在祸无殃，欲行则飞，坐则扬光，故号为佛也。（《牟子》第二章）

在这里，佛被描写为飞天入地，变化无穷的神仙。龙树在《大智度论》（卷二八）中具体论述了佛、菩萨为什么具有广大神通的理由：

> ……菩萨离诸欲，得诸禅，有慈悲故。为诸生取神通，现诸希有奇特之事，令众生清净。何以故？若无希有事，不能令众生得度。菩萨摩诃萨作是念已，系心身中空虚，灭粗重色相，常取空轻相，发大

欲精进心，智慧筹量心，力能举身。未筹量已自知心力大，能举其身。比如学�，常坏色粗重相，常修轻空相，是时便能飞。二者亦能变化诸物，令地作水，水作地，风作火，火作风。如是诸大，皆令转易；令金作瓦砾，瓦砾作金，如是诸物，各能令化。变地为水相，常修念水令多，不复忆念地相，是时地相如念即作水。如是等诸物皆能变化……

这就是说，如果佛、菩萨不行“希有奇特之事”（神迹），就难以取信于信众，众生不能得度。佛、菩萨之所以有此神奇的神通，是因为他们“系心身中空虚”，“灭粗重色相，常取空轻相”，既然法我两空，一切皆空，故能飞行天宇，变化万物。

更有进者，佛教还有一种理论，说什么佛和菩萨具有神通，而且一般佛徒也可通过修持禅定而获得神通。据他们说佛、菩萨、阿罗汉有五种神通或六种神通：

神足通：身体能飞天入地，出入三界，变化自在。

天眼通：能见六道众生的死生苦乐和一切世界形形色色。

天耳通：能听到六道众生关于苦乐忧喜的谈话和世间的各种声音。

他心通：能知悉六道众生心中所想的事情。

宿命通：能知悉自身和六道众生三世宿命和所做之事。

漏尽通：断尽一切烦恼惑业，永脱生死轮回。

据佛典：外道亦可得前五通，只有阿罗汉、菩萨和佛才可获得“漏尽通”，得无上正果，成佛。

由于这种禅定可获神通的理论，使佛教（特别是大乘佛教）充满了想象力惊人的神奇事件。佛和菩萨的神通和法力，被佛教吹得无边无际，简直达到了随心所欲、无所不能的程度。在这方面，任何宗教的神迹信仰，都不能与佛教相提并论。

四、犹太教和基督教中的神迹

西方的一神论宗教，信仰一个人格化的全能的创造者。他一方面可以任意创造世界，另一方面又可以随心所欲地毁灭世界；一方面安排事物的正常秩序，另一方面又对事件的自然进程进行干预，这就使一神论的宗教信仰必然包含神迹观念。

犹太教《旧约》认为神迹是上帝当然应行的事。《诗篇》72 章说上帝耶和华“独行奇事”；《约伯记》第五章说上帝“行奇事不可胜数”。《诗篇》第136章在称他“独行大奇事”的同时，还开列了耶和华所行“大奇事”的清单。他行奇事、造奇迹的目的，是使他的创造物赞美他，承认他是上帝：

> 你们要称谢耶和华……称谢那独行大奇事的，因他的慈爱永远长存。称谢那用智慧造天的。……称谢那铺地在水上的。……称谢那造成大光的。……他造日头管白昼。……他造月亮星宿管黑夜。……称谢那击杀埃及人之长子的。……他领以列人从他们中间出来。……称谢那分裂红海的。……他领以色列从其中经过……却把法老和他的军兵推翻在红海里。……称谢那引导自己的民行走旷野的。……称谢那击杀大君王的。……他杀戮有名的君王。……就是杀戮亚摩利王西宏……又杀巴珊王噩……他将他们的地赐他的百姓为业。……他救拔我们脱离敌人。……他赐粮食给凡有血气的。……你们要称谢天上的上帝，因他的慈爱永远长存。

这差不多就是犹太上帝所行神迹的流水账。

基督教《新约》记叙了大量有关耶稣基督的降临、诞生、生活、受难和复活的神迹故事。各福音书还记叙了耶稣在传道中所施行的各种神迹。尽管由于神奇而令人难以置信，而且各福音书的记载彼此又各不相同，影响了这些记叙的可信性，从而不断遭到理性主义的怀疑和批判，但神学家们并不为此而稍感难堪。因为在神学家们看来，惟其荒诞，才是神迹，更值得信仰。总之，《新约》中的耶稣神迹远比他的教诲更有力地在信徒中留下了印象。

早期基督教信徒由于身处水深火热的阶级压迫和民族压迫之中，很自然地把苦难生活的解脱寄托于救世主的神奇力量，这就是基督教之所以如此信仰宗教奇迹的社会背景。根据《马可福音》，耶稣基督本人已经同意神迹永存于他的教会之中：

> 他（耶稣）又对他们（门徒）说，你们往普天下去，传福音给万民听，信而受洗的必然得救，不信的必被定罪。信的人必有神迹随着他们。就是奉我的名赶鬼，说新方言，手能拿蛇，若喝了什么毒

> 物，也必不受害，手按病人，病人就必好了。主耶稣和他们说完了话，后来被接到天上，坐在上帝的右边。门徒出去，到处宣传福音。主和他们同工，用神迹随着，证实所传的道。(《马可福音》第16章第15—20节)

以后，基督教的教父和神学家不断对神迹信仰进行论证。神学家认为神迹是上帝存在和决定事件进程的一种标志。广大的普通信众则认为神迹是上帝和个别圣徒、圣地和圣物中神圣力量的展现。圣徒获得了法术师式的神力，在殉教者的坟墓和遗留的“圣物”周围，常常被涂抹了浓厚的神秘色彩，附会上许多惊人的神迹事件。事实上，神迹事件常常构成了基督教“圣徒”生涯的一部分，不仅表现于死后，而且发生于生前。罗马天主教把对神迹的信仰规定为强制性的教义。新教一方面信仰神迹；另一方面又对这种信仰加以限制，把它保留在《圣经》记载的范围之内。

五、伊斯兰教中的神迹

伊斯兰教认为真主安拉不仅过去一直在施行奇迹，而且仍在不断创造奇迹。按照伊斯兰教的说法，犹太教、基督教中的先知摩西、所罗门王或耶稣所行之奇迹，都是真主借他们之手进行的。奇怪的是，穆罕默德虽然自封为主的钦差，可是在《古兰经》中却明确地拒绝用征兆和神迹来证明他作为主的使者的天职。穆罕默德之所以拒绝表演神迹的要求，无疑因为他是一个真实的人，并无神奇之异能以行神迹。他常用自然现象而不是用反自然的现象作为真主的启示和神迹：

> 真主确是使谷粒和果核绽开的，他从无生物中造出生物，从生物中造出无生物。这是真主，你们怎么能悖谬呢？他使天破晓，他以夜间供人休息，以日月供人计时。这是万能者全知者的布置。他为他们创造诸星，以便你们在陆地和海洋的重重黑暗里借诸星而遵循正道。我为有知识的民众确已解释一切迹象了。他从一个人创造你们，然后，你们有住宿的地方，有寄存的地方，我已为能了解的民众解释了一切迹象。他从云中降下雨水，用雨水使一切植物发芽，长出翠绿的枝叶，结出累累的果实，从海枣树的花被中结出一串串枣球；用雨水浇灌许多葡萄园，浇灌相似的和不相似的椑橄和石榴。当果树结果的时候，你们看看那些果实和成熟的情形吧。对于信道的民众，此中确

有许多迹象。(《古兰经》第 6 章第 95—99 节)

> 真主从云中降下雨水，并借雨水使已死的大地复活，对善于听话的民众，此中确有一种迹象。在牲畜中，对于你们确有一种教训。我使你们得饮那从牲畜腹内的粪和血之间提出的又纯洁又可口的乳汁。你们用椰枣和葡萄酿制醇酒和佳美的给养，对于能理解的民众，此中确有一种迹象。你的主曾启示蜜蜂："你可以筑房在山上和树上，以及人们所建造的蜂房里。然后，你从每种果实上吃一点并驯服地遵循你的主的道路。"将有一种颜色不同，而可以治病的饮料从它的腹中吐出来；对于能思维的民众，此中确有一种迹象。(《古兰经》第 16 章第 65—69 节)

穆罕默德关于神迹的态度与新约圣经中的耶稣，呈鲜明的对比。尽管穆罕默德本人在神迹问题上表现"谦虚谨慎"，但后来有关他的传说和记叙，使他的诞生和生活经历都带上了日益众多的神奇色彩，其中有些事件还写进了《古兰经》之中。例如《古兰经》第 17 章第一节经文说："赞美真主，超绝万物，他在一夜之间，使他的仆人，从禁寺行到远寺，他在远寺的四周降福，以便我昭示他我的一部分迹象。真主确是全聪的，确是全明的。"穆斯林据此认为，穆罕默德于某个夜晚由天使陪同，乘天马由麦加到耶路撒冷，又从那里登上云霄，遨游九重天，见过古代先知和天园、火狱等，黎明时，重返麦加。因此，穆斯林视此为神迹，视耶路撒冷为圣地，定于每年希吉拉历七月十七日为"登霄节"，以志纪念。在伊斯兰教的某些教派（如苏菲派）中，神秘主义气氛非常之浓，围绕圣徒和圣墓产生了许多神迹，朝圣者有关于此的说法一个比一个更为神奇。伊斯兰教旨主义神学承认神迹是事实。特别需要指出的是，伊斯兰神学认为世界是真主安拉用连续的时间原子反复制造的存在物。所谓自然的规律性只是安拉在反复创造宇宙时的习惯，真主作为全能者可以随时反惯常之习惯，创造出不同于自然惯常秩序的神迹。安拉在必要时当然要制造反自然的神迹，一则表现他的全能；二则证明他所派使者的真实性，当然也是压倒对手和不信教者使之沉默的一种手段。伊斯兰教的神迹后来在对圣徒的崇拜中特别突出。按照信徒的说法，圣徒本人生前和死后的坟墓都具有赐福消灾的能力。

总之，神迹信仰普遍存在于各种宗教体系之中，这说明神迹作为神的基本神性之一，与宗教本身有着不可分割的本质联系。费尔巴哈说：如果没有神迹，神就不成其为神。由此再进一步，我们也可以说：如果没有对神迹的信仰，宗教也会因此而丧失引人入胜的魅力，丧失广大信众的信仰。

神迹是否可能

神迹是否存在？这是和神本身是否存在等价的一个问题。因此，这个问题在历史上一直是无神论与有神论，科学与宗教，理性启蒙主义与信仰主义、蒙昧主义激烈斗争的战场。无神论，自然科学和理性启蒙主义在长期的论战中从各个方面对宗教神迹说进行了理性的批判。到现在，我们大体上可以这样说，宗教神迹说已经丧失了昔日在哲学和自然科学广大领域中的权威和影响，被驱赶到它所固有的世袭领地——宗教信仰主义之一隅，苟延残喘，难以为继。在科学昌明、文化发达的 20 世纪，信仰超自然神迹的人，在有文化、受过教育的人中已经为数不多了。荷马—赫西阿德时代，吠陀时代，摩西时代，原始基督教时代，秦汉神仙方术时代所遗留下来的神奇怪异，令人眼花缭乱的神迹故事，除了被文学家、历史学家和宗教学者作为文化—宗教资料进行学术性研究以外，把它们信以为真的越来越少了。在我们的时代，装神弄鬼的宗教术士和江湖骗子当然还存在，以后还将不断冒出来，他们还会玩弄各种神秘主义唯灵论的“法术”，招摇过市，愚弄乡里，但是，像摩西、耶稣那样到处表演无中生有，起死回生之类的超自然神迹，像济公、吕洞宾那样混迹人间、济世度人的活佛真仙，终究是闻所难闻、见所难见了。我们这个世界，无论是自然还是社会，似乎重新按照唯物主义哲学家、无神论者和自然科学家的安排，在那里合乎自然规律和社会法则地运转，破坏自然法则的神迹逐渐变成了历史的陈迹。

这一切，并不是神灵和宗教的主动让步，而是科学和哲学的胜利。我们应该对历史上科学和哲学对宗教神迹说的批判作一番理论上的总结，把这些理论财富继承下来作为今后的借鉴。

历史上，无神论、自然科学和理性启蒙主义思潮批判宗教神迹说的理论观点，择其要者，大致有如下几种：

一、自然哲学的批判

自然科学和唯物主义哲学从其诞生之日起就是作为宗教神迹说的对立物出现于世的。它们反对用超自然的神和神的超自然作用，而用物质本原的组合和作用来说明一切自然现象。早在古代希腊和古代中国的唯物主义自然哲学中，即已达到这样的认识：整个世界是各种物质元素互相作用而形成的因果系列，一切自然现象都有其自然原因，都为先在的物质原因所决定而必然发生。按照古代希腊最重要的唯物主义哲学家德谟克里特的说法："一切都遵照必然性而发生。"① 在他看来，偶然性（包括神迹事件）只是由于人们对事件产生的必然原因无知而产生的主观观念，是一种为了掩盖自己的轻率而进行的捏造。这就从根本上排除了神对自然的干预，排除了作为破坏自然必然性而产生的神迹事件存在的可能性。唯物主义哲学关于因果必然性的原理，后来成了自然科学和哲学反对神迹说的理论基础。甚至像古罗马西塞罗这样的哲学家，尽管一方面相信"神恩"、"天道"和灵魂不死；另一方面也根据因果法则而否定神迹。他认为任何事物都有其原因，没有原因便没有事物的发生。如果一个事物在事实上发生了，他就是原因的结果，而不是一个神迹。因此，神迹不存在。当然，西塞罗对他的结论作了限制，认为神迹故事对培养无知民众的宗教虔诚是必要之举。

文艺复兴以后，随着新兴实验科学和机械唯物主义哲学的发展，人们普遍相信，一切自然现象都是按照自然规律而必然产生，一切自然的奥秘都有其自然的原因，而无须借助于超自然的神力。神迹信仰被当做反科学、反理性的蒙昧主义而受到严厉的批判。

斯宾诺莎的泛神论认为神即自然，天命就是自然律。万物作为实体（神）的样式是为自然律的必然性所决定的，自然物的这种合乎规律的互相决定，使整个自然界表现出有秩序有条理的合理性。在自然体系中，一切反乎自然必然性的奇迹事件都不可能产生。他的结论是："……所以违反自然的普遍法则的自然界任何事物也就必然违反神命、神性与神的智力，也就是，若是有人说上帝之所施为是违反自然的法则的，他事实上就不得不说上帝之所为违反了上帝自己的性质——这显然是荒谬的。"② 宗教神学所谓神创奇迹之说，违反了神的本性，不属于自然的本真，而只能被视为与人的主观意见有关。具体地说，宗教圣书中和普通迷信中所谓的神迹，或者是讲述者对这些事件之自然原因的无知，或者是由于他们在有

① 《西方哲学原著选读》，上卷，商务印书馆 1981 年版，第 47 页。

② 斯宾诺莎：《神性政治论》，第 91 页。

意进行欺骗。斯宾诺莎呼吁把《圣经》中一切违反自然规律的神迹故事“弃绝摈斥”：

> 若是《圣经》中以明确的话叙述某事，确与自然界的规律相违反，或不能由自然界的规律推知的，我们必信其为无宗教心的人蒙混插入到圣书里面的。因为凡与自然相背的也就与理智相背，凡与理智相背的就是荒谬的，事实上是要加以弃绝摈斥的。①

17—18 世纪的自然神论与斯宾诺莎的泛神论，在神迹问题上的观点大同小异。他们认为上帝不仅是按理性原则来创造世界和安排自然秩序的，而且在创世之后就听任自然界按照预定的规律和秩序运转而不干预其自然进程。这也排除了反自然的神迹事件。

18 世纪法国百科全书派从根本上否定神的存在，完全把自然视为一个按照自己的规律而运动的体系。自然界的一切都永远遵循不变的法则。在此基础上，抛弃了泛神论和自然神论的一切掩人耳目的神学外衣，对神迹说作了彻底的无神论的否定：

> 这样一来，那么在自然中就既不能有怪物，也不能有神奇、奥妙和奇迹。我们所谓怪物，就是为我们眼睛所不熟悉的一些配合，而它们并不因此就不是什么必然的结果。我们所谓的神奇、奥妙、超自然的结果，乃是自然的一些现象，不过我们丝毫不认识它们的根源和活动的方式罢了，而且又因为缺乏对于真实原因的认识，我们遂荒谬地把这些现象归之于一些虚构的原因。这些原因，同秩序的观念一样，是只存在于我们内心之中的，可是我们却把它们放在自然之外，放在它之外，任何东西都不能存在的那个自然之外。
>
> 至于说到人们所称的奇迹，就是说，有违于自然的不变法则的那些结果，我们觉得像这样的事情是不可能的。②

---

① 斯宾诺莎：《神性政治论》，第 101 页。

② 霍尔巴赫：《自然的体系》，上卷，商务印书馆 1964 年版，第 59 页。以下凡引本书，只注页码。

综上所述，从古代希腊以德谟克里特为代表的原子唯物论到近代唯物论（斯宾诺莎、霍尔巴赫等），都是根据自然进程的规律性和因果必然性去否定宗教的神迹说。在哲学上，人们常把这种唯物主义原理称为“机械决定论”，对它的哲学意义不无微词，认为它没有正确全面地处理必然性与偶然性的关系。关于这一点，本书不拟从哲学的角度详加评论，只想从宗教学的角度评价它对神迹说的批判。我认为，决定论是自然科学的哲学表现，它的基本内容是完全合乎科学的。正是由于决定论对神迹说的否定，又反过来推动了自然科学在各个自然领域排除了神的干预和神对自然必然性的违反，坚持探寻一切自然奥秘的自然原因，使科学理性在许多领域都获得了清除神迹信仰的伟大胜利。

二、认识论的批判

文艺复兴以来的近代科学和哲学一致强调理性的尊严，或者要求把宗教建立在理性基础之上，或者把宗教信仰视为反理性的迷信而予以否定。这种理性主义表现为各种形式的反对信仰主义和蒙昧主义的启蒙思潮和公开的无神论。宗教信仰主义的反理性实质，主要就表现在对宗教神迹的信仰上。在理性启蒙主义看来，一切神迹，因其违反自然法则，都不能得到科学和理性的证明，因而都是荒谬的。相信荒谬的神迹，乃是愚昧无知的表现。

当然，我们也应当注意到，在反对宗教神迹说、坚持在理性基础上建立信仰的思潮中，也有不彻底的表现。主要有两种：一是“双重真理说”；一是“超理性论”。

双重真理说把哲学的真理视为“理性的真理”，但却把宗教的主要教义说成是“信仰的真理”。双重真理说用在神迹问题上认为，神迹信仰虽不能用理性去加以证明，但却应信以为真。它一方面公开把神迹说贬入信仰领域；另一方面，又在信仰领域为神迹保留生存的余地。

“超理性论”的代表人物之一约翰·洛克认为，宗教信仰应该建立在理性基础之上。宗教信仰决不能违反理性。一个人信什么，不信什么，都得依照自己理性的指导。这事实上是对神迹信仰之类宗教神秘主义的否定。但与此同时，洛克又承认某些宗教信条如“死后复活”之类是超乎理性的。所谓“超理性”，意即它们虽不能为理性原则所证明，却也并不一定违反理性，这种信仰与理性完全无关：

> 这一类事情既然不是我们的自然能力所能发现出的，而且是超乎理性的，因此，当它们启示给我们时，它们就成了信仰的固有对象，就如说，有一部分天使曾经背叛上帝，失掉乐土，死者要起来，复生等等事情，都不是理性所能发现的，而且它们纯粹是信仰的事情，理性并与它们直接无关。①

“超理性论”与“双重真理说”一样，既有反宗教神迹说的一面，又有在信仰领域内为神迹信仰保留余地的一面。

在认识论领域内，18 世纪英国经验派哲学家大卫·休谟根据他的经验主义认识论对宗教神迹说进行过系统的分析和批判，他反对神迹的主要推论有如下几个方面：

首先他认为，神迹是否存在，也和任何事实的存在一样，其证明只能依赖于经验的报道。当事实是否存在有互相冲突的两种证据时，人们总是选择证据较多的一方。证据越多，我们给予确信的程度就越大；对于从无例外的事件和证据，我们就视为自然法则的体现而予以最大的确信。所谓奇迹或神迹，本质上乃是违反和破坏自然法则而出现的独特而奇异的事件，是与日常生活的齐一经验相冲突的，可是我们的经验却又使我们确信自然法则和表现自然法则的齐一性经验。因此，任何神迹都不能得到经验的证明。

其次，所有超自然的神迹和神怪传闻，主要充斥于野蛮无知的民族之中。如果一个文明民族也相信和流传此类传奇，几乎总是发源于其野蛮无知的祖先。随着我们日益接近于文明时代，此类传奇也在历史的卷页中相应地日渐稀少。“一个聪明的读者，在披阅这些神异的历史家的记述时，往往容易说，这类怪异的事情从来不曾发生于我们这个时代，这真是奇怪的。不过古往今来的人都是好撒谎的，这并不是什么稀罕事。”② 休谟对旧约圣经的神迹说进行了大胆的解剖：

> 摩西五经并不是上帝本人的语言和证据，而只不过是世俗作家和历史家的作品。我们将按此原则来考察。我们首先在这里看到的是一

---

① 洛克：《人类理解论》，商务印书馆 1959 年版，第 693 页。

② 休谟：《人类理解研究》，商务印书馆 1957 年版，第 98 页。

个野蛮无知的民族提供给我们的一部书，它是在比他们更为野蛮的年代写的。它们没有为一致的证据所确证，而且仿佛是各民族对其起源所作的那些荒诞的说法。在读这部书的时候，我们发现它充满怪异和神迹，它所叙说的世界和人类本性的状况完全不同于现在的状况：关于我们从那种状况的堕落；关于人的年龄大到一千岁；关于世界为一次洪水所毁灭；关于一个民族被上帝任意选择出来作为他所宠爱的民族，而那个民族乃是作者的同胞；关于他们借助于最为惊人的神迹而从奴役中拯救出来。我希望任何一个人把他的手放在自己的心上，并在严肃地思考以后宣告：他是否会认为由这样一种证据所支持的一部书之为虚妄，会比它所叙述的神迹更为怪诞的神迹？无论如何，按照上述所定的或然性的标准，必须承认这部书是虚妄的。①

再次，休谟还从人性好奇的天生癖好论证了神迹信仰产生和流传的心理根源。普通民众由于好奇心的驱使，特别热衷于相信和传播神迹传奇，因为神怪的传闻会引起惊奇而又快意的情绪，故极易使人相信，人们总是如饥似渴地相信和传播各种稀奇古怪的传闻。宗教家则由于充当先知的虚荣心，便迎合听众的好奇心故意玩弄编造神迹传奇的骗术。听众的轻信增加了他的厚颜，他的厚颜也征服了听众的轻信。在休谟看来，神迹信仰是好奇心与宗教狂的结合，无知的轻信者与厚颜的说谎人相遇。

休谟的哲学否定了因果联系的客观必然性，只承认经验的齐一性，这不能从根本上否定神迹说。单纯从经验的齐一性出发，只能否定神迹的可证性，而不能否定神迹的可能性。因为，如果没有因果必然性和自然法则的客观存在，神迹就无所谓破坏自然法则了。当然，我们总得承认，尽管有严重的理论缺陷，但休谟对神迹的否定，在态度上仍是坚决的。他把神迹信仰归结为轻信与欺骗的结合，与伏尔泰所谓宗教产生于傻子加上骗子的观点完全一致，是一种反对信仰主义、蒙昧主义的启蒙思潮。

三、心理学的批判

费尔巴哈在《基督教的本质》和《宗教本质讲演录》中从各个方面对宗教神迹说进行了批判。其中，最有特色之点是他从心理学角度对宗教神迹信仰所作的分析。

---

① 休谟：《人类理解研究》，第 107 页。这段引文据得克萨斯大学 1953 年版重译。

费尔巴哈认为宗教奇迹与自然奇迹不同："自然界奇迹同人类漠不相关，宗教奇迹则与人类，与人类利己主义有利害的关系。"① 宗教奇迹的根据不在外在的自然界，而是在人。它没有自然的原因，不是从自然界的本质而产生的结果。这也就是说，所谓宗教奇迹并非客观存在，而只是人的主观的信仰和意见。

问题在于，人信仰宗教神迹的主观根据又是什么？费尔巴哈的特殊贡献在于他对此作了心理学的分析。他认为神迹观念和神观念一样，它的最后根据都是出自人类的利己主义的愿望和需要：

> 奇迹乃是基督教之本质重要的东西，是本质重要的信仰内容。但是，什么是奇迹呢？是一个被实现了的超自然主义的愿望；除此以外，便什么也不是了。②
>
> 宗教奇迹是以人的某种愿望，某种需要为其前提。③

饥者希望得食，寒者希望得衣，瞎子希望复明，聋子希望复聪，苦难者希望得到拯救，死者亲人希望死者复活……这些发自人性需要的愿望和欲求，如果以符合于理性的方式得到满足，那就不是奇迹；如果由于客观环境的限制，或在自然途径不能满足的情况下，人们寄希望于超自然的方式，这就是所谓宗教奇迹：

> 奇迹给饥饿者以食物，治愈了天生的瞎子、聋子、瘫子，拯救人脱离生命的危险，甚至也在死人亲属的请求下使死人复活。可见，奇迹满足了属人的愿望；这些愿望，虽然自在地并不是，但就其哀求奇迹威力或奇迹般的帮助这一点而论却确是贪得无厌的、超自然主义的愿望。④

人的利己主义的愿望不仅为宗教奇迹提供信仰的动力与动机，而且也

① 《费尔巴哈哲学著作选集》，下卷，第 737 页。
② 同上书，第 162 页。
③ 同上书，第 737 页。
④ 同上书，第 163 页。

为这种愿望的超自然主义的实现提供了主观的可能性。因为，就人的愿望和需要的本性而言，它本身就具有不受客观必然性限制的“超自然性”：

> 一般说来，凡是愿望都是超自然的东西，至少在形式上，在其希图借以实现的方式上是如此。比如当我在远乡飘泊的时候，我想望回到家里去。这个愿望的对象并不是什么非自然的和超自然的东西，因为我循着自然的道路可以达到这个愿望，我只消动身回家去就够了。但是愿望的本质，恰恰在于我想要无须耗费时间马上就到家里，恰恰在于我想心里愿意怎样事实上立刻就怎样。……愿望不受空间和时间所限制，它是自由的，像神一般。[①]

对于人类的愿望而言，世间没有什么不可能的事情。但超自然的愿望的实现却是人所不能的事情，只能乞灵于超自然的神灵。神是无所不能的，神创造奇迹，像人的主观愿望一样迅速地立即实现人的愿望。所以，费尔巴哈认为，对神的信仰和对奇迹的信仰是一个东西；奇迹和神的分别仅仅是行为和行为者的分别。奇迹乃是证据，证明行奇迹者就是一个万能者，他能实现人的一切愿望。惟其如此，他才被人尊奉并崇拜为神。

对于费尔巴哈说来，宗教奇迹本质上是人的主观幻想的产物，宗教宣扬的神迹，不言而喻是一种人为的谎言和欺骗。但是，费尔巴哈没有停留在这种启蒙思想所谓骗子加上傻子的公式之上，而是进一步深入分析神迹信仰的心理根源，从来自宗教的外在欺骗进到信仰者的内在秘密，这就使我们对宗教神迹的认识进了一步。

---

① 《费尔巴哈哲学著作选集》，下卷，第737—738页。

第三章　宗教的感情与体验

宗教信仰者对神性物（各种超自然、超人间的神圣力量、神灵、神性物）的信仰，既可在信仰者的心中表现为一定的观念形态和概念形式（如神灵观念，神魂观念，以及天命、神迹之类神性观念），也可在情绪上引起种种反应，激发起信仰者所谓的“宗教感情”。按照某些宗教家、神学家、宗教虔信者的说法，这种感情或情绪上的反应，有其神秘的、神圣的来源，它们产生于宗教信仰者对其所信奉的神圣对象的特殊感受和直接体验。20 世纪初，美国实用主义哲学家和宗教心理学家威廉·詹姆士在其名噪一时的《宗教经验之种种》（1902）一书中，把这种感受和体验称为“宗教经验”，对之详加论述。此后，“宗教经验”这个概念，在西方世界的宗教研究和宗教学著作中得到了更广泛的使用。

由于宗教神学家和自称具有宗教体验的信仰者把所谓宗教感受和宗教体验说成是人与神的直接遭遇、相会、会合、一致甚至合一，是人对神的直观，具有浓厚的神秘主义性质，所以，宗教学者一般又称其为“神秘主义”。

“宗教经验”和“神秘主义”问题，在最近半个多世纪以来的宗教研究中受到越来越多的重视。学者们对所谓宗教经验的心理描述和理论解释，构成了比较宗教学、特别是宗教心理学的一项重要内容。这种情况，在基督教新教流行的地区尤其明显。这是因为基督教新教的基本信条是所谓“因信称义”，主张信教者个人因其对上帝和基督的虔诚信仰而使灵魂得救，因此，新教神学不注重外在的宗教仪式的意义，而特别强调信仰者个人内在的对于上帝和基督的精神体验和情绪感受。19 世纪新教神学的奠基人施莱尔马赫及其后来的追随者奥托就把宗教信仰者个人对神的依赖感、敬畏感之类宗教感情和宗教体验，视之为宗教的核心和基础。奥托在 1917 年所写的《论神圣观念》中说，任何宗教都是人与神的相会，以这种人神相会的直接的、神秘的体验为基础而产生的对神的恐惧、战栗、欣喜和虔敬等感情的交织，构成了宗教的核心。奥托《论神圣观念》一书对西方宗教学和基督教神学的影响很大，被译成欧洲所有的语言，仅在德国就再版了三十多次。不少神学家都认为人神会合的宗教体验具有直观的真实性。他们强调这种宗教体验对于宗教信仰的重要意义，并试图在此基础上建立所谓“经验主义神学”。标榜客观主义的一些宗教学家也受此种影响。当代著名的宗教学家、美籍德国人瓦哈在其《宗教社会学》中宣称，宗教中的决定因素不是其处于不断改变中的思想、礼仪和制度，而是“人与神结合的宗教经验”，它是宗教之最深奥的来源，它决定宗教的各个方面。[①] 他把“宗教经验”作为全部宗教现象的基础、核心和出发点，而把其他一切宗教现象（宗教观念、宗教行为、宗教制度和宗教组织等）说成是宗教信仰者个人的宗教经验（特别是宗教创始人的神圣经验）之社会表现形式。

诸如此类观点，也出现在人格主义、存在主义、过程哲学等唯心主义哲学和宗教学的有关著作之中。

我国的宗教研究者在“文化大革命”之前往往把这类性质问题视为神秘主义的胡说而不屑一顾，近年来开始改变。任继愈教授主编的《中国佛教史》第一卷（1981）对于佛教的“禅定”修习的实质和心理过程进行了唯物主义的分析，并提出：“把佛教的‘禅定’作为一种宗教心理学，变态心理学来考察，很值得引起注意。”[②] 这事实上涉及宗教经验和神秘主义问题，在我国宗教研究领域，首先从佛教角度出发开始了这方面的研究。对神秘主义不屑一顾是不对的。宗教信仰者所谓的宗教感情或宗教经验当然是一种神秘主义，但宗教之为宗教，本身就是神秘主义。神秘主义与宗教的本质特性紧密联系，不可分割。没有神秘主义的“宗教”（如斯宾诺莎的泛神论唯理宗教，托兰德的“自然宗教”，费尔巴哈的“爱的宗教”，俄国造神论者卢那察尔斯基的“社会主义宗教”之类）本质上不是宗教，而是无神论哲学的变形。因此，研究宗教也得研究宗教经验和神秘主义。为了比较具体地把握宗教的本质与秘密，有必要把宗教研究的范围，扩展到这个一向被忽视的领域。

---

① 参见瓦哈《宗教社会学》，芝加哥 1944 年版，第 383 页。

② 任继愈：《中国佛教史》，第一卷，中国社会科学出版社 1981 年版，第 300 页。

第一节　宗教经验及其种种表现

宗教经验的含义

“宗教经验”是什么？在宗教信仰者的宗教生活中到底有没有“宗教经验”这种东西？这是我们在这个领域中必须解答的第一个问题。

概略地说，所谓宗教经验就是宗教信仰者对于神圣物（神、神圣力量、神性物）的某种内心感受和精神体验。例如，各种宗教的虔诚信仰者，特别是各种宗教和教派的创始人以及所谓高道、高僧、圣徒、先知、降神者之类“半人半神”式的宗教人物，总是不断声称他们对于自己所信仰和崇奉的神灵、神圣力量或神性物有某种直觉式的体验和感受，甚至还有公然宣称自己经常与神灵直接交际、面受启示者。他们还把这种直觉的体验和直接的交往作为对所信之神圣对象的直接验证，视为其所建宗教或教派之真实性的根据。在各种宗教的神圣经典以及关于宗教的各种史传，如我国的《高僧传》、《神仙传》之类传道作品中，充斥着此类宗教神秘体验的记载，极尽铺陈渲染之能事。据佛经，释迦牟尼说他在菩提树下静坐沉思七天，终于悟道成佛。随后又经受了魔王长达一月之久的扰惑考验，证实了他的觉悟。犹太教的摩西说他在西奈山上亲见上帝并面受诫命。《旧约》中先知耶利米说他体验到耶和华上帝通过幻象告诉他，他出生之前已被选为先知（《耶利米书》第1章）。先知以西结更具体地说，他见到天开之后，出现上帝的异象，耶和华之灵降到他的身上（《以西结书》第1章）。基督教福音书说，耶稣在约旦河中受洗，上岸后，眼见天忽然裂开，有圣灵如鸽者降临其身。又耳闻天上声音，说他是上帝的爱子。从此以后，耶稣便到处传道，宣传上帝的福音（见《新约·马可福音》第1章）穆罕默德则说他在四十岁时去希拉山洞里静思，听到大天使迦百利向他转达真主启示的声音，此后一生又不断享受到此种神圣的经历和体验。创建拜上帝会的洪秀全说他梦游天宫，亲见天父上帝和天兄（耶稣）天嫂。杨秀清、萧朝贵则自称是天父天兄的代言人、圣灵经常附体，他俩代天父天兄传达启示。这些宗教创建人关于自己与神或神性物际遇交会的神圣经验，就是宗教学所说的“宗教经验”。诸如此类记载和故事，或者只是纯属其门徒臆想和虚构的宗教传说：或者是释迦牟尼、穆罕默德和洪秀全、杨秀清故神其事的一种“夫子自道”；或者是宗教麻醉过深而出现的变态心理；是否确有其事可以存疑。欧洲中世纪和文艺复兴时期的启蒙思想家就曾不止一次地公开把摩西、耶稣和穆罕默德称为“三大骗子”。本书作者并不同意这种简单化的批判。近代西方宗教学家一般不直接否认此种传说，而是把它称为“宗教经验”，企图作出心理学的分析和社会学的解释。

宗教经验的存在

宗教感受和宗教经验之说，究竟是宗教职业者自欺欺人的骗术，还是某些宗教信仰者宗教生活中客观存在的事实？这是宗教学在理论上判断其性质前必须解决的一个事实问题。种种情况表明，我们应该把宗教经验作为宗教生活中的事实予以承认。古今中外各种宗教中都有此种神秘的宗教体验的记载和传闻，其中大多荒诞不经，纯属有意编造谎言，存心欺世骗人，有些现象则属事实。宗教信仰者对异己支配力量的依赖感，对神灵审判的恐惧感、敬畏感，就是一种常见于信仰者宗教生活中的宗教感受和宗教体验。孔子畏天命，还说“圣人迅雷风烈必变”。连孔夫子这样有丰富学识的大知识分子尚且对天命和上天的震怒有如此强烈的敬畏感，普通人耽于迷信，产生诚惶诚恐的宗教体验，自然也在情理之中。有些宗教信仰者对于天命和神意的宗教感受在感情上可以达到非常强烈的程度，并在行为和动机上有明显的表现，产生可观察的后果。萨满教的萨满，民间宗教的巫师，彝族宗教中的“苏尼”，在其自称与超自然精灵或神灵进行交往的过程中，确有种种恍兮惚兮、如醉如痴的神迷状态；虔诚的宗教信仰者由于深信一切事物皆由天命，一切行为均受上帝和神灵的审判，因此而常有鬼神上帝如在上下，如在左右，时刻监临自己之感。消灾祈福，求神保佑，成为他们一切行为的动机。对于职业巫师所谓与神鬼交际的宗教体验，以及由此而产生的感情流露和行为表现，有识者当然难以置信，斥之为戏剧性表演。但虔诚的宗教信徒、耽于迷信的普通人和神秘主义的虔修者所表露出的宗教感情和宗教行为，却是真诚的。人们可以讥之为愚昧可笑，却不能斥之为有意欺骗。因为这些人一般并不需要欺骗谁，常常也无须表演给别人看。他们在知识上越是愚昧，在宗教信仰上的感情和行为常常是越加真诚。这种真诚而又自然的宗教感情和宗教行为，显然是以他们在精神上的某种宗教体验为基础的。我们可以用科学的观点和方法对此种宗教感情和宗教体验作出合乎理性的解释，剥去其神秘主义的眩目色彩，但却不能否认这种神秘主义的宗教经验在这部分人精神上的存在。正如海市蜃楼一样，虽是真正的幻象，却是客观的真实。视为神仙的天堂洞府则假，但如否认其在观察者视觉上的存在，那也不是真理。

宗教经验的种种表现

综合各种宗教的说法和观察材料，宗教经验有多种表现形式，如：

在神圣物面前的敬畏感；

对神圣物的依赖感；

对神圣力量之神奇和无限的惊异感；

相信神对自己行为的审判而产生的罪恶感和羞耻感；

信仰神的仁慈与宽恕而产生的安宁感；

自觉与神际遇或与神合一的神秘感；

如此等等。

上述种种宗教经验在历史上的宗教和宗教信仰者的宗教生活中均有所表现。

一、在神圣物面前的敬畏感

由于宗教信仰者把其所信仰和崇奉的神灵奉为超人间、超自然的神圣、自然而然会在内心产生某种尊敬、景仰、爱慕、畏惧和恐惧的感受和相应的感情流露。在西方的一些语言中，宗教和畏怖这两个词甚至有等价的含义。在罗马人那里，畏怖（metus）一词含有宗教的意思；反过来，宗教（religio）这个词有时也表示畏怖、恐惧之意；所以，dies religiosus即宗教日，在他们那里表示一个不幸的日子，即为人们所恐惧的日子。在德文中，表示最高的宗教崇敬的字眼Ehrfurcht，在字面上也是由ehre（敬）和furcht（畏）这两个词构成的。

原始民族和古代各民族对于神圣物的敬畏感表现得最为明显而突出。许多原始民族都把自然界中那些足以引起畏怖和恐惧的力量和现象当做自己宗教的对象。有些民族最崇拜“恶神”，因为“恶神”被他们认为是世上一切灾祸的主使者。印度有些地方的居民，除了祈祷恶神以外不做其他宗教仪式，这些恶神都有各自的名字。人们越是觉得他们可怕而有力，也就越是崇敬他们。印度教信仰的最高神灵之一湿婆神就被认为是破坏之神。在有些民族中，最高的神灵不过就是足以激起人的最大畏怖的自然现象的人格化，即雷雨、闪电之神。古代希腊人干脆把雷神奉为最高神。古代日耳曼人（至少是北方日耳曼人）、芬兰人、拉托维亚人，认为雷神（Thôrr 或 Donar）是第一个资格最老的至尊之神。甚至有些民族除了“雷”这个字眼以外再没有其他表示神的字眼。可见，在这些民族那里，宗教不外是自然界的雷鸣，通过听觉器官在人身上所造成的震撼人心的感受和体验。我国古代史料和史籍中关于对神的敬畏感的记载甚多。甲骨文卜辞说明当时的帝王每事必向上帝和鬼神问卜请示，求上帝“降若”（若，即诺，允准之意）或“降不若”。如此唯命是从，若无对上帝遵从、畏怖的宗教感情，是不会有的。《书经》更有敬畏上帝的明确说法。如《商书》就说：“予畏上帝，不敢不正。”《诗经》也说：“畏天之威，于时保之”（《我将》）；“敬天之怒，无敢戏豫；敬天之渝，无敢驰驱。”（《板》）古代人常把雷震电闪当成天怒的象征，尊雷神为惩罚恶人的正义之神，故对雷神怀有特殊的敬畏感。《周易·震》对此有集中的说明：“震来虩虩，笑语哑哑，震惊百里，不丧匕鬯。”孔颖达注疏说：“震之为用，天之威怒，所以肃整怠慢，故迅雷风烈，君子为之变容。施之于人事，则是威严之教行于天下也。故震之来也，莫不恐惧。故曰震来虩虩也。物既恐惧，不敢为非，保安其福，遂至笑语之盛，故曰笑语哑哑也。”《周易·震·象曰》：“之存雷震，君子以恐惧修省。”疏曰：“君子以恐惧修省身，君子恒战战兢兢，不敢懈惰，今见天之怒，畏雷之威，弥自修身，省察已过。”《礼记·玉藻》说：“若有疾风、迅雷、甚雨，则必变。虽夜必兴，衣服冠而坐。”《淮南子·时则训》则说，到了打雷的时候，必须“戒其容止”；“先雷三日，振铎以令于兆民曰：雷且发声，有不戒其容止者，生子不备，必有凶灾。”《吕氏春秋·仲春纪》亦有类似说法。高诱注说：“有不戒慎容止者，以雷电合房屋者，生子必有痔、躄、通精、狂痴之疾。故曰，不备有凶灾。”这种对雷神的恐惧感是一种传之久远、很有普遍性的宗教感情。一般说来，异己的支配力量由于它对于人们日常生活的“异己性”和“支配性”，对于被支配者说来，必然具有不知其所以然的神秘性和不得不然的权威性，从而在内心深处燃起具有若干神秘色彩的敬畏感来。人们在日常生活的言论和行为中唯恐触犯神灵的权威和命令，引起他们的不满，便常把神或神圣物用严格的禁忌规定与其他一般的非神圣的世俗之物分隔和孤立起来。禁忌规定加强了神和神圣物的神秘性与威严性，反过来又加剧了信仰者对它的敬从感和畏怖感。随着神明观念在历史上的进一步发展，它的权力、威严日益增大，以至达到神奇莫测的程度，它在宗教信仰者内心中激发起来的神秘感、敬从感、畏怖感也相应膨胀。

二、对神圣物的依赖感

依赖感和敬畏感一样，是在宗教信仰者的宗教生活中一种常见的宗教感情和宗教体验。施莱尔马赫站在基督教新教神学的立场，把依赖感认作宗教的基础，费尔巴哈则在人本主义的唯物论和无神论的立场上改造和进一步发挥了这个主张。他在其《宗教的本质》一书中写道："人的依赖感是宗教的基础，而这种依赖感的对象，这个为人所依赖、并且人也感觉到自己依赖的东西，本来无非就是自然。自然是宗教最初的、原始的对象。这一点是一切宗教一切民族的历史充分证明了的。"人类早期之所以普遍流行对自然物和自然力的崇拜，就是因为人要生存就不能离开它们。"宗教就是对于我之为我的崇拜和信奉。而我首先就不是一个离开光、离开空气、离开水、离开土、离开食物而存在的东西，而是一个依赖自然的东西。这种依赖，在动物和野蛮人身上，是一种不自觉的、没有考虑到的依赖；进而意识到它、表象它、崇拜它，就是进入宗教。"① 原始民族和古代各民族的宗教史实为费氏上述论点提供了大量的依据。中美洲的凯克奇族的印第安人在祈祷时说："神啊！你是我的主，你是我的母亲，你是我的父亲，是山和谷地的主人。"这是子女对父母、奴仆对主人的依赖感的典型表现。《礼记·郊特牲》是用人对自然的依赖来说明我国古代之所以崇拜动植物的理由的：

天子大蜡八，伊耆氏始为蜡。蜡也者，索也，岁十二月，合聚万物而索飨之也。蜡之祭也，主先啬而祭司啬也。祭百种，以报啬也。飨农，及邮表畷禽兽，仁之至，义之尽也。古之君子，使之，必报之。迎猫，为其食田鼠也。迎虎，为其食田豕也，迎而祭之也。祭坊与水，庸事也。曰：土反其宅，水归其壑，昆虫勿作，草木归其泽。

展禽也有类似说法：

加之以社稷山川之神，皆有功烈于民者也；……及天之三辰，民

① 《费尔巴哈哲学著作选集》，下卷，三联书店1962年版，第436—437页。

所以瞻仰也；及地之五行，所以生殖也；及九洲名山川泽，所以出财用也。（《国语·鲁语》）

古代印度流行更普遍的自然崇拜，其原因也是如此。《真德亚吠陀》的《温狄达德篇》（祛邪典之意）谈到为什么要把狗奉为神予以崇拜的理由，是这样写的：世界凭着狗的理性而保持存在，要不是狗守护街道，盗贼和豺狼就会把一切财物洗劫一空了。

在人类早期，人类生存所系与生活所需，几乎无不仰赖于自然的恩赐与偶然的机遇。在社会生产力和人类理智力尚未达到的地方，人类的想象力便前来填补理智的空白，把这些支配日常生活的自然力和自然物，变成了超自然、超人间的神物。如果说，基督教等一神宗教不再把自然物和自然力当做神崇拜，那只是因为按照他们的信仰来看，他们的存在并不是直接依赖于自然，而是依赖于一个异于自然物的精神或意志。但他们之所以把这种精神和意志看成神圣的、最高的实体来崇拜，也只是由于他们不仅把它当成了自己的生命和存在的创造者和维持者，而且当成了世界万物的创造者和维持者。基督教等一神宗教的上帝崇拜，更加深刻地反映了信仰者对上帝的依赖感。

依赖感产生神灵和宗教，神灵和宗教又会反过来加强对它的依赖感。当人类生存所系的自然物和自然力被表象为神物的时候，人对其宗教崇拜对象的依赖感便必然变形为具有神秘色彩的宗教体验。狩猎的成败，农业的丰歉，气候的变迁……都被想象为神灵的意志左右其间，在信仰者心目中引起对神恩的喜悦、爱、感恩之情和对天罚的畏惧、恐怖之感。这些宗教感情和宗教体验本质上是依赖感的表现。

三、对神圣力量之神奇和无限的惊异感

古代希腊的哲学巨人亚里士多德有一个关于宗教起源的学说，认为宗教—神话观念和哲学一样，起源于对天体运动和宇宙创生问题的惊奇感：

古今来人们开始哲理探索，都应起于对自然万物的惊异；他们先是惊异于种种迷惑的现象，逐渐积累一点一滴的解释，对一些较重大的问题，例如日月与星的运行以及宇宙之创生，作成说明。一个有所迷惑与惊异的人，每自愧愚蠢（因此神话所编录的全是怪异，凡爱

> 好神话的人也是爱好智慧的人)。[①]

在亚里士多德看来，对自然和天体现象的惊奇，产生宗教和神话观念，摆脱神话的愚蠢，寻求理智的解释，就形成哲学。

对自然事物和天体现象的惊奇感是否就是宗教神话的最初原因，这在宗教学中有争议，并未得到多数人的赞成。但人类对未知力量有神秘莫测的惊奇感则是众所周知的事实。自然力量之巨大、自然景象之壮观、自然结构之精巧……在在可以激起人们的惊奇感。自然过程之整然有序、严格一致的规律性，固可以引致人们的惊奇感：自然规律之破坏，世界秩序之反常，更能导致人们的惊奇感。一旦这种种自然力量、自然规律被神话化，想象为神灵活动的结果或神圣天意的表现，作为人类自然感情的惊异感就会笼罩上一层神秘主义的云雾。宗教神学这和宗教信仰者在体验到惊奇感之余，会把自然的规律性说成是神灵和上帝对世界的理性统治和对人的恩惠，而把反乎常规之自然秩序的事件，想象为神灵和上帝据其自由意志和万能权力创造的奇迹。费尔巴哈说得好：

> 自然界中一切奇异和显著的现象，一切使人瞠目结舌、震撼迷惑、燃起幻想、激发惊异，以及以特殊的、不平常的、不可能的方式刺激人的感情的东西，都对宗教的产生发生一定的影响，并且都能成为宗教崇拜的原因和对象。塞尼加在他书信中说："我们带着敬畏去观看大河的源头。我们为从隐蔽中突然涌出的小溪设下祭坛。我们崇拜温泉；我们只是因为某些湖泊的幽暗和深不可测而把这些湖泊视若神明。"[②]

这种种关于神奇力量的惊奇感在其与宗教信仰相联系的境况下，也就成了所谓宗教感情和宗教经验的一种表现。

四、相信神对自己行为的审判而产生的罪恶感和羞耻感，信仰神的仁爱与宽恕而产生的安宁感

当宗教信仰的对象被赋予道德属性，成为道德规范的立法者和人们行

---

① 亚里士多德：《形而上学》，吴寿彭译，商务印书馆1959年版，第5页。

② 《费尔巴哈哲学著作选集》，下卷，第546页。

为的审判者的时候，信仰者就会把自己的一言一行和上帝的惩罚联系起来，产生相应的宗教感受和感情反应。

我国在西周时期，周公发展了“以德配天”的思想，认为天命决定人事是以道德为准，天命靡常，唯德是辅。天神一方面授予君主以统治权；另一方面也时刻监视着君主是否有失德的行为《诗经·大雅·皇矣》说：“皇矣上帝，临下有赫。监观四方，求民之莫。”在这种宗教思想的影响下，统治者自然会因相信上天的监临与裁判而产生相应的宗教体验。《尚书·无逸》通过周公的口，说殷王中宗畏惧上帝的惩罚，以天命为自己行为的尺度，在政治上谨慎戒惧，不敢享乐（“周公曰：呜呼！我闻曰，昔在殷王中宗，严恭寅畏天命，自度。治民祗惧，不敢荒宁。”）殷王中宗是否确有周公所说的那种宗教感受，可以存疑。但历代统治者由于相信上天的惩罚，确实容易产生惧怕自己行为失德，从而获罪于天的神秘感情。许多祈祷仪式就是由此而起。孔子说：“获罪于天，无所祷也。”显然孔子本人就产生过此类的宗教感情。

各种宗教差不多都讲善恶报应：《周易·坤·文言》说：“积善之家，必有余庆；积不善之家，必有余殃。”道教发展为“承负”说，说什么一个人行为的善恶不仅可以决定本人或者不死而成仙，或者死后而为鬼，而且还可以影响子孙后代的命运。佛教讲因果报应，生死轮回。基督教、伊斯兰教则讲末日审判。这种种教义，深入人心，普遍而深刻地影响着信仰者的行为动机，在感情上激起强烈而持久的反应。当善男信女自觉到其行为不合乎教义的规定和神的道德要求时，自然而然地会产生罪恶感、羞耻感之类宗教体验，而当其相信佛的慈悲，神的仁爱，或相信通过适当的祈祷仪式，取得神的宽恕的时候，又会自然而然地产生安定宁静之类宗教感受。此种情况在信仰者的宗教生活中屡见不鲜。

基督教的“原罪”教义是其整个信仰体系的基础之一。基督教虔诚信仰者的罪恶意识可以非常强烈。祈祷忏悔等宗教仪式构成了基督教宗教生活的重要内容，其目的即在于使教徒获得上帝的仁慈和宽恕，使心灵得到安宁、平静之类的宗教体验。

五、自觉与神际遇或与神合一的神秘感

宗教经验之最神秘的部分，就是宗教信仰者自觉与神遭遇或与神合一的体验，故一些宗教学者特别把这一部分宗教经验叫做“神秘主义”。这种神秘主义的宗教体验在历史上的各种形态的宗教中都有表现。

早在原始宗教中，人们已表现出有与其所崇拜的对象神秘同一的神迷表情。最典型的表现便是“萨满”的生活。

萨满教类型的宗教在世界上许多地区皆有发现。萨满是典型的宗教职业者。典型的萨满常表现出奇特的精神分裂行为，不时发作歇斯底里，神志不清，在森林中游来荡去，在村落中狂蹦乱跳，喃喃呓语，念念有词，传达诸神的旨意和精灵的声音。有上述特殊表现的人物在老年萨满的指导下通过入教礼之后就成为神和精灵附体的对象，进入入神状态。在神和精灵的帮助下，据说这个萨满就获得特殊的能力：他感到他的头部到处都长有眼睛，可以看到神和精灵隐遁之地。能够找出人们生病的原因（通常认为是失去灵魂和恶精灵作祟），找到那些迷路或被窃去的灵魂，驱除引起疾病的邪魔。这种种神迷状态都通过各种戏剧性表演形象地表现出来。

萨满的入神状态，也就是他们所谓的与神和精灵交通的状态。按照我们这里的术语，就是人神际遇的宗教经验。现代的宗教研究一般认为这种入神状态既是一种戏剧性表演，又是一种对萨满本人自身有效、真实不虚的宗教经验。萨满在神迷状态时的戏剧性的表演，当然是传统延续和模仿的结果，但萨满在传统宗教和一定的文化历史背景影响之下，往往是真诚地相信神迷状态的神秘性和神圣性的。这种信仰加深了表演的真实性，并诱发了他自己的通神经验，使他自我意识到神灵附体，成了获得某种神秘法术力的人。

由于文化科学和哲学思想的发展，历史上有些思想家哲学家逐渐把世界看成一个整体，出现了把一切自然现象视为某种统一性的实体之表现的统一性观念，宗教神学观念则相应地把这种统一性归因于包罗万有的神圣力量。在此基础上，产生了古代中国宗教的“天人合一”、古印度宗教的“梵我同一”等神秘主义思潮。在这种宗教背景之下，便促使某些宗教虔信者产生“神我合一”的宗教体验。

孔子并不是宗教学家和神学家，但却是传统天命神学的信奉者。他就常有上受天命，代天行道的自我意识。[①] 当然不能说孔子是自称与天神相

---

① 孔子这一类的言论不只一端，如：

“天生德于予，桓魋其如予何。”（《论语·述而》）

“道之将行也与，命也；道之将废也与，命也，公伯寮其如命何。”（《论语·宪问》）

“文王既没，文不在兹乎？天之将丧斯文也，后死者不得与于斯文也；天之未丧斯文也，匡人其如予何？”（《论语·子罕》）

孔门弟子也把孔子视为天的代言人：“天下之无道也火矣，天将以夫子为木铎。”（《论语·八佾》）

通的神秘主义者，但似乎可以说他有某种类似的天人相通的准宗教体验。

孟子认为人的心性与天是一致的。天地之间，充塞有浩然之气，善养此浩然之气就可以进入高尚的道德境界。后儒把这种状况称为“天人合一”，养心治气成了儒家的一种具有神秘主义色彩的自我修养方法。

老庄道家把“道”视为宇宙的本体，万物则是“道”的具体体现，这种观念成了道教神秘主义的理论基础。《庄子·大宗师》说：“夫道，有情有信，无为无形；可传而不可受，可得而不可见；自本自根，未有天地，自古以固存；神鬼神帝，生天生地；在太极之先而不为高，在六极之下而不为深；先天地生而不为久，长于上古而不为老。”据庄子说，一个人只要得到了道，就可以成为非凡出众以至拥有神通的人。如黄帝得之，以登云天；西王母得之，坐乎少广，莫知其始，莫知其终；彭祖得之，上及有虞，下及五伯；傅说得之，以相武丁，奄有天下，乘东维，骑箕尾，比于列星。这种“得道”观念后来便成了道教所谓人如得道，可以长生不老，羽化登仙的理论根据。修道之人追求得道成仙，超出了其他宗教追求人神相遇的主观意识，而相信人在客观上直接即身成神。这种人道相通的信仰是一种特殊的神秘主义。

古代印度宗教把“梵我同一”的宗教—哲学观念发挥得淋漓尽致，认为梵即是一，一即一切；大梵即是自我，自我就是大梵。人应通过宗教修行最后回到与梵同一的神圣境界。《奥义书》写道：

> 啊！拉希克达，我将把不可看的永恒的梵对你讲说，要告诉你，死后的自我下场如何。那些愚昧无明的灵魂，将视其业和理智的发展，有些投生母腹，有些转生草木。他即使是在我们睡梦之中也是清醒的，化形为我们欲见之物——他确是纯净无瑕，他就是大梵，而且确是不朽者。大千世界的一切事物都在梵中而获得他们的存在。任何人都不能使之改变。那就是自我。
>
> 他好比是火。尽管火是一，可他却化形为他所进入其中的任何事物的形状；所以，尽管自我是一，他也化形为他寓于其中的任何事物的形象。
>
> 他好比是气。尽管气是一，却化形为他进入其中的任何事物的形状。所以，尽管自我是一，他也化形为他寓于其中的任何事物的形象。
>
> 他好比太阳，预知一切的启示者。他既不为任何罪孽深重的眼

> 睛，也不为它所凝视之物的猥亵不净所损伤；所以，这唯一的自我，尽管寓于一切事物之中，并不触染世界的各种罪恶，因为他改变一切。
>
> 他是一，是一切事物的主和深藏内部的自我；他的形态是一，却又使他自己化为众多形式。
>
> 谁要是看到启示于内心的自我，谁就获得永恒的极乐。谁看不到，谁就得不到此乐！他是智力中的智慧，变化中的永恒。尽管他是一，却使众多的愿望成为可能。谁要是看到启示于内心中的自我，谁就得到极乐世界。谁看不到，谁就不能到此极乐！谁看不到，谁就不能到此极乐！[①]

这种梵我合一的神秘主义世界观，导致古代印度人的瑜伽修行术。据《斯维多斯梵多罗奥义书》，瑜伽修行的目的就是认识梵，使自己的光与梵的光统一起来，消除无明，超脱羯磨（业报）。修行者端然正坐、静心冥想、控制感官和呼吸、驯服心猿意马。使心灵转向内心、集中冥想梵。据说，通过这些过程，就可在心象中见到梵的标志，实现灵魂（自我）从肉体的解脱，免除疾病、老和死，并得到心情愉快，神清气爽、语音美好的感觉和体验："正像一块弄脏了的金属一样，一当把它擦洗干净，它就闪闪发光。寓于肉体中的自我，一旦实现了自我的真理，就会失去他的痛苦而成为极乐的发光体。瑜伽通过实现自我本身的光明而直接经验到梵的真理。它摆脱了一切不净——它就是纯净、无生、光明。"[②] 印度宗教把瑜伽修行术看成是获得梵我合一的神秘体验的一种方式。按照艾尔渥德的观点，古代神秘主义的发展顶峰就是佛陀、耶稣、穆罕默德等宗教创建人的出现（他还把我国的老子、孔子也包括在内）。佛陀的神秘体验给予他以终极涅槃的幻景。耶稣的神秘经验使他自认为与上帝一体。[③] 世界各大宗教在其发展历史上不断出现各种以追求神人合一的宗教经验为目的的神秘主义教派。佛教小乘、大乘两派都把"禅定"作为重要的修行方式。禅定的宗教功能即在于通过

---

① 译自罗伯特·S. 艾尔渥德：《神秘主义与宗教》，New Jersey 1980 年版，第 48—49 页。

② 同上书，第 50 页。

③ 同上书，第 50—51 页。

特定的宗教程序，内省静思，净化思想，对治烦恼，由痴而智、祛污到净，使修行者产生出一些神秘的心绪宁静、身心安适、愉悦、喜乐、爱恋等宗教感受，出现某些特定的宗教经验。（如见到佛的幻象等）。甚至还可“断生死，得神足”，获得出神入化、随心自由的极大神通。康僧会在《安般守意经》的序言中说：“得安般行者，厥心即明，举眼所观，无幽不睹，往无数劫，方来之事，人物所更，现在诸刹，其中所有世尊法化，弟子诵习，无遐不见，无声不闻，恍惚仿佛，存亡自由，大弥八极，细贯毛厘，制天地，住寿命，猛神德，坏天兵，动三千，移诸刹，八不思议，非梵所测。”

《阴持入经》也说：“内瘆尽净明盛，眼能洞视无极之表，耳能彻听，身能飞行，变化万端，心明往古来今，已及众生心念、口言，身诸所更，无微不察……”这就是说，通过禅定修行，可以获得自由自在，随心所欲的神通。从宗教心理学角度分析，这可能是修行者在禅定高潮中获得的一种幻象，即我们这里所说的神秘主义的宗教经验。

净土宗佛教则声称经常诵念“阿弥陀佛”，可以获得亲见阿弥陀佛前来迎往西天净土的宗教经验。

许多宗教的神秘主义教派都强调通过对神的虔诚的信仰和深沉的爱，进入心醉神迷的入神状态，达到与神的同一。

印度人称之为巴克蒂（Bhakti）的印度教虔信主义认为，解脱之道在于通过激发起强烈的爱，实现摆脱自我的自由和与神圣被爱者的同一。伊斯兰教苏菲派也是如此。认为通过神秘的爱以及禁欲、苦行、忏悔、断念沉思、隐静等方式，达到“神人合一”的入神状态。

基督教中也不断出现各种神秘主义宗教经验的记载。从新约圣经中保罗亲见耶稣死后复活的说法到圣弗兰西斯所谓受到六翼天使的拜访，以及不少圣徒和神秘主义者关于经验到与上帝际遇的自述等等。詹姆士的《宗教经验之种种》一书对此类材料有大量的收集和评述。他认为，各种宗教的神秘主义宗教经验有一个共同的特点，即都主张在这种经验中人与神合为一体：

在神秘状态中，我们与绝对成为一体，并且又做到知道我们的这种合一。这个是永存的并胜利的神秘传统，几乎全不受地域或宗教的差别所改变。在印度教、在新柏拉图主义、在苏菲主义、在基督教神

> 秘主义、在惠待曼主义，都是同一调子的再现。……这些名著的语言，永远是说人与上帝一体。

詹姆士在对各种神秘主义的宗教体验作过一番分析之后，得出了他自己的结论：

（一）神秘状态，在充分发展之时，通常是，而且有权利作为，对于经验它的个人绝对有权威的经验。

（二）这些状态并不发生什么权威，能使立于其外之人也有不评审就接受它的启示之义务。

（三）这些状态把只根据悟性和感官的非神秘的（即理性的）意识的权威打倒。它们指示后种意识只是意识之一种。[①]

詹姆士这三条结论中的前两条，大体上已得到宗教研究者的承认，神秘的宗教体验对于体验者个人是自身有效的。局外人既然不能对他的内在感觉有所感觉，当然也不能因为我们没有此种感觉而否认其在体验者心中的存在。根据同样的理由和原则，正因为局外人没有此种神秘体验，所以，神秘经验的体验者就不能把他个人内心的体验宣示为普遍有效的真理，要求无此体验者接受他个人的内在经验。问题在于第三条。神秘体验在某些人心中的出现果真能打倒理性意识的权威吗？这种体验的“神秘性”是货真价实的神秘呢？还是可以作出理性解释、并不神秘的心理状态呢？神秘经验的对象和原因究竟是什么东西呢？

第二节　宗教经验的原因和对象

关于宗教经验对象的几种学说

在宗教虔信者、特别是自称具有宗教经验的人看来，宗教经验表明了体验者自身以外的神性物的实在。不少唯心主义的哲学家、宗教学者从不同的理论角度接受了这种宗教神秘主义。

奥托在其著名的《论神圣观念》一书中认为，人对神圣物的体验是

① 威廉·詹姆士：《宗教经验之种种》，下卷，商务印书馆1947年版，第438、442页。

一种“完全特殊的、不可归约为任何其他东西的心理状态”。[1] 他把这种心理状态称为“numinous”（“对神既敬畏又向往的感情交织”）。这个词源于拉丁文 numen，意即一种超自然的实体。体验到“对神既敬畏又向往的感情交织”，就是体验到 numen 的存在，意识到一种“可怕而神秘的东西”，它使人们感受到“它”（与自己完全对立的“它者”）的威严和力量。

在奥托笔下，这种“对神既敬畏又向往的感情交织”的产生，虽然不能脱离感觉经验，但并不是来自对感觉经验的沉思和推测：

> 它来自灵魂最深处的领悟能力，虽然它无疑是在对自然界的感觉和经验中间产生的，既不能先于也不能脱离感觉经验材料，但它并非出自感觉经验材料，而仅仅是借助于感觉经验材料产生的。感觉经验材料是促使人经验到“对神既敬畏又向往的感情交织”的促成物、刺激物和“机缘”，在这个促动过程中，“对神既敬畏又向往的感情交织”开始——最初是一种素朴的直接反应——掺杂有感官经验的现实世界，随后逐渐纯粹起来，最终摆脱了这种感觉经验到的现实世界而完全地站到了其对立面。[2]

既然对神的敬畏感与感官对象和感觉经验绝对无关，“超自然的实体”就必定存在，否则就没有什么别的东西能够产生这种体验。换句话说，既然这种“心理状态”是“完全独特的、不可归约为任何它物”，既然被创造物的感情是另一种感情因素的结果，那么，“它就其本身而言无疑与外在于自我的一个对象具有直接的和原始的关系”。[3] 奥托就这样从宗教敬畏感的独特性出发进而肯定神圣物的存在。由于奥托的影响，不少有神学倾向的唯心主义哲学家和宗教学者都把宗教经验说成是对神的直觉，从肯定宗教经验的真实性进一步认定所体验的神圣对象的真实性。人格主义的神学家埃德加·S. 布莱特曼和彼得·贝托希把宗教经验解释为

---

① 奥托：《论神圣观念》，伯利坎（Pelican）1959 年版，第 21 页，转引自夏普《比较宗教学史》，伦敦 1975 年版，第 163 页。

② 《论神圣观念》，伯利坎（Pelican）1959 年版，第 130 页，转引自夏普《比较宗教学史》第 164—165 页。

③ 奥托：《论神圣观念》，第 24 页，转引自夏普《比较宗教学史》，第 165 页。

作为宇宙人格的上帝得以被人理解的中介和途径。

存在主义者凯尔克加德、马塞尔和蒂利希则认为上帝以一种能力的形式表现于人的宗教经验之中，这种能力克服了人与上帝的疏远感，并使人把自己实现为完整的人格。蒂利希把人对神的宗教经验与道德责任感联系起来，把宗教经验作为道德之前提。他认为，人们对于道德的无条件的责任感，必须以体验到神圣物的宗教经验作为条件，才能得到理解。过程哲学家怀特海承认宗教经验包含有神的观念。但他在这里所理解的“神”有不同于传统神学的特点。他把神性物的存在等同于他所谓的包含于事件体系中的“永恒正义”性，人的宗教经验则是对此种“永恒正义”的领悟。论证上帝存在的关键，在于阐明上帝对于在时间过程中得到实现的世界的关系。要在世界过程中实现善或永恒的正义，必须把上帝作为一种选择原则。有一些唯心主义的宗教学家则把人对神的宗教体验归因为内在或潜伏于理性意识之下的神秘意识。詹姆士承认某种非理性的神秘意识的存在，只要加之以所需要的刺激，它就会展现自己的全貌，产生出与神会合的宗教经验。①

这些关于宗教经验的理论都在不同程度上肯定了宗教经验中神性物的存在。不过，由于神学—哲学观点不尽相同，他们对神性物的性质理解也各有特点：或者认之为超自然的神；或者认之为泛存于自然秩序中的神性；或者认之为内在于心灵深层的神秘意识。

宗教经验的神圣对象实质上是主观观念的对象化

科学的宗教学不承认任何神和神性物的存在，因而也不承认它是宗教经验的原因和对象。为了分析和说明宗教经验的性质，我们应该注意到以下三点基本事实：

第一，“宗教感情”并不是完全不同于人的其他一切感情和体验的独特的宗教体验。

我们承认宗教经验的内容和表现形式有敬畏感、依赖感、羞耻感、安宁感之类，但诸如此类感受并不一定就是宗教感情或宗教体验。普通人在完全与宗教无关的世俗生活中，也有可能产生诸如此类的感受和体验。“谈虎色变”，表现了人对虎的畏惧感和恐怖感；婴幼儿因走失父母而啼哭，反映了子女对父母的依赖感。这说明我们不能像奥托那样，把敬畏感

① 见《宗教经验之种种》，下卷，第411页。

之类视为独特的宗教感情。

威廉·詹姆士就不承认宗教感情的独特性：

> 在许多关于宗教的心理学和宗教哲学的书中，作者都企图指出宗教确然是什么现象。有人认为它与依赖的感情相连；又有人认为是由恐怖而生；别的人们又把它与性生活连起来；又有些人以为就是对无穷之感；以及其他说法。对于宗教情操有这种不同的看法，这就应该使人不相信他会是单一特种过程；并且只要我们情愿将“宗教情操”这个名词认为是宗教对象更迭引起的许多情操的集团名称，我们就见到宗教情操大概并不含有任何种在心理上具特性的东西。有宗教的恐怖，有宗教的爱情，有宗教的严畏，有宗教的喜乐，等等。可是宗教的爱情只是人的自然爱情对宗教对象而发罢了；宗教的恐怖只是普通“交际”的恐怖，人心在神明报应的观念可以激动这个范围内的普通感荡罢了；宗教的严畏就是与我们黄昏在森林中或是在山峡中的身体震激一样的情绪，不过由于想到我们对于超自然的关系而起罢了。一切在宗教徒的生活中起作用的各种情操，都有同样的情形。宗教情绪是具体的心理状态，由一个感情加上一个特殊对象而成，所以它当然是与其他具体的情绪不同的心理作用。可是我们并没有理由假定，有个单纯的抽象的“宗教情绪”，并且它是一个与众不同的，并为每个宗教经验都含有而无例外的单纯心理作用。①

既然“宗教感情”并不具有奥托所谓的独立于自然感情的独特性，它们也就没有独立于自然源泉之外的神圣来源，我们就不能从宗教经验者对神的感受或体验出发，进而推论到神的真实存在。

但这并不意味着我们把宗教感情与自然感情完全等同起来，否认宗教感情的任何特殊性。对人的敬畏感与对神的敬畏感，当然是有差别的。两者的差别主要在于与敬畏感相联系的对象不同。用詹姆士的说法，“宗教情绪是具体的心理状态，由一个感情加上一个特殊对象而成，所以它当然是与其他具体的情绪不同的心理作用”。问题在于，宗教经验的“特殊对象”究竟是不是神？又是如何加上的？

---

① 《宗教经验之种种》，上卷，第26—27页。

第二，宗教经验没有客观的对象。

实际上，宗教经验的“特殊对象”不仅不是什么神或任何神性之物，而且宗教经验根本就没有客观的对象。或者换句话说，宗教经验所经验的“对象”并非客观的实在。为了说明我们的结论，我们应该先分析“经验”的性质。

“经验”，是一个认识论范畴。所谓经验乃是通过人的感官对于外物的感知和反应。经验并不是主观自生的自我体验。它是外部世界的物质客体及其属性和运动作用于人的感官而产生的感觉。经验的产生以外物的存在为其前提，外物的存在则是经验的对象和客观源泉。感觉经验是人类全部知识的基础和出发点，一切复杂的观念，高深的理论，宏伟的知识体系，都是在感官经验的基础上建立起来的，因而可以追溯到它们在感官方面的起源。经验的真实性，以其是否符合于它所反映的客观对象而定。任何一种思想和观念如果没有作为其最终源泉的感官对象，就不可能是具有客观内容的感觉经验，而只是个人的主观幻想。宗教经验者所谓的“宗教经验”就是此种纯主观的幻想。因为，他们所宣称的关于神或神性物的感受或体验，并无任何存在于感官之外的客观对象作为它的源泉。事实上，任何一位自称拥有所谓宗教经验的人，都没有像感触到一张桌子、一把椅子、一个苹果那样，感触到神或神性物的客观存在。世界上各大宗教的神学家尽管都相信神的存在，但也都承认神是不可感知的、超经验的存在物，认为神不可能成为经验的对象。在这种情况下，接受神秘主义的宗教经验，把所谓“宗教经验”的对象视为真实存在的神或神性物，必然会陷入不能自圆其说的困境：如果坚持宗教神学关于神是超经验存在物的神灵观，那么，所谓宗教经验所经验的对象就不是真正的神，宗教经验就是没有真实对象的主观幻想；如果坚持宗教经验所经验的对象是神，则所经验的神便是经验的对象而不是超经验的神。换言之，它是像桌子、椅子、苹果之类的可感物，而不是真正的神。如果一方面坚持宗教经验的对象是神，另一方面又坚持神是超经验存在物，那么，这种宗教经验便是对超经验存在物的经验，对不可感知者的感知，这就陷入于一种名副其实的悖论。无论神秘主义的宗教经验论者作何种选择，都会在逻辑上面临不可克服的自相矛盾。

当然，关于“经验”问题，除了唯物主义的经验论以外，还有唯心主义的经验论。但是即使是在后一阵营中，绝大多数哲学家也反对把

“宗教经验”看成是对于超经验存在物的认识。休谟认为，人类经验所及的直接对象就是“经验”本身，即自己的感官印象。人绝不能超出自己的感官印象之外而认识超经验的存在物。感官印象之外是否有神灵之类精神实体存在，乃是不可知的问题。休谟以后的实证主义、实用主义、逻辑实证主义几乎都遵循休谟的不可知主义路线，并沿着这个方向来解决“宗教经验”的性质问题。以经验自然主义相标榜的实用主义哲学家杜威不同意所谓宗教经验表现了超自然神明的说法。在他看来，包括宗教经验在内的“宗教事物”，乃是人的经验的一种性质和一种生活态度，与其说表现了任何超自然的实在，不如说表现了人自己的精神。这在事实上否定了宗教经验的客观内容和客观对象。

以艾耶尔为代表的逻辑经验主义者则通过对人类表达“宗教经验”的宗教神学语言和词句的分析，认为这类术语没有实际意义，因为它们不能从感官经验得到证实（当然也没有证伪它们的方法）。宗教经验完全是属于人的感情方面的东西，没有认识的价值。人们不能从宗教经验者个人关于神的体验进而肯定其对于神有什么认识，更不能肯定神的存在。休谟式的唯心主义经验论当然并没有在本体论意义上否定神的存在，但在认识论上却否定了宗教经验是对于超经验对象的认识，这一点是有意义的。

第三，宗教经验的“超验对象”是主观观念的对象化。

既然宗教经验没有也不可能有超经验对象，那么，所谓宗教经验者关于人神际遇的神秘体验，便只能是一种主观幻觉，他们体验到的神圣对象只能是主观观念的对象化。

在欧洲宗教学说史上有不少启蒙思想家对宗教信仰进行了心理分析，把神圣对象归结为某种心理活动。德谟克里特、伊壁鸠鲁、卢克莱修认为对神的恐惧感，并不是神灵引起的。实际情况倒是相反，是恐惧感产生神，而不是神产生人对它的恐惧感。费尔巴哈进一步分析了宗教的心理根源，认为一切神灵观念都是人的依赖感的结果。不是神在人们心中引起对它的依赖感，而是人对自身之外事物的依赖感把所依赖事物幻化为神。这些宗教心理分析事实上是它把人们对于神的感受和体验归结为心理活动，而所谓神不过只是心理幻想的对象化。

20 世纪以来，西方有不少有名的宗教心理学者沿着这条路线继续前进，对所谓宗教感情的宗教体验进行了更具体、更细致的精神分析和心理分析。其中，奥地利的弗洛伊德和美国的留巴的学说最有影响，值得我们注意。

弗洛伊德通过他独具特色的精神分析方法，把人的各种情感和行为归结为压抑在潜意识领域之下的性欲冲动，宗教感情和宗教行为也不例外。按照弗洛伊德的说法，宗教和神灵观念，人在神面前的犯罪感以及相应而生的宗教禁忌、宗教仪式等宗教行为，都是产生于他所谓的原始人类的“奥狄浦斯情结”。据他说，在人类早期，父亲在性生活方面享有对于女性的垄断特权，男孩子们的性欲因而受到压制；在性欲冲动之下，男孩子们联合起来杀死并吞吃了父亲，实现了性的冲动。可事后，又对自己这种乱伦弑父行为感到悔恨。为消除犯罪感，求得精神上的平静，便把已死父亲尊奉为神，规定相应的宗教崇拜禁律和赎罪仪式，于是就形成了人类早期的神观念和图腾宗教。弗洛伊德说：

> 图腾宗教是导源于儿子们的罪恶感，他们为了减轻此种心理而以服从它的方式来请求父亲的宽恕，所有以后的宗教大概也都在致力于解决此种难题。它们所以产生差异只是由于文明程度及人们对此所采取之手段不同而已；不过，在基本上，它们都具有相似的本质，而人们也无时不在对此作挣扎。①

弗洛伊德的宗教起源论从历史唯物主义看，无疑只是一种想当然耳的大胆臆想，宗教人类学者一般都不承认它的科学性。它的意义在于它把宗教观念、宗教感情和宗教行为归结为人类纯主观的精神活动，说成是性欲引起情绪活动，这就使宗教信仰的神圣对象成了人类欲望所生的心理幻影。美国的詹姆斯·留巴更是有意识地使用心理分析方法来说明宗教经验问题。留巴是威廉·詹姆士的同时代人。他们都着重研究宗教心理问题，但他俩的观点却有很大的不同。詹姆士并不否定宗教经验中超经验存在物的真实性，而留巴则根本不承认这一点。他是一位相信科学的理性主义者。他认为宗教经验之类宗教意识与正常的人类意识本质上是一样的事。宗教经验也是一种自然现象，对它的说明可以借助于自然科学途径，完全不必求助于任何“超经验的”和“超自然的”东西。他在1919年的《对宗教的心理学研究》中写道：“人类同某些超人力量建立联系，这个普通

① 弗洛伊德：《图腾与禁忌》，中国民间文艺出版社1986年版，第180页。

的事实，除了用对生命的追求来解释以外，不需要任何别的解释。”① 他认为，对神明的信仰，本质上是人处在生活困境中想得到帮助的愿望。这种深刻的体验导致把自己的理想和愿望客观化，对象化，从而产生了神明观念，并建立了人与神的相互交往关系：“本来是由于努力要解释那些印象特别深刻的体验，而在神明身上将自己的理想客观化，并且又同这些神明建立了相互交往的关系。”② 在留巴看来，宗教经验者所谓神明显示的宗教体验，与野蛮人相信神灵显示的感受本质上是一回事：

> 他确信上帝的存在，这原因与野蛮人确信神灵存在的原因是相同的。野蛮人所见雷声，就以为自己知觉到了雷神。他真正听到的，是一种特定的响声，而他却由此推论出一个造成这响声的伟大存在物（指雷神）的存在。同样的，神秘主义者体验到了大量或多或少不同寻常的感受、情感，而他就得出了结论，说他们是一种神圣的显示。③

留巴把宗教信仰者的宗教体验归结为与宗教有关的头脑情感活动，解释为心理反常状态，反对宗教经验中任何超自然东西的存在。

上面提到的思想家和宗教心理学者对于宗教感情和宗教信仰活动所作的心理分析，对于我们正确认识“宗教经验”问题是有启发意义的。它告诉我们，人对于神的种种宗教感情或宗教经验不过是纯粹主观的、精神性的活动。不是真有什么客观存在的神圣对象引起我们对他的体验和感情反应，而是我们关于神的心理幻影对象化而变成了宗教信仰的神圣对象。事实上，许多世俗事物和自然对象都可在人们心中引起类似宗教感情之类的体验。在封建社会，专制君主的威严，王公贵族的气派，可以轻易地在小民百姓心中引起敬畏感；巨大的自然力量在尚未认识其自然原因的人们心中常常不由自主地产生神妙莫测的惊异感。许多纯世俗性的社会观念、道德信念和政治信条都可在人们心中产生类似于宗教感情的神圣感和庄严

---

① 留巴：《对宗教的心理学研究》，第 111 页；见夏普《比较宗教学史》，伦敦 1975 年版，第 104 页。

② 留巴：《转变中的宗教》，第 187、193 页；见夏普《比较宗教学史》，第 105 页。

③ 同上。

感。读诸葛亮的《出师表》时，我们会对他那种“鞠躬尽瘁、死而后已”的忠诚献身精神肃然起敬；诵岳飞的《满江红》，我们会情不自禁地产生与岳飞一样的“怒发冲冠”的爱国热忱；听到文天祥“人生自古谁无死，留取丹心照汗青”的诗句，热血之士常常油然而生起慷慨赴死的浩然正气；有道德良心的人会因往昔所犯的道德过失而不断受到良心的谴责，常有无地自容的羞愧感，记起过去的错误甚至比犯错误的当时更觉难堪和难受。这一切心理学上的事实，充分证明人的许多强烈的精神体验和感情反应并不一定有相应的客观对象，常常是由主观的观念、信念和意见本身激发出来的。这种情况在宗教生活中更其明显而且通常。善男信女并不是因为见到了神的显示才信仰和崇拜神，而是传统的宗教观念和宗教本身的宣传才使他们培育起对神的信仰和感情。我国的善男信女谁也没有亲眼见到过真正的观世音，但对观世音的信与爱的强烈感情，却世世代代保存于他们的心中，引起许多有关观世音显灵托梦之类宗教体验和宗教幻想。基督徒并不是先有了耶稣的体验才信仰耶稣和基督教，而总是先从传统的宗教中接受了关于耶稣和基督教的信仰，然后其中一些人才宣称他有所谓关于耶稣的神秘体验。净土宗更声称如信徒经常念阿弥陀佛，佛将亲来迎往西天净土。有关此种神秘体验的记载，佛教书中很多。但这种宗教体验不过是长期信仰而造成的心理幻象。唐僧怀感的《释净土群疑论》在为净土宗作辩护的时候，也不能不承认：实际上并没有佛从西方来此授手相迎，也没有佛引彼众生往生净土。但因为众生念佛，与佛有缘，自心变现阿弥陀佛来迎信徒。这就是说，所谓信徒的宗教体验不过是自心变现，是主观的心理幻象而已。

人的主观感受的情绪上、感情上的反应，受传统文化背景和社会舆论、道德、宗教的影响很大。它不仅常常由传统文化和社会因素激发而起，而且也因传统文化和社会因素的差别而有不同的主观体验和不同的感情反应，这在所谓宗教经验问题上表现得尤其明显。不同宗教的信仰者，如果确有所谓神秘的宗教体验的话，他们对于神的体验，总是他们自己所信奉的神，与他们所信宗教的特殊教义密切有关。中世纪基督教的那些献身于耶稣的修女据说有与耶稣婚媾的体验。民间的多神教迷信者则可能在梦寐中体验到各种各样的精灵和鬼怪……这种种宗教经验的差别，只能归因于传统宗教信仰和传统文化背景的差异。它有力地证明：是宗教信仰等文化社会因素引起和铸型宗教经验，而不是宗教经验决定宗教信仰。有些自称具有神秘体验的宗教家，他们的那种体验可能是生理病态或精神错乱而产生的结果。一些穆罕默德的传记作者就认为他所谓的亲聆天使迦百利的天启，实际上有可能是一种“幻听”。如果我们不是把穆氏的说法当成有意的编造，这就是一种合乎情理的解释。

第三节 获得宗教经验的方式

如果我们对各种宗教神秘主义者获得神秘的宗教体验的方式作一些具体的分析，当有助于了解宗教经验的本质。归纳各种宗教神秘主义者的说法，获得宗教经验的方式，大致有如下四种：

一是理论的论证

即用逻辑推理的方法，证明神的存在；或用理论上的分析，把信仰者引导到教义规定的修行目标上去，从而从理智上坚定对神和宗教的信仰，使虔诚的信仰转化为感情上的反应，产生神秘的宗教体验。佛教修习方法是定慧并重，止观双修。佛教所谓“慧”，就是用佛教的世界观和人生观分析一切，认识到一切皆苦，四大皆空，破除“我执”，断痴除爱。在此认识基础上，使自我意识不受物质世界和世俗生活的影响，不再对外界有任何欲望和求索（“不得、不望、不求”）。这样就可使意识清净和宁静，为在禅定修习过程中获得神秘幻觉准备心理条件。

但是，佛教的“慧”学艰深晦涩，一般人难以入门而得其奥妙。加之宗派林立，众说纷纭，彼此矛盾，莫衷一是。因此，由慧而入定获得宗教经验者，不但为数不多，也不是好办法。中国佛教的发展证明，凡在佛理上艰深难懂的宗派（如唯识宗）都无法推广，难以为继。倒是净土宗的念佛成佛法，禅宗的顿悟成佛法更能吸引众多的善男信女。因为这些宗派不讲高深的佛理，着重加强信仰的虔诚，拨动信徒的宗教感情的心弦，激起见佛成佛的强烈愿望，从而更易于获得所希望的神秘体验。

基督教和伊斯兰神学自中世纪以来一直致力于对上帝的存在寻找逻辑上的证明。神学家们为此绞尽脑汁。然而科学和哲学的发展，不断证明各种神学的论证都不过是形而上学的概念游戏，因此，绝大多数迷恋于宗教体验的神秘主义者，并不强调逻辑推理对于获取神秘体验的作用。冷静的逻辑推理和概念分析常常妨碍而不是激发狂热的激情，神学理论的幽暗又使绝大多数普通信众难以理解，所以，神秘主义者一般者强调宗教体验的直觉性，反对通过烦琐的逻辑推理来达到对神的认识，走到了理论神学的对立面。事实也是如此，在各种宗教的历史上，神秘主义教派与正统神学几乎总是处在互相对立的立场上。

二是道德的净化

旨在使心灵洁净，行为纯正，从而邀取神、佛的恩宠和悦纳。宗教道德的核心，集中到一点就是对所信神明的敬畏和爱，要求信徒一言一行符合于神的旨意。由于宗教长期宣传神对人在道德行为上的监临与审判，自然会引起信仰者感情上的反应。如果信仰者自己意识到道德行为有不合于教义规定和神灵旨意者，当然容易产生出对神灵审判的畏怖感和羞耻感；而当其自觉到道德行为符合于宗教道德规范时，也会产生获得神宠或与神合一的神秘感。莎士比亚笔下的麦克白夫妇弑君篡位之后，犯罪感紧紧束缚着他们的心灵，从此不得宁静。麦克白说：“我们为了希求自身的平安，把别人送下坟墓去享受永久的平安，可我们的心灵却把我们磨折得没有一刻平静的休息。”他经常看到被害者的鬼魂，麦克白夫人老是觉得即使使用所有的阿拉伯香料也不能使她那双沾上血腥气的小手变得香一点。这些戏剧性的描写表现了心理学上的真实。在宗教生活中，关于在上帝面前的罪恶感和羞耻感之类宗教体验，也正是麦克白式的宗教变态心理。与此性质相同，一个完全彻底地按照宗教教义和神明的要求来净化自己的道德行为的宗教信仰者，往往也是向往于极乐世界的迷信者和迷醉于人神合一的神秘主义者，自然更容易在主观感受上产生神秘的宗教幻象。

《高僧传》此类记载甚多，不妨摘抄数例：

> 竺僧显，本姓傅氏，北地人，贞苦善戒、节蔬食，诵经业禅为务，常独处山林头陀人外，或时数日入禅亦无饥色。……后遇疾绵笃，乃属想西方，心甚苦。至见无量寿佛以真容光照其身，所苦都愈。是夕，更起澡浴，为同住及侍疾者说己所见，并陈因果，辞甚精研。至明清晨，平住而化。(卷 11)
>
> 释慧通，关中人，少止长安太后寺，蔬食持咒。诵增一阿含经……常祈心安养而欲栖彼神国。微疾，乃于禅中见一人来，形甚端严，语通，言良时至矣！须臾，见无量寿佛，光明晖然，通因觉禅，具告同学所见。言迄便化。(卷 11)

> 释道法。姓曹，燉煌人，弃家入道，专精禅业，亦时行神咒。后游成都，王休之、费铿之请为兴乐、香积二寺主。训众有法，常行分衔，不受别请。及僧食乞食所得，常减其分，以施虫鸟。每夕辙脱衣露坐，以饲蚊虫。如此者累年，后入定，见弥勒放斋中、光照三涂。果报于是，深加笃励，常坐不卧。元徽三年，于定中灭度。平坐绳床，貌如恒日。(卷11)

这些记叙，当然可能是自欺欺人的宗教宣传，但更可能是“信诚则灵”而产生的心理幻觉。从宗教心理学的科学分析看，这种体验并无什么神秘之处，完全可作科学的解释。

三是药物的使用

许多宗教神秘主义者都使用兴奋性和麻醉性药物，激发神秘的宗教体验。酒的兴奋性刺激，龙舌兰、大麻叶之类药物麻醉，往往使用药者的身体发生生理化学变化，从而引起心理上、情绪上的反应，产生神秘体验。[①] 近代的心理学一般都认为这是麻醉剂的作用使服用者进入催眠状态。在这种状态下，长期信仰的宗教观念会把被麻醉者的精神和心理导向宗教幻想境界，产生解脱尘缘、羽化登仙、与神会合之类神秘体验，所以，这种宗教经验明显地是一种生理变态和心理变态的综合现象。使用药物以获得宗教经验的方法，事实上揭穿了宗教经验的虚伪性，说明它既不神秘更非神圣。

四是宗教的修习

各种宗教的神秘主义者为获得神秘的宗教体验，都有一套修习方法。中国道教的坐忘、止念、定观、存神、入静，印度宗教的瑜伽术，佛教的禅定、止观以及念佛诵经，伊斯兰教苏菲主义的静坐沉思……都属于这个范畴。上述这些修习方法虽然属于不同宗教体系，各有自己的特点，但却在基本点上有共同之处：它们都是通过控制自己的思想和感情，排除外物的刺激和肉欲的干扰，把思想集中到宗教目标上来。从宗教神秘主义角度看，这就可以使修习者的心灵脱离肉体的羁绊，超脱时空条件的限制，从

---

① 伊斯兰教苏菲派是一个神秘主义教团，为了追求与神沟通的神秘体验，除了主张通过冥思静坐或“齐克尔”（dhikr，即重复念诵“安拉”）之类降神活动外，还伴以唱歌跳舞等身体表情和服食用大麻叶制成的麻醉品“哈希什”（hashish）。

而直接与超经验的宗教世界和神明交通际遇，产生神人合一的宗教体验。按照佛教的说法就是所谓“心定自然神通”（道教主张肉体飞升羽化成仙）。这种神秘主义的修行术，在印度和中国等东方宗教中最为发达。近年来，又在西方世界逐渐时兴。这种种宗教修习本质上仍属于催眠术之类，因为修习者心意高度集中便进入催眠状态。在此忘我状态下，潜在的与神遭遇的欲念，长期培养起来的宗教信念，心不由己的语言，就会使神秘修行的实践者发生神灵附体、与神会合的宗教幻象。

这四种获得宗教神秘体验的方式和方法，只是就其主要者而言。这些方法的实行，虽然有可能比较容易地获得宗教经验，但并不构成获得宗教经验的充足条件。宗教信仰者和神秘主义者可以做充分的自我准备（建立宗教世界观，按宗教道德净化行为，身心方面的修习等等），但所希望的神秘的体验并不一定出现。16 世纪西班牙神秘主义者克罗斯的圣约翰把宗教经验描写为“灵魂的黑夜”，他把不能获得与神会合的宗教经验说成是上帝已经离开了他，也可能是永远把他的灵魂抛入黑暗之中。这意味着，获取宗教经验的方法与宗教经验的获取之间并没有必然的因果关系。在神秘主义者中通行的解释仍然是“诚则灵”的原则，把获取宗教经验的成败最终归结为信仰者的信仰是否虔诚。就神秘主义的宗教体验而言，“诚则灵”虽然也可找到有迹可循的事例，但“诚”与“灵”之间却并非因果关系，诚而不灵者所在皆有。所以，“诚则灵”是一个标准的信仰主义原则。它在解释宗教经验的灵与不灵方面，不需要任何其他理性的根据。总的说来，“诚则灵”的原则，本质上是为一切“失灵”的宗教实践进行开脱和辩解的遁词。

第四章　宗教的行为与活动

宗教信仰者内在的宗教体验和宗教观念通过外在的身体动作和语言形式表现出来就是宗教行为。表现形式多种多样，各种形式在各种宗教中都经历了自发到自觉，从分散化到规范化、从无序到有序的过程。归结起来，主要的宗教行为有巫术、宗教禁忌、祈祷献祭、宗教祈祷等。这些宗教行为作为宗教体验和宗教观念之外在表现，从不同方面反映了宗教的本质。对这些宗教现象进行分门别类的比较研究，有助于我们更加具体、更加深入地揭示宗教之本质。

第一节　巫术

巫术的性质

巫术（magic）是一种广泛存在于世界各地区和各历史阶段的宗教现象。它的通常形式是通过一定的仪式表演，利用和操纵某种超人的神秘力量来影响人类生活或自然界的事件，以满足一定的目的。巫术的仪式表演常常采取象征性的歌舞形式，并使用某种据认为赋有巫术魔力的实物和咒语。从我国古籍的记载看，巫者是从事通鬼接神活动的宗教职业者。《国语·楚语下》观射父说："古者民神不杂，民之精爽不携贰者，而又能齐肃衷正，其智能上下比义，其圣能光远宣朗，其明能光照之，其聪能听彻之，如是则明神降之，在男曰觋，在女曰巫。"注曰："觋，见鬼者也，周礼男亦曰巫。"又说："家为巫史。"其注曰："巫主接神，史次位序。"巫者通鬼降神的方式是使用歌舞表演仪式。《书·伊训》说："敢有恒舞于宫，酣歌于室，时谓巫风。"疏曰："巫以歌舞事鬼，故歌舞为巫觋之风俗也。"大体上可以断定，巫者的舞蹈是一种降神仪式，而歌的内容可能就是通鬼接神的"咒语"。这种"降神仪式"和"咒语"构成巫术的主要内容。巫术行为总是为达到一定的目的服务的，其内容非常广泛。大凡一切非人力可以预期必成的目的和事务，人们就使用巫术通鬼接神。占卜吉凶、预言祸福、祈雨求福、赶鬼治病，左道邪术，无奇不有，甚至医术都包含在广义的巫术范围之内。在古代典籍中，"巫"与"术"，"巫者"与"术士"，其实没有多大的差别。《后汉书·伏谌传》注"艺术"一词道："艺谓书、数、射、御；术谓医、方、卜、筮。"医、方、卜、筮在古代都是巫术活动。《论语·子路》说："南人有言曰：'人而无恒，不可以作巫医'，善夫！"在这里，巫、医并称，反映了在古代社会中巫术与医术的联系。那时，人患病被认为是鬼邪作祟，故医病之术多采用驱邪赶鬼的巫术活动。现在，尽管医术早已从巫术中独立出来成为独立的科学，但使用巫术以治病的迷信活动仍在城乡一定范围内流行。

西方自中世纪以来，基督教把巫术视为异端，严加禁绝。只是在19世纪晚期，宗教学兴起之后才开始对巫术问题展开学术性的研究。泰勒和弗雷泽是这方面的先驱。著名的宗教学家泰勒在其《原始文化》一书中把巫术当做原始时代野蛮人的一种科学。因为他认为野蛮人为达到特定的目的，便使用象征性的模拟行为，假定这种象征性的模拟行为与所期望的目的有直接的因果关系。所以，巫术是一种以"巫术的象征原理"（symbolic principle of magic）为理论基础的现象，是以理性的类推程序为根据的逻辑思想体系。当然，在他看来，巫术所假定的因果关系只不过是观念的主观联想，因此，是一种"假科学"。

弗雷泽继承和发展泰勒的观点，也认为巫术和科学一样，以因果律为推理基础，相信某一特定的行为必然而永恒地导致特定的后果：

> 不论在什么地方，只要感应性巫术以纯粹彻底的形式出现，它就是在假定：在自然界中，一个事件必然接着另一个事件发生，绝没有任何精神力量或人格力量的干预。因此，它的基础概念是与现代科学的基础概念完全一样的。构成这整个体系的基础的，是对于自然界的秩序和齐一性的虽然隐蔽、但却真实而坚定的信仰。①

① 弗雷泽：《巫术》，第1卷，1932年版，第220页，转引自夏普《比较宗教学史》，第91页。

弗雷泽也和泰勒一样，认为这种巫术的因果观念只是一种错误的观念联想，而不是对自然过程的因果联系的认识，所以他也认为巫术乃是“假自然律体系”（spurious system of natural law）。

弗雷泽认为巫术与宗教在性质上是不同的。巫术企图命令和控制超自然力量，宗教则对之祈求；巫术在人类社会中的产生先于宗教，只是当巫术失败之后，才转而向超自然力量祈求，从而产生宗教；当人们认识到宗教的虚假与无效，于是产生了科学；随着科学的发展，巫术与宗教一起成为迷信。弗雷泽的这种巫术→宗教→科学的三阶段进化论体系名噪一时，在西方宗教学中产生了强烈的影响。围绕这个理论，学者们进行了持久的论争。主要争论两个问题：一是巫术的性质问题：它到底是不是科学？算不算宗教现象？二是巫术以及宗教、科学的起源和发展问题：弗雷泽的三阶段进化论系统能否成立？我们先讨论巫术的性质问题。

我的基本观点是：巫术不是科学，而是一种宗教现象。

巫术本质上是相信某种超自然力量的存在，人们可以凭借它实现自己的非人力所能实现的意图。由此可见，巫术本质上不仅与科学不同，而且完全对立。因为科学的基本特点在于它是从自然本身去说明自然，从客观事件本身的因果联系去说明客观事件（或者从原因推知其后果，或者从后果去寻找其原因）科学完全不借助于超自然、超人间的力量，否则科学就不成其为科学。当然，正如泰勒和弗雷泽所说，巫术行为包含着某种象征性的类推原理，假定了一种巫术行为与预期目的的因果联系。但这并不能成为把巫术与科学等量齐观的理由。因为弗雷泽视为与巫术对立的“宗教”也同样包含有象征性的类推原理。宗教信徒对神明的祈祷与哀求，本质上是人际关系的类比和外推，在人际关系中，人通过对别人的祈求达到一定的目的，这里也包含有因果关系的认识，把这种因果推理用类推的办法用到人—神关系之上，就成了弗雷泽所理解的“宗教”。在这里，巫术并没有完全不同于宗教的特殊优越性而可以把自己放置在科学的位置上。泰勒所谓巫术是“假科学”，弗雷泽所谓巫术是“假自然律体系”，这些提法也反映了巫术的本质。假的不真，真的不假，正说明巫术不是科学，二者本质上是对立的。马林诺夫斯基根据他对特洛布利安群岛美拉尼西亚人的实地调查，得出结论说，原始人对经验—理性知识与巫术的应用是分别得很清楚的。在人工技巧和经验知识足够应用的场合，并不求助于巫术；而在人力没有把握取得成功或危险很大的时候则诉诸巫术；

有时两者并用，但却毫不相混。他列举了许多观察到的事实：

在农业中，土人没有作芋园而不用巫术的，但育养椰子、檬果和面包果等，则不用巫术；

在渔业中，捕鲨鱼的危险活动，追不可必得的“加拉拉”（Ka-lala）或“脱乌兰”（Toulam）等，则充满巫术；

造独木舟，因为技术困难，需要有组织的劳动，驾舟出航充满危险，在这些事务中有复杂的巫术仪式；但造房子，因没有危险和偶然性，故没有巫术；

在商业中，重要的贸易活动“苦拉”（Kula），为巫术所包围；小规模的以物易物，则完全没有巫术；

关系到命运的战争、恋爱、疾病、气候等事项，几乎完全为巫术所支配。

马林诺夫斯基的结论是：

> 由此可见，初民对于自然与命运，不管是利用，还是规避，都能承认自然势力与超自然势力，两者并用，以期善果。只要根据经验知道某种理性的努力能有效用，他便不会忽略过去，他知道禾稼不能专靠巫术生长，独木舟不制造适当也难航行水面，战争而无武勇更难夺取胜利，他永远没有单靠巫术的时候。然在另一方面，倒是有时候完全不用巫术，如生火之类即是如此。如有时承认自己的知识技能不够用了，便一定会利用巫术的。

又说：

> 凡有偶然性的地方，凡是希望与恐惧的情感作用范围很广的地方，我们就见得到巫术。凡是事业一定可靠，且为理智的方法与技术的过程所支配的地方，我们就见不到巫术。更可说，危险性大的地方就有巫术，绝对安全没有任何征兆的余地的就没有巫术。[①]

① 马林诺夫斯基：《巫术·科学·宗教与神话》，李安宅译，商务印书馆1946年版，第21—22、175页（译文有改动）。

马林诺夫斯基所举的事例，在原始社会早期可能不一定是普遍存在的现象，他们对巫术与科学的分辨也不可能上升到概念性的理性认识的程度，但这些事例至少可以表明巫术所借助的是神秘力量而不是经验知识。所以，巫术与作为科学萌芽的“经验知识”是不能混同的。需要指出的是，尽管马林诺夫斯基在这里对巫术与科学的区别有相当正确的说明，但他也和其他的西方宗教学者一样，对巫术与宗教的关系的看法是相当混乱的。

对于巫术与宗教，西方宗教学者几乎普遍认为，两者虽有联系，但在性质上却是完全不同的社会文化现象。他们比较了二者对待超自然、超人间力量（神性物）的态度、目的和方法，认为在这些方面，巫术与宗教是完全不同的：宗教信徒对超自然力量的态度是谦卑的，而巫术信徒的态度是傲慢的；宗教信徒是通过祈求、祷告和献祭等卑躬屈膝的方式邀取崇拜对象的恩宠，巫术信徒则使用颐指气使的巫术手段命令和控制超人间力量为己所用；宗教信徒的宗教崇拜行为所要达到的目的是希望解决人类生存和生活中的根本性问题（如死亡、拯救、解脱尘缘之苦等等），巫术信徒的巫术活动所要达到的目的则比较直接和相对局限，一般是生活中急需解决的具体问题（如疾病的治疗，吉凶的预测，天气的控制，丰收的保证，战斗的胜利等等）。由于看到了二者的上述差别，西方宗教学者一般都在概念上把巫术与宗教对立起来。当代美国的宗教学家 J. 密尔顿·英格的主张，概括地反映了西方宗教学者的普遍倾向：

> 但是，即使是在抽象定义的层次上，宗教与巫术之间也有一些可以辨认的相似性。最为重要的事实是：宗教与巫术都是非经验的，它们都是立足于相信各种过程和力量的功能皆不能单纯地由经验观察予以证实。二者都力图与挫折、恐惧、生活的变幻莫测进行奋争，力求获得更多一些的积极价值。然而，人们可以通过二者的基本目的，以及与努力达到目的的态度把它们区别开来。用马林诺夫斯基的话来说：“宗教涉及的是人类存在的基本问题，而巫术则往往是围绕着特殊的、具体的、细节问题而转动的。”（《关于文化的科学理论和其他论文》，第 200 页）宗教仪式常被人们说成是自身即为目的。在更为重要的范围内，宗教仪式是与基本性问题——拯救、死亡、生存的意义——联系在一起的。巫术则关心于直接的目的——气候的控制、丰收的保证、战争的胜利以及良好的健康。巫术与宗教的信徒在如何对

> 待非经验的与超自然的事物上往往有所差别：宗教信徒是祈祷和献祭，巫术信徒则要操纵与支配。然而，即使是就抽象的定义而言，如果把这种差别强调过头，也会使这种差别的有效性破产。①

我个人不大赞同这种把巫术与宗教区别和对立起来作比较的主张。尽管英格等人也承认巫术与宗教的相似性，但他们所肯定的相似性都是以二者为两种不同种类的事物为立论的前提，而这个前提本身是经不起批判分析的。因为巫术并不是宗教之外的另一种社会文化现象，而恰恰正是宗教本身的一种表现形式和现象形态。宗教不过是把支配着人们日常生活的外部力量幻想地反映为超人间力量的一种社会文化形式。巫术信徒之所以进行巫术活动，正是在于他们在幻想中相信有某种支配人们日常生活的外部力量的存在。只有有了这种信仰，他们才进一步通过巫术去利用这种力量。在这个根本点上，巫术和一切宗教一样，没有性质上的不同。

既然如此，我们就不能在把巫术与宗教视为两类不同的社会文化现象的基础上来比较二者的"相似性"，也不能在此基础上比较它们的"差别性"。从弗雷泽到英格的西方宗教学家所强调的那种种"差别性"，其实并不是巫术不同于宗教的特殊性，而也是宗教本身特性的特殊表现。巫术的"特殊性"不是相对于宗教总体而言，而只能是相对于宗教体系中的其他现象形态而言。

宗教是对支配人们日常生活的异己力量的信仰和崇拜，其最终目的是祈告和求助于这种异己力量来解决自身所不能解决的问题。异己力量尽管已在幻想反映中被神圣化，甚至被人格化为超验的神明，但人与神的关系基本上仍是现实社会关系和人际关系的投影。现实社会的人只能用对待和处理人际关系的做法来对待和处理人—神关系。在现实社会生活中，当一个人能依靠自己力量达到所欲的目的时，他是无求于人的，在他的心目中他是自己生活和命运的主人。但当他的目的和欲求超出自力所能实现的范围时，他就不得不求助于他人的力量了。求助的方法和手段可以多种多样，但归结起来无非只有两种：一种是软的一套：用表示尊敬和爱戴赢得对方的好感，用祈求与央告博得对方的同情，用送礼和贿赂换取对方的支援……另一种是硬的一套：用权术和计谋诱使对方为己服务，假借更高权

---

① J. M. 英格：《宗教的科学研究》，纽约 1970 年版，第 70 页。

威的名义支配对方。在宗教体系中，人们对待和处理人—神关系的方法都不过是上述软硬两套手法的宗教化，用种种仪礼规定为之穿上神秘的外衣，演化为神圣的宗教行为。软的一套手法宗教化后就成为各种宗教的祈祷、忏悔、献祭、礼拜等；硬的一套手法则宗教化为各种形式的巫术活动。两套手法都是以信仰神秘的超自然的异己力量为前提，以求助于这种神秘力量实现生活欲求为目的。目的相同，手段各异。同是决定于宗教的内在本质，异是同一本质的不同的外在表现。它们都是宗教信仰的一种方法和手段，因而都是宗教的一种现象形态。在人际关系中，人们达到目的的方法和手段绝不会是单一的，往往是多种手段或者交替使用，或者同时并举。宗教中的人神关系也是如此。在一般情况下总是软硬兼施，奴隶式的祈祷、贿赂式的献祭与权术式的巫术一齐用上。世界宗教史的实际情况是，由于历史条件和文化背景的差异，这两种方法和手段在各种宗教体系中的地位和作用可能有先后轻重之不同。例如，在安塔曼岛居民中，为了治疗疾病，除了进行各种赶走病魔的巫术以外，也对病魔献祭和祈祷。此种情况，在我国汉族民间和少数民族中也非常普遍，而且一般常是先使用献祭和祈祷的一套手段，然后才使用强制性的巫术手段。彝族驱魔治病巫术，常是先享以酒肉，然后强力驱赶。对超自然力量持完全傲慢态度的纯巫术并不存在，没有任何巫术成分只有纯粹的祈祷活动的宗教也是没有的事。英格也承认这一事实：

> 当人们从定义转向经验系统时就会发现，巫术与宗教总是非常紧密地联系在一起的。当然，在不同的时间和不同的地点，巫术成分与宗教的种种复杂变态的紧密联系程度是大幅度变化的。但是，几乎没有一个宗教不具备某些与之混为一体的巫术成分。恰恰是在经验的意义上，人们才有可能赞同下述观点。比如：正像赫斯凯维茨所说的那样：“巫术……实际上是构成宗教整体所必需的一部分。”罗宾·霍顿把巫术与宗教看成是功能上的等价物，他几乎一笔勾销了二者的区别：“所以，从功能分析的观点来看，一位即将出发去冒险的战斗指挥员，无论他是祈求于某位神明，还是随身携带一种吉祥的符咒，都是偶然的事情。”①

① J. M. 英格：《宗教的科学研究》，纽约 1970 年版，第 71 页。

英格正确地看到了巫术与宗教的不可分割的联系。但由于他在概念上把二者对立起来，仍在理论上把巫术视为与宗教“混为一体”的外来之物，这就造成概念上的混乱。他和其他西方宗教学家一样始终没有弄清楚，巫术和祈祷、献祭一样都是宗教处理人—神关系的一种手段。惟其如此，他们才把巫术与祈祷、献祭之间在求神手段上的差别，当成巫术与宗教的对立。一当我们认识到这一点，那么，西方宗教学界长期以来围绕宗教与巫术之关系的争论，似乎可以一举廓清。

巫术的起源

西方宗教学者曾围绕巫术的起源问题进行过热烈的讨论。讨论的焦点是巫术与宗教在起源上孰先孰后。按照威廉·施米特的说法，J. H. 金在1892年的《超自然物及其起源本质和演进》一书中首先提出了巫术先行论。他认为世界上有两种“力”：一为有魂魄的力（为人与兽所共有）；另一种为无魂魄的力（即物质的物理的、化学的力）。从前者演变为神灵，从后者演变为巫术。二者往往联系在一起，但巫术的发生更早。当早期人类感觉到自然进程或个人意识的常规为某种异常情况所打破的时候，便根据它对个人生活的利弊分别为好与坏、幸运与不幸两类，并因此而产生相应的愿望和惧怕。人们把造成“不幸”的力量视为一种与自己对立而不可捉摸无法控制的力量，由惧怕而产生恐怖，并由此而产生粗糙的联想。当人发现了自己所以发生这些幸或不幸的感觉的“原因”时，他便企图应用这些“原因”作为获得幸运和避免不幸的方法，这就是巫术的开始。在最早期，每人都是自己的法师。到第二个时期，有特殊心智的人，发展了更大的巫术力量（魔力），于是出现了以巫术为职业的巫术师或萨满。金氏反复坚持在一切巫术的媒介物中，找不到神灵或神力的痕迹。巫术力直接存在于物质本身之中，并没有神的媒介。金氏的结论是：物质的法术先于万物有灵论的宗教。

弗雷泽在其名著《金枝》中提出了巫术→宗教→科学三阶段进化论系统。他认为原始人最早是相信宇宙为无人格的力量所统治，由此而产生企图控制它的巫术。巫术在人类历史上的出现早于宗教。这是因为巫术的思想原理（类似联想和接触联想）很简单，而宗教则假定在大自然的可见屏幕后面有一种超人的、有意识的、具有人格的神，这显然比巫术思维复杂深奥得多。要理解它，需要一种更高的智力和更深的思考。所以，在人类发展进步过程中，巫术的出现早于宗教的产生，人在努力通过祈祷、献祭等温和谄媚手段以求哄诱安抚顽固暴躁、变幻莫测的神灵之前，曾试图凭借符咒魔法的力量来使自然界符合人的愿望。正如人类文明在物质方面到处都有过一个“石器时代”一样，在智力方面各地也都有过一个“巫术时代”。世界各地的人类都是经过巫术而走向宗教和科学的：

> 人类较高级的思想运动，就我们所能见到的而言，大体上是由巫术的发展到宗教的，更进而到科学的这几个阶段。在巫术的思想阶段，人们依靠自己本身的力量应付重要艰难险阻，他相信自然界一定的既定秩序，觉得肯定可以信赖它、运用它为自己的目的服务。当他发觉自己想错了，伤心地认识到他所以为的自然秩序和自信能够驾驶它的能力，纯粹都是幻想的，他就不再依靠自己的才智和独自无援的努力，而谦卑地委身于自然幕后某一伟大而不可见的神的怜悯之中，并把以往狂妄地自以为具有的广大能力都归之于神。于是，在思想比较敏锐的人们心目中，巫术思想逐渐为宗教思想所替代，后者把自然现象的更迭解释为本质像人，而能力无限超过人的神的意志、神的感情和愿望所规定的。随着时间的推移，这样的解释又令人不能满意，因为它假定自然界的活动，其演变更迭，不是取决于永恒不变的客观规律，而是在一定程度上变易无常的。这是未经缜密考察的臆说。相反，我们愈仔细观察自然界的更迭现象，愈加感到它们的严密的规律，绝对的准确，无论在什么地方观察它们，它们都是照样准确地进行着。我们的知识每取得一次伟大的进步，就又一次扩大了宇宙间秩序的范畴，同时也相应地限制了宇宙间一些明显的混乱的范畴。时至今日，我们已经预见：人们获得的更多的知识，将会使各方面看来似乎真实的混乱都化为和谐，虽然在某些领域内命运和混乱似乎还继续占统治地位。思想敏锐的人们继续探索宇宙奥秘以求得更深一层的解答，他们提出：自然宗教的理论是不适当的，有点儿回到了巫术的旧观点上；他们明确地认为（过去巫术只是明确地假定）自然界现象有其不变的规律性。如果用周密观察就能有把握地预见其进程，并据以决定自己应采取的行动。总之，作为解释自然现象的宗教，已经被科学取代了。[①]

---

① 弗雷泽：《金枝》，下卷，第1005—1006页。

这段话见于《金枝》的最后一章，是弗雷泽关于巫术先行论和“巫术→宗教→科学”三阶段发展理论的一个总结性说明，其重要性是不言而喻的。

弗雷泽的上述理论在宗教学界产生了很大的影响，得到了不少学者的支持。普拉斯的《宗教和艺术的起源》（1904），维尔康特的《宗教与巫术的起源》（1907），霍普金斯的《宗教的起源与演进》（1927）等基本上都主张巫术先行论，不过在具体论述上有所不同。

弗雷泽等人的理论也受到许多宗教学者的批评。批评者认为它有两个主要的缺点。第一，弗雷泽的巫术理论是以理性主义的因果观念来说明原始人巫术行为的思维根据。但这是文明人的思维形式，未必符合于未开化的民族的实际情况。如果我们不是设身处地以与原始人同等的思维水平来考虑他们的巫术活动，是不能理解原始巫术的本来情况的。在原始人的巫术活动中，除了合乎理性的因果联想以外，还应该包含有非理性的情绪活动。在巫术理论的进一步发展中，这种非理性的情绪因素越来越受到宗教学者的重视。第二，后来的人类学发现的事实表明，在一些原始民族中巫术的强制与宗教的祈祷是同时并存的，因此不能认为巫术的产生先于宗教；同时，在巫术破产之后仍继续存在于世，并未让位于宗教的祈祷。在宗教学中，又提出了巫术基于感情以及巫术与宗教并行说。英国的马雷特和哈特兰德是这种主张的主要代表。马雷特认为在泰勒所谓的万物有灵论宗教之前有一个信仰超自然的、但尚未人格化的神秘力量的阶段。他以美拉尼西亚人的“玛纳”作为这种神秘力量的代表。这种力量在人的心中引起恐怖、惊奇、赞叹等情绪。原始人对之不能作出合乎理性的说明，这样就产生一种要把内心感受到的神秘的超自然力量对象化和人格化的绝大冲动，于是产生了宗教；同时，另一方面，人也产生了一种把超自然力变为无害的、友好的东西的冲动，这就是巫术。马雷特把这种感受和感情状态称之为“超自然主义”。

这就是说，在马雷特所谓的超自然主义状态中，一方面有宗教的冲动；另一方面有巫术的冲动，两种冲动同时并存。这种状态既非宗教也非巫术，但也可以说既是宗教又是巫术。马雷特把这两者混在一起的状态称为巫术—宗教状态。这种状态，在马雷特看来，早于泰勒所说的万物有灵论，所以把它称为前万物有灵论或物活论阶段。这时，巫术和宗教都没有有意识地加以区分，只是在人们重新反省它，从理论上观察它的时候，才相应的把它分别为巫术和宗教。至于区别的主要标准，则和弗雷泽的观点一样，视其对超自然的神秘力量持何种态度，即有无谦卑屈服的行为。不过马雷特认为这种对超自然力量的谦卑态度和行为，并非像弗雷泽所说的那样只是文明人才有的东西，早在未开化的原始人中也已有了。

美国学者戈登威泽在其《早期文化》（1892）中也提出了类似的主张。他指出：宗教与巫术同处于一个超自然的领域之中。超自然主义的这两个侧面过去曾结合在一起，可是最后分离了。而且，宗教更加社会化、规范化，更富于情绪和感情的色彩。

1914 年，英国学者哈特兰德在其《礼仪与信仰：宗教史的研究》中进一步发挥马雷特的理论。他认为原始人受到神秘力量（“玛纳”之类）的压抑，产生了敬畏和惊奇之类感情。原始人把这种种现象认之为是一位人格的显示，并且以为这种人格与他自己具有同样的需要与潜力。在这种情况下，原始人便竭尽自己的力量与这种人格或者发生友好的关系，或者企图予以控制。在方式上则像对待人与人的关系一样，应用语言和行动来对待这种非人类的、超自然的人格。这种言语和行动，可能是巫术的仪式，也可能是宗教的仪式：假如用的是强制的、控制的方式接近它，那就是巫术的仪式；如果是用恐惧与尊敬的态度与它接近，那就是宗教的仪式。按照哈氏的意见，巫术与宗教的区别与界线不是固定的，而是混杂在一起的。他的结论是：巫术和宗教是从同一根源生长出来的，二者是一个牌子的两个方面。①

上述这两种关于巫术起源的理论观点不同：第一种认为巫术基于人的理智，其产生先于宗教；第二种认为巫术基于人的感情，其产生与宗教并行。但是，这两种理论有一个基本共同点：都是把巫术视为与宗教不同的社会文化现象。如上所说，这种区别是人为的。如果我们把巫术看成是宗教的现象形态的一种，是宗教处理人—神（超自然物）关系的一种手段，那么，这种关于巫术与宗教在产生上谁先谁后的争论就是完全没有意义的了。巫术与祈祷作为宗教处理人—神（超自然物）关系的两种手段是相辅相成的，是同一事物的两个侧面，大体上是同时产生、交替为用的。当原始人对神秘的异己力量有所感受和体验的时候，就会自然而然产生巫术的和祈祷的言词和行动。

---

① 上述哈特兰德的巫术起源论，参见威廉·施米特《比较宗教史》，第 172—173 页。

至于巫术行为究竟是为何产生的这个问题，马林诺夫斯基提出过一个相当具体，但却属猜测性的说明。他认为，巫术的产生不是原始人对普通的“巫术力”（美拉尼西亚人的“玛纳”、北美印第安人的“瓦康”、易洛魁人的“奥伦达”之类神秘的超自然力）在认识上加以抽象的结果，而是在一切实际情况使人的感情处于紧张状态时，在思想和行动上对这种实际情况作出的自然反应。如：原始人在希望达到一个目的而不能实现时，就会产生和爆发出相应的感情和情绪活动，对敌人是诅咒、辱骂；对情人，则乞求，并做出相应的身体动作来，这是人的生理—心理机构所有的自然反应。当这种感情通过语言和行动爆发出来时，有时就会形成与所追求的目的相当的幻觉：

> 一度的紧张藉着语言与姿势发泄出去以后，萦回于心目中使人不得安宁的幻象也就消灭了，所追求的目的似乎也更接近于满足了。于是我们恢复了平衡，恢复了与生命相和谐的状态，而且我们也得到了一种信念，以为诅咒的语言和愤怒的姿势已经走向所怀恨的人物而且予以中伤了；爱的乞求，想象中的拥抱，是不会毫无效果的了……至于恐惧一层，使我们有发狂举动的情绪，慢慢地消沉下去以后，我们便觉得那驱逐恐惧的，乃是这发狂的举动。简单一句话，纯粹用主观的意象、语言、行动宣泄了的强烈情感的经验，结果深深地使这经验似乎是真实的客观界，好像那是什么实际的积极的成就，好像那是什么启示给他的势力所成就的。这个势力，实际是用生理心理一时不受抑制而产生，但显得好像是来自外界；于是在原始人看来，在各种时代心灵未受训练而容易轻于置信的人看来，应运而生的咒，仪式，以及相信咒与仪式的效力的信仰，必然好像是来自外界的直接启示，而非来自个人的根源的启示。[①]

原始人的巫术时代早已成为逝去的历史了。我们现在无法根据原始人的心理活动和情绪反应来验证马林诺夫斯基的上述观点，但宗教史上的经验事实似乎可以说明他的观点并非没有一定的道理和根据。马林诺夫斯基的观点完全抛弃了宗教神秘主义的天启论，这一点应该受到重视。

---

① 马林诺夫斯基：《巫术、科学、宗教与神话》，上册，第99页。

巫术的种类

巫术的表现形式很多，难以尽说。我国古代典籍有许多关于巫术的记载。甲骨文的占卜，易的阴阳龟蓍，书的五行，诗的五际①，经史子集中的方技、术数、鬼神因果、汉代的谶纬……都充满了神奇怪诞的巫术，品种繁杂，无奇不有。在其他的民族和地区，巫术的情况也是如此。为便于把握，有必要对之分门别类。在这方面，近代西方宗教学作过一些探讨，学者们应用不同的分类标准，把巫术分别为不同的类型。主要有三种分类方法。

第一种：按构成巫术的原理和法则，把巫术分为“模仿巫术”和“接触巫术”。

这主要是弗雷泽的理论。在他看来，巫术产生于原始人的因果律观念。它包含有两条法则，在此基础上形成两类不同的巫术：

1. “类似法则”（Law of Similative）。相类似的东西可以产生类似的东西。据此法则，巫术施行者认为，如要达到某种目的，只要模仿真的事物，使用象征此事物的象征物，就可得到真的结果。如要诅咒或祸害某个仇敌，就可做一个类似或象征此仇敌的偶人，对之施行诅咒巫术，即可达到目的。为欲其瞎眼就针刺其目，欲其心痛则针刺其心。北美印第安人如欲加害于某敌人，便在泥土或沙灰上画一象征其人的人像或断定某物为象征其人的身体，然后用尖锐之物对之刺杀。我国彝族在举行咒人咒鬼仪式时，常扎一草人代表敌人和鬼，对之咒骂打杀，认为即可达到预期的目的。这种以“类似法则”为原理的巫术，称之为“模仿巫术”。

2. “接触法则”（Law of Contact）或“传染法则”（Law of Contogion）：相信接触到了的东西就相互感染。据此法则，巫术施行者认为，如要对某人某物施加所欲的作用，就可对他接触过的东西或其全体中之一部分施行法术。我国彝族的“埋魂”巫术就是根据这一法则来进行的。其术是将仇人的头发或穿过的衣物等埋藏，他们认为这就可置仇人于死地。新西兰毛利人也相信，如取仇人之发爪等物埋在土中，其人必死。按照普鲁士人旧俗，盗贼虽未抓到，但如将他的衣服痛打一顿，他也会感染

① 古代论《诗》，汉初有齐、鲁、韩三家。《齐诗》论诗附会以阴阳五行之说。认为每当卯、酉、午、戌、亥年，乃是阴阳终始际会的时刻，政治上必然会发生重大变故。此说见《汉书·翼奉传》中“诗有五际”的注。

疾病。由于有此种接触传染的信仰，许多未开化的民族，常将自己的指甲、头发、牙齿收藏起来，以防被仇人拿去施行巫术。这种以“接触法则”为原理的巫术，称之为“感染巫术”。

第二种：马林诺夫斯基及其追随者从功能主义的观点来分析巫术，认为巫术在人类生活中有生产功能、保护功能和破坏功能等三种功能。据此可把巫术分为生产巫术、保护巫术和破坏巫术三种形式。

生产巫术：旨在使人们在技术不足，人力没有把握的情况下，增强成功的信心，减少对失败的恐惧，保证生产过程顺利，劳动成果丰收。

保护巫术：目的是预防或消除危险，治病，保护个人或集体免除自然的灾害或别人的算计。

破坏巫术：专门用于谋害别人或破坏他们的活动。

第三种：根据巫术社会功能的道德价值，可把巫术分别“白巫术”和“黑巫术”。

“白巫术”（White magic）：以行善为目的，如呼风唤雨保丰收，保护财产，为人赶鬼驱邪以防害治病。《新约圣经》中的耶稣基督在其传道过程中表演了大量的这种巫术。

“黑巫术”（Black magic）：以害人为目的。《封神演义》中的姜子牙拜死赵公明，《红楼梦》中赵姨娘请女巫作法，加害于贾宝玉、王熙凤及其女儿巧姐。此类巫术即是以害人为目的的“黑巫术”。

“白巫术”大体上包括上述的生产巫术和保护巫术，“黑巫术”则相当于破坏巫术。

在西方宗教人类学中喜欢把“巫术”（Magic）和“妖术”（Witchcraft）、“魔术”（Sorcery）区别开来。他们认为，“巫术”是以外在的动作和方法操纵一种神秘力量来影响其他事物，而“妖术”则是应用属于个人的内在的法力影响其他事物，至于“魔术”则被认为纯属以害人为目的破坏性法术。这种细致的区分可能与西方社会具体的历史文化条件有关。我国历史典籍中虽然也有方术、法术、妖术、邪术、魔法之类概念，但这一切都可包含在广义的“巫术”范畴之中。西方所区别出来的“妖术”（Witchcraft）和“魔术”（Sorcery）其实是同义语，大体上属于“破坏性巫术”和“黑巫术”的一种。本书用“巫术”一词泛称上面述及的各种巫术。

巫术虽然可以按不同的分类标准区别为不同的类型，但本质上都是使用一定的言辞、动作和方法对待和处理人与超自然、超人间神秘力量的关系的一种手段，旨在利用这种神秘力量来影响其他事物为己所用。巫术作为宗教处理人—神关系的手段之一，构成宗教体系中一个不可分割的组成部分。①

但是，我们也应该承认，并不是一切宗教体系中都包含有上述种种类型的巫术。各种不同的宗教在社会历史条件的影响下，常有把某种类型的巫术排除于正统的教义信条之外的情况。基督教在中世纪就曾把巫术视为魔鬼的伎俩予以严厉残酷的打击，杀害数以十万计的巫士，其中绝大部分是并非巫士的平民。这种历史情况正是构成西方宗教学者把巫术与宗教严加区分的文化背景。就事情的实质而言，这并不表示基督教与巫术对立，而只是表明基督教会组织按其所了解的教义规定把巫术分为合法与非法两种。它把“非法的”巫术视为左道旁门，从基督教中清除出去，而把圣经中载明的那些巫术视为神迹固定为正统的教义。

巫术的历史作用和社会功能

在人类的原始时代和早期社会中，巫术和巫师起着非常重要的作用，如何评价巫术和巫师的这种作用，是非常富有学术意义的课题，在这方面，弗雷泽和马林诺夫斯基的有关理论是值得我们认真借鉴的。

弗雷泽深刻地分析了巫术和巫师的历史作用。他指出，在原始时代，巫术既可用来为个人服务，也可为社会服务。为社会服务的公众巫师在当时社会中具有巨大的社会影响和社会地位。后来，巫师们逐渐从社会中分离出来形成为一个特殊的阶层。他们用自己的巫技为人治病，预告未来，调整气候，呼风祈雨……这不仅安慰了个人的精神，也有助于社会的进步。尽管大多数巫师的巫术活动往往归于无效，但这种巫师制度的重要性却不能无视。至少，它使巫师这一部分人从谋生需要的艰苦体力劳动中解脱出来，被社会允许和鼓励从事对大自然奥秘的探索。他们为要担当起巫师的责任，就得使自己知道的比别人更多，应该通晓一切有助于人与自然艰苦斗争所需的知识，一切可以减轻人们的痛苦并延长其生命的知识，诸

① 许多宗教，如原始宗教，民间宗教以及印度宗教和大乘佛教密宗之类处处充满巫术。密宗佛教经典中载有各种各样的法术，除了捉鬼去病、防窃护财之类白巫术外，还有许多乌七八糟、令人恶心的黑巫术。如咒死仇人的法术，得到钱财的法术，欲求别人心爱之物的法术……如果我们把密宗佛教径直称为巫术宗教，也是不为过的。

如，药物及矿物的特性，雨、旱、雷、电的成因，季节的更替、月亮的盈亏、太阳每日每年的运行、星辰的移动、生死的秘密、疾病的医治……所有这些都引起巫师作为“早期哲学家”的好奇心，促使他们寻找答案，这就促进了知识的发展。在这个意义上，弗雷泽肯定了原始时代巫师的历史功绩：

> 我们尽管可以正当地不接受巫师的过分自负，并谴责他们对人类的欺骗，但作为总体来看，当初出现由这类人组成的阶层，确曾对人类产生过不可估量的好处。他们不仅是内外科医生的直接前辈，也是自然科学各个分支的科学家和发明家的直接前辈。正是他们开始了那在以后时代由其后继者们创造出如此辉煌而有益的成果的工作。如果说这个工作的开端是可怜的和软弱的，那么，这一点应归咎于那通往知识之路的无可避免的艰难，而不应归咎于自然力或人们有意的自我欺骗。①

弗雷泽的这一论断深有见地，也符合于历史实际。放眼以观世界各民族的知识、文化发展的历史过程，在其原始时代和早期社会阶段，巫师都是当时社会中最有知识的“文化人”。我们华夏民族早期社会中的知识阶层就是史籍所谓的“医、方、卜、史”，他们实际上都是当时的“巫师”或由巫师发展而来，医、方、卜、史，作为一种文化，其出现亦是由原始时代的巫术逐步发展的结果。弗雷泽的可贵之处，还在于他敏锐地看到了巫师和巫术之所以能发挥这种作用的社会根据。这就是巫师作为脑力劳动者从繁重的、艰苦的体力劳动中分离出来，使巫师们有可能用更多的时间和精力致力于知识的探索和文化的创造。没有体脑的这种分离，知识、文化、科学的进步是难以想象的。

弗雷泽的巫术理论还有一项更重要的内容。他认为，巫师制度不仅是文化知识得以发展的契机，而且还是神圣君权得以形成的关键。由于巫师在早期社会中享有举足轻重的社会地位，受到人们的敬畏和社会的敬重，这就使他们得以有可能攫取最高的政治权力，成为部落的首领和国家的君王：

> 在很多地区和民族中，巫术都曾声称它具有能为人们的利益控制

---

① 弗雷泽：《金枝》，第95页。

> 大自然的伟力。假如确曾如此，那么巫术的施行者必然会在对他们的故弄玄虚、深信不疑的社会中成为举足轻重的有影响的人物。他们当中的某些人，靠着他们所享有的声望和人们对他们的畏惧，攫取到最高权力，从而高踞于那些易于轻信的同胞之上，这是不足为怪的。事实上，巫师们似乎常常发展为酋长和国王。[①]

为了证明上述论点，《金枝》堆集了大批民族学、人类学的事实：澳大利亚中部原始部落的头人们都是公众巫师；美拉尼西亚人的酋长们之所以享有权力，完全来自人们相信他们和魔鬼有来往，并借此去支配超自然的力量；非洲的国王常常是由公众巫师（特别是祈雨师）发展而来……弗雷泽的结论是：

> 总体来说，我们似乎有理由推引出这样的看法：在世界很多地区，国王是古代巫师或巫医一脉相承的继承人，一旦一个特殊的巫师阶层已经从社会中被分离出来并被委以安邦治国的重任之后，这些人便获得日益增多的财富和权势，直到他们的领袖们脱颖而出，发展成为神圣的国王。[②]

弗雷泽对巫师制度演变为神圣君权的历史过程及其社会历史作用的优劣进行了透彻而又冷静的分析和比较。在部落社会的“公众巫术”仪式中，巫师已不再是一个个体巫术的执行者，而俨然成了一个公务人员。这种“官吏阶层”的形成在人类社会社会政治与宗教发展史上具有重大意义。当部落的福利被认为有赖于这些巫术仪式的履行时，巫师就上升到权势地位，这就诱使那些比较精明，且有野心的人进入这个职业。他们发现，想要欺骗不如他们聪明的兄弟并利用他们的迷信是轻而易举之事。越是善于欺骗的精明能干的巫师往往越能爬上权力的顶峰，建立起个人的神圣的专制统治。弗雷泽认为，这种发展对社会的进步实际上好处大于坏处。

> 当我们对历史的长河追根溯源时，便会感到，下述情况决不是一

---

① 弗雷泽：《金枝》，第 128 页。
② 同上书，第 138 页。

种偶然现象，即：人类走向文明的第一大步都总是发生在神权政治的专横统治之下，诸如埃及、巴比伦和秘鲁这类政权，它们的最高统治者都曾要求并且接受他的臣民们把他既当成国王又当成天神来加以服从和尊崇。在人类早期社会，专制政权竟是人类的最好朋友，甚至听起来似乎背离事实，即它也是自由的最好朋友。我们这样说并不过分。因为在极端的绝对专制的暴虐统治下，比起野蛮时期的表面有自由，实际上每个人从出生到死亡一生命运早就被世代承袭的习俗的铁框框所注定了的情况，毕竟还有较多一些的自由（在其最佳意义上说的自由），自由地想自己之所想，自由地形成自己的命运。

因此，就巫术公务职能曾是最能干的人们走向最高权力的道路之一来说，为把人类从传统的束缚下解放出来，并使人类具有较为开阔的世界观，从而进入较为广阔自由的生活，巫术确实作出了贡献。对于人类的裨益绝非微不足道。当我们更进一步想到巫术还曾为科学的发展铺平道路时，我们就不得不承认：如果说巫术曾经做过许多坏事，那么，它也曾经是许多好事的根源；如果说它是谬误之子，那么它也是自由和真理之母。①

弗雷泽关于巫术与巫师之历史作用的分析，颇富历史主义和辩证法的精神，言之有理，史亦有据，对我们今天分析和评价巫术的历史作用问题仍有启发意义。当然，巫师及其所建的神权专制政治的积极作用只是在当时的那种特殊社会条件下才有意义。社会的进一步发展和进步，就求打破这种巫师制度和神权专制统治。

在弗雷泽之后，马林诺夫斯基又具体地分析了巫术在原始人生活中所发挥的社会功能。在他看来，巫术和宗教的基本功能在任何时代，任何地方都是为处于困境之中的人们，提供一个超自然的避难所，使之在精神上得到某种安慰。马林诺夫斯基说道：

巫术与宗教都是起自感情紧张的情况之下，也就在这种情况之下而有功能——那就是生命转机、重要业务的失望、死亡与传授部落秘密和戒礼、失恋与莫可如何的愤怒的情况。巫术与宗教都是使在这种

---

① 弗雷泽：《金枝》，第 74 页。

> 情况之下，这种碰壁的情况之下有所逃避；因为在理智的经验中没有出路，于是借着仪式与信仰逃避到超自然的领域去。[①]

在原始时代，人类理智—经验领域内的空白点很多很多，生产和生活中的偶然因素起着相当程度的决定作用，巫术便在这种情况下适应社会需要而发生，并在这些领域内发挥其社会功能。马林诺夫斯基认为：

> 巫术也执行着另一项十分重要的社会功能……巫术在劳动组织与有计划的布置上是积极的质素。它也供给打猎行为以主要的控制力量。所以巫术整个的文化功能，乃在填平极重要的业务而未被人类操了左券者所有的缺憾与漏洞。为达到这种目的起见，巫术便给原始人以一种坚信，坚信他有成功的力量，又给他以精神的实用的技术，在普通的方法不中用的时候来应用。巫术就这样使人进行最重要的业务而有自信心，使人在困难情形之下而保持心理的平衡与完整——那就是没有巫术的帮助，便会被失望与焦思，恐怖与愤怒，无从达到目的的忍与莫可如何的仇等等弄得一蹶不振的情形。[②]

马林诺夫斯基的说法从一个方面反映了历史的事实，是不能否认的。不仅是在原始时代是如此，即使是在文明社会里，巫术对于那些受异己力量支配的人而言仍起着同样的作用。护身符会使战士增加战斗的勇气；丰收仪式会减轻农民对于天灾的忧虑和不安。但是，还应该看到问题的另一面。原始人的巫术虽可增加其成功的信心和勇气，却并不能保证其信心和勇气成功地实现。当然，我们不能埋怨原始人的愚昧，责备他们为什么不求助于科学技术与理性知识。原始社会生产力的极端低下决定了科学文化的极度落后，从而使巫术迷信的应用成了社会的必然。正如马林诺夫斯基分析的。如果原始人不诉诸巫术，他们的日常生活和生产活动是难以想象的。但是，必然的东西并不就是完全积极的东西，巫术在鼓起原始人的“信心”的同时，也增强他们的迷信。对巫术的信赖程度越大，探求真实的因果知识的需要越低。人类社会的继续进步和文明的进一步发展只能在

---

① 马林诺夫斯基：《巫术、科学、宗教与神话》，上册，第109页。

② 同上书，第175页。

摆脱巫术迷信的挣扎中缓步前进。

随着人类控制自然、改造世界的能力的提高，巫术越来越成为社会的累赘和科学的绊脚石。固然，由于人与社会、人与自然关系中不明白、不合理的因素的存在，那些丧失了“自我意识”的人，仍然需要逃避到超自然领域，寻找神灵的恩典和巫术的帮助，鼓起应付生活困境的信心。巫术师的符咒，算命先生的命运启示，确有可能给那些濒临绝境的疾病患者、失业者、失恋者提供超自然的幻景，使绝望的心灵复燃生命的火花。但在生活节奏日益加快的文明社会里，巫术的超自然幻景消逝得也会更快，给巫术的信徒留下的东西只能是一片空虚和更深沉的绝望。正如义和团的护身符，虽然确曾鼓起民众赴汤蹈火的报国热情，但带给他们的却是失败和死亡。在阶级社会中，巫术作为宗教迷信的一种，也变成政治斗争的工具。热衷于巫术活动的人，主要的是那些对人民进行精神麻醉的统治者①，用巫术进行反社会活动的野心分子，以及假巫术以敛财的江湖骗子之流。在文化与科学日益昌盛发达的现代社会中，科学已为解决人们日常生活的困难提供了现实的途径，巫术手段已丧失其存在的根据，应该从正常的宗教生活中排除出去。那些用巫术进行敛钱聚财，甚至进行反社会活动的情况，是法律所不允许的。

第二节　宗教禁忌

宗教禁忌的性质

宗教生活中的禁忌是一种常见的现象，本质上是人们信仰和崇拜神秘的异己力量和神圣的宗教对象的一种宗教行为。由于人们对神秘力量和神圣对

① 1986年年初被海地人民推翻的杜瓦利埃王朝，就是利用巫术宗教维持其残暴统治的典型。海地人民信仰一种名为伏都教的巫术宗教，崇拜各种精灵，使用巫术。该教祭仪以人和动物为牺牲，在祭仪过程中杀死牲畜，饮血祭神，阴森可怕。老杜瓦利埃在世时，经常身穿黑袍，口念咒语，装扮成伏都教的星期六神（当地黑人最害怕的死神）。他经常在总统府与各路巫师聚会，商讨各种愚弄、控制、残害人民的阴谋。据报道，他为慑服臣民，经常在巫术宗教的名义下活剥人皮，烹吃人的内脏。在海地享有特权的巫术师配置毒药，麻醉奴隶，使他们丧失记忆和说话的能力，成为只能干苦力的“幽灵”。杜瓦利埃王朝把盲目效忠于他的伏都教徒组织成一支残暴无比的武装暴力集团——“通顿马库特”（在克里奥尔语中为“嗜血魔王”之意），他们残酷镇压一切敢于冒犯杜瓦利埃王朝的人。手段之残忍令人发指。夜间袭击、绑架、暗杀、毒刑拷打甚至肢解人体，暴尸街头。使广大的被巫术宗教弄得愚昧无知的海地人民经常处于极度的恐惧之中。

象在观念上有所意识，在体验上有所感受，一般就会在情绪上产生惊奇、恐惧、畏怖以及尊敬、爱戴等宗教感情。这种敬畏感往往在行为上表现出来，在人与神秘力量和神圣对象的关系上，体现为对自己行为上的限制和禁戒规定，这就是宗教禁忌。在原始时代的自发宗教中，宗教禁忌包含在经由传统的积淀而形成的习俗之中，在宗教的进一步发展中，则往往通过教义规定，成为规范化的宗教戒律的一部分。

禁忌行为也有世俗性的。如我国封建时代帝王的名讳就是法定的禁忌，违者按律处置。[①] 有些禁忌虽已列入宗教禁戒之中，但其内容和性质则属于世俗生活中人们行为准则的宗教化，本质上仍是非宗教的。著名伊斯兰神学家爱勒吉斯尔的《回教真相》长篇开列了伊斯兰教关于穆斯林性格方面、语言方面和行为方面的戒条，其中相当一部分就是世俗性道德规范戒条化而成为宗教的禁戒。[②] 世俗性禁忌与宗教性禁忌都是震慑于某种“权威”而限制自己的行为，这是其共同之点。但两种禁戒规定所针对的对象是完全不同的。世俗性禁忌是震慑和屈服于人间的权威；宗教性禁忌则是震慑和屈服于超人间的权威——神秘力量或神圣对象。

有些宗教学者把宗教禁忌说成是巫术的一种。这在某些方面有一定道理。因为，如果我们接受弗雷泽的观点，认为巫术的原理是类似律——类感巫术和接触律——接触巫术的话，那么，禁忌的情况也有类似之处，信仰图腾的民族禁吃图腾动物，孕妇禁吃兔肉（害怕因此而生出兔唇之子），即是以同类感应为其思想原则；有些民族禁止进入圣地，接触圣供，在神圣的宗教节日不许发生性行为，此类禁忌即是以接触感染为其思想原则。但是禁忌与巫术又有原则性的不同。巫术对神秘力量和神圣物的态度不是纯粹的谦卑和屈服，而是旨在通过某种方式力图控制和支配它，使之为己所用；禁忌对神秘力量和神圣物的态度则是敬拜和畏怖，它力图控制和限制自己的行为，以免干犯神秘力量和神圣物，使之不为己害。因此，在表现形式上，巫术是积极的、进取性的，禁忌则是消极的、防范性的；在目的上，巫术是为了达到某种有利于己的目的，禁忌则是为了避免某种有害于己的结果发生。通过上述各方面的比较分析，我们认为，宗教

---

① 这种世俗性禁忌也可能来源于讳忌神名的宗教性禁忌。公元前 300 年，犹太人一看到耶和华的名字，就改读为“主”，就是避圣讳的意思。

② 参见该书第 47—50 页。

禁忌作为宗教处理和对待人—神（神秘力量和神圣物）关系的方法和一种手段，是介于巫术与祈祷之间的一种类型。关于巫术与禁忌的联系与区别，可从波利尼西亚人的“塔布”（taboo 或 tabu 的音译）现象得到清楚的说明。波利尼西亚人信仰和崇拜一种他们称之为“玛纳”的神秘力量。他们相信凡是具有玛纳力量的人或物都是危险的，不可接触，是为“塔布”。酋长、头人、巫师、祭司等人物，举行宗教仪式的场所，被认为有神灵居住的圣地，为神灵使用的圣物，以及某些鸟兽草木和食物都被视为具有玛纳，因而皆为塔布。人在非常的时候（如出征打仗时、打猎时、妊娠期、月经期）也被视为有塔布。塔布可以转移，本来不是塔布的，头人和祭司可以将他们的玛纳转至其上，使之成为塔布。对于具有玛纳力的塔布，规定有严格的禁令和戒律，人们不得随意接触，否则必将受到超自然的灾难性惩罚，轻者危及个人，重则祸延氏族。在这种情况下，便必须举行特定的巫术仪式予以缓解。

从波利尼西亚的“塔布”现象可以看到，它作为一种典型的宗教禁忌，与巫术既有联系又有区别。塔布产生于对玛纳的恐惧，而巫术则是为了控制玛纳的危险，以解除塔布。

宗教禁忌的起源

近代宗教学对于宗教禁忌的起源问题的研究，严格来说，主要是从 19 世纪末期英国宗教学者罗伯特森·史密斯开始的，弗雷泽和以杜尔凯姆、尤伯特、摩斯为代表的法国宗教社会学派和瑞典的瑟德布罗姆发展了史密斯的理论。他们的理论很有影响，也有其合理的因素。我们在这里主要介绍他们的观点。

史密斯的名著《闪米特人的宗教》通过大量事例得出了一个结论：闪米特人把事物区分为神圣的事物和非神圣的普通事物两类。所谓神圣的事物（Holy things）乃是慑于神的震怒而在严格的限制之下才能使用的事物；与此相反，非神圣的普通事物（Common things）是指那些不怕遭受自然惩罚，可以随意使用和摆布的事物。他指出，神圣一词源出闪族语，含有“分离”（Separation or Withbrawal）的意思。因此，神圣观念即“禁止”（Prohibition）的观念。神圣的事物是禁止人们随意使用和处置的事物，或者是在某种特殊情况下禁止使用的普通事物。被人们列入此种禁止规定的事物，可以是特定的时间、地点和人物，也可以是许多自然事物，而对这些人、时、地和物所作的禁戒规定就是宗教学、人类学所谓的

“禁忌”。所以，神圣物和神圣观念和禁忌规定有密切关系，在根源上二者是相同的。史密斯还指出：在古代人关于神圣物的观念中，有两类事物：一是崇高洁净的事物，是为洁净的神圣；一是污秽不洁的事物，是为不洁的神圣。人们对这两类事物都作出了禁戒规定，不准任意处置。他们坚信如果违犯这些规定，就会遭到超自然力的灾难性惩罚。故这两类事物都被看成是不同于普通事物的神圣物。只不过这两类神圣物各自与神的关系不同：纯净的事物与神有关，和神发生联系，所以人们不能随意使用；不净之物则使神讨厌，如予使用便是对神的亵渎，所以也不能使用，不准它在神圣的场所出现。

根据史密斯的研究，禁忌作为一种宗教行为和宗教现象，是与关于神圣事物的观念和意识同时产生的。一当古代人把神圣事物与普通事物区别开来，就对之作出了不同于对待普通事物的禁戒规定，从而就产生了宗教禁忌。

史密斯的密友弗雷泽以更丰富的事实论证了禁忌规定与神圣观念的联系。他在史密斯观点的基础上，进一步阐述了关于洁净物的禁忌和关于污秽不洁物的禁忌的一致性：在未开化民族的心目中，洁净与污秽尚未有严格的区别，对这两类神圣物的禁忌规定在表现形式上大致是一样的。那时，神一样的君主、首领或僧侣们严格遵守的洁净祭仪规则，同杀人者、服丧者、产妇、月经期处女、猎人、渔夫等各自应该遵守的禁令有许多一致之处。对于现代的文明人来说，这两种人所处的境遇和特性是完全不同的。一般总是把前者视为神圣，把后者视为不洁，不属于神圣之列。但是原始民族却认识不到这种区别。他们认为这两种人都是具有灵魂，在现实生活中会产生危险的力量。人们惧怕这种危险，于是便设法同它隔开，以此来防范它的危险势力的传播。这就是禁忌的意义和目的。

前万物有灵论的倡导者马雷特基本上也是沿着史密斯学说的方向前进的。他也把神圣观念作为宗教的根本特性。但他根据波利尼西亚宗教的调查资料，一方面把“玛纳”作为神圣观念的本质；另一方面则把禁忌—塔布作为“玛纳”的伴生物。因此，他认为最原始的宗教就是“玛纳—禁忌”两个观念的联合，并把这两个联合的观念看做“宗教的最小定义”。

以杜尔凯姆及其门生尤伯特·摩斯为代表的法国宗教社会学派关于神圣和禁忌观念的研究大体上也是进一步发挥史密斯的学说。杜尔凯姆认为宗教发端于原始人关于神圣物和世俗事物的严格区别：当神圣物被区别出来以后，就必须有相应的一套“禁止”和“隔离”的禁忌规定。杜氏理论的特点则在于他认为一个社会集团的“神圣物”实质上就是社会本身，相应的禁忌规定则不过是把社会神圣化，而由社会集体设定的制度。杜尔凯姆以澳大利亚的图腾制度作为宗教禁忌之开端的典型。在图腾里有一种神秘的力量（玛纳），对之不可随意接近和使用。因而必须有禁令予以隔离，是为塔布（禁忌），反塔布的行为会受到惩罚，所以，杜氏认为塔布就是最简单形式的“神圣者”。

著名的瑞典宗教学家纳坦·瑟德布罗姆以更加系统化的理论形式阐述了神圣观念与禁忌规定的不可分割的关系，在此基础上说明了他自己关于宗教之起源和发展的理论。瑟氏也把神圣观念视为宗教中最本质的东西。最原始的神圣观念发端于原始人对某些望而生畏，令人惊奇的事物的反作用，表现为号叫和绝望的叫喊声，然后通过语言形式给这种心理上的反作用以外在的表现，把它们叫做“伟大的”、“有力的”、“非常古老的”、“危险的”、“有功的”、“神圣的”等等。于是，人们便警惕地注视这些事物，用禁令之类限制性规定去对待它们，把它们和普通事物区别开来，成为“超自然”的“神圣”。“神圣”，既是生活所依，又有危险，这种两重性便派生出相应的两种宗教仪式。一是积极的仪式（Positive rites），以获得、集中和有效地应用神圣力量为目的（如增产仪式、启示仪式、各种成人仪式）；一是消极或禁止的仪式（Negative or Prohibitory rites），这就是通常所谓的禁忌。禁忌就是禁止使用神圣物。禁忌规定一方面是为了避免危险，同时又是社会成员必须无条件执行的“无上命令”，是人对神圣承担的义务。瑟德布罗姆认为原始人的神圣观念和相应的神圣制度是当时社会的最珍贵的宝库，他们从中获得力量、成功和信心。而禁忌制度则加强和巩固了对神圣的信仰。因此，禁忌的神圣感乃是社会的生命和力量的源泉。

综上所述，从史密斯、弗雷泽、马雷特到杜尔凯姆和瑟德布罗姆，关于禁忌的起源问题的学说，基本上是一致的，一脉相承的。他们都认为宗教起源于神圣事物与凡俗事物的划分。宗教意识发端于神圣观念，而神圣观念和神圣事物必然伴生相应的禁忌规定。禁忌观念是神圣观念的本质规定性，有神圣观念就必然有相应的禁忌规定，而没有禁忌规定，神圣物就必然与普通凡俗之物无异而不复成其为神圣。这就是说，所谓禁忌的起源，实质上也就是宗教的起源问题，二者是同一问题的两个方面。

上述关于禁忌—宗教起源问题的学说，在近代宗教研究中，除了在细节问题上尚有争议以外，在基本事实上已得到越来越多的人类学和宗教史事实的证明，在基本理论上，得到大多数宗教学者的承认。

宗教禁忌的种类

宗教禁忌可按照下述两种分类原则对之分类。

第一种：既然只要把神圣事物从一般的世俗事物区别出来，就产生相应的禁忌规定，我们就可以按被视为神圣事物的种类来划分禁忌的种类。

（1）关于神圣实体的禁忌：属于神圣实体者有神灵、超自然巫术力（玛纳之类），以及各种精灵、鬼灵、妖怪等。

（2）关于具有超自然神力和神性的人或自然物的禁忌：如原始社会的首领、祭司、巫师、国家形成后的君主，奇形怪状的事物，图腾物以及作为神灵象征的偶像等。

（3）关于神圣的地点的禁忌：如举行宗教仪式的场所、圣殿、寺庙、宗教发端的圣地等，都被信仰者视为与其他地方不同的神圣不可侵犯之地，有相应的禁忌规定。许多宗教都规定其信徒在进入圣地之前要禁食、斋戒、禁欲、净身等。

（4）关于神圣的时间的禁忌，与人类生活密切相关的季节转变的关键时刻，个人生命成长的转变时刻（如出生、剃发、命名、成人、妇女月经期、妊娠期、生产期、结婚、死亡），神圣人物的诞辰和忌日，等等，都被认为是与其他时节不同的神圣时间，在不同时间都规定有相应的禁戒和仪式活动。如我国传统礼仪规定：父母死亡之日为“忌日”。《礼·祭仪》说：“君子有终身之丧，忌日之谓也。”在忌日，禁止饮酒作乐，甚至禁食（《后汉书·申屠蟠传》说：“（蟠）九岁丧父，哀毁过礼……每忌日，辄三日不食。”）。佛教规定农历一、五、九月为“忌月”。在此三个月中信徒要素食，斋戒，禁屠宰。伊斯兰教规定：每年有一个月为“斋月”，在此月中，禁白天进食和过性生活。按西方人习俗，忌讳星期五和13这个数字。每星期五和每月13日则不敢出门。如星期五适为13日，更使他们担惊受怕。门牌号为13号的房屋无人敢于承租，旅馆13号房间无人敢住。

上述分类说明，与禁忌规定相联系的神圣对象，不单是人格化的神灵和超自然的神秘力量，而且神性物存在于其中的时间、空间形式也被视为神圣而有相应的禁忌规定。

第二种：按照禁忌规定本身的表现形式和物质手段，可以把禁忌分为：

（1）语言禁忌：在神圣对象、神圣场所、神圣时间内，禁说污秽不净、亵渎神明的言词，或不吉利的话，非说不可的术语常用谐语或隐语代之，以避其讳。我国民间旧俗，船户出航时，吃饭不许说“饭”（因“饭”与翻船的“翻”同音）；进城不许说“城”。（因“城”与沉船的“沉”同音）。我国贵州的彝族，在请巫师驱鬼时不敢说“鬼”一词，而以他词代之，怕鬼听见后前来加害。鄂温克族在猎获其图腾物熊时，任何人不准说熊是“我们”打死的，要说是其他民族打死的。而且不准说熊死了，要说熊“睡觉”了。

（2）行为禁忌或作业禁忌：从事某项生产和事务时，要在行为上严守一系列禁忌。我国古代种庄稼、出门办事都要选择良辰吉日，避开凶时忌日。甚至北魏贾思勰的《齐民要术》这样的经济和技术性的著作中都有遵守此类禁忌的记载：“凡九谷有忌日，种之不避其忌，则多伤败。”（《种谷》编）贵州彝族每逢“凶日”（农历1、4、7、11四个月的子、午、丑日，2、5、8、10四个月的卯、酉、戌日称为“红煞”凶日），不得外出。贵州苗族在其父母死后一个月内不能过桥，不能赶场。西南地区不少的少数民族（如彝、佤、纳西、景颇、哈尼等），每寨皆有“神林”，被视为神圣住地，严禁砍伐、拾柴以及任何破坏森林的行为。新几内亚的土人编织渔网未完成时，不敢出屋，不许有性行为，吃饭时手指不能触及食物，不敢多食，不敢高声说话，狩猎时，领头的人不敢沐浴，不敢睡眠，不敢说话，发令时则使用模拟的姿势。安哥拉人铸铁时不准女人在场，否则必败无成。印度的亚散姆人出战前不敢与妇女同床，甚至不敢吃女人所煮的食物。

（3）饮食禁忌：饮食是生活所需，生命所系，在人们的日常生活中居于头等重要的地位。故饮食方面的禁忌最能体现对神圣物的情感。在宗教禁忌中，饮食禁忌是最常见，最重要的禁忌。

各个民族和社会群体在饮食方面都有关于与其宗教文化传统相联系的禁戒规定。有的规定涉及食物的种类：何者可吃，何者不可吃。图腾民族一般都规定不可吃（或不可未经特定的宗教法术仪式而随意吃）被尊为图腾的动植物。中国佛教从五戒的“戒杀生”发展而禁止吃肉（印度佛教允许吃洁净的肉。即：如果这肉不是为吃的目的而取得的就可以吃，它认为杀生之罪在宰杀者之身，与吃的人无关）。

犹太人的饮食禁戒在《圣经》的《利未记》（第十一章）和《申命记》（第十四章）中有详细而具体的规定。它所规定的不可以任何方式吃的禁戒食物有：不反刍的动物和蹄没有分两瓣的动物（如猪和马）及其加工产品；没有鳍和鳞的鱼；血；海里的食物（如蛤、蚝、虾、蟹）；其他一切爬行动物以及《圣经》里所列的禽类。

伊斯兰教所规定的饮食禁戒很多取自犹太教的摩西律法。穆罕默德特别禁止穆斯林吃死动物的肉、血、猪肉和奉献给偶像的食物。《古兰经》和摩西律法在饮食禁戒上的最大差别在于酒类饮料。犹太人虽然不喜爱含酒精的饮料，但是并不禁止饮酒。穆罕默德则不同，他绝对禁止任何这类饮料。

基督教没有制定出复杂的饮食禁戒法规，这可能是因为在基督教初期犹太派和希腊派两大教派之间曾就是否遵循摩西饮食禁戒问题发生过争论的结果。耶路撒冷宗教会议提出过一个作为协商的方案：凡奉献给偶像的肉、动物血、被窒息而死的东西都必须禁吃。这样一来，就使非犹太族的基督徒摆脱了摩西律法的饮食禁戒规定。但希腊派的代表人物保罗仍持不同立场，他认为“没有一样东西本身是不洁净的”。所以，《新约》对于有关洁净食物的法规都拒不接受。传说耶稣曾宣称：任何外界因素都不可能造成秽渎。使徒彼得见到了一个异象：从天上降下来一大块布，上面有各种飞禽走兽，神的声音宣布它们都是洁净的，可作为食物。这个异象的传说，使教会得以放弃《旧约圣经》有关食物的禁戒规定。我们可以合理地推断，这则传说大概就是反对犹太派食物禁忌规定的人造出来的。

各种宗教的食物禁忌还有一种情况，它不涉及对食物禁食或可食的种类，而是在特定的时间和空间有相应的禁忌规定。至于何时何地，则视各种宗教对神圣时间、神圣地点的教规而异。

在原始民族的宗教中规定，孩子成长的不同阶段都有或长或短的禁食期。如美国北部印第安人（如密克马克人、蒙大格奈人、奥吉布瓦人）认为吃得少是一种完美的行为，因此从小就使之做准备。开始时作一两天的短暂禁食，以后逐渐增加禁食天数，到行成年礼时则禁食长达十天之久。在此期间，禁食者被隔离开，单独住在一所茅屋内，不仅不吃食物，而且不喝水。

我国傈僳族生孩子后，大人不吃白灰色畜肉及母猪、母牛肉，否则，会触怒鬼神而降灾。爱斯基摩妇女分娩后四天内必须严守食物禁忌，不吃生肉，不喝生血，只能吃那些他们认为有益于婴儿的食物。如她应该吃鸭翅膀以便使她的孩子长大后善于跑步和划船等。

犹太教规定在逾越节不吃一切含发酵物的食物，而且节日使用的餐具在一年中其余的日子里不能再予使用。犹太教还规定妇女在月经来潮之后，如不行相应的宗教仪式使自己洁净就绝不可接触或制作泡菜、酒或甜菜汤。如有违反，据信那些食物就会变坏。

基督教也有关于在特定时间进行饮食禁忌的规定，如历史上有在四旬节实行禁食和禁欲的禁戒。有所谓“祝祷日”，即在某个宴会日和节日前一天举行斋戒的日子；“祈祷日”，即在“耶稣升天节”前的三天内，以禁食为过节做准备。

在基督教的修道生活中，禁食被认为是最有效的一种苦行措施。

其他各种宗教在其具有神圣意义的宗教节日里都有关于饮食的禁戒规定。

宗教禁忌的功能

禁忌在宗教生活中具有显著的功能。禁忌本身就是神圣观念的伴生物，它反过来又可强化神圣观念的神秘性，把神圣对象置于神秘莫测、神圣不可侵犯的地位。如果宗教不围绕神圣事物设定一系列禁忌规定，它就和普遍凡俗之物处于同等的地位，不复成其为神圣。宗教生活以神圣事物为其核心，而以禁忌规定为其神圣物的支撑。

有些宗教系统的禁忌规定，其主要目的之一就在于获得神秘性的宗教体验。许多原始民族的成年礼的禁忌是非常严酷、阴森可怕的。如：要把成丁的少年隔离起来，严禁接触异性，更不能过性生活，特别是一系列的饮食禁忌。在很长一段时间内禁吃许多种食物，有的部族禁食时间可长达两三年，有的部族规定相当一段时间（可长达十天之久）完全绝食。长时间禁忌和苦行生活，除了具有脱离过去，进入新生（成年人集团）的象征意义以外，主要就是在此绝食苦修期间，通过成年礼的少年会出现精神错乱现象，因而容易引起关于神或精灵的幻觉和异象。在图腾社会里，这种幻象通常就是作为氏族神之象征的动物形象，这个形象于是就成了这个少年的保护神。伊斯兰教的“斋月”，看来就是原始宗教绝食禁忌的遗风。斋月禁食的宗教意义大体上也是如此。据伊斯兰教神学家爱勒吉斯尔说，斋戒的目的有二：一是顺从主命，禁戒私欲，使理智控制嗜欲，不让它再自由地指挥理智，去违犯法律；二是通过饥饿和痛苦，才能想象饥民饥饿时可怜的状况，以此激动其恻隐之心，以便使其慷慨好施，乐于缴纳“天课”。与原始宗教中的绝食禁忌相比，伊斯兰教增加了伦理方面的含义，但本质上是借此培养对真主的顺从。在各种宗教体系中，虔诚的宗教信徒总是严守禁戒的典范，他们处处谨小慎微，唯恐触犯神怒。他们禁制了生理上和精神上的欲望，也丧失了意志和行动上的自由。但制服其欲求与自由者，并不是人的理智，而是神秘力量和神的权威。

宗教的禁忌规定必然在社会生活中发生自己的作用和影响。这种社会作用的功过，在不同性质的社会体制中和不同的历史阶段上应该是有所不同的，要作具体分析，不可一概而论，英国人类学家玛丽·道格拉斯在其《洁净与危险》一书中，对见于《旧约圣经》中的食物禁忌，作过相当深入的研究。她认为，通过禁忌规定把事物区分为污秽与洁净，是文字前社会或部落用以维持其对外隔离，对内认同的社会标志。一个社会群体的成员为了表示他属于这个群体，就得遵奉表示其社会身份的标志：他不可吃图腾物，不可吃被认为是亵渎不净的食物和饮料。他应该参加吃圣餐，以及遵守与他那独特群体有关系的其他礼仪。他据此就可以宣称他和其他所有群体有所区别，而与他自己的群体成员一致。所以，宗教性的食物禁忌是加强群体的内部团结，培养成员的认同感的一种手段和方法，在那个部落社会之间互相争战的历史年代里是社会的必需，有不容否认的社会历史作用。玛丽·道格拉斯的观点，对我们分析和评价其他宗教禁忌现象有一定的启发意义，值得借鉴。瑟德布罗姆认为原始人对禁忌制度的神圣感是社会的生命和力量的源泉，当然是言过其实之词。但是，禁忌规定的产生和存在又是历史的必然，有其社会的根据和理由，它有适应社会需要的一面。按照瑟德布罗姆的说法，严酷的禁忌制度成了原始人在生活上必须遵守奉行的“无上命令”，使原始人的动物式的欲望受到限制，由此受到自制的教诲，有助于原始人伦理意识的培养。弗雷泽也说，与神圣观念相联系的禁忌制度在社会生活中对确立和稳定政治，对确保私有财产不被盗窃和不受侵犯，对婚姻的神圣性，对保护和尊重人的生命都有作用和意义。瑟德布罗姆和弗雷泽的说法是有一定道理的。在特定的历史意义上，我们似乎可以这样说，原始社会以来的社会生活中，如果没有与神圣观念联系的宗教禁忌制度的严酷可怕的制裁，社会的文明和进步是难以想象的。当然，我们不能把宗教禁忌在一定历史阶段上的这种社会作用抽象出来，绝对化地应用到一切历史过程之中。随着历史的进步和文明的发展，人的理智水平和道德水平提高了，人际社会关系对个人行为的制约和调整能力加强了，宗教禁忌制度越来越成为人的愚昧无知、软弱无力的根源之一，对人的主观能动性的发挥是巨大的精神枷锁。这个客观存在的事实，古代的有识之士早就看到了。《老子》认为社会上禁忌愈多，人民必然愈益贫困："天下多忌讳而民弥贫。"对禁忌的这个批判尖锐而又深刻。班固的《汉书·艺文志》谈及阴阳家的功过时，对宗教禁忌有这样一段评价："阴阳家者流，盖出于羲和之官，敬顺昊天，历象日月星辰，敬授民时，此其所长也。及拘者为之，则牵于禁忌，泥于小数，舍人事而任鬼神。"司马谈的《论六家要指》也说："阴阳四时，八位，十二度，二十四节，各有教令，顺之者昌，逆之者不死则亡，未必然也，故使人拘而多畏。又谓春生、夏长、秋收、冬藏，此天地之大经也，弗顺则无以为天下纲纪。故阴阳家序四时之大顺不可失。若拘牵禁忌，则畏鬼神废人事矣。"班固与司马谈的评论相当全面中肯。顺乎自然法则，是生产之所必须，但附会为鬼神，拘牵于禁忌，则"使人拘而多畏"、"畏鬼神废人事矣"。古人尚有如此见地，今人当作何评论，也就无须多谈了。《老子》、班固、司马谈这里虽不是专指宗教禁忌，但显然是包括宗教之类的禁忌在内的。

第三节　献祭与祈祷

献祭与祈祷的性质

献祭与祈祷是信仰者与信仰对象、人与神进行交际和交通的行为方式，表现了人对神的感情和态度。宗教的神灵作为支配人们日常生活的异己力量的人格化，必然在人们的内心世界引起对它的依赖感和敬畏感。有所依赖就有所祈求，有所敬畏就有屈服于神灵的行为和言辞。祈求的方式可以是奉献礼品，换取神的帮助，可以是阿谀奉承求其慈悲，也可以是卑躬屈膝求其怜悯……这些常见于宗教生活中的现象就是献祭与祈祷。所以，献祭和祈祷乃是对神灵依赖感和敬畏感等宗教感情的行为表现。信仰者通过这样的宗教行为与其所信仰的神圣对象打交道，求得神的帮助来达到和满足自己的目的和需要。

献祭是用物质性的供品来换取神灵的帮助和恩赐。在汉语中，据《说文》，"祭"之字义从月（同肉），从又（同手），从示（祀神）。意思是说，用手拿着肉（祭品）献给神享用。《孝经·士章疏》的解释是："祭者际也，人神相接，故曰际也。"两种解释，精神上基本一致：供献牺牲，与神打交道，把人间事务（自己所要达到的目的）禀告神灵，冀求神灵赐福，表现了人对神的依赖感和敬畏感。有些宗教神学家，把献祭行为解释为敬天拜神活动，似乎是纯粹出于高尚的伦理动机的行为。我国古代典籍也有类似说法。《礼记·礼器》说："君子曰：祭祀不祈。"祈即祈求，似乎君子之祭无所求于神明，否则就不是君子，而是小人了。其实，这完全是不符合事实的溢美之词。献祭行为的宗教心理既是依赖感，就必然有所祈求；如无所求，则无所谓依赖。所以，献祭心理决不像神学家所说的那么高尚无私，对神的态度也绝不是单纯地只有谦卑和虔敬的一面，而是有着与此对立的心理活动。试以原始社会的自然宗教为例，原始人之所以崇拜自然物体和自然力量，对之献礼敬拜，根源在于人对自然的需求中感觉到如果没有自然，我就无法存在。自然于是便从人们生存所依的对象变成了神圣的对象。可是，人为了生存，便必须占有自然；在人的需求的后面和对面，有着与之相反的另一种感觉：享受。享受使我感觉到我自身的存在，感觉到我的不同于自然的独立性。在人的生活和体验中存在着需求自然与享受自然、敬拜自然与占有自然的对立：需求与敬拜是畏神的，谦卑的，虔敬的，而享受与占有是傲慢的，忘神的，不敬的。享受和占有自然是人在生活实践上的必需，这个"必需"却与人对自然的那种理论上的敬拜直接矛盾。宗教上的献祭行为就是这些矛盾的心理过程的统一。向自然索求并占有自然者便做出了各种献祭的动作，说出了各种祈求的言辞，向神格化的自然进行商品贸易式的交换，在感情上进行安慰，在物质上给予补偿，在言词上表示谦卑。随着神灵观念的发展，神被信仰者赋予了更大的权能和更高的道德属性，人的依赖感和敬畏感也相应而发展到更高的程度。人们更是觉得必须向神献祭，感恩祈福了。

费尔巴哈是这样来论说献祭的性质和目的的：

> 宗教的整个本质表现并集中在献祭之中。献祭的根源就是依赖感——恐惧、怀疑、对后果对未来的无把握、对于所犯罪行的良心上

的咎责，而献祭的结果，目的则是自我感——自信、满意、对后果的有把握、自由和幸福。[①]

当然，这种相信献祭之后神必相助的自我满足感，仅只是主观性的感觉，是虚幻的自由和幸福。

信仰者对神圣对象的祈祷活动本质上与献祭行为完全一致，都是人对神的信赖感和敬畏感的行为表现。但央告和祝祷可能是进行在献祭之后或出现于整个祭祀仪式过程之中，也可能不供献物质性的牺牲和供品，而只表现为歌功颂德、阿谀奉承的祷告词。就祈祷这一概念的内涵而言，它主要是通过语言形式和身体动作来表现信仰者内在的对神的依赖感和敬畏感，不一定要求供献祭品。不过，在现实的宗教生活中，献祭与祈祷经常是联系在一起进行的。

按照费尔巴哈的分析，对神的祈求和祝祷不仅表现了人对神的依赖感和敬畏感，而且也表现了人的意志和能力之间、愿望和获得之间、目的与结果之间、想象与实现之间、思想与存在之间的对立矛盾。人在意志、愿望、想象中是一个不受限制的、自由的、无所不能的东西，可以说是一个神；但在人的能力、获得和实践中，却是一个有条件的、有所依赖的、有所限制的东西，即是一个与神相反的人。宗教的意图和目的，就在于解决和破除这个矛盾和对立，通过对神的祈求和祝祷，使我的意志、愿望和想象成为可能和现实。所以，神不是别的，而不过是被人当做一个有求必应的祈祷的对象。宗教崇拜的神灵，主要是人的目的和需求的对象。在渔猎社会中，人们需求的主要对象是鱼和禽兽，人们就祈求与此有关的神灵。在农业社会中，人们希望庄稼丰收，便祈求阳光和雨水。人们总是久旱求雨，久雨求太阳。祈求只是人的意愿，人本身并无实现的能力。可是人们的身体和能力所不能办到的，却是愿望本身所能办到的，于是，凡是人们要求和希望的，人就用祈祷来鼓动。在人热情奔放的时候，他就把自己的本质放到自身之外，把它人格化为神。在这个意义上，费尔巴哈进一步指出：

祝祷是宗教的来源，是宗教的本质自身——神灵的本质无非就是

① 《费尔巴哈哲学著作选集》，下卷，第462页。

> 祝祷的本质。神灵是超人的、超自然的实体；但祝祷岂不也是超人、超自然的东西吗？比如说，当我进行祝祷，要做一个不死的、解脱凡躯桎梏的东西的时候，在我的希冀和我的幻想之中我是否还是一个人呢？不是的！一个人没有希冀，也就没有神灵。希腊人为什么要这样强调神灵的不死和天福呢？因为他们自己不愿意死，不愿意无福。什么地方你听不到人悲歌人世的无常和苦恼，什么地方你也就听不见人歌颂不死和幸福的天神。人心中的泪水，只有在幻想的天界里蒸发消散，化为神圣的云雾。荷马从奥克安诺斯的宇宙洪流中引出了诸神，可是这个充满神灵的洪流实际上只是人类感情的流溢而已。①

费尔巴哈之所以认为祈祷体现了宗教的本质，是因为他认为祈祷心理是宗教异化的心理基础。人的意志与能力、愿望与收获、目的与结果、想象与实际、思想与存在的对立和矛盾，一方面产生了集主观愿望之大成的神灵；另一方面则产生了对神灵的祈求与祈祷。

有些著名的宗教学者从不同的世界观和宗教观也得出了类似的结论。美国实用主义哲学家和宗教心理学家威廉·詹姆士也说，没有祈祷就没有宗教。西方的宗教学者一般都把祈祷行为当成宗教的核心和宗教不同于巫术的基本标志。伊斯兰教的《古兰经》被认为是一部祈祷书；《圣经》(旧约）中的《诗篇》被看成是从对圣经历史的沉思转变而成的祈祷文；圣奥古斯丁的《忏悔录》本质上是他向造物主所作的长篇祈祷。印度的《吠陀》，我国的《书》、《诗》中的不少篇章，其基本内容实际是歌颂神的威德，祈求神的福佑的祈祷词。如果说，没有理性便没有哲学，那么，可以认为，没有祈祷便没有宗教。当然我们同样可以说，没有巫术，没有祭祀，也没有宗教。它们都是对待人—神关系，进行人—神交际的不可缺少的方式和手段。

在献祭和祈祷行为中，人是祈求者，神是满足祈求者。神灵是赐福的实体，天福则是献祭和祈祷行为的目的。各种宗教为了扩大其对信众的影响，都在教义上宣传神是无所不能，有求必应的赐福者。在这方面，献祭和祈祷具有巫术一样的功能，但祈求者的愿望并不能因一次祈祷行为而必然实现，为此，各种宗教一般都强调献祭者、祈祷者的信念和信仰的

---

① 《费尔巴哈哲学著作选集》，下卷，第464—465页。

“诚”。“诚则灵”，“不灵则不诚”，这是诠释祭祷是否能予实现的基本原则。按照宗教神说和某些唯心主义哲学的讲法，一个人如果在精神上，信仰绝对虔诚（“至诚”），他的精神就可以与天地鬼神互相贯通。我国的《中庸》一书特别热衷于宣扬这一套具有浓厚宗教色彩的理论：

> 惟天下至诚，为能经纶天下之大经，立天下之大本，知天地之化育。夫焉有所倚？肫肫其仁，渊渊其渊，浩浩其天。苟不固聪明圣知达天德者，其孰能知之！

这也就是说，至诚的精神，洋洋浩浩，充弥天地之间，达于天德，与天地相通。《中庸》还进一步宣传人在祭祷鬼神时必须绝对虔诚，因为鬼神之灵如在祭祷者上下左右，监临着人的一切思念和言行：

> 鬼神之为德，其盛矣乎！视之而弗见，听之而弗闻，体物而不可遗，使天下之人齐明盛服，以承祭祀。洋洋乎，如在其上，如在其左右。诗曰：“神之格思，不可度思，矧可射思。”夫微之显，诚之不可揜如此夫。

既然鬼神之灵，体物而不可遗，充盈万物之内，存在于上下左右之间，烛照内心，洞察幽明，隐微俱显，祭祷者岂可不诚！

儒家神学化的代表董仲舒在其《春秋繁露·祭义篇》中，不仅强调祭祀过程中的“诚”的意义，而且还加上“洁”作为祭祀的重要条件：

> 君子之祭也，躬视之致其中心之诚，尽敬洁之道，以接至尊。

这个“洁”，在各种宗教体系中就是所谓“洁净仪式”。

如果说中国的儒家和传统宗教对于“至诚”精神在祭祷行为中的作用，还比较着重于伦理方面的意义的话，那么，那些宣扬献祭和祈祷可以得到神灵“有求必应”的报偿的宗教，则径直强调虔诚的信仰和祈祷在实用方面的巫术性效果。我国民间的观世音菩萨的信仰者总是相信只要在灾患中祷念观世音之名，观世音就会显灵，救人于危难之中。净土宗信徒则相信只要经常虔诚地祷念阿弥陀佛，佛就会亲来迎接，度上西天净土。在这方面，基督教《新约圣经》也为我们提供了典型的例证：

> 你们若有信心，不怀疑，不但能行无花果树上所行的事（由于耶稣诅咒，无花果树立即干枯），就是对这座山说，你挪开此地，投在海里，也必成就，你们祷告，无论求什么，只要信，就必得着。①
>
> 你们当信服上帝。我实在告诉你们，无论何人对这座山说，你挪开此地投在海里，他若心里不怀疑，只信他所说的必成，就必给他成了。所以我告诉你们，凡你们祷告祈求的，无论是什么，只要信是得着的，就必得着。②
>
> 你们中间有受苦的呢，他就该祷告，有喜乐的呢，他就该歌颂。你们中间有病了的呢，他就该请教会的长老来，他们可以奉主的命用油抹他，为他祷告。出于信心的祈祷，要救那病人，主必叫他起来。他若犯了罪，也必蒙赦免。所以你们要彼此认罪，互相代求，使你们可以得医治。义人祈祷所发的力量，是大有功效的。以利亚与我们是一样性情的人，他恳切祷告，求不要下雨，雨就三年零六个月不下在地上。他又祷告，天就降下雨来，地也生出土产。③

只要有信心，不怀疑，对上帝绝对地诚，一切祈祷皆能如愿有成。如果所求不成，那也不是上帝的无能或不义，而是祈祷者不信不诚。《雅各书》把这称之为上帝对人的考验。失败由于疑而不诚，忍耐必然成功：

> 我的兄弟们，你们落在百般试验中，都要以为大喜乐。因为知道你们的信心经过试验，就生忍耐。但忍耐也当成功，使你们成全完备，毫无缺欠。你们中间若有缺少智慧的，应当求那厚赐与众人、也不斥责人的上帝，主就必赐给他。只要凭着信心求，一点不怀疑。因为那怀疑的人，就像海中的波浪，被风吹动翻腾。这样的人，不要想

---

① 《新约圣经・马太福音》，第 21 章，第 21—22 节。

② 《新约圣经・马可福音》，第 11 章，第 22、23、24 节。

③ 《新约圣经・雅各书》，第 5 章，第 13—18 节。

从主那里得什么。心怀二意的人，在他一切所行的路上，都没有定见。①

基督教圣经的这些说法，表现了宗教祈祷对人民的精神麻醉作用：它把人们祈祷愿望的实现，归之为信仰的虔诚和上帝的恩惠；而把祈祷的失败，归结为信仰的不诚和上帝的考验。成败皆有理，这就是宗教的广大神通。

献祭与祈祷的种类

献祭表示了人与神之间的宗教关系。献祭行为有三个主要的构成因素：一是献祭的对象（神）；二是献祭的主体（人）；三是献祭的供品。如果我们要对献祭行为分类的话，大致可以根据上述三个方面进行。

献祭的对象当然随各种宗教而有不同。原始宗教相信万物有灵，故有灵者皆祭。犹太教奉耶和华为唯一的上帝，于是反对祭别神。我国传统宗教的核心是尊天、敬祖、拜鬼神。相信天神干预人事；鬼神掌管日月风雨，治理山川；祖宗父母为生命之本，死后灵魂不灭。为此，必须向天地、鬼神、祖宗表示敬拜之情，借以求福，免灾，报本，于是乃有献祭之礼。据此，祭祀可区别为祭天地、祭鬼神、祭祖宗三类。

《礼记》根据古人献祭的对象，把祭祀之典分为五种：天地、社稷、山川、五祀、② 祖先。历代的情况虽有变化，但大体相同。《大清会典》的祭统分为三等十八项：

凡祭三等：圜丘、方泽、祈谷、雩祀、太庙、社稷为大祀；

日、月、前代帝王、先师孔子、先农先蚕、天神、地祇、太岁为中祀；

先医等庙、贤良、昭忠等祀为群祀。

其中，祭天地神明属于宗教性祭祀，祭先师圣贤属于社会性纪念活动，祭祖宗则介于二者之间，属半宗教性、半纪念性活动。

在阶级社会中人被划分为不同的阶级和等级。因此，人的献祭活动也受制于他所属的社会等级，从而有所不同。我国古代礼仪对此有具体的规定。表现出严格的阶级性。《礼记·王制》的规定是：

---

① 《新约圣经·雅各书》，第 1 章，第 2—8 节。

② 据《礼记·王制》："五祀，谓司命也，中霤也，门也，行也，厉也。"

> 天子祭天地，诸侯祭社稷，大夫祭五祀，天子祭天下名山大川、五岳视三公，四渎视诸侯，诸侯祭名山大川之在其地者。[①]

《礼记·祭法》规定更具体一些：

> 王为群姓立七祀：曰司命，曰中霤，曰国门，曰国行，曰泰厉，曰户，曰灶。王自为立七祀。诸侯为国立五祀：曰司命，曰中霤，曰国门，曰公厉。诸侯自为立五祀。大夫立三祀：曰族厉、曰门、曰行。适士立二祀，曰门，曰行。庶士庶人立一祀：或立户，或立灶。

天子可祭祀百神，行七种祭祀。诸侯、大夫、庶人递减，庶士庶人仅是一家之主，只可以祭祀户神或灶神了。

当然，上述规定，是就举行正式的祭祀典礼而言，民间自发性的献祭活动并不完全受此局限。至于其他的国家和民族的宗教献祭活动由于历史传统和宗教文化背景的不同，各有自己的特点，难以简单归类。

祭祀必献祭品于神。祭品和人际关系中的礼品是一样性质的东西，礼品有大有小，供品亦有轻有重。一般情况总是视神圣对象之等级和祈求者个人的社会身份而定。祭品有献牲的，也有不献牲的。我国古代对此有分别：无牲而祭曰荐，荐而加牲曰祭。加牲亦有等级，分为太牢和少牢。太牢具有三种牲：牛、羊、豕。少牢则只具两牲：羊、豕。在世界各民族的宗教史上，差不多都有过以人为牺牲的情况。人祭是最隆重的献祭品。据我国古籍，春秋时代，尚有宋襄公杀鄫子于次睢之社，华元杀楚使以衅鼓的记载。直至新中国成立前夕，我国云南的佤族仍有猎人头以祭谷魂的陋习。古代墨西哥特别盛行人祭。据统计，每年在庙宇中杀人祭神者一般数达二千五百人，其中有一年竟达十万人之多。据印度的《百段梵书》记，古印度的祭典，其初原以人为祭，其灵魂逃走而入于马中，更以马为牺牲；其灵魂逃走而入于牛，再入于羊、野羊，而进入土地之中，从土地生出米麦，从此以后，用米麦代人为牲。这段记载反映了献祭之供品的发展过程。按基督教教义圣餐礼中的麦面饼和酒，乃是耶稣的肉和血。据宗教

① 五岳是：泰山、衡山、华山、恒山、嵩山。四渎是：长江、黄河、淮河、济水。

学者的分析，这显然是原始时代行人祭之后分食牺牲的遗风。

宗教学者就祈祷词的目的，内容和祈祷行为的表现形式，把祈祷分为以下几种类型：

（1）祈求。求神赐福，实现祈求者物质生活和精神生活中的欲求。

（2）忏悔。向神承认自己有罪，借以表示对神的坚定信仰，并求得神的宽恕和赐福。据《论语》，孔子生病时，子路请祷于上天。孔子说："获罪于天，无所祷也。"子路所说的"祷"当是以忏悔己罪为内容的祈祷。不过，孔子的看法不同。他认为，如果开罪于上天，祈祷也无用，悔之也晚了。

犹太教和基督教都强调忏悔的意义，认为是个人得救的第一步。按佛教教规，僧侣每月应有两次在佛陀和僧众面前公开承认自己的罪过。

（3）代祷。祈祷可以由个人自己进行，也可以由别人代为进行，是为代祷。代祷在原始宗教和各种宗教中都存在。原始人可以为家庭、氏族和部落的其他成员代祷，这反映了原始群体中的团结意识。古印度《梨俱吠陀》的赞歌里，父亲为他的所有后裔（家族）向火神阿耆尼恳求，犹太人的领袖摩西经常为犹太人祈求上帝宽恕，耶稣在钉在十字架上还代为行刑的刽子手向上帝祈祷："父啊，赦免他们。因为他们所作的，他们不晓得。"（《路加福音》第23章第34节）基督教神学家据此把耶稣的代祷说成是救世主的使命，从而是有神圣意义的。后来基督教的殉道者（如第一个有记载可查的殉道者圣司提反）在殉难时也重复耶稣那句"代祷词"。

（4）礼拜或崇拜。宗教神学家一般把礼拜或崇拜说成是最高尚的祷告形式，因为崇拜最充分地表现了人对神的敬畏感。原始人在超自然力量玛纳和塔布之前往往畏怖得发抖。在其他宗教的崇拜性祈祷中，信众对神往往表现出依赖和顺从的感情。信仰者唸诵祷词，高唱赞歌，两臂高举，抚摸或亲吻圣物，深深鞠躬，甚至五体投地。在做这些崇拜动作时还不时发出表示敬畏、惊奇或欢乐的喊叫声，如"哈斯"（希伯来人）、"呼"（伊斯兰）、"斯瓦哈"（印度教徒）。诸如此类，不一而足。以伊斯兰教的崇拜为例。

伊斯兰教礼拜仪式规定礼拜者先说"真主至大"，同时两手高举，然后严肃而立，如仆见主，且先注视地上，两手交于脐下，然后诵读《古兰经》第一章：《法谛海》：

奉至仁至慈的真主之名

一切赞颂，全归真主，全世界的主，至仁至慈的主，报应日的主，我们只崇拜你，只求你佑助，求你引导我们上正路，你所佑助者的路，不是受谴怒的路，也不是迷误者的路。

这种礼拜仪式和祝祷词，其基本精神即在于表现和加强穆斯林对真主的敬畏之感和崇拜之情。

（5）与神合一的祈祷。各种宗教神秘主义派别一般都强调通过崇拜性祈祷与神交通。在祈祷中获得与神直接会话以至与神合一的神秘经验。按照16世纪西班牙阿维拉的神秘主义者圣特丽莎的说法，祈祷的精华是独自与心爱的神经常谈话，与神保持亲密的友谊。神秘主义者在祈祷中与神合一的体验，从科学的心理学看来，实质上不过是神志专注于神所产生出来的心理幻觉。祈祷行为本身是宗教神秘感的体现，但它又可反过来加深宗教感受和宗教体验的神秘性。各种宗教，特别是神秘主义者教派之所以着重强调祈祷在宗教生活中的作用和意义，其主要原因之一即在于此。

献祭与祈祷的功能

宗教家和具有宗教倾向的宗教学者特别热心于宣扬献祭、祈祷行为在纯化精神方面的意义和净化道德方面的价值，似乎献祭和祈祷克服了人在巫术行为中所表现出的傲慢、自大和贪欲，而表现出了人对神的尊敬、爱慕、畏惧、谦卑、虔诚，这就培养和加强了人的美德，有助于社会秩序和人际关系的安定。这个说法有一定的道理和事实根据。献祭和祈祷确实更充分地体现了人对神的敬畏之感和虔诚信仰之情。它强化了人对神的依赖和驯服，固定了人—神的关系，从而也固定了人—神关系所表现的人—人关系。但是，献祭和祈祷的这种道德功能和社会功能是否就是真正的“善”或“美德”，是否真正有益于社会和历史的进步，却需要另做分析。这主要决定于不同历史阶段上人—神关系所体现的人—人关系的性质。如果当时的人—人关系有其历史的合理性，符合于社会发展的需要，那么，通过献祭和祈祷之类宗教行为来固定和强化当时的人—神关系和人—人关系，也就符合于历史的要求；如果当时的人—人关系已成为社会历史发展的桎梏，献祭、祈祷等宗教行为，神化它的社会功能就只是消极的作用了。在阶级社会中，献祭、祈祷所表现出的人对神的尊崇、谦卑和虔诚，最后，总是落实到被压迫阶级对统治阶级的驯服，尽管那些善意的宗教献祭者和祈祷者不一定自觉地意识到这一点。

献祭和祈祷，并不是像有些宗教学者所说的那样，是什么纯精神性的宗教要求。正如费尔巴哈指出的，献祭和祈祷是人的依赖感的反映，表现了人自己无法实现的生活欲求，在这方面，它们和巫术行为一样，都是以满足自己欲求为目的的手段。献祭、祈祷与巫术之间的区别并不是追求精神性目标和追求物质性目标的对立，更何况，目的的精神性或物质性并无高尚与卑贱之分。祈祷死后的天堂并不比呼风唤雨、祈求丰收的巫术更真、更善、更美。墨西哥宗教的大规模人祭确乎充分体现了人对神的尊敬、爱慕与虔诚，但谁能说它比云南佤族的猎人头祭谷魂的巫术更高尚呢？基督教的圣餐礼，当然比血淋淋的人祭在道德上净化多了，但基督教神学家所谓圣餐礼上吃的是耶稣的肉，喝的是耶稣的血，其中究竟有多少高尚的道德意识呢？善良人对这种“吃人肉、喝人血”的礼仪难道不觉得恶心反胃吗？在社会生活中，每一个正直的人，无论是宗教信仰者也好，不信仰宗教的无神论者也好，都希望公正，讴歌正义；都会对贪赃枉法的邪恶之行和营私舞弊的不正之风义愤填膺，难以容忍。如果把这种共通的道德原则用之于宗教世界，我们大概就会发出共同的疑问：为什么作为人间真善美之最高表现的神明一定要接受礼献的祭品，倾听阿谀奉承的祈祷词，才动慈悲之心和怜悯之情，予人们以帮助呢？实际上，这种受礼而后徇情的行为，是不配在道德方面为人师表的。

第五章　宗教的组织与制度

古往今来，世界历史上出现过的任何一种具体的宗教都是由具有相同信仰的众多个体组织起来，结为一个群体或团体；他们的信仰和表达其信仰的行为与活动被严格一致地规范化，形成信仰者必须奉为神圣的各种制度，没有一定的组织和制度规范起来的宗教是不存在的。宗教的组织和制度是一切宗教得以形成、赖以成型的基本要素。

为什么宗教的组织和制度构成了宗教的基本要素？它与宗教的其他要素是什么样的关系？它的性质、意义是什么？它在宗教诸要素所构成的宗教体系中起着什么样的作用，它本身含哪些内容？这些是宗教学必须回答的问题。但是，遗憾的是我们过去还未对此进行过系统的研究。即使有之，也是零星散乱的。如未探索其科学的根据，确立其理性的原理，当然也就谈不上对之作出科学的说明。1989 年出版的《宗教学通论》曾辟有《宗教的组织与制度》一章，对此问题进行了专门探讨，当时，我们已根据“宗教四要素说”把“宗教的组织与制度”列为宗教构成的四大要素之一。我们把宗教思想、宗教体验和宗教感情视为宗教的无形要素，而把宗教行为、宗教组织和宗教制度视为宗教的有形要素，它们之间的关系是内容和形式的关系。“宗教的思想、体验和感情是外在的有形因素所表现的内容，而宗教的行为、组织和制度则是内在的内容所决定的形式。”既然宗教四要素说确定了“宗教观念→宗教体验→宗教行为→宗教体制”四要素之间在结构上的有机联系和发展上的必然关系，那么，这个学说就应该而且有可能对“宗教的组织和制度”这个问题的各个主要方面（性质、意义、内容构成、发生发展、功能作用）作出具体而非空泛的、准确而非任意的说明。但是，应该承认，在我们建立了宗教四要素说的基础理论的当时，对这个理论的意义、内容及其应用，并未达到透彻的理解，对宗教四要素之间的具体关系（如：无形的内容究竟是如何决定有形的形式？形式又如何反映内容？）尚存在模糊不清的地方。我们今天有必要应用宗教四要素说的理论对宗教的组织与制度问题进行重新思考，作出更系统、更准确的说明。

宗教组织之所以得以形成，宗教制度之所以得以建立。其根本性的基础和条件在于宗教信仰的群体性或社会性。一个纯属个人的，仅为某个个人所信仰的宗教观念、宗教感情、宗教体验以及形之于外的宗教性行为，并不构成一种宗教；单个个人更谈不上结成为某个宗教团体或组织，形成为群体共同遵奉的宗教制度。但是，问题恰恰在于宗教之所以为宗教，就因为它是社会性、群体性的社会存在，而不是孤立的个人信仰和个人行为。既然有许多个体信奉同一种宗教，那就必然要求把这许多个体组合起来，结为一个有共同信仰的团体和组织，建立共同遵守的教义体系，行为规范和宗教生活制度，所以，宗教的组织与制度乃是宗教之社会性的逻辑展现和必然产物。本书之所以把宗教的组织与制度规定为宗教的四大基本要素之一，决不是随心所欲的一种安排。杜尔凯姆的宗教定义事实上也把“宗教组织”作为宗教的基础：“［宗教是］一种统一的信仰和行为的体系，这些信仰与行为与神圣的事物（即被与世俗事物区分出来，归入禁忌范围的东西）有关，这些信仰和行为把所有信奉者团结到一个称为教会的单一的道德共同体之中。”这就是说，建立在统一的信仰和行为之上的“教会”（宗教组织）乃是宗教体系不可或缺、不能分割的基础，宗教信仰的基本特点之一就在于它的社会共同性，它绝非信仰成员分别体认的，而是属于信奉者的群体，并由此而造成群体的统一性。他们以共同一致的思想方式来看待神圣世界及其与世俗世界的关系，并把共同的信仰、一致的观念化为实践行动，结成教会组织，组成统一的社会。杜氏认为，在人类的历史过程中，任何一种宗教都是有教会组织的。但组织方式则各有不同，有时，教会严格限于某个国家，有时又跨越国界，有时它囊括整个民族（如罗马、希腊、希伯来）；有时则只包括民族中某一部分（如新教以来的基督教社会）；有时教会由一个祭司来引导，有时却完全没有引导机构。但是无论在何处，只要我们见到有宗教生活存在，就会发现那里有构成宗教生活基础的特定体群体（教会）。杜尔凯姆关于宗教组织的性质的分析，与本书提出的宗教四要素说的基本思路是一致的（见第 77 页图示）。

宗教四要素说所发现的宗教体系的层次结构不仅可以使我们了解宗教的组织与制度作为宗教四要素之一在宗教体系中的性质与地位，还可以使我们进一步了解它应该包含的内容。

根据宗教四要素的层次结构，我们可以比较直观地理解到，宗教的组织与制度处在宗教诸要素组合而成的宗教体系的最外层，它的内容是其他三要素所决定的，是它们的外部形式或外在表现。离开了这三大要素，就没有自己的内容，它的特点无非是把其他诸要素的内容规范化和制度化。使个人的宗教组织化为社会性宗教，把个人内在的各具特色的宗教观念、宗教体验规范化为信众共同信奉的教义；把个人的内心体验变为信众共同追求的修行目标；把个人的崇拜行为程式化为共同奉行的宗教礼仪制度；从而使各种变动不居，随人而异的宗教要素固定化，规范化为神圣不可违犯的宗教体制。任何一种制度，无论是国家的政治制度，集团的约定俗成制度，还是宗教的神圣体制，它的性质、意义与作用只有一个，就是把国家的公民，集团的成员和宗教的信众的思想与行为统一起来，使之服从于共同的信念和规范。纯属个人的观念，感情和行为是无须建立某种规范和体制的，因为它只对个人有约束力，无须得到别人的赞同和服从。如果是这样，我们就可以在逻辑上推导出宗教的组织和制度作为宗教要素应包括如下几个方面的内容：

一、由宗教信徒的组织化而形成的宗教组织和科层制度；

二、由宗教观念的信条化而形成的教义系统和信仰体制；

三、由宗教体验和宗教理想境界的目标化而形成的修行体制；

四、由宗教行为的规范化而形成的宗教礼仪制度。

以下，将分别进行论述。

第一节 宗教信徒的组织化与教会科层制度

宗教组织的性质

宗教组织是宗教信仰者在其中过宗教生活、进行宗教活动的机构、团体、社会或其他形式的群体。当一种宗教信念不仅为某个个人所接受，而且得到众多信徒的信从时，他们就会在共同信念或共同信仰的旗帜下组织起来，采取一定的组合形式结为一定的团体。任何宗教团体和宗教组织本质上都是共同宗教信念或宗教信仰的产物，而组织形式则是它的表现形式并为之服务。这里所谓的共同宗教信念（信仰）也就是作为宗教之核心要素的宗教观念及其所伴生的宗教感情。

既然宗教组织本质上是宗教观念和宗教感情的外在表现形式，它的表现形式在一定程度上便为后者的内容所规定。各种不同的宗教和教派各有自己的宗教观念，形成不同的教义和信条，这就决定其外在的组织形式也各有自己的特点。原始时代氏族—部落社会以及以血缘关系为纽带而形成的宗法社会盛行的祖先崇拜，便把当时的祖先崇拜者组合在崇拜共同祖先的氏族组织和宗族组织之中。形成以氏族或部族为其组织形式的氏族宗教或部落宗教。佛教的僧伽组织和寺院组织，无疑是表现了佛教对于尘世世界虚妄不真的轻视和回避，同时又有利于其追求超凡脱俗的价值观的宗教修行。早期基督教教徒轻视财产，把希望寄托在弥赛亚很快就会降临世界拯救世人之上，这种信仰促使当时基督徒组成的教会组织有经济互助的性质，并把教友聚会公共用餐作为教会的宗教活动。中世纪的罗马天主教会，其组织形式和活动职能，明显地体现了天主教关于上帝主宰世界，并通过其在尘世社会的代理人罗马教皇和教会组织管理尘世事务的宗教观念。穆罕默德在麦地那时期建立的伊斯兰社团——“乌玛”（其成员超出了氏族血缘关系的狭隘性，而是由不同血缘的、全体居民组成的地域性组织），在宗教观念上表现了真主安拉作为超氏族、超部族的“独一真神”的普世性质，在社会意义上则适应了当时阿拉伯民族要求结束血缘仇杀，实行政治统一的需要。

正是由于宗教组织的性质是宗教观念的外在表现形式，其表现形式在一定程度上为后者的内容所决定，所以，一当宗教的观念和感情发生一定的变化时，表现它们的组织形式常常也会发生相应的变化，这种情况在一种宗教分裂为不同教派时表现得最为明显。基督教宗教改革时期，由于对基督教教义在观念上有不同的理解，导致教派分立，不同的教派在教会组织形式上也形成各自的特点。罗马天主教会继续坚持其从罗马帝国以来的封建教阶制。路德宗强调“因信称义”，认为个人得救在于对上帝和基督的虔诚信仰而无须教会组织的中介，因而实际上否定了罗马教皇和各级教会的权威，路德宗教会作为基督信仰者的自愿结合可以自行决定其组织形式，可以采用主教制，也可采用长老制或公理制。加尔文宗有更多的民主共和色彩，采用了公理制和长老制。安立甘宗则继续坚持传统教义，比较接近天主教，在教会组织形式上则保留了主教制。此种情况在其他宗教中也有类似的表现，不独基督教为然。我们可以预料，随着宗教观念的多元化发展，教派的分立和宗教组织形式的多种表现仍将继续存在和发展。当代，三大世界性宗教都相继出现了企图结束教派分立状况的“统一教会”运动，如“世界基督教会联合会”、“世界佛教徒联谊会”和“世界穆斯林大会”。这种各种宗教的普世合一运动，在当前还只是一种意向性的宣告。各教派之间的“对话”，与其说它们正在走向“普世合一”，不如说更多地反映了它们各自在教义和组织上的分立。

宗教组织作为宗教之内在本质的外在形式，其性质和表现形式除了受宗教观念、宗教感情、宗教教义的决定和制约以外，还必然受社会结构形式或社会组织形式的影响和制约。这是因为，信仰宗教的人是生活在一定的社会关系网络之中的社会的人，宗教信仰是一种群体性的社会现象，这些社会的人如何组织成为信仰宗教的团体，按照什么样的原则和形式来建构它，很难脱离人际关系和社会结构。如果我们放眼以观人类社会各种宗教组织的组合形式，大体上可以得出一个一般性的结论，它们都在不同程度上直接或间接地再现当时所在社会的社会结构形式，时代越是古老，其直接再现的程度便越大；而在原始社会和古代民族国家时代，宗教的组织与社会的结构之间甚至达到重合的程度。在原始时代的氏族社会中，宗教组织和整个社会组织是浑然一体的。氏族制社会中的宗教崇拜对象主要是氏族的祖先及其象征物——图腾，图腾崇拜和祖先崇拜既有一整套全氏族集团参加并严格遵守的崇拜体制和仪式活动，又是氏族集团借以维系集体生存和社会生活秩序的社会制度。早期阶级社会和国家的宗教是一种国家的宗教。国家崇奉的主要神灵乃是国家或种族的保护神，这是由国家法律所规定的全民性、全种族性的信仰，一切宗教崇拜活动和宗教礼仪规范都是传统固定为神圣事物或由国家法定的制度，对于全体民众具有强制性的意义。在种族宗教或国家宗教中，没有特殊的独立于社会结构之外而存在的宗教组织，它融合于社会结构之中。以后，随着时间的推移和历史的进步，这种结合关系逐渐趋于松散。特别是在传统的种族—国家宗教之外出现了新兴的创建宗教的情况下，新宗教的组织便逐渐脱离整个社会组织结构而独立。无论是我国的道教、波斯的祆教和摩尼教，以及三大世界宗教佛教、基督教和伊斯兰教，其教会组织都是在传统的社会组织之外，由新宗教的皈依者自己组建起来的。

但是，新宗教的教会组织与传统社会组织的脱离并不是绝对的，其成员的组合形式如何，究竟是按什么样的关系组织起来，形成一种什么样的教内人际关系，都不能不受当时社会关系和社会结构的影响，直接或间接地参照了该社会关系的性质和形式。特别是当新兴创建宗教得到国家统治者的承认与支持时，它的组织形式更常常是当时社会关系、社会结构的缩影。封建制度下的宗教组织形式，几乎都照搬封建等级制度的社会结构而实行教阶制或科层制，资本主义民主制度社会中的教会组织形式也常常具有某种民主共和色彩。

宗教组织的形成和演变

任何民族的宗教都有一个从分散性的信仰发展为体制化崇拜的演变过程，这个特点尤其明显地表现在宗教组织、宗教制度的形成和发展过程之中。各种创建宗教，如道教、佛教、基督教、伊斯兰教，都有自己的由创教者（教主）自觉创设的宗教社团，如佛教的“僧伽”，基督教的教团和教会之类。这一点至为明显，毋庸置疑。但原始时代的宗教和古代阶级社会的种族宗教和国家宗教是否也有自己的宗教组织呢？这看来就并不十分明显。因为这类宗教来自不知其源头的古老传统信仰，不可能有一个立宗创教的创教人（教主），当然也就没有什么由他们创设的独立于社会组织之外的宗教组织。但这决不意味着当时社会之中就没有的自发性的宗教组织的存在。氏族制社会就是由氏族成员按血缘关系组织而成的结构非常严紧的社会群体。这个群体之形成完全是自发的，并不由于任何个人的创设。既然我们不能否认原始氏族制社会有其社会组织和结构，当然也就不能否认那个社会中有宗教性的组织和结构存在。事实上，这两种组织和结构是浑然一体、无法分开的。它们同步形成、同步发展。在氏族血缘关系上建立的氏族群体无疑是构成共同宗教崇拜的社会基础，而此共同的宗教崇拜又为氏族群体的形成提供了精神纽带。没有共同的宗教信仰对象，则没有共同的信念；没有共同的宗教活动，则没有共同的行为准则，氏族成员也就很难固结在一个社会群体之中。在原始时代，由于社会实践水平和认识水平极端低下，人们生存所系和生活所依的对象往往都被认为处于神秘力量操纵之下，因此，一切生产活动和生活行为几乎关系到宗教—巫术性的仪式活动。这些宗教性仪式活动又都是全氏族成员集体参加的，大家都把这些仪式规则奉为不可违犯的神圣。正是由于这个原因，原始时代氏族群体的社会生活几乎都被宗教化了。因而一个氏族血缘群体，一个部落，事实上就是一个由共同的宗教信念和共同的宗教崇拜活动固结起来的宗教性团体，每一个氏族成员都严格一致地尊奉共同的神灵，遵守共同的宗教禁忌，集体参加宗教—巫术仪式，尽管氏族社会中并没有由创教教主创建的独立于社会组织之外的教团或教会，但氏族群体比之于这类教团或教会，其组织性更为坚固，信仰更为一致，行为规范更为统一。我们有充分的理由说，原始时代的氏族部落群体是比佛教僧伽、基督教教会，伊斯兰教“乌玛”之类教团组织更具宗教性的宗教组织。当然，这种与氏族制社会组织互为因果，合二为一的氏族宗教组织，其产生完全是源于人性的自然，是自发的产物。

原始的氏族部落社会转变为阶级社会之后，形成了国家。与此同步，原始性的氏族部落宗教也逐渐转变为国家宗教。崇拜的神灵及崇拜的方式当然也就变化了，昔日各氏族、各部落，各有自己的保护神，彼此之间是互相排斥的，正如《礼记》所记载的那样：“神不歆（受祭）非类，民不祀非族”，“鬼神非其族类，不歆祭祀”。这就是说，在那个时代，神与人的关系是血缘上的同族同类关系，神非同族，不受其祭；人也不祀异族之神。可是，在一个国家实体之中，国家政权一般总是在众多神灵中挑选出一个或多个神灵来作为全国各族群各地区共同崇奉的神灵来，而且把这种信仰体制用成文法或不成文的习惯法的法律形式固定下来，于是形成制度化的国家宗教。原始社会氏族宗教向阶级社会国家宗教的演变，是历史发展的结果，其间并没有明确的历史转折点。国家宗教和氏族宗教一样，都是世代传承的传统宗教，是古老宗教信仰的自然延续。一个民族国家的任何成员也和氏族社会的成员一样，从其出生之日起，即生活在世代相传的传统信仰和宗教体制之中，都必须接受祖先视为神圣的传统宗教的信仰。既然国家社会的全体成员都是传统宗教的信仰者，他们也就没有必要在传统的社会组织、社会体制之外，另搞一套独立于国家和社会的宗教组织和宗教体制。

这种宗教组织和社会组织完全合二为一的情形，与原始社会氏族宗教的情况基本上是一样的。

但是，一旦社会出现了反对传统宗教或改革传统宗教的“新宗教”，即出现了“创建宗教”之时，情况就大为不同了。由于新创建宗教具有反传统宗教的特点，其信仰者在其创建时期，必然是社会的少数，他们既反对传统宗教，也必然面对传统宗教的反对，这就导致新旧宗教的敌对和斗争。新宗教的信仰者为了维持自己的信仰，取得存在的权利，便只能在新信仰的基础上建立自己的教会组织和宗教体制。中国道教和三大世界性宗教之类创建宗教的宗教组织都是这样从传统社会体制中独立出来的。

在研究宗教组织问题的时候，我们不仅应注意它与整个社会结构的关系，而且还应该注意宗教组织的自身结构如何。这也就是说要研究各种宗教组织内部宗教成员之间是采用一种什么样的关系和结构组合而成的。社会总是按一定的秩序和结构（人际关系）组织起来的，而社会秩序总意味着管理者与被管理者、领导者与被领导者。社会的这种秩序和结构实际上乃是任何一种群体性组织的通则，当然也是宗教组织得以构成的原则。正是这个缘故，宗教组织在社会中出现之后，其内部构成便自发或自觉地形成一定的秩序，其成员便逐渐分化为不同的角色，构成不同的层次。美国宗教社会学者罗纳德·L. 约翰斯通在其《社会中的宗教》一书中对此问题进行了比较具体的研究，他认为，宗教组织和任何社会群体一样具有五种特性：①具有共同的目标；②有其一致赞同的一套规范；③把一定的规范结合成一些角色，并希望群体中的每个成员为了群体的利益去充任和实现这些角色；④一致同意（或默认）用这些角色规范对别人进行评价；⑤与群体相认同，对之表示忠诚和遵从。宗教组织显然符合于这些准则。对超自然（神）的依赖、信仰和祈求神的奖赏与拯救，显然是宗教组织的共同目标，在此基础上形成了一套活动和仪式的规范。目标决定规范，一定的规范则要求一定的角色，群体于是推出一位领袖（在不同的宗教中有不同的名称，他可能是祭司、萨满、拉比、婆罗门、先知、神甫、牧师、方丈），并规定出他们的职责。如：舞蹈者、领唱者、巫师、唱诗班、司库、襄礼员、教会执事、寺庙妓女（神娼）、神学教授、招待员……这些宗教角色在宗教活动中各有专门的功能。由于这些角色的专门化，各个宗教群体中的成员之间便出现了地位上的差别。很自然，领袖、协调人、发言人和宗教真理的教师要比一般成员有更高的地位、更高的权威，拥有更大的权力和财富。至于一般成员也视其遵守宗教规范的程度而受到不同的评价，那些严格遵守群体准则的人，往往被称为“虔信者”“最真诚的人”，“循规蹈矩者”，等等。与这种地位差异观念相联系的是一种群体的认同因素。认同与信仰有从低到高的各种差别。群体越大，其级差程度也随之而增加。约翰斯通写道：

> 从其组织与结构上看，它（宗教组织群体）并不异于其他群体。它们的目标的重点可能是不同的，其特有的规范也可能各有千秋，而

> 把这些规范结合成为一种特殊角色也可能是独特的，其地位评价的标准也许多种多样，但像其他任何群体一样，宗教群体会具有上述所有成分并必须不断地工作，以求解决在解释与应用其目标、规范与角色上的差异。它像其他群体一样，必须对这些方面进行调整、扩充等等。这也正像各个国家、社会俱乐部、政党与核心家庭，虽然它们中总有差异，但在一些需要调整和最后解决的问题上，及在其所表现的模式上，则明显有其相似性。宗教群体也是如此。……任何群体每天都会遇到的问题与挑战，宗教群体同样也会遇到，就像一个家庭总需要做某些诸如烧饭、洗衣服、修草坪，带回赖以生活的工资收入等事情一样，宗教群体也需要有人领众人做礼拜，需要有人在礼拜以后打扫教堂，需要有人领唱音乐，也需要有人查核收支。就像政党要定期开会以确定并改进自己的纲领，并向全国公布新的问题那样，教会也要以集会的形式提炼自己在许多有争论问题上的神学见解，并宣布自己面临的新问题。就像一个社会发明某种法庭和刑法系统审理和倾听那些被控告违犯社会规范的人的申诉，并惩罚和试图改造那些犯罪者一样，宗教群体也设置了一系列程序审理和倾听有关申诉，但这个人如发现有罪，则对他进行惩罚，如果他对自己的越轨行为——这被叫做异端、不道德、离经叛道等等——坚持不改，也许就会被开除教籍。
>
> 简言之，一个群体就是一个群体。①

任何一种宗教都力图广结善缘，发展信众，扩大组织。但随着宗教组织的扩大，它遇到的问题就会更多，挑战就会更大。首先，众多的信众对于教义信仰的认同程度必然出现更大的差异和更多的分歧。宗教组织初建时的那种团结关系渐趋瓦解，逐渐走向多样化。由于多种成分的加入而使利益也变得更为专门化了。信仰者偏离宗教规范的言行随之增多，互相之间的亲密关系日趋淡化，特别是一般成员与宗教领袖之间交往与交流的机会必然随之减少。由于宗教组织的扩大，协调内部关系的角色随之而产生出来，其权力和权威亦随之增大，他们因此而逐渐从一般成员的队伍中分离

---

① 罗纳德·L. 约翰斯通：《社会中的宗教》，尹今黎、张蕾译，四川人民出版社 1991 年版，第 96—97 页。

出来，形成宗教组织中的特权阶层。这种发展趋势就逐渐在宗教组织内部形成一种权威等级制。宗教学者一般把这种体制称之为“科层制”。科层制的产生，本来是宗教组织作为一种社会群体随着组织的扩大而不可避免的产物，但在存在着阶级结构的社会中，这种科层制度常常是社会阶级结构的投射，它本身也不可避免地具有阶级结构的色彩，所以，我们一般称之为“教阶制度”。宗教组织成员由分工专业化而科层化或阶级化的过程，早在原始社会末期就已开其端，一部分人从昔日的“家为巫史”民巫不分的状况中分化出来，成了主持氏族或部落之宗教仪式和进行各种巫术活动的“专职者”，他们逐渐成了社会的特权阶层。随着社会的发展，国家的形成，宗教组织的扩大，宗教仪式活动日趋复杂，主持宗教活动的“专职者”越来越多，我们且以古埃及的情况来说明这一点。古埃及人在各地都修建神庙，供奉神的偶像，为使神生活于其中，便配备了一批专门侍候神灵起居，进行宗教仪式活动的神职人员，此即所谓祭司。祭司的基本职务是主持宗教仪式活动，日常任务则是开放圣殿，为神像洗澡、穿衣、装饰、奉献与帝王日常饮食一样的食物和饮料，祭司与俗人的区分开始时还不是十分明显，但后来则日趋严格。一座大的神庙一般有四个主祭司，还有为数不少的次级祭司以及歌唱者，音乐司、文士和奴仆。他们之间有严格的等级区分。古巴比伦的情况也大致类似，在他们的神庙中也有一大批专门侍奉神（神的偶像，古巴比伦人认为神存在于其中）。其中有专门传达神启和解释经文的高级祭司；有为歌颂神、安慰神而诵唱赞美诗和哀歌的音乐师，还有为神制作食物的厨师，为神洗澡者及陪送神像去卧室睡觉的侍者等等，特别是古巴比伦神庙中还设有被视为神的“人间妻子”的女祭司，甚至还有献身于神圣卖淫的“神娼”。

道教、佛教、基督教、伊斯兰教这些创建性宗教在创建之前，其成员总是较少的。成员之间的关系也比较单纯、平等，但随着成员的增多，组织的扩大，原始时代的平等关系逐渐变质，走向科层化、等级化。张陵创道教，信徒发展到“千余人”（这是《云笈七签》的说法，《神仙传》则说“弟子户至数万”）时，便把其组织划分为24个教区（24治），每治“立祭酒，分领其户，有如官长，并立条制”（《神仙传》）。

佛陀悟道创教后初转法轮，开始只有五位信徒（五比丘），后逐渐扩大形成“僧伽”组织。并在信徒多的地方设立地区性僧伽组织，可以独立发展新成员，其中之德高望重者自然成为僧团领袖人物。佛教创立后，由于宗教生活的需要又逐渐形成“僧院”这种组织形式。本来，最初皈信佛陀的佛教出家弟子，是跟随佛陀一起到处游化传道修行，并无固定住所，有时栖于山谷洞穴，有时则寝于坟地或丛林，只是在夏天雨季时不便外出游化，才觅一安居处集体修行，互励于冥想禅定的宗教生活。但随着皈信弟子日益增多，小小洞穴无处存身，于是便有了设立永久性居住处的必要。据载，有一些贵族和富商曾捐建僧院——“精舍”，供养佛陀及其徒众。为管理生活于僧院中的出家僧众，不可避免地要建立一套规章制度，设立维护和执行这些规章制度的专职管理人员。古代印度僧团中的管理执事是相对简单的，最初只有执掌、监督进食等事项的上座，称为维那。传入中国后则逐渐形成严格的寺院管理制度。唐以前寺院僧职设有上座（全寺之长）、寺主（主管一寺事务）、维那（管理僧众事务），称为“三纲”。唐以后，禅宗寺院职务设置日益繁多，寺院的主管称为“住持”或“方丈”，亦称“堂头和尚”。下设执事僧，一般有西序和东序头首知事。西序有前堂首座和后堂首座（统领全寺僧众）、书记（执掌文书）、知藏（管理佛教经籍）、知客（负责接待外来宾客）、知浴（掌管浴室）、知殿（管佛殿、法堂的香灯）等。东序有都监事（总管寺务）、维那（领众熏修、执掌僧众威仪进退纲纪）、副寺（掌管财务、总务）、典座（管理饮食、住宿等）、直岁（管理寺内劳务）等。

藏传佛教的寺院，设有执掌全寺僧众纪律的协教；管札仓内僧众纪律的格贵；札仓主持人勘布；带领僧众集体诵经的翁则；管理札仓行政事务和财产的强佐；管理札仓内学经事务的雄赖巴等，傣族上座部佛教的僧团体制又有自己的特色，其最高的领袖为松迪阿伽摩尼（大僧正长老），其下有松迪（僧正长老），帕召祜（阐教长老）、僧伽罗阇（僧王、僧主长老）、沙密（沙门统长老）、祜巴（都统长老）、都（比丘）、帕（沙弥）等。东南亚上座部佛教各国情况也各有不同，以泰国为例。其僧伽是按行政区划名的，中央设有僧王、大长老会、僧侣法庭，教学监督部等，地方设有僧长、僧官、僧侣还划分为各种品位等级，分别负责寺庙的管理工作。[①] 从佛教僧团的管理体制我们不难看到，尽管佛教是一种比较典型的出世型宗教，但其内部组织原则和管理体制却完全社会化、世俗化了。其组织结构层次分明，等级森严，活脱脱地一个“小政府”。佛教尚如此，

---

① 这里关于佛教僧团管理体制的说明，参照了《中国大百科全书·宗教》卷，僧伽制度条。

那些入世型宗教，特别是实行政教合一的宗教，其管理体制的性质和情况就可想而知了。

初期的基督教教会组织形式是很简单的。主要是那些相信耶稣是基督的信徒们的“聚会”举行祷告和“擘饼”[①] 之类基督教特有的宗教仪式。后来由于周济穷人之类事务，耶路撒冷教会成立了七人委员会，这是基督教会执事团和长老制的开始。他们组成公会，管理各地方教会，解释律法，负责赈济。以后，随着基督教在外部各地的发展和宗教仪式生活的发展，教会内逐渐分化出各种教职来，如主教、监督、执事、先知等。由于宗教斗争和教派斗争，主教的权威越来越大，逐渐被认为是上帝指定的教会信仰的监护人，他们因此而有权确定什么是正统信仰，什么是异端信仰；他们也是宗教仪式的主持人和教规执行人。大城市的教会及其主教的权威常常凌驾于其他相邻地区的教会之上，发展为对后者的管辖权。到3世纪初，教会神职人员与一般平信徒的地位差别已显著拉大了，等级化了。当时，主教一职的选立需经由选举过程。而教会长老、执事以及较低级的神职人员的选立则由主教控制，并由他举行派立礼。长老们则是主教的顾问，也可以讲道，当一个城市有几处教会时，每位长老直接负责一处，教会执事则由主教直接领导。他们作为主教的助手，负责协助礼拜，执行教规，管理经济事务，照顾贫困教徒。罗马教会当时有七名执事。主教、长老、执事构成教会的大品神职，到公元3世纪上半叶，其下又设立了一些小品神职。据当时罗马主教科尔尼利厄斯（Cornelius）于251年的一封信中提到，当时罗马主教之下有46位长老、7名执事，其下，还有小品神职副执事7人，襄礼员42人，驱魔员、诵经员和司门员52人。可见，尽管当时的基督教会尚未成为罗马帝国的国教，但其组织内部已等级化了。“教会神职人员已是一个独立的、紧密联系的灵性的阶层，平信徒在宗教生活上依赖他们，他们的生活则靠平信徒的捐赠维持。”[②] 罗马帝国皇帝君士坦丁把基督教奉为国教之后，基督教会便成了帝国最重要的上层建筑，并在封建等级制度基础上逐渐演变为以教皇制为中心的封建教阶

---

① 威利斯顿·沃尔克的《基督教会史》写道：“这‘擘饼’的目的有二：它既是维系团契的纽带，又是帮助穷人的一种方式。当时耶路撒冷的教会，指望主的到来，因而成为一个期待的团体，其中富人拿出财物支援那些经济不宽裕的，所以他们所有的东西大家公用。”（该书中译文本第25页）

② 沃尔克：《基督教会史》，第105页。

制度。过去的主教品位再等级化为教皇，枢机主教、宗主教、都主教、总主教和一般主教。不同神职人员属于不同等级，在举行宗教仪式和教务上有不同的权力，并对下逐级行使管理权，天主教的教阶体制和中世纪的封建官阶体系是完全一致的。基督教宗教改革之后出现的新教各宗曾试图克服罗马天主教会这种等级森严的封建教阶制度，实行经由选举产生的公理制和长老制这类带有资产阶级民主制性质的组织原则。但无论怎样，新教各宗派作为一种社会组织群体。它永远不能克服"科层化"这种必然的发展趋势，教会选出的长老和首领必然享有比一般平信徒更大的权威，宗教事务的专业化又必然衍生出一批专门机构和专职人员，他们就会自觉不自觉地行使自己的权利，表现其自身的生命力。罗伯特·米歇尔（Robert Michels）提出一种理论，认为任何一种群体组织都会有一种导致"寡头政治"的发展趋势，他称之为"寡头政治的铁律"。因为一个群体授予领导人以职位和权力时，也就把技能和特权集中到他们手中，他们总是倾向于保持这些特权。宗教组织也面临着这种寡头政治的趋势。罗马天主教会就非常强调僧侣等级制的权威模式。至于伊斯兰教这种政教合一的宗教组织更是一贯地强调穆斯林对宗教领袖的顺从。"哈里发"既是宗教领袖，又是最高的政治统治者，各级行政组织都与宗教组织合二而一，这种典型的政教合一的教阶制度长期支配着伊斯兰教世界。

宗教组织内部的科层化、等级化，表明它的社会性质和世俗性质。任何宗教建立的宗教组织，不管它打着多么神圣的旗号，提出何等诱人的神学根据，它可以把自己叫做上帝创建的"地上的天国"，"神圣之城"……但它本身仍不过是一种社会群体，逃避不了任何社会群体皆必须遵从的社会规律。

宗教组织的核心人物——僧侣

在分析和说明宗教组织的性质、作用、建立和发展问题时，我们应该对在宗教组织中居于核心地位、起着关键作用的特殊人物——僧侣给予特别的注意。如果说，宗教的组织（教会、教派）是信仰者对所信对象进行有组织的信仰和崇拜活动的一种群体组合，起着沟通信仰者（人）与信仰对象（神）的桥梁作用的话，那么，教会中的僧侣则是人与神的中介人，是这座桥梁的架设者，甚至可以说，就是这座桥梁本身。

中文"僧"或"僧伽"是个源于佛教的外来词，是梵文 Sañgha 的音译，本义是信仰佛教的出家修行者，四人以上的僧团。一般称比丘、沙弥、比丘尼、沙弥尼为“出家四众”（四僧伽）。但信仰佛教的在家男女居士可广义地包括在僧众之内。僧侣的英文是 Priesthood，系从希腊文“Presbyteros”（长老）演化而来，与此相当的拉丁文是“Sacerdos”。有此称呼者在罗马人那里是指在举行向神献祭和其他宗教仪典时的司祭者。这种主持祭仪的人物显然在各种宗教体系中都有其存在。宗教学上所称的“僧侣”应该是泛指各种宗教中的专门神职人员。特别是指那些精通宗教仪式的知识与技术，从事沟通人神关系的特殊人物。各种宗教及其组织都有一套如何向神礼拜、献祭、祷告、祈求神灵赐福免灾的行为与活动，并把此类行为规范化为一套固定的程式，是为宗教仪式。随着崇拜行为日益多样化，宗教仪式越来越复杂，其中渗透着越来越多、越来越深的宗教知识，表现出更具文化艺术的形式。由于这种发展，一般的宗教信徒（平信徒）越来越难以熟悉和掌握这一套技巧和知识。在这种情况下，一部分精通宗教仪式的知识与技巧，专门以此沟通神人关系的特殊人物于是应运而生。这就是宗教学上所谓的“僧侣”。此类人物在原始宗教中即已自发地出现了。如巫师、萨满、巫医、占卜者之类都是用一定的仪式行为以沟通人神关系的宗教人物，按照中国古籍的记载，在这类人物出现之前，原始社会曾有过“家为巫史”，“民神杂糅”的阶段，其后才出现了“司天以属神”的专职宗教人物：

> 及少暤之衰世，九黎乱德，民神杂糅，不可方物，夫人作享，家为巫史，无有要质。民匮于祀，而不知其福。烝享无度，民神同位。民渎齐盟，无有严威。……颛顼受之，乃命南正重司地以属神，命火正黎司地以属民，使复旧常，无相侵渎，是谓绝地天通。（《国语·楚语》）

我们对这段记载的解释是：所谓“九黎乱德”之前的“绝地天通”、民神不糅的状况，只能是一种没有根据的猜想。至多是颛顼的一种“托古改制”的说法。原始时代（即所谓颛顼时代）的社会状况确实存在“家为巫史”，“民神杂糅”的现象，家家皆可为巫，与天和鬼神直接打交道，主持通天事神的宗教仪式活动，颛顼作为古代部落联盟的首领使用行政手段结束了这种局面，把通天通神之权集中到自己手中，并任命“南正重”其人主持其事，颛顼、南正重皆为传说人物，中国历史上是否真有其人，他们“绝地天通”是否实有其事可以存疑，但中国宗教史上可能确有这样一个阶段，出现了颛顼、南正重之类专门主持通天事神之类宗教仪式的神职人员。如果事情真是如此，那么，他们就可以被认之为中国历史上最早出现的“僧侣”阶层。这也就是史书上所说的巫、方、卜、祝之类。这类人都曾是官方设立的宗教神职的称谓。某些家族常常具有世袭此种神职的特权，例如，古代传说的“巫咸”是黄帝时的神巫，其后代世为巫师，亦称巫咸。卜是占卜之官，祝是主持祭仪、朗诵赞词之专职祭司。(《说文》:“祝，祭主赞词者。”《周礼》:“大祝，掌六祝之辞，以事鬼神示，祈福祥，求永贞。”又：“掌六祈，以同鬼神示；作六辞，以通上下亲疏远近。”）可以合理地认为，巫、方、卜、祝等等都是从原始社会中的巫师、萨满之类演变而形成的宗教神职人员，是官方设置或认可的祭司或僧侣，他们的职责和作用就是利用其精通宗教仪式的知识和技术，主持宗教仪式活动，通天事神际鬼，为社会或个人与鬼神打交道，求鬼神的启示，祈福祥、求永贞。在人类历史的漫长阶段上，人们认为他们不但能控制人类的吉凶祸福，掌握着人们的命运，而且还能控制和掌握整个世界的超自然力（鬼神世界)，能同鬼神界建立有效的联系，这就使他们在社会生活和社会结构中占据关键地位，常被社会认之为宗教领袖和精神领袖。僧侣享有种种特权，居于社会的统治阶层。担任僧侣职责常常成为某些部落或家族的世袭特权。例如，犹太教的大祭司只能由利未家族（特别是亚伦的子孙）的后代担任。在印度教中，婆罗门种姓是世袭相承的祭司贵族，在古希腊埃留西斯秘传宗教中，只有优摩尔皮德家族才能成为祭司僧侣。而在玛雅人中，只能参加了巫医职业集团的人才能充当巫医。

由于僧侣具有神圣的社会地位，要想成为僧侣的人，除了具有上述社会文化条件或世袭传承制度以外，往往还规定有其他必须遵守的条件：例如：独身（罗马天主教的神甫、耆那教的天衣派、佛教僧侣、道教全真派……)，苦行（佛教、基督教中各种禁欲主义教派等）和拥有宗教经验(例如基督教新教中的某些属灵教派)，等等。当然，这些条件规定，在不同的宗教体系和社会文化背景下是不会完全相同的。

原始社会中可以称作“僧侣”，起着僧侣作用的，除了被认为拥有支配超自然力的巫术的巫师、巫医和被认为是神灵或精灵的代理人的萨满之外，还应该加上氏族、村落或部族头人。因为这类人精通宗教仪式并常常主持全族性的宗教仪典。他们又常被族人认为之为像精灵那样表现出超自然的洞察力和知识，此类头人常成为懂占卜、说预言的先知或精通圣事之王。在社区里其有独一无二的地位，他们常宣称自己是神话中某位神明的后裔。

原始时代的这类人物，作为当时的僧侣，与后来的僧侣有所不同。他们是自发形成的，而后来的宗教僧侣则常常是由宗教教团组织按其教规章经过教育训练之后而授予相应的圣职，然后作为教区或社区的代表而与神灵打交道的。

古代各文明国家都出现了正式的宗教僧侣。古埃及的国王或法老实际上就是最大的祭司和僧侣，法老被认为是神的化身。在各种重要的宗教仪典中，只有他一人是神庙中的司祭者。但实际上，他常将此祭司职权托付给神庙中的其他专职僧侣。每一座神庙都设有一个大祭司，除了主持宗教仪式活动外，他还是个司法官。神庙中还有其他众多僧侣，他们除了侍奉神灵以外，还负责民众的丧葬超度仪式、兼管行政、民事和教育。因此，当时的僧侣是很有权势的。在第 18 王朝至 21 王朝期间（公元前 1567—1085），底比斯崇拜阿慕恩—瑞神的僧侣，其权势臻于鼎盛，僧侣集团成了国中支配一切的统治集团，建立起了一个真正的“国中之国”。

两河流域在公元前四千纪以后，神庙和僧侣势力即已强大起来。神庙是学习咒语、占卜、驱邪之类巫术的中心，也是政治和经济事务的中心。神庙中的僧侣分成若干等级，分工负责宗教事务和民事事务。底格里斯河和幼发拉底河流域当时有许多城邦，彼此有松散的联合，由一个统治者帕特西或恩西（Patesi or ensi）和一个大祭司僧侣进行统治。各城邦的中心就是神庙，神庙有发达的经济收入，这在很大程度上决定城邦的兴衰。僧侣的领袖叫“乌尼加卢”（Unigalla），负责主持农业季节仪典。在仪典上，由一些次级僧侣演奏音乐，唱哀歌和颂歌，求神启示，解释占星术的星兆和征兆。还有一些僧侣则负责念咒、镇鬼、驱邪。占卜者则通过凝视水晶球之类占象预言未来，解释梦兆，揭示上天启示。神庙中还办有学校，训练驱邪者、占卜者、占星术者以及医生，文书，审判官，同时还研究天文学、医学和法律学。神庙中的僧侣实际上垄断了神圣的和世俗的知识。因而被认之为神灵的代理人和代言人，享有巨大的神圣权力和世俗权力。当时的人类命运、社会秩序，在很大程度上是由僧侣组织体系实际控制着的。

吠陀时代的印度教亦称婆罗门教，其最明显的特点就是婆罗门种姓成为世袭相承的僧侣祭司贵族，垄断了宗教仪式的主持权。婆罗门种姓的社会地位高于国王和武士贵族刹帝利，按照婆罗门教的说法，宇宙的存在和宇宙的进程有赖于向神献祭。早在公元前 7 世纪之前，国王已将向神献祭之权委派给了僧侣，僧侣就此而占有了原先属于国王的职权。于是，他们便完全控制了神祇和人的财富，天和地的财富，国家的财富。在印度的社会体制中，婆罗门僧侣贵族的地位极其巩固。因为他们是因献祭而再生的人，只有他们才拥有关于神以及与神打交道的知识，人们认为他们把宇宙掌握在自己的手中。

《奥义书》及对这种传统的崇尚祭祀仪式的僧侣体制，提出一种新的僧侣生活准则，主张一个人的最高解脱不是通过祭祀，而是过一种苦行生活，弃绝世俗享受，追求神秘的宗教体验，从而使内在的自我与宇宙的神圣主宰（梵）达到同一。这种主张后来与瑜伽禅定修行法结合起来，形成耆那教和佛教僧侣的修行道，耆那教和佛教都反对婆罗门僧侣的婆罗门至上和祭祀万能的主张。他们认为只有专心致志于苦行生活，不杀生、不贪欲，放弃一切有形的占有，注重修行，实行行乞生活，才能在禁欲和贫困中达到精神上的纯净和升华，达到自我拯救并解救遭受轮回之苦的人类。但是，随着佛教的发展，佛教僧院中的僧团组织为修行僧人规定了纪律和制度。如：日常应做哪些工作？多少时间用于乞食、布施？多少时间用于学习经文和禅定修炼？还要为社会进行宗教服务，为在有人出生、结婚、疾病、死亡时，为之背诵经文、念诵咒语，借以消灾驱邪。在寺庙中还要供奉佛陀神像，进行礼拜仪式活动等。佛教僧侣的活动仍然着眼于沟通世俗界和神圣界（成佛）的关系。

古代犹太人很早就形成了有组织的僧侣制度。从公元前 10 世纪起，犹太僧侣都集中到耶路撒冷圣殿，在此之前，在一些主要的宗教崇拜中心，如马姆雷、希伯伦、巴珊，谢申，吉尔贾尔等圣所里，出现了一批传达神谕、占卜、降神的人，希伯来文的称呼是 Cohen、Levi、navi 和 roé，其意义分别是祭司、利未人，先知、占卜者。Cohen 相当于阿拉伯文的 Kā hin，意思是占卜者，但希伯来文有“祭司”的意思，担任这一职务的人，是借助于乌里姆（Urim）和苏姆明（Thummim）——神圣的签，依靠灵感、依靠在圣所司祭而得到神谕的。公元前 7 世纪后，宗教崇拜活动集中到耶路撒冷，这时限定只有利未族的亚伦（摩西之哥哥）家的后裔才有资格担当祭司之责。而在此之前，其他世系的人，如大卫、拿单、弥迦和亚比纳达的后裔也可充任。

利未族人事实上成了一个僧侣世家和僧侣集团。他们一直是看守圣所，传达神谕和说预言的人。以色列人在公元前586年成为“巴比伦之囚”之后，编成《祭司经卷》之时，祭司与利未人的关系才明确定了下来。只有自称是亚伦后裔的人才能成为祭司。不过撒督该人（Zadokites）说，他们从以利亚撒时起历代都是祭司，这是神的“永久的约”（参见《旧约圣经·民数纪》第18章第2—7节、第25章第23节，《历代志上》第24章）。撒督该人的祖先可能是古代迦南的祭司贵族，因此，他的子孙在圣殿的崇拜仪式中拥有的特殊责任和特权还在利未人之上，后来，当只有亚伦家族才能担当祭司时，非亚伦家族的以色列人只能在作为圣殿的仆役时，才有可能得到这一头衔。

古代希腊的僧侣制度没有得到强大的发展。各大神庙中有男女祭司，但他们并不被认为是神、人的中介人，尽管事实上也起着这种作用。在某些民事或与政务有关的宗教仪式上，祭司往往以神、人中介的资格主持其事。一些著名的神庙（如特尔菲宣谕所），有些祭司对神谕作出解释，并因此而据有相当高的社会地位。总的说来，希腊的祭司僧侣没有形成为与一般平民隔离的、专门从事祭祀和其他仪式的阶级或教团。

古代罗马宗教中很早就出现了专门的僧侣。当传说中的第二个罗马王纽默把过去的农业崇拜转变为共和国的正式宗教以后，就有一个被称为“圣物之王”的僧侣，其职务和象征是由从前的僧侣王那里承袭而来。他必须出身贵族，选出后终身任此职务。他的地位仅低于高僧院长（Pontifex maximus）。高僧院中的高僧们都是专门侍奉某个神的专职祭司，其中有三名专职祭司侍奉丘比特、玛尔斯和基林努斯，另有十二名侍奉其他的神。丘比特是罗马主神，专职事奉他的祭司称为迪阿利斯（Dialis），在僧侣界和社会上、政治上均享有至高无上的地位。由于其地位崇高而且神圣，迪阿利斯必须遵守严格的戒律和禁忌。他的妻子（flaminica）分享他的神圣和地位。他与她的结合是非常重要的，如果其妻子死去，他就不能继续任职。

罗马宗教中还设有专门献身于神的女尼，位于罗马中心广场的威斯塔女神庙设有六名自幼即献身于侍奉威斯塔神的处女，她们照料灶神庙的圣火和储藏室。起初，她们是由高僧院长从贵族家庭挑选出来的，后来也可由平民充任。这些处女从童年起服役三十年，在此期间必须严格持守贞洁，违犯此禁者将被饿死。服役期满后可以出嫁。罗马宗教还设有专门的占卜官，其职责是以占卜探查神的旨意，对天象征兆作出解释，农业是否会丰收，对执政官的决策是吉是凶……由于占卜官的任务涉及个人和国家的命运，所以他们对国家的宗教信仰和社会事务有很大的影响。至于其他各种僧侣不一一列说了。

基督教的祭司或僧侣与其关于献祭赎罪的概念密切相关。在《新约》中，预言了耶路撒冷圣殿及其崇拜将遇毁灭，宣布了依照麦基洗德（耶路撒冷的祭司王）的制度，耶稣基督才是最高的祭司，是祭司之王。因为正是耶稣基督把自己作为祭司和十字架上的牺牲品奉献给上帝，达成了上帝和人类的和解，除掉了天上圣幕中的障碍，这个观点对基督教教会僧侣制度的创立及其发展有重要的影响，它使基督作为全能的祭司地位为所有已经受洗的信众所接受。

早期教会的主教和长老可能是合二为一的。但从公元 2 世纪起，基督教会即已形成教阶制或圣秩制度。主教一词指的是主持长老会议的大祭司，具有更高的僧权。他才有权奉献圣餐礼中的饼和酒，有权授予其下神职人员的圣职，施坚振礼，管理教区教务。后来，每个教区又设有主教、祭司和助祭三种等级的僧职。

基督教会僧侣体制向两个方面发展，一是苦行修道的隐修院修士制度；一是政教合一的教皇制度。隐修制度盛行于公元 3—5 世纪，有些基督教徒提倡弃绝世俗生活，遁迹深山旷野，专事苦思冥想的苦行修道生活。公元 300—303 年，在西班牙爱尔维兰举行会议，还为隐修者制定了几条共同遵守的苦修规则。后来，隐修修士越来越多，从独身苦修发展为集体苦修，为此建立了大规模的隐修院或修道院。修道院有男女两种，修道院高墙深院与世隔绝，自成一社会生活体系，不仅有教堂，还有库房、药房、客房、工厂、花园、鱼池，甚至兼营商业，拥有武装，开办学校，成为社会之中的政治、经济、文化和宗教中心。

基督教在成为罗马帝国的国教后，西部教会形成教皇制，东部教会形成牧首制，都在不同程度上与国家政权相结合。西部罗马教廷更凌驾于世俗国家之上。教会攫取了许多民政管辖之权，各级教会僧侣作为上帝与人的中介，牢牢地控制着人民的精神生活和世俗生活。一般信徒的生老病死、婚丧嫁娶都有相应的宗教仪式，必须由教会僧侣主持其事，人们才感到得到上帝的允许和恩宠。宗教改革后，新教各派反对天主教关于教会及其僧侣是上帝和人的中间人的观念，而主张每个基督徒因其对上帝和基督的虔信而称义得救，无须教会僧侣的中介。新教因此认为，每个信徒都是僧侣，正如马克思所评论的，基督教新教把僧侣变成俗人，也把俗人变成僧侣。当然，马克思这段话是从信仰的本质讲的，不能拘泥于字面的理解。不过，尽管新教反对天主教关于教会是神、人中介的传统信条，但新教的教牧人员事实上仍起着神、人中介的传统作用，只不过形式上有所削弱而已。从问题的实质看，任何宗教组织都是沟通神、人关系的一座桥梁，而实际发挥这种桥梁作用的人就是教会中的祭司和僧侣，没有僧侣的核心作用，教会组织不仅建立不起来，也将无从发挥作用而失去其存在的意义。

宗教组织的类型

宗教组织的形式和体制既是多样的，又是可变的。不同的宗教各有不同的组织形式和构建体制，同一种宗教的不同教派人员在不同的地区和国家的组织形式也常有不同的特征，而且，随时代的前进，社会的演变，宗教组织也常随之而发生变化。注意到宗教组织的多样性和可变化性对我们认识宗教组织的性质和作用是非常重要的。为此，比较宗教学有必要把各种宗教组织区分为几种基本类型，通过对这些基本类型的把握来认识它的多样性及其变化。

宗教组织本身当然是宗教信仰者的群体组合，但任何一种群体组合本身就是社会性的存在，因此，它既是一种宗教性的组织，又是一种社会性的组织。作为宗教性的组织，它是宗教的内在因素（宗教的观念或教义）的外在表现形式；作为社会性的组织，它的表现形式及其变化又受社会形态、社会需要和社会演变的影响。根据这一基本原理，我们可以概括出两条原则或标准，并以之来区分宗教组织的主要类型。

第一，一切宗教的基本目标都是追求超自然的彼岸境界，这个“彼岸境界”或是“常乐我净的涅槃”，或是长生不老的神仙世界，或是“来世天堂”，或是“地上天堂”，或是“人间净土”，宗教组织的终极关怀目标就是带领它的信众走向这个彼岸世界。可是，不同宗教或不同教派对于这个“彼岸”的观念或教义规定又不是完全一样的，而是有不同的说法。其“彼岸”与“此岸”的关系，“彼岸”隔离“此岸”的程度，是各有不同的。这种宗教观念、宗教思想的差异便使宗教组织有不同的构建形式，表现为“出世型”、“救世型”两大类型。

1. “救世型”。大多数宗教组织都是救世型的，他们追求彼岸的终极幸福，但却意在解救现实的苦难；乞求超自然的神灵，但却意在神灵用超自然的方式赐给他们尘世的幸福，免除生活中的灾祸，甚至希望救世主直接君临这个世界，建立“地上小天堂”。出世信仰是手段，救世救人是目的。

原始时代的氏族部落宗教和古代国家的国家宗教的一切终极关怀，实质上都不过是通过集体奉行的各种祭祀的、祈祷的和巫术的仪式活动，与神灵建立联系，乞求神灵用超自然的方式为人们治病消灾，使狩猎有收获，农业丰收，战争胜利，维护氏族的生存，种族的延续，国家的昌盛。

张角建立太平道的理由是“苍天已死，黄天当立，岁在甲子，天下大吉”，张陵、张鲁建立“五斗米道”的直接目标是用宗教忏悔和巫术祈祷的办法为人治病延年；洪秀全的拜上帝会目的是打倒尘世上的阎罗妖，建立“地上小天堂”；基督教的最初目的是希望上帝派来“救世主”（基督）统治这个世界，建立“千年王国”，后来的基督教会虽然把这个“千年王国”推到遥远的将来和彼岸的天堂，但仍把教会首领视为上帝和基督在此世的代表，按照上帝和基督的旨意来管理这个世界，解救人类的灵魂；至于伊斯兰教及其组织从一个开始就宣布凭着真主启示来统治这个世界。

显而易见，上述种种宗教及其组织的终极关怀对象，与其说是“彼岸”，毋宁说是“此岸”；本质上不是出世，而是救世。

2. “出世型”。虽然，一切宗教都具有不同程度的出世性特征，但从终极目标和宗教实际生活上完全抛弃现实社会生活而真正的出世型宗教却是少数。在这少数出世型宗教中，以印度的各种宗教最为典型。古代印度的各种宗教，包括古典婆罗门教，耆那教和佛教的宗教目标是断生死，绝轮回，求得个人的最终解脱。不过各教的解脱之道不同。婆罗门教强调通过严格的宗教祭祀而最终达到梵我合一，耆那教强调禁欲苦行，佛教则主张通过道德的自律和宗教的修持（禅定）。这些宗教的终极目标本质上都是个人的解脱，而不是社会的拯救。有组织的宗教生活都是远离社会，遁世苦修。佛教僧伽寺院的任务是组织僧众进行禅定修持，最终获得阿罗汉果位享人天供养之权，甚至涅槃成佛。大乘派佛教贬斥这种解脱道为小根器人的目标，是“小乘”。他们主张普度众生，似乎颇有“救世”之风。但他们所谓的“普度众生”，乃是脱众生于生死，迎众生入涅槃，而现实社会生活永远是无常的苦海，是不可拯救的。大乘派佛教普度救世的最终结果只能是出现更多的僧尼和寺院。

基督教的隐修士修会、修道院、托钵僧团以及伊斯兰教苏菲派之类神秘主义教派也具有类似上述佛教的特点，他们以狂热的虔信去追求与神合一的神秘主义体验，发展为有组织的集体遁世修行活动。它们无疑也应属于“出世型”。

“救世”与“出世”的差异仅只是相对而言，不仅在两种类型宗教组织之间有种种半出世、半救世的过渡形态，而且它们各自也不是纯粹的、不变的。很多出世型宗教组织常常在一定社会条件下参与了种种社会活动和政治斗争。魏晋南北朝隋唐时代的佛教各宗及许多高僧大德都与当时的政坛保持着千丝万缕的联系，并拥有相当规模的寺院经济。这样一来，佛教各宗自身就逐渐演变成充满钩心斗角，互相竞争的“世俗社会”。宗教的组织，既是一种群体组合，它就必然伴随出现一个组织赖以构建秩序和管理的“科层化”结局，由此而触染社会化、世俗化的“污泥浊水”。另一方面，救世型的宗教及其组织在其终极关怀目标过于现实而难于实现之后，常常把此现实目标转移到虚无缥缈的来世，并把信徒群众的宗教生活引导到超凡脱俗的个人灵修和高不可及的道德追求。中国道教的终极关怀目标本来是通过炼丹、服食、房中术之类办法达到个人肉体的长生不老，飞升成仙。那是非常之世俗化的，实在不可能办到。后来一变而强调内丹修炼，再变而演化为佛教化的全真道，越来越多地具有出世型的特征。基督教教会则把救世主在地上建立千年王国的救世许诺，改变为引导信徒服从上帝的旨意，遵守宗教组织的规范，做一个善良的基督徒，以便顺利通过基督的末日审判，使复活的肉体进入来世的天国。尽管基督教教会组织本身从中世纪以来已经发展为政教合一的世俗化的社会政治力量，它也不会忘记为基督徒个人虚悬一个出世型的终极目标。也许可以说，一个救世型宗教组织越是世俗化，它越是为其组织的信徒个人高悬一个尽善尽美，引人入胜的天堂。

第二，一切宗教组织虽然都是社会性的存在，但其在社会政治生活中所处的地位，参与的程度却是各不相同的，如果我们以此为标准对各种宗教组织进行比较研究，我们可以把它们区分为“政教合一型”组织和“政教分离型”组织。原始社会的氏族—部落宗教，古代国家的国家宗教，成为国家垄断性国教之后的基督教、伊斯兰教、南亚各国的上座部佛教以及西藏黄教等，显然是政教合一型宗教，其宗教组织或者与社会的政治系统合二而一，或者高踞于社会系统之上，对其具有支配性影响。这些政教合一型宗教组织其所以如此，或者是由于自古而然的传统（如氏族—部落宗教和古代的国家宗教），或者是由于在各种宗教的竞争中，一种宗教得到了统治阶级和国家政权的青睐，取得了罢黜百教，唯我独尊的垄断性地位，成了统治性的国家宗教。但是我们也注意到一个宗教史的事实，各种创建性的宗教一般总是从反对传统的统治性宗教的斗争中发展而来的。因此，当其创建的初期不可能取得统治地位，那时，它们建立宗教组织的目的不过是集合信徒群众的力量维持自己宗教的生存，所以，它们一时不可能与政治相结合，而是独立的宗教组织，原始佛教的僧伽寺院、原始基督教时的教会组织以及麦加时代的伊斯兰教都是如此。类似情况也体现于一种宗教内部分立出的教派组织上。这些教派组织产生之前常常以本教正统教会组织的反对派和国家的政治反对派的面目出现，因而被视为异端，处于被排斥、被压制、甚至被迫害的地位。

但是，政教合一或政教分离的状况都是可以改变的。在一定的社会条件下，前者可以变为后者，后者也可以变为前者。中世纪以来，基督教在欧洲一直是统治性的政教合一的国教，但近代资产阶级民主革命后，许多西方国家都实行了政教分离体制。尽管教会与社会政治仍有密切关系，但过去那种神权直接支配俗权、宗教直接支配政治的状况毕竟是不复存在了。

宗教组织的社会作用

宗教的组织化，作为宗教之内在因素（宗教的观念与体验）的外在表现，对于宗教的巩固与发展起着重要的作用，它把个人性的信仰变成有共同信仰的群体和社会性的组织。由于此，个人性的变动不居的内在信念逐渐固定为共同信奉的制度化的教义信条，分散性的个人崇拜行为逐渐发展为对信仰群体有约束力的信仰体制。如果没有宗教信仰者的组织化，个人性的内在信仰就不会变成社会性的宗教。在这个意义上，宗教的组织化是宗教得以巩固的手段和进一步发展的前提。

当宗教信仰者组织化以后，他们的信念和行为就被规范化而固定下来，纳入统一的信仰体制的约束之下，形成信仰者必须尊奉的神圣传统。在事物的发展中，传统，特别是被神圣化的传统，一般总是一种只需遵行照办不得修改违犯的保守力量。新的宗教观念和某些具有比较活跃的宗教感情的特殊个人的宗教体验，往往与传统的宗教信仰体制不相一致，这就势必导致坚持神圣传统的原有教会组织的强制性干预，发展为新旧宗教观念的对立与冲突；其结果往往是建立起与新宗教观念和新宗教体验相适应的宗教组织，从而形成一种新的宗教或新的教派。

由此看来，宗教组织的宗教功能有两重性：既是宗教观念得到巩固和发展的条件，又是宗教观念进一步发展必须突破的桎梏。

宗教的组织不仅只是宗教体系的组成要素，而且也是社会体系的重要部分。因此，它不仅受社会体系的影响，也会对社会生活发生影响。由于宗教的组织有各种不同的类型，它们对社会的影响和作用也因此而有不同。救世型的宗教组织总是力图直接干预社会生活的各个方面，其社会影响之大是显而易见的。但它对社会的发展到底发生何种作用，则视其所维护的宗教观念的社会政治内容的性质而定。国家宗教（包括国教化的创建宗教）的组织和体制一般都是政教合一型体制，属于救世型。它们的社会作用，主要的是在于维护传统的统治秩序和现存的社会制度，一般不会支持社会的变革。但在特定的历史时期，特别是传统宗教在意识形态中居于万流归宗的垄断地位时，人民变革社会的愿望，只能采取神学异端的形式，被迫穿上宗教的外衣，这时，他们往往把宗教组织作为组织群众、掀起社会变革运动的形式和纽带。在这种情况下，宗教组织在历史上的作用就可能具有积极的意义。中国历史上的多次农民起义（东汉末年的太平道，黄巾军起义，元末的白莲教红巾军起义，清代的洪秀全拜上帝会的太平天国大起义），欧洲近代史上的早期资产阶级革命（马丁·路德的宗教改革运动和德国农民战争、尼德兰和英国的资产阶级革命）都是以宗教为组织纽带发动起来的。

至于出世型组织，其社会作用，特别是对社会政治生活发挥作用的方式，大都是间接的；而它在宗教方面的作用则较救世型组织表现得更为直接和明显。这就注定它会更多地表现出宗教的消极作用，即转移了苦难人民对现实社会的注意力的作用。它的出现，常常是根源于人们对现实社会的不满与失望；它的影响，却造成人们对现实社会的容忍和逃避，因为它为这种不满与失望提供了某种精神补偿。从另一方面看，它又通过逃避社会来抗议社会，通过退出政治来参与政治，这正如“不合作主义”也可以成为一种政治手段一样。不过，总的来说，它的社会作用往往是把积极的反抗力量转化为消极的旁观者或遁世者，对于统治者维持现存秩序是有利的。

政教合一型的宗教组织所起的社会作用，在很多方面类似于救世型的组织。它既然同时又是某种社会的或政治的组织，它也自然就是社会结构密不可分的组成部分。由于它使社会和政治组织带上了宗教属性，它对社会的作用就几乎等同于宗教本身的作用。更因为它本身就是统治性的国教，其社会政治作用自然而然地具有明显的保守性质。但是，有一点必须指出，所谓“保守”并不一定就是“反动”。这主要应视其所“保守”和维护的社会政治秩序的性质是否符合于社会发展的规律和方向。如果这种社会秩序尚能容纳社会的进步，那么，对它的维护就是社会所需要的；只有当这种社会政治秩序妨碍社会的进步和发展时，维护和保持它的宗教组织无疑就起着消极的作用。

与政权分离的独立型宗教组织和出世型组织在外延上部分重合，其社会作用也有很多类似之处。值得注意的趋势是：随着政教分离原则在现代社会中日益普遍地推行，这一类宗教组织的社会政治作用越来越变成间接的了。这是政治脱离宗教的监护这一历史潮流的必然结果。

第二节 宗教观念的信条化、教义化与信仰体制

宗教信条和宗教教义的性质

宗教是一种信仰体系。没有信仰的宗教，就像没有光和色彩的视觉，没有声音的听觉，没有思想的精神一样，根本无从存在。英文 Beleif（信仰）的含义之一就是宗教信仰。当然，信仰并不等于宗教，也有非宗教的信仰形式。例如政治信仰、道德理想信仰之类。宗教信仰与非宗教信仰的差异，主要在于所信的对象以及由此而产生的信仰行为模式有所不同。宗教信仰的对象是被信仰者奉为拥有支配人间生活，主宰人的命运的超人间、超自然力量，那就是神、神圣和神性物。政治信仰，道德理想信仰的对象或者是某种政治理念和某个政治权威，或者是某种道德理念或具有崇高德行的圣贤。此类对象尽管也常被其信仰者赋予极大的权威，起到支配其言行，主宰其命运的作用，但这些政治权威和道德圣贤乃是有生有死的世俗之人，并不被认为具有超自然的权能，他们的政治、道德信念本质上也是一种人文性的文化形式。

信仰对象性质上的不同，导致信仰行为方式上的差异。宗教信仰要求信仰者对其神圣对象进行无条件的信仰和崇拜，而非宗教信仰一般要诉诸理性上的认可，也没有伴以宗教仪式的崇拜行为。二者间的这种差别当然只是一般而论。在社会发展的一定阶段上，宗教信仰也有借助于理性的论证者，政治伦理信念亦常假托天命和上帝的启示。

任何宗教都有一套体制把它的信仰巩固下来，以便得到其全体信众的一致信仰和遵从。信仰体制的核心就是宗教的信条和教义。如果我们把宗教比作一个像动物或人一样的实体，那么，信条或教义便是它的“灵魂”，这个“灵魂”支配着动物或人的各个器官和肢体，使它们服从“灵魂”的统一支配，结为一体化的实体。宗教的信条和教义使信仰同一宗教的众多信徒具有共同的信念，结成一体化的教会组织。没有共同信念、信条和教义，就不会有宗教组织和体制化的宗教。

所谓“信条”（Symbols，articles of faith）就是宗教及其组织的基本信仰或基本信念。一个宗教奉为“信条”的基本信仰，往往被该宗教认为是使该宗教之所以为该宗教，并区分于其他宗教的东西。改变其信条，实无异于使之变质为其他宗教。因此，一个宗教及其组织一般总是把尊奉该宗教的“信条”视为一种忠诚的表示。于是我们就看到这样一种情况，在某个宗教的信众集体参加的公共礼拜式上，或在教徒的入教仪式上，信众和入教者或者通过仪式行为象征性表现他们对宗教信条的信仰，或者通过诵念有关的经文、真言，明确说出自己永远信仰这些宗教信条，借以表示自己对信条的信仰和对该宗教及其组织的忠诚。

宗教信条的基本内容，一般是一个宗教对其崇拜的神圣对象及其神性的信念。各种宗教所信奉和崇拜的神、神圣、神性物是各不相同的，对神灵之神性的看法和说法也是不同的。这些不同的信念、观念、看法和说法，就是构成各种宗教之基本要素的宗教观念。所谓宗教信仰，实质上不过是对这些宗教观念所指称的宗教崇拜对象（神、神圣、神性物及其神性）的信仰，正是它们构成了各种宗教的基本信条。

各种宗教的“信条”的本质内容虽基本相同，但其表现形式并不一致，归纳起来，大体上有两种：一是融入于宗教神话，公共仪式以及奉为神圣的经籍、经文或法典之中的传统信仰，人们在生活中付诸实践，但却无须在特定仪式上明确表白出来。二是用成文形式把基本的信条表现为“信经”（Creed）和“信纲”（Confession）。这两种形式均是对宗教的基本信条作出简明的规定和权威性的阐明，但二者之间也有一些区别。“信经”是指在信众举行公共礼拜或新教徒入教仪式时，他们必须用语言诵出信条的条文，简明地申明自己对它们的信仰；而“信纲”则一般是指一个宗教组织对自己所确定的信仰作比较详细系统的教理声明。

宗教所谓的“教义”（Doctrine），指的是对其信仰、信条和教诲的一种理性的了解和概念的阐明，是关于信条和教诲的一种系统性的知识，其目的在于加强信徒的信仰，向社会进行布道宣传，以及在对不同宗教、不同教派、不同意见者以及对非宗教者进行论战的过程中发挥指导性的作用，宗教教义中的最重要的核心部分，有些人称之为“教理”（Dogma），它们被认为是专门阐述宗教教义的原理和原则。按照 19 世纪德意志教会的历史学家，J. K. 吉舍勒的说法：教理不是教义上的主张，不是任何教师的说教，而是教会的法规。教会的教理是教会宣布为基督教要旨的必不可少的条文。按此说来，教理的理性和思辨性强于教义，是关于宗教教义的神学思考。教义和教理比之于简明扼要地宗教信条来，无疑是更为理性化、体系化的宗教知识，但从本质上看，宗教的教义和教理仍不过是对宗教信条的解释与阐明，是宗教信条的概念化和理性化，二者之间不过是宗教发展阶段上的差异。任何宗教（包括原始宗教）皆有其基本信仰和基本信条，但却不是任何宗教皆有概念化、理性化的教义体系和教理原则。它们是宗教信条发展到一定阶段后的产物。

宗教信条、宗教教义的产生和功能

既然宗教信条、宗教教义的性质和基本内容不过是各种宗教对其所信仰和崇拜的对象（神）及其神性的一种信念和看法，所以，它们本质上是宗教观念的信条化和教义化。要说明宗教信条、宗教教义的产生和形成，就应该研究宗教观念为什么和如何信条化和教义化。

在一切宗教体系中，神，神性物，都被视为超感官、超经验的存在。既然如此，神到底是否存在，如何存在，具有什么样的性质和形象（神性），便不可能通过感官经验予以感知和确证。每个个人心中的神及其神性只能是他个人体验的结果，实质上是个人想象力的产物，因此，个人的神和神性观念必然具有个人的特殊性，随每个个人的文化背景、社会环境、宗教传统的不同而有不同，因之而必然产生出各具个人色彩的神观念和神性观念。更有甚者，这种随个人体验和想象而生的神观念和神性观念也随个人境遇的不同而有各异的体验和想象，其形象和性状必然是变动不居、飘忽不定的，正如梦中景象一样。任何个人不可能有两次完全相同的梦，不同个人也不可能有完全相同的梦。如果宗教不是社会性群体的共同信仰，而永远是个人性的信念，那么，可以断言，也就不会出现具有固定神性的神观念，从而就不会有共同信仰的宗教。但是，正如没有离开社会群体的个人一样，历史上也没有脱离社会群体共同信仰的个人性宗教。从原始时代起，宗教便是由氏族群体共同奉行的一种社会性信仰，氏族群体总是共同崇拜特定的崇拜对象（氏族图腾、祖先、自然神），举行集体参加的宗教仪式。既有共同崇拜的神灵，那就必须对它的性质、形象、功能和德行有一个一致的看法和说法。于是，各个个人心中体验和想象的神观念、神性观念自然而然地经历着一个由社会集体予以集中和筛选的过程，这个过程无疑是非常之漫长和曲折的。一当社会确定出集体共同的神，赋予它特定的神性，它就成了社会集体必须共同尊奉信仰的信条和准则，就得排斥一切与此不相符合或相反的个人性的神和神性观念。这种宗教观念从个人性走向社会化，从特殊性走向共同性的过程，也就是宗教观念信条化的过程。原始氏族社会的氏族宗教是由各氏族群众确定其基本信条的，国家—种族宗教和其他类型的各种宗教和教派则分别是由各国家、各种族、各宗教和各教派来确定其基本信条的。确定的方式当然不会完全一样，它们或是根据氏族的传统；或是根据宗教（教派）创建者从其宗教经验中获得的宗教启示；或是成立于宗教长老会议的决议；或是国家政治统治者应用其行政权威颁行的律法……但无论何种宗教，其所确定的基本信条，究其起源的实质而论，都无非是其所信仰的基本对象从内在的观念发展为公开的信条，是宗教观念的信条化。

从宗教信条的产生即可清楚地看到它的功能在于一方面统一信仰者的信仰，加强信众的对内认同感，使宗教能持续发展下去。特别是当宗教从一种文化转入到另一种文化（如从闪米特文化转到希腊文化，即从巴勒斯坦转到罗马），或某个宗教自称拥有神圣的真理时，信条，正式的信经，往往有助于使原来的宗教信仰延续下去和认同一致，而不致在其他文化和其他宗教信仰的影响下出现意见分歧，发生信仰上的变易和改宗。正式规定的信经更能为这种目的服务。这是因为信经是由语言文字表达出来的信条，这种符号性的语言文字具有相对的抽象性，可理解性和概括性，这就使得信经在多元宗教、多元文化的竞争中成为认同的标志，有助于巩固信众的信仰。

宗教信条的进一步发展就是出现宗教的教义和教理。这是因为，在宗教的发展中，特别是当社会上出现各种宗教的竞争、斗争中，尤其是出现一个宗教分裂为不同教派时，往往爆发激烈的论争。各种宗教和各个教派总是只认为自己崇拜的神灵才是唯一真实至高无上的存在，自己信仰的信条才是神圣不可违犯的真理；与此同时，它们势必把其他宗教和教派的信仰斥为魔鬼的欺骗，贬为邪门歪道，打成异端邪说。这种信仰信条之争由于各自打着“天命”、“神启”的旗号，一般总是愈演愈烈，难以调和。在这种情况下，各宗教、各教派自然而然地需要对自己所信的信条进行理论上的辩护，对别教别派的信条进行驳斥，于是，就逐渐形成了系统性的宗教教义体系。它产生于宗教斗争的需要，它的功能和作用也与宗教信条一样，一方面对内认同，统一信仰；另一方面，对外立异，排斥异端。这只是就其基本的功能而言，如果再说得具体一些，教义的功能有三。

（一）在宗教的发展中，教义、教理的出现和形成，是为了指导其信众理解其神圣经典，了解其义务和责任，并确保划清其可以容许的分歧和实际错误的界限。正如中世纪基督教著名神学家安瑟伦所说的那样，神学阐发的教义和教理，无非是在理性上求得自我了解的信仰。

（二）宗教教义的标准功能是通过对该宗教传统的基本信仰（信条）进行理论阐释，以固定和保存原来的传统，统一信众的信仰。这种教义阐释在宗教发展的特定阶段上是不可缺少的，但在其进一步发展中又往往事与愿违，走到事物的反面。其结果往往不是统一信仰，而是刺激起不同神学见解的纷争。因为教义所辩护和论证的信仰对象都是超经验之物，无法为经验事实所确证，一切理性神学的阐释实质上只能是捕风捉影，想当然耳，神学分歧是不可避免的，这在各宗教史上屡见不鲜。古代印度教（婆罗门教）就有“业报轮回”的信仰。后来的耆那教、佛教和印度教都继承这一基本信仰，但却对之作了不同的理论解释，形成不同的教义系统。佛教对“涅槃”、“神识”、“法”等的解释，基督教关于“三位一体”的“上帝论”，耶稣基督到底是人还是神的“基督论”……的神学解释，到头来总是引发越来越大的分歧和论争，直至分裂为势不两立的教派。宗教教义系统既是统一信仰的手段，又常常是引发争议和分歧的诱因。

（三）宗教教义的第三种功能是为了进行论战和辩论，即为维护本教本派的信仰而驳斥别教别派的信仰，特别是要攻击不信仰或反信仰的无神论。宗教家、神学家为辩护其宗教信仰所作的一切努力，其核心动机在于维护宗教的权威。这就要求教义的阐释应该明确、确定、有说服力。但是教义阐释的根本目的是为了维护信仰的权威，因此，教义阐释并不能严格遵守逻辑推理的必然性，而往往通过似是实非的逻辑形式直接导向对其所信宗教的基本信仰和基本启示的辩护，总是要求其信众绝对地、无条件地信仰该宗教的主要权威：如绝对信仰创教的教主（佛陀、耶稣、穆罕默德、琐罗亚斯德），或某个先知（犹太教的摩西），或某些神圣经典（如印度教的《吠陀》和《奥义书》犹太教、基督教的《圣经》，伊斯兰教的《古兰经》、《圣训》……），或某个神圣事件（如相信佛陀在菩提树下的大彻大悟而成佛，耶稣的神迹……）。教义阐释于是出现了内在的矛盾：一方面要求对宗教信仰作出合乎理性的解释；另一方面又不顾理性和逻辑的必然要求而提倡对信仰和信条的绝对信仰。各种宗教的教义史都充满了理性与信仰的冲突与矛盾，而理性最终总是被要求从属于信仰的需要，成为宗教信仰的婢女。

宗教信条在各种宗教中的表现及其发展

各种宗教体系都有自己的基本信条，但其表现形式却不尽相同。对它们进行比较性的研究，可以看到宗教观念信条化在历史上的展现和发展。

原始氏族制社会的宗教信仰当然已形成了最基本的信念和信条。那是经由漫长的历史而约定俗成的。如果对于氏族共同信仰和崇拜的神及其神性没有共同的信念，就不可能有共同的宗教生活和集体参加的宗教仪式。在那个无文字社会里，这些基本的宗教信念并不体现为文字形式，不能用成文的宗教条规确定下来，而只能用语言形式体现为宗教神话，还经常用定期举行的宗教仪式形象地再现这些神话的基本信念，以此来统一氏族群体的信仰。人类社会进入文明时代以后，这些信念、信条往往被转移到奉为神圣的经籍、经文和法典之中。人们对其基本信仰的神圣性绝无怀疑，因而无须借助一定的宗教仪式上的明确语言表白来表示对它们的忠诚。古代东西方文明古国：埃及、美索不达米亚、中国、印度、希腊、罗马等等，都是如此情况。但是，在传统的国家宗教对民众的信仰约束力逐渐削弱的时代，特别是多民族国家中存在多种宗教信仰的情况下，一些宗教为了统一信众的信仰，往往需要用成文形式确立其基本信条，于是而形成“信经”。信经这种形式在世界性宗教，如琐罗亚斯德教、佛教、犹太教、基督教、伊斯兰教和现代印度教（如梵社——Brahmo Samaj）中得到发展。这是因为这些宗教是在传统国家宗教之外由创教者创立、由信仰者个人选择而皈依信教的。在面临传统国家宗教的压迫和其他各种宗教的竞争中，需要用明确的信条，特别是成文形式的信经来固定和统一固定皈依者的信仰，以维持自己宗教的生存和发展。不过，信经在上述各宗教中的地位不尽相同，只是在宗教改革后的基督教各派中才得到特别的重视。

在古代印度婆罗门教中有一些诵念的神咒和经文，尤其是《梨俱吠陀》的 Gayatri 祈祷文，既是婆罗门青年在入教仪式中要学会的一部分仪式，也是表白其信仰的一种方式。他们通过诵念这些经文和祈祷文来表明宗教的同一，表明自己的信仰皈依。

早期的小乘佛教要一日三次复诵“三宝”，这具有独特的信经性质。它的三次表白的经文是：我皈依佛，皈依法，皈依僧。中国藏传佛教特别主张信众要反复持诵六字真言神咒，“唵、嘛、呢、叭、咪、吽”，这被认为是具有神圣性和神秘力量的声音，其意思是：“啊，莲花上的宝珠。”这里的“宝珠”是藏传佛教特别崇拜的观世音菩萨的象征，六字真言的本义是表明持诵者相信观世音（宝珠）在世间（莲花）。

琐罗亚斯德教在更古老的年代即已形成自己的信仰表白的经文：“我承认我是玛兹达的崇拜者，是琐罗亚斯德教徒，是魔鬼的仇敌，是主的仆人。”（见《波斯古经》［Yasna，12，1］）这是明确的信仰表白，经文的内容说明了琐罗亚斯德教最基本的信条。

伊斯兰教把“念功”规定为“五功”之一。所谓“念”，即规定伊斯兰教信徒必须经常诵念“清真言”：“万物非主，唯有真主，穆罕默德是主的使者”，对这句“清真言”，穆斯林不仅要“内心诚信”，而且要“口舌招认”，念出声来。清真言的内容显然是伊斯兰教的基本信条，公开诵念清真言，是要让穆斯林表示对它的虔信和忠诚。

犹太教的基本信条在《旧约圣经·申命记》中用申言上帝之命的形式作了事实上的规定，特别是第 6 章第 4 节的这段经文：“以色列呵，你要听，耶和华我们上帝是独一的主”，更成了以色列人崇拜仪式的一部分。通过诵念表示对上帝的信仰。以色列人在站着祈祷时，还要公开承认自己相信死人复活这一信条。

犹太教也出现一些信经，其中以麦蒙尼德派的“信仰原则十三条”历时最长。不过，这些原则没有正式固定下来。犹太教改革运动中也出现了各种具有信经性质的教义文告，如 1885 年的“匹兹堡宣言”，但都没有深远的影响。犹太教的信经之所以较少，原因在于该教的认同主要以对“戒律”（Commandments）的遵守和对“口戒”（Oral law）的遵守为标准，而不是以接受教义为标准。

与上述各种宗教和犹太教比较少见信纲和信经的情况相反，基督教中出现了多达一百五十余个被正式承认的信经和信纲，看来，这与基督教会接受希腊理性哲学影响有关。它从开始建立起就注重教义，把接受特定的教会宣告作为信徒入教的条件。教会团体常以宣告“耶稣为主”（《罗马书》第10章第9节）之类经文来表达其基本信仰，完全成熟的“信经”首先是用在洗礼仪式和教义问答的训诲之中。信经内容一般都是用来说明上帝圣父，耶稣基督圣子、圣灵三者的神性。所用词句后来逐渐规范化。

信经的发展在西派基督教中以“使徒信经”为顶峰，至今仍得到他们的承认。天主教会和新教教会现仍在洗礼和公共礼拜时使用它。这个信经的主要内容是把自己的信仰和被其视为异端的邪说对立起来以排斥后者。例如，为反对诺斯替教和马西昂教（二元论），它强调上帝不是邪恶的创造者，而是创世主；为反对幻影论派关于耶稣是以幻影形式出现的天神的观点，它坚持认为耶稣是童贞女玛利亚所生，确实受过难，死去并被埋葬而后复活。

“尼西亚信经”实际是一种教义声明。它有两种文本。第一种文本是公元325年在尼西亚城召开的第一次基督教世界性主教会议上制定的。起初不是用作洗礼仪式上的信仰表白，而是作为正统教义的强制性信条。第二种文本已经成为整个基督教的信经，西派天主教、东正教和新教的主要团体都接受它。东正教会一般用在洗礼和圣餐礼拜中。西派的天主教会、安立甘教会和路德教会只用于圣餐礼拜。两个文本的基本内容都是为了反对被尼西亚会议斥为异端的阿里乌教派的观点（主张耶稣是人，不是神，为上帝所造，品级低于上帝）。

“亚大纳西信经”是西派基督教会承认的三个信经中最后一个信经，此信经的内容着重强调上帝的三种位格同性同体。但形式上是对三位一体信条的神学释义，很是烦琐。天主教在某些节日的晨课仪式中使用。东正教虽在16世纪才勉强承认它，但一般不用之于礼拜仪式。

16世纪的宗教改革运动出现了对基督教教义的多种理解，不同的改革者对传统的信条和教义各有不同的解释，而且还把他们所持的反对传统教义的信仰的观点明确化以争取更多信众的支持。于是，他们便发出了宣告其新观念的信仰宣言。这些宣言不同于早期的信经，不仅包括信条的条目，而且包括对信条的阐释和辩解，这就是所谓“信纲”。对此，罗马天主教和东正教会则以自己的信纲声明予以回答。各教派的信纲主要有：路德宗的最有权威的信纲是《奥格斯堡信纲》（1530），它是这类教义申明的第一个。此信纲和1531年的《奥格斯堡信纲答辩书》是在马丁·路德指导下，由菲利浦·梅兰希顿起草而成。它的主旨在于表明：背离圣经和早期使徒圣传的人，是教皇及其同盟者，而不是改革者。

加尔文，慈温利创立的“归正宗”，各国教会也发表了自己的信纲文件，均未得到公认。但其中有一些信纲，如《海德尔堡教理问答》（1563）使用较为广泛。瑞士、法国、比利时都各有自己使用较广的信纲。英格兰的《威斯敏斯特信纲》（1646）反映了加尔文派观点和清教派的神学见解。此信纲在苏格兰取代了1560年的苏格兰信纲，并在修改后为公理会和浸信会接受，现在仍是美国长老会派的基本信条。

英国国教会《安立甘宗》及其支系认为唯一能阐释教会的是《三十九条信纲》（1563），而不是早期的信经。但《三十九条信纲》的权威性并不很大。在安立甘教会中，《公祷文书》起到路德会和归正会信纲所起的认同、维系作用。《三十九条信纲》缩减到25条，也是卫理公会的主要信条。

基督教宗教改革运动中产生的激进团体（如再洗礼派）大多认为信纲没有多大重要性。总的趋势是反对制定固定条文的信经和信纲，因为它们担心这会限制圣灵的作用，损害圣经的权威。在神学上持自由主义的宗教团体则害怕信经信纲之类有害于思想和良心的自由。

罗马天主教的教义声明一般不称作信纲，但特兰托公会议（1564）在教会、教规方面制定的天主教教理，则是完全类似于新教信纲的文件。第一届梵蒂冈公会议（1869—1870）立的教规以及教皇对“纯洁受胎说”（1854）和“升天说”（1950）等信条所下的定义，也有信纲的某些特点。

东正教为应付新教和罗马天主教的挑战，颁布了基辅都主教彼得·莫基那的信纲（1643）和耶路撒冷宗主教多西塞奥斯信纲（1672）。1893年，圣主教公会还制定和颁布了莫斯科都主教菲拉列特的教理回答。但东正教并不重视这些文件，因他们认为只有尼西亚信经和该撒多尼亚的附加信条最有权威。

近几十年来，随着国家教会的衰落，信纲在法律上已不是公认的规范，不再能起到为基本信仰作证的作用。第二次世界大战后，泛基督教运动发展起来，为使各派教会联合，便不再坚持制定过多约束信仰的信纲，方式上通常采用各教会联合而不是单独的方式发布。世界基督教会联合会的教义声明为自己建立的教义基础只限于主张“教会的会员资格，是承认我主耶稣基督是神和救世主”（1961）。

由于自由思想的强大发展，传统的信经、信纲对基督教和非基督教团体的影响正在消失。越来越多的人激烈地攻击它妨碍个人的思想自由，违反了科学和理性。

宗教教义的发展

每个宗教都有自己的教义，也就有一部教义发展史。它的基本作用是为宗教的信仰和信条作辩护，并驳斥异教和异端的教义。教义作为对信众进行强化其信仰的教育模式，其传统作用无疑是保守的。但教义作为一种对基本信仰、基本信条作出系统的理论解释，它往往给原有的信仰和信条注入新的探索性的基本内容，产生新的理解从而改变传统教诲的老一套说法，有时甚至改变了它的基本内容。在这个意义上，教义的发展也常有革新的意义。佛教各宗各派都信奉“三宝”，但对三宝的教义解释和修行实践却大不相同。佛陀创教时提出的一些基本思想，如“四圣谛”、“八正道”、“十二因缘”……在其后继人中发生了众多的歧见，形成了众多的宗派，各宗各派都构造了庞大的教义教理系统，形成复杂多变的宗教—哲学体系，其他宗教亦复如此。全体犹太人都声称信奉律法书，尽管他们对其权威性程度看法并不一致。基督教各派都声称信奉《圣经》，都承认“三位一体”和“耶稣神人一体”这两条基本信条，但随着历史的发展，基督教分裂成许多教义体系，罗马天主教把“变体说”奉为主要信条，但东正教却没有这种信仰。罗马天主教信奉“纯洁受胎说”、“圣母升天说”、“教皇一贯正确说”，东正教和新教却不接受这些信仰和教义。新教在反对罗马天主教的宗教改革中发展起了“唯靠恩宠”（Sola gratia）、“唯靠信仰”（Sola fide）和“唯靠圣经”（Sola Scriptura）的教理。不过，新教各派对此“三唯靠”也各有不同的神学释义，并根据时代和社会和需要各自有所增添。

伊斯兰教非常重视教义的稳定性，极力维护《古兰经》，《逊奈》和教法学家公议的权威。即使如此，伊斯兰在教义上也有分歧，出现了许多教派和教义体系。

各种宗教教义阐释的发展，一般有两种思想倾向：一种倾向是把教义阐释解释为原本的信条已包含一切真理，宗教传统在历史过程中的一切发展，都已包含在原有的基本信念之中，教义解释只不过是对之进行逻辑展示，以求对固有信条的充分理解而已。近现代各大宗教中出现的所谓“原教旨主义”就是这种倾向的典型表现。另一种思想倾向把教义解释理解为有机发展进程。它强调教义的历史并不只是对原本启示的含义作明确的展示，还应注意到当时当代的科学、哲学的发展和重大社会历史事件对宗教思想产生的影响。当然，宗教神学家考虑这些发展时绝不会与其维护宗教基本信仰的原则相冲突。他们一般总是把这些科学、哲学和社会历史事件附会于原有信仰之中，极力调和原有信仰与科学、哲学的矛盾，尽量适应于社会的发展和需要，以期表现出宗教教会能够在不影响其信众的认同和组织的巩固这一条件下继续存在和发展，承受变迁的冲击。这种倾向往往给宗教传统注进新的内容和活力，使宗教不断适应社会的变迁。正是这个缘故，各大宗教在不同历史阶段都出现了所谓的“现代主义”。

第三节 宗教理想境界的追求与修行体制

宗教修行的性质与意义

世界上许多宗教体系中都存在有一种与追求宗教理想境界相联系的修行或修道生活，有些宗教还把这些修行者组织起来，把修行生活制度化，形成一定的修行体制。如何理解并规定宗教修行的性质与意义？我们且先作一些词源学的回顾。

英语修行或修道生活为 Monasticism，来源于希腊语 Monachos，原意为“单独生活”，它道出了当时人们把“单独生活”理解为修行或修道的重要特征。后来发展为宗教修道者必须过一种不结婚的独身生活。但这一点在各宗教体系中并无普遍必然的意义。就伊斯兰世界而论，在阿拉伯语和波斯语词汇中，“僧侣”、“修道士”之类词语并无“单身”之意，倒是伊斯兰教修道生活的其他方面（如 Zuhd、“禁欲主义”）从词源上说明了“修行”或“修道生活”的意义。

印度语支诸语言（梵语、巴利语、阿帕布拉姆萨语［Apabhramsa］、普拉克里特语［Prākrit］）中有不少指僧侣的词，其中却均无“单身”和

“单独生活”之含义。可是，这些宗教（婆罗门教—印度教、佛教、耆那教）的修道士与犹太教、基督教和伊斯兰教的修道士一样，的确实行单独生活，或者结成修行群体离开世俗社会而过他们的单独生活。这似乎可以这样解释：这些宗教最早的修行实践或修道生活可能不一定实行单身生活，但后来则逐渐发展到修道僧侣必须实行的修行体制，使单独生活成为修道生活的一个重要的标志和特征。如果我们把“单独生活”视为内容更广泛的苦行主义和禁欲主义的重要内容之一，那么，这种苦行主义、禁欲主义则可被视为宗教修行或宗教修道生活的普遍性特征。

上述这种词源学的考察虽然揭示了宗教修行体制与“单独生活”、“禁欲主义”之间的关系，但并未构成一个比较明晰、比较准确的关于宗教修行或修道生活的逻辑定义。在这方面，我国的儒家典籍和佛经的某些说法倒是可以为我们提供更多的启发。我国古代的典籍言及“修行”者，最早见于《汉书·儒林传》：“严彭祖曰：凡通经术，固当修行先王之道。”此即儒士所理解的“修行”，它要求通经的儒士按文武周公之道来养炼和规范自己的行为实践。《淮南子·诠言训》说：“君子修行而使善无名，布施而使仁无章。”这里把修行务善作为士君子的道德行为。我国儒家所理解的修行不过是一种按儒家之道修习并见之于行为的道德实践，并无宗教意义。佛教所理解的“修行”，从纯语义上看与儒家同，也是要求佛门弟子按佛法佛理修习而作行，见之于身、语、意三业，以期来世善果。此义可见之于《无量寿经下》之“应当信顺，如法修行”和《法华经·药草喻品》之“渐渐修行，皆得道果”等语。在佛教看来，只有按佛法渐渐修行，才能达到佛教所追求的理想境界，得到美好的果报。儒，佛典籍的这些说法虽然并非关于“修行”的普遍性规定，但它们包含的思想却具有普遍意义。尽管各种宗教体系对于修行、修道生活的具体法门不尽相同，但如其实行宗教修行，却一般总是要求修行者必须按照其宗教的教义信仰体系（教理、教法）来限定其思想信仰、养炼其宗教情操（意业）、规范其语言（语业）和行为（身业）。只有通过这种种修习，才能最终实现其所追求的善果，达到该宗教孜孜以求的理想境界。宗教的修行则是达到和实现其理想境界的桥梁和手段。

各种宗教的善男信女之所以虔信宗教，都不过是为了追求宗教所许诺的那个美妙的理想境界。对于不同精神层次的信仰者，宗教许诺的理想境界也会有不同的层次。对于低档次者，宗教许以个人欲望的满足；对于高档次者，则许以来世的天堂，或者肉体飞升成仙，或者即身证悟成佛……但是，无论层次高低，都不会允许随善男信女之意欲不费吹灰之力即可达到；总要求你经过一番努力，按照教理教法的规定进行身体的训练与精神的修习。追求的理想境界档次越高，其所需要的训练，辛劳与艰苦必然更甚。正是这一缘故，决定宗教修行与苦行主义、禁欲主义之间结成了不可分离的关系。在各种宗教的修行法门和修道生活中，我们几乎总可以看到苦行主义、禁欲主义的踪影。低档次理想所要次修行难度小，禁欲与苦行程度低，故进行这种宗教修行者相当众多而且普遍。宗教理想境界越高、越神圣、越神秘，其所要求的修行难度必然更大，苦行禁欲的程度更为严酷，进行这种宗教修行者必然越来越少，只能是宗教信仰者中之少数激进的“精英”。宗教学者通常只关注这少数精英的高档次修行实践而把大众信众的低档次修行实践放逐于视野之外。但是，在笔者看来，这种看法有片面之失。如果要从历史发展上来研究宗教修行制度和修道生活的形成与演变，我们必须从低层次的修行实践着眼和入手。

宗教修行的目的

宗教修行者之所以不惜忍受种种苦行主义、禁欲主义的磨炼，从事艰苦的宗教修行，绝非无所谓而为，为修行而修行，而是有其自己的宗教目的。此种宗教目的表现形式多种多样，层次有低有高，但说到底，都与其所信宗教之教义体系所确定的神圣信仰对象和神圣境界有关。一切宗教修行活动的最终目的则是企图借此与所信神灵建立联系，并最终达到宗教所许诺的理想境界。这是就总体而言，如果说得具体一些，大致有如下几种：

（一）生存条件的满足。各种宗教中最广大的那部分普通信徒，他们信仰宗教的根本目的，都不过是为了求助于超自然神灵来改善他们自力无法改变的生存状况，解决生活中的各种问题，狩猎的成功，庄稼的丰收，疾病的治疗，生命的久长，后代的延续，生活的顺利、战争的胜利……为求得诸如此类生存问题的解决，各种宗教体系（从原始时代的宗教到文明时代的宗教）构造出了各式各样的与神灵建立交通和联系的方式，诸如敬献祭品以博神灵之回报；祈祷祝愿以乞神灵之同情；禁忌自律以求神灵之好感；巫术活动以求控制神力为己所用。一般来说，这些宗教活动只要求善男信女按照宗教之仪轨进行相应的仪式，并非本章所讨论的宗教修行的本来意义。但是，我认为，我们也应该注意到所有这些仪式活动（特别是宗教仪式所包含的“洁净”意义）都具有“宗教修行”的某些最初级、高原始的意义。例如，各种宗教都规定在一些比较重要的仪式活动之前和进行期间，参加仪式活动的信仰者都必须严格遵守一系列禁忌性规定：或者不能吃某种食物，或者要禁食一段时间，或者不能发生性关系，或者不能见某些人，或者不能与人说话……似乎只有遵守这一系列严酷的禁忌，才能保持身心的洁净状态，才能博得神灵的信任与喜悦，神灵也因此而给予信徒所期望的帮助。如果我们客观地把诸如此类的洁净仪式、禁忌持守活动与严格意义的宗教修行活动作一番比较，不是可以明显地看到它们之间的相似之处吗！看来，我们有理由把前者视为原始的、初级的宗教修行活动，而把严格意义的宗教修行视为它的发展。

（二）追求与神相通的神秘体验，获得超自然权能或神通，甚至悟道成佛，得道成仙，追求与精灵或神灵相交通的神秘体验，早在原始宗教中即已出现，如在成年礼仪中用种种仪式行为导致某种幻象，以此确定个人保护精灵或终身崇奉对象，北美加利福尼亚南部的印第安人举行成年礼时要饮用一种名曰“托洛阿切”的饮料，饮后酩酊大醉，神志不清中出现之幻象，即为其终身敬奉的对象。还有一些部落民在成年礼仪中要经受种种折磨：长期禁戒、离群索居，同时服用某种麻醉剂……使其进入神迷痴狂境界，于梦中或神迷中产生幻象，此幻象可能是某种动物或别的物体，它就成了此人终生的保护精灵。为通过成年礼而进行的长期禁戒和种种折磨，实质上就是原始时代的宗教修行行为，而获得某种幻象的神秘体验就是这种修行的目的。随着宗教在历史上的发展，这种追求进一步神圣化和神秘化。许多宗教的信仰者中的激进派（所谓“宗教精英”）不满足于一般性的生存欲求，而企图与所崇拜的超自然神灵建立直接的联系，直接从神那里获得启示。由于所谓超自然的神灵并无真实的存在，寻求肉体感官的直接感触实际上是不可能的。于是这些激进的宗教精英们便寄希望于艰苦的修行或修道，相信只要通过修行过程的磨炼，就能获得与神相通甚至与神合一的神秘体验。更有甚者，他们甚至相信通过修行能使自己获得神灵才能具有的超自然权能（佛教和道教把这种超自然的权能称之为“神通”）。这种对神秘的宗教体验和超自然神通的追求，在东方宗教中表现得最为突出。印度各种宗教差不多都认为可以通过“瑜伽”、“禅定”之类身心修炼，使“我”解脱一切系缚和肉体的限制，进入“梵我合一”或绝对自由的超自然境界，并因此而获得一般人所没有神通（超自然权能）。中国现代的气功神秘主义与此类似，相信炼气修行者可以通过气功修炼获得透视、遥感、意念移物以至呼风唤雨等各种神奇的特异功能。

基督教中的神秘主义教派、伊斯兰教中的苏非派神秘主义以及近代犹太教中的哈西德运动（希伯来文 Hasid，虔信者之意）认为通过祈祷，坐静、沉思冥想以及对神的真诚狂热的爱，把自己的灵魂和神联系在一起，就可以获得与神合一的体验。

佛教和道教修行的最终目标更有甚焉，他们不仅止于在禅定或内外丹修炼中获得某种神秘体验或超自然权能，而且企图使个人即身成神。道教修道的最高目标是长生不老、肉体飞升成为神仙。早期佛教认为，他们修行的全部目的是断灭感召三界果报的全部原因（“惑”），此即断生死、绝轮回。但要达到这一境界，必须经历若干生死轮转的艰苦修道历程才能最终实现，不是一蹴而就的。他们根据修行悟道断惑的程度设想出了四个阶段以及相应的四种果报，通称“道果”。能获得这种果报的人，已非一般凡人可比，而是圣人和贤人。这四种果报是：①须陀洹（预流）；②斯陀含（一来），得此二种道果者，还须降生欲界；③阿那含（不还），高于前二种，不会轮转欲界，只会再生色界和无色界；④阿罗汉，修得此道界者，不仅有各种神通，而且已超脱三界，因而不再降生轮回。这是早期佛教为佛教修行者许下的最高果位。按此说法，所谓“罗汉”，实际上已经被神化为神了。这种神化的“罗汉”可能是释迦牟尼之后的说法。因为，在释迦牟尼在世时，罗汉乃泛指修行的完成者、圣人之类。他的诸大弟子，就被通称为罗汉。甚至他本人虽被认为已觉悟成佛，但他并不认为自己是神。但是，随着佛教的演变，佛和罗汉都逐渐被神格化了。特别是大众部和大乘派佛教一方面认为罗汉仍有几种局限性，并非修道的最高理想境界，佛教修行者的最高理想是修行菩萨行，成为菩萨。菩萨实际上已是成佛，但为普度众生觉悟有情，故自愿留住人间，甚至往生地狱且“随意能往”，神通广大，显然是超自然的神。

（三）清除罪欲的触染，寻求救赎与解脱。差不多所有的宗教修行生活都依据这样一种神学信念：现实的世俗世界都是不完美的，在世俗生活中，人的精神和灵魂总是受到罪恶、无知、物欲的污染和系缚，必须由于罪而得到恶报或者在生死苦海中轮回或者受到上帝的惩罚，死后进入地狱受苦受难。但是要想使精神达到完美境界，使灵魂洁净不染，单靠在世俗社会生活中遵循常规是达不到的，必须冲破这种常规，进行艰苦的修行和磨炼，使受到污染的身体和心灵受到控制与折磨，恢复纯净完美的精神状态。所以，各种宗教修行生活几乎都主张从社会退出来，在一种禁欲苦修的世外环境中，或者进行瑜伽、禅定之类精神修炼（印度宗教），或者进行祈祷、礼拜、念咒语、赎罪等形式的神秘主义的修道实践（基督教、伊斯兰教等）。通过诸如此类修行实践，印度诸宗教认为，修行者今生和将来即可得到解脱。基督教与伊斯兰教则有些不同，认为只要人的肉体还存在，就不可能得到永恒的拯救。修道生活当然是为了赎罪而得到拯救。但要得到拯救，只有将来的彼岸世界。基督教的修道僧侣不仅为自我赎罪，而且还表示要为旁人赎罪，在修道士的心目中，他在为旁人赎罪而刻苦修道过程中，虽然使自己的身心受到克制，但这也使自己在属灵的道路上得到进展。当方济各会僧侣在为穷人和病人服务时，他同时也相信此举也在增进自己的美德，而这正是自己灵魂获得救赎的途径。同样道理，当一个耆那教徒或佛教徒自愿躺在一张布满跳蚤、虱子之类害虫的床上，听任害虫吸他的血时，他是在行施舍，也很可能是自愿代替一个施主这样做，目的是减轻那个施主的业报负担。但同时，他自己则认为他此举又尽了僧侣的修行美德，当然也会因此而“善有善报”。由于长期的修行锻炼和善行的不断积累，修行者就能断除一切罪欲与无明，达到精神的完美洁净境界，实现最终的解脱。

（四）社会的拯救与改善。我们在很多宗教体系中常见的宗教修行生活，除了上述几种追求神人合一的神秘体验、洁净灵魂，解脱污秽，实行个人成圣成神，属于宗教方面的目的以外，有些宗教修行者个人或团体还常有社会拯救方面的目的。犹太教库姆兰社团在死海附近过一种集体的修行生活，据信这个库姆兰集团就是新约圣经所提到的于公元前 150 年至公元 70 年兴盛于埃及旷野的艾赛尼派。库姆兰社团过一种禁欲主义的生活，自称他们才是犹太教的真正的未受罪恶污渎的祭司。他们斥责耶路撒冷的当权祭司，称他们是污秽的、罪恶的、假的、不洁净的，受希腊信仰玷污的祭司，骨子里是左门邪道。这是走向旷野、脱离城市的修道士反对城市祭司组织的突出实例。他们对犹太教义有不同的解释，要求修道者过一种激进的禁欲生活，共同祈祷，共同工作。这些构成了库姆兰社团的修行体制和修道规则，是与耶路撒冷的祭司权势集团对立的。

基督教的隐修体制也是在不满世俗社会和腐败了的正统教会的抗议中形成的。它的创始人安东尼按照耶稣责难财主的教导抛弃了自己的财产，退居荒野，进行隐修。据他说，他在那里战胜了魔鬼的折磨和禁食，过一种严格的自我克制生活，不断祈祷，克制情欲，以此接近上帝。安东尼过的是个人隐修的修道生活。帕科米乌（Pachomius）对此进行重大改革，于公元315—320年间，在埃及南部的塔贝尼希创建了第一座基督教隐修院。他把所有的隐修士结为一个团体，共同吃、住、睡，着统一服饰，按时进行崇拜活动，把修道生活制度化。在这种修道体制下，产生了基督教理想社会的概念，与世俗社会和腐败了的东方教会形成明显的对照。

佛教僧团和僧伽制度的形成，也是与佛教对世俗社会生活充满贪、嗔、痴、情欲横流、罪业不断，导致沉沦于生死苦海的不满，力图从社会逃避出来进行禁欲修行有关。出家僧尼组成的僧伽，必须过禁欲、节食、不蓄财物、乞食为生的生活。佛教实行严格的清规戒律，认为只有在这样一种禁欲主义的修行中，才能断惑绝业，脱离苦海，获得解脱。

这就是说，各种宗教的修行体制和修道生活都在不同程度上包含有对现实社会的不满与抗议，并把修道生活当成自己的理想社会生活。至于这种修行体制和修道生活是否真的那么“理想”，以致可以让整个社会生活照此奉行，那自然应另当别论。

宗教修行法门与修道生活方式

宗教修行者为达到其理想境界而进行的修行有种种不同的方式与法门。追求的境界越高，修行法门的难度越大，其对修行者的身体与精神上的限制与控制愈益严酷。如果我们把所有这些五花八门千奇百怪的修行方式集中起来，择其比较具有普遍性的方式，大概有如下几种：

一、遵守禁忌规定

遵守禁忌规定是盛行于原始宗教时代的一种宗教行为，其目的是在超自然力量面前限制自己的行为，对超自然力量表示敬畏，博其好感，求其不为己害。禁忌规定的范围很广。从饮食禁忌到语言禁忌、行为禁忌、食物禁忌和性禁忌，这些禁忌规定，在后来的发展中，成为一切宗教修行的重要内容。

二、独身

独身不婚，是各种宗教的修行体制和修道生活中一项常见而且重要的内容。许多宗教中负有宗教使命的圣职人员，甚至一些虔诚的信徒为了全身心地献身于神圣事业，或者为了求得神恩而达到自己所追求的宗教理想境界，或者对神宣誓终身坚持独身不婚，或者婚后离开配偶，出家独身，专心修行。当然，需要说明一点：并不是所有宗教都主张独身不婚，犹太教、伊斯兰教、基督教新教就把结婚、性生活认之为一种自然的生活状态，即使专门的神职人员也不必独身不婚。而印度教、佛教、道教（全真派）、罗马天主教和东正教则推崇独身不婚，赋之以崇高的精神荣誉。它们一般都把宗教修道生活与正常的社会结构和人性的正常要求对立起来。

在古代宗教中，宗教生活充满了性的禁忌。月经期间的妇女不能接触，狩猎、作战、宗教典礼之前禁止性生活……被定为神圣宗教活动的准备。独身不婚则是这种准备的持久延续。独身的祭司是社区的纯洁表征。当此种独身状态逐渐成为从事圣职活动的人的必不可少的条件时，宗教群体中就形成独身者团体。

这种独身者团体有两种情况或类型，一种是僧侣的独身，即祭司和女祭司的独身。从宗教职能上看，祭司负有在神与人之间作中介的神圣职责，即通过某种宗教仪式把信众的需要传到天上，又把神的权力和旨意从天上传谕给信徒。一个祭司如果熟悉并能主持应作的仪式，并在仪式过程中保持所要求的洁净状态，那么，无论他有无德行，他所主持的仪式都将是有效果的。但是，如果祭司把独身作为条件，那就是分外立功的一种特殊状态和仪式洁净的客观标志。所以，独身状态对于僧侣是一种更高级的具有修道意义的要求。另一种情况则是修行意义的独身。在这种情况下，独行者可以是僧侣（祭司之类），也可能不是。他们之所以过独身生活，其主要动机是为了道德和精神上的提高，而不是寺院仪式所要求的仪式洁净。他们认为，只有永远保持独身状态，才能断灭情欲的诱惑，保持灵魂的纯净不染，从而才能禅定悟道，直接体验到精神静寂的高级神秘经验，得到解脱。这种修行独身者有佛教寺院中的僧侣，基督教教堂或修道院中的修道士，云游四方的托钵僧，远离家庭和城市生活，住在森林或荒漠中的隐士。还有一些并非僧侣的俗人或信士，为了提高自己的宗教修养而自愿立誓不婚，尽管宗教教义上并不要求他们必须如此。这种情况应该算作是一种个人性的修行行为。

三、禁欲与苦行

在宗教史上，禁欲和苦行一直是宗教修行实践和修道生活中最为普遍，也最为重要的方式。宗教修行者相信，通过禁欲主义和苦行主义的修行实践，可以控制自己在肉体和心理上的欲望，抵制外界邪恶力量的诱惑，增进自己坚持宗教所要求的道德标准，开发精神潜能，促动灵性力量的活跃，同时可以博取神灵对自己的同情和好感，给予特殊的恩宠，从而达到宗教修行所追求的理想目标。

禁欲主义、苦行主义之所以与宗教修行实践结成不解之缘，有其深刻的神学根据，主要有三个方面：

1. 宗教禁欲主义源于早期宗教生活中的宗教禁忌规定，而宗教禁忌规定乃是宗教神圣物观念的必然伴生物。

人们相信，必须遵守禁忌规定，才能避免神灵降下的灾难。禁忌的花样繁多，大致有语言禁忌、作业禁忌、食物禁忌、性禁忌四大类。四种禁忌，按次序一个比一个严格，要求信仰者自我控制、自我禁戒的成分更多，完成实现它的难度越来越大。宗教禁忌的难度是随着宗教神灵之神性的高度而发展的。信仰者赋予神灵之神性愈高，他们对自己行为的禁戒规定也必然越多越难。食物禁忌与性禁忌所禁戒的对象是“饮食、男女”这两项人之大欲（基本人性），实质上是禁制人类天然具有的生存欲望和生殖欲望，所以这两项禁忌最能体现人对神圣物的敬畏感。自从原始社会、古代社会的宗教禁忌发展到食物禁忌和性禁忌之后，这两种禁忌就成了宗教崇拜活动的基本方式。食物禁忌后来演变为各种宗教中的斋戒制度，性禁忌则演变为各种宗教中的洁身仪式。一般说来，遵守宗教禁忌的规定，是暂时性的，大多是在特定的时间和场合才必须遵守它们。当它们被宗教修行者当成制欲修身以取悦神灵、邀获神恩，实现某种宗教理想的手段时，它们就被变成修行者必须长年奉行的清规戒律。于是我们就在各种宗教的修行体制发展史上看到，许多宗教的修行者几乎都有素食、节食、独身、童身的戒规与制度，它们成了宗教修行的重要方式。佛教戒律规定要求僧侣专靠托钵乞食为生。从日中不食的节食规定发展到不吃动物肉的素食制度。基督教修会也有托钵乞食的规定，有些基督教会规定在复活节前 40 天为大斋节，有禁食的规定和仪式。伊斯兰教定在斋月实行斋戒。至于性的禁戒更成了宗教修行者的首要戒律，除了东方宗教（印度佛教、中国全真派道教）之外，基督教早期就出现了贞女和独身者，他们在教会中享有特殊的地位，在早期的美索不达米亚的基督教会中，只有独身者才是教会的正式教徒。罗马天主教的神甫和修士按规定是终身不婚的。

2. 虚幻的宗教天堂意味着对现实幸福的否定，从而导致禁欲主义的修行。

各种宗教为了拨动善男信女的宗教感情，一般总是把世界二重化，在现实世界之外虚构一个幸福的天堂和极乐的净土，并把它与现实生活对立起来，天堂极乐，尘世极苦。善男信女应鄙弃这个尘世世界，把尘世的一切视为过眼云烟。看破红尘，遁足空门，超脱现实，注视来世，到天堂去寻求最终的解脱。各种宗教的修行者就如此这般地主张通过禁欲和苦修的禁欲主义修行实践以换取来世的天堂。在这方面，佛教最为典型。释迦牟尼创建的佛教，其基本出发点是认为诸行无常，人生极苦，其宗教修生的目标在于从苦海中解脱出来。佛教认为，只要是生命，其整个生活历程就总是苦的。即使一个人今生做了许多善行善事，来世投生于富贵人家，过帝王生活，甚至转生为“天”（神），也仍会经历任何有情之物皆必然经历的生、老、病、死之苦。所以，佛教要求一切修行者放弃一切尘世生活，把解脱的希望寄托在证悟于断生死、绝轮回的涅槃境界。涅槃境界是一个永恒寂静的境界，佛教形容为“常、乐、我、净”。对涅槃之乐的绝对肯定，意味着对现实幸福的绝对否定。佛教修行者只能放弃任何享受现实幸福的欲望与追求，在禁制自然人性的自然欲求的宗教修行生活中度过艰苦的人生。

犹太教本无来世天堂观念。上帝视犹太人是否绝对信仰崇拜他而对之给予的祸福报偿，都是在现实世界中来实现的，并没有把报偿推到来世。以后，犹太民族迭被异族征服，沦为奴隶，苦难没完没了，逐渐产生了“救世主”将来此世拯救他们，在地上建立神的统治的“弥赛亚”观念。尽管犹太救世主所要建立的神的统治是在地上而非天国，但此神国已被推迟到渺茫的将来，与天国一样可望而不可即。由于犹太人把希望寄托在救世主的拯救，他们在现实生活中往往采取静观等待的态度，忍受现实的苦难。犹太教中的艾赛尼教派则吸收了希腊哲学中的灵魂不灭说，发展出来世信仰 。主张今生受苦，标榜过禁欲生活，将来救世主降临时，死人将复活，接受审判，按生前行为的善恶接受赏罚。于是，犹太教中就出现了现世禁欲苦修、来世获得福报的信仰。这种信仰后来成了基督教基本教义的出发点和基督教修行观的思想前提。早期基督教和犹太教艾赛尼派一样，用现实的禁欲主义去交换未来的千年王国。伊斯兰教在这方面的情况大同小异，虽然它本不是出世的宗教，允许它的信徒享受今世生活。但伊斯兰教的天堂或乐园仍在来世，仍把今世幸福视为短暂性的“欺骗人的享受”。此种信仰越是虔诚，对今世幸福必然相应的越趋于冷漠。正是由于这个缘故，虔诚而狂热的穆斯林往往趋向于主张厉行禁欲的苦行主义。

3. 灵魂与肉体的宗教二元论强化了以禁欲苦修为主要特征的修行方式。

各种宗教的修行者都主张在道德上为善去病以博得神灵的恩宠，达到理想境界，问题在于什么是罪？什么是恶？罪恶根源何在？如何通过修行清除罪恶？大体上，历史上的宗教大多用精神—物质、灵魂—肉体的二元论来解释这个问题：灵魂纯净，物质和肉体则属于不洁之物。道德上的罪恶乃由于肉体的物质欲求对灵魂的污染。因此，只有否定物质生活，弃绝肉体欲求，自觉忍受苦难才是修行之道。古代印度宗教认为人的最终解脱在于使“我”回到“梵”那里去，实现“梵我合一”。要证悟“梵我合一”，在于实行瑜伽、禅定之类修行法门，这种证悟有一个根本的障碍，那就是人的情欲或人对尘世生活的眷恋。一个人，如儿女之情过盛，酒色财气之类物欲过多，就会去追求实现这种饮食男女之欲，从而注定作恶行，得恶报，不能解脱；在禅定过程中，则不可能排除情欲的干扰，将心集中到宗教目标之上，实现“梵我同一”的证悟。正是这种宗教二元论的影响，古代印度各派宗教都发展出否定情欲的禁欲主义和鄙弃尘世生活的出世主义，主张离尘绝世，遁迹山林，进行禅定苦修。耆那教奉行严酷的禁欲主义和苦行主义，仅据汉译佛经所载，其禁欲苦行花样百出：

> 彼自害者，或披发，或拔须。或常立举手，或蹲地。或卧灰土中，或卧棘刺上，或卧杆上，或板上，或牛屎涂地而卧其上，或卧水中。或日三洗浴，或一足而立，身随日转，如是众苦精勤有行。①

> ……离服倮形以手自障蔽，不受衣食，不受朽食，不受两壁中间食，不受三人中间食，不受两刀中间食，不受两杇（注：Wù，瓦工用的抹子）中间食，不受共食家食，不受怀孕家食，狗在门前不食其食，不受有蝇家食，不受请食，他言先识则不受共食，不食鱼、不食肉、不饮酒，不两器食，一餐一咽至七餐止，受人益食不过七益，或一日一食，或二日、三日、四日、五日、六日、七日一食，或复食果，或复食莠，或食饭汁，或食麻米，或食穄（廉）稻，或食牛粪，

① 《杂阿含经》卷三五，见《大正藏》，第2卷，第252—253页。

> 或食鹿粪，或食树根，枝叶花实，或食自落果。或披衣，或披莎衣，或衣树衣，或草襜身，或衣鹿皮。或留发，或被毛编，或著埰间衣。或有常举手者，或不坐床席。或有常蹲者，或有剃发留髭须者。或有卧荆棘上者。或有卧果蓏上者，或有倮形卧牛粪上者，或一日三浴，或一夜三浴。以无数苦，苦役此身。①

这种“以无数苦，苦役此身”的修行方式，是一种典型的禁欲主义和苦行主义。

释迦牟尼早年也实践过上述这一套苦行主义的修行法门。但他的体验认为这一套无助于解脱，并非修行的正道。他后来在理论上主张既不纵欲，也不禁欲的“中道”。但从本质上看问题，佛教的根本教义仍不可避免导致禁欲主义和苦行主义。因为佛陀仍认为众生之所以沦入于生死轮转的无边苦海，其根本原因是因“无明”而生的“贪欲”。故佛教的一切宗教修持方法归根到底在于断除“我执”（固执地认为有一个实在的自我）和“法执”（固执地认为客观事物有其实在的存在），从而消除人的情欲追求。佛陀对其弟子（包括出家弟子和在家弟子）规定了戒杀生、戒偷盗、戒邪淫、戒妄语、戒饮酒这五条戒律，对专事修行的出家弟子规定的戒律更多，也更严苛。但其主要内容是禁制对“饮食，男女”的欲求。如出家修行者必须离妻别子，以云游乞食为生，这无非就是禁制人的性欲和食欲。对性本能的禁制更为严格，因为这种性本能引起的冲动和欲望，最能诱发佛徒感情上的骚动（烦恼）。所以，佛教规定出家弟子要抛妻别子，以便修习禅定。凡修行达到阿罗汉果位者必须断尽一切“烦恼”，禁绝性的冲动和欲望，即不仅断除性生活，甚至不许出现梦中遗精之类事体。

古代印度宗教这一套禁欲主义修行法门对中国宗教和西方基督教都产生了重大影响。中国的道教本不是典型的出世主义宗教，更不主张禁欲主义。教士修道的目的是追求长生不老，肉体成仙。但道教并不要求修道者出家弃世，断绝肉体情欲。相反，它甚至还教导一种房中之术，使其信徒更好地过性生活。但是，在佛教的影响下，12 世纪（金元时期）出现了禅宗化的全真派道教。此派认为，如要修道成仙，必须断灭“酒色财气，

---

① 《长阿含·倮形梵志经》，见《大正藏》，第 1 卷，第 102—104 页。

攀援爱念、忧愁思虑”（王喆《重阳教化集》），修行有三大害，即食睡色三欲。因多食则多睡，睡多则生情欲，因此，要求修道者尽量减食，省睡，断绝色欲。为此，必须捐妻舍子，出家修道。全真道还照抄佛教的“头陀行”，提倡苦修苦行。据载：王喆七大弟子皆以头陀式苦行著称，如马钰修道时每日仅食一钵面，并誓死赤足，夏不饮水，冬不向火。王处一修道时，长时间跪于沙石之上，其膝磨烂至骨。丘处机入磻溪穴居野处，日乞一食，行则一蓑，昼夜不寐者六年。郝大通在赵州桥下趺坐六年，修持不语之戒，儿童戏弄亦不为所动，风雨寒暑，不易其处。这种禁欲苦修方式，俨若印度的苦行僧。

对古代希腊宗教和西方基督教世界，古代印度宗教的禁欲主义、苦行主义的影响也是全面而深刻的。古代希腊的奥尔弗斯教，毕达戈拉斯教团，希腊罗马世界的诺斯替教、摩尼教等宗教，几乎都是不约而同地从灵魂与肉体、物质与精神两极对立的宗教二元论走向禁欲主义、苦行主义的修行实践。

早期基督教本来没有这种二元论的教义，但后来也逐渐接受了它的主张，发展出自己的禁欲主义的理论和实践。当时已有一些基督教徒为了摆脱肉体之欲对灵魂的诱惑，常常离尘遁世，逃避到沙漠旷野之中过着极端清苦的隐修生活，与自己的肉体情欲进行搏斗。公元3—4世纪，又兴起到修道院苦修的修道运动。修道者们视性欲为罪恶，视身体的清洁为灵魂的污秽，视守童身为神圣，宣誓立志坚守清贫、苦行与贞节。公元4世纪初，埃及人帕可米亚斯创办了第一所修道院。来此修道者必须放弃私有财产，共同用餐，遵守共同的宗教仪式、奉行禁欲苦修的规则。主要的修行方式是静坐默想，劳动耕作，斋戒禁欲，苦行、祈祷，以诸如此类修行方式禁制肉体情欲，求得灵魂圣洁。以后，陆续在叙利亚、美索不达米亚出现修道院，其苦行禁欲的程度比之埃及犹有过之。其后又逐渐传到西欧、北非基督教世界。在很长一个时期的基督教修道生活中，几乎成了某种表演苦行的竞赛。直到文艺复兴以后，由于人文主义和启蒙运动对宗教禁欲主义的长期深入的批判，饮食、男女之类人之大欲才作为基本人性逐渐在人身上得到肯定。

伊斯兰教《古兰经》并未认为肉体为罪恶之源，但其中所说的人祖阿丹与其妻好娲因偷食禁果获罪，因而被逐出乐园的神话故事，却使许多穆斯林觉得饮食男女之类肉体情欲乃是人类犯罪的根源，因此而主张通过禁欲、苦行、忏悔之类宗教修行，邀取真主的宽恕与恩宠。苏菲派由此而发展为严格的禁欲主义和苦行主义，它主张：如要促成灵魂净化，实现人主合一，必须排除尘世生活对灵魂和精神的干扰，遁世隐修。他们要求放弃富贵荣华，放弃财产，视黄金为秽物，满足于贫穷卑贱的生活，以便断绝人欲，洁净身心，全力沉思和虔敬真主。在修行法门上，苏菲派实行长时间的静坐和守夜，连祷和夜祷，洁身与斋戒。有些苏菲派修行者甚至抛妻别子，过独身生活，以便把全部身心献给他们的真主。

四、瑜伽、禅定和气功术

瑜伽、禅定是印度宗教特有的修定方式。古代印度各派宗教几乎都认为瑜伽、禅定是实现人的最终解脱，体证“梵我合一”的基本途径。瑜伽的起源很古老。在公元前1500年的印度河文明遗址中所发现的几个印章上，已出现瑜伽修行的图像，修行者结跏趺坐，沉思默想，戴着角巾，三张不同的面孔面对四周环绕着的丛林和动物。瑜伽作为修行法门，有种种不同的方式。瑜伽派经典《瑜伽经》按瑜伽修行所达到的精神境界的程度划分为不同的等级。并提出了瑜伽修行的几种方法：

禁欲：不杀生、不妄语、不偷盗、不淫乱、不贪婪。
内制：清静、满足、苦行、学习与诵读吠陀、崇敬自在天。
坐法：各种瑜伽姿势。
调息：行瑜伽时的呼吸法。
执持：控制意识活动。
静虑：心如明镜，一念不起。
等持：泯灭物我，心境合一。

瑜伽修炼的方法很多，但其根本之点无非是要修行者离动住静而作内观，端坐调息，控制意识活动，排除情欲杂念，达到心如明镜，一念不起，泯灭物我，达到梵我合一。到此境界，上者可获解脱，下者可得神通。瑜伽修炼并不是纯宗教性的修行行为，但它的基本理论和基本方法却几乎为各派印度宗教所接受和发展。佛教对此作了进一步的总结，把修行之道概括为戒、定、慧三个方面。所谓“戒”即要求修行者的行为要严格遵守佛教的戒律规定；“定”即禅定；“慧”即证悟佛法之理，用佛教智慧消除无明，断除烦恼、强化戒定，达到解脱。三者并修，才能由戒而资定，依定而发慧，依慧而证理断恶，实现证悟成佛。中国隋唐时代的天台宗、华严宗更进一步把上述三学概括为“止观双运”、“定慧双修”。“止”或“定”被视为修行成佛的基本方法。

禅定的方式有很多种，各派佛教各有不同的强调。小乘佛教的禅定功法，可分为“世间禅”和“出世间禅”二类。[①] 大乘佛教对禅定的宗教哲学基础有不同于小乘佛教的说法，但对小乘禅法的修行法门是认同的，并以之为禅定修行的基础。下面对“世间禅”和“出世间禅”的主要内容作一些简要的说明。

“世间禅”，大体上是佛教所吸收的印度传统禅法（瑜伽），并非佛教所特有。按照佛教的说法，修世间禅法，虽也可进于定境，但此时之心境尚有生灭，不可能达到佛教修行所追求的超脱生死轮回的最终解脱之境，故名此为“世间禅”。但佛教仍认为佛教修行者仍需以世间禅法为达到佛教所特有的证悟成佛的“出世间禅”的入门之阶。

“出世间禅”以四禅八定为由浅入深的阶梯。“四禅”为由浅入深的初禅、二禅、三禅、四禅。由四禅而进入更深的定境：空处定，识处定，无所有处定，非想非非想处定。上述四禅四定合起来称四禅八定。佛教认为，修初二三四禅为修一切禅的基础，名为“根本四禅”。

怎样才能达到四禅八定的定境呢？佛家提出了五种禅定修习法门：数息观，不净观，慈心观，因缘观、念佛观，称“五门禅”，其中以数息观为主，故一般以观息入门为世间禅的特色。通过数息观法，心念由散乱而不散乱，心境逐渐明净入定，逐渐忘却身体，心如虚空，修行者能于此种定境中见到佛的来临，并可获得五种神通，据佛教说，在第四禅定心的基础上，如一心观想光明，可得“天眼通”，如一心观听声音，可得“天耳能”；如一心观想生前生后事，可得“宿命通”（知自己和别人的过去与未来）；如一心观心念，可得“他心通”（感知别人心中所念）；如一心观身体空，可得“神境通”（能飞行变化）。按佛教的说法，佛教内外修世间禅定者皆有可能得此五种神通，但到此为止，修行者仍未能断灭烦恼，出脱生死轮回。要想获得最终的解脱，必须修炼佛教所特有的“出世间禅”。

---

① 以下概述的禅定功法，参考了中国气功科学研究会藏密气功研究会所编《藏密气功》一书的有关论述，特此说明。

“出世间禅”又有许多由浅入深的等级阶梯，主要的禅定法门为“不净观”。所谓“不净观”是指在以“有生皆苦”的佛教世界观的指导下，以修行者自己的脚拇指为观想起点，由下而上，依次观想自身内外各部分都是污秽不净之物，以至观想自身变为尸体，最终都要腐烂以至烧化。每一步观想皆须明白现见。修行者以此法门断除对肉体的贪爱。由于修不净观是以佛教世界观为指导，故修行者不仅可以此深入四禅八定之境，获得神通，而且可以获得断除烦恼的智慧，进而超脱于世间禅的生灭境界，进入于唯佛家方能独步的“受想灭尽定”的定境。此时，修行者的感觉、观念皆静寂不动，生命活动也几乎趋于停顿。但这并不是死，因为还能出定。这种定境就是超越生死的境界，也是一个佛教修行者毕生孜孜以求的宗教理想境界。

佛教各派各宗差不多都发展出了各具特色的禅定功法。但通过数息观、不净观修习四禅八定的修行法门，却被各派各宗视为禅定功法之基础。

犹太教、基督教、伊斯兰教没有古代印度宗教，特别是佛教所发展的这一套瑜伽、禅定修行法门。如果从根本上看，这是因为古代印度教认为梵即是我，我即是梵，“梵我一如”，因此，通过瑜伽禅定可使我与梵达到合一。佛教则认为“佛性”泛在，人可通过禅定修行使心摆脱一切尘念和物欲的系缚，达到超生死的理想境界。在宗教哲学上，这种禅定观建立在一种泛神论或内在神论的基础之上。可犹太教、基督教的上帝和伊斯兰教的真主并不内在于人心之中，而是超越于世界之上的主宰。人们并不能通过内观自省的方式去把握上帝或真主，而只能通过祭献祈祷之类方式去礼拜他、崇拜他，向他祈求。正是这一点成了基督教和伊斯兰教不可能发展出禅定之类以内观自省为特征的修行法门的内在根据。但是，如何与神建立联系，甚至回到神那里去，仍是基督教和伊斯兰教之类超神论宗教的理想境界。这些宗教的修行者为此也发展出了一套修行法门。特别是，这些超神论宗教中也不时出现一种把超越神改造为泛在神和内在神的努力，由此发展出种种使自我与神合一的神秘主义修行方式。其中之典型者有犹太教的“哈西德”运动，基督教神秘主义和伊斯兰教的苏菲派。

“哈西德”，希伯来文为 Hasid，意为虔信者。作为一种不同于犹太教正统的神秘主义思想，出现于犹太历史上的不同时期。它认为，宗教信仰的最终目的是与上帝建立联系。该派提出了一套如何通过祈祷和沉思冥想与上帝建立联系的方法。它要求在信徒集中思想，专心思索上帝内在于万物之中，领悟神与万物不可分的统一性。由此把自己与上帝的本质联系在一起，最终悟及自己的灵魂即存在于上帝之中，达到神与人的联系与结合。现代哈西德教派的创始人巴尔·谢姆·托夫认为：世俗事物仅仅是领悟上帝的一种手段，终极目标是消除自我，通过沉思默想而上升，达到存在于上帝之中。既然上帝无处不在，那么就应该可以在日常生活和普通事物中找到神的存在，那就不一定要求助于禁欲主义和苦行主义的艰苦修行。

基督教神秘主义也主张，信仰者可以通过神秘的直觉达到与神合一。基督教神秘主义的来源可上溯到希腊化时代的两种思潮，一是以斐洛为代表的犹太—希腊宗教梵学；二是新柏拉图哲学的宗教神秘主义。

斐洛认为人的灵魂、精神是上帝的影像，而肉体则是罪恶的渊薮，灵魂附于肉体之上的结果很容易使人趋于邪恶，故灵魂与肉体的结合是一种堕落（原罪）。那么，如何才能拯救灵魂免于堕落呢？那必须消灭激情和一切肉体欲望，实行禁欲主义。但人的力量薄弱，罪孽深重，必须求助于神的帮助。为此，人必须把心献给神，向神忏悔；上帝必须启发我们，渗入我们的灵魂，而人则可在这种神人交往的神秘境界中直接体认和领悟上帝。

新柏拉图哲学的神秘主义以普罗提诺为代表，他认为，人的灵魂是世界灵魂的一部分，在其依附于人的肉体之前，灵魂以神秘的直觉趋向上帝而认识了善；但当它注意尘世趋向肉体时就堕落了，有罪的灵魂在人死后将受到惩罚转生下等动物。为免除灵魂的堕落与犯罪，必须转向上帝，清除一切肉体欲望，不受肉体污染。但如要复归于上帝，则必须通过沉思和神秘的直觉，在灵魂处于心醉神迷的状态下，灵魂就超越它自己的思想，沉浸于神的灵魂之中，与神合而为一。

斐洛和普罗提诺的上述思想逐渐演变而成了中世纪基督教的神秘主义通神学。主要有两派，一派是以博纳班图拉（Bonaventura，1221—1274）为代表的拉丁系神秘主义；一派是以埃克哈特（Johannes Eckehart，1260—1327）为代表的日耳曼系神秘主义。两派的神学主张大同小异，都认为人可以通过敬爱神和凝神冥思，进入圣洁的浑浑噩噩的境界，达到心醉神迷状态，进而产生与神合一的神秘直觉。基督教神秘主义在历史上有许多不同的表现形式，但其基本的内容和形式都是由此演变而来。

以苏非派为代表的伊斯兰教神秘主义把追求人与真主的合一视为生活的最高目的。为达到此目的，不同时期的苏非派提出了不同的修行方法。8 世纪上半叶的女圣徒拉比亚·阿达维亚创立了“神秘的爱”的教义。她认为，安拉是永恒的美，修道者可以通过对安拉的无限的爱恋而最终达到与安拉的结合。苏非派为此把安拉称为“恋人”，而把对同安拉结合的宗教体验称之为同安拉结婚。公元 9 世纪时的神智论者祖奴则认为，与真主合一的途径是“神智”和“入神”。他所谓的“神智”，乃是某种神秘的直觉知识，即伊斯兰圣徒用自己的心灵凝神注视于真主，而真主则向他们启示自身。于是，真主的精神便与人的心灵互相交通以至臻于合一。公元 10 世纪以后，苏非派神秘主义所谓的“照明派”又发展出一些新的实现人主合一的修持方法，主要内容是认为修道者可以通过长时间坚持不懈的祈祷（连祷），沉思冥想以及厉行苦行禁欲，从而获得神的恩赐并在出神入迷的状态中得到与神合一的体验。他们为此还构建了一套静修仪式。苏菲修道者在此类仪式中，反复赞颂真主的伟大与恩德，特别是反复赞念真主的 99 个美名，以此调动起自己对神的爱恋与崇敬之类宗教感情，同时不断进行祷告，以便把全部心思与注意力集中于其主之身。为了帮助修道者进入心醉神迷、精神恍惚状态，还设计了一套富有宗教象征意义的舞蹈动作。杰弗里·帕林德尔是这样来描述这种宗教舞蹈的：“旋转的苦行僧围绕着自己的长老（谢赫）转圈，象征着行星围绕太阳运动。这些苦行僧被称为‘爱真主的人’，谢赫则被称为‘真主的使者，先知花园中的柏树，知识世界的源泉，高贵的玫瑰，心灵的医生’。苦行僧们围绕着各自的轴心转圈，遵循着一定的路线，同时一遍遍低声诵念着真主的名字：安拉！安拉！他们旋转时双目紧闭，和着笛、鼓和弦乐器伴奏的音乐，寻求着与神合一，直到最终停下来恢复到平静状态。今天的这种仪式已很文雅，但古籍证明，苦行僧往往在出神入迷状态中形如虚脱，用各种声调喊叫不已。”①

犹太教、基督教、伊斯兰教等教修道的目标和方法实际上大同小异，其目的都是为了获得人与神的合一。其修行方法，实际上都是通过对神的敬与爱，通过静修沉思，排除任何与此宗教目标无关的杂念，达到一心专注、心醉神迷的精神状态，从而产生与神合而为一的宗教幻想或宗教体

---

① 杰弗里·帕林德尔：《世界宗教中的神秘主义》，今日中国出版社 1992 年版，第 151 页。

验。这种种修行法门，究其理论和方法而言，比之于古代印度宗教，特别是佛教的瑜伽和禅定修行法门而言，简直有如小巫见大巫，不能同日而语。而究其根本性质而论，则有异曲同工之妙，因为它们的基本思路都不过是集中精神，排除杂念，在精神被控制在高度集中于修行目标的神迷时节出现梵我一如、人神（佛）合一的主观感受而已！

五、外丹与内丹

外丹术与内丹术是中国道教的基本修行法门。道教修行所追求的终极境界是长生成仙。秦汉时代的神仙方术即已提出了一系列修炼成仙的方术。如行气、吐纳、导引、守一、服食、炼丹、房中术等等，这些神仙方术后来被道教吸收，发展为外丹术和内丹术。

外丹术。秦汉时，神仙方士认为用铅汞丹砂炼制金银，可以合成不死的丹药并招致神仙。魏晋南北朝的葛洪吸收并发展了这些主张，成为外丹术之集其大成者，形成道教中之丹鼎派。此派把炼制还丹金液说成是长生成仙之第一法门。炼丹道士把外丹术说成是神仙所授之术，有一套秘传的经诀和隐语，在炼丹过程中严格使用这些经诀隐语，是炼丹能否成功的关键。炼丹房更选择在人迹罕至的名山深处（葛洪认为可以合丹的名山有泰山、华山等 28 处），才能得到正神的帮助。其他小山为精灵鬼怪之地，邪气为患，炼丹必无所成。入山要遵循入山之道，即遵守一系列宗教禁忌，举行神秘仪式。《丹房须知》一书列有择地建坛、祭神开炉，服饰陈设等注意事项 21 条。以葛洪为代表的道教丹鼎派提出的外丹术，从魏晋到唐宋曾大行其道，但其结果却是令那些服丹成仙的修道者大失所望，不仅未见飞身成仙，甚至也不能长寿，服丹中毒猝死者屡见不鲜。于是，外丹术的地位江河日下，日渐衰亡，代之而兴的是“内丹术”。

内丹术。修炼内丹以成仙之术源于秦汉神仙方士的守一、行气、导引、胎息等术。这些方术本质上是一种通过呼吸控制、养气存神的内修方法，它们大体上都是要求修炼此道者凝神净虑，专气致柔，呼吸吐纳，长养精气，使不散逸，与神合而为一，实现长生久视。南宋金元时代，道教全真道兴起，排斥外丹术，把上述这一套养气存神的内修方法系统化，发展为“内丹术”。内丹术的基本主张是将人体的相关部位比作外丹修炼的炼丹炉，以人的精、气、神为药物，掌握其运行方法，运用“神”去烧炼，经过一定的修行炼养步骤，使精、气、神在体内凝结为“内丹”（圣胎），从而实现长生成仙。按内丹家的说法，内丹修炼有四个阶段：筑基

(通过内丹修炼弥补先天元精、元气、元神的亏损，达到精全，气全、神全)，有些巩固之基础，即可逐步实现炼精化气，炼气化神，炼神还虚，至于如何实现这些步骤，不同的内丹家又有不同的说法。

道家的内丹修炼术与印度宗教的瑜伽术和佛教的禅定术在内容和形式上都有很多相似和一致之处。这在宗教史上是值得进一步研究的重要现象。

修行生活和修行体制的类型

各种宗教和教派一般都把修行者组织起来，把修行生活制度化，形成修行体制。但是，用什么样的形式来结成修行组织？建立什么样的修行制度？各教各有不同。按照修行生活组织化、制度化的不同情况，大致可以区分为如下几种类型：

一、个人隐修

不少宗教中的修行修道者为追求自己的宗教理想境界的实现，便辞弃父母家庭，摆脱世俗社会，隐遁到深山旷野之中，立志苦修，以期直接面对和领悟神灵或上帝。这种遁世修道之士，一般称为“隐士”，我们这里所讨论的当然指的是“宗教隐士”（有别于并无宗教追求的“世俗隐士”，如魏晋时代的竹林七贤和陶渊明式的人物）。此类宗教隐士见于不少宗教之中。公元3世纪，基督教的安东尼提倡隐修主义，出现了大批仿效者，隐遁到沙漠旷野之地进行苦修，其中有些人完全独自隐修，另一些人则团体隐修。中国道教的道士除在道观修道外，也有不少人隐遁到名山深处从事身心的修炼，古代印度宗教中更多有此类隐遁之士。印度教更建立“四行期”制度，规定信徒一生中之第三阶段为“林楱期”（隐居森林，进行苦修），第四阶段为“遁世期”（弃家云游，乞食守戒，以期解脱），把隐修遁世制度化，成为人的生命历程的最后阶段。

真正的宗教隐士和隐修制度的主要特点是非常注重单独生活，在修道中，特别重视沉思静修，长期而且不断地进行默祷。由于隐修悟道者是个人志愿进行，因此，隐修者一般有个人自订的在精神上律己的戒律，或对已成为信仰基础的宗教经典、宗教戒律作出极端的（甚至是古怪的、异端的）解释，以此作为自己修道生活的行为规范和神学根据。

二、寺院修道

各种宗教的修行、修道生活都逐渐发展为有组织的寺院修道。寺院修道的基本特点就是它是集体进行的，因而必然有一套规范化的修行条例，建立一种对修行者个人有约束力的共同遵守的修行体制。在这一点上，寺院修道与个人隐修明显不同。隐士隐修没有条例，它为个人自定戒律留有较多的余地。寺院修道的修行规范，也就是通常所说的清规戒律。古代印度的耆那教可能是最早就系统制定宗教修行戒规的宗教。公元前6世纪的耆那教创始人筏驮摩那比释迦牟尼早八十年制定了耆那教教义的核心，创立了耆那教的核心教团，并为它制定了比较系统而又复杂的规则，这一规则后来发展为耆那教修道士的修行戒规。按规定，云游的僧侣在旅途中一次至多只能在一个村庄住一个星期，在一城镇住一个月；僧侣夜晚睡觉不能超过三个时辰；必须把除睡觉以外的时间用来赎罪、坐静、学习经文、托钵化缘。有些宗教学者认为，耆那教教规是印度一切修道戒规的样板，从而也是深受印度宗教影响的亚洲各国修道生活的样板。

佛教经典为经、律、论三大部分组成。所谓“律”，即释迦牟尼为佛教僧尼修行行为制定的戒律。僧律250条、尼律500条，印度僧尼以这些戒律为宗教生活的规范。中国僧团除遵守这些戒律外，还制定了其他的清规戒律，其中有寺院自订的，也有历代王朝立为僧制的，例如，唐太宗就下令，根据佛门内部戒律，参照金科“具为条制。务使法门清整，所在官司，宜加检察”。唐后期，禅宗名僧怀海更制定出寺院禅修的规章制度：《百丈清规》，对寺院僧团的上下组织体制，宗教活动，日常生活等作出了完备的规定。元代重修后，成了中国佛教寺院的基本体制。

犹太教的艾赛尼派可能有自己的书面规章。他们重视洁净仪式，规定其成员要斋戒沐浴，严守《圣经·利未记》和《申命记》中规定的戒律规定。

基督教的禁欲主义修道者帕科米乌（Pachomius，292—346）被誉为寺院修道体制的创始人。据说，他先是个人隐修，但后来他觉得这种修道生活没有规则，便创建了集体隐修制度——隐修院。在那里，他把所有的隐修士组合为一个团体，并建立了修行生活的规章，如按时举行祈祷等崇拜仪式，大家穿统一的服饰，各人比邻而居，参加劳作，等等。他生前共在埃及建立了十座隐修院。后来，巴西勒继承和发展了帕科米乌的隐修规章，制定了修道院的院规。巴西勒院规是后来东派基督教一切修道制度的基础。此规章在修道士共同生活的要求超过帕科米乌。它强调工作、祈祷和读经，教导修道士安于贞洁和贫穷，帮助修道院外的人，如照顾孤儿之类善行。至于西派基督教的修行体制则沿用圣本尼狄克条规。本尼狄克（Benedict of Nursia，480—547）条规规定隐修院院长是一院之首，所有隐修士必须绝对服从。想成为隐修士的人必须经过一年之久的隐修院生活的考验。一经批准，必须立誓终身不得反悔。礼拜是隐修士的首要职责，普通每天至少举行七次礼拜，共计四小时。隐修士必须从事田间劳动。每天在规定时间读书。本尼狄克会规对隐修士的起居、饮食、劳动和纪律，虽有严格的要求，但并不过分强调苦行，比较顾及人性之常，故在西派基督教区域内能得到顺利的推广。

三、托钵僧及其修会

云游乞食是许多宗教修道生活的一种形式和制度，其基本含义是把修行者置于清贫寡欲的生活条件下，一方面用苦行磨炼自己的身体与精神；一方面借云游四方进行布道和求道。求施主施舍的行乞生活与寺院修道生活是两种不同的修道体制。但历史上的许多修会却把二者结合起来，让修行者既过寺院修道生活，也过云游乞讨生活。具体办法是把二者分别安排在不同的时间进行。例如，印度教和佛教的正式教团就是如此安排的。新入教的僧侣先是住在寺院里修行，一定阶段之后，便外出化缘，乞食为生。独自吃自己乞讨来的食物。南传上座部佛教（缅甸、泰国、斯里兰卡、僧伽罗人）僧侣也是把这两种方式结合起来，但具体做法大不相同。他们常住在寺院中接受宗教教育，进行修行；但他们一清早就走出寺院，四处化缘，用化缘钵乞讨食物。然后拿回到寺院之中，大家聚在一起共同进食乞讨得来的食物。他们可称为固定生活在寺院之中的托钵僧。

印度教的许多修道组织差不多都以梵文“Parivrajaka”（“云游四方”）这个词为名称，显然具有托钵僧的性质。印度教经典给僧侣所作的规定是：“不想得子，不愿得财，不畏世辱，不求人赞，四方云游，乞食为生。”还要立下贞洁誓，这是苦行禁欲的托钵僧的形象。印度教僧侣的主要宗旨，一是默祷静修；二是云游布道，二者结合。但有的教团更强调默祷静修，有的则更强调云游布道。印度教的修道组织虽有一定的制度和纪律，但比佛教和基督教要松散得多，有些类似于犹太教和基督教早期隐修士的情况。

在基督教世界，圣法兰西斯创建方济各会及其兄弟会，以及圣多明我创建的多明我会，直到现在仍是最有影响、最有权势的托钵僧修会。这两个托钵僧修道组织最终都以保持清贫，乞食为生，不置恒产，效法基督实行严格的禁欲生活为宗旨。托钵僧修会与隐修院修会的最大不同之处是，隐修院修会主要在隐修院内过修道生活，而托钵僧修会则云游四方，渗入到社会各处。修道生活的内容，按多明我修会的箴言是“默祷”，并将默祷的结果赠与别人，这就是说：一是寻求体验上帝的默祷，二是布道（把默祷体验告诉别人）。在方济各修会和多明我修会的组织体制中建立起了区分修道等级的三级修会制。第一级修会为有圣职委任的祭司和为修道院做庶务的修士；第二级为进行默祷修道的女修道者；第三级为无神职的一般男女信徒，即所谓“第三级教士”，他们不立修道誓愿，或只立不包括独身贞洁誓的“小”誓愿。在13世纪时，“第三级教士”一般只是指出身贵族的修道妇女，因为这种修会是由她们建立起来的。这些贵族妇女有虔诚的宗教信仰，在修院中过着圣洁的修道生活。她们拥有医学知识，很想把这些知识用之于对宗教理想的追求，像修道士那样献身于基督的事业。实际上，属于第三级修会的妇女是最初的护士。现今尚存的基督教护士团体一直保持着这一传统。第三级教士也有由男教士组成的僧团，如多明我修会和加尔默罗修会的一些分会。在这些修会中，“第三级修会”一词的含义主要是人道主义的，而非从事默祷灵修的。

如果我们对基督教修道生活的发展历史作比较全面的考察，当可发现这样一个事实：修道生活的重点已从默祷灵修逐步转向社会性的服务活动。这种转变的过程，如果从地理学的角度来看，大体上是从东方转向西方。东正教和其他以希腊礼拜仪式为基础的教派最初产生了非常注重灵修的教团，其中，以阿索斯山（在希腊）的修会最为著名。罗马天主教为数众多的修会则各自根据需要定出自己的修道重点。“本笃会”、“方济各会”和一切称为“小”（拉丁语所谓的“小”，意指“谦卑”，而非指修会组织规模的大小）的修会注重灵修。与此相较，多明我会则应称为“大”修会，因为它认为，修会的主要任务应该是扩大传道地区，传播神学知识和基督福音，这比个人灵修要重要得多。

如果从以社会为中心的目标来看，新教的某些团体也应称为修会。马克斯·韦伯对新教修会的分析认为，它们的作用从来都不是看重隐修，而是在于积极从事世俗活动。虽然新教一般都在乡村建立业余静修院，但它们差不多都是专门为基督徒在从事繁忙的社会活动之后恢复精神和元气的地方，这种性质的静修，实质上不过是世俗生活的一种补充。

现今的修行生活

宗教修道士的生活是一种艰苦的历程，他要独身，要禁欲，要压制“饮食男女”之类人的自然本性，要长时间地、反复不断地默祷禅修……所有这些，显然是普通人所难以忍受的。但是，对于那些有着独特的宗教理想，并立志追求这种理想境界的修道士或修行者而言，如此这般的苦修最终会换来自己与神灵际遇交通的神圣体验，赢得来世的天堂、“常乐我净”的佛国，以至即身成圣、成神、成佛、成仙，这是何等诱人的美妙境界！暂时的苦修较之永恒的幸福，无疑乃是一笔会带来优厚报偿的人生交易。所以，苦修苦行之风，从古及今，不绝如缕，不仅盛行于科学理性尚不发达的古代，而且仍存留在科学昌明的现代生活之中。当然，从内容到形式，都会有不同程度的变化。在西方世界，19 世纪下半叶兴起了“唯灵论者”运动，以追求超自然通神体验和超常感觉能力为目的，这刺激了宗教神秘主义的流传。在美国出现了各式各样的具有神秘主义性质的新兴宗教。东方的瑜伽功、禅佛教、通灵术等修行方术在西方有众多的追随者和实践者。印度教的一些教团，例如罗摩克里希纳教会（建于 19 世纪）传到欧美各地，创立了十几个颇具规模的中心，赢得了大批信仰者。在这些中心中，都有一个称为“斯哇密”（Swami，确切的意思是负有神职的印度教僧侣）的印度僧侣负责主持，还有一个年轻的僧侣作为他的助手。这些中心按照印度教托钵僧传统来训练其信徒，培养僧侣，同时向欧美俗人传布吠檀多的梵我合一不二的神学。除此以外，欧美还有二十余个以罗摩克里希纳教会为榜样的半修道或准修道的组织，其中有些团体很有声望，并很富有。如已故的斯哇密·约加南达·帕拉马汉萨创立的“自我了解协会”（Self-Realization Fellewship），总部设于美国加州的圣迭戈；又如在北美和西欧各地均设有分支的“哈乐—拉姆—哈尔—克里希纳”，这个修会是斯哇密和巴克蒂韦丹塔创立的。这些修会吸引并聚集了一批欧美男女青年。他们有时身穿印度教僧侣的赭色袈裟，念诵主的化身、“罗摩”和“克里希纳”的名字，伴着音乐，跳着简单而神秘的舞蹈。除印度教以外，日本的禅宗也已在北美和欧洲站住了脚，许多大的城市都有它的寺庙和中心，日本佛教僧侣和法师向欧美信仰者讲道，传授禅定修行法门。

20世纪下半叶，在北美和英国还出现了一种基督教的静修组织，这主要是由大学校园的宗教组织（新教的和天主教的）创建的。这种学院派的静修组织，仅在北美就有一千个左右（1968年统计），其中多数是新教的。但天主教和犹太教的这种静修组织也日益增多，参加者几乎都是大学生和上大学年龄的青年。他们参加静修组织，不需发任何誓愿；他们只注重坐静，进行宗教讨论和宗教反省。总之，第二次世界大战之后，除社会主义国家之外的世界各地，宗教修行理想明显地恢复了活力，修道组织普遍地增多了。20世纪60年代以来，许多学者注意到了西方世界“嬉皮士”之类的群居村，这种群居村具有潜在的修道性质和修道特点。不过他们不发誓愿，这与传统的修道组织明显不同，因为，无论是东方传统的还是西方传统的修道组织，都有一个基本特点：必须发誓愿。在这一点上，表明现代西方世界的修道生活或半修道生活具有现代世界所特有的个人主义和自由主义性质，即使在集体修道生活中也要力求保留个人的自由选择，而不愿受宗教誓愿束缚。

在现代的非基督教国家（印度、斯里兰卡、泰国、日本等），过去盛行的宗教修行，实际上不同程度的日趋衰落，这与西方世界形成对比。学者普遍认为这与东西方社会对宗教的关注的变化有直接的关系。西方进入了工业化后的后现代社会，追求过度的物质享受所带来的社会弊端日益明显和严重，促使人们转向到精神生活的追求，于是，一般的基督徒便越来越对精神的灵修、坐静、默祷感兴趣；而东方社会则追求工业技术和科学的发展，追求较富裕的生活，无暇顾及默祷、坐静、禅定之类。尽管如此，禅修之类修道传统在东方社会并未中断，并有可能在社会发展的一定阶段重新活跃起来，“文化大革命”以后的中国社会就出现了类似的现象。佛教的禅定修炼，本来早已为国人所淡忘，可是近年来随着气功锻炼热潮的出现，也逐渐热了起来。各式各样的气功修炼功法，从中国大地的各个角落冒了出来，有的还建立起自己的组织和相当严密的传法体系。其理论和方法很多都充满了传统佛教和道教的术语和内容。它们的修炼目标，除强身保健、益寿延年之外，更常把追求超越性的禅悟境界、超自然的神秘体验和超自然的神通作为更高的目标。就此而论，这与传统的佛道教修行颇相近似了。我国已有不少宗教学者和社会学者开始关注这一热潮的发展趋势。

第四节　宗教行为的规范与宗教礼仪

宗教礼仪的性质

宗教信仰者的宗教活动总是通过一定的礼仪形式表现的。没有礼仪和不符合礼仪规定的宗教活动一般被认为是渎神的行为。所以，有些宗教学者认为礼仪意味着宗教。杜尔凯姆认为，全部宗教现象可以归结为两个基本范畴，即信念和礼仪。信念是意识的状态，由表象构成：礼仪则是一定的行动方式，是宗教活动的规定性形式。他非常重视宗教礼仪在宗教中的地位和作用，视为宗教现象的两个基本范畴之一。

宗教学者一般所说的宗教信念也就是广义的宗教意识，包括关于神和神圣物的观念以及对它在情绪上的感受和体验。宗教观念和宗教经验必然要在信仰者的行为上表现出来，于是就在宗教生活中出现了巫术、禁忌、献祭、祈祷等等宗教行为。这些宗教行为都是信仰者的宗教意识在行为上的表现，只是由于信仰者达到其目的的手段和方式有所不同，才表现为上述种种不同的宗教行为。问题在于种种宗教行为又以何种形式表现。如果宗教只是一种纯属个人所有的内在信仰，那么信仰宗教的个人在表达其内在信仰的方式上必然是人心不同，各如其面，千差万别的。但是宗教在任何社会中都是一种社会现象，个人的信仰总是被纳入于一定的社会信仰体制之中。巫术、禁忌、祭祀、祈祷等活动，在一定的社会体系和宗教社团中常常是社会地、集体地进行的。在社会体系和宗教社团的集体制约之下，各种宗教活动和个人的宗教行为都会逐渐趋向划一，固定为一定的程式和规范。巫术有巫术的程式，禁忌有禁忌的程式，祭祀有祭祀的程式……这种宗教行为的程式规范和体制，就是宗教礼仪。或者换一个说法，宗教礼仪就是程式化、规范化和制度化的宗教行为。

人的宗教行为也和人的其他一切行为一样，都是通过语言和身体动作来表现的，舍此以外，别无他途。宗教行为的程式化也就是表达它的语言和身体动作的程式化。这就有一个究竟选择什么样的语言和身体动作来表现某种宗教行为的问题。程式，并不是完全没有内容和意义的；选择，也不是任意随机的。既然各种宗教行为都是内在的宗教意识之外在表现。那么，宗教礼仪作为宗教行为的程式化，便不能不为宗教意识之内容和性质所决定。

宗教意识的基本内容乃是神和神圣观念以及与此相关而生的人对神的依赖感和敬畏感，它决定了各种宗教行为的基本性质和表现方式。尽管各种宗教关于神和神性的教义规定不尽相同，人—神关系的具体含义也因之而有差异，但总的说来，神总是高于人的力量，是超人间、超自然的力量。人—神关系在宗教生活中总是表现为人对神的依赖和敬畏。各种宗教行为的目的都是为了使人与神的关系更加亲近，用各种方式借助神的权能，实现人类自力所无法实现的生活欲求和理想追求。总的目的的一致决定了表现形式的大体近似。宗教行为的表现方式基本上都是人以象征性的语言和动作表示对神的依赖和敬畏，并因此而与神打交道，沟通人与神的联系。这种行为方式大体上可以分析为两个组成部分：一是人为了表示对神的依赖和敬畏，一般总是在言辞上阿谀奉承，赞颂备至，在身体动作上表示出一种奴隶式的屈服和顺从。或者俯地叩拜，或者献牲上供，用种种方式接近神，向神请示祈求，邀取神的恩宠。这是人接近于神的过程。有些宗教学者把这个过程称之为“人的圣化”，即人趋向和接近于神。另一过程的方向则与此相反，是神在接受人的礼拜、献祭以后，也对人的祈求表示自己的态度，作出反应和回报。这是神趋向和接近于人的过程，有些宗教学者把这称之为“神的俗化”。“人的圣化”和“神的俗化”都是宗教信仰者以象征的语言和身体动作的形式表现出来的，因此，我们可以这样说，这种以象征性的语言和动作所表现的上述两种过程的宗教行为，就构成了宗教礼仪的主要内容和一般图式。日本宗教学者竹中信常在其《宗教学序论》一书中对宗教礼仪的性质和内容作了如下的说明：

> [宗教] 礼仪应该是使人接近神，形成一条沟通由神到人的道路。这也就是说，宗教必须有促进人转化为神的作用。同时，神要对人作出应答（基督教称为启示，净土宗表现为适应往相回向的还相作用）。比如作祈祷，单是来自人的一方的祈祷，不能叫做真正的祈祷，在祈祷中应该听到神的声音，知晓神意。从这个意义上说，宗教礼仪应该是一种接受神的启示和佛的慈悲的方式，是一种聆听的方式①。

① 竹中信常：《宗教学序论》，山喜房佛书林 1978 年版，第 157—158 页。

竹中信常还把上述分析具体化为下列图式：

宗教客体
↓启示（内容）——应答（态度）——俗化（性格）——还相（方向）
宗教关系
↓信仰（内容）——皈依（态度）——圣化（性格）——往相（方向）
宗教主体

如果我们抛开各种宗教礼仪形式构成的细节，竹中信常的一般图式有一定的普遍适用性。各种巫术仪式基本上都有某种降神仪式，神灵附体之后则对人的请求作出回答，比如应人之请做出各种驱邪伏魔的法术动作。我国传统的祭典虽然种类繁多，仪式各异，但以下几项在各种祭典中大致都有所表现：

1. 献牺牲。
2. 迎神享祭礼。
3. 主祭上香。
4. 三献：初献（奠爵正中）；正献（奠爵于左）；终献（奠爵于右）。
5. 诵读祝祷文。
6. 赐福祚。
7. 送神。

祭祀仪式的整个过程，基本上符合于竹中信常的分析，主要是祈求神明和神明赐福这两个过程。当然各种宗教体系中的祭典仪式并不完全一致。

既然宗教礼仪本质上是宗教行为的程式化、规范化和制度化，那么，由此可以自然而然地得出一条有用的结论：有什么样的宗教行为，就可在其规范化后产生相应的宗教仪式。这就为宗教学提供了一个对宗教仪式进行分类的原理：根据宗教行为的种类来划分宗教礼仪的类型。正如我们在本章上述各节已经考察过的那样，普遍流行于各种宗教体系中的宗教行为主要有巫术、禁忌、献祭、祈祷等。因此，宗教礼仪的主要类型便是巫术仪式、禁忌仪式（以及与违犯禁忌有关的洁净仪式）、献祭仪式、祈祷仪式。如上所说，巫术属于对神和神秘力量的控制和利用，献祭和祈祷属于对神秘力量的祈求，而禁忌则介于二者之间。所以，上述几种宗教仪式可以再概括为巫术仪式和祈求仪式两大类型，禁忌仪式可视其具体的内容和性质分别归入两大类中。不过，在实际的宗教生活中，特别是人类的早期和古代历史上，各种形式的仪式往往是混杂在某种宗教仪典之中的。

宗教礼仪的产生及其根源

宗教礼仪是如何产生出来的，在近代西方宗教学诞生之前，一直没有得到认真的研究和说明。宗教神学家总是把各种宗教仪式说成是神和上帝的直接启示。犹太教《旧约圣经》把一切崇拜和信仰上帝的仪式规定都说成是耶和华对先知的耳提面命，伊斯兰教关于“五功”的仪典被说成是穆罕默德得之于真主的启示。我国古籍《礼记·礼运篇》也有类似说法：

> 孔子曰：夫礼，先王以承天之道，以治人之情，故失之者死，得之者生。诗云：相鼠有体，人而无礼。人而无礼，胡不遄死。是故，夫礼必本于天，殽于地，列于鬼神（原书注曰：圣人则天之明，因地之利，取法度于鬼神以制礼，下教令也。既又祀之，尽其敬也，教民严上也，鬼者精魂所归，神者引物而出，谓祖庙山川五祀之属也）。达于丧祭射御冠昏朝聘（原书注曰：民知严上，则此礼达于下）。故圣人以礼示之，故天下国家可得而正也。

又：

> 是故夫礼必本于太一，分而为天地，转而为阴阳，变而为四时，列而为鬼神。

这就是说，礼仪是圣人本诸天道，取法鬼神而制定出来的，本质上是宗教的。这是宗教神学的讲法，其目的在于制造和渲染礼仪的神圣性，教民敬神严上，使天下或国家按照统治者的意图得到治理。实际情况完全相反。一切礼仪，不管是对待人神关系的宗教礼仪或对待人际关系的世俗礼仪，皆不是本诸天道，而是基于社会；不是取法鬼神，而是由于人事。在社会生活中，人的礼仪行为是由人际关系的性质以及由此引起的感情决定的。礼仪行为不过是这种人际关系的意识和感情的外在表现。君臣、上下、主仆、父子、兄弟、夫妇是不同的人际关系，它决定并产生相应的礼仪行为。一个人的礼仪行为总是通过一定的语言和身体动作体现出来，而言辞和身体动作则总是因人而异，随情而动的。对于自己所尊敬的人，畏惧的人，爱慕的人，鄙视的人，仇恨的人，人们总是自然生起相应的敬畏之感，爱恋之情，敌对之心，情不自禁地表现出相应的语言和动作：或者俯地而拜之，或者献礼而敬之，或者拥抱而亲之，或者怒目而视之。神在人的宗教幻想世界中犹如社会的首领和王朝的君上，乃是尊敬、畏怖、爱慕、祈求的对象，人于是便把对待君上的语言和动作移用过来转用于神，从而形成宗教礼仪。所以，从根本上说，处理人神关系的宗教礼仪本质上是处理人际关系的世俗礼仪的宗教化。这个道理，可以在我国古文字“禮”（礼）的字意中得到生动的说明。《说文》说：“礼履也，所以事神致福也。”从示从“豊……豊，行礼之器也”。意思是说，礼是一种事神致福的宗教行为（“履”）。作为“行礼之器”的“豊”据王国维考证，乃二玉在一器中之象形字。古人行礼以献玉为尊，所以，豊，即盛玉以奉神人的行礼之器。王国维据此作出结论：“推之而奉神人之酒醴亦谓之醴，又推之而奉神人之事谓之礼。”[①]。由此可见，礼，作为事神致福的宗教礼仪，是从古人行礼以玉的世俗礼仪推演出来的。宗教礼仪在形式上是世俗礼仪之象征性表现。

当然，这里所谓的宗教礼仪源于世俗礼仪的结论，毕竟还是一种归根到底之说，对于宗教学说研究而言，未免过于一般化了，我们应该作更为具体的研究。

近代宗教学在说明宗教礼仪之性质与起源问题时，常把注意力集中在宗教信念与宗教活动之关系问题上，就现象形态而言，宗教的信念与活动均展现为象征性的形式。宗教信念的象征性形式为神话，宗教活动的象征性形式则为礼仪仪式。[②]。故宗教信念和宗教活动的关系即转型为神话与仪式的关系。近代宗教学兴起之后的很长一个时期，学者们一般只重视宗教信念方面的研究，而对于宗教仪式问题则很少有人问津，对此问题进行研究的开拓之功，首先应该提到的是英国宗教人类学者罗伯特森·史密

① 王国维：《观堂集林》，第六卷，《释礼》。

② 克莱德·克拉克洪（美国宗教学家）写道：“神话与仪式都是象征的程序，并极紧密地（也因其他事实）而联系起来。神话是一个语词构成的象征系统，而仪式是对目的和行动组成的象征系统。两者都是针对同一类型的情景而以同一感情形式来对待的象征过程。”（《20 世纪宗教人类学文选》，上卷，上海人民出版社 1995 年版，第 151 页）

斯。他在1898年《论闪族宗教》的讲演中。针对过去的宗教研究只重视宗教信念的情况，提出了宗教礼仪的重要性，并提出了一个后来被称为“礼仪先行论”的学说。在罗·史密斯看来，人类最早出现的宗教，其全部内容在于同神建立交往关系的行动。这个行动比之于它所包含的“信念”并把这信念理论化的企图来，要重要得多。事实上，在人类的宗教生活中，首先出现的是行动，是人与神的实际交流：

> 具有头等重要意义的是，要从一开始就清楚的认识到：礼仪和实际行为严格说来就是古代宗教的全部内容。在原始时代，宗教不是一套附有实际应用方法的信仰体系，而是一套固定的传统行动，每一个社会成员都把它作为理所当然的事情来遵从……①

这就是说，宗教的行动（礼仪）先行于宗教的信念（神话）。在他看来，一般说来，是从礼仪中派生出神话，而不是从神话中派生出礼仪。宗教神话观念可以随人之意而发生变化，对它们的信仰对于礼拜者没有神圣的约束力，而宗教的仪式则是一套被传统固定下来的、规范化了的行为模式，对礼拜者无疑具有强制其遵从的性质。因此，仪式先于神话，神话本质上则不过是对仪式过程的描述。史密斯的学说受到许多有名学者的支持，并发展为巫术先于宗教，而礼仪又先于巫术和宗教的主张。他们认为，原始人对于神秘能力的观念本来是认之为一种笼统的力量，完全是非人格的。人们只是把它作为一种作用、效力而相信它的存在。但这种神秘势能并没有任何感性形象。然而，为了利用这种神秘势能便发生了巫术和宗教行为，礼仪便是巫术和宗教行为的方式。在宗教礼仪中，本来没有形象和非感觉的神秘势能便具体化为可感的形象，随之而成为人格化的神。于是，在礼仪中所发生的行动和现象就被看成是神的行动和现象，因此而产生了神话。

礼仪先行论是西方宗教学关于宗教礼仪的研究中最早提出来的学说，有相当大的影响。它使宗教研究突破了局限于宗教信念的传统范围，引起了对研究宗教礼仪问题的重视，这是应该肯定的。不过，这个学说也和其他各种宗教起源论一样，具有很多猜测性的成分，于是就引起了争论，一

---

① 罗伯特森·史密斯：《论闪族宗教》（1927年版），第20页。

些人根据部分宗教人类学、民族学的事实表示赞成，另一些人则根据另一部分事实提出反驳。美国的博厄斯根据广大区域内的仪式相同而相关的神话解释却多种多样这一人类学的事实，得出结论说：“在广大区域流行的许多这种仪式的统一性，以及神话学的解释的多样性都显出：仪式自身是神话产生的刺激物……仪式存在，而由欲望而生的故事则对仪式加以描述。”[①] 胡克（Hooke）也有类似看法。他认为，神话常常被用来证明仪式的合理性。这是因为人作为使用象征的动物，似乎觉得不仅有必要去行动，而且需要对行动动作出语词的或其他象征性的“合理”说明，这就是神话的根本意义，因此，神话这种东西一旦离开仪式便会死亡，无从存在。

罗伯特逊·史密斯的观点也受到许多民族学的事实的置疑。许多学者都指出，有些神话是对仪式的描述，但也有与仪式无关的神话。因此，不能把所谓神话是对仪式的描述和解释当成一个普遍有效的概括。克莱德·克拉克洪总结了宗教学者们围绕这个问题的争辩，得出了他自己的结论：在一定程度上，仪式与神话孰先孰后的问题，如同先有鸡还是有蛋的问题一样，是没有什么意义的。[②]

> 总而言之，关于仪式是神话的原因，或反过来说神话是仪式的原因，都没有事实可以作这种一般性的总结归纳。它们的关系更像是复杂的相互依赖的，随不同文化体系而结构有异的，并且也许在同一文化中不同时间也有差异的关系。……神话与仪式两者都满足一个社会的需要，两者之间的相对位置如何，却取决于特定时间特定社会中个体的（有意识和无意识的）具体需要。这一原则适合于所有已知的资料，它显示出仪式是在没有神话的情况下而借用的，而神话也是在没有其仪式的情况下借用的。[③]

克拉克洪对此问题的基本思想是：仪式与神话均为社会需要所决定，而不是它们二者之间的互相决定。但二者之间却互相影响，彼此强化对方的社

---

① 引自《20世纪宗教人类学文选》，上卷，第145页。

② 《20世纪宗教人类学文选》，上卷，第149页。

③ 同上书，第150页。

会功能。

本书作者赞同克莱德·克拉克洪的这些意见。这里所讨论的“神话”，也就是本书所说的一般意义上的“宗教观念”，这里所讨论的“仪式”，也就是本书所说的一般意义上的“宗教行为”。二者作为宗教构成的基本要素，本不过是同一事物（宗教）的内外两个方面。在这一个或那一个“仪式—神话”相连体的具体事例中，我们或者有可能通过具体分析确定它到底是何种情况，是“仪式表现神话（信念）”呢？还是“神话描写仪式”？这是可能的。但是，如果想在概念上，在确定一个普遍性规律的意义上，强行区分究竟是宗教观念（包括神话）在先，还是宗教行为（包括仪式）在先，那就既无可能，也无意义了。在二者的形成和发展进程中，应该是同步进行的，都经历了一个从自发到自觉，从散乱到固定，从模糊朦胧到程式化、规范化、制度化的过程，在此进程中，二者互为表里，互为因果，互相影响，互相作用。如果一定要在概念上、理论上分出主次的话，那还是应该把宗教礼仪视为宗教观念在行为上的象征表现。如果人们在举行一个宗教仪式活动之前，没有相应的人格化神灵的观念以及此神灵之神性相关的“神话故事”，神灵以具体的人格化可感形象出现于宗教仪式之中也是不可能的。但是，另一方面，宗教仪式本身的要求，又确乎会推动宗教神圣对象的人格化进程，使之更加明确、具体、形象化、神话化。

我们宗教学者应该超出“神话与仪式”的互相循环推论，从整个宗教的形成和发展来说明作为其构成要素之一的“宗教行为”如何程式化为宗教仪式。在这方面，马林诺夫斯基、拉德克里夫—布朗等宗教学家作了有益的探索。

马林诺夫斯基认为，各种宗教仪式的出现均是由于用来满足个人和社会的深刻需要。例如，原始时代的巫术仪式之所以产生，乃是由于当时人们因无力实现生活欲求而感到恐惧和焦虑时的一种情绪反映，当这种焦虑情绪通过象征性的语言和行动爆发出来时，往往会有助于紧张心理的缓解和焦虑情绪的消失，产生目的实现的幻觉，以后，这种象征性的语言和行动就逐渐固定化为巫术活动和巫术仪式：

> 一度的紧张借着语言与姿势发泄出去以后，萦回于心目使人不得安生的幻象也就消灭了，所希冀的目的似乎也更接近于满足了，于是

> 我们就恢复了平衡，恢复了与生命相和谐的状态。而且我们也得到一种信念，以为诅咒的语言与愤怒的姿势已经走向所怀恨的人物而加以中伤了；爱的乞求，想象中的拥抱，是不会毫无效果的了；事业在想象中的成功，对于未完成的工作，是不会没有好的影响的了；至于恐惧一层，使我们有发狂的举动的情绪慢慢地消沉下去以后，我们便觉得驱逐怖畏的，乃是这种发狂的举动。简单一句话，纯粹用主观的意象、语言、行动而宣泄了的强烈情感的经验，结果深深地使这经验似乎是真实的客观界，好像那是什么实际的积极的成就，好像那是什么启示给他的势力所成就的。这个势力，实际是因生理心理一时不受抑窒而产生，但显得来自外界；于是在原始人看来，在各种时代心灵未受训练而容易轻于置信的人看来，应运而生的咒、仪式，以及相信咒与仪式底威力的信仰，必然好像是来自外界的直接启示，来自非个人根源的启示。[1]

部落之间的冲突与战争，产生了战争巫术和相关的仪式；生产事务的需要产生了丰产巫术；对于死的恐惧和对生的欲求，并为使社会群体不会因人的死亡而失去其统协和完整，便产生了丧葬仪式；为了使人与环境保持密切的关系，促使动物繁殖或植物增长，便出现了图腾崇拜仪式；为了使人顺利渡过生命各个危急关头，便把生命的各个关节点（怀孕、婴儿新生、青春期、成年入社以及最后的生命危机——死亡）神圣化，从而产生了一系列生命关节礼仪……各种各样的巫术仪式和宗教仪式、整个宗教体系一样，“深深地生根于人类的基本需要，以及这些需要在文化中得到满足的方法之上”。[2] 宗教仪式把社会群体和人生的重要举动和社会契约程式化、传统化，并且打上超自然的印记。

马林诺夫斯基对于宗教仪式的根的分析，一是着眼于个人的心理需要（生活、生存、生命危机时节的焦虑）；二是着眼于社会群体的需要。拉德克里夫—布朗则有些不同。他的分析几乎完全集中于社会的需要产生宗教仪式之上，而对马氏关于个体的焦虑情绪产生仪式的说法提出批评。他根据安达曼岛人的生育仪式的特点指出：女人生孩子有危险，丈夫为妻子

---

① 马林诺夫斯基：《巫术、科学、宗教与神话》，第 68 页。

② 马林诺夫斯基：《文化论》，第 79 页。

担忧而举行意在避免危险的仪式，从而缓解了焦虑和恐惧的情绪。他承认，马氏的理解似乎可以解释生育仪式的原因。但他同时却进一步分析：为什么会产生这种焦虑情绪而必须举行生育仪式呢？实际情况往往是因为，由于生育仪式的传统，在父亲心中产生了焦虑情绪，感到如不按传统形式举行生育仪式，必将给生育过程带来危险。因此，与其说是个体的焦虑产生仪式，不如说是传统的仪式带来焦虑：

> 我想，对有些仪式来说，很容易同样头头是道的坚持另一种恰恰相反的理论，换句话说，并非由于仪式和与之相联系的信念存在，个人才会感觉焦虑，而是因为仪式的心理作用在他心中产生了某种不安全感或危险感。看来一个安达曼岛的土著很不可能会认为吃儒艮或猪肉或甲鱼是危险的事，若不是存在这一套仪式的话，仪式的目的正是为了保护他免遭那些危险。全世界这样的例子有好几百之多。[①]

拉德克里夫—布朗指出，当马林诺夫斯基说什么举行巫术和宗教的仪式可以给人以信心、安慰与安全感时，我们也可以同样论证说，它们给人以恐惧和焦虑。因为它们不是给人以自由，而是令人害怕不举行仪式而带来的危害，恐惧精灵与恶魔的作祟，对上帝和地狱的惩罚提心吊胆。仪式的根在于社会整体共同利益对于同一性价值尺度的需要，仪式的价值正表现在用规范化、秩序化的宗教行为来重新规范人们的情操，为社会秩序提供赖以存在的基础。

美国的 G. C. 霍斯曼在其论文《焦虑与仪式：马林诺夫斯基与拉德克里夫—布朗的理论》中分析了上述二人的论争，认为双方的观点实际上“并非互不相容”：“事实上，所产生的问题是关于个人及其社会的古老的问题。马林诺夫斯基着眼的是个体；拉德克里夫—布朗注意社会。马林诺夫斯基谈到个人倾向于在某些场合感觉焦虑；拉德克里夫—布朗则说社会预期个人在某些场合感觉焦虑。而我们有充分的理由相信两种说法都是符合事实的。它们并非互不相容。”[②] 以上述生育仪式为例：“一般人在自己

① 拉德克里夫—布朗：《禁忌》，第 39 页，转引自《20 世纪宗教人类学文选》，上卷，第 128—129 页。

② 引自《20 世纪宗教人类学文选》，上卷，第 127 页。

的孩子出生时总会感到担心的，而且也会以传统方式（即指仪式——笔者）来表达其担心。社会习俗会提供恰当的情绪表达的渠道的。简言之，符合事实的理论应该是结合了马林诺夫斯基和拉德克里夫—布朗两个人的假设。”①

霍斯曼对马氏和布朗的调和折中，看来是有道理的。在早期社会和后来的社会中，个体生存、生活中的危机和困境，以及由此而生的恐惧焦虑情绪，往往是任何个体都经常遇到的事情，如疾病、噩梦、生育和生命历程中各关节点……因而都具有全社会的性质和普遍意义。为缓解个体焦虑而举行的巫术宗教仪式，常被社会群体固定下来，规范化而成为整个社会普遍奉行的礼仪，并逐渐构成世代传承的传统。一个仪式一当成为传统，它就以其自身的价值，迫使社会群体普遍遵守奉行。当任何个体遇到生存危机和生活困境时，人们自然会想到必须按照传统举行相应的宗教仪式，否则就会受到超自然权能的惩罚，降下灾祸，轻则危及个人，重则祸延群体。在这种情况下，宗教仪式的传统价值确乎反过来变成了产生人们的危机感和焦虑情绪的原因。我们的分析把马林诺夫斯基和拉德克里夫—布朗二人貌似对立的观点统一了起来。

那么，宗教仪式产生的根源（或者说主要的根源）究竟是什么？是个人的焦虑？还是社会的需要？按照我们在上文所作的分析，这两个说法都可以成立，二者并存兼容，不必作非此即彼的结论。但是，如果一定要给一个统一的命题，笔者倾向于把第一个说法（个人的焦虑）统一到第二个说法（社会的需要）之中。这是因为个人是社会的组成部分，个体不能脱离群体而生存（社会越是早期、越原始，个体越是依赖于群体）。个体碰到的生存危机和生活困境，实际上也就是任何个体经常碰到的危机和困境，因而也就是社会性的。个人的焦虑也就是社会的焦虑；为此而举行的宗教仪式实际上是由于社会的需要。有没有纯个人性的危机和焦虑，以及因此而生的纯个人性的宗教仪式性的行为呢？这大概也是不能一概否认的。随着社会的进步，传统的解体，个人活动余地，个人自由相对地日益增多，个人的生活中焦虑显然是不可避免之事。如某个人昨晚做了一个怪梦，早晨眼皮跳动，听见老鸹叫……此人因此而产生对未来的不安和焦虑。他进而还可能举行某种个人的仪式性的行动向神灵祈祷、许愿、占

① 引自《20世纪宗教人类学文选》，上卷，第127页。

卜。既然此类行动是纯个人的，与群体无关，社会既不会予以重视，更不会将其社会化。这些行动的方式，象征性的语言和动作，常常因情绪的不时变化而变化，并随情绪的消长而生出和消失。既未规范化、程式化，也未固定下来形成体制，所以，严格说来，纯个人的宗教行为并非学术意义上的宗教仪式。

宗教礼仪的种类

近代宗教学者为了便于把握千差万别、花样繁多的宗教仪式，对之进行了各种型式的分类。我们在这里对其中之较有意义者作一些简单介绍。

一、巫术性仪式和宗教性仪式

西方宗教学者大多把巫术与宗教对立起来，把巫术视为宗教产生之前和独立于宗教之外的一种非宗教现象，所以，他们也把巫术性仪式视为与宗教性仪式完全不同的一种仪式活动，拉德克里夫—布朗在其著名论文《禁忌》中谈及这个事实。他说："有些人类学家一直将仪式分成两类，即宗教的仪式和巫术的仪式。"① 这里指称的"有些人类学家"，包括弗雷泽、杜尔凯姆、马林诺夫斯基等宗教学领域中的大人物。

弗雷泽是把巫术与宗教严格区分开来的主要代表。他也把仪式行为区分为巫术的仪式和宗教的仪式：那些为了抚慰主宰自然和人类的超人力量的仪式是宗教的，而那些根据错误的因果观念企图加以利用的仪式则是巫术的。

马林诺夫斯基的分类相同，但说法则不完全相同。在他看来，当一个仪式如其具有确定的目的，是巫术的；如其只是表现性的，而没有目的，则此仪式便不是实现目的的手段，而是目的自身，那它就是宗教的。

杜尔凯姆的说法又有不同：宗教仪式的根本特征，在于它们在宗教社会中或教会中是制度化的，因而是必须履行的；巫术仪式则不是这样，人们可以举行巫术仪式，也可以不举行巫术仪式，有选择的自由。一个人违背宗教的制度条律而不举行仪式时，信仰者会感到有罪，但如不参加或举行巫术仪式，并不被认为有罪，最多只被认为是一种愚蠢的行为。

本书从基本观念上不赞同把巫术与宗教对立起来的主张，而把巫术视为宗教行为的一种。因此，也不赞成所谓巫术仪式与宗教仪式的仪式分类，巫术仪式应该放在整个宗教仪式体系之中视为宗教仪式的一种特殊形

① 《20世纪宗教人类学文选》，上卷，第104页。

式。上文列数的这几位宗教学大家归纳出的分类理由也很难成立。

宗教仪式固然要“抚慰和取悦主宰自然和人类的超人力量”（弗雷泽的宗教定义），巫术仪式难道就不抚慰和取悦于超人力量吗？另外，如接受马林诺夫斯基的说法，按仪式之举行有无“实际目的”来区分其究为巫术，抑为宗教的性质，在很多情况下也说不通。人们通过祈祷仪式或献祭仪式请求上帝赐福，显然具有“实际目的”，可祈祷、献祭仪式无疑是宗教仪式。原始社会中的许多仪式，如丰产仪式。违犯禁忌规定后的洁净仪式以及生命关节礼仪……宗教学者一般都把它们归类为巫术仪式，但这类仪式在那个社会中却早已社会化、制度化，成为世代必须遵从的传统，人们没有什么选择，或不参加、不举行的自由，否则会被群体认为有害于社会而对之严厉惩罚的。

二、积极仪式与消极仪式

有些宗教学者根据一个宗教仪式在社会生活中所发挥的作用和功能，把它区分为两大类型：

1. 积极仪式（Positve rites）：此类仪式以集中和有效地应用神圣力量为其目的，如狩猎仪式、增产仪式、启示仪式、各种成人仪式和生命关节仪式等属之；

2. 消极的或禁戒的仪式（Nagative or prohibitory rites）：这就是所谓的禁忌仪式和违禁之后的禳解仪式。

这一分类是由著名的瑞典宗教学家瑟德布罗姆提出的。杜尔凯姆也有类似的仪式分类。不过，他在积极仪式和消极仪式二分法之外，又增加了一类仪式，即“赎罪仪式”，变成了三分法的仪式分类，形式上不太完整，其实也可以把赎罪仪式包括在禳解仪式之列的消极仪式之中。

三、偶发性的危机仪式和周期性的岁时仪式

有些宗教学者根据一个仪式是经常举行还是偶尔举行，把它分为岁时仪式和危机仪式两种类型，一个人何时患病，是否失窃，出行办事是否吉利……都带有偶然性，吉凶祸福又常不可预测，人们往往求助于神灵的保佑和启示，这就要举行一定的治病仪式、占卜仪式、驱魔仪式之类。此类仪式都是偶尔举行的，是为了解决偶发性的生命危机或生存危机而举行的，我们可名之曰：“偶发性的危机仪式。”

世界各地区各种族为要生存都要生产。重要的生产活动（如畜牧、农业）之进行，都必须严格地服从于季节的变换，春生、夏长、秋收、冬藏。如不依此安排生产活动，必将无所收成。这种季节的变换、岁时的循环、古人视之为天意的安排，于是而逐渐把这些与生产活动紧密联系的季节变换神圣化，定期举行宗教仪式，祈求神灵帮助，赐予风调雨顺，求得牲畜平安，五谷丰登，并用各种方式感谢神灵恩德。在原始时代和古代的社会中，这种周期性的岁时仪式是一种非常隆重、非常盛大的宗教祭典。中国自远古以来就是一个发达的农业社会，农业是否丰收，事关民之生存和国之安危，故从上到下，自君及民，都极其重视与季节周期变换的农业祀典，形成一套复杂繁多的周期性岁时礼仪。据唐玄宗开元二十年（公元 732 年）制定的《开元礼》中的“吉礼”，其所列出每年必须周期性举行的法定祭仪有如下多种：①。

春季举行的礼仪有：

1. 正月上辛日祈谷。
2. 孟春吉亥享先农。
3. 孟春享太庙（四时之祭第一祭）。
4. 立春日祀青帝于东郊（意在迎春）。
5. 立春后丑日祀风师于国城东北。
6. 仲春上丁日释奠于太学。
7. 仲春上戊日祭社（土地之神）稷（谷神）。
8. 春分祀朝日于东郊。
9. 仲春之月享先代帝王。
10. 仲春释奠齐太公。
11. 仲春兴庆宫祭五龙坛（兴庆宫为唐玄宗为帝之前的宅府、龙潜之所。故《开元礼》列入此祭，后代便停祀了）。
12. 仲春祭马祖。
13. 孟春吉巳享先蚕。
14. 春祀司命及户。

夏季举行的礼仪有：

1. 孟夏雩祀（为百谷祈雨之祭）。
2. 孟夏享太庙（四时之祭第二祭）。
3. 立夏日祀赤帝于南郊。

① 以下所列，请参见胡戟《中国古代礼仪》，陕西人民出版社 1994 年版，第 96—102 页。

4. 立夏后申日祀雨师于国城南。

5. 夏至日祭皇地祇，并祭神州地祇、五岳、四镇、四海、四渎、五山、五川、五林、五泽、五邱、五陵、五坟、五衍、五原、五隰等。

6. 仲夏享先牧（牧养之神）。

7. 季夏土旺日祀黄帝于南郊。

8. 夏祀社。

秋季举行的礼仪有：

1. 孟秋享太庙（四时之祭第三祭）。

2. 立秋日祀白帝于西郊。

3. 立秋后辰日祀灵星于国城东南（灵星是后稷代名。时届秋收，祀谷神以报功德）。

4. 仲秋上丁日释奠于太学。

5. 仲秋上戊日祭太社、太稷。

6. 仲秋释奠于齐太公。

7. 仲秋祭马社（马社是教人乘骑之神）。

8. 秋分祀夕月于西郊。

9. 秋季享太明堂，祀昊天上帝。

10. 秋祀门及厉（门即国门，厉为泰厉，指古代帝王无后者）。

冬季举行的礼仪有：

1. 孟冬享太庙（四时之祭第四祭）。

2. 孟冬祭司寒（北方之神黑帝）。

3. 立冬后祭神州地祇于北郊方丘。

4. 立冬后亥日祀司中、司人、司禄于国城北（司中、司人、司禄均为星名。司中为主宗室之神，司人为主民之神，司禄为主禄赏之神）。

5. 冬至祀昊天上帝于圜丘。

6. 仲冬祭马步（马神）。

7. 冬祀行（主道路行作之神）。

8. 大傩、驱除禁中疫鬼、汉唐宫中行此礼，宋元以后渐废，散在各族民间。

9. 季冬祚（音乍）太社。祚亦作蜡，年终之祭，庆祝五谷丰登，报谢土地神。

10. 腊日祚百神于南郊。腊日为冬至后第三个戌日，后定为12月8

日，庆祝农业丰收，报谢上天百神。

11. 臈（即腊）享太庙九主，为丰收报谢祖宗之灵。

上述这几十种祭礼，大多数要皇帝主祀。事前斋戒沐浴，事后要飨宴群臣。除此之外，州县各级也要举行诸如此类仪式。从贵族及至平民，一年之内也有名目繁多的家祭。总之，一年四季，年终岁首，中国人祭仪不断。

受到宗教人类学者普遍重视的“生命关节礼仪”或“过关礼式”，似乎可以归于周期性礼仪一类。生命关节礼仪包括一个人生命历程中的各个关节上：受孕、出生、满月、百日、成年、结婚、丧葬……都要举行特定的宗教仪式。这些仪式，对于每个个人而言，只有一次性出现，只有一个周期，并未循环再现；但对于社会群体而言，它们又是周期性地再现于每一个人的生命历程之中。正是在这个意义上，我们可将其归入于“周期性礼仪”类型之中。

关于“偶发性的危机仪式”和“周期性的岁时仪式”的分类，对于我们把握与分析宗教仪式的性质、内容与功能是很有帮助的。这个二分法的分类原理，不仅清楚地陈述了两类仪式各自的特性及其差异，而且也说明了它们的共同本质。偶发性危机仪式是为了解决个人生活中的偶发性危机，周期性岁时危机则是为了解决社会群体周期性再现的、与生产生活密切相关的重大事件。从个人性与群体性、偶发性与周期性的差异看，两类仪式各有其特殊性。但这两类仪式都是为了顺利渡过生命过程中的困境与危机而祈求超自然的恩典与启示，体现了共同的本质与功能。

四、按各种宗教行为的性质而进行的仪式分类

按照本书作者提出的作为宗教学之基本原理和基本方法的“宗教四要素说”，我们认为，一切宗教礼仪本质上都不过是宗教行为的程式化、规范化和制度化。既然如此，我们就可由此而自然而然地得出一条关于宗教仪式的分类原理：有什么样的宗教行为，就可在其程式化、规范化之后而产生出相应的宗教仪式。因此，我们就可以根据宗教行为的种类来划分宗教礼仪的类型。正如我们在“宗教行为”一章中已经考察过的那样，普遍流行于各种宗教体系中的宗教行为主要有巫术、禁忌、献祭、祈祷等，因此，宗教礼仪的主要类型便是巫术仪式、禁忌仪式（以及与违犯禁忌有关的洁净仪式）、献祭仪式、祈祷仪式。正如我们在上文中分析的，巫术属于对超自然神秘力量的控制和利用，献祭和祈祷属

于对神秘力量的祈求，宗教禁忌则介于二者之间，所以，上述几种宗教仪式也可以再概括为巫术仪式和祈求仪式两大类型，禁忌仪式可视其具体的内容和性质分别归入两大类中。不过，在实际的宗教生活中，特别是在人类的早期和古代宗教史上，各种形式的仪式往往是混杂在某种宗教仪典之中。

宗教礼仪的功能

宗教礼仪的形成和发展，无论对于宗教本身，还是对于宗教所依存的社会都有重要的影响和作用。主要表现在如下几个方面：

一、强化宗教信仰

由于宗教礼仪乃是宗教信念之外在形式上的象征表现，而且通过这种象征性表现把人与神灵联系起来，宗教仪式既象征性地表现了人对神的祈求与依赖，控制与利用，也象征性地表现了神对人的祈求或利用的回应，这种戏剧化的象征表演使宗教信仰的神圣对象在宗教仪式过程中取得了可感的象征性形式，这就增强了信仰者的宗教感情，加深了他们对宗教的兴趣，从而强化了对宗教的信仰。宗教信仰者本来对他所信仰的神灵和鬼怪是没有实在的对象和具体的感触的，可是在宗教的巫术仪式中，法师做出了种种关于神灵下凡附体、降魔伏鬼的表演，于是就使人获得了关于神灵鬼怪的具体感受。在其他各种宗教仪式中，无论是神坛和礼拜堂的布置，神像和法器的陈设，仪式过程中歌颂呗赞的应用，宗教音乐的使用，神话故事的诵读与表演，教义的宣讲，祝祷文的念诵，圣餐礼的进行，气氛庄严肃穆，使仪式参加者时刻有一种神灵如在上下左右监临的神秘感和神圣感。

二、满足仪式执行者心理的、生理的、经济的需要

一个人或一个群体之所以举办巫术性的或祈求性的宗教仪式，总是因他们的某种欲求无法用自己的力量促其实现，只得寄希望于通过一定的仪式行为而求得神助或神启。在一个确定的宗教传统中，宗教仪式是已被赋予了这种价值和功能的。一当宗教仪式按传统要求得以举行，它就会给人以目的实现的感觉和意象，从而消除焦虑，增强信心，相信未来事态定会逢凶化吉，遇难呈祥。当巫术士、萨满和道教道士在赶鬼治病、驱魔伏邪的仪式表演中，以种种戏剧化的象征动作把致人生病的妖魔鬼怪赶走或慑服时，病人的心理显然会得到极大的宽慰；当一个自觉犯罪的基督徒通过忏悔告解仪式得到神甫的一句话“孩子，上帝已经宽恕了你的罪行”时，

他自然会产生某种从罪恶中解脱出来的精神安慰。

三、宗教仪式具有整合行为模式、团结社会群体的价值与功能

宗教仪式的这种功能是为一切宗教学者、特别是为宗教社会功能学派所重视的。杜尔凯姆在其宗教定义中就是宗教规定为“一种统一的信仰和行为的体系”。统一的信仰表现为统一的行为模式（仪式），由此而把信仰者纳入一个称为教会的单一的道德共同体中。宗教崇拜的神本质上是社会自身的神圣化，社会通过对它的信仰和崇拜活动而结成一个道德的共同体，宗教仪式的社会功能在这里得到集中的表现。杜尔凯姆的仪式理论把各种宗教仪式分为三大类，并分别说明了它们的作用：第一类是消极仪式，如宗教的禁忌规定和戒律规定。消极仪式的发展方向就是各种禁欲主义；第二类是积极的仪式，如各种宗教团体的祭仪和祝祷仪式、祈祷丰产丰收、多子多福的仪式；第三类是赎罪仪式。所有这些仪式的基本目的在于使社会共同体继续维持下去，重新加强社会成员个人从属于社会共同体的观念。在举行宗教仪式时，一大群社会成员聚集在一起，兴高采烈，进入高度虔敬和狂热的状态。正是这种状态，社会共同体表现出了对个人的压力和权威，宗教仪式因此而加强了信仰者个人与神的关系，从而也加强了个人与神所象征的社会的关系。按照杜尔凯姆的说法，宗教仪式是一种手段，社会集体通过这一手段来定期地重新肯定自身。那些认为自己是被一个有一致的利益和传统的团体联合在一起的个人，则通过共同的仪式活动而意识到他们在道德上的一致性。

马林诺夫斯基也作如是观。在他看来，巫术及其仪式对于社会是一种将其组织起来的力量。例如，在图腾制社会时，各种有关的巫术仪式规定了氏族部落的社会结构和组织制度、政治事务、战争活动、生产活动都取决于巫术仪式的结果。可以认为，巫术仪式活动为一个社会群体提供了一种团体所必需的道德和法律的机制。马氏还对一些具体的宗教仪式的社会功能作了具体分析。以丧葬仪式为例。原始社会群中人数很少。一个成员的死亡绝非无足轻重，如果死者是一重要人物，很有可能会破坏常态的生活，动摇社区根本。村民出于恐惧，可能抛弃尸体逃离村落，从而使团体瓦解。在这种情况下乃举行丧礼，通过这种神圣化了的仪式使活人与尸体保持一种关系，相信死者灵魂继续存在，相信它有善意（或恶意）；由于举行了追悼的礼、祭祀的礼，于是，人们便相信宗教仪式的举行战胜了恐惧、失望、灰心等离心力，从而使受到威胁的群体生活得到了最有力的重

新统协的机会。[①]

再以生命关节礼仪为例。原始宗教将人类生活中的危机神圣化，在生命的各关节点都举行神圣化的宗教仪式，围绕怀孕，有新的肉体再生，精灵注入以及巫术渗透等信仰；在人的出生方面，有灵魂如何形成，大量的万物有灵观念，个人对于群体的价值，人的道德力量的发展，预测其命运如何等神秘信仰，并表现于出生仪式之中；度过青春期的成年礼仪中通过一系列有关部落祖先、文化英雄、守护精灵、保护神的神话故事和伦理性训诫，使成年青年进入社会群体，承担社会责任，恪守传统伦理规范……马氏指出，人类生命历程中的每一重要关头都是某种生命危机，使人产生情绪上的扰乱和精神上的冲突，以及可能的人格分裂，宗教信仰及其仪式化行为则是把精神冲突中的积极方面变为一种标准化的传统，使人生的重要举动和社会关系公开化、传统化、体制化，并且打上超自然的神圣印记，这就增强了社会群体的凝聚力：

> 宗教中无论任何部分，也无论任何信条，都不能没有其伦理方面的相配部分。永生信仰是由人与人间的关系和感情而发生的，并且，它的整个仪式的制定，在信条与仪式两方面之外，也同样有道德的方面。……人生的各种圣礼将人们集合起来，不仅为着举行非个人的仪式，并且是为着促进彼此的利益和保证彼此的责任，而唤起公共行动。[②]

宗教的各种仪式，入世礼、丰收仪式、图腾仪式、食物尝新的仪式……都意在使人类的生活与行为神圣化、规范化，从而成为一种最强有力的社会控制力量。

拉德克里夫—布朗以更有力量的论证强调宗教仪式的社会价值。他指出，我们应该把各种宗教的或巫术的仪式当做一个复杂的社会体制的组成部分，人类正是在这一制度中用一种有条理的方式组织在一起共同生活。没有宗教的信仰和仪式，一种社会秩序是不能形成和存在的。这是因为，人类有秩序的社会生活依赖于社会成员精神中的某种控制其相互行为的感

---

① 见马林诺夫斯基：《巫术、科学、宗教与神话》，第34—35页。

② 马林诺夫斯基《文化论》，费孝通等译，中国民间文艺出版社1987年版，第78页。

情，而这种感情则有赖于宗教仪式的培育与维持。祖先崇拜仪式与社会的世袭制结构显然有着一致的关联，献祭仪式则是社会用来再一次肯定和加强那些为维护社会的一致所必需的谋感情。一个社会是由众多个体组成的，在社会关系的网络中，个人利益必须与别人的利益协调。如果不树立起公共利益的尺度，社会就没有存在的基础。社会认可并举行的宗教仪式就具有这种公共利益的价值，布朗称此为“仪式价值”。一个仪式的效果不仅直接在实行仪式者心中产生认同社会价值的直接效果，而且间接影响到社会的结构（即社会关系的网络）。图腾仪式就是通过图腾神话和图腾仪式把部落社会与自然的关系表现出来，而部落社会的社会关系则有赖于再现这种联系而保持其生命力。他认为，宗教仪式是人们与某种社会地位相适应的诸多情感的规范化、秩序化的表现形式，正是这个缘故，社会便经常举行各种仪式来重新规范人们的情感与行为。在人们参与仪式活动的过程中，仪式发生着一种教化个人情操的作用，这种个人情操的保持，乃是社会秩序赖以维持的基础。布朗与马氏不同之点在于他认为，仪式的功能与价值并不仅仅在于仪式可以缓解个人生活中的焦虑，更在于仪式也能增加个人和社会的焦虑，而且这种令人提心吊胆的恐惧和焦虑体现了仪式的社会功能和社会价值。因为，通过人们的仪式活动，通过共同的希望与恐惧，通过人们对事件的共同关注，社会群体中的不同个体便暂时地或永久地联系在一起。他也以出生仪式之类生命关节礼为例来证明上述理论。在一个既定的社会群体中，一个胎儿即将出生时，由于传统规定必须举行出生仪式，在未举行这种仪式前，父亲总会感到焦虑，至少要表现出焦虑。根据传统规定的仪式规则和象征规则，他的焦虑必须通过一种象征形式表现出来，或举行一定的仪式活动，或遵守相应的禁忌规定（如不许吃猪肉、甲鱼之类食物），这是一种具有道德意义和法律意义的规约，对个人产生出一种充分的控制力量，而传统的仪式规定的责任和义务则因此而提供了使个人必须遵从的理性化的动力。这种仪式命令的背后是一种社会公认的宗教信念：如不遵从仪式的规则，就会有某种灾祸降临。不是患病，就是死亡；不仅危及个人，而且祸延氏族。正是在这里，体现了仪式的社会价值，它是一种强制性的社会力量，是把人们结合在社会体系之中的社会意义的象征表现。

总括杜尔凯姆、马林诺夫斯基和拉德克里夫—布朗等人对宗教仪式的功能和价值的分析，我们可以看到，尽管他们各有不同的强调重点，但他们一致认为，宗教仪式是把个体连接起来，组织到一定的社会关系（社会网络、社会结构）之中的凝结剂。它可以规范个体的行为和情操，形成社会的秩序。这种理论分析相当深刻。按照本书坚持的“宗教四要素说”，所谓宗教礼仪，本质是宗教行为规范化、程式化和制度化。一定的宗教仪式总是按照宗教传统确定的规范化、程式化的固定模式进行的，它把一定社会中的个人和群体纳入一个普遍性的行为模式和统一性的宗教体制之中。一种宗教行为方式之所以能被作为礼仪或仪式进行，是因为它得到了社会和集团的承认，社会和集团赋予它权威。所以，宗教仪式便具有超个人的权威，对该社会和该集团中的个人具有约制力，使遵守和奉行宗教仪式成为个人的强制性义务，这必然会把个人的信仰与行为统一起来，起到维持和强化宗教信仰的作用，进而又增强了个人的认同感而起到维系和巩固社会秩序的作用。

问题在于我们如何评价宗教仪式这种统一宗教信仰、维系社会秩序的社会作用？有些激进的学者，例如法国的安什林，特别强调宗教仪式的消极作用：

> 如果宗教完全是反动的，那么各种不断重复，并且永远是同一种形式的祭祀和仪式，则是宗教的最反动因素，它们所表现出来的阻力超过了一切，甚至在当时产生那种宗教的经济基础已经消失之后，它们还有阻力。正是由于祭祀、仪式和巫术的影响，使得万物有灵论的概念把社会关系偶像化了，并使之具有人形。祭祀具有极大的可塑性：我们只要想想图腾崇拜的圣餐式和现代的圣餐式，想想“英古齐乌玛①”和天主教的弥撒，以及从一种年龄地位转移到另一种年龄地位的坚信礼（第一次圣餐式）的仪式就够了。祭祀是特别有害的，因为作为宗教的外部表现，它吸引着群众，并且用虚幻的希望来麻醉他们。②

---

① “英吉齐乌玛”：澳大利亚土著人的一种祭祀仪式。斯宾塞和吉连给英吉齐乌玛下了这样一个定义：“这是地方图腾集团所举行的神圣的仪式，其目的在于增加作为图腾的动物或植物的数量。”（《澳大利亚中部土著部族》，第650页）

② 安什林：《宗教的起源》，三联书店1964年版，第116页。

在这里，安什林是从宗教对信仰者精神上的麻醉作用来谈宗教的“反动性”的。就宗教作为一种颠倒的世界观和虚幻的反映而言，它在任何时候都具有消极作用的一面。但宗教的社会功能是否即是“反动”则不可一概而论。人与神的宗教关系本质上都是人与人的社会关系的一种虚幻反映。宗教的社会作用总是表现为通过神的意志和权能来强化或削弱某种社会关系。这种作用究竟是消极的，还是积极的，取决于它所作用的人际社会关系的性质。这是我们评价宗教之社会功能的一条总的原则。我们在评价宗教礼仪时也应该以此为准。

宗教仪式不仅固定和强化宗教信仰，也通过这一点作用于社会。不同的时代有不同的人际关系、社会的性质也有所不同。因此，宗教和宗教仪式的社会作用显然不可一概而论。在原始社会中，由于生产力的极度低下，个人离开群体绝对无法生存下去，社会群体（氏族、部落）乃是个体赖以生存的基本条件。在这种情况下通过共同的宗教信仰，共同的仪式活动来规范个人的感情与行为，加强群体的团结，维持社会的秩序，乃是个人和群体生存的条件，宗教仪式的功能和价值是不能否定的。即使在社会有了阶级分化之后，只要特定阶段上的人际关系和社会结构符合于历史进步的要求，当时所崇拜的宗教及其仪式对它的强化作用也应该得到历史的承认与肯定。孔子及他所创的儒家学派极其推崇礼仪（包括宗教礼仪和世俗礼仪）对于社会群体的社会控制和伦理规范作用。孔子一生以“克己复礼”为务，讲学授徒传以“六艺”，以“礼”为首要学科。他之所以如此重视礼仪，即在于礼仪具有经纬人伦的作用：

> 丘闻之，民之所由生，礼为大。非礼无以节事天地之神也，非礼无以辨君臣上下长幼之位也，非礼无以别男女父子兄弟之亲，婚姻疏数之交也。（《礼记·哀公问》）

在等级社会里，人神关系实质上是人际社会关系的投影，“节事天地之神”的宗教礼仪，不过就是君臣、父子之间礼仪的神圣化，宗教礼仪培养和强化了人对神的敬畏与服从，从而间接地培养和强化了君臣父子之类人伦关系，巩固了社会秩序和社会结构，所以，孔子说：“安上治下，莫善于礼。”（《汉书·艺文志》）《礼记·祭统》更直接地指出宗教性的祭祀仪式有着强大的社会控制功能：“上则顺于鬼神，外则顺于君长，内则以孝于亲。”短短几句话，概括而又集中地说明了宗教仪式的社会作用，与两千多年之后的杜尔凯姆、马林诺夫斯基、拉德克里夫—布朗等宗教学大家反复阐述的仪式理论基本一致，而且更把这种理论从原始社会推衍到阶级性社会，扩大了它的应用范围。

在我们历史地肯定上述这些人的仪式价值理论的同时，也要看到它的局限性一面。无论是孔孟儒家，还是杜尔凯姆等近代西方宗教学家，他们的仪式价值论都有一个共同的方法论：他们都是把自己所分析的社会看做一个静态的存在。因为，那时的宗教仪式确乎固结了社会的传统，把人们的情感和行为模式化、标准化、神圣化，从而使社会个体树立了对社会群体的服从，维护了社会的秩序和统一，给个体以安定感和安全感，有助于个人的生存和社会的持续。但是，另一方面，惟其因宗教仪式的这种作用，它也就成了社会的制动器和思想的窒息剂，停滞了社会的进一步发展。事实上，在原始社会向文明社会发展，以及文明社会进一步向前发展的每一历史关头，宗教的信仰及其象征表现——仪式——都成了制约社会进步的保守因素。社会不是静态的，而是动态的。上述诸人对于社会和宗教仪式的静态分析，既不适合动态的社会，也不适于动态的宗教及其仪式。同时，还应该特别注意到，在一个单一的群体社会中，一个独一无二的宗教及其仪式，当然可以起到社会凝结剂的作用，但随着社会的分化和发展，多种族、跨地区、跨文化的复杂社会体出现了。这时，多种宗教信仰和多种宗教仪式同时并存，它们之间势必互相排斥，互相竞争。在这种情况下，宗教信仰及其仪式在整个社会中所起的作用就往往不是单一社会群体中的团结作用，而是由宗教排他性所起的分裂作用了。历史上不少民族之间的宗教战争，基督教新旧两派为推行各自的教义和教仪而发动的多次战争，伊斯兰教内部各教派之间的纷争以及诸如此类，不是一再证明了这种“排他性”的存在及其危害吗!

四、宗教仪式的文化功能

如果说，宗教作为人性的创造本身就是一种文化，那么，宗教仪式作为宗教信念的象征表现，可以被认作宗教文化的集中体现。宗教信仰的神圣对象本来是虚无缥缈的“莫须有”存在，宗教的信念本来是一种虚幻的意念，但在宗教仪式中，它们都被感性化、形象化，甚至以一种物态化的具体形象出现，此即所谓宗教的“象征”。这种感性化、形象化、物态化的象征性表现，无疑是随着宗教仪式表演的需要而发展起来的艺术创造活动。宗教仪式要表现人与神的联系（人的圣化和神的俗化，人对神的祈求与神对人的报应），必然通过语言和身体动作的象征性模拟，这就发展为赞颂神灵事功的神话故事，讴歌神性伟大的诗歌，以及表演性的舞蹈和戏剧，为了进行仪式，还必须雕塑神像，制作法器与服饰，建造神坛和神殿……所有这些都是文学艺术创造，随着宗教礼仪的需要而产生，随着文明的发展而发展。我们应该承认，宗教礼仪在历史上确实曾起到了刺激和保存文化艺术的作用。无神论者可以在理论上否定上帝的存在，否定宗教的合理性，但却不能否认宗教礼仪激发文化艺术创造的历史事实。先秦时代的荀子就是这样一位无神论思想家。他否定祭祀祈禳有什么福佑于人的实际作用，但承认祭祀仪式作为一种文事活动则不可缺少："日月食而救之，天旱而雩，卜筮然后决大事，非以为得求也，以文之也，故君子以为文，而百姓以为神。以为文则吉，以为神则凶也。"（《天论》）礼仪祭祀的主要对象是"上事天，下事地。尊先祖而隆君师"，不仅可以培育"忠信爱德之至（德）"，表达"志意思慕之（感）情"，而且本身是一种体现"礼节文貌之盛"的文化：

> 故先王案为之立文，尊尊亲亲之义至矣。故曰："祭者，志意思慕之情也，忠信爱敬之至矣，礼节文貌之盛矣，苟非圣人，莫之能知也。圣人明知之。士君子安行之，官人以为守，百姓以成俗。其在君子，以为人道也；其在百姓，以为鬼事也。"（《天论》）

荀子所谓的"君子以为文"的"文"，也即他所谓的"其在君子，以为人道也"的"人道"，其意义既包括祭祀仪式中的"礼节文貌之盛"的艺术表现形式，也意味着对百姓进行"礼教"（"尊尊亲亲之义"、"忠信爱敬之至"）之类人道或人伦教化的文化教育。他否定宗教的神学本质，但却肯定宗教礼仪的人文形式。

在肯定宗教礼仪对于文化艺术的历史积极意义的同时。我们也注意到，宗教礼仪对于文化艺术的需要和利用，一般总是把文化艺术限制在宗教的幻想世界中，使之得不到自由的发展。作为文化艺术之生命的社会性、现实性，因之而被阉割，变成了祭献于神座之前的牺牲品。历史上一切真正人道的、人文的文化艺术几乎总是在不断摆脱神道主义禁锢的斗争中才获得自己的地位和进一步的发展。文化艺术发展的历史辩证法就是如此。

第 二 编

宗教的起源和发展

第一章　宗教的起源

第一节　各派宗教起源论

研究宗教起源问题的重要意义

宗教是怎样产生的？这是宗教学领域中至关重要的问题。如何回答这个问题，直接涉及宗教学者对宗教的本质及其发展规律的理解，反映了他们在宗教研究中的立场、观点和方法。学者的宗教观如有不同，他们的宗教起源论也会有所不同。视宗教为神圣的护教主义者总是要为宗教寻找一个神圣的源泉，而对宗教持批判和怀疑态度的理性主义者一般都对这种“神圣的源泉”持怀疑以至否定的态度。宗教学必须重视宗教起源问题的研究。只有对宗教起源问题有了真正科学的说明，我们才能真正了解宗教产生的条件和根据，从根源上发现宗教之所以为宗教的本质，进一步揭示宗教发展的途径。

19 世纪下半纪，由于达尔文生物进化论的问世，传统的宗教及其神学世界观受到了沉重的打击。进化观念深入到各门各类自然科学和人文学科，大大推动了宗教的科学研究和宗教学的发展。宗教学者普遍破除了宗教神启论，把宗教的发生和发展视为历史进化的过程。在进化论观念的启迪和影响之下，许多宗教学者提出了各式各样关于宗教的起源和发展的理论，出现了各种宗教学流派。在宗教学领域内却是百家争鸣，洋洋大观。人类学、考古学和民族学的建立和发展，对宗教学关于宗教起源和发展问题的研究提供了大量的科学材料。我们应该科学地分析和总结近代宗教学、人类学、考古学和民族学方面的一切有价值的成果，发展关于宗教起源的理论。

在宗教学中，关于宗教起源的理论，其最有影响者大致有如下几种：

自然神话论

自然神话论是近代宗教学关于宗教起源问题的第一种学说，发端于德国学者对于印度—日耳曼语系的语言学与民族学的比较研究。此派学说认为宗教的来源及其最早的形式为自然神话，尤其是星辰神话。在他们看来，神话和宗教中的神，都是自然物的人格化，尤其是较大的星辰的人格化；除此以外，有些神则是某些自然力和自然现象（如狂风暴雨、雷霆闪电）的人格化。此派学者的具体主张也不完全一致。麦克斯·缪勒（早期）与布雷尔认为一切神话都是太阳神话，其唯一的题材即是太阳的出没及其作用；普洛伊克斯认为神话的主要题材是天空的各种形式；阿达尔伯特·昆主张神话的主题是风雨雷电之类；雷格洛德和雷尼尔则主张印度日耳曼神话的主要题材是火等。

这些主张在印度—日耳曼语系诸民族的宗教神话中，确有自己的根据，但后来的研究证明印度—日耳曼的宗教并不纯粹是一种把自然力人格化的神话宗教，而且印度—日耳曼人种共住未分之时，其社会与文化已有相当的发展（如已进入畜牧经济，并已有最初步的农业知识），因此不能把印欧语系的宗教神话视为人类最原始的宗教。

实物崇拜说

早在18世纪法国的布罗斯已在《实物神崇拜》一书中把实物崇拜和自然崇拜作为一切民族宗教的原始状态（希伯来人除外）。孔德发展了这一理论，认为在整个人类历史的“神学时期”，实物崇拜是最早的阶段，以后发展为多神教和一神教。孔德把日月星辰也包括在广义的“实物”之中。他认为实物崇拜是崇拜一切自然物体的宗教（不管是否有神寓于这些物体之中）。直到多神教阶段，这些实物才被人格化或神灵化。由于欧洲殖民主义对非洲、大洋洲和美洲的征服和商业交往，欧洲人也接触到了当地人的宗教，发现了未开化民族对实物的崇拜。拉布克在此基础上发展了孔德关于宗教起源于实物崇拜的理论。

这种理论直到现在仍在一些宗教学者中颇有影响，他们把拜物教视为人类最早的宗教形式。

实物崇拜（fetish-worship）一词原出于葡萄牙文 fetiço 和拉丁文 factitius，意指邪法、妖术、符咒而言，即法术与护身符之意。葡萄牙人在西非洲的黑人中发现他们崇拜某些非生命的实物，如牙、爪、尾、角、羽毛、甲壳、铁片、衣物之类，黑人向这些东西祈祷、祭礼和敬礼，以期获得所需要的保护与帮助。但进一步的调查研究却证明黑人并不是崇拜这些物体本身，而是把它们视为祖先神或其他神灵的代表或象征。因此，如果要说明实物崇拜者何以把实物作为神灵的象征，就得进一步说明神灵观念的源泉。同时，在有这种宗教崇拜形式的民族（例如西非洲）中，实物崇拜并不是其主要部分，这些民族在人类学上也不是最原始的。

万物有灵论

1872 年，英国著名的人类学家和宗教学家泰勒在其《原始文化》一书中，创立了宗教起源于万物有灵论的学说。他认为在祖先崇拜、实物崇拜和自然崇拜之前，已有万物有灵的崇拜。因此，万物有灵崇拜乃是一切宗教的源泉。泰勒认为，原始人根据睡眠、出神、疾病、死亡、梦幻等生理心理现象的观察，推论出与身体不同的灵魂观念。然后把灵魂观念应用于万物，产生了万物有灵论；应用于死去的祖先，产生了祖先崇拜与纯粹神灵观念；应用于非生命的自然物，产生了自然神和自然崇拜；以后发展为种类神崇拜和多神教，至上神崇拜和一神教。

泰勒的万物有灵论以丰富的民族学和宗教学的资料为基础，体系宏大而整然有序，说理深透而简明精确，立即在宗教学领域赢得巨大的声誉。尽管在进入 20 世纪之后，受到其他各种宗教起源论的挑战，泰勒理论仍继续保持其强大的影响。百余年宗教学、人类学、民族学的新发现对万物有灵信仰是否先于图腾崇拜、祖先崇拜和自然崇拜而可确定为人类宗教的最初形态，提出了值得注意的质疑，但却无可怀疑地证实了灵魂观念乃是人类最早的宗教观念，而这一观点正是泰勒万物有灵论的基石和出发点，本书著者在论述宗教起源问题时采用这一观点。

祖灵论或鬼魂论

1876 年，斯宾塞在其《社会学原理》第一卷中提出了他自己的宗教起源论。他认为整个人类几乎都有一种关于人死后另一个“我”（鬼魂）的信仰。他在这方面的思路几乎与泰勒完全一致。他构想，原始人类从人的影子、水中倒影、做梦、出神或中风之类现象中产生出了这样一种确信：他自己拥有一个可以随意离开并可返回身体的“幻影”或“灵魂”；同时，原始人又从噩梦、鬼魂的出现、人的死亡、梦见死去的祖先等现象中培植起一种关于死去祖先无所不在的感觉。原始人于是逐渐相信一个人自己的灵魂和死去的人（祖先）的灵魂具有自由活动的性质。由此又必然引发灵魂可以进入无生命的物体的信念，这就是“物神”信仰。围绕“物神”的活动及死去祖先和死去知名人物的活动，演化为各种故事，产生了初期社会的神话。一切宗教的神都是由此而产生的。这就是说，对于死去祖先的灵魂（祖灵、鬼魂）的崇拜乃是一切宗教的出发点，祖先崇拜乃是一切宗教的基础。斯宾塞的“祖灵论”或“鬼魂论”基本上类似于古代希腊犹黑麦洛斯的“人死封神论”。这种观点作为宗教起源论在宗教学上有争议。反对者的主要论点是认为，祖先崇拜只是若干宗教元素中的一种，而不是宗教的全部，许多的自然神不能认为起源于祖先崇拜。这个批评针对斯宾塞学说本来的形式言之，是有道理的。但我们同时也应该透过形式分析其内核。我们认为斯宾塞的鬼魂说大体上与泰勒的灵魂观念是人类最早的宗教观念说相当，只不过斯宾塞更强调死去祖先的灵魂在宗教起源上的意义。如果我们赞同宗教起源问题上的“图腾论”者的观点，把人类社会最早出现的制度性的宗教信仰活动确定为氏族社会的图腾崇拜，那么，斯宾塞的“祖灵论”就可以与“图腾论”协调起来。因为，从根本的崇信形态来看，图腾崇拜本质上是源于祖先崇拜的某种原始形式，是原始人对人与自然混沌未分时的一种信仰。当然，这需要我们对斯宾塞的祖灵论作新的解释。

图　腾　论

1885 年，罗伯特森·史密斯在其研究阿拉伯人和闪族人的宗教的著作中主张图腾崇拜是一切宗教的起点。弗洛伊德在心理分析的基础上发展了图腾论，他不仅认为图腾崇拜是一切宗教的起源，而且认为是一切文化、道德和社会组织的起源。杜尔凯姆的名著《宗教生活的基本形式》进一步发展了这一理论。但是他又把图腾崇拜与巫术结合起来，把此二者的混合物视为人类宗教的起源。

图腾论有广泛的民族学资料作为论证的基础，在宗教学中有重要的影响。有些持不同意见者并不反对图腾崇拜是一种最古老的社会现象，但却否认它是一种宗教和宗教的来源，而只是把它视为一种社会制度。其实，宗教作为上层建筑的一个重要组成部分，既是社会意识形态，也构成社会制度的一部分，在人类社会的原始时代，宗教作为无所不包的上层建筑，也就是社会制度。图腾是不同婚姻集团和氏族的标志，图腾崇拜是与氏族制度一起形成的。民族学的大量资料有力地证明了图腾崇拜是原始时代氏族社会的制度性的宗教崇拜活动。

前万物有灵论

泰勒以后有相当一批重要的宗教学者一方面承认原始人信仰万物有灵这一事实，但同时却认为万物有灵信仰并非人类最早的宗教形式。据他们说，在原始人信仰万物有灵之前有某种更原始的宗教形式，马雷特把它称为“前万物有灵论”。所谓“前万物有灵论”有两种理论形式：一为金氏和弗雷泽的“巫术论”；一为马雷特的“巫力论”。

美国学者金氏是“巫术论”的先驱，他于1892年就提出巫术先于万物有灵论，主张把巫术作为宗教的起源。弗雷泽在1900年《金枝》的第二版中系统地论述人类理智的发展历程有三个阶段：巫术、宗教、科学。原始人在巫术阶段尚未有精灵或神明的观念，而相信可用巫术手段来控制超自然力，只是在理智进一步发展之后，认识到巫术无效，才转而向超自然力的神灵祈求，于是产生宗教。当人类认识到宗教的虚假，于是产生科学。

马雷特的“巫力论”略有不同。他认为在原始人产生灵魂观念和相信万物有灵之前就相信某种“神秘的”、“超自然的”力量，并因之而产生“惊奇”和“敬畏”的感情。这种力量的典型形式就是美拉尼西亚人的“玛纳”。马雷特认为，由于原始人震慑于这种神秘的玛纳，便随之而产生相应的禁忌规定（塔布）以及利用和解除这种力量的巫术活动，这就是人类最早的宗教活动和宗教形式。他把最原始的宗教规定为“玛纳—塔布”两个观念的联合。

巫术论把巫术与宗教对立起来是难以自圆其说的。实质上，巫术本身就是一种宗教行为，有了巫术活动，就有了宗教，不能把巫术说成是宗教的前奏。这个道理，本书第一编第四章第一节已有说明，此处不赘。

玛纳论把玛纳信仰视为灵魂观念产生之前的宗教形式也是难以令人信服的。玛纳论以相信神秘的超自然力为其前提。任何超自然的力量根本不存在于物质世界之中，它们本质上是非物理、非物质的“灵性”的力量。这种信仰如果与人对自身的、心理的、精神的或灵魂的错误观念没有任何关系，是很难产生的。在人类学和考古学上，我们并没有发现任何早于灵魂观念或灵魂崇拜的宗教遗迹。在尼安德特人的墓葬之前，没有任何巫力崇拜的影子。在民族学上，迄今为止已发现的最早进行“玛纳”崇拜活动的民族，都不是人类学上最原始的民族。在美拉尼西亚人那里发现玛纳崇拜时，他们的社会已进入氏族社会的晚期。他们的灵魂观念已相当发达，已出现了精灵崇拜、祖先崇拜和首领崇拜，而且认为精灵、祖灵和首领都具有玛纳。我们有理由认为玛纳不过是灵魂观念的一种扩展形式。美国宗教学者摩尔就对玛纳的原始性表示怀疑。他着重指出："凡是有玛纳的观念的民族，都决不是还在最低级的文化里面，反之，他们之中已经通行灵魂论，而且他们的灵魂论已经很发达了。"[①]

原始启示说

上述几种宗教起源论尽管具体的理论主张不尽相同，但都是把宗教的起源视为人类智力和文化发展过程中的产物。这些宗教起源论当时都在一定程度上发生了反对传统宗教神学的作用，但也因此而受到来自教会势力方面的攻击。不过，值得我们注意者，这种攻击这时也采取了近代宗教学的理论形式，其典型就是奥地利天主教神甫、著名宗教人类学者威廉·施米特的"原始一神论"或"原始启示说"。

所谓"原始一神论"的最早倡导者本是泰勒的弟子安德烈·兰格，但他后来反对泰勒关于上帝观念是灵魂观念进化和发展的结果的万物有灵论。他利用了当时发现的澳大利亚未开化民族信仰"至上神"的材料，对整个宗教进化观念表示怀疑。但他对原始人的至上神观念的起源，并未作出明确的回答。兰格死于1912年，是年，威廉·施米特的《神观念的起源》第一版出版，系统地发挥了兰格的学说，创立了完备的"原始一神论"。施米特坚决反对宗教进化论，认为世界上文化层次最古老、最原始的种族都信仰至上神："原始文化中的至上神，确是一神教的至上神，因此崇拜这至上神的宗教，才是真正一神教。"[②] 他认为，一神观念和一夫一妻制、私有制一样是亘古以来就有的。对于最高存在的信仰，乃是远古时代人类文化的重要部分，它不以时间、空间为转移，其原因在于它起源于上帝对人类的原始启示。至于多神信仰和其他各种宗教崇拜则不过是原始一神信仰的退化，是后起的现象。施米特的原始一神论在宗教学领域中是一种典型的宗教退化论，具有鲜明而浓厚的护教主义色彩。它受到教会势力的推崇，也曾赢得一些宗教学者的支持。但宗教学、人类学和民族学的进一步发展所提供的大量资料证明，施米特用以证明其原始一神论的

---

① 摩尔：《宗教的出生与成长》，商务印书馆1926年版，第14—15页。

② 威廉·施米特：《比较宗教史》，第326页。

资料很多是不可靠的，甚至是有意歪曲的①。至于把所谓原始一神观念归原于上帝的原始启示，更是神秘主义的妄说，与科学的探讨完全无关。

我们的看法

上述各种宗教起源论，大体上都是学者根据自己所了解和掌握的宗教学、人类学、民族学的那部分事实和资料总结出来的，一旦有新的发现，就被一种新的宗教起源论所代替。所以，尽管各种宗教起源论日新月异，此起彼伏，但没有任何一种学说能得到学术界的公认。这种情况的继续，便使得西方世界的宗教学者逐渐产生一种倾向：把关于宗教起源问题的研究视为一种得不到科学结论的“伪科学”，主张宗教学应完全放弃此类性质的研究。他们认为，宗教学的主要任务是单纯地收集和整理事实，可以在经验的基础上描述这些事实，但不要对之作出理论上的概括，提出关于宗教的起源和发展的模式。于是，在西方宗教学领域中，这一类研究有日渐衰落的趋向。我们不能附和这种倾向。上述种种宗教起源论虽然各有自己的缺陷，不是完全的真理，但它们都从不同的角度总结了有关的事实，推动了宗教学的发展。通过这些学说，我们对宗教起源问题的科学认识，不是越来越远，而是越来越近；不是越来越片面，而是越来越全面。即使施米特的具有护教主义精神的原始一神论，也有助于深化我们的认识，不可绝对否定。我们似乎不应该对上述种种宗教学说取盲目地否定一切的态度，而是应该批判地继承和吸收这些学说中一切有价值的成果，对宗教起源问题作出更科学的说明。

第二节　宗教是原始社会发展到一定阶段的产物

研究宗教起源的方法论问题

人类最早的宗教观念和宗教崇拜活动，显然在非常古老的原始社会时代就已经产生了，这一事实已得到宗教学者一致的承认。但宗教如何产生？是

① 托尼·斯韦因（T. Swsain）用民族学的资料对施米特的原始至上神提出了有力的怀疑。他指出：澳大利亚西南部土著人的至上神崇拜并非原始的，而是他们在与白人接触之后，并作为对入侵的西方信仰的反应而出现的。（见载于《宗教史》上的他的论文，《起源于一片被征服的土地上的一位新的天空英雄》）

人类与生俱来的天赋，还是原始社会发展到一定阶段的产物？这却是宗教学领域中聚讼纷纭的问题。由于原始社会早已成为逝去的历史，最早产生宗教观念，进行宗教崇拜活动的原始人类又没有留下文字记载，这就使我们今天很难对这些问题作出确证。在这种情况下，要从事此项研究，作出合理可信的判断，就必须有一套比较科学的原理和方法。我们认为有以下三种方法：

第一，唯物论的观点和方法。宗教观念和人类精神世界的一切观念一样，是社会存在的反映，既不是先天而有，主观自生的，也不是神灵启示的。只有把原始人的宗教观念与其反映的对象——原始社会联系起来，才能发现它的本质及其产生的社会基础。

第二，人类学和考古学的方法。探索宗教的产生，唯一的资料只有考古发现的原始人类的遗骸和原始人群生活的文化遗迹。宗教观念和宗教幻想虽然看不见，摸不着，但如其已产生于原始人类的思维之中，迟早总得表现为相应的语言和行为，而语言和行为则是可以感触的。当然，原始人类没有文字，他们的宗教观念、宗教幻想以及表现他们的物质外壳——语言和行为，随着原始人类的消失而一起消失了。但是，进行思维活动的物质器官——原始人类的遗骸却留存了下来。他们如果有过宗教崇拜活动，这些活动的后果也会以感性化、物态化的形式，作为宗教遗迹留存于世。人类学、考古学正是根据这些远古遗物，通过比较研究，分析原始人类智力（思维、语言）的发展，推知其遗存物的用途与性质，并进一步判断宗教观念和宗教活动的产生和发展。

第三，民族学的方法。地理大发现以来，世界各地各种民族的社会生活和习俗越来越多地被了解和认识。其中，许多民族尚处于原始社会的不同发展阶段。这些民族学的资料，可以为我们据以推断原始社会及其宗教信仰的情况提供佐证。当然，当我们进行这种推论时，已包含了一种基本假定：一切人类（无论其生活于何时何地，属于何种民族）的思维和行为，都具有共同性的因素。只有我们假定了这个前提，才能从今天发现的原始民族的宗教信仰情况，推论到古代的原始民族的宗教信仰情况；从这个民族推论到社会发展程度与此相当的另一民族。但是，我们应该承认，这个基本假定本身并不是自明的真理，据此推论所得的结论也不能不具有或然性。

以上三者，是我们研究宗教起源问题的基本观点和基本方法。由于人类学、考古学和民族学的资料很不充分，这些方法本身又只不过提供某种进行类推的原理而不是逻辑的证明，所以，我们在这个领域中所得的一切结论，不可避免地会具有一定的或然性。我们相信，随着资料的日益丰富和完善，我们的研究结论必将具有越来越大的或然性，宗教学关于宗教起源问题的探讨，也将随之而日益接近于真理的认识。

人类产生之初不可能有任何宗教观念

虽然唯物史观、人类学和考古学的方法、民族学的方法，都不能为宗教的产生提供出一个绝对正确的肯定性的答案，但却可以提供一个绝对正确的否定性的答案：宗教不是与人类相伴而生的，在人类出现于世之后的漫长历史年代里，没有、也不可能有任何宗教观念和宗教信仰活动。

宗教本质上是把支配人们日常生活的异己力量，用幻想的方式予以超自然化、超人间化的结果。宗教观念是一种相当复杂和高级的思维活动，它不可能产生于刚刚从类人猿脱颖而出的早期人类。原始人必须经历长期的发展，才有可能积淀出产生宗教观念所需的智力机能和相应的社会条件。

按照古人类学的研究，人类的进化大体经历了猿人（南猿）、直立人和智人三个阶段。[①] 南猿生活在距今 550 万—100 万年前，直立人生活在距今 300 万—30 万年前，大约从 30 万年前开始，人类才进化到智人阶段。[②] 前两个阶段相当于人类考古学上的旧石器时代早期，最后一个阶段相当于旧石器时代中期和晚期。

南猿是从腊玛古猿进化而来的，据测算，南猿纤细种的脑量大约为 480 立方厘米，南猿粗壮种的脑量为 500 立方厘米。约在 200 万年以前已学会了制造工具，开始了真正的生产活动。有人推测，南猿已有萌芽状态的语言。按照 G. 利维斯的看法，萌芽阶段的语言经历过“号叫”、“呼唤”和“词”三个阶段，然后才向祈使语言过渡[③]。南猿的语言能力大概已达到“词”的阶段，不过这时的词在功能上还没有分类，数量也非常之少，大概只是些表示与狩猎和采集活动有关的声音。英国历史学家韦尔

---

① 人类学近年来倾向于采用这种三阶段划分法，参看周国兴《人怎样认识自己的起源》，下册，中国青年出版社 1980 年版，第 296 页。

② 林耀华主编：《原始社会史》，中华书局 1984 年版，第 24—25 页。

③ G. 利维斯：《语言的起源和史前史》，伦敦 1956 年版，第 224 页。

斯说："最初的语言可能是少数惊叹词和名词的集合。可能用不同声调来说这些名词以表示不同的意思。"① 这种情形大约相当于一周岁左右的幼儿语言，即"单个词的话语阶段"。② 显然，在单个词的语言阶段，还不可能出现语法关系。单个的词只是一个一个非常具体的事物和活动的语言表现，这样的词所表现的思维活动只能是具体的感性表象，而不会是抽象性的。根据南猿阶段的语言发展水平可以推断，灵魂和神灵之类宗教基本观念，由于其高度的非具体性和联想性是不可能出现于南猿的思维之中的。我国人类学的考古发现也可证实这一结论。

从云南的元谋人（距今约100万年），陕西的蓝田人（距今约60万年），到著名的北京人（距今约50万年），大致属于直立人阶段。蓝田人的脑量为778毫升，略超过现代猿类的最高脑量。北京人的平均脑量为1059毫升，比现代猿类的平均脑量（415毫升）大一倍以上，但只有现代人平均脑量（1400毫升）的三分之二。从北京人的身体结构进行比较研究，可以得出结论，他们的语言能力很低。因为他们的牙齿粗壮，嘴巴前伸，没有下颌，这就决定他们不可能频繁地改变音节。低下的语言能力反映出他们的思维能力和智力水平也是很低下的。他们不可能有抽象的思维，也不可能形成有稳定联系的幻想。在这一阶段的原始人类是不可能有宗教观念和宗教幻想的。北京人的遗物很多，石器工具数以万计，且知道用火和保留火种，但却没有任何与宗教观念有关的痕迹。

我国发现的马坝人和丁村人的身体已进化到比较接近现代人的程度，脑量大为增加，对石器已能进行有意识的加工制作，反映出他们的思维水平超过北京人。但至今在处于旧石器时代早期原始直立人的遗址中未发现任何宗教性的遗迹。因此，尽管有些学者根据直立人的脑量和身体结构推测当时已有可能产生比较抽象的宗教观念，但这种推测至今尚没有任何事实根据，我们不能据此把产生宗教观念的时代推定在旧石器时期的直立人阶段。

人类最早的宗教遗迹

大约在二三十万年前，直立人开始向智人过渡。智人的分布遍及亚、非、欧三大洲。智人的脑量已经达到了现代人脑量的变化范围。如西欧典型

① 韦尔斯：《世界史纲》，人民出版社1982年版，第154页。
② 克雷奇等：《心理学纲要》，上册，文化教育出版社1980年版，第173—174页。

的早期智人圣沙贝尔人的脑量约为1600立方厘米，已经超过现代人脑量的平均数（1400立方厘米）。智人阶段属于旧石器时代的中期和晚期，这一时期的人类已能制造专门化的、定型的工具和武器，复合工具已经出现，晚期已发明了弓箭。从这些情况看，智人的智力水平已能进行抽象的思维，有稳定的想象和联想。在他们的幻想世界里，形成某种灵魂之类宗教观念已成为可能发生的事情。事实上，这已不是单纯的推测之词，而是有考古事实可证。

人类考古学以所谓“莫斯特文化”作为旧石器时代中期智人的典型文化，它的上限约为12万年前①。莫斯特文化是典型的早期智人——尼安德特人创造的文化。

从宗教学角度看，莫斯特文化之最有意义的发现就是：在尼安德特人的遗址中发现了丧葬的遗迹，这是迄今为止考古学所发现的人类最早的葬礼。在法国南部圣沙拜尔附近山洞遗址中，发现一具完整的男性骨架，考古学家认之为尼人的典型代表，伴存的文化遗物有发达的莫斯特石器，尸骨旁堆放着经过加工的燧石、石英块，以及烧过的野牛骨和驯鹿的尸骨，学者认为这证明当时已有埋葬死者的习俗，他们还从兽骨的堆放处理进一步推论到尼人埋葬死者时可能有丧葬会餐的礼仪。圣沙拜尔遗址距今约有4万余年。在世界各地的尼安德特文化时代均有类似的发现。例如：在拉·费拉斯附近的一个墓地上也发现了葬礼的证据，因为在一个死去的儿童身边放有两块燧石，显然不是偶然的巧合，而是有意为之（距今6万年前?）。在伊拉克的沙尼达尔洞穴中发现的尸骨显然用花装饰过（距今5万年前?），这说明埋葬死者的人用撒花来表达他们的悲哀和尊敬，并可能对死者的死后生活有一定的幻想。

在中国大地上生活的原始人留下有此类宗教遗迹者，据现在所发现的看，最早是山顶洞人。山顶洞人生活在距今约18000年前，在人类学上属于晚期智人或新人阶段。其脑量和身体结构已同现代人没有多大差别。嘴部后缩，下颌突出，这表明他们已具有相当水平的语言能力和思维能力，有形成宗教观念和宗教幻想的主观机能。在山顶洞人的上室文化层中发现了婴儿的头骨碎片、骨针、装饰品和少量石器，在下室发现有三具完整的头

---

① 关于莫斯特文化的上限，各家说法不一，本书暂取《插图考古学百科全书》（伦敦1978年版）的说法。

骨和一些躯干骨，尸骨周围撒有赤铁矿粉末，并有一些随葬的装饰品，这些发现说明山顶洞人已有埋葬死者的习俗，与欧洲的莫斯特文化相当。

人类学者和宗教学者一般认为，原始人的墓葬，一方面表现了他们对亲人眷恋之情或畏敬之心，说明人们之间已结成以血缘为纽带的社会关系；另一方面则表明了原始人这时已有了某种关于灵魂不死和死后生活的遐想。布兰顿说："埋葬死人……含有特别关心死亡和死者的意思。如有随葬食物或其他器物的情况，我们就有理由设想其中必然含有一种死后继续存在的观念。"① 当代著名的美籍罗马尼亚宗教学者伊利亚德则认为，灵魂观念在未有墓葬以前即已存在，墓葬的出现则进一步证实了死后存在的信仰。② 埋葬死者应该是一种以灵魂观念为内在根据的宗教性的行为。

还有一些原始墓葬更能表明原始人的宗教信仰。在欧洲阿尔卑斯山区的佩特舍勒洞穴与德拉亨洛赫洞穴中发现大量洞熊遗骸，其中一些还按一定秩序叠放起来。在法国的列多尔都岩洞发现一具成人遗骸，安置在一张平放的石床上，用其他石料覆盖。石料上再盖以沙子和灰。同石料混合在一起的有许多石核、石片和刮削器，还有动物的骨头（主要是熊骨和鹿骨）。附近还有一具棕熊的尸骨，放置在人工掘成的墓穴中。这种埋葬动物尸骨和人兽相伴而葬的葬式，不能不反映出当时原始人的某种宗教观念。有些学者认为这是一种图腾崇拜，或者是一种狩猎法术。

考古学上能对原始时代宗教起源问题提供证据的重要发现，当推原始人的艺术作品——岩画和石雕像之类。据统计，自从 1879 年第一次发现旧石器时代绘画以来，已经证实的石器时代晚期的绘画在 1 万—1.5 万件之间。其中相当部分被学者推断与宗教有联系，尽管其确切的关系仍难以确断。

旧石器时代的绘画绝大多数是关于动物的。学者们认为，这种绘画与当时人类的狩猎活动有关，表现了狩猎经济中人与兽的关系。在法国和西班牙的洞穴画中所画的动物，有一些在其旁边画有表示飞箭和陷阱的线条，拉斯科洞穴中画有一头野牛，被矛刺穿，其内脏已有一半掉了出来。有些学者认为，这画所表示的是一种交感法术，有助于猎获现实中的

---

① C. G. F. 布兰顿：《宗教的起源》，载《观念史辞典》，第 4 卷，纽约 1973 年版，第 98 页。

② M. 伊利亚德：《宗教观念史》，第 1 卷，芝加哥 1978 年版，第 9 页。

动物。

特别需要强调指出的是，有些岩画是画在幽深的洞穴之中，绘画人只有腹部紧贴地面才能爬进去，这显然有其特殊的目的——与具有神秘性和神圣性的活动（宗教）有关。约翰·普费弗尔（J. Pfeifer）特别重视在法国南部的图克·德·多杜贝特（Tuc d'Audoubert）洞穴遗迹。在此洞穴的一个最幽深处的地面上，发现有50个带鞋后跟的脚印，从鞋印的大小推测他们大致是13—15岁的儿童。普费弗尔还注意到西班牙北部的胡约（El Juyo）洞发现的一具面呈半人半狮状的雕塑品（距今1.4万年），附近还有一层又一层的动物骨头。他据此推断，这些洞穴可能是举行成年礼的地方，雕塑品和动物骨则可能是仪式对象和祭品之类。还有些学者从一些洞穴经过装饰、雕塑品是从别处制作然后带到这里来，以及红赭石、黄赭石的普遍使用等发现，推测这些洞穴是供原始人类集体性活动之用。既然是集体活动之地，我们似乎就可由此而作出进一步的推断：那很有可能是某些宗教性、巫术性的仪式。涉及当时人类与他们心中的超人间力量的关系。

在欧洲的一些洞穴中还发现有人像画，其中之最著名者是所谓“跳舞的巫师”（此画绘于法国南部三友洞中）。这是一个显然带有面具的半人半兽的男性人像，头戴多叉鹿角。学者们一般把画中人解释为正在举行狩猎仪式的巫师。当代最负盛名的宗教学家米西亚·伊里亚德（M. Eliade）更进一步，把这类人像说成是“狩猎之主”、“猎物的守护神”，甚至还说成是“神性的”，是后来一切神灵的原型①。当然，这种结论尽管出自像伊里亚德这样的大学者之口，仍不过只是一种可能的假说。如果这个假说可以成立，那么，我国近年来在中国各地发现的大量的诸如此类岩画，也当有类似的宗教意义②（此类岩画非常丰富，笔者和何耀华主编之

---

① M. 伊里亚德：《宗教观念史》，第1卷，伦敦1979年版，第13页以下。

② 我们可以分析一个例子。四川珙县古代僰人留下了大量的悬棺和岩画。悬棺葬表示的宗教意义是明显的。但岩画的意义却需分析。这些岩画画于陡峻的岩壁之上，人们很难看到。显然不是作为审美观赏的艺术品来创作的。如非僰人认为，它们具有某种神圣的宗教意义，或具有某种实用性的巫术效果，僰人是不会冒险犯难，到悬岩绝壁上去作画的，不少画面似乎表现巫师在举行巫术仪式：头戴鹿角、羽毛之类饰物之冠，手持兵器和十字形器物之类，可能是巫术法器。（参见吕大吉、何耀华总主编，于锦绣、杨淑荣分主编之《中国各民族原始宗教资料集成·考古卷》，中国社会科学出版社1996年版，第564—573页）

《中国各民族原始宗教资料集成·考古卷》中有大量汇集。本页脚注附带分析其中一例，以资参考）。

被学者称为“维纳斯”的石雕像是否具有宗教意义也引起了广泛的注意。第一，这种女性石雕有一致的风格：总是裸体，乳房高耸，肚子硕大，突出地表现了女性作为生育者的形象；第二，在旧石器晚期（距今2.5万—2.3万年）有广泛的地理分布。最集中的地点在法国地中海海滨地区（坎塔布连地区）、马耳他、奥地利、俄罗斯中部以至贝加尔湖地区。据此，学者们一般认为，此类“维纳斯”雕像可能表示原始女权制时代对母亲神的崇拜，或表现以女性作为生育者的丰产巫术和生殖崇拜。其广泛的地理分布和大体近似的艺术风格则说明，世界这些地区在制作“维纳斯”雕像过程中可能有某种“共有的神话”作为其思想基础。特别需要指出者，近年来我国考古学者在辽宁喀左县东山咀亦出土了两件陶塑孕妇像，造型酷似欧洲、西亚等地发现之“维纳斯”石像。东山咀遗址已被学者确定为大型祭祀中心。其后不久，又在辽宁牛河梁发现了有中心、有配室的“女神”庙建筑和有中心、有层次的“女神”群像，这两处遗址的考古年代确定为公元前5000年。它们具有的宗教意义应是没有疑义的。考古学者孙守道、郭大顺作出了这样的推断：

> 在古代社会，女神象征生育，象征大地，象征收获，是一个民族生命力的体现，受到广泛的崇拜。女性雕塑形象从旧石器时代晚期到青铜时代早期，在欧亚大陆到中美洲遗址、古墓葬中较为多见。在我国，女性雕像的明确发现，首见于1979年发掘的喀左县东山咀红山文化遗址，曾引起学术界的普遍注意。但东山咀遗址发现的陶塑像，都属中小型，材料不够完整。今在距东山咀不远，同属红山文化的牛河梁发现了规模更大的祭祀遗址群，而且已出土的是一尊雕塑水平较高，造型准确、形象生动的大型女性头像，这就以准确的考古资料证实，对女神的崇拜，在我国原始宗教意识形态中同样占有主导地位……这尊头像所象征的女神不过是群神中的一个。目前在刚刚揭开的庙址表层，已出土了至少分属六个个体的人像残件，体量大小不一。这尊女神相当人体原大，在群像中尚属中小型，位置在边主室偏西一侧。而在主室中心部位，则出土了相当于真人器官三倍的大鼻、大耳。可见已出土的这尊女神像不是此座神庙的主神。在神殿主室的

中心，很可能有一尊更大的女神塑像。围绕主神的多神崇拜，显然已不是祖先崇拜的最初阶段。[1]

上述这些在原始人的洞穴中发现的墓葬和岩画，是人类考古学迄今所发现的能够证明原始人已形成宗教观念的信物。根据这些宗教遗迹大体上可以推断，人类最早的宗教观念和宗教信仰活动产生于原始社会的旧石器时代中期和晚期；当时的原始人已形成某种与死后生活相联系的灵魂观念，并产生了氏族成员埋葬死者尸体的仪式活动。原始人已开始建构集体从事宗教仪式活动的中心场所，为此而雕塑了“维纳斯”、“女神”之类崇拜对象的艺术作品。

第三节　宗教是氏族制的伴生物

如上所述，宗教是原始社会发展到一定阶段的产物。为什么这时期的原始人会产生宗教观念并进行宗教崇拜活动，人类学从原始人身体结构和大脑思维能力的进化说明了这种可能性。但是，这种说明是远远不够的。因为，宗教是一种社会意识，而不是个人意识；宗教崇拜活动是一种集体性的社会现象，而不是个人自发进行的，它的产生必有其社会基础。只有找到了人类最早的宗教观念和宗教崇拜活动赖以产生的社会基础，才能说明宗教之所以出现于世的客观根据，也才能进一步发现宗教的本质及其发展的动因。

综合各方面的资料，可以得出一个结论：宗教发端于原始时代的氏族制社会，是随着氏族制的形成而产生的；人类最早的宗教是原始氏族的伴生物，是作为氏族制的上层建筑而出现的。

宗教遗迹与氏族形成遗迹同期出现

如上所述，迄今发现的人类最早的宗教遗迹是反映灵魂观念和亡灵崇拜活动的原始墓葬。墓葬开始于旧石器时代中期，普遍化于旧石器时代晚期和新石器时代。人类学和考古学同时也证明，这一时期也正是氏族和氏族制

① 吕大吉、何耀华总主编，于锦绣、杨淑荣分主编：《中国各民族原始宗教资料集成·考古卷》，中国社会科学出版社 1996 年版，第 156 页。

逐渐形成的时代。旧石器时代中期，人类开始定居。莫斯特文化遗址发现有平均面积达 80 平方米的多炉灶的住所，学者视此为氏族群居之地，认之为氏族制度的萌芽。到了旧石器时代晚期，氏族群居的遗址就普遍了。欧洲旧石器时代晚期原始人居住遗址中，大型房子的建筑面积可达 300—500 平方米，由若干小型房屋联合结构而成，可能是氏族公社的公共用房。捷克南部多尔尼·维斯顿尼旧石器时代晚期遗址，住所用石头、支柱、兽皮建成。遗址内有住所、猎物宰割场、葬地、成套的石器、骨角器、装饰品、女性雕像和动物烧像等，这应是一个母系氏族公社的住所，估计常住人数为一百人左右。苏联沃龙涅什附近迈科斯居住遗址，在长 35 米、宽 16 米的椭圆形场地上，顺长边排列 9 个炉灶坑，可能是一个氏族居地。奥瑞纳、梭鲁特文化已有土窑式的比较永久性的住所，个别遗址包括若干土窑，构成一个小村落。这些永久性的集体住所，反映当时人类已有稳定的社会组织，是氏族和氏族制形成的标志。

我国旧石器时代晚期的山顶洞人遗址，其住所分洞口、上室、下室、下窨四个部分。据学者分析，上室为住所，下室为葬地，下窨为仓库。这种有意识、有规范的布置，表明已是比较稳定的住所。这种相对稳定的定居生活，以及对妇女有较多装饰品的随葬，说明山顶洞人已处于由血缘关系维系着的早期母系氏族社会阶段了。[①]

这就说明，氏族和氏族制的遗迹与宗教的遗迹一样都是出现于旧石器时代的中期或晚期，而且宗教的遗迹往往也就是氏族的遗迹。二者在时间和空间上的叠合，看来绝非偶然的现象，不能不认为它们之间有着内在的联系。

氏族制社会是宗教产生的社会基础

宗教之所以与氏族和氏族制同步形成，正是宗教适应了氏族制社会的社会需要的结果。由于智人阶段生产力的发展，也由于人类在漫长的血缘群婚制时代中逐渐意识到近亲婚配的不良后果，血缘群体内部通婚的内婚制便逐渐为不同血缘群体之间通婚的外婚制所取代，其结果是引起了社会结构的改变，导致了氏族和氏族公社制度的产生。

共同的血缘关系，共同进行的生产劳动，共同的生活，以及与其他原始人集团之间剧烈而频繁的斗争把氏族成员的命运紧紧地联系起来。氏族

---

① 宋兆麟等：《中国原始社会史》，文物出版社 1983 年版，第 123—124 页。

和氏族制度在客观上自然而然地决定其成员必须维护氏族公社内部的团结，保护其氏族的古老传统，因为这是氏族集团生存和发展的必要条件。在长期的历史发展中，逐渐形成了有利于维护氏族制度和氏族传统的社会性的活动和行为规范，以后又逐渐发展出把氏族制社会本身和行为规范神圣化的宗教观念和宗教崇拜活动。

泰勒的万物有灵论通过对原始人的心理分析，已经表明他们由于对睡眠、疾病、做梦、神迷等心理—生理现象的错误认识而有可能产生灵魂观念。可以设想，在原始人进行墓葬之前的漫长历史年代里可能早已有了灵魂观念的萌芽了。但从个人的灵魂观念发展为对亡者尸体的墓葬则只有在氏族社会中才有可能。因为对尸体进行墓葬者必然是死者的亲人，这种对死者的亲近感和眷恋情显然是在氏族公社的共同生活中长期培养起来的，是氏族传统长期积淀的结果。伴随墓葬可能有氏族集体进行的仪式活动，其社会效果，当然会进一步加强氏族的团结，有利于氏族制的巩固。我们有理由断定，与灵魂观念和亡灵崇拜有关的墓葬，是一种全氏族集团进行的宗教崇拜活动，它是适应维护氏族制度的社会需要而产生的。正是这个缘故，宗教才能作为氏族和氏族制的伴生物与后者同步形成。

氏族形成过程中从内婚制到外婚制的演变经历了漫长的发展过程，其间必有严厉强制禁止内婚的社会措施。在这个过程中，原始人逐渐把血缘关系神圣化，借以一方面内部认同；一方面与其他血缘集团严格区分。与这种社会需要相适应，不同的氏族集团自然而然会把氏族的不同归原于血缘上祖先的不同。为了强化这种差别，便把血统上的祖先说成是绝不相同的物种，并逐渐形成氏族发源历史的神话，把这种血缘上的差别神圣化。在原始人对人与自然的界限朦胧未分的时代，氏族的祖先往往被认为是其他种类的动物。这就导致图腾崇拜。图腾乃是氏族的标志，婚姻集团的标志。图腾崇拜本质上是氏族制度在宗教上的表现，它既是宗教体制，又是社会制度。图腾崇拜可能是与氏族和氏族制同步形成的、人类早期出现的体制性的宗教形式。

第二章　原始社会的氏族—部落宗教

宗教在人类的原始社会中的特定阶段（旧石器时代晚期）出现于世之后，就成了一种重要的社会文化形式，以至体制性的上层建筑，并随着社会和文化的发展而不断改变自己的某些特性，随着社会形态的变化而不断改变自己的形态。对于宗教的性质和形态在历史的演变过程，进行系统的比较研究，力图找到其发展的规律性，一直是19世纪下半世纪以来的宗教科学的重要任务。一些著名的学者各自提出了自己的宗教发展模式，对于他们的观点及其意义，我们已在本书第一编第一章讨论宗教分类问题时，对之作了一些简略的介绍和评论。本书基本接受了恩格斯的宗教发展观，在它的基础上，提出了“宗教发展的历史性分类”。全部人类宗教作为一个整体看，是从原始社会的氏族—部落宗教发展为古代阶级社会的民族—国家宗教，以后又发展为世界性宗教。这是一个唯物史观的宗教发展模式。本书之所以采用它，是因为我们认为它内容比较深刻，形式上比较严整，适用范围比较广泛，大体上可以把历史上出现的主要的宗教体系涵盖进去。但我们也同时承认，它并非放之四海而皆准的普遍真理。历史上有些昙花一现的个人性宗教，特别是当代世界上那些五花八门的“新兴宗教”，就难以归类到这个发展模式之中。但是，目前我们还找不到一个包罗无遗、绝对完美无缺的模式。所以，尽管我们看到了恩格斯模式的缺欠，仍然采用了它。

在对本书的宗教历史发展模式作了上述说明之后，本章直接论述宗教发展的第一阶段和第一种形态：原始社会的氏族—部落宗教。

原始社会在形态上是氏族—部落社会。以血缘关系为纽带的氏族制度构成原始社会的基本社会结构，部落制度则不过是氏族制的一种发展。氏族—部落集团是原始社会的基本单位，也是原始民族宗教活动的基本单位。因此，我们把原始社会的宗教形态称为“氏族—部落宗教”。此词与以下两章论述的“民族—国家宗教”、“世界宗教”

相对应。

第一节　概说氏族—部落宗教的基本内容及其演变

宗教一经随原始社会氏族制的形成而形成并逐渐体制化，便成为那个社会最活跃的社会意识和文化形式，它反映原始人的生存需要和精神追求，由此而进一步反映了氏族制社会的需要。与此同时，它也必然随着氏族制社会的发展而不断发展。氏族—部落宗教的主要要素：宗教观念、崇拜对象、崇拜行为、仪式活动和宗教体制，无论在内容或形式上都是以原始人的需要，人际社会关系和社会制度的性质为转移的。一旦原始人生存所系的社会关系发生变化，氏族—部落宗教的内容和形式也必将或迟或早反映这种变化并改变自己的形态。

氏族制形成以后的原始社会有漫长的历史，按照目前学界普遍认同的意见，原始氏族制社会可分为母系氏族制社会、父系氏族制社会、氏族部落联盟制社会三个阶段，在不同阶段上的氏族—部落宗教，其内容和形式必将发生相应的变化。

人要生存，就得从事与自然打交道的生产实践活动。而要进行生产，单个人是无能为力，无法进行的，在原始时代尤其如此。任何时代，任何社会的生产实践，都是社会人群集体进行的。人与人必须结成一定的社会关系。这就产生了两种最基本的关系：人与自然的关系和人与人的关系。在人类的早期，人类由于受到社会生产力水平和人类认识水平的限制，不仅不可能把与自己生死攸关的自然力量和社会力量作为支配的对象，而且反把它们当做支配自己生存和生活的神秘力量。这两种力量就在原始人的观念中表现为对超自然的自然力量和对超人间的氏族祖先的崇拜，这两种宗教观念是原始宗教的基本观念，由此观念而象征化为两种基本的崇拜对象。在整个原始社会时期的各个阶段，尽管宗教观念和崇拜对象日益增多，崇拜方式日趋复杂，但大体上可以认为，都是从自然崇拜和祖先崇拜衍化而来。

原始氏族制度的性质和人际社会关系的内容当然从根本上决定着氏族—部落宗教的性质和内容，但宗教观念的内容和仪式活动的形式却要通过原始人的思维和想象来实现。因此，原始人到底用何种宗教观念来表现上述这两种基本崇拜对象，用何种仪式活动来进行对它们的崇拜，则直接取决于当时所达到的生产水平、智力程度和思维水平。宗教考古学和宗教人类学的大量研究证明，人类最早的宗教观念是在“灵魂”观念之上产生的“万物有灵论”，由肉体死亡、灵魂继续存在的观念而逐渐产生了对死去的氏族祖先之亡灵的崇拜；由万物有灵而逐渐产生了对自然物和自然力的崇拜。但早期人类对人与自然物的区分是模糊和朦胧的，母系氏族社会的原始人往往把氏族的祖先与自然物混为一谈，在这种情况下，产生了最早的图腾崇拜以及半人半图腾的女始祖崇拜。以后，随着社会和人类智力的发展，原始人逐渐认识到人与自然的区分，于是在宗教观念上表现为自然崇拜与祖先崇拜分道扬镳；在母系社会中出现了女性祖先崇拜，女阴崇拜和早期的自然崇拜。这种人与自然的区分，祖先崇拜与自然崇拜的分野，在父权制氏族社会中得到更高的发展。祖先崇拜对象从女性祖先为主发展为男性祖先为主，自然崇拜则从灵物崇拜发展为精灵崇拜和神灵崇拜。

原始社会的最后一个历史时期，在社会结构上的一大特点是氏族部落联盟的出现。这时，出现了私有财产制度和社会等级划分的萌芽，氏族社会的上层和贵族把他们的祖先神和自然崇拜对象结合起来，把自然神的神性也赋予祖先神，也把社会权威的社会性赋予自然神，使之成为君临自然界和控制自然力的人格化的天神地祇，于是，在宗教世界就出现了兼具自然神和祖先神双重神性的天神崇拜和由此衍化出来的其他崇拜形式。这是原始社会氏族—部落宗教两种基本宗教观念和崇拜对象由分化而在更高程度上实现新的综合与统一，表现了原始时代氏族—部落宗教在这一历史阶段上的新特点。

综上所述，原始时代氏族—部落宗教从内容上看，主要是把支配人们生活的社会力量和自然力量超自然化而形成宗教崇拜对象，其他各种五花八门、稀奇古怪的宗教崇拜对象实质上是这两种基本对象在不同历史时期的变形。这些基本的宗教观念和崇拜对象贯穿于原始时代氏族—部落宗教的始终。但是，随着原始社会从母权氏族制发展为父权氏族制，再发展为部落联盟制，宗教观念的内容、特性以及对之进行崇拜的仪规与体制都会发生变化。根据这个特点，本章将以原始氏族—部落宗教的内容为经，以它们在不同历史阶段的演变为纬，对原始时代的宗教展开我们的论述。

第二节 灵魂观念和冥世崇拜体制的形成与演变

母权氏族制时代的灵魂观念和冥世崇拜的形成

在上文论及宗教之起源时，本书已提出了两个有关的概念：一、原始宗教的灵魂观念是一切宗教观念的基础和出发点（在这个问题上，我们基本接受泰勒的观点）。二、宗教是随原始社会氏族制的形成而逐渐成型并体制化的。从这两个概念出发，当然就逻辑地导出一个结论：既然以母系为中心的氏族制是原始氏族制的最早阶段，那么，那个时代的灵魂观念也应该是全部宗教观念的基础和出发点。这不是一个纯粹的逻辑推论，它有考古学和民族学上的根据。旧石器时代中晚期（母权制氏族社会）文化遗址的考古发现，在全球范围内，为数甚多。但其中究竟哪些具有宗教意义，哪些不具有，学者们至今所能设想的唯一区分标准是视其是否与灵魂观念和死后生活相联系。因此，宗教考古学所能确定的人类最原始的宗教观念和宗教崇拜遗迹，只能是原始人对死者尸体的处理（墓葬）和随葬器物的安排，与此无关的原始文化考古发现很难判定其是否为宗教性遗物。原始墓葬的考古年代被推定到什么时候，人类宗教的原初源头也就被推到那个时代。考古学认为，尼安德特人是对死者尸体进行有意识处理并随葬生活用品（墓葬）的文化创造者，此种墓葬也因它与灵魂观念和死后生活观念相联系而被确定为人类宗教的原始起点。民族学已提供了相应的佐证。世界上各种种族和民族都有自己的原始时代和相应的宗教观念和崇拜活动，形式多样，情况复杂，诸如灵物崇拜、图腾崇拜、祖先崇拜、自然崇拜、天神崇拜……但所有这一切崇拜物的背后，都有一个“灵性力量”的观念，而这种所谓“灵性”实质上不过是人性的异化，即人自身的“灵魂”观念的异化。在各原始民族那里，不管他们心中的“灵性力量”或“灵魂”观念多么模糊，多么变化不定，但如其没有这种灵性的东西，自然物就不成为作为宗教崇拜对象的“灵物”、“魔力”（玛纳之类）和“图腾”，死去的氏族祖先也无非只是腐烂的尸体，日月星辰、风雨雷电之类强大自然力也不能构成支配人类生存和命运的“天神”。所有这些对象在人类诞生之前和诞生之后就存在着，一直在那里支配着原始人类及其祖先的生活。可是，在他们没有某种灵魂观念之前，这些事物并不具有神秘和神圣的性质，因而不是任何宗教崇拜的对象。只是当原始人类的幻想世界里产生了灵魂观念之后，这些事物也才逐渐“产生”了“灵性”，日益涂抹上神秘和神圣的色彩，成了宗教崇拜的对象。

原始人有了某种宗教性的灵魂观念，并不必然随之而发生对灵魂的崇拜活动。观念是主观的、个人性的，而崇拜活动则是客观的，集体性或社会性的。但前者是后者的思想前提。个人性的观念一旦为社会集体所认同，单个人的情绪变化和反应就会逐渐演变为社会集体的崇拜活动。原始时代从灵魂观念到亡灵崇拜活动的发展虽无文字记载，但原始人的墓葬却像“无字经书”一样向我们当代人作了相当清晰的陈述。至今考古学发现的人类最早的墓葬可以上溯到旧石器时代晚期。由于此时代的墓葬发现中，死者骸骨多被涂上红色，撒有赭石粉，而且随葬有生活器物和装饰品。有些墓葬中还发现有双人葬（如意大利西北部的门托内）和颅骨葬（德国巴伐利亚奥弗利特洞穴），具有明显的二次葬性质。由此推断，当时的原始人已有灵魂在人死后继续存在的观念，而且墓葬时当有一定的仪式行为。如果说，这些旧石器时代晚期的墓葬发现，因其过于简单，地域过于分散和零星，学者对之进行的分析不能不乞助于推理和想象以填补事实的缺环的话，那么，其后考古发现的大量母系氏族社会的墓葬遗址，特别是中国大地的考古发掘，便在很大程度上用事实证实了过去的推理。

新石器时代考古发现的具有宗教性的文化遗迹为数甚多，但几乎全系墓葬。其中之随葬物除生活用具、装饰物外，还有生产工具、武器和装有食物的器皿。所有这些，显然是供死者冥世生活所需。葬法和葬式也花样翻新。葬法有土葬、火葬、石崖葬、洞穴葬、石棚葬、石棺葬、瓮棺葬……葬式有直肢葬、侧肢葬、屈肢葬，反映当时原始人对灵魂及其冥世生活的想象丰富多彩和复杂多变。特别是此时的许多墓葬中有多人共葬、二次葬，还有规范化的墓葬群，说明它们是氏族集体的葬地，并已形成规范化的亡灵崇拜和氏族集体进行的丧葬体制。规范化的葬法、葬式和墓地群，不仅说明了灵魂观念的发展，而且反映了氏族制社会的发展。亡灵崇拜体制、丧葬体制的形成与发展，是与氏族制社会的发展同步进行的，是适应氏族制社会的需要，作为氏族制度的伴生物而出现的。

我国史前的仰韶文化时期，已被考古学家公认为母系氏族社会。属于仰韶文化的墓葬至今已发掘出两千余座。学者们研究认为它们有这样一些特点：

第一，氏族皆有公共墓地。氏族成员将同族死者埋葬在一起。让他们的鬼魂在冥世有一个共同栖息的场所，它们是地上氏族生活的投影。

第二，同一墓地的墓坑方向和尸骨头向大体一致，根据民族学的资料进行类比，大体上可以确定，墓向和头向可能与亡灵鬼魂的去向有关，如我国不少的少数民族（如纳西族、景颇族……）的送魂仪式，要将亡灵送回祖先故地。

第三，儿童实行瓮棺葬。一般埋于住房周围，不进入氏族公共墓地（可能因其未成年，未行“成年礼”，尚未成为氏族正式成员），葬具上凿有小孔（可能便于其灵魂出入）。

第四，葬式多为单人仰身直肢葬，也有同性多人合葬，但没有男女配偶合葬。同姓多人合葬是母系氏族血缘关系的表现。男女分葬则说明男女分属不同的氏族（外婚制）。

第五，对女性和老人实行厚葬，反映母系氏族社会妇女和长者享有较高的社会地位。

第六，少数坟墓有实行屈肢葬、俯身葬、割肢葬和成人瓮棺葬者。考古学界多认其为处理凶死者的方式。反映当时人们的鬼魂观念里已经分化出正常鬼魂和凶邪鬼魂。对它们的处理方式意味着某种巫术性的控制，使其不能为祸害于生人。

上述六个“共同特征”只是就大体倾向而言，每个墓地群均会找到个别例外的情况，但这并不影响它们具有的“共同性”。即使在当代文明社会中，严肃的法律规定和根深蒂固的道德规范也制约不了作奸犯科之徒，我们又怎能苛求于人类早期社会！就算是这种“共同性”只有概率上的真实性吧。所谓“共同性”意味着什么呢？它们意味着母系氏族制社会时代的原始人类确已发展出丰富多彩的灵魂观念；这种灵魂观念又发展出关于冥世生活的遐想以及亡灵予祸予福于现世生活的联想。不仅如此，内在的观念又外在化为崇拜亡灵的丧葬行为和对凶死者之灵进行控制的巫术活动；再进一步，氏族集体又把此种分散性的宗教行为规范化（仪式化）为全氏族集体奉行的亡灵崇拜，制度化为丧葬体制。随着父权制之代替母权制，这种亡灵崇拜和丧葬体制出现了新的特性。

父权氏族制时代亡灵崇拜的演变

瑞士学者约翰·雅各布·巴霍劳（1815—1887）把人类史前史分为群婚时期、母权时期和父权时期三个阶段。如果说母权时期的主要社会特征是从母系氏族方向传承财富和计算血统的话，那么父权时期的社会特征则是逐渐形成男子居于支配地位的一夫一妻制和按父系来传承血统和财产。社会的这种转变必然反映在宗教灵魂观念的特性之上，投射到幽灵冥世社会之中。民族学的资料展示出父权制氏族社会中妇女从属于男人的现实场景，考古学发掘出的墓葬则证实了这种现实生活的古代原型。在这方面，中国地下考古发现提供了最为丰富的典型资料。考古学家认为，我国的黄河、长江、珠江流域的古代人类，大致都在距今5000年前后，先后进入父系氏族社会。在黄河流域有仰韶文化晚期，大汶口文化、马家窑文化、部分龙山文化的中晚期。在长江流域有屈家岭文化、马家滨文化晚期、良渚文化。岭南则有石峡文化。从现已发掘的父系氏族墓地看，它们具有一些共同的特征：墓地布局排列有序，墓向和头向大体一致，属于同一文化层的墓葬，其随葬物的品类、质地、纹饰等基本相同，这表示各个氏族有共同的灵魂观念以及在此基础上形成了相同的丧葬风俗或丧葬体制。如果与母系氏族社会的公共墓地的情况相比较，则可明显地看出原始社会人类灵魂观念和丧葬风俗的演变。这种演变，主要体现在两个方面：第一，父系氏族墓葬中之随葬物，无论在数量和质地上都明显地超过母系时代，特别是用猪头和猪下颌骨随葬更为突出，这说明原始人类这时更为重视亡灵的冥世生活，不惜用大量的珍贵而稀有的生产工具和生活资料供其所需，反映他们头脑中关于冥世生活的想象较之母系时代更为丰富多彩。第二，氏族公共墓地中出现了以男子为中心、女子居从属的夫妻合葬，男子墓坑一般较女性为大，随葬物较女性为多。男女合葬墓中的常见葬式是：男性居中，仰身直肢葬；女子在侧旁，葬式为侧身屈肢葬，面向男性（如皇娘娘台墓地有一些一男二女合葬墓，男性居中，二女分别位于左右侧身屈肢面向男性）。更为突出者是此时墓葬中还有杀奴殉妾的人殉现象。所有这些，不仅说明男权氏族制代替了女权制，而且男人把世俗权威扩大到亡灵的冥世生活之中。男人的亡灵不仅需要吃、喝，为此而需要从事和生前一样的生产劳动，而且还需要女人和奴隶。女子得牺牲自己的生命去到冥世追随男人的亡灵。男女之灵的地位在冥世生活中等级化了，女性的地位和生命都成了原始宗教灵魂观念的牺牲品。

灵魂观念与原始人的宗教生活

原始时代围绕灵魂观念而形成的宗教崇拜活动，并不只限于冥世崇拜，它有很多花样。而且随着社会生活日趋复杂和多变，灵魂崇拜活动也花样翻新。正如我们在本书第一编第二章第一节《灵魂观》中所分析的，灵魂观念从其诞生于原始人类的头脑之中时起，它就被理解为人的生命力，或赋予人以生命活力的某种东西，认为人的生命过程（生老病死）都是由于灵魂的某种活动。原始人的生存本能自发地促使他们总是追求更好的生，避免令人不快的病、老与死，这就进一步导致他们与想象中的“灵魂”其物打交道，形成了当时人类的灵魂崇拜活动。由于原始人把“灵魂”看成是生老病死的操纵者，所以，原始时代的灵魂崇拜活动基本上都是围绕以生老病死为内容的生命过程进行的。例如，婴儿之生被认为是灵魂附于胎儿的结果，婴儿降生之初必须进行“叫魂”仪式。有些原始民族则认为婴儿之魂为部族死去的某个成员或祖先之灵的回归和转生，至于此回归之灵究竟是何人，则根据其相貌的相似性，或者通过巫术仪式予以确定。疾病被许多原始民族广泛地认之为灵魂的“失去”或鬼魂的伤害，于是便出现了招魂巫术和赶鬼治病巫术以及对保佑子孙的祖灵或善良鬼魂的祈求巫术。人的死亡，在原始人的心中意味着灵魂虽离肉体，但却在冥世中继续生活，这就产生了原始人的墓葬，在此基础上形成了日益隆重盛大的丧葬礼仪和丧葬制度。总之，围绕生老病死而形成的灵魂崇拜活动构成原始社会人类宗教生活的重要内容。有关原始时代这一类灵魂崇拜活动，本书第一篇论及“灵魂观”时已有比较系统的说明和分析，此处略予提示，不再重复。

第三节　图腾观念与图腾崇拜体制的形成与演变

图腾的发现与研究

“图腾”观念以及由此而衍生的图腾崇拜活动，在世界各原始民族中是一个相当普遍的现象，是原始社会随着氏族制的形成而产生的带有体制性的宗教崇拜形式之一。“图腾”（Totem）一词，源自北美印第安人鄂吉布瓦氏族的方言，意思是“他的亲族”。最早把这个词引进学术报道文献之中者是18世纪末叶一个名叫约翰·布朗的人，他在其《一个印第安译员兼商人的航海与旅行》中报道了印第安人崇拜图腾物的事实：“野蛮人的宗教性的迷信之一就是：他们每个人都有自己的totem〔图腾〕，即自己所钟爱的精灵，他们相信这精灵守护着自己。他们设想图腾采取了这种或那种兽类的形态，因此，他们从不杀害、捕猎或食用他们以为图腾采取了其形态的那种动物。”① 此即见诸文献的关于图腾和图腾崇拜的原始报道。约翰·布朗是个商人，并非学者，他并未将他发现的事实上升为宗教起源和发展的普遍原理。其后，学者们逐渐获得了更多的民族学事实，说明此类把某种动植物与群体（或个人）联系起来的现象与群体的氏族制度相关，不仅存在于北美印第安人，而且也广泛存在于澳大利亚土著居民之中。苏格兰人约翰·费古森·麦克林南（1827—1881）进一步把图腾崇拜视为一般的拜物教（动植物崇拜），并把它与氏族制联系起来，发展为关于宗教起源的一种理论：“确实，图腾崇拜就是加上了某些特点的拜物教。这些特点是：（1）部落采用了一个特殊的物神；（2）这个物神由母系世代相传；（3）这个物神同婚姻制相关联。”② 麦克林南在这里的一个重要贡献就是他把图腾崇拜与实行外婚制的母系氏族制度的形成紧密地联系起来。麦克林南的朋友、另一个苏格兰人罗伯特森·史密斯对图腾崇拜现象做了更深入更广泛的研究。他在其《阿拉伯人与古经中的动物崇拜与动物部族》、《古代阿拉伯人的亲属与婚姻》和《闪族宗教讲演集》等著作中根据闪族宗教史的一系列事实认为图腾崇拜是一切宗教的起点。这种观点当时得到许多宗教学者和民族学者的支持，其中包括像弗雷泽、弗洛伊德、杜尔凯姆这样的比较宗教学史上的大人物。弗洛伊德的《图腾与禁忌》把图腾崇拜的意义推向极端，不仅认之为一切宗教的起源，更主张它是一切文化，道德和社会组织的起源。弗氏图腾论十分有趣，受到广泛的关注与评论，现在仍值得回眸一顾。

关于图腾观念的内容，弗洛伊德特别重视弗雷泽所总结的两条：一是禁止族民杀害和食用奉为图腾的动物或植物；二是禁止同一图腾民族内的族民通婚或发生性关系。弗雷泽指出，正是由于原始人的人性存在着乱伦

---

① 斯韦茨编辑：《早期西方人的旅行，1748—1846》，第2卷（1904），第123页。

② 麦克林南：《古代史研究》，第二卷（1896），第512页，转引自夏普《比较宗教学史》（吕大吉、何光沪、徐大建译），第99页。

的倾向，才有禁止乱伦的法律（法律之所禁，乃因人性之所喜），从而才出现实行族外婚的图腾崇拜和氏族制社会结构。弗洛伊德非常赞赏弗雷泽的精彩分析。他以此为据，从原始人的乱伦本能冲动出发建立他的图腾崇拜起源论和宗教起源论。他设想：在图腾制之前，群体之中的女性均被父亲独占，儿子们被剥夺了性的满足并被父亲驱逐出去。有一天，被驱逐的兄弟们聚合在一起，杀害并吞食了他们的父亲，然后在其母亲们身上实现了性的满足。弑父妻母之后，兄弟们又产生了罪恶感。他们悔恨之余，建立了对被杀父亲的崇拜，并把停止所犯的犯罪行为变为一种禁律：禁止屠杀作为父亲之影像的图腾。图腾崇拜的第一条基本内容——禁止屠杀和吃食图腾物——就是这样产生的。此后，又产生了第二条基本禁律——禁止乱伦。这是因为：那些杀死父亲的兄弟们又为争夺女人而激烈争斗，社会面临新的危机。多次危机教训了兄弟们，必须共同制定禁止乱伦的禁制，实现和平共处。至此，同族乱婚社会于是结束，外婚制于是产生，母权社会让位于父权社会。图腾崇拜的两条基本禁律不仅建立起氏族外婚制的社会结构，也构成了人类道德观念和宗教的起源，禁止屠杀图腾物形成了图腾宗教。弑父后的罪恶感使兄弟们把图腾视为父亲影像的自然替代物，通过与图腾建立特殊关系来祈求被杀父亲的宽恕，改善与父亲的关系。图腾体制实际上是儿子与父亲的一种契约行为，图腾提供一位父亲所能供给儿子们的幻想——保佑、照顾和恩惠——儿子们则保证尊重父亲的生命。图腾观念的出现使整个事情罩上了圆满的气氛，使人们逐渐忘却了它那“弑父妻母”的罪恶起源。宗教于是萌芽。它导源于儿子们的犯罪感（“原罪”），为了减轻罪恶心理而以服从的方式请求父亲的宽恕。这正是基督教和后来各种宗教致力解决的基本问题。基督教的上帝不过就是被杀父亲的进一步升华；在“图腾祭祀”仪式中用为祭品的图腾也就是上帝自己；这种弑父的行为就是人类自古以来的“原罪”；正因为人类的“原罪”是谋杀天主父亲，“人子”耶稣基督才必须用自己的生命来替人类赎取原罪。

如果说，弗洛伊德的图腾论的内容颇为引人入胜的话，那么，具有宗教倾向的学者对它的评论则义愤填膺、慷慨激昂了，不过本书将就此打住，不予置喙。我们直接转入对理论上更深刻，其宗教人类学的根据更充分的一种图腾学说——杜尔凯姆的图腾论的介绍。

杜尔凯姆认为，图腾崇拜是迄今可能发现的最原始最简单的宗教。在原始人心中，图腾被视为神圣事物，是高于个人并先于个人的社会力量。图腾本身是一种象征，它所表现的东西就是氏族，就是社会本身。图腾既是神的象征，又是社会的象征。神和社会本质上只是同一个东西。氏族的神（图腾）只能是氏族本身，它在用作图腾时的动物或植物的可见形态里得到人格化的表现。问题在于：原始人为什么把社会人格化为神或图腾呢？这是因为，社会具有凌驾于人们之上的权能，必然在人心中留下神圣的强烈感受，迫使我们依赖于它，甘当它的奴仆。社会本身把自己神圣化，成为社会成员信仰、崇拜、服从的对象。社会神圣化可以有各种象征形式。最原始的形式是图腾，后来则发展为各种神灵：宙斯、耶和华，等等。

在开拓和推动图腾研究方面，上述几位实在功不可没。由于他们的影响所及，图腾研究长期成为宗教学、民族学和文化人类学关注的热点。随着世界各民族古老传统中图腾现象的发现，相关的研究见仁见智，各有特色。本书不拟一一推敲，只能综合一些基本事实，为原始社会中图腾崇拜情况提供必要的说明。

图腾观念的主要内容

图腾崇拜作为一种社会现象和信仰形态在世界许多现存的原始民族中和许多文明民族的古老传统中均有发现，确证其存在相当普遍。但至今学者们仍公认以澳大利亚人的图腾崇拜最为典型，有“图腾崇拜古典地域”之称。至于较为开化的民族中的此类现象，则属于其发展的晚期，已非典型，或者仅属于残留的遗存物而已。本书对图腾现象的论述，基本上以澳大利亚资料为根据，同时参照其他民族有关情况。

澳大利亚原始居民的图腾观念的主要内容有：

（一）奉某种动物、植物或自然物为族群（氏族、部落、宗族或个人）的“图腾”。他们所谓的图腾，意为“我的兄弟”、“我的祖先”、“我们的骨肉”或“我的朋友”。相信群体自身与所奉图腾物之间存在着某种超自然的亲缘关系或血缘关系。被奉为图腾者，大多是动物。植物者少，无生物者更少。每个族群成员都被认之为图腾物的亲属，甚至被认为是图腾物的后代。非洲的班布蒂人（俾格米人的一支，分布于赤道非洲的一些地区）也有类似的信仰。他们信奉的图腾亦多为动物，通常是豹、黑猩猩、蛇、猿猴之类。植物图腾亦偶有所见。人们把图腾视为自己的近亲，称之为“祖父”、“父亲”。认为其氏族即源出于图腾，而且相信人死之后，其灵魂即转生为所奉之图腾动物。因此之故，他们严禁杀食图腾动物，甚至严禁触摸图腾物之某些部位（如皮）。

（二）图腾物是族群的象征性的标志和徽章，族群以所奉之图腾物之名为族群之名称。如鹂鹋族、袋鼠族、狼犬族、蛇族、蜥蜴族……

（三）对所奉图腾表示尊敬，由此而形成有关的禁戒规定：在图腾物面前，禁止某些行为和语言，如不许打、骂、杀、食，甚至不许触摸等。由于有了诸如此类禁戒规定，图腾物逐渐被神圣化了。

（四）由于图腾物的神圣化，逐渐围绕图腾祖先构成相关的神话。许多神话在于说明图腾祖先具有神幻形象，如何衍生某个氏族、化生为该民族所处生活环境中之某事某物——有些部落民还相信图腾化身说，即相信人乃是图腾之活的化身。阿兰达人相信，图腾祖先之超自然体“拉塔帕”，被神幻祖先放置在岩石、山崖、树林之中。妇女途经该处，“拉塔帕”即入该妇女之怀，于是怀孕生子，婴儿即为图腾之化身。我国古代的感生神话与此类似，如华胥氏履大人迹而生伏牺，女登感神龙而生炎帝，庆都见赤龙而生尧，握登见大虹有感而生舜……之类。

（五）图腾圣物——楚林噶。澳大利亚阿兰达人这种信仰最为典型。他们相信某些物件可以作为图腾物的象征，他们称之为“楚林噶”。此种“楚林噶”常为一种椭圆形的石头，或两端呈扁圆形之木条，上面绘有种种几何图形和象征性图案。这种东西被视为圣物，置于秘而不宣的隐蔽之处，未成年者不许见之。

（六）图腾圣地。被奉为圣地之处，常为放置“楚林噶”和举行图腾仪式的地方。严禁无关的族人进入此间，违者严惩，甚至有杀身之祸。

图腾观念的这些内容，在澳大利亚原始居民中表现得较为集中和明显，但在世界其他原始民族和已开化民族的古老传统中已出现了许多变化。这显然是社会变化所致。学者一般认为，图腾观念出现于母系氏族制时代。澳大利亚孤悬大洋之中，与世界其他地区和民族文化几无联系，几乎未受其他宗教和文化的影响，社会进化极为缓慢，故能保持图腾崇拜这种原始的观念和信仰。尽管如此，那里的社会也在慢慢地演变，在不同地区和不同历史时期和氏族群体之中，图腾观念也有不同程度的差异和变化。图腾群体除早期氏族制的氏族外，陆续出现了部落图腾、胞族图腾、性别图腾和个人图腾（只有特殊人物，如巫师、巫医、首领才拥有个人图腾，他们均为男性）。这些图腾观念的出现，显然是随着早期氏族社会一方面演化为部落和胞族；另一方面父权氏族制代替母权氏族制、男性个人在氏族群体中地位加强的产物。正如原始社会的氏族—部落体制在逐渐演变一样，图腾观念也在不断发生相应的演变。我们对图腾观念应作动态的观察和研究。

图腾崇拜体制的形成

如果我们具体分析原始人关于图腾观念的性质和内容，就会发现它既具有社会意义，也具有宗教意义。这两方面的意义客观化为原始人的社会行为和宗教行为，规范化为相应的社会制度和宗教崇拜体制。

第一，原始人的图腾观念是选择某种图腾物作为氏族群体的亲属或祖先（个人图腾作为氏族图腾的发展和衍化，可以另作讨论），这是氏族群体共同拥有的集体性观念，而不是任何个人独自拥有的个人性观念。氏族作为群体是一个社会。一个社会之所以能保持这个图腾观念的氏族共同性，是因为它必然被社会化、制度化为每一个氏族成员必须遵守的社会制度。图腾观念体现为氏族群体的社会制度者集中在两点：一为氏族制本身的形成；二为氏族外婚制的形成。

图腾作为氏族群体的亲属和祖先，标志着氏族的最初起源，它逐渐成了这个氏族的名称、标志和象征。图腾族名制后来就演变为姓氏制。由于不同的氏族各自选定不同种类的图腾物，于是，不同的氏族群体在名称上似乎就标志着他们源起于不同的物种。这种情况有着强烈的社会意义：一方面加强了同一图腾氏族的内部认同感；另一方面又把不同图腾氏族彼此严格分开。二者相辅相成，排异强化认同，认同又反过来强化排异。整个社会的氏族制度于是得以建构和巩固。因此，我们似乎有理由可以肯定：图腾制和氏族制是同一事物的两个方面，彼此是同步发展起来的。氏族制表现为图腾制，图腾制则强化和巩固了氏族制。

原始氏族制社会之所以能够形成，是与婚姻制度上从氏族内婚转变为氏族之间的外婚制紧密联系，不可分割的。外婚制之所以得以建立和巩固，则主要是由于图腾禁忌制度严禁同一图腾氏族内部发生性关系的结果。在图腾社会里，族内性关系是一桩严重的罪过。弗雷泽曾介绍过澳大利亚人的一些情况：在澳洲与族人通奸，其处罚通常是死亡。男人通常会被族人追杀，女人也可能被杀死。如系被迫，也要鞭打或矛刺，令其死去活来。图腾氏族内部性关系的严厉禁制，其结果就保证了外婚制的形成和整个氏族制度的巩固。

第二，原始人的图腾观念已经具有朦胧而又浓厚的神秘性和超自然成分。“亲属”、“祖先”、“父亲”……本是纯社会性的世俗观念，但图腾物作为氏族的亲属，祖先和父亲，与其确有血缘统系关系的真正亲属、真正祖先、真正父亲之间，有着可以感知的明显差别，那是只能相信如此，而不能在经验上证明如此之事。在原始人类理智分析尚未发达的时代，一切超经验的事物和关系，不可避免在一定程度上就具有神秘的性质，成为一种超自然的关系。正是由于图腾观念被原始人赋予以超经验的神秘性和超自然性，图腾观念就不单纯是一个纯社会性的观念，而是具有宗教性的观念。氏族选择的图腾物也就因此而变成了宗教崇拜的对象。

氏族社会既然赋予其图腾物以某种神秘的和超自然的属性，势必对之产生某种尊敬和畏惧的感情，发之于外则形成相应的崇拜行为，并在氏族群体社会内整合，规范化为全体成员共同尊奉的崇拜体制和仪式行为。这种理论的分析和逻辑的推理可证之于大量的人类学、民族学的经验事实。综合许多原始民族的图腾崇拜体制，其主要内容有这样几项：

一、图腾禁忌制度

一种动物、植物或自然物既被氏族社会奉为图腾，就会自然而然地在心中产生某种敬畏之情。随之而来者就有关于氏族成员在图腾物面前的一些限制性规定；此即宗教学者所谓的禁忌规定。被禁忌规定的对象因此而成了“神圣”，人们对之自然不能为所欲为，只能限制自己的言行以示尊敬。图腾禁忌的事项不止一端，但主要的是不许杀害、不许食用图腾物种，更重要者不许图腾族内发生性关系。此类图腾禁忌规定在许多原始民族中也有各种变通情况。根据实地调查，澳洲东南部土著人只是禁止本民族杀食自己的图腾物种，但如其为其他族人所杀，他们并不拒绝吃食。中部澳洲土著人重在禁食但并不视杀害图腾为禁忌。许多氏族—部落民每逢举行图腾崇拜仪式的节庆日，就允许宰杀一些图腾物，还规定其氏族成员必须吃食一些图腾之肉。他们认为这可以增进他们与图腾祖先的亲缘感情，获得图腾祖先之力量。

二、图腾繁殖仪式

由于相信图腾与图腾群体有亲缘关系，随之而来也就相信图腾的繁衍与群体的兴盛有密切关系。因此，图腾群体便形成一种崇拜体制：定期举行所谓“繁殖仪式”（increase rites）。此种崇拜礼仪盛行于澳大利亚土著民之中，每年雨季到来之前，草木争春，动物发情之际，图腾群体即在固定的祭祀之地举行仪式。人们口诵咒语，洒血于地，做出种种象征性的巫术动作以促其图腾胚胎的繁殖。

三、图腾巫术仪式

图腾群体相信人与图腾之间既有亲缘关系，因此也存在着互相影响的交感关系，彼此都有相互感应的力量。图腾可影响人的境遇，人也可以影响图腾物的生活。因此，在图腾崇拜中就出现了交感巫术。即通过作用于图腾物而影响奉此图腾的群体或个人。如此一图腾群体如欲置另一图腾群体于凶境或死地，即可捕杀对方所奉之图腾物。有些图腾群体相信，他们的图腾物可以通过某种特定的动作来向他预示未来的吉凶祸福。据豪伊特所记，澳大利亚东南部的尤因部落一成员曾说：他的图腾袋鼠，通常用不同的跳跃方式向他预示吉凶。

原始社会由图腾崇拜而产生的宗教制度和宗教仪式，除上述图腾禁忌制度、图腾繁殖仪式和图腾巫术仪式三种以外，可能还有其他表现形式。有些学者认为，盛行于原始社会的生育仪式，成年礼、祭祀祖先仪式也发端于图腾崇拜。说法不无道理，但还需要作进一步研究。尽管这些仪式在原始社会中发展较晚，但在早期图腾崇拜中寻找它们的根源和种子却是可能的。

综上所述，我们可以看到，原始人的图腾崇拜不是个别人的偶发行为，而是已经氏族—部落群体集体奉行的规范化的崇拜行为，它已形成了种种严格遵守的制度和仪式。按照本书关于“宗教”的定义，图腾崇拜无疑已具有宗教的四种要素的萌芽。当然，它的内容和形式都是原始性的。

中国各民族的图腾崇拜

图腾观念和图腾崇拜在世界各民族的原始宗教中具有相当广泛的普遍性，在我国的华夏民族和许多少数民族的原始信仰中也可找到它的踪迹。原始时代的考古发现，古代文献记载和近代民族学调查对此提供了越来越多的资料。

我国学者一般根据原始墓葬中出土的各种动物和人兽合一的雕塑像之类，推断其可能具有图腾观念和图腾崇拜的意义。其中之著名者如：河姆渡遗址的“蝶形器”，半坡遗址的人面鱼身图和东沟后洼的人兽（鸟）结合雕塑像……这些遗址均属母系氏族社会阶段。从世界范围看，确属图腾崇拜出现阶段。把动物图像和人兽结合图像解释为原始人在血缘关系上认同动物（图腾观念），这种推断不无道理，但留下的疑问也很多。首先，从理论上说，要在原始时代的地下遗存物中，从考古学上确断母系氏族时代的图腾崇拜，几乎是不可能的。原始人的图腾观念是一种观念形态，其崇拜体制是一种社会体制（同一氏族不婚制）和宗教体制（图腾禁忌制度、图腾礼仪），是非物态化的，因而不可能直接呈现在原始人的遗骨和墓葬之中。动物和人兽结合图像，既可解释为图腾观念的表现，也可作别的解释（如解释为巫术性灵物）。更须注意者，上述这些被推断为图腾物的遗址中还存在有更复杂的情况。半坡遗迹中既有人面鱼纹图，还有各种形式的单独鱼纹图；后洼遗址中既有人鸟结合像，还同时有猪、虎、鹰、鸟、鱼、蝉、虫和人的石雕像或陶塑像，这就很难推断在当时原始人的心中究竟何者为图腾物。但是，无论如何，从人兽结合图像推断当时已出现的“人兽同祖”观念，总是具有一定的或然性的。[①]

考古发现所不能提供的确然性，似乎可由古代文献的记载中得到满足。澳洲人图腾崇拜的一个重要特点是图腾群体（氏族—部落）以图腾为名号或徽章，在这方面，我国古籍有大量的记载。殷墟卜辞把分居四方的民族称为“马方”、“羊方”、“虎方”、“林方”。朱天顺的《古代宗教初探》对此的解释是：“这些族名，可能来源于他们所崇拜的图腾对象——马、羊、虎、林等动植物的名称。”[②] 准此，《说文解字》所说的“南方蛮闽从虫，北方狄从犬，东方貉从豸，西方羌从‘羊’”，也可作此解释。《左传》记有昭公与郯子一段对话：“秋，郯子来朝，公与之宴。昭公问焉。曰：少皞氏鸟名宦，何故也？郯子曰：吾祖也，我知之。昔者黄帝氏以云纪，故为云师而云名。炎帝氏以火纪，故为火师

---

① 许玉林先生在《后洼遗址出土的雕塑人像和动物像》一文中写道：“原始艺术和原始宗教是紧密相连的，原始人们雕刻的一些动物图像，有的是和图腾崇拜分不开的。从考古学资料来看，黄河中下游彩陶上，以鸟类为主要题材，这可能是鸟图腾崇拜表现。黄河上游的渭、泾流域彩陶是以鱼为主要题材，这可能是鱼图腾崇拜的反映。后洼遗址出土的动物雕像中，有的属于动物崇拜，但有的可能属于图腾崇拜。后洼出土的鸟类雕像较多，尤其那件人鸟合一两面雕像，一面是人，一面是鸟，这就说明在雕刻者心中，鸟与人有着密切联系，或可能有血缘亲族关系。……从大汶口文化、龙山文化、岳石文化中出土较多鸟形器，新乐遗址出土木雕鹰，新开流遗址中骨鹰等，这些都是鸟形雕像，这就说明古代山东半岛、辽东半岛、东北地区东部的一些居民是崇拜鸟的，甚至曾以鸟作为图腾对象。图腾崇拜的一致性，也可反映这些地区的古代民族在文化上有某种关系。”于锦绣先生对此的解释是：“至于半人半兽，半人半鸟的形象可能是一种从图腾崇拜向祖先崇拜和自然崇拜演变的过渡形态或完成过渡之后的残存现象。”（引自吕大吉、何耀华总主编之《中国各民族原始宗教资料集成·考古卷》，第127—130页）

② 朱天顺：《古代宗教初探》，上海人民出版社1982年版，第116页。

而火名。共工氏以水纪，故为水师而水名。太皞氏以龙记，故为龙师而龙名。我高祖少皞挚之立也，凤鸟适至，故纪于鸟，为鸟师而鸟名。凤鸟氏历正也，玄鸟氏司分者也。伯赵氏（伯赵即伯劳，鹌鹳之类）司至者也。青鸟氏司启者也。丹鸟氏司闭者也。祝鸠氏司徒也。鴡鸠氏司马也。鸤鸠氏司定也。爽鸠氏司寇也。鹘鸠氏司事也。五鸠，鸠民者也。五雉为五工正。"（昭公十七年）郯子对过去以鸟名官所作的解释，曾使孔子大开眼界，还曾专门向郯子求教。当代学者则进了一步，认为少皞氏属下的"五鸠"、"五雉"之类，实际上是少皞部落中十个氏族的图腾名称。《史记·五帝本纪》说：黄帝（号"有熊氏"）"教熊、罴、貔、貅、貙、虎，以与炎帝战于阪泉之野"。郭沫若主编《中国史稿》的解释是："实际上是以野兽命名的六个氏族，共同组成一个部落。黄帝有熊氏，说明熊氏族在这个部落中居于首位。"① 这六种猛兽当是六个氏族的图腾物。不少学者都认为，我国家族姓氏乃是图腾名称转化而来。汉代大哲学家王充即已指出这个事实："古者，因生以赐姓，因其所生赐之姓也，若夏吞薏苡而生，则姓苡氏。商吞燕子而生，则姓为子氏。周履大人迹，则姬氏其立名也。"（《论衡·诘术篇》）所谓"因生以赐姓"的生人之"因"，即今之所谓"图腾"，史学家吕振羽认为，中国今日的姓氏，保留着不少原始图腾名称，如马、牛、羊、猪、凤、梅、李、桃、花、叶、林、河、山、水、云、沙、石、毛、皮、龙、冯、蛇、风，等等。关于此，诸史家所见略同。《山海经》所记载的神怪几乎都是人首兽身或兽首人身之类（如"人身龙首"、"兽身人面"、"人面而鸟身"、"豕身而人面"……），如果解释为古代图腾观念的表现可能更接近于历史的真实。

我国许多少数民族至近现代仍保留较华夏民族为多的原始时代的宗教和民俗，他们的图腾观念和图腾崇拜遗存至今依然明显可见。许多民族不仅各有自己的图腾，而且普遍拥有该民族如何与图腾祖先感生相连的神话传说，还保留一系列图腾禁忌制度和图腾祭祀仪式。关于这方面的资料，我与何耀华教授主编之《中国各民族原始宗教资料集成》（多卷本）有广泛的收集，系统的整理，有兴趣的读者可直接参阅。

---

① 郭沫若主编：《中国史稿》第1册，人民出版社1977年版，第118页。

第四节 祖灵观念和祖先崇拜体制的形成与发展

概说原始宗教中的祖先崇拜

在原始时代的宗教崇拜中，对氏族（部落、家庭）祖先的崇拜是最为重要的内容和形式之一，普遍出现于各民族的原始信仰之中。斯宾塞特别强调祖灵崇拜在宗教发展史上的意义，把它说成是一切宗教的起源，认为各种神灵均发端于祖先崇拜，他在其《第一原理》（1862）中写道：

> 正如全部古代典籍和传统所证明的那样，最早的统治者均被视为神圣的个人。他们生前发表的格言和命令，在他们死后被视为神圣，他们的神圣世家的后继人还极力予以强调。谁只要依次升迁到种族的万神殿，就将与他们的先辈一起受到崇拜并邀其恩宠。他们之中的最为古老者就是至上神，其他的则是下属的诸神。①

他在《社会学原理》中对此作了进一步的说明：

> 在这种超自然神的背后，也正如在其他一切超自然神的背后一样，我们可以找到某种属于人类特性的人格。对一切超越于普通事物的东西，野蛮人就认之为超自然的或神圣的。超群的名人也是如此。这个名人也许不过是记忆中建立部族的远祖；也许是一位以孔武有力、骁勇善战而知名的领袖；也许是一位享有盛誉的巫医；也许是某些新器物的发明者，甚至他也许并非部族的成员，但却带来了技艺和知识的卓越的异乡人；或者也许是由于征服获胜而握有主权的优越种族的一分子。不管他是上述哪一种人物，由于其生前受人敬畏，其死后便受到更大的敬畏。对于这位鬼灵的邀宠礼渐渐比那些不为人恐惧的鬼灵来得大，并发展为一种定为制度的崇拜。例外的情况是没有的。我的结论是：如果按照祖先崇拜一词的那个最广大的意义来说，

---

① 斯宾塞：《第一原理》，第158—159页。

祖先崇拜就是一切宗教的根源。[①]

总括斯宾塞的上述论断，主要讲了三个方面的内容：

第一，祖先崇拜的内容和意义。斯宾塞所谓的“祖先崇拜”，其内容和意义不限于血缘关系上的祖先，还包括：氏族或部族的统治者（首领）；文化英雄（新东西的发明者）；巫医；战争中的英雄人物；……按他的说法，他是就其“最广大的意义”而言。

第二，祖先崇拜的形成原因。斯宾塞认为，上述这些类型的人物之所以死后成为崇拜的对象，是因为他们生前即被原始人群认为具有“超越普通的一切”的地位和权威，因之而被视为“神圣的个人”、“超自然的”、“神的”，生前为人敬畏，死后更令人敬畏，成为宗教崇拜的对象。

第三，祖先崇拜是一切宗教的起源。在种族的万神殿中，最为古老者就是至上神，其他的则是下属的诸神。

关于祖先崇拜是否是一切宗教和神灵的最初起源问题，在宗教学术领域是一个有争议的问题，本书置而不议。第一点和第二点也应得到认真的分析。“祖先”的本来意义当然是就血缘关系而言，但“祖先崇拜”作为原始宗教中的一种历史现象，事实上确已逐渐超出“血缘关系”的狭义范围，扩大为斯氏所谓的“最广大的意义”。中国史籍上所说的“祖有功，宗有德”就是明证。但是，这种“最广大意义”上的祖先崇拜绝不是从原始氏族制社会出现祖先崇拜之时起就一齐出现的，它应该有一个发展过程。随着母权制氏族社会发展为父权制氏族社会，对女性祖先的崇拜发展为对男性祖先的崇拜；随着氏族群体分化为家族，组合为部落和国家，宗教上对氏族血缘祖先的崇拜，一方面发展为家族近祖的崇拜；另一方面则发展为对氏族部落和国家首领以及对“有功烈于世”的文化英雄的崇拜。

至于形成祖先崇拜的原因，斯宾塞的说法应该说基本上是正确的。在氏族—部落社会中，氏族的血缘祖先，部落的头人或领袖，创造新器物和有功于民的文化英雄，一般也是社会共同生活的组织者和领袖人物，生前无疑享有极大的权威，被视为有别于凡人的“神圣”，自然而然地成为社会成员服从、敬畏和仰慕的对象。在当时那种普遍相信人死之后，灵魂继

① 斯宾塞：《社会学原理》，第1卷，Williams and Norgate，1885，第411页。

续存在的世界里，这些祖先和头人的亡灵便会得到更大的敬畏，发展为宗教崇拜（邀其恩宠，求其福佑，赦己之过）的对象，升华为氏族集团以至部落和国家的保护神。

斯宾塞在这里基本上是从原始人的人性出发进行的一种心理学的分析，言之有理。但原始人之所以崇拜祖先的原因很复杂，未必只此一端。心理因素本质上是个人性的，个人性的对祖灵的敬畏感之所以能普遍化为社会的、集体的普遍现象，必有社会的原因和机制。如果原始时代氏族—部落社会本身没有进行祖先崇拜的需要，没有设立必要的社会机制予以强化和固定下来，祖先崇拜的存在和发展也是不可能的。原始时代的氏族制社会是以血缘关系为纽带而组织起来的人类群体。在当时条件下，任何个人均不能离开氏族群体而独自生存，氏族群体的存在是个人生存的条件。无论是在严酷的生产斗争中，还是在与其他的氏族—部落的争战中，氏族群体的存在与发展都极其需要利用血缘上的天然联系来维系自身的一体化。对血缘祖先（以及广义上的祖先）的崇拜，既能加强整个氏族成员的认同感，又能把本氏族与其他氏族群体区别开来。祖先崇拜于是而成了氏族社会制度的重要组成部分。在这方面，祖先崇拜与图腾崇拜是一样的，因为图腾不过就是氏族的祖先，图腾崇拜可以包括在广义的祖先崇拜之中。

原始人之所以把祖先作为崇拜对象，除了上述社会学方面的原因之外，还有一种自然方面的原因。原始人作为一种自然存在物，其基本人性就是关心和维持自身的存在：个人生命的维持和种族生命的延续。为此，必须一要生产；二要生殖。生产的产物是物，生殖的产物为人；没有物的生产，个人无从生存；没有人的生殖，种族无从延续，人类就将灭绝。生殖对于人类的意义无比重要。原始人凭其自然本性进行两性交合而实现人的生殖，这是人性的自然实现，但原始人要对这个自然过程作出符合于自然的理解，却需要漫长的过程。最初必然视为神秘，对生儿育女，传宗接代作出神秘的解释。或者归之于氏族的图腾；或者追溯到某个女人与非人神物的感应与交合；或者说成是女性的独特功劳；或者说成是男性的创造。这样就形成了流行于原始时代的生殖崇拜。与此密切联系，形成了图腾观念和祖先观念以及相应的图腾崇拜和祖先崇拜，先是女性祖先崇拜。随着父权制之取代母权制，女性祖先在宗教崇拜中的中心地位让位于男性祖先。

女性祖先崇拜

在母权制氏族社会中，由于妇女在社会生活中的中心地位，以及女人在生育子女、繁衍种族过程中可见的主要作用，女性首先被尊为氏族群体的祖先并成为崇拜的对象，应该说是顺理成章的事情。女性祖先崇拜有两种表现形式。一是女始祖崇拜；二是女性祖先崇拜。

女始祖观念主要见之于世界上许多民族的氏族起源神话之中。这类神话与图腾神话既有区别，又有联系，图腾神话大体上是说明本氏族如何来源于神幻化了的图腾祖先，而女始祖神话则表现为某个女性与某种神物（动物、植物或日月星辰之类自然物）相互感触，以至交合，从而孕育生殖了子孙后代，繁衍出整个人类。构成我国华夏民族的各分支部族以及许多兄弟民族差不多都有此类女始祖感生神话。女娲氏被华夏民族尊为人类的始祖，因为流传的神话说她在天地开辟、尚无人类之时，抟黄土以造人。这个神话把创造人类的始祖说成是一个女性，明显地说明它形成于母系氏族社会。所谓“女娲”之“娲”，与“蛙”同音同义。按照赵国华先生在其《生殖崇拜文化论》中所作的研究，西安半坡等地的新石器文化遗址中彩陶器皿上的蛙纹和鱼纹图案，乃是当时原始人对女性生殖器的象征表现，（明代小说《金瓶梅》仍称女性阴户为“蛙口”，当为原始观念之遗存）意在比喻女性生育子孙有如蛙鱼之繁衍后代一样。照此分析，古代神话把女始祖称之为“女娲（蛙）”乃是从女生殖器崇拜转化为女始祖崇拜。有些学者认为，半坡彩陶上鱼蛙纹所表现的乃是当时的原始人奉鱼或蛙为图腾。如此说来，鱼蛙作为图腾始祖，亦与其象征表现女性生殖能力有关，可以判定为图腾崇拜中的“女始祖”观念。

古代文献中还记载了不少感生神话，它们无论在内容上，还是在形式上都大同小异。各部族在追溯本族之起源时，都说是由一位女始祖与某个神物交感而孕生后代。如：女登遇龙而感生炎帝（《帝王世纪》），附宝遇电光而感生黄帝（《竹书纪年》），庆都与龙交而生尧（《竹书纪年》），握登见虹而感生舜（《竹书纪年》），脩吞薏苡而生禹（《帝王世纪》），简狄吞玄鸟卵而生契（《史记·殷本纪》）。诸如此类的感生神话，也广泛流传在我国许多兄弟民族的神话传说之中，傈僳族的虎氏族“腊扒”（意为“虎人”），传说称其族之女始祖上山砍柴，遇一虎变为青年与之交配从而生出该族。怒族的虎氏族则说：女始祖茂英充自天而降之后曾与一黑虎交配，所生后代即称“拉云起”（“拉”即虎，“云起”即氏族）。普米族神话说，该族起源于女始祖塔娜与牦牛山神的交配。诸如此类女始祖感生神话也流传于世界许多原始民族之中，如西伯利亚的乌德人、埃文克人、纳乃人、奥罗奇人、道尔干人等都说其族来源于女始祖与熊交配而生的子孙后代。

女始祖观念显然是原始图腾观念与女性祖先观念的混合物，它仍然承认某种非人类的动物或其他自然物为人类（或某一氏族）创生之祖，但却把女性的孕育放在更直接、更重要的地位。这是原始人对女性在生育和繁衍种族中重要作用的确认，也是女性在氏族社会中居于中心地位的反映。

在母权制氏族社会中，妇女不仅是血缘关系的纽带，也是社会经济生活的主导和中心，更是氏族繁衍的决定性力量，因此，妇女普遍享有比男人更高的地位。特别是女氏族长和生育了众多子孙的女性祖先，生前受到爱戴和尊敬，死后的灵魂则成了整个氏族祈求福佑、禳祛灾祸的对象。逐渐被神化，取得了“氏族保护神”的意义，这就形成了“女性祖先崇拜”。

原始氏族社会中的女性祖先崇拜现象已经不是学者们的推理与推测，考古学和民族学提供了越来越多的证明。从欧亚各地旧石器时代文化遗址中一再发现的被称之为“维纳斯女神”的裸体妇女雕像或陶塑像这一考古事实，无疑证明了当时妇女受到特别的尊重和崇拜。雕像形象又特别突出表现女性有着肥大的乳房和臀部以及硕大的腹部，显然意在表现女人的生殖功能。法国拉塞尔洞女雕像更引人注目。她右手持牛角，左手则按着怀孕的肥大腹部。学者一般认为，右手所持牛角应为宗教仪式上的法器或灵物，肥大的腹部表现女性的生殖作用。作为“女神”雕像它所象征的“神性”，一是宗教仪式的主持者；二是生育繁衍种族的女性祖先神。近年来，我国辽宁牛河梁红山文化遗址更发现了一批女性塑像，形象类同真人。由于它们所在之处是有主室、有配室的祭祀建筑群，同时还有若干祭祀用器皿，因此被确定为“女神庙”。主室中还有大于真人三倍的女性塑像，显然是庙中所供奉的主神。孙守道、郭大顺先生在其《牛河梁红山文化女神头像的发现与研究》一文中判定：此宗教祭祀遗址中，女神为祭祀的主要对象，她们是神化了的祖先的形象。此遗址现既被认定为“女神庙”，由此可推断当时应该已有相应的祭祀活动和祭祀仪式，以及主持宗教仪式的“神职”人员。女性祖先（女神）崇拜已经社会化和制度化。

女性祖先崇拜最为确定的考古学证据是母系氏族制时代遗留下来的墓葬体制。作为母系氏族制社会全盛期代表的仰韶文化遗存的墓葬，现今已发掘出两千余座。本章第二节讨论冥世崇拜问题时曾综合为六个共同特征。氏族公共墓地的出现，在墓葬中对女性和年长者实行厚葬，说明对女性氏族祖先及其亡灵的崇拜已经体制化、规范化。氏族成员在墓葬其氏族祖先和进行重新规范遗骨秩序的集体二次葬时，必然伴有隆重的宗教祭祀仪式。当然，五千多年前的这类仪式究竟如何进行，我们无法从考古学资料得到确切的叙述，但在当代尚保留母权制氏族社会原始遗俗的民族的民俗生活中，我们仍可窥其端倪。按我国云南永宁地区纳西族的葬俗，人死后，要请巫师“达巴”举行葬仪，念“开路经”，叙述氏族历史，迁徙路线，死者生平以及规劝死者亡灵返回故地等内容。这是强调对最早的氏族祖先的崇拜。他们认为，全体氏族都是由一位女性祖先所生，活着时结为一体，死去后应葬在一起。不属于同一个氏族的男女配偶不合葬，各归各自的氏族公共墓地。每一氏族公墓内又有一定划分，即每一母系亲族各占一方。每一母系亲族的死者骨灰袋又按辈分和性别分开，表示不同的血缘亲疏关系。这种安排是在二次葬时进行的（第一次葬为火葬）。永宁纳西族的这种葬俗与仰韶文化时期的葬制有许多相似之处。氏族公共墓地是氏族血缘关系的象征，是地上“祖宗故地”在地下的副本。整个葬制表现了对氏族祖先的崇拜，而女性祖先被置于崇拜的中心地位。

男性祖先崇拜

氏族制社会从母权制发展到父权制时对祖先的崇拜也从对以女性祖先为中心的崇拜发展为对以男性祖先为中心的崇拜。考古学的发展对此提供了有力的证据。

男性祖先受到崇拜看来最初时期与原始人对男性生殖器在生殖过程中的作用认识有密切关系。我国考古学者在新石器时代（仰韶文化晚期和龙山文化时期）父系氏族社会的考古遗址中陆续发现了陶祖或石祖。在甲骨文和金文中，祖字写作“且”是男性生殖器的象形字。我国现已发现陶祖和石祖的文化遗址已有多处。如：陕西临潼县姜寨四期文化，铜川李家沟遗址，华县泉护村遗址，西安客省庄遗址，河南淅川下王岗仰韶文化，信阳三里店遗址，郑州二里岗遗址，山西省万泉县荆村遗址，山东潍坊市鲁家口遗址，甘肃甘谷灰地儿遗址，临夏张家咀遗址，湖北京山屈家岭遗址，江孜关庙山遗址，湖南安乡度家岗遗址，广西坛楼、石产遗址，钦州独料遗址，新疆罗布淖尔遗址，等等。地区分布非常广泛，但都处于父系氏族社会时期。如此普遍出现，显非偶然，可以推断已形成为社会化的原始民俗。古之所谓“俗”，实即积习相沿的体制，一般就是宗教崇拜行为的规范化。从“且”到“祖”，说明“且”崇拜乃是男性祖先崇拜的并生物，是原始人对男性在种族、氏族和家族的生存繁衍中作为“父”和“祖”的确认。当时进行“且”崇拜时的仪式活动究竟是个什么样子，现在已无法考知，但从近现代尚存的原始民族的生殖崇拜仪式行为可以类推其大概情形。我国四川木里县卡瓦村的摩梭人把一洞穴中的天然钟乳石叫做“久木鲁”，意为生孩子的石头。妇女如欲生子则在丈夫陪同下向其叩头礼拜，据信当晚夫妻交合即可怀孕。如果说，世界各地的“维纳斯女神像”是母系氏族制时代女性生殖崇拜和女性祖先崇拜的象征，那么，“且”崇拜则是父系氏族制时代男性生殖崇拜和男性祖先崇拜的感性象征。

考古学关于父系氏族社会公共墓地葬俗的大量发现，为男性祖先崇拜的地位超越于母性祖先崇拜之上提供了确凿的证据。山东大汶口墓地（公元前3500—前2500年）中有几座为男女合葬、按男左女右的位置排列，均为仰身葬，但随葬器物多靠近男性一边。于锦绣先生对此现象作了这样的分析：“成年男女合葬墓，一般认为应是夫妻合葬。但安放的方位皆男左女右，且随葬品多在男性一侧，表明女性地位低于男性，以男性祖先为主，此表明已进入父系氏族社会，但女性并未排除在‘祖先’行列之外，所以应是以男性为主的父系氏族男女祖先崇拜形式的体现。”① 其他一些父系氏族墓地中男性祖先的优势地位更有甚焉。甘肃武威皇娘娘台齐家文化遗址（公元前2000年左右）中的24号墓为三人合葬，一男二女。男性仰卧居中，左右两侧为女性，均为侧卧屈肢，面向正中。第38号墓，男左女右，男性面朝上，女性面向男性。秦魏家墓第105号，男性仰身直肢，女性侧身屈肢，面向男性，两手均附扒于男性左肩之上。此类性质的墓葬在其他地区亦有发现。江苏吴县草鞋山发现两座成人男女合葬墓，男性仰身屈肢居左，女性侧身屈肢居右。福建闽侯白沙溪头亦有类此

① 吕大吉、何耀华总主编，于锦绣、杨淑荣分主编：《中国各民族原始宗教资料集成·考古卷》，中国社会科学出版社1996年版，第411页。

的男女合葬墓。这种葬俗在我国少数民族中仍有遗存。如云南怒族傈僳族自治州的福贡、贡山等地实行男女合葬，男性仰身直肢，女性侧身屈肢并面向男性。新疆察布查尔金泉的锡伯族，夫妻无论死亡先后都须分棺合葬，夫为仰身直肢，妻为侧身屈肢，面向丈夫。排位男左女右，谢端琚先生对此的解释是："我们从骨架保存的情况观察，两人不分先后，都是一次同时埋葬的。同时，从两具人骨架的位置与姿势看，男女并排，男的仰身直肢、女的侧身屈肢，面向男性，显示出女的依附与屈从的地位。当时的氏族社会已发展到父权制社会，男子在社会上居于统治地位。并且，按照民族学妻妾殉夫的实例，我们不无理由推断，这种成年男女合葬中的女性是被迫殉死的可能性为大。"① 我们认为，墓葬是祖先崇拜的表现。上述考古学发现无疑证明了母系氏族社会的女性祖先崇拜已让位于父系氏族社会的男性祖先崇拜。

人类学和民族学的调查资料证明，男性祖先崇拜广泛存在于原始氏族社会之中。

例如，非洲的班图人的男性祖先崇拜为宗教生活的主要基础，父亲、伯叔等的亡灵在祭祀上占主要地位。每家祭祀父系祖先，整个部落则崇拜认为是部落开创者的首领祖先。每个人当讲到切身利益的话，必须向自己的祖先祈祷。在氏族部落生活的重要场合（如播种、收获、战争等）或遭受天灾人祸时，在首领率领下，向祖先神进行集体祈祷，乞求帮助保佑。② 非洲阿卡姆巴人不祭天神而祭祖先，他们说："穆隆古（天神）对我们不做恶事，我们为什么要向它祭祀呢？"除长老主持公共祭祖仪式外，每个人每顿饭都要献祖。③ 非洲瓦查加人的宗教基本上是祖先崇拜。祖先分为右边和左边的两类，右边的权力大些，为首的是父亲的祖父，左边为首的是母亲的祖父。他们把一切灾难都归因于祖先灵魂的发怒，或归因于氏族奠基人祖先的发怒。④ 非洲北罗德西亚人的一切节日都与敬祖有关。⑤

---

① 谢端琚：《略论齐家文化墓葬》，载《考古》1986年第2期，见吕大吉、何耀华总主编之《中国各民族原始宗教资料集成·考古卷》，第739—751页。

② ［苏］奥尔德罗格等：《非洲各族人民》，三联书店1960年版，第753—754页。

③ ［英］塞利格曼：《非洲的种族》，商务印书馆1982年版，第163页。

④ 同上书，第167页。

⑤ 《非洲各族人民》，第574—575页。

谢·亚·托卡列夫对非洲各民族的祖先崇拜作了如下的综合分析："非洲诸民族的宗教最典型，最引人注目之形态，莫过于祖先崇拜——几乎所有考察者对此均有同感。非洲堪称祖先崇拜的'古典地区'。无论是农业部落，还是畜牧部落，无不盛行祖先崇拜……祖先崇拜无疑植根于宗法氏族制：非洲大多数民族，不久前大抵仍处于这一社会发展水平。诚然，非洲诸民族的祖先崇拜，亦与母系氏族的遗存紧密相关；而某些地区，特别是农业民族所在地区，母系氏族的遗存依然十分繁盛。伴随个体家庭的分离而出，祖先崇拜则被赋予家庭形态；而家庭和氏族的这两种祖先崇拜形态，往往很难加以区分。继而，伴随部落联盟和部落际联盟的加强以及原始国家的建立，部落和国家的祖先崇拜（即对首领和王者的祖先之神圣化）则日臻隆盛。……非洲诸民族笃信：祖先之灵通常给予本家、本族以护佑；然而，祖先之灵绝非性喜施惠与和善待人，往往苛刻、挑剔，要人们对之依礼制献祭，祀拜；只有心满意足，始肯赐子孙以福佑；否则，将降之以惩罚。人们往往将种种疾病及其他危厄的起因归之于祖灵，而某些部落则将上述种种归之于其他部落的祖灵。"① 从托卡列夫的论述我们可以看到，氏族祖先崇拜不仅经历了从以女性祖先为主发展到以男性祖先为主的历程，而且由于氏族宗法制的发展，一方面出现了个体家庭；另一方面又出现了部落、部落联盟，故氏族祖先崇拜亦相应发展为家庭祖先崇拜和部落联盟—国家祖先崇拜。前者表现为"近祖崇拜"，后者则表现为"首领崇拜"和"英雄祖先崇拜"。死去祖先之灵既被视为氏族、家庭、部落和国家的福佑者，也被视为降灾赐祸者，祖先亡灵被神格化了。有了这种祖先神化的观念，便逐渐外在化为献祭、祀拜之类宗教仪式，使祖先崇拜成为一种制度性的宗教现象。

祖先崇拜，特别是对男性祖先的崇拜，在我国华夏民族和许多兄弟民族之中得到最为典型、最为发达的发展。几千年来成为中国华夏民族一以贯之的正统宗教信仰就是宗法性的宗教，其核心内容就是"崇天敬祖"。而所谓"天"（上帝）本质上是"祖"的延伸。这个祖就是祖先，即氏族的宗祖、家庭的近祖、种族的始祖。中国从有文字以来（甲骨文、金文以及经史典籍）对"崇天敬祖"的制度和仪规有详尽的记载。当然，这些记载的史实已是文明时代的情况，但它却无疑植根于原始氏族制社会

---

① ［苏］谢·亚·托卡列夫：《世界各民族历史上的宗教》，第155—156页。

的祖先崇拜。没有原始时代氏族制社会的祖先崇拜，就不可能有夏商周以来宗法时代的祖先崇拜体制。所以我们可以从古代宗法社会崇拜祖先的史实推知原始氏族社会的大概情况。例如，从殷代甲骨文卜辞可以看到，殷人每有疑难，必求卜于祖先之灵，请求祖先给予启示和指示。而祖灵则“宾于帝”，即生活于天帝的左右。如果说殷人尚且如此崇拜祖先，则可推知在此之前的氏族社会的原始人大概也是如此，甚至崇拜的程度更甚，是把祖先视为祈福求助的神灵。我国许多兄弟民族迟至现代仍把祖先当成家族和部落的保护神来进行崇拜。从根源上说，祖先崇拜乃是以血缘关系为纽带的社会体制在宗教上的表现，只要社会体制存在着血缘宗法关系，祖先崇拜就是必然出现和存在的宗教现象。

从血缘祖先崇拜到“祖有功、宗有德”的英雄崇拜和首领崇拜

在以血缘关系为纽带而组成的氏族制社会里，氏族的祖先实际上是管理全民族生产生活的首领，他们的权威地位得到尊重，他们的事功受到称赞，这种情况反映在宗教上，就使得对血缘祖先的崇拜进一步演变为对氏族首领和英雄人物的崇拜。特别是在原始社会的晚期，社会出现早期的阶级分化，人的社会身份逐渐等级化，首领崇拜和英雄崇拜更是高度发展。祖先崇拜的这种发展在中国远古历史上表现得特别突出和明显。春秋名人展禽对虞夏商周的谛祖祭宗制度所作的系统叙述，提供了上述发展的历史证据：

> 夫圣王之制祀也，法制于民则祀之，以死勤事则祀之，以劳定国则祀之，能御大灾则祀之，非是族也，不在祀典。昔烈山氏之有天下也，其子曰柱，能植百谷百蔬；夏之兴也，周弃继之，故祀以为稷。共工氏之伯九有也，其子曰后土，能平九土，故祀以为社。黄帝能成命百物，以明民共财。颛项能修之。帝喾能序三辰以固民，尧能单均刑法以仪民，舜勤民事而野死，鲧障洪水而殛死，禹能以德修鲧之功，契为司徒而民辑，冥勤其官而水死，汤以宽治民而除其邪，稷勤百谷而山死，文王以文昭，武王去民之秽。故有虞氏禘黄帝而祖颛项，郊尧而宗舜。夏后氏禘黄帝而祖颛项，郊鲧而宗禹。商人禘舜而祖契，郊冥而宗汤。周人禘喾而郊稷，祖文王而宗武王。幕，能帅颛项者也，有虞氏报焉。杼，能帅禹者也，夏后氏报焉。上甲微，能帅契者也，商人报焉。高圉大王，能帅稷者

也，周人报焉。凡禘、郊、祖、宗、报，此五者，国之典祀也。（《国语·鲁语上》）

展禽所指的“制祀”对象的“圣王”，既有阶级国家时代的君王，也包括在此之前的原始部落时代的首领。列入“祀典”的宗教崇拜对象已不仅是血缘上的祖先，而是“法制于民”者，“以死勤事”者，“以劳定国”者和“能御大灾”者，即“有功烈于民”的“圣王”。“圣”者，今之所谓“文化英雄”也；“王”者，今之所谓氏族部落社会的“首领”，阶级国家的君主也。如果我们继续上溯到传说时代，那无疑是标准的原始时代。传说中所说的构木为巢的有巢氏，钻木取火的燧人氏，结绳为网、教民渔猎，始作八卦以通神明的伏羲氏，斫木为耜、揉木为耒，垦荒务农、教民食谷的神农氏，发明舟车弓矢、构筑屋宇、垂裳而治的黄帝轩辕氏，以火烈山，开田耕种的炎帝烈山氏……他们既是氏族部落的始祖和首领，又是开创文化器物的文化英雄。这些虽然都是神话传说人物，但却集中反映了原始社会祖先崇拜与首领崇拜和英雄崇拜在历史发展中逐渐合流的真实情况。在中国，从血缘祖先崇拜发展为“祖有功，宗有德”的情况，除了华夏民族外，在其他兄弟民族中也相当普遍。研究羌族原始宗教的学者钱安靖先生写道：“羌族的祖先神，除与天神合二而一，供于屋顶和神树林石塔顶上的石神外，每家室还供有祖先神，均以白石为表征。……随着羌族社会的发展以及民族矛盾的加剧，羌族祖先崇拜也复杂化。凡有功于民者和民族英雄，皆被奉祀为神。各种工匠技艺精湛，有益生产，便利生活。功德在民，受到羌人崇拜。故羌人家中供有建筑神、石匠神、木匠神、铁匠神等。民族英雄除暴安民、反抗官府、解除民困，受到羌人爱戴和尊敬，并形成神话传说……他们被羌人世代崇祀不绝。[①] 这种“祖有功，宗有德”在我国许多少数民族中相当普遍。

从血缘祖先崇拜到英雄崇拜、首领崇拜的发展不独中国为然，而是一种世界性的宗教现象。太平洋的波利尼西亚人随着原始社会的等级分化，其首领则随之而明显地神圣化，首领本人即成为宗教崇拜的对象，被社会

---

① 吕大吉、何耀华总主编：《中国原始宗教资料丛编》，上海人民出版社 1993 年版，第 450 页。

奉为神明。同时围绕首领制定出了一系列禁忌规定。在有些岛屿的土著民中，首领及其权力的神圣化具体表现为首领对宗教仪典的主持权。如新西兰的毛利人，其首领“阿里基”，既是社会的统治者，又是宗教圣典的主持者。汤加人的最高首领——“图伊—汤加”（Tui-Tonga 意为“汤加之王”），即使在其政治权势被军事首领剥夺之后，仍被社会尊为神圣、敬拜如故。

在太平洋地区的美拉尼西亚人、波利尼西亚人、毛利人等民族中，还流行一种“玛纳—塔布”崇拜。对此，许多宗教学家（如马雷特）认其为是比万物有灵论更原始的宗教现象。在此基础上提出了关于宗教起源问题的新学说——前万物有灵论。托卡列夫对之进行了深入的批判分析，他的结论是：玛纳崇拜并不是什么前万物有灵论的原始宗教现象，而是社会等级分化后的产物，是首领崇拜的一种表现。托卡列夫的观点富有新意，值得我们关注。

第一个发现，并向西方学术界介绍美拉尼西亚人的玛纳崇拜现象的人是传教士和民族志学家德·科德林顿。他于 1878 年写给马克斯·米勒的一封信中写道：“就信仰而论，美拉尼西亚人的宗教可归结为这样一种观念，即笃信处处皆有一种超自然之力存在于冥冥中；就实践而论，则可归结为诉诸种种手段使此力为己所用……人们深信确有这样一种力，它不同于人之体力，可通过种种途径左右人们的吉凶祸福，如予以统摄和制驭，则威力无穷。这便是所谓‘玛纳’。……通观美拉尼西亚宗教。其实质无非是在于获取这种‘玛纳’，或据为己有，或用以利己……”① 其后，他在 1891 年出版的《美拉尼西亚人》一书中对此问题作了进一步的阐述。从他的著作中，我们可以看到，美拉尼西亚人所谓的“玛纳”，实际上乃是一种尚未拟人化的超自然神秘力量。它既可带给人们以灾祸，亦可降福。这种力量既可附丽于自然物体之上，亦可附寓于某些特殊人物之身。无论是物还是人，一旦拥有附于其身的玛纳力量，他（它）就具有特殊的灵力。例如，如果将附有玛纳的“法石”埋入田中，则田中之农作物就将丰收。美拉尼西亚人相信，社会中的某些特殊人物，如首领，等级高贵者，勇武善战者，精于技艺者，时来运转、吉祥如意者……其所以如此，皆因他们拥有众多的玛纳。正是玛纳使他们居于特殊的地位，具有特

---

① 罗·科德林顿：《美拉尼西亚人》，牛津 1891 年版，第 118 页。

殊的才能。按照罗·科德林顿的说法："一个人如大有作为，则证明此人拥有'玛纳'；其身价如何，视众人的观感而定，即是否相信此人拥有'玛纳'；倚仗'玛纳'，可一跃而为首领。由此可见，所谓人之权势——无论是属于政治范畴，抑或属社会范畴，无非是其'玛纳'罢了。"① 在美拉尼西亚人看来，任何人如未拥有相应的"玛纳"，则无法跻于男子会社"苏克维"的高级等级。"这样一来，既然'玛纳'有助于'苏克维'之成员，那么，举凡在'苏克维'中居于高位者，当然亦即是拥有'玛纳'者，亦即是声名显赫者，亦即是可称之为首领的大人物。"② 这就是说，由于首领被认为拥有强大的玛纳，于是便产生了对首领的崇拜。平庸人之所以身份卑微，其根本原因自然是因为他们拥有之玛纳既弱且少，或者没有玛纳。费·施派策写道："亡灵拥有众多'玛纳'，始可有所作用和影响。……亡灵如无'玛纳'，则无可奈何。在土著居民心目中遂销声匿迹。……这样一来，常人之灵，据信拥有之'玛纳'鲜少，而不为人们所关注，对之未必有祭奠之礼。而权势煊赫者之灵，据有'玛纳'綦多，则奉之惟谨惟恭。"③ 科德林顿与施派策显然已经观察到，玛纳观念是与社会的等级分化和首领的神圣化联系在一起的。托卡列夫据此作出了自己的结论：

> "玛纳"观念之滥觞，既非对精灵之笃信，亦非有关非人格之力的抽象观念，而是特定的社会条件。伴随公社的内部分化以及拥有这种或那种优越条件者（诸如首领、巫师、秘密会社成员、能工巧匠、手艺人等）的分离而出。一种尚属朦胧的、有关诸如此类人物居于优越地位的观念则应运而生，并被赋予宗教形态，遂演化为这样一种观念，即公社中这些出人头地者似乎拥有一种神秘之力。诚然，美拉尼西亚人亦信"玛纳"主要来自精灵之说；而所谓精灵观念，在很大程度上同样产生于社会的分化。④

---

① 罗·科德林顿：《美拉尼西亚人》，第120页。
② 同上书，第114—115页。
③ 费·施派策：《新赫布里底群岛和班克斯刘岛民族志资料汇编》，第343页。
④ 谢·亚·托卡列夫：《世界各民族历史上的宗教》，第77—78页。

托卡列夫的观点无疑是富有说服力的。如果进一步参照波利尼亚人、毛利人的“玛纳—塔布”信仰，玛纳观念与首领崇拜密切关联，来源于社会等级分化之说将得到更有力的论证。

波利尼西亚与美拉尼西亚同属太平洋地区地理相邻，文化亦相续。但波利尼西亚人的社会发展水平更高，阶级（“种姓”）分化更甚。惟其如此，它的玛纳—塔布崇拜具有更浓厚的社会等级分化色彩，成为神化首领和贵族之权位的一种宗教工具。

波利尼西亚人崇信之玛纳具有明显的阶级性，有属于首领之玛纳，亦有属于祭司之玛纳，还有分属于武士、工匠的玛纳。唯有奴隶之类卑贱者流，玛纳则不予眷顾。玛纳之神秘力量本身即有高低强弱之不同，属于首领之玛纳自然是威力最为强大者。与玛纳观念相联系，波利尼西亚人还有一种“塔布”（Taboo）信仰。塔布的宗教含义为禁止或禁忌之意。凡神圣之物自然而生相关的禁忌。首领由于具有强大的玛纳，其人身和行为皆为塔布。首领之头部以及他悬于腰间的遮布，尤被视为神圣之物，并归入了塔布范畴。甚至首领触及之物，履及之地，随之而皆为塔布。首领一旦莅临何人之家，该人必须立即迁离。违反塔布者，人们相信必招灾祸，或者由首领惩处，或者遭受超自然的天罚。塔布信仰因此而成为首领控制民众之手段。弗·拉采尔指出：“塔布涉及之广，低下阶层民众的衣食住行无不囊括其中，因而同受熬煎，一种休戚与共之感觉遂油然而生；祭司和首领则巧妙地加以利用，以应其政治上之所需。”①

把首领神圣化，赋予首领以超自然能力（神性）的首领崇拜是一种世界性的普遍现象。在这方面的资料，弗雷泽的《金枝》有广泛的收集和精彩的论述。本书不再征引。随着社会的发展，血缘性的氏族部落社会发展为地缘性的国家，氏族部落的祖先和首领逐渐成为国家的君王，作为广大意义上的祖先崇拜，其血缘意义越来越为政治意义所取代。他们的权势和权威日益膨胀，自封的或社会赋予的宗教化的“神性”也日趋高大，祖先之灵从个人、家庭、氏族的保护神上升为地缘国家的保护神，走向更高的“天神崇拜”。

---

①　弗·拉采尔：《民族学》，第1卷，圣彼得堡1900年版，第281页。

第五节　自然的神化与自然崇拜的形成与发展

自然物是人类最原始的宗教崇拜对象吗

把自然现象、自然力和自然物当成某种神秘力量和神圣事物，对之进行宗教性的祭祀崇拜活动，早在人类社会的原始时代就始开其端了，而且普遍出现于世界各地区、各民族的原始宗教之中。这一历史事实，早已得到各派宗教学者、文化人类学者和民族学者的普遍承认。但是，学者还是要进一步地探讨：自然崇拜究竟始于原始时代的哪个阶段？自然事物是否可以被认为是人类最初的、最原始的崇拜对象？在这个学术问题前，学者们就分道扬镳、自行其道了。长时期以来，在我国的有关论著中，几乎是众口一词地对此问题作了肯定的回答。他们的根据其实与考古学、民族学和原始宗教史的事实无关，而更多的是来源于恩格斯在《反杜林论》中顺笔写下的一句话："在历史发展的初期，首先是自然力量获得了这样的反映（意指把支配人们日常生活的人间力量幻想地反映为超人间的力量——神）……但是除自然力量外，不久社会力量也起了作用……"正是这句恩格斯并未作任何历史考察的论断，在我们这里发展成了所谓的"马克思主义的宗教发展观"，把崇拜自然物的"自然宗教"说成是人类最早的、最原始的宗教。这个至今仍被我国学者视为"马克思主义宗教观"的老生常谈，实际上早已受到近现代比较宗教学的质疑。如果回顾一下宗教学说史，当可明白恩格斯的这句话并非他的个人发明，而是从18—19世纪的启蒙思想家那里接受过来的现存说法。18—19世纪的启蒙思想家们（如霍尔巴赫）在反对基督教天启说的论战中，把发展观念引入宗教研究之中，认为整个宗教并非天启而成，而是经历了一个从自然宗教（最初的人类把粗鄙的物质当成神）→多神教→一神教的历史发展过程。18世纪的法国学者，伏尔泰的通信朋友布罗斯（C. de. Brosses，1709—1777）写了一部专论此问题的书：《实物神崇拜或埃及古宗教与尼罗河现代宗教的比较》（1760）。本书通过对西非洲和世界其他地区部落民宗教信仰的实地观察和调查材料的收集来证实上述启蒙思想家关于宗教起源和发展的理论。他的结论是：世界上所有民族的宗教信仰都是从崇拜非生命的物质对象——拜物教——开始，而后才逐渐发展为多神教和一神教。不过，他保留了一个唯一的例外情况，说什么只有犹太人从来不是实物崇拜者（对于这个唯一的例外，麦克斯·缪勒提出了讽刺性的批评："如果他敢于在《旧约》中追寻拜物教的痕迹，如果他敢于以曾使他在埃及、希腊、罗马以及其他地方看到神物的锐利目光来考察《旧约》，那么可以肯定，像神像、乌尔姆和图姆明，或犹太教祭司的法衣，更不要说金牛与厚颜无耻的蛇，都会给布罗斯提供充分的材料。"[①]）。布罗斯的宗教始于拜物教之说曾风靡一时。孔德继承和发展了他的学说。认为实物崇拜是人类历史上神学时期的最早阶段，然后进化为多神教和一神教。费尔巴哈更对之提出了哲学和宗教学上的论证。他从自己的宗教哲学原理"人的依赖感是宗教的基础"出发，提出自然是人的第一个信赖对象，由此而得出了一个重要的宗教学的结论："自然是宗教最初的、原始的宗教"，并认为这已为一切宗教、一切民族的历史充分证明。费尔巴哈深化了 18 世纪法国启蒙思想家和布罗斯的有关理论，而且把布罗斯为犹太教保留的那个唯一的"例外"也排除了。恩格斯所谓自然力是首先被人类反映为超人间力量的论断，事实上来源于费尔巴哈和 18 世纪启蒙思想。

然而，所谓自然崇拜是最原始的宗教之说在 19 世纪 70 年代后发展起来的近代比较宗教学中受到了强有力的质疑和否定。麦克斯·缪勒承认拜物教是人类宗教的低级形式，但却否认它是一切宗教的原始形式。他针对布罗斯以之为据的非洲黑人的实物崇拜情况指正：即使在他们那里，实物崇拜既非唯一的崇拜，也非原始的崇拜。在他们的灵物崇拜之外，还有更高级的神灵观念（众神，甚至还是至上神观念）。按照麦克斯·缪勒的宗教学理论，原始人之所以崇拜某些自然物，把它们奉为"神物"、"灵物"，是因为他们相信在具体的有限物之外，还有某种"无限"的力量居住在其中，"神物"、"灵物"不过是此种有限之外的"无限"派生的表现而已。当然，缪勒所了解的"无限"并非客观的神灵，而只是人所天赋的在有限之后体认无限的能力。当原始人和一切人把体认到的"无限"赋予对象时，它们就成了神物，各种各样的"神"无非是这种主观体认的无限观念的名称而已。这就是说，拜物教所拜的自然物或自然神并不是最初的、最原始的，而人对"无限"的体认所得的无限观念才是第一位

---

① 麦克斯·缪勒：《宗教的起源与发展》，金泽译，上海人民出版社 1989 年版，第 42 页。

的。历史上的一切宗教神灵都不过是人类体认“无限”的发展史而已。

泰勒的“万物有灵论”对实物崇拜说的反驳更明确具体，也更为有力。他的万物有灵论承认原始人类必然崇拜自然万物。但他指出，他们所崇拜的东西，并不是作为物质对象的自然万物本身，而是自然万物背后的那个“灵”（神）。如无此种信仰，原始人类就不会有对自然物的崇拜。因此，“灵”的观念必然先于对自然万物的崇拜。这种“灵”也就是源于人自身的“灵魂”观念。照此说来，人类最早最原始的宗教崇拜对象不是自然，而是人的灵魂观念。在反对实物崇拜为最原始的宗教的推理中，泰勒的“灵魂”观念与缪勒的“无限”观念实有异曲同工之妙。泰勒的万物有灵论对所谓“实物崇拜”或“拜物教”之说的反驳，得到一些在非洲对此进行过实地考察的学者提供的证据的支持。雷俄那特在其《尼日尔河下游与其众部族》中对实物崇拜曾详加讨论，他的结论是：实际上对于每种实物的崇拜，都不是为了实物或构成实物的材料，而是以实物或其材料为象征，其中含有或代表家庭，社会及部族之祖先神。我国西南的羌族盛行“白石崇拜”。但他们崇拜的真正对象并非“白石”本身，而是它所象征的天神、祖先神或其他神灵而已。我们现在有充分的理由肯定：拜物教、实物崇拜作为一种宗教学说，在近现代宗教学中基本上失去了它在18—19世纪时的地位。我国有些学者仍在坚持旧说，看来有必要补上这一课。

自然崇拜的原因

原始人和古代先民为什么崇拜那些比起人来“等而下之”的自然物？按照泰勒或缪勒的宗教理论，是因为他们把人类所有的“灵魂观念”或“无限观念”加之于自然物之上，从而认之为“灵物”或“神灵”，于是而对之顶礼膜拜。我同意这种分析，但不能满足于这种分析。因为即使原始人和古代先民都是“万物有灵论者”，但不同地区，不同氏族，不同部落的人所选择的自然崇拜对象却常常是各有不同的，至少是各有侧重的；而且，在不同的历史阶段，同一地区和同一氏族部落又常常改变其过去的选择，由对这种自然物的崇拜改变为对另一种自然物的崇拜。要说明这些差异性，泰勒的“万物有灵论”和缪勒的“无限观念论”就嫌过于空泛和一般了。我们必须寻找更具体一些的理由。在宗教学说史上，已有一些学者对此作过有益的探索。如德谟克里特、伊壁鸠鲁认为人之所以崇拜自然力，是由于对强大的自然力的恐惧感；普罗蒂库斯则认为是由于自然力与人的生存攸关，于是而奉为神灵进行崇拜，以表示感恩之情；亚里士多德则认为人们对自然万物创生的奇妙和天体运行之壮观而产生惊奇感，导致对自然神的崇拜。我国古籍《礼记·祭法》有类似的说法："山林川谷丘陵，能出云，为风雨、见怪物、皆曰神。有天下者祭百神……此五代之所不变也。"山林川谷丘陵之所以被奉为神而祭（崇拜）者，因其能吞云吐雾，为风为雨，神奇怪异也。所有这些说法皆有道理和事实根据。但笔者以为，费尔巴哈关于自然崇拜根源于人对自然的依赖感的学说更能说明问题的实质，事实上它还能涵盖上述这些不同的说法。在他看来，人为了生存，必须对生存所依的外物有所依赖，而人的第一个必须依赖的对象，无非就是自然，这种对自然的依赖感就造成了对自然的崇拜，于是而形成宗教：

> 如果把宗教理解为无非就是人的依赖感——人的一种感觉或意识：认为要是没有另外一个与自己不同的东西，自己就存在不了，就不能存在，认为自己的存在并不是靠自己，那么，这种主张倒是完全正确的。这个意义之下的宗教与人关系非常密切，就好像光之于眼睛、空气之于肺、食品之于胃一样。宗教就是我之为我的崇拜和信奉。而我首先就不是一个离开光、离开空气、离开水、离开土、离开食物而存在的东西，而是一个依赖自然的东西。这种依赖，在动物和野蛮人身上，是一种不自觉的、没有考虑到的依赖；进而意识到它，表象它，崇拜它，信奉它，就是进入宗教。因此一切生命都依季节的变迁为转移；但是只有人用戏剧式的观念、用过节的行动来庆祝这种变迁。这样一些只不过表示和表明季节变迁或月亮盈亏的节日，就是人类最古老的、最初的、本来的宗教信仰。①

费尔巴哈的理论不仅说明了原始人崇拜自然物的普遍性的人性根据（依赖感），而且还能进一步说明不同地区和民族的原始人之所以选择不同的自然崇拜对象的特殊原因：一切人都依赖于自然，从而导致普遍的自然宗教；但不同的人群所依赖的自然却是不同的，因而他们只崇拜其生存所依的那部分特定的自然物：

---

① 费尔巴哈：《宗教的本质》，§3，载《费尔巴哈哲学著作选集》，下卷，第437页。

> 这一个特定的人，这一个民族，这一个部落所依赖的并不是一般的自然，并不是一般的大地，而是这一块土地、这一个国度，并不是一般的水，而是这一处水，这一条河，这一口井。埃及人离了埃及就不是埃及人，印度人离了印度就不是印度人。普遍的人既然有权利把自己的普遍本质当做神来崇拜，那些古代的、狭隘的，肉体和灵魂都附着在自己的土地上的，把自己的本质并不放在人性之中而放在自己的民族特性和部落特性之中的民族，也就有充分的权利，同样的权利把自己国度中的山岳、树木、动物、河流、井泉当做神圣的东西崇拜，因为他们的整个生活，他们的全部存在确乎只是寄托在他们的国度、他们的自然的特质上面的。①

这个道理说得非常明透而且合乎宗教史和民族学的实际。中国人不会把尼罗河或恒河奉为神圣而对之崇拜，我们的祖先只崇拜“四渎”（长江、黄河、淮河、济水）；他们也不崇拜阿尔卑斯山，而只崇拜“五岳”（泰山、衡山、华山、恒山、嵩山）。各民族都是把所在地区的山水湖河奉为神圣，因为这些才是他们生命所依、生存所系的依赖对象。

费尔巴哈的这个理论不仅可以说明不同地区、不同民族、不同国度所选择的自然崇拜对象的特殊性，还可以解释同一群体在不同时期选择不同自然崇拜对象的特殊性。这是因为群体社会的发展、生存条件、经济关系的变化造成了对新的自然对象的特殊依赖。渔猎经济时代、畜牧经济时代、农业经济时代，人们生存所依赖的自然条件和自然对象必然有所不同。至少在崇拜的重点对象和崇拜方式会有所差异。这种不同性和差异性，深刻地反映了自然崇拜的人性基础及其本质特性，反映了它与社会经济生活的密切关系，反映了它随着社会经济生活的变化而变化的规律性。宗教学对原始宗教自然崇拜问题的研究应该着重由此入手。从原始时期三种不同经济类型（渔猎、畜牧、农业）分别探讨与之相联系的自然崇拜的特殊性。

渔猎经济社会中的自然崇拜

原始人的谋生手段曾有一个主要以捕鱼狩猎为手段的渔猎经济时期，渔猎的成功与否是他们生存所依的大问题，必然成为一切活动的中心。在当

① 《宗教的本质》，第437—438页。

时的社会生产条件下，渔猎的成功不仅没有必胜的把握，而且经常有面对猛兽凶禽侵袭的危险和奔走终日，空手而归的困境。他们的日常生活受着异己力量的支配，尚未成为渔猎活动的主人。在这种情况下，他们必然把与渔猎活动有关的自然势力和自然对象神圣化，对之崇拜，祈求它们的帮助。综合许多从事渔猎以谋生的民族的情况看，他们一般都把生养野兽和鱼的山林河湖视为主宰鱼兽的山神、河神；把各种威胁人的生命的凶禽猛兽视为神灵。如果要想取得渔猎的成功，便必须举行某种宗教—巫术仪式，祈求这些神灵的帮助与恩赐。这种崇拜及其仪式活动，在旧石器时代的考古遗迹中已可见其端倪。这一时代留下的大量岩画差不多都是动物形象，学者们一般都认为是表现人与兽之关系的狩猎巫术仪式活动。美国学者 G. 利希茨基认为，这是表现人在狩猎前向动物物种的精灵祈祷。[①] 我国西安半坡仰韶文化遗址的绘画中有鱼和人面形的鱼形，鹿形和鸟兽的形象，其中以鱼形为最多。学者一般把鱼纹解释为半坡图腾崇拜的徽号。这种解释有一定的根据。但因半坡遗址中尚有其他各种鸟兽形的绘画和雕塑，如果专门挑出鱼作为半坡先民的图腾就有些难以圆通之处。如果我们换一个角度，就可以作这样的推测：半坡先民之所以如此重视鱼，是因为他们当时的生活来源很大部分是捕鱼，绘出鱼形，特别是“人面鱼”，很可能是他们当时尊此为“鱼神”或“鱼精灵”，他们在捕鱼之前向之进行祭仪以求其助。半坡的情况在我国的许多新石器遗址中很有代表性。如果这个解释有一定的或然性，我们就可以以此类推解释类似情况。古代的内蒙古是一些狩猎民族和游牧民驰骋纵横的广阔天地。他们留下的阴山岩画许多画面都是直接描绘狩猎场面和相应的狩猎仪式的。许多动物图纹形象都进行了幻想的修饰，可能是赋之予超自然性能以神化动物的一种表示。

当代现存的以渔猎经济为生的民族，如东北亚和北美地区的爱斯基摩人和我国的鄂伦春族、鄂温克族所崇拜的自然对象亦以与渔猎活动有关者。几乎所有的爱斯基摩人均相信至尊精灵即海洋之主宰。加拿大爱斯基摩人心目中的海灵为女身。女海神是他们敬拜的主要对象。在巴芬岛，此神称为“塞德拉”。她栖身海底，一切海生动物均

① G. 利希茨基：《变成人的四种方式》，纽约 1956 年版，第 260 页。

来自此海神；渔猎所获，皆被视为女海神所赐。倘如触怒塞德拉或者疏于献祭，她必然使渔猎一无所获。每逢举行仪式，巫师则佯装去海底晋谒塞德拉，祈请赐予猎物。[①] 我国的鄂伦春族和鄂温克族则信奉和崇拜山神“白那查”。此白那查为深山之主，主管山中一切动物。人们如想狩猎成功，便必须对之崇敬礼拜。打猎如有所获，须将猎到兽物供祭。平常吃饭饮酒也得首先向之供献。只有如此祭献，“白那查”才会在你狩猎时予以恩赐，使你有所猎获，否则你就将空手而归。除“白那查”以外，鄂伦春、鄂温克人还供奉“马路毛木台”、“阿路狄达力”和“舍卧克”等神，他们都是主管狩猎活动的自然神。他们也崇拜太阳、月亮等天体，但他们的理由与农业民族不同。在他们心目中，太阳、月亮的“神性”是因为太阳、月亮可以在茫茫林海中为打猎人指示路径。

以渔猎为生的赫哲族认为崇拜“天神”可保渔猎丰收，“卡日嘎玛”神（一男一女）专管打鱼、下钩。此外，与捕鱼活动有关的神还有水獭神、鳇鱼神、鲸鱼神、河神，等等。与狩猎活动有关的神有：虎神、豹神、鹿神、野猪神专管围猎活动的“打围大神”、专管猎皮的“司皮神”……据我国的民族宗教学者蔡家麒教授调查，其结论是：“在一些渔猎民族中，有多少种禽兽，就会出现多少种司理这种禽兽的神灵，它们分别主管捕鱼、打猎、养牲、生育、天气，特别是人畜患病等，人们遇到什么困难，就祈求什么动物的神灵，供上它们的神偶，献祭据说其爱吃的东西。”[②] 值得注意的是，上述这些渔猎民族的宗教崇拜对象几乎都是与渔猎经济活动密切相关，与农业经济有关的宗教活动是少见的。有些民族虽已进入农业经济，但仍保留狩猎活动，因此至今仍可见到与此有关的自然崇拜。如彝族有些地区已产生了猎务总神观念并有相应的祭祀仪式。他们认为此猎务总神主宰猎事成败，故行猎前后均必须向此猎神的象征物（有些地区以某处高山为猎神之象征；另一些地方以树林或几棵树为象征）献祭和祈祷。[③]

① 见托卡列夫《世界各民族历史上的宗教》，第 123 页。

② 蔡家麒：《中国北方民族的萨满教》，载《中国少数民族宗教初编》，云南人民出版社 1985 年版，第 16 页。

③ 参见何耀华《彝族的自然崇拜》，载《中国少数民族宗教初编》，第 86 页。

畜牧经济和农业经济条件下的自然崇拜

按照研究原始社会史学者的意见，原始人的经济活动后来逐渐分化为畜牧经济和农业经济。这种分化过程，开始是同时进行的。但由于走了不同的发展道路，条件不同，从而使社会具有不同的特点，发展出各具特点的文明和宗教。

畜牧经济和农业经济的进行和发展，对于自然的性质及其规律的认识的要求，显然大大高于渔猎经济时代。捕鱼、狩猎的成功，一般来说是对现存于客观世界中的鱼或野兽的利用，而畜牧业则需要驯养马牛羊鸡犬豕，农业则要求驯化各种农作物。这就要求熟悉这种动物和农作物的生物特性和发展规律。放牧要逐水草而居，农耕种植要依季节而行。一旦违背自然的常规，就会带来牲畜的疾病以至死亡，使农作物没有收成。就对自然的认识水平和利用自然的社会生产力水平而言，畜牧社会和农业社会的原始人比之于渔猎时代，无疑高得多，文明发展到更高的水平。但是，无论如何，当时社会条件下的总的认识水平和社会生产力水平还是非常之低下的；对天时、地理、生物等方面的自然规律的认识和利用，都是极其有限的。而且，即使他们当时所获得的自然认识包含有许多科学性的内容（如日月星辰的运行规律及其与季节和草木荣枯，农作物生长发育的周期性变化的关系之类），原始人类也不会因此而认识到这就是自然而然的自然规律。在当时条件下，他们总是把这种规律性的现象认之为神灵的意志和活动，把这种规律性神圣化为神灵的神性。这样一来，他们心目中的神灵，其神性更高大、更神圣了。正是这个缘故，我们看到、畜牧经济时代，特别是农业经济时代，人们创造出了比过去（渔猎时代）更多样，更复杂，更有威力，地位更高、权力更大的神灵来。与此相应，他们还构建出了更为隆重、更为丰富多彩，也更为规范化的祭祀仪式体系。

畜牧民族一般是把其所驯养放牧的牲畜的生长繁殖，视为动物神灵主宰其间的过程，牲畜生存所依的山林水草的荣枯变化，也被认之为是山林之神、湖河之神、水草之神的活动，由此而产生了众多的自然神。畜牧民族，特别是在大草原放牧、逐水草而居的游牧民，其自然崇拜的一个显著特点，就是逐渐发展出对高居天空之上的“天神”的崇拜。大草原一望无际，苍苍天穹覆盖天下，涵盖一切；早晨，阳光普照大地，无远弗届；黑夜，群星闪烁，月亮盈亏周旋；雨露使牧草生长，狂风暴雪给人畜带来灾害……这一切，自然会在牧民心中产生对上天、日月星辰、风雨雷电的神秘感、恐惧感和神圣感，逐渐人格化为天神、太阳神、月亮神、各种星神、风神、雨神、雷电之神……

农业经济条件下的原始社会也会产生相同的自然神灵，因为农业经济的运行也依赖于这些自然力和自然条件，而且依赖的程度更广大，他们也根据自己社会的经济条件和生活需要创造各种自然神灵。当然，他们也赋予这些自然神灵以适应于农业经济的神性。农业经济不同于畜牧经济的最大特点，就是必须定居于某个适于农耕种植之地，不能像游牧型畜牧经济那样逐水草而徙。定居者除农耕以外，还可畜养牲畜，故农业经济常包含畜牧经济。就农业方面来说，农耕者要选择适于种植的物种对之进行驯化；要采集种子，进行播种、管理、收获、保管、制成食物，这一切生产过程，要求农耕者认识农作物的生物特性和生长规律，认识与农作物生长有关的气象条件和季节性的周期变化规律，认识日月星辰的运行与季节变化的关系。农耕者特别依赖于定居地周围的自然环境。所在地的山、水、树木、湖泊、河流对农作物的生长发育有着直接间接的影响。所以，我们看到，与农事活动有关的自然神灵特别众多，农业祭祀仪式举行特别频繁，不仅远远超出渔猎时代，也大大超出畜牧经济社会。农耕定居地不仅有更多更好的条件来认识自然界及其规律性，也有更大的可能性把这种认识神圣化为更丰富多彩的宗教生活。如果说，游牧民由于逐水草而居的流动性，决定他们更多地崇拜普照大地的天空神，而较少注意特殊地区的自然神的话，那么，农耕定居者除了天空神以外，更多地把定居地自然环境中的一切自然物人格化为各种自然神，特别是与土地有关的大地之神。这个一般性的理论推理，可以在世界宗教史找到相应的证据。按照麦克斯·缪勒的比较宗教研究，雅利安语系各民族最初的最高神，都是发光亮的神和天空神："无论在印度、希腊，还是德意志的神话中，都有最高的神的名字。在喜马拉雅山上，在多多马的橡树林中，在卡皮托，或在德意志的森林之中，人们都在崇拜最高的神。最高的神的名字，在梵文中是'特尤斯'，在希腊文中是'宙斯'，在拉丁文中是'乔维斯'，在德文中是'蒂乌'……它们不只是词语，它们把人类以往的事实十分生动地展现在我们面前，使我们看到雅利安族的祖先大约在荷马史诗和吠陀经以前一千年的时候，就崇拜一个不可见的神，他们用同一个名称称呼他，这是他们自己的词汇中所能找到的最好、最崇高的名称，那就是'光亮'和'天空'。我们可以说这不过是自然崇拜和偶像崇拜。不，不仅是这样，虽然后来可以把它归入这类崇拜。……Dyaus（特尤斯）不是指蓝色天空或指人格化的天空，它有别的含义。吠陀经里的梵文‘特尤斯必特’就是希腊文的‘宙必特’，拉丁文的‘丘必特’；这就是说，当这三个语言还没有分开以前，这个词的意思是‘天父’。”①

闪米特语系各族的原始宗教都曾崇拜“埃尔”（El）神，其意义是“强大的在天之神”②。图兰语系诸民族则信奉和崇拜“天”或“天神”，以“天”为其共同词根。如：华语为“天”（tien）匈奴语为“坦格里”（tang-li），蒙古语为“腾格雷”（teng-ri），大致都是天空的人格化而成为“天神”。

上述世界三大语系诸族在其原始时代一定阶段时都形成了对天或天神的崇拜。问题在于，它到底形成于原始时代的什么阶段上呢？根据宗教人类学的比较研究，大体上应确定在畜牧社会时代，游牧民族对于天空神的信仰最为明显。例如雅利安诸族和闪米特诸族以及图兰语系的匈奴人、蒙古人都是游牧民族。但是，农业为主的原始社会里，与天空有关的自然力（天空和日月星辰、风雨雷电）与农业的关系也非常密切，至关重要，所以天和天空神也得到农业民族的高度崇拜，奉为最高的神。与此同时，又形成了与土地有关的众多自然神和大地之神。著名的意大利宗教学家拉斐尔·毕达佐尼对此问题作过深刻的研究。他认为，在原始时代的畜牧经济和农业经济条件下都曾产生和形成高位神和至上神观念。在畜牧社会，天空以其无限性和发光体的神奇性形成了“天神”和“天父”之类至上神；在农业社会，大地作为万物之母则形成了“地母”之类至上神。这就是说，在天空神和大地神的背后，有着不同的经济背景和社会条件，前者是畜牧经济，后者是农业经济：

> 在天父的后面，有一个畜牧业的父权制文明的长期传统。在大地母亲的后面，有一个农业的母权制文明的长期传统。天父是象征以畜牧产品为生的游牧民的至上神；牧畜群以牧草为生，而牧草则转而依赖于天空的雨。大地母亲是象征农人的至上神，农人以土地上的产品为生。在农业和畜牧业以前更悠远的年代里，至上神是动物的神。狩

---

① 麦克斯·缪勒：《宗教学导论》，第74—75页。

② 同上书，第75—85页。

猎的成功依赖于这位动物神。使用至上神的观念，常常是以他是维持人类生存所必需的东西为其根据。至上神的观念，大多并不是发生于理智上的需要，而是发生于生存上的渴望。

……

生存的渴望是至上神结构的共同根源。但是，这种结构在历史上表现为不同的形式，动物神、地母、天父。所有这些结构与不同的文化实体有着深刻的关系；这些文化实体制约着这些结构，各种至上神乃是这些文化实体的具体表现。①

毕达佐尼的见解独到，分析深刻，很有启发意义。特别值得注意的是，他还提出了“天父”观念与父权制，“地母”观念与母权制的关系，从而指出了自然崇拜与祖先崇拜的结合。看来我们有理由认为，如果没有这种结合，神灵及其神性就会停留在血缘性崇拜和自然物崇拜的水平之上，就不可能形成更高大的至上神观念。世界各民族的宗教史，特别是华夏民族的宗教史为此提供了丰富的佐证。我们古代崇拜的天地既是自然神，也是祖先神。当然，在阶级社会时代，天被统治阶级垄断，被说成只是君王家族的祖先神。

第六节　原始社会晚期氏族—部落宗教的演变

原始社会晚期的等级分化

人类社会的原始阶段，是一个漫长的历史时代。它的社会发展进程非常缓慢，历时数以十万年、百万年计。但社会状况和社会关系并不是一成不变。随着社会生产力的发展，原始社会的经济结构、人与人的社会关系，也在逐渐地发生某些演变。私有财产制度的出现，更加速了原始社会的演变过程，它促使社会结构朝着两个方向变化：

第一，财产的个人私有造成父系氏族公社的分裂，以父亲为家长的个体家庭逐渐成了氏族社会的基本单元。

① 拉斐尔·毕达佐尼：《至上神的现象结构和历史发展》，吕大吉译，载《世界宗教资料》1980年第3期。

第二，由于社会生活领域的扩大，特别是由于发展农牧经济的需要，那些生活在某个共同地域的不同氏族群体走向联合，结成部落以至部落间的联盟。部落和部落联盟，虽然仍以血缘性的氏族群体为基础，但血缘关系的纽带作用逐渐趋于淡化。同一部落或部落联盟之中可能有亲缘关系远近不等的其他氏族群体参加进来。地缘关系也逐渐成了部落联盟中的纽带之一。

一个氏族群体的各个不同的家庭，一个部落中的各个不同的氏族，一个部落联盟中的各个不同的部落，其经济发展水平、成员多寡、社会实力常常是不平衡的。有大有小，有强有弱。富有的家庭在氏族中，强大的氏族部落在部落联盟中，必然占据支配性的地位。原始时代成员之间的平等关系逐渐瓦解了，社会成员等级分化了。氏族的长老和部落的酋长逐渐不经社会推选而变成享有特权、世袭其职的氏族贵族，一般的氏族成员则变成平民，其中一部分甚至降为皂隶，与沦为战俘、丧失氏族保护权的奴隶为伍。部落联盟逐渐走向阶级社会。

人际社会关系的这种演变，反映到宗教观念和宗教崇拜体制之上，出现了一些新的情况，具体说来，原始社会晚期（部落联盟时期）氏族—部落宗教的演变表现在三个方面：

（一）神灵的等级化；

（二）地域保护神的出现；

（三）宗教专职者和特权等级的形成。

神灵的等级化

原始社会晚期，随着社会内部的等级分化，宗教崇拜对象（神灵），无论是祖先神，还是自然神都相应地出现等级化的情况，一部分神灵的神性和权能日益高大，逐渐超出众多神灵之上而成为高位神和至上神。神与神的关系也和人与人的关系一样，出现了高低上下的差异。强大富有的家族和氏族的祖先神必然是更强大、更崇高，也更为神圣。氏族部落共同崇奉的遥远过去的始祖神虽然仍然受到崇拜，但社会分化之际那些氏族贵族的近祖神便受到更多的礼赞和推崇。近祖崇拜较之昔日的始祖崇拜和远祖崇拜得到更大的发展。

根据宗教人类学的广泛的比较研究，原始人关于死后生活的遐想，一般是泰勒所谓的“继续存在论”：生前如何生活，死后亦如何生活。这种“继续存在论”到社会出现等级分化之后，祖先的亡灵也相应地等级化了。生前的贵族和首领，死后仍为贵族和首领。平民和奴隶之亡灵仍得尊重他们的权威，服从他们的命令，伺候他们的生活。再进一步，氏族贵族和首领们的亡灵的死后住所，逐渐被安排在极乐之岛，洞天福地，以致被设想在天上的太阳月亮之上，或者认之为云天之上的天堂。澳大利亚土著人认为，人死之后灵魂升入云天，在那里吃吃喝喝，狩猎捕鱼，一如生前。波利尼西亚人和南美印第安人则把月亮当成其首领和巫师之亡灵的死后天堂。美国密西西比河边的印第安纳切斯人和佛罗里达的阿帕拉奇人则相信：他们的首领和英雄的亡灵将生活在太阳那个光明的所在。这些特殊的祖灵事实上成了祭祀和祈求的对象，神圣化为高高在上的神灵。他们与平民亡灵的等级差别比之生前拉得更大更为特殊了。我国的景颇族村社的家庭和家族除祭祀共同的氏族祖先和本家的亡灵以外，还要崇奉“山官”的祖灵，而此“山官”则是村社部落的世袭贵族和“头人”。山官的祖先神供奉在景颇族的原始庙堂“能庙”之中，与天、地、太阳、月亮、山、水等自然神灵一起成为全族的共同神灵，其地位远在各家族祖先神之上。南诏时期云南巍山彝族把贵族部落长细奴逻尊为最大之神，称为“土主”，成为各部落共同崇拜对象，形成所谓“土主崇拜”，至今还留存隆重的祭祀仪式。在哀牢山区，大大小小的土主庙所在均有。巍宝山下新村彝族以细奴逻为第一代“土主”（细奴逻的后代皆为“土主”），称其庙为“祖庙”。村社各家的父祖亡灵在本家供奉三代之后，即送往庙中，刻名于庙中“祖公碑”上，在“土主”名义下分享后代的祭祀。当然，他们的地位与“土主”之神是不可同日而语的。

自然神灵的等级化也日趋明显。在尚未等级分化的原始人心中，自然力、自然物及神化后的自然神，本来是各自为政，不相统属的。当然，也可能出现麦克斯·缪勒所分析的那种情况：即一个时期主要崇拜某个自然神，另一时期则主要崇拜另一个自然神。不同时期，神有主次，但并无常主常次。这种宗教现象称为“轮换主神教”或“交替主神教”。但社会等级分化之后，情况逐渐发生变化。正如贵族、首领世袭化之后决不愿回到不享受世袭特权的平民生活一样，他们崇奉的自然神在位高权重之后，也不会让其他下级神灵取而代之。古代印度《梨俱吠陀》时代已把极其众多的自然神灵分为“天界”、“空界”、“地界”三类，而最主要崇拜的神则是天神特尤斯、伐楼拉和雷神因陀罗。我国古代即已把众多的自然神灵区分为“上下神祇”，即“天神地祇”。天神包括天和日月星辰、风雨雷电，地祇包括名山大川大湖之神以及所在之地的山川河流之神。这种分类自然而然地显示出了自然神灵世界的等级秩序，而崇拜者（人）则只能按自身所在的社会等级祭祀不同等级的自然神灵。此即《书·舜典》所谓的“肆类于上帝（天），禋于六宗（星、辰、风、雨、司命、司中），望于山川，遍于群神”。在这里，天帝、六宗、山川、群神，已被等级化。按照现代史学家的观点，尧舜时代就是原始社会晚期的部落联盟时代。当然，《书经》成书于周代，它所反映的可能更多的是周初大封建时代的宗教观念，但其中也可能包含于部落联盟时代自然神灵随社会等级化而等级化的遗迹。这种自然神等级化的情况在现代原始性民族中仍然存在。20 世纪 50 年代的景颇族尚处于原始农业公社阶段。他们把“鬼”（包括神灵和魔怪）分为三类：第一类是天上的鬼，有风鬼、雷鬼、虹鬼、月亮鬼、太阳鬼等。其中以太阳鬼为最大。第二类是地上的鬼，包括各种动物鬼、植物鬼和土地鬼等，其中以地鬼为最大。第三类是家鬼，包括各家的祖先鬼，但以山官（村社头人）所专奉的“木代鬼”为最大。处于与景颇族相同发展阶段的佤族也是如此。他们已有了主宰万物的最高精灵（神灵）“木依吉”，其下属神有开天精灵“达路安”，辟地精灵“达利吉”，司水精灵“阿庯”，司火精灵“那务”，司风精灵“达那”，司树精灵“达瓦”，司谷物精灵“司欧布”，这些都被说成是“木依吉”的子孙。原始氏族社会的血缘秩序被搬到精灵世界，把自然精灵“等级化”了。

地域保护神的出现

随着地缘村社和部落的建立，出现了村社和部落的地域保护神。在我国各民族中，这种地域保护神的常见形式就是所谓“社神”，即土地神。这个“社”，乃是社区之社。故作为土地神的社神，它所主管的土地，便不是与天对应的大地，而是村社或部落管辖之下的地域。西双版纳傣族供奉的村寨神“丢拉曼”和部落神“丢拉勐”就是地域保护神，傣语“曼”就是村寨。若干“曼”组成为“勐”，意为村社部落。“丢拉曼”原为氏族祖先，一般是建寨过程中有功的特权家族。氏族变为村社后，他就成为村寨保护神——村寨社神。“勐”原是该地区最早的村寨，后来成为勐的中心。“丢拉勐”一般是古老村社的祖先。这样，社神原先作为地域保护者的自然神如今由祖先担任，表现了自然崇拜与祖先崇拜的结合。

云南路南彝族的“密支”神也是社神祖先化的典型实例。据当地彝语，“密”意为土地，“支”意为祭祀。所谓密支即为社祭。然而在密支节祭祀仪式上，所请的主神，却是“普”、“楠”二神，即男祖先和女祖先，另外还有山神、土地神和天地诸神。可见，他们所崇奉的“密支神”，实际上是祖先神和土地神相结合的村寨保护神——“社神”。云南哀牢山等地所崇拜的“土主”神，实际上也是部落贵族祖先（细奴逻及其后代）、本村寨氏族和家族祖先和土地神（山神）相结合而成的地域保护神——社神。

宗教专职者和特权等级的形成

原始时代人们对宗教的信仰和崇拜完全是自发性的，既没有创教的教主，更没有专事教义研究、进行布道传教的机构和僧侣之类神职人员。这些，是宗教国家化后的国家宗教和创建宗教产生后的新事物。但是，这并非无源之水，在原始宗教中也有它们的“根”。原始人既对图腾物，祖先之灵和自然神灵有所依赖，就会对之进行祈求和崇拜，从而产生各种巫术性的、祭祀性的、崇拜性的宗教仪式。在原始宗教的初期，此类宗教仪式是非常简单的。说几句祈求性的话，做几个敬拜式的动作，以及诸如此类。由于它们发之于人性之自然，故人皆可以为之。但随着社会和宗教观念的发展，此类崇拜活动和礼仪规范越来越复杂，所需要的知识与技巧也就更多。在氏族社会里，各种宗教活动几乎都是整个群体集体进行的，富有阅历的老人和氏族长老以及享有行政权威的首领自然而然成为宗教仪礼的主持人。这些人事实上就是原始时代的“祭司”。与此同时，由于原始人在生产过程和生命历程中都会经常遭遇各种危机（生老病死，饥馑灾祸），在当时如何渡过这些危机常常更多的是求助于神灵的福佑。于是，自称与神有特殊关系，能够帮助别人沟通与神的联系的巫师、“萨满”、巫医、占卜者之类便应运而生。这些人物就是原始宗教中的宗教性人物。但在原始社会的漫长阶段上，他们之扮演宗教性角色常常是临时性的义务，既非专业，也无特权。在后来的发展中，他们逐渐把临时性的角色变成专业性的职业，把对社区成员的宗教义务变成高踞社区成员之上的宗教特权。甚至更进一步，这些宗教特权者更利用他们的特殊地位和原始先民对他们特殊尊敬，经由控制宗教事务进而控制社会事务，成为部落社会的酋长、首领或早期国家的“国王”。弗雷泽在《金枝》中对此现象从世界范围内进行广泛的研究。他的观点是：神圣的王权起源于为公众服务的巫师或巫医：

> 从历史的角度看，这种神圣职务〔国王〕的授命似乎起源于为公众服务的巫师或巫医的职务。从逻辑的角度看，它是根据概念联想的错误推论得来的。人们把自己思想的程序错误地当做自然的程序，因而想象他们既然能够控制自己的思想，或者似乎将能控制自己的思想，那么，他们也将能够相应地控制其他事物。有些人，由于这种或那种原因，由于天赋才能的高低，被人们认为具有极大的超自然力量，从而逐渐从一般常人中区分出来成了另一阶级并且注定对人类政治、宗教、文化才智的演进起着最深远的影响。我们知道，社会的进步主要包括人们社会职能的不断分化变异，或者用更简单的话说，就是分工。在原始社会，所有工作都是由人们共同担任，并且都是同样做得不好或几乎做得不好。后来逐渐分由不同阶级的人去做，并且做得越来越臻于完善。只要这种专门劳动的物质的与非物质的成果为全体人民所共有，这种不断增多的专门化便会使整个社会受益。现在看来，巫师和巫医似乎是社会演进过程中最古老的、人为的或专门职业的阶级。例如就我们所知的每一野蛮部落中都有男巫，在最低级的野蛮人中，如澳大利亚的原始居民，男巫是唯一专业化的阶级。随着时间的推移，这种分化也继续进行，巫医本身又分为医疗疾病，为民求雨等阶层，当其中最强有力者赢得首领地位并逐步发展成为神圣之王的时候，原来作为巫师的职能就越来越倒退为历史背景，而依巫术渐渐为宗教罢黜的程度相应地被祭祀或神的职务所替代。更往后些时候，王权的民事和宗教两方面的开始分开，有关世俗权力归于一人，有关神权的职能归于另一人。与此同时，宗教的优势只能抑制，却不能根除。那些巫师仍然沉溺于古老玄秘的巫术，偏爱新近的祭祀祈祷礼仪。但他们中间的明智者终于觉察到巫术的荒谬并且找到了利用自然力为人谋福利的更有效方式。换言之，他们放开了巫术，转向科学。①

关于弗雷泽的“巫术→宗教→科学”三阶段发展论，本书第一编第4章第1节讨论巫术问题时已有评论，此处不再重述。这里只考虑他的一个重要观点：巫师巫医是从原始社会分化出来的一个“最古老的、人为的或

① 詹·乔·弗雷泽：《金枝》，上册，第159—160页。

专门职业的阶级”，其中之“最强有力者赢得了首领地位并逐步发展为神圣之王”。弗雷泽为自己的结论列举了大量的民族学和宗教人类学上的事实，绝非空穴来风之论。但世界各民族的古老的神圣王权是否均为巫师所建，则可能是一个有争议的论题。但可以确定者：第一，巫师发展为宗教专职者和宗教特权阶级；第二，部落首领或早期国家的国王（不管是否是由巫师演变而来）常常兼任巫师和祭司之职，主持部落或国家的巫术性、祭祀性的仪典，甚至被赋予超自然权能，直接被奉为神明，形成“首领崇拜”。这两条看来是有很大的普遍性的。

据《国语·楚语下》所载之观射父答楚昭王关于“绝地天通”之问，可注意的有两点：

第一，古代之巫觋为有特殊才智者，形成国家统治阶级的中坚和核心，按观射父的说法是：

> 古者民神不杂。民之精爽不携贰者，而又能齐肃衷正，其智能上下比义，其圣能光远宣朗，其明能光照之，其聪能听彻之，如是则明神降之，在男曰“觋”，在女曰“巫”。是使制神之处位次主，而为之牲器时服。而后使先圣之后有光烈，而能知山川之号，高祖之主，宗庙之事，昭穆之世，齐敬之勤，礼节之宜，威仪之则。容貌之崇，忠信之质，禋絜之服，而敬恭明神者，以为之“祝”。使名姓之后，能知四时之生，牺牲之物，玉帛之类，采服之仪，彝器之量，次主之度，屏摄之位，坛场之所，上下之神，氏姓之出，而心率旧典者，为之“宗”。于是乎有天地神民类物之官，是谓五官，各司其序，不相乱也。民是以能有忠信，神是以能有明德，民神异业。敬而不渎。故神降之嘉生，民以物享，灾祸不至，求用不匮。

可见，古代之巫觋确实是一批具有超乎常人的聪明才智的特殊人物，他们不仅能通神事鬼，而且实际上制定和掌握了早期国家的典章制度，主持各种神圣仪典，是为“宗”、“祝”（大祭司）。掌管天地、神、民、类物之职的“五官”皆由宗祝而来。观射父这段话虽然没有直接说神圣的国王是由巫觋发展而出，但由巫觋而宗祝和五官，却可看出统治阶级与宗教特权集团的内在关系。

第二，部落首领和早期国家的国君使用行政手段把神权集中于自己手中，形成政权与神权的结合。

按观射父的说法是：

> 及少皞之衰也，九黎乱德，民神杂糅，不可方物，夫人作享，家为巫史。民匮于祀，而不知其福，烝享无度，民神同位。民渎齐盟，无有威严，神狎民则，不蠲其为，嘉生不降，无物以享，祸灾存臻，莫尽其气。
>
> 颛顼受之，乃命南正重司天以属神，命火正黎司地以属民，使复旧常，无相侵渎，是谓绝地天通。

本书已指出，观射父所谓的少皞未衰、九黎乱德之前的那种“民神异业”时代是他（或“颛顼”）虚构的“黄金时代”。颛顼实质上不过是我国原始时代晚期部落联盟的首领。在此之前的漫长原始社会只能是“夫人作享、家为巫史”、“民神杂糅”情况。那时，人人在其发生生命危机和生存危急时刻，皆可本于生存的需要和人性之自然，进行宗教—巫术仪式活动，与天神鬼怪直接打交道。即使早从母系—父系氏族制时代以来已出现了女巫和男觋，他们也仍是杂糅于民众之中，没有分化出来成为“宗教专业户”。如果观射父这段话包含有某些真实的历史回忆的话，那么，实际情况可能是：部落联盟时代，有一个颛顼其人或某个“颛顼式”的部落首领，他以所谓“九黎乱德”为借口，用行政手段结束了古已有之的那种以“家为巫史、民神杂糅”为特征的氏族宗教体系，把通天事神的宗教事务大权集中于自己手中，并任命“南正重”其人①主管宗教事务。果其如此，那么“颛顼”、“南正重”之类人物，便是改革此前宗教体制而后形成的专门主持通天事神仪式活动的宗教职业者，是享有特殊神权的宗教特权阶级，是神圣化了的部落首领和国王。

中国原始时代宗教演变的这种情况，广泛出现于世界上许多原始民族之中。据前苏联学者的调查研究，广泛流行于北亚诸民族中的以“萨满”（巫师）为中心的萨满教在其原始时代大致经历了四个历史阶段。在处于不同历史发展阶段上的民族中，萨满教有大不相同的信仰和礼仪，萨满的

---

① 《山海经·大荒西经》说，重与黎均是颛顼之孙：“颛顼生老童，老童生重及黎，帝令重献上天，令黎邛下地。”

地位、职能也因之而有差异。

最早期的萨满术形态，18 世纪时发现于堪察加地区的伊捷尔缅人（属古亚细亚语族）之中。其时，伊捷尔缅人仍处于母系氏族制社会形态。行萨满术者通常为妇女，而且多为已婚者。她们可为族人行萨满术，但并不以此为专门职业。楚奇克人的萨满情况与此类似。他们与常人没有什么不同，行术时既无特殊服饰，皮鼓亦非特制，一般人家皆有此种皮鼓。按楚奇克人习俗，他们在举行家庭仪式时，全家人依次击鼓参与到仪式活动之中。有些学者把这一历史时期的宗教形态称之为“全民萨满术”。这大体上类似于观射父所谓“家为巫史”、“民神杂糅”的那种情况。

萨满教在原始时代发展的第二种历史类型可称之为“氏族萨满术”。这一阶段上的萨满仍未分化出来成为专职，但已成为氏族崇拜的事奉者。每一氏族皆有本族的萨满，族人则奉萨满为保护者。此种情况，在东西伯利亚的尤卡吉尔人中可以见到（该族在 17 世纪时尚处于从母系氏族制向父系氏族制的过渡时期）。类似遗迹仍保留在布里亚特蒙古族和鄂温克族之中。

第三种形态萨满教的主要特点就是萨满职业的专职化，萨满已脱离社会生产而以行萨满术为生。学者称此为“专业萨满术”。此种形态广泛分布于西伯利亚和东北亚的大多数部落民之中。

在上述地区最为开化的民族中，萨满教的历史形态已有变化，趋于衰微。布里亚特蒙古族的萨满通常已不再行术作法，主要是从事祈祝和献祭，与氏族—部落宗教崇拜中的祭司无甚差异。我们可以把此种形态称为“萨满祭司化”。①

世界各地原始部落民中巫术宗教的演变情况虽然不一定等同于北亚诸族，但大体上都经历了从“家为巫史”到“民神异业”的宗教专职化发展。以太平洋诸岛之部落民为例。太平洋岛屿的社会发展程度和文明发展程度由西向东越来越高，大体上是从氏族制逐渐向早期阶级社会和原始半国家发展。在社会呈现等级分化的地区，宗教职业者已经从一般社会成员中分化出来。据马林诺夫斯基对特罗布里安群岛美拉尼西亚人的调查，那

① 关于北亚诸族萨满教的历史演变的论述，请参见谢·亚·托卡列夫《世界各民族历史上的宗教》，第 182—183 页。

里当时已形成种种专职巫师。有从事农业法术者，有操持造船业者，有受部落首领之命以执行死刑为业者。在东南部美拉尼西亚地区，由于其社会发展水平高于西部，故已出现有类似于首领的世袭巫师兼祭司。在太平洋东部的波利尼西亚人所在地区，上述演变更为明显。专事宗教仪礼的祭司不仅从社会分离而出，而且形成独立的社会集团。祭司有两类，一为正式祭司。他们是圣所的事神人员；一为自由行术者如占卜者、预言者、巫师、萨满之类。更值得注意者，波利尼西亚人的首领已成为集神俗权于一身的宗教特权阶级。首领兼行祭司职务，主持圣典，职掌神圣事务，更为特殊者是他们自身已被神圣化，被社会奉为神明。围绕他们有许多崇拜活动和禁忌规定（“塔布化”），塔布化的部落首领成为社会成员至为畏怖的宗教崇拜对象。宗教学者称之为“首领崇拜”。它的特点是集神权与王权于部落首领之手，这是原始巫术性宗教（萨满教）发展的第四种形态。

非洲部落民也广泛出现了祭司阶层和首领崇拜，西非地区的祭司体制尤其发达，这与当地的部落宗教崇拜之繁盛密切有关。非洲地区各部落都建有自己的寺庙以进行部落民的祭祀活动。寺庙之管理、祭仪之进行，自然必须设立祭司。寺庙拥有财产、土地。有的寺庙甚至还管辖居民和奴隶。因此，寺庙祭司不仅拥有财富，而且有权有势。农业地区的祭司主持的最重要的公众祭仪就是祈雨仪式。如有征战，则主持向战神献祭的征战巫术仪式。除此之外，还有一项经常性的宗教事务。在民众中出现各种纠纷而提出诉讼时，祭司通过举行神判法术进行审理。神判方式多种多样，但其结果常操纵于祭司之手。他们以此获得各种私利，控制平民的命运。从各方面都可看到，非洲的祭司集团事实上已成为高踞社会之上的特权阶级。

除寺庙祭司之外，社会上还有自由行术的巫师和巫医。他们从事的宗教性事务主要是赶鬼祛病、占卜、预言之类。此类自由行术者的社会地位较之寺庙祭司要低，往往为后者所鄙视。但他们实际上也已从一般部落民中分离出来，逐渐成为专事弄神弄鬼的“宗教专业户”。

由于非洲许多地区社会的等级分化已达相当程度，事实上已进入早期阶级社会阶段，所以，这些地区也和东太平洋波利尼西亚人一样盛行对首领的崇拜。部落的首领或酋长往往同时即是大祭司或大巫师。部落民笃信首领具有超人和超自然的异能，故对之敬若神明，顶礼膜拜。首领去世之后，更奉以祭祀之礼。依据首领崇拜的发展程度，大致可分为两个阶段。

开始阶段，首领基本上是部落最大的公众祭司、是公众祭仪的主持人，虽已被赋予某些超自然能力，但还未被完全神圣化。到第二阶段，随着首领的统治权力的扩大，其在宗教生活中的地位、其自身拥有的超自然神性亦随之膨胀，他们既是神圣化的首领，又是被视若神明的祭司，俨然是统御一切的主宰。在这种情况下，宗教与政治，祭司与首领合二而一，互相为用了。部落首领兼任大巫师和大祭司，首领崇拜奉首领为神明，虽然提高了首领的地位和权威，但与此同时，也给他们自己带来了难以克服的风险。弗雷泽的《金枝》在这方面收集了大量资料。许多事实既富于典型意义，又非常生动有趣：

在非洲，国王常常是由公众巫师，特别是祈雨师发展而来的。巫师所造成的对他的无比畏惧以及他通过施行巫术所积累的财富大概都有助于他的晋升。但如果说一位巫师，特别是祈雨师可由于其成功地施行巫术而发迹，那么一位不走运或不熟练的巫师，也会掉进密布在其职业生涯中的陷阱。处于公众巫师的地位确实是很危险的。因为人们既笃信巫师拥有使甘露降临、阳光普照、万物生长的力量，因而也就很自然地会把干旱和死亡归咎于他的罪恶的玩忽职守和存心固执己见，并相应地给他以惩罚。因此，在非洲，国王如果求雨失败便常被流放或被杀死。在西非一些地区，当祭物和供品献给国王之后，仍不能获得雨水，他的臣民便把他捆绑起来，以暴力将他带到他的祖坟前，在那里，他可能从其祖先之灵求得所需的雨水。在西非的班查尔人中，大家把取得雨水或好天气的权力归之于国王，只要风调雨顺人们就给他大量的粮食和牛。但是如果过久的干旱或雨水变成了危害庄稼的威胁，他们就辱打他，直到天气变好为止。当收成不好或海边风浪太大难以捕鱼时，卢安戈人就骂国王是“坏心肠”，并将他废黜；在谷物海岸，大祭司或被当做物神崇拜的国王，他们享有“波迪奥”的头衔，负责保持全国人民的健康、土地肥沃、河海多鱼。如果国家在这些方面遭灾的话，“波迪奥”便被免职。在乌苏库马，那是住于维多利亚尼安萨湖南岸的一个大区。雨和蝗虫是这个苏丹政权的主要问题。他也必须懂得如何求雨和驱赶蝗虫。假如他和他的巫师都未能完成这个任务，当灾难来临之时他的整个生存都处于危险之中。当望眼欲穿的雨水迟迟不来时，这位苏丹便立即被赶走。事实上，人们认为统治者必须对大自然及其现象拥有控制力。我们还常常听说，尼安萨地区的土著认定只有施行巫术才会下雨，而这个求雨的重任就落到了部落酋长的肩上。如果雨水未能适时而降，大家都抱怨不止。已经不止一个无能的国王由于干旱而被流放。在尼罗河上游的拉图卡人，每逢庄稼干枯而酋长的一切求雨努力已被证明无效时，人们便在夜里对他群起而攻之，抢走他的所有财产，把他赶走，还常常杀死他。……①

弗雷泽罗列的事实，从当代的部落民回溯到古代的西徐亚人、古埃及人、古印度人、荷马时代的希腊人直到爱尔兰人和英国人；从非洲扩展到南太平洋岛人，美洲印第安人，亚洲的马来人，沙捞越的达雅克人……难以尽抄，就此打住，有兴致的读者可直接参读。

首领崇拜既然对被崇拜的首领蕴涵有如此之大的风险，他们当然会对传统宗教体制进行反抗，作出修正。18世纪70年代，尼日利亚西部地区的耶奥王国，臣民曾奏请其国王“稍事休息”（实即请其“自裁”）。国王断然拒绝，宣称将继续造福于其国臣民。臣民哗然，群起而攻，但均遭挫败，废君之传统遂被国王废除。

综观各民族在原始时代晚期宗教的发展趋势，大体上，一方面继续强化宗教特权阶层，神化部落首领；但另一方面他们所天赋的超自然能力在巫术领域却逐渐被淡化，转移到主持公众祭祀仪式方面，更多地以“大祭司”身份来显示他的宗教职能。他们和宗教特权阶层仍为平民百姓的“福利”通天事神，但这些天、神逐渐变了味。图腾崇拜或氏族祖先崇拜时代，图腾和祖灵所具有的全氏族特性逐渐消退，越来越多地被涂抹上氏族贵族，部落首领和宗教特权阶层的阶级色彩，逐渐变质为服务于这些特权阶层之私利的工具。随着原始社会的等级分化，昔日近在氏族成员身边的“神灵”越来越被推到高高的天上，距离下层民众越来越远了。氏族—部落社会的人际平等关系让位于等级关系，阶级国家逐渐成形。原始时代的氏族—部落宗教演变为阶级国家的国家宗教已是不可避免的历史发展趋势。这不是历史的倒退，而是文明的发展。世界历史上的早期国家形成于古代埃及、古代两河流域、古代中国、古代印度、古代希腊等地。这

---

① 詹·乔·弗雷泽：《金枝》，上册，第132—133页。

些地区开创了人类文明的黎明时代。宗教的国家化也发轫于这些地区。宗教的这种演变既是这种文明发展的产物，也是它的产婆，更是各文明国家文明的标志。

第三章　古代阶级社会的国家—民族宗教

第一节　文明古国和早期国家—民族宗教在历史上的出现

古代文明黎明时期世界宗教舞台上的主要角色

在本书上一章第六节，笔者探讨了原始社会晚期氏族—部落宗教演变过程的一般情况，指出这时的宗教信仰出现了三种发展趋向：一是信仰对象（神、灵）的等级化；二是出现了地域保护神；三是社会分化出了宗教专职者和宗教特权阶层。三种情况都表明了一种基本历史事实：随着氏族—部落社会的阶级分化和早期国家的出现，原始性的氏族—部落宗教也逐渐走向国家化或民族化。我们比较研究的各种原始性宗教，包括已经从原始社会发展为文明国家，氏族—部落宗教已经发展为国家—民族宗教的地区和民族，但更多的则是近现代尚存于世的原始性民族。对这些民族而言，它们正处于跨越从原始社会到文明国家的门槛之上，但却并未完成这样的发展。它们的存在所提供的事实可以为宗教学关于宗教发展的理论（原始时代的氏族—部落宗教→古代阶级社会的国家—民族宗教→世界性宗教）提供民族学和宗教人类学的证据，但对世界宗教史上上述三种宗教历史形态的实际发展，并未产生实际的影响和作用。因为它们至今仍停留在原始宗教的历史阶段之上，在从国家宗教到世界宗教的历史大舞台上没有扮演任何角色。

那么，在世界宗教史上起着主要作用、扮演戏剧主角的是哪些民族呢？毫无疑问，是那些在世界历史上最早建立文明国家、并把原始社会的氏族—部落宗教发展为最早的国家—民族宗教的民族，它们是古代埃及、古代巴比伦、古代中国、古代印度、古代波斯、古代希腊等。麦克斯·缪勒在其《宗教学导论》中提出了一个很有意思的观点：世界历史上的宗教很多，但只拥有神圣经典的宗教才在世界宗教史上扮演着主要的角色，对后来其他地区和民族的宗教信仰发生了重要的深远的影响。这样的主要角色为数很少。据他说，这类主角就是雅利安人、闪米特人。随后，他又加上中国人，并有保留地把埃及人也列入其中：

> 让我们看看在我们称之为世界历史的这一伟大戏剧中扮演两个主要角色的两个种族吧，也就是雅利安人和闪米特人。我们将发现这两个种族各有两个成员才有资格宣称拥有圣典。雅利安人中的是印度人和波斯人；闪米特人中的是希伯来人和阿拉伯人。雅利安族系的印度人和闪米特族系的希伯来人，各产生了两种有圣典的宗教。印度人产生了婆罗门教和佛教，希伯来人产生了摩西教和基督教。不但如此，重要的是要看到在每个族系中，第三个有圣典的宗教几乎都不能声称自己有独立的起源，它只不过是第一个宗教隐约的重复而已。琐罗亚斯德教的根源跟吠陀教较深较广的潮流起源于同一源泉。伊斯兰教就其最根本的教义而言，是从亚伯拉罕的宗教的源泉产生的。亚伯拉罕是唯一的真神的崇拜者和朋友。
>
> 读者若记住下列的简图，就能一眼看出雅利安和闪米特各族（至少是有圣书或经典的各族）诸宗教的关系，他们的宗教思想的发展已有许多世纪了。

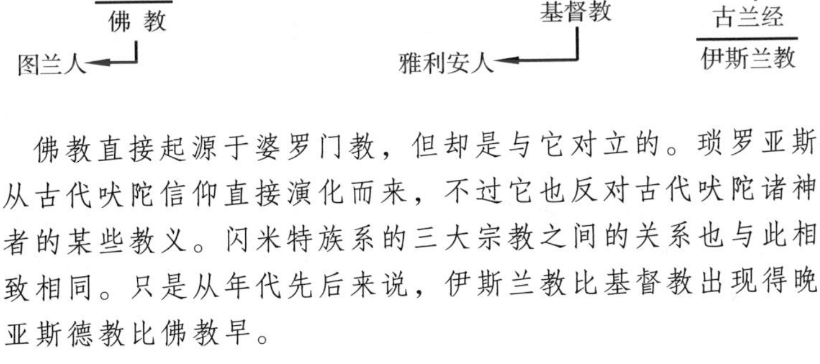

> 佛教直接起源于婆罗门教，但却是与它对立的。琐罗亚斯德教不是从古代吠陀信仰直接演化而来，不过它也反对古代吠陀诸神灵的崇拜者的某些教义。闪米特族系的三大宗教之间的关系也与此相同，或大致相同。只是从年代先后来说，伊斯兰教比基督教出现得晚，而琐罗亚斯德教比佛教早。

我们还应看到，这两大宗教主干的平行分支图很相似，并非偶然的巧合……

佛教是从古代印度婆罗门教演化而来的，但同时又是反对它的。佛教在它诞生的土地上经历了一段时间以后，衰败了，只是在从印度移植到亚洲大陆腹地图兰族系诸民族并扎下根以后，它才真正取得了重要地位。佛教一开始本是雅利安人的宗教，最后成了图兰人社会的主要宗教。

在另一个宗教体系中也有类似的移植情况。基督教本是从摩西教演化而来，但正像佛教遭到婆罗门排斥一样遭到犹太人的抵制和排斥。它改革古代犹太人信仰的目的没有实现，直到它从闪米特人的土地移植到雅利安人的土地，从犹太人传到“异邦人”以后，它的教义才得到发展，才在世界范围内成为一个重要的宗教。它在开始时是闪米特人的宗教，后来成了雅利安人的主要宗教。

除了雅利安和闪米特族系以外，只有一个国家能说它有一个甚或两个有圣典的宗教。中国产生了两个宗教，各以一部圣典为基础——即孔夫子的宗教和老子的宗教，前者的圣典是《四书》、《五经》，后者的是《道德经》①。

以上八个宗教的圣书，构成了人类全部圣书②。

除此以外，麦克斯·缪勒还承认古代埃及人也有经卷的断纸残篇留传下来：

雅利安人和闪米特人的两股思想潮流在许多世纪中一直从东南向西北，从印度河到泰晤士河，从幼发拉底河往约旦河和地中海方向流动，但它的影响在广袤的世界上仅占很窄的一条狭长地带。我们若站得更高一些，放眼往四下看，就会见到凡有人类痕迹的地方，就有宗

① 孔子的教诲是否可称为“儒教”，我国学术界有争论。《四书》、《五经》不能视为宗教经典。但我国自夏、商、周以来，就有一种被国家奉为神圣的、以敬天拜祖为中心的宗教，并为历代正统儒家所信仰和支持。它与道教一起构成自成体系，历史悠久的中国传统宗教。

② 麦克斯·缪勒：《宗教学导论》，第53—56页。

> 教的遗迹。在尼罗河的两岸，我们还能见到金字塔，还有神庙和迷宫的废墟，它们的墙壁上刻着象形文字和奇形怪状的男女神像。在经过长时间无情的磨损而保留下来的破损的纸草书中，我们甚至发现了从某种意义上可说是埃及人的经卷的断纸残篇。①

埃及宗教经卷的残篇当然不能与上述雅利安族系、闪米特族系、中国族系的圣典相比，古代埃及人的宗教传统后来也相继被雅利安人的基督教和阿拉伯人的伊斯兰教所取代。但这些经卷残篇足以证明古代埃及宗教和上述三大族系的宗教一样古老（甚至更为古老）。至于闪米特人的宗教，除了麦克斯·缪勒提到的希伯来人的摩西教（犹太教）和阿拉伯人的伊斯兰教以外，我们还应进一步追溯到古代苏美尔人—阿卡德人—巴比伦人的宗教。阿卡德人和巴比伦人都属于闪族人种，整个西亚地区各个种族（包括希伯来人和阿拉伯人）都从那里汲取传统的养料，并发展成为自己的宗教。

所谓有圣典的宗教实即人类历史上最早的国家宗教

这就是说，如果我们从人类历史上最重要的几种宗教体系（麦克斯·缪勒所说的有圣典的宗教）向上追溯其种族上的根源的话，便可看到，它们发端于中国族系、雅利安族系、闪米特族系和古代埃及人。但是，如果我们从地理上寻找其发源地的话，那就是：中国的黄河—长江流域；印度的印度河—恒河流域；伊朗高原；西亚的两河流域；北非的尼罗河流域。正是在这些地区，人类诞生了最早的文明，建立了最早的国家。由于阶级国家的出现，原始时代的氏族部落宗教发展为民族国家宗教而成为国家的上层建筑。一方面上层贵族维护其特权地位的需要，产生了政治上强化宗教的需要；另一方面，生产力的发展也使祭司阶级脱离生产、专门从事宗教事务成为可能。只是在这时候，宗教的圣典才有客观的可能适应社会政治的需要而逐步编撰出来。正是有了宗教的神圣经典，宗教的教义、教理和体制才会日趋完备，它的社会影响才得以扩大和持久。麦克斯·缪勒所谓的作为人类历史上几种主要宗教之根源的、拥有最早的宗教圣典的宗教，实际上也就是人类历史上最早建立文明国家的国家宗教。它们是古代巴比伦宗教和古代希伯来宗教和犹太教（此即麦克

① 麦克斯·缪勒：《宗教学导论》，第64—65页。

斯·缪勒的闪米特族系宗教，阿拉伯人的伊斯兰教诞生较晚，后成为世界性宗教，我们将在下一章讨论），古代印度宗教和古代伊朗宗教（此即雅利安族系宗教），古代中国宗教和古代埃及宗教。在这些早期政治国家发展出来的国家宗教，标志着人类的宗教史发展到了一个新的阶段。本书打算通过对这些文明古国的国家宗教的比较研究，探讨原始时代宗教国家化或民族化的形成过程及其性质、特点的一般情况。

在进行这种比较性研究的时候，本书采用了唯物史观的理论和方法。它的基本点是认为：宗教是社会的产物，宗教的历史形态，从根本上说，是一定历史阶段上社会形态的投影。由此出发来看原始时代氏族部落社会的宗教，我们认为，其各种要素（神灵和神性观念，崇拜行为，宗教体制）都必然具有氏族制社会和部落社会的基本特点，是维护当时社会秩序的上层建筑。正因为宗教乃是社会的投影，所以，一旦社会形态发生变化，它投在宗教世界的“影子”也必然发生变化。在原始社会发展的末期，社会内部已开始阶级分化。氏族长老、专业祭师（或巫师）、部落首领成了享有诸多特权的贵族阶层，部落联盟实际上逐渐成了这些上层人物把持的，并主要为他们的利益服务的工具。可以认为，这是作为政治国家的原始形式。在此之前，宗教作为氏族部落社会的上层建筑，它的基本社会功能是神化和保护氏族—部落社会的神圣传统，强化社会成员的一体化秩序。而当氏族—部落社会逐渐演变为阶级社会的时候，上层贵族就把他们控制的宗教机制转变为神化其特权的东西，变成了具有阶级色彩的国家宗教。社会形态的宗教形态的这种演变，在人类早期诸文明古国（古代埃及、古代巴比伦、古代中国、古代印度、古代波斯）得到清楚的展现。为了比较具体而不是过于空泛地了解人类宗教形态的这种演变过程，我们将分别对上述诸文明古国宗教形态国家化或民族化的过程作简要的概述。

第二节 古代埃及宗教的国家化或民族化

古代埃及社会与宗教走向国家化的基本历程

埃及的尼罗河谷和尼罗河三角洲地区是人类最早的定居地和有数的几个古代文明起源地之一。古代埃及国家体制的产生和宗教的国家化，是人类文明发展到一个新阶段的标志。

古代埃及最早的国家机制的雏形是“州”。“州”字的象形文字画的是由河渠交叉划界的土地，说明最初的州实际上是与农业生产和水利灌溉有关系的社会单位，看来是在农业公社基础上形成的政治联合体。在前王朝时期，古埃及大概形成了四十余个州。由于州与州的兼并终于在公元前四千纪中叶形成上下埃及两个王国。公元前三千年前后，上埃及王美尼斯灭下埃及，建立了统一王国。统治者的承袭和兴替，形成了古代埃及历史上三十一个王朝。公元前332年，第三十一王朝为马其顿王亚历山大大帝吞并，其后又多次为外族入侵者所统治。直到第二次世界大战之后，埃及才摆脱最后一个外族统治者——大英帝国而获得政治上的独立。研究上述整个过程中政治和宗教的演变，是历史学家的任务，本书感兴趣的只是古代埃及宗教究竟是如何随社会的国家化而国家化。

古代埃及社会国家化的历史过程大体上是氏族公社→农村公社→地区性的州→更大地区的统一或半统一的王国，这是一个从血缘社会到地缘社会，从分散地区到统一国家的发展过程，其中必然充满以大吃小、以强并弱的兼并现象。在这一历史发展过程中，一般总是强大有力的氏族部落和地区首领取得政治上、经济上的特权，发展为政治国家的世袭国王。古代埃及的宗教信仰形态也不得不反映社会形态上的变化。基本情况大致是：当某个氏族、部落成为某个地区的社会政治联合体的主体时，他们的首领也就成了该社会政治联合体的君主。这时候，他们原来所崇奉的图腾神和祖先神一般也就成为该地区的地域保护神；当某个州成为统一王国的政治中心（首领）的时候，它的地域保护神也就相应地升格为全国的最高神。这可以说是贯穿于古代埃及宗教历史发展的一条轴线，表现了从原始社会氏族—部落宗教发展为国家—民族宗教的基本过程。

神性的演变和至上神的出现是国家政治的产物

在埃及统一王国建立之前，各州崇奉的地方保护神多为动物形象。牛、羊、狮、虎、鳄鱼、兔、蛇……曾分别被各州奉为神圣。它们享有神圣禁忌的保护，人们不得捕杀和猎食，这显然是图腾崇拜的典型表现。公元前四千纪中叶，北部尼罗河三角洲地区各州以布陀州为中心形成下埃及王国。国王奉蛇神为保护神，以蜜蜂为国徽。南部各州以尼赫布特为中心形成上埃及王国，国王奉鹰为保护神，以白色百合花为国徽。上下埃及统一后，由于不同历史时期的政治中心不同，作为国家神圣象征的最高神也因之而有相应的变化。与此同时，仍容许各地区崇奉自己的地方神。尽管不同地区有不同的地方神和当地的众神殿，但从埃及尼罗河的南端到北端，作为生命之神的太阳神瑞和作为死亡之神的冥王神奥西里斯大体上总是高踞于众神殿的特殊地位，受到埃及人普遍的敬拜。瑞和奥西里斯均被国王视为与自己有血缘关系的保护神。原始时代的神，本来就是支配人们日常生活的异己力量的神格化，图腾神是自然崇拜与祖先崇拜的结合物。在埃及，异己自然力量神格化之最高表现就是太阳神瑞。太阳是生命的源泉，是人类生存所依和生活所系，因此受到原始人类的普遍崇拜。大概是因为太阳光芒普照大地的缘故，上下埃及统一之后，太阳神就成了历代王朝的最高保护神。从旧王朝第四王朝（公元前2650年）国王（法老）开始自称瑞神的儿子。在现存的一幅宗教图画中，画着瑞神将全埃及的地照赐给国王，象征国王统治全埃及之权来自太阳神。在后来的历史发展中，由于王国的分分合合，法老世系的兴替代换，政治中心的不断变迁，使那些原来局处一地的地方神上升到全国的高位，从而与世代崇奉的太阳神瑞混同或合并起来。这样一来，太阳神瑞便从不同的时代和地区里取得了新的动物形象。作为埃及统一之神圣象征的大神，最为古老的可能是鹰形苍天神霍鲁斯（Horus）。此神本是希埃拉孔和埃德福地区的部落神或地区保护神。这一地区的首领（霍鲁斯崇拜者）约在公元前四千纪末起事完成统一全埃及的大业，建立第一、第二王朝，霍鲁斯于是便从部落神中脱颖而出，成为全国信奉的神。在古代埃及人的宗教观念中，鹰是太阳的象征，太阳的运行被幻想地说成是鹰在天空中飞翔，所以，霍鲁斯被视为太阳神（在后来的神话中，霍鲁斯被说成是奥西里斯的遗腹子，而奥西里斯又是太阳神之子）。在一些古埃及的宗教画中，霍鲁斯被描画为一只头佩日轮的鹰，或一个戴有王冠的鹰头人。鹰（霍鲁斯）与日轮（太阳神）的结合，王冠（国王或法老）与鹰头人（霍鲁斯）的统一，显然是神权与君权合为一体的象征，是宗教国家化的具体体现。古代埃及的国王因此而自称是霍鲁斯的化身。

第三王朝时，王都迁至孟斐斯。该地区原来所奉的地域保护神普塔（Ptah）于是被推尊为全埃及的主神。在孟斐斯的祭司神话中把普塔说成是最高创世主，是从原始混沌中涌现出来的埃及本身，而把太阳神霍鲁斯、阿图姆（Atum）、透特（Thoth，古代埃及的智慧和文艺之神，鹮头人身）等神降格为普塔神的表现形式。普塔神的形象原为牡牛形，后表现为人形，而且手中持有象征权力的节杖，反映了他对全埃及的神权统治。

在第五王朝“太阳之城”赫列欧成为统一王国政治中心的时代，该城地方保护神阿图姆地位上升而与瑞神统一为阿图姆—瑞神，成为全国崇拜的最高神。在金字塔经文中，阿图姆的神性变得高大而且重要，被说成是自存自主的创造主，他从该城的“原始水”中浮现出来创造了诸神和宇宙。阿图姆神的形象是狮子形，后来才常作人形。到新王国时代，底比斯的地方贵族统一全埃及，底比斯成为全国首都，该城的地方保护神阿慕恩（Amun，或称阿蒙 Amon）的地位也相应上升而与太阳神合为一体，成为所谓阿慕恩—瑞神，或阿蒙—拉神（“拉”为瑞的希腊语 Ra）。阿慕恩为牡羊形，在宗教画中，被画成有公羊般的头，或戴着三重王冠的公羊。

古代埃及众神神性的演变，显然适应了社会的发展和政治的需要。神不过是国家和王权的象征，神的基本任务实际上是维护国家和王权的神圣不可侵犯性。国王齐夫林的巨大塑像的头部后面，踞坐着鹰神霍鲁斯；二十王朝的拉美西斯三世石棺上的浮雕（现存剑桥）刻有埃及三位大神的象征性徽志。他手执奥西里斯的双笏，头上是母牛女神哈梭的角和阿蒙—拉神的日轮和羽毛。棺盖上的铭文字道：“奥西里斯，上下埃及的王，这两个国家的主……太阳的儿子，诸神所喜爱的，王冕的主……你是在神位上。……你所向无敌，我使你在他们之中得到胜利……”奥西里斯等三位大神实际上是君权的神圣象征和国王的保护神。

祭司神学逐渐把杂乱的神灵世界统一起来建立起一定的天国秩序。瑞神不仅被说成是世界的创造主，而且按照他的旨意建立起世界的秩序。祭司们还把这种世界秩序人格化为一个神——麦特（Maát）。麦特是瑞神的女儿。她的神性代表真理、正义和秩序。众神与世人皆必须遵守麦特立下的秩序。法老的任务就是在世界上实现麦特的秩序。在公元前 1300 年阿比多斯（Abydos）的法老塞提一世（Seti Ⅰ）的庙宇浮雕上，刻着塞提一世向奥西里斯、伊西斯（Isis）和霍鲁斯三位大神奉献麦特的塑像，意在说明国王或法老是世界秩序的实现者。

不仅国王或法老的王权来自于神，而且他们本人生前就被认之为神，各神庙都设有敬拜法老的圣所，还有敬拜法老的宗教仪式。他们在宗教观念和宗教仪式上都被神化了。

当然，尽管古代埃及中的神本质上是统治阶级的象征，但他们与民众信仰者也发生关系。在当时的宗教观念中，神与人是互相依赖、互有需要的。神需要人为他修建庙宇、安顿住所、穿戴衣饰、供献食物；人则需要神赏恩赐福，保佑无灾无难、生活快乐、寿命长久。如果某人专门供奉某个保护神，那个神就专门保护和赐福于他。埃及宗教鼓励人们信仰各自的神，因为他们认为如果所有的人都信奉同一个神，这个神便会疲于奔命，无力对所有信众均加福佑。这种神灵观念，也是埃及神灵所以众多的一个原因。古代埃及人的神灵观念还有一个颇为有趣的特点：他们认为神会衰老，而且还可能因此而辞职让位，将神权传给他的儿子。古代埃及宗教中神的神性和神灵世界的秩序与埃及社会的情况存在着惊人的相似性，在发展和演变上有着历史的同步性。

神庙经济、祭司贵族的形成及其在国家中的作用

在古代埃及宗教国家化的过程中，神庙经济和祭司贵族起了重要的作用。

古代埃及人神灵观念形成和发展的自然结果之一，就是要求信神者把幻想中的神灵物质化为可感的偶像，并为之提供生活起居和供人瞻仰礼拜的场所，这就导致神庙的兴建。

有了神庙和神的偶像，神就生活于其中，就得有一批专门侍候神灵、进行宗教仪式活动的神职人员，于是便出现了祭司，祭司的基本职务是主持宗教活动的仪式。日常任务则是开放圣殿，为神像洗澡、穿衣、装饰、奉献与帝王日常饮食一样的食物和饮料。

祭司与俗人的区分是随着历史进程而日益严格的。大的神庙有四个主祭司（“先知”），还有为数不少的次级祭司以及歌唱者、音乐师、文士和奴仆。他们之间有严格的等级划分。

埃及诸神各有自己的祭日（神的生日）。各地神庙还有各种定期的祭祀活动，如国王加冕礼及其周年纪念日、收获节之类季节性事件等。届时，祭司们把该庙神像抬出游行，往往还去访问别的神庙。祭日的神殿装饰一新，气象万千，热闹非凡。在祭仪中，祭司们分别扮演神话中的角色，诵读有关神灵的神话传奇和颂赞神灵的诗篇。

神庙里供着神的偶像，成为神的寓所，这就使它蒙上了神秘的色彩，成了给信仰者以启示和训诫的中心。祭司们因此而享有信众的崇敬，成了社会上的特权阶级。信众为求神恩，经常向神奉献祭物。国王和贵族也赐给神庙以土地、财物和各种特权。据犹太教的《旧约·创世纪》记载，古代埃及法老向农民征收收获得物的四分之一，而寺庙土地则免予征税。寺庙有庞大的经济，成了国家经济的主要成分。据记载，拉美西斯末年，埃及寺庙拥有耕地三十万公顷，约占全国耕地七分之一，拥有奴隶十万三千余人，牲畜四十九万头之多。强大的寺院经济使祭司阶级的社会政治地位更加强大，祭司贵族与世俗贵族一起构成统治集团的最上层。法老则既是一国之君，又是祭司之长，是神权与君权的统一，其权力超越二者之上。

祭司权力和寺院经济的膨胀，必然在统治集团内部酿成与世俗贵族的矛盾。在埃及新王国阿蒙霍特普四世时期（约公元前1491—前1465年），国王与祭司的矛盾激化起来，表面化为公开的冲突。当时，底比斯阿蒙神庙拥有巨大的财富，左右全国的政治。阿蒙霍特普为打击阿蒙神庙为代表的祭司贵族势力，便大力推行宗教改革。他在赫列欧城和孟斐斯城地方祭司的支持下，决定恢复对传统太阳神的崇拜。阿蒙神庙祭司当然极力反对。阿蒙霍特普四世宣布全国崇拜一个宇宙间唯一的神——阿顿，这是以日盘为象征的太阳神。国王把自己的名字中的“阿蒙”去掉，改名为埃赫那顿，意为“阿顿的侍奉者”。他于底比斯北部三百里处另建新首都，命名为埃赫太顿，在那里和全国兴建阿顿神庙。他通过否定阿蒙神，另立阿顿神的宗教改革，来否定阿蒙神庙祭司集团在国家的特权地位。

阿蒙霍特普四世的宗教改革，在宗教发展史上是用行政手段把传统的多神宗教改造为一神宗教的一次努力，但很快就失败了。他死后，继任法老吐坦阿顿与阿蒙祭司集团妥协，改名吐坦阿蒙，恢复“阿蒙”的传统称号。对阿蒙神的崇拜又重新恢复起来。这次宗教改革之所以失败，主要原因在于它是统治集团内部的权力之争，人民不但未得其利，反而深受其害。埃赫那顿建筑新首都、新神庙，以及对新贵族、新祭司的大量赏赐，耗费了巨量的财物。这项沉重负担必然转嫁到普通人民身上，人民当然不会支持这样一个不能带来任何好处的新神。这个历史事件充分说明了宗教传统信仰的坚固和祭司集团势力的强大。

第三节　古代巴比伦宗教的国家化或民族化

王国的兴替与宗教的国家化

西亚两河流域（幼发拉底河和底格里斯河）与埃及尼罗河流域一样是世界古代文明的摇篮。约在公元前六千年，这里就出现了定居人口从事农业生产。考古发现证明，苏美尔人约在公元前五千纪在这里建造了世界上最早的神庙，以此为中心发展出世界上最早的城市。约在公元前三千纪出现了一批早期城市国家。其中之重要者有埃里都（Elidu）、乌尔（Ur）、乌鲁克（Uruk）、拉尔萨（Larsh）、乌玛（Vmma）、尼普尔（Nippur）等，这些早期城市大体上都是以神庙为中心建设起来的。神庙的祭司实际上是城市国家的建立者和统治者。第一个已知的国家是侍奉苏美尔伊勒克城保护神的大祭司建立的。

两河流域的政治史是一连串定居民为周围游牧民所征服，而征服者在变为定居民之后，又被另一个游牧民所征服的故事。一连串的征服与被征服，使两河文明的创造者苏美尔人、阿卡德人（征服苏美尔，建立苏美尔—阿卡德王国）、阿摩利人（名王汉谟拉比统一两河流域，建立第一巴比伦王朝）、赫梯人、伊新人（征服巴比伦城，建立巴比伦第二王朝）、加喜特人（建立第三王朝）、亚述人（征服巴比伦后，建都尼尼微）、闪米特的迦勒底人（征服亚述王国，建立新巴比伦王国）；一个接一个沉积在历史的底层，他们原来的语言因种族的混合趋于消失。但苏美尔—阿卡德—巴比伦的文化和宗教并未灭绝，其重要因素在不断变化的历史中适应新的形势而得到新的发展。文明开化最早的苏美尔宗教祭司已经建立了以神庙为中心的城市国家，把自己变为统治者，这是历史的进步，再也不会倒退到原始氏族制社会去了。新来的征服者也在成了社会统治者之后，看到了传统宗教维护国家统治权的好处，更羡慕祭司贵族高踞民众之上的特权和得到民众精神拥戴的地位，因此，他们只会强化传统的宗教，培植为自己服务的祭司阶级，或者把宗教祭祀大权直接控制在自己手中。随着征服与被征服的历史过程，统治王朝可以兴替，但宗教作为巩固国王统治权的上层建筑不但不会消失，反而日益国家化，宗教作为国家宗教的特点和功能，日益强化。

当然，国家的体制、统治阶级内部关系和社会秩序的变化也会反映到国家宗教幻想的神灵世界中来，引起宗教观念和天国秩序的变化。宗教历史学家比较了古代巴比伦宗教在不同历史阶段的不同特点，认为它可以分为三个阶段：

第一阶段：公元前四千纪或更早时期，美索不达米亚地区宗教信仰和宗教崇拜的神圣对象，主要是那些对基本的经济活动（农业、牧业）直接有关的大自然异己力量。这些自然异己力量在人们的幻想中人格化为神，但经常表现为非人类的形象。崇拜这些自然异己力量的主要目的在于祈求丰收，信奉的神主要是丰产神。由于居民有不同的行业分工，他们赋予丰产神的神性也因而有所不同。在沼泽地居民、种果树人、放牧人、农民……的心目中，丰产神的神性显然是各不相同的。这一阶段的宗教大体上仍属于原始社会末期的部落宗教的范畴。

第二阶段：大致是在公元前四千纪到二千纪，宗教神灵的形象有了明显的变化，诸神被视为具有人的形象。更为重要的演变是，在苏美尔—巴比伦的宗教神话中，诸神组成的神灵世界开始组织起来，形成一个类似长老议事会（早期国家的最高统治机构）的天国结构。每一位神都在这个天国政府中取得了一定的官职和职能。

第三阶段：公元前二千纪以后，由于巴比伦、亚述等地的军事实力和政治势力的膨胀而成为征服者和统治者，他们信奉的民族性、地方性的神也相应扩大了自己的神圣地位和神圣权力。在此以前实行军事民主制的天国政府逐渐演变为主神控制的君主专制机构。神灵对世界和社会人事的干预大大加强了，宗教要求人类虔诚地放弃人的一切主动性，绝对地相信和依赖神的安排和干预，与此相应，强调人的罪恶感、祈求神赦罪、向神赎罪的个人性宗教信仰也因此而得到更多的强调。

古代巴比伦宗教的整个演变过程，生动而突出地体现了宗教作为社会的上层建筑，从原始时代的氏族宗教或部落宗教演变为民族宗教或国家宗教的过程。在这个过程中，有以下几个重要方面值得我们关注。

自然神演变为城市国家的保护神

两河流域原始时代对于自然力的崇拜，在苏美尔—阿卡德时代，演变为各个城市国家的保护神。安神（An，阿卡德人称为安努 Anu）是乌鲁克城的地方保护神，原是天气神。其职能是通过安排天体众星的位置来显示一年的年历和季节的变化。英利尔神（Inlil）是尼普尔的地方保护神，原是暴风雨和主管农业的神，在神话中是锄头的发明者。伊阿神（Ea）是埃里都的地方保护神，原是水神，他的神庙在两河入海的河口。欣神（Sin）是乌尔的地方保护神，原是古代游牧民崇拜的月亮神。因为在草原上游牧急需通过月的盈亏确定时间季节，通过月亮的位置确定星辰的方位，以便占卜吉凶祸福，因此而发展出对月神欣的崇拜。沙马什神（Schamasch）是西巴尔的地方保护神，原是太阳神。马尔都克神（Marduk）是巴比伦的地方保护神，原是表示生命与丰产的太阳神。奈普神（Nabu）是帕息巴城（Borsippa）的地方保护神，原是保护植物生长繁荣的神。纳格尔神（Nergal）是库德（Kutha）的地方保护神，原是狩猎与战争之神、管理农作物的丰收之神。努斯库（Nusku）是尼普尔城的地方保护神，在神话中是月神欣的儿子，是光明之神……

神和神灵世界等级化

由于有些实力强大的城邦在美索不达米亚的军事和政治角逐中上升到政治中心的地位，他们的保护神在神灵世界中也逐渐扩大自己的权力，成为全地区各城邦普遍崇拜的对象。早在苏美尔—阿卡德时代，安努、英利尔、伊阿就被合称天、地、水三位大神，安努则成为三神中的主位神，被认为是万神之父和诸神之王，是负责处理宇宙事务的众神大会的主持者。太阳神沙马什、月神欣也因所在城市西巴尔和乌尔的重要性而成为各城市崇拜的对象。在巴比伦征服其他城市统一两河流域，成为统一王国的首都的时候，该城保护神马尔都克就取代了昔日苏美尔—阿卡德时期诸神的权势而独占至高无上的尊荣地位，这位农业之神变成了战无不胜的战争之神，成为“伟大的统治者”、“天与地的君主”。亚述人刚勇尚武，其主要神为战神亚述尔（Ashur）。当亚述人成为两河流域的征服者和主人之后，他们也仿效巴比伦的榜样，把亚述尔奉为众神之首，取代了马尔都克作为至上神的崇高地位。总之，在古代巴比伦尼亚人的宗教幻想中，神在神灵社会中的权位是随着信奉者在人间社会中的权位同步消长的。

古代的苏美尔—阿卡德—巴比伦社会是一个阶级社会，宗教中的神不过是国家统治阶级在天国中的投影，本质上是拥有土地的贵族。每一位神都有自己的神庙，神就生活在庙宇之中。庙宇周围的土地和城镇在观念上都属于神所有，并由神经营和管理。在“恩凯（Enki）和世界秩序”这则神话中，恩凯神代表英利尔神来组织世界秩序。他好像一位管理大庄园的大管家一样，在庄园里安排了各种各样的社会工作和经济工作（放牧业、农业、建筑业……），同时指派不同的神分别进行监督。从别的神话可以看到，诸神按照贵族内部民主制的方式组成宇宙国家一级的诸神大会，这是处理宇宙事务的最高权力机构。诸神参加诸神大会，对具有全局性的事务（如选举或废黜国王），进行投票表决。天神安努是诸神大会的“主席”，是地位最高的神。各项宇宙事务分别由年长的神担任，各司其职。例如：太阳神尤塔（Utu，阿卡德人叫沙马什神），除主管太阳以外，还担任神的法官，统管执法和主持正义的事务，地位仅次于天神安努和地神英利尔，除负责农业以外，还执行众神大会的裁决。女神宁哈沙格（Ninhursag）也叫做宁特尔（Nintur）和宁马克（Ninmakh），是石头神，掌管东部附近的山脉和西部多石的沙漠，包括那里的野生动物——野驴、瞪羚、野山羊等。她也是生育女神。恩凯神负责掌握河流甜水和能生育的男性精液，他是最聪明的神，有解决问题的能力，经常解决神和人上诉的问题。伊斯库尔（Ishkur，阿卡德人叫做阿达德 Adad）是雨神，他的女儿伊南娜（Inanna，阿卡德人叫做伊斯塔尔 Ishtar）是战争之神、爱情之神，主管晨星和昏星（显然是金星）之神。这位女神在神话中被赋予广泛的神性和众多的职能，被视为爱护自然界的生命之神、狩猎之神、性欲之神，帮助人类、为人消灾祛病的慈悲之神……因此，她受到普遍的崇拜。伊斯塔尔的情人和丈夫都姆齐（Dumuzi，阿卡德人叫塔摩兹（Tammuz）是放牧之神，又是守护植物之神，草木春生、夏长、秋收、冬枯是此神功能的表现。

神灵世界的组织形式和宇宙秩序随着巴比伦尼亚地区社会秩序的变化而变化。由于各城市的互相兼并，巴比伦尼亚的统一，贵族长老议事会的破坏，君主专制制度的加强，使神灵世界中的众神大会这种在神灵内部的民主体制也发生了相应的变化。“鲁戈尔一埃”（Lugal-e）神话对世界秩序的形成问题有了新的说法。它把世界的有序化说成是征服者的安排。地神英利尔的儿子，年轻的国王尼努尔塔（Ninurta）在征讨各地获得胜利之后，便对世界秩序进行了重新改组。这则神话反映了人间统治者按照自己的权力和意志重新安排统治秩序的愿望。

公元前两千纪，巴比伦强大起来，建立起君主专制制度的统一大帝国的时候，巴比伦城的祭司们便编造了相应的创世神话，极力抬高该城保护神马尔都克在神灵世界的地位，把马尔都克说成是创世之主，把众神置于马尔都克的支配之下。马尔都克显然是在兼并战争中获胜的巴比伦帝王的象征，有关马尔都克的神话则是适应专制君主的政治需要的产物。

国家宗教直接神化人间统治者及其统治秩序

古代巴比伦宗教作为国家宗教并不以抬高国家保护神的神圣权威为限，它常常直接神化人间统治者。贵族们一般都认为他们的祖先是神或具有一定的神性。根据吉尔迦美什（Gilgamish）史诗的说法。乌鲁克（Uruk）的国王吉尔迦美什是女神宁桑（Ninun）所生。诸如此类说法在古代世界各国非常普遍。

国家统治者常常直接把他们的意志和需要假托为神的命令和安排，巴比伦名王汉谟拉比在一个记载他在苏美尔和阿卡德兴修水利的碑文中一开始就写道：“当安努和贝尔（Bel）① 授予我治理苏美尔和阿卡德之权时……”他所制定的世界历史上最早的成文法典被说成是法律之神沙马什亲自制定的颁布的。现在尚存于世的汉谟拉比法典石碑的碑头部分刻着汉谟拉比从沙马什神那里接过这部法典的浮雕像。亚述国王总是说他们的一切行动都是由亚述最高神亚述尔的决定，国王只不过是神意的最高执行长官。亚述国王森纳切里布（Sennacherib）说他采取的军事行动并不是他自作主张，而是执行亚述尔神的名义：“我的第二次战役是亚述尔命令我进行的。”赫梯人的国王甚至就是神，哈图西利斯三世提到他父亲的死时，说：“当我的父亲缪尔西利斯成为神的时候。”（《哈图西利斯的辩解》第22行）。赫梯人的主神为手持双面斧的暴风雨之神。在波伽兹科易附近的一幅浮雕中，暴风雨神拥抱着国王，这是神权与王权紧密结合的象征。

在巴比伦和亚述帝国的历史上，几乎每一个国王都要和“主神‘贝尔’握手”，即被“贝尔”的祭司收养为神的儿子和代表，否则，他的王位就不可靠。宗教的国家化是由制度来保证的。

祭司贵族与祭司政体的形成与发展

有关的历史资料反映了古代巴比伦人在神人关系上的一致观念：人必须依赖神、敬畏神，但神也有依赖于人的需要。神创造人是为了得到人的侍奉，而人之所以侍奉神则是为了讨得神的恩宠与奖赏。人的存在，本来就是进行劳作，向诸神提供食物、衣着、住房和服务，神则由人所侍奉而摆脱一切体力劳动，过着贵族式的生活。事实上，神就是通过神庙占有土地的土地贵族。神要有存在和居留的空间，于是人便为神修建庙宇，神则存在于庙宇中用珍贵木材做成的雕像之中（但并不完全固定于此）。神要吃饭、穿衣服，还要洗澡。于是一方面，为神（神庙）留出大片土地从事农牧业生产，从而发展为大规模的寺院经济；另一方面又出现了一大批专门侍奉神的生活起居的神职人员，其中有专门传达神启和解释经文的高级祭司，有为歌颂神、安慰神而诵唱赞美诗和哀歌的音乐师，还有为神制作食物的厨师，为神洗澡者以及陪送神像去卧室睡觉的侍者等。在神庙中还

① 美索不达米亚帕勒米拉（Palmyra）的主神。源出阿卡德，意为“主”。本为英利尔的称号。巴比伦地方神马尔都克和亚述人的保护神亚述尔相继也取得了“主”的称号。

有女祭司，地位最高的叫做“恩”（En，阿卡德人叫“恩都”Entu）。女祭司通常是有贵族血统的公主们，她们常被认为是所侍奉之神的人间妻子，在神圣婚礼仪式上充当新娘。多数女祭司属于修女一级。此外，还有女祭司献身于神圣的卖淫。在伊兰拉神庙，神娼是受到女神的特别保护的。

正如神和神庙在一个城邦中居于中心地位一样，祭司也是城邦统治集团的核心。城邦统治者通常称为“恩希”（Ensi）。恩希同时就是掌握城市神庙的祭司，恩希的妻子是负责掌握城市女神庙宇的女祭司，而恩希的儿子们则负责掌管诸神儿女的庙宇。从美索不达米亚、西亚以至更广大的世界范围看，大体上可以说，最早的政权体制是祭司政体。我们所知道的苏美尔的早期统治者全是祭司。他们之所以成为国王，只不过因为他们是祭司的首领。宗教的鬼神观念控制着人们的日常生活，宗教的丰产观念和祈求丰产的宗教仪式支配着人们的生产活动。由于人们对神的恐惧和希望，产生了对神的虔诚信仰和对祭司的依赖与归顺。但是在古代世界频繁发生的种族冲突中，祭司政权暴露了固有的弱点：第一，各地方的保护神不统一，各自效忠于本地方保护神的祭司们必然互相排斥，不能有效的联合；第二，祭司的经历和训练不适于进行军事领导。因此，王权势力得以兴起。一般的情况大致是征服势力胜利后成了一个国王，在他周围形成一个由军事首领和行政官僚组成的统治集团。但世俗国王为维护自己的统治，总是与祭司集团结合起来，甚至把自己变成全国最高的祭司。公元前两千纪的第一巴比伦帝国到公元前一千纪的亚述帝国，历代王朝的国王都力图把政权与宗教、君主的行政权威与祭司的宗教权威融为一体。他们负责进行全国性的礼拜，监督着全国所有庙宇的行政管理。

尽管如此，国王与祭司贵族也时常发生冲突。巴比伦和亚述历史上出现过的许多重大政治事件（如阴谋篡位、朝代更替、私通外国等等），多半是祭司集团与君主政权之间钩心斗角的结果。亚述国王森纳切里布曾与巴比伦祭司们发生过一次激烈的争吵和冲突。他于公元前 691 年彻底摧毁巴比伦城的圣地，把贝尔—马尔都克的神像迁到了亚述，以此打击巴比伦祭司贵族的权力和权威。他后来被他的一个儿子所杀。他的另一个儿子即位以后，可能震慑于马尔都克神的愤怒和巴比伦祭司的报复，终于决定把马尔都克神像送还巴比伦，并重建神庙，国王与神于是重修旧好。迦勒底人统治巴比伦帝国时，国王那波尼德曾发动过一次企图统一全国宗教信仰的宗教革新运动。他把各地信奉的地方神集中到巴比伦的贝尔—马尔都克神庙。可能是因为事情进行得过于仓促，不仅激起其他地方祭司们的反对，而且也引起了巴比伦祭司贵族们的猜疑。他们与虎视眈眈的波斯人勾结起来，引进了居鲁士大帝的军队，那波尼德成了阶下囚。居鲁士按照巴比伦各地祭司的意愿，把各个地方神送回他们原来的神庙。他自己则因此而得到贝尔—马尔都克神的“保佑”和巴比伦各地祭司的支持，在巴比伦建立了波斯人的帝国统治。这些历史的插曲生动地说明了祭司集团在古代政治生活中居于举足轻重的地位。

国家宗教仪典的性质与功能

国家宗教的仪典的性质和功能主要是为国家统治者提供神圣的支持。

概括说来，两河流域的宗教性礼拜和祭祀性活动主要有两种：

一是对神的礼拜和祷告。

古代巴比伦的神作为国家的保护者，主要是为统治阶级提供神圣的支持，满足他们的要求，这就使得国王对神的礼拜和祈祷活动成了国家宗教的正式仪典。国王除了定期性地到神庙礼拜以外，如遇临时性的事件还随时去神庙向神祷告，祈求保佑与支持。据载，尼布甲尼撒王向太阳神祈祷的事项，是要求神保佑他子孙众多，寿命长久，王位稳固，政权永存，在战场上保护他的士兵。他在向马尔都克神祈祷时，把马尔都克称为“万有的主”，赐给他生命和国家的统治权，虔诚表示要顺从神的天命。国家每遇灾难，被认为是由于开罪神灵，惹起神怒所致。国王则常在此时向神认罪，请求宽恕。

祈祷仪式要奉献可供神食用的祭品。祈祷者对神的虔诚和热情往往通过盛放祭品的容器的珍贵程度显示出来，其中有石器的花瓶和金制的船形容器，除此之外，还有供神使用的圆柱形图章和武器之类礼品。

二是季节性祭仪。

古代巴比伦各城市都规定有自己的举行宗教祭祀活动的节日和年历，月份都以当地所庆祝的宗教节日命名。只是到了公元前二千年，尼普尔的年历才被普遍接受。年历所定的宗教节日，一般都是农业生产的周期性季节。如：庆祝拴上犁头的仪式、解开犁头的仪式、收获仪式等。在宗教节日里，王后有时要遍访她的领地，向诸神和被认为具有神力的已故行政官吏呈献大麦、麦芽和其他农产品。

春天的一系列祭仪实质上是祈求丰收的丰产仪式，收获节日则是具有感恩性质的仪式，这类仪式通过戏剧形式表演出来。常常是行政首脑和最高的女祭司扮演两个神，通过他们的结合来象征性地表示对丰产丰收的愿望。

在巴比伦帝国的后期，新年是重要的节日，此节日是在野外的特殊庙宇中进行的。起初，它是与播种、收获有关的农业节日，后来变为新国王加冕和授权的仪式。在巴比伦城，这个节日被用来庆祝神话中太阳神马尔都克战胜深水女神提阿马特的故事。除此之外，还有每个月的新月节，第七日、第十五日和第廿八日。最后一个节日是当着看不见月亮而认为它死了的时候。这些节日明显地具有丧葬仪式的性质。

一个城市或国家是否能正确地举行祭礼，被宗教认为决定着国家的命运和福利，因此，祭仪的管理和执行由城市统治者和国王负责。国王就被认为是具有神力的人物，是他的神力带来了土地的丰产和国家的福利。在公元前三千纪的整个时期内，国王在宗教仪式中变成了保护植物生长的达摩兹神。整个乌尔第三王朝（公元前 21 世纪到 20 世纪）的统治者和伊新王朝（公元前 20 世纪到 18 世纪）的多数统治者都被当做达摩兹神的化身，在仪式中祈求他的保佑。国王作为具有神圣权力的人，以严格的宗教仪式来维护其权力。如果其权力受到威胁，国王必须通过复杂的仪式斋戒洁身。通过上述这些仪式的象征性表演，王权与神权、政治与宗教的结合，得到具体的表现，国家宗教赋予王权以更神圣的权威。

第四节　中国的国家—民族宗教——“宗法性传统宗教”

宗法性传统宗教形成的社会历史条件

按照麦克斯·缪勒的说法，中国人虽然不像雅利安人和闪米特人那样是世界宗教史大舞台上的主要角色，但却也出现了两个“有圣典的宗教”——孔子的《论语》和儒教，老子的《道德经》和道教。本书对此说法的后半部分不表赞同。因为孔子和老子皆非宗教家；《论语》、《道德经》并非宗教经典；儒家是人文学派而非宗教；道教虽是宗教，却非老子所创。这些问题属于中国宗教史上的大事，三言两语说不清楚，需另作专门讨论。本书所关注的事项只是中国原始时代的氏族—部落宗教如何随着国家体制的建立而演普变为国家—民族宗教。

中国史学家大体上一致认为，中华大地自远古以来就生活着多种民族。他们之间既有交流和融合，也有竞争和斗争。其中黄帝族、炎帝族据有中原，实力最大。通过各民族部落之间的征战与联合，结为部落联盟，逐渐形成融为一体的华夏民族，而黄帝族和炎帝族则是华夏民族的主体。传说中的尧、舜、禹都是部落联盟的首领，当时，社会经济体制实行财产公有制，部落联盟首领经由推选，实行禅让制。由此推断，当时社会尚处于原始社会末期。夏启改禅让制为世袭制，这是私有财产制和社会阶级分化在政治上的反映，标志中国社会从此进入阶级国家时代，国家体制成了维护阶级社会秩序和特权阶级利益的工具。夏代和商代是阶级国家的形成时期，周代则是古代中国国家体制的发展和完善时期。

如果我们比较古代世界几大文明古国的形成，可以说，它们都是从氏族部落社会发展而来。故此，氏族落社会的血缘关系的影响必然留存在国家社会的各个方面。但是，国家体制的发展又必然冲击甚至打破氏族血缘关系制度，以便把同一国家中的不同血缘的各氏族、各部落统一起来，结为一体。在这方面，我国夏商周三代社会都表现出自己的独特性。它们的基本社会体制不仅没有打破，而且基本上保存了氏族部落社会的血缘关系，并把新的阶级关系建立在以血缘为纽带的宗法性关系之上，形成宗法性的阶级结构和国家体制（宗法奴隶制和宗法封建制）。从尧、舜、禹到夏、商、周的世袭君主，虽然本是出自不同的血缘祖先和氏族，但他们都自称是黄帝的后裔，所属“百姓”本是数以百计的氏族或部落，但也被说成是炎黄子孙。从一国之君到诸侯百姓，都是同一祖先（黄帝）的后代，整个国家结成为血缘相通的宗法性社会，并按宗法等级制组织起来。这种社会结构在周代得到充分的发展和完善。周王自称天之长子，天授予他一国之土地与居民，他则分封其土地臣民与同姓或异姓诸侯与卿大夫。天子为“大宗”，同姓诸侯尊天子为大宗子。诸侯相对于天子（大宗子）为“小宗”，但又为本国之宗子，并分封采邑与卿大夫。采邑中同姓庶民又尊采邑主为宗子。诸侯国之间和一国之内同姓为兄弟或叔伯，异姓为甥舅。周天子称同姓诸侯为伯父叔父，称异性诸侯为伯舅叔舅叔。诸侯国内亦如此。这样一来，整个国家与社会便结成一个大宗小宗等级相属、同姓异姓血缘相连的宗法性社会。

周代以后，社会制度虽迭有变化，但宗法血缘关系的基本内容在宗族和家族范围之内却始终得以保存和尊重。中国社会历史的这种情况，决定了中国传统宗教的性质与内容。宗法性的社会传统产生了宗法性的传统宗教，并在夏商周三代，随着国家的形成和完善而发展为国家民族宗教。“宗法性传统宗教”这个概念最初是由牟钟鉴教授提出并系统阐发的。他把宗法性宗教确定为中国历史上“绵延数千年的正宗大教”，并对其性质、内容和源流作了如下的说明：

> 在中国历史上，于佛道儒之外，确实存在过一个绵延数千年的正宗大教，我称之为宗法性传统宗教。它以天神崇拜、祖先崇拜和社稷崇拜为主体，以日月山川等百神崇拜为翼羽，以其他多种鬼神崇拜为补充，形成相对稳固的郊社制度，宗庙制度，以及其他祭祀制度，它的基本信仰是“敬天法祖”。它没有独立的教团，其宗教组织即是国家政权系统和宗族组织系统，天子主祭天，族长家长主祭祖，祭政合一，祭族合一，既具有国家宗教性质，又带有全民性，故也可以称之为传统的国家民族宗教。它的崇拜对象大致有天神、地祇、人鬼、物灵四大类。它的经常性宗教活动是郊祭天地、宗庙祭祖、坛祭社稷、日月星辰，连带祭祀各种神灵。这个国家民族宗教起源于原始宗教，形成于夏商周三代，完善于汉至隋唐，一直延续到清朝末年帝制垮台为止，其间从未中断。历代礼典中的祭典与丧典，就是这种宗教的祭祖仪礼，历史史书中的吉礼与丧礼，就是这种宗教的史实记载。①

牟钟鉴教授在论文《中国宗法性传统宗教试探》中更对有关宗法性传统宗教的源流、性质、内容、特点、功用等问题有全面系统的论述，本书作者完全赞同他的观点。本节以下所述，多有参照。

天、上帝和祭天之仪

夏商周三代以来的传统宗教之所以被称为国家宗教，一是神灵等级化和作为至上神的天或上帝观念的形成；二是天或上帝被尊为君权的授予者，甚至被视为人君（天子）的父或祖先。

---

① 牟钟鉴：《关于中国宗教史的若干思考》，载于《中国宗教与文化》，台湾唐山出版社1995年版，第139—140页。

天或上帝的观念，可能在传说中的尧舜禹时代，已经出现。这在古代文献中已有记载。《论语·尧曰》说："唯天为大，唯尧则之"；《尚书·尧典》说，舜"肆类于上帝、禋于六宗（注家解说不一，但无非是日月星辰风雨雷电之类天神），望于山川，遍于群神"；《墨子·兼爱下》引《尚书·禹誓》说，禹伐有苗乃"用天之罚"。照此记载，当时不仅已形成天、上帝观念，而且诸神已被等级化（上帝、六宗、山川、群神），天或上帝已被尊为至上神。我国史家现在一致认为，尧舜禹为原始社会末期部落联盟首领。考诸世界宗教史，这种情况曾普遍出现各民族原始时代部落社会，并非中国独有的特例。古籍所记当非纯粹的空穴来风之论。随着夏商周三代国家体制的形成与发展，至上神观念和神灵等级化情况更趋发达。据陈梦家先生对殷墟卜辞的研究，殷人的上帝及其神性的观念主要内容是：

> 殷人的上帝或帝，是掌管自然天象的主宰，有一个以日月风雨为其臣工使者的帝廷，上帝之令风雨，降福祸是以天象示其恩威，而天象中风雨之调顺实为农业生产的条件。所以殷人的上帝虽也保佑战争，而其主要的实质是农业生产的神。先公先王可上宾于天，上帝对于时王可以降祸福，示诺否，但上帝与人王并无血缘关系。人王通过先公先王或其他诸神向上帝求雨祈年，或祷告战役的胜利。[1]

殷人的上帝及其"帝廷"无疑是殷王及其朝廷的投影，上帝是殷王室的国家保护神，他的命令为殷王统治权提供了神圣的保证。但是，殷人的先公先王只是"宾于帝"，与上帝并无血缘关系，上帝不会像保护自己的血缘子孙那样对"宾客"的后代提供心甘情愿的保护，国家宗教中的上帝神性必须补上这个环节上的缺欠。周人代殷之后，称至上神为"天"（有时也称上帝），天与殷人的上帝一样仍是国家（特别是周王室）的最高保护神，但其神性与殷之上帝有两点重大的发展：第一，周王是天的元子，故称"天子"。反过来，天便是周天子的父祖。上天与人王发生了宗法血缘关系，祖先崇拜与天帝崇拜在这里合二为一，王权的神圣性由此得到极大的加强；第二，王权为天命所定，这与殷人一样。但周人认为"天命

---

① 陈梦家：《殷墟卜辞综述》，中华书局 1988 年版，第 580 页。

靡常，唯德是辅”，天的天命可以变化，因此王权可因此而有更替。但天命如何变化，以人君之行为是否合于“德”为转移。陈来教授指出：商周世界观的根本区别，是商人对“帝”或“天”的根本信仰中并无伦理方面的内容，而周人的“天”和“天命”已经有了确定的道德内涵，这就是“敬德”和“保民”。① 周人认为，天子从天帝那里取得王权以后，必须承担社会责任（保民），实践伦理规范（敬德），才能得到天的持久信任。否则，天将发布新的天命，让别的有德者受命为王。所以，周人的天帝“不仅仅是王权的赐予者和保护者，同时又是王权的监督者和控制者”②。周人对天帝之神性在上述两个方面的改变与发展，使天帝作为国家保护神的性质和形象更为全面，更为完善，能为王权的巩固提供更有力的服务。自周之后，中国历代统治者几乎全盘承袭下来，对天的信仰与崇拜历数千年而不变。

既然天帝被信仰为自然和人事的主宰，王权的授予者和监护者，这种崇拜之情必然体现为各种祭祀仪式。祭天的主要目的是因为君王自认为承天之佑，受天之命，祭天所以报天之恩。正如《五经通义》所说：“王者所以祭天地何？王者父事天，母事地，故以子道事之也。”《汉书·郊祀志》说得更透彻：“帝王之事莫大于承天之序，承天之序莫重于郊祀，故圣王尽心尽虑以建其制。”天、上帝作为国家宗教的最高神，那是普天之下的万民百姓皆应敬拜的，但祭祀天帝的圣事则是君王垄断的特权，只有天子才有祭天之权，不仅一般百姓，就是贵族诸侯亦不得僭越祭天。

祭天的仪规有一个越来越体制化的发展过程，陈梦家从甲骨文分析认为殷人尚无祭上帝之仪。但据甲骨文，当时却已有日月风雨山川四方诸神之祭。这些自然神已被殷人认之为上帝帝廷的臣工，既然它们都享受祭献，上帝岂有不如此之理。有些学者认为“帝”源于“禘”（祭祀天神的仪式）。果如此，则可推知应有祭上帝的仪式活动。《论语·尧曰》则说商汤灭夏时曾举行过告天之祭：“予小子履敢用玄牡，敢昭告于皇皇后帝，有罪不敢赦，帝臣不蔽，简在帝心。朕躬有罪，无以万方。万方有罪，罪在朕躬。”《论语》所记是否是真实的历史事实，难以确断，但殷商既已形成“上帝”至上神观念，如无相应的祭仪，这在宗教学上是难

① 陈来：《古代伦理与宗教》，三联书店 1966 年版，第 168 页。
② 牟钟鉴：《中国宗法性传统宗教试探》，载于《中国宗教与文化》，第 90 页。

以理解的。但是，祭天之仪却是在周代完善化和体制化的。牟钟鉴教授根据文献所载，把天子祭天仪式总结为四种：

一是郊祭。

这是历代君王祭天的主要方式。大约自周代起，正式于京城南郊祭天，天地合祭，配祭祖先。行“燔柴”礼，积柴于坛，放置玉帛牺牲，燃之使烟气上达于天。郊祭之礼，定期举行。皆由皇帝亲自主持，这是他独享的神权。

二是封禅。

封禅是最隆重、最神圣的祭祀天地仪式。只在改朝换代或国事隆盛这两种情况下行之，故史所难见。封禅大典必须在东岳泰山。其仪式是在泰山之上筑土为坛以祭天，报天之功，曰封；在山下小山除地，报地之功，曰禅。

三是告祭。

在新朝初建、新君初立，或建都，迁都以及重大国事进行之际，要举行告天之祭，求得上天的认可，取得合法的名义，用以安定民心，稳定政局。

四是明堂祭。

天或上帝只是中国三代以来宗法性传统宗教中天神系统的至上神，属下还有等级相属的百神，这些大致都是与农业生产有关的自然神，决定和主宰农业收成的丰歉。事关国计民生，故国家宗教均列在祀典，定为祭法，定期举行规范化的祭仪。据《礼记·祭法》所记是：

> 燔柴于泰坛，祭天也。瘗埋于泰折，祭地也。用骍、犊、埋少牢于泰昭，祭时也。相近于坎、坛，祭寒暑也。王宫，祭日也。夜明，祭月也。幽宗，祭星也。雩宗，祭水旱也。四坎、坛，祭四方也。山林、川谷、丘陵，能出云，为风雨，见怪物，皆曰神。有天下者祭百神，诸侯在其地则祭之，亡其地则不祭。

这里所说的祭仪都是国家法定的公共祭祀活动，祭祀对象为天地日月星辰、寒暑、四方诸神，主要是天神系统和地神系统。神灵有等级之分，祭祀者亦按自己的等级祭祀相应的对象。明显体现了宗教的国家化和宗法性。

祖先崇拜和宗庙制度

随着宗法血缘关系在夏商周三代社会的保存和进一步完善，原始氏族制社会的祖先崇拜也更趋发达和普遍化。在氏族制社会，氏族结构比较单一，氏族集体崇拜的对象集中为氏族的始祖、远祖以及氏族的长老，而在三代日趋发达复杂的宗法社会，家族之上有宗族，宗族又有大宗，小宗之分，所祭祖先自然复杂起来。于是国有太庙，宗有宗祠，家有祖龛，供立祖宗牌位，岁时祭神。国家极其重视祭祖有大致两方面的意义，从社会来讲是培养和强化人与人之间的血缘亲情，维持社会的和谐与稳定；从王朝统治者来讲则是抬高自己祖先和血统的神圣地位，神化和强化自己的统治。

殷人已把王室先祖神格化，死后“宾于（上）帝”，生活在上帝左右，随时为时王子孙的各项行动计划请示上帝的天命，赋予殷王一切行动以神圣的根据。陈来认为，祖先神灵的信仰在殷人很突出。在多种信仰体系中祖先神灵占有重要地位。祖先神比一般的自然神对殷人更为重要，被认之为是至上神与人之间的中介，这是祖先神侵占至上神的地位的表现，上帝与祖先神对人生的影响有正负两个方向，既可赐予福佑，也可降以灾祸。①

据《国语·鲁语上》所载，虞夏商周帝王的祖宗之祭，列为国之祀典者有五种仪式。即：禘、郊、祖、宗、报。禘祭，禘其祖之所自出（始祖），而以其祖配之。郊者，祀天之祭，以祖配食。祖者，祖有功。宗者，宗有德。报者，报德之祭。这几种祭祖祀典，只有帝王才能举行。对于诸侯，卿大夫以至庶民则另规定有适合于其阶级身份的祖宗之祭。周代根据当时完善起来的大宗小宗的宗法等级制度，建立起了宗庙制度。规定天子设七庙（太祖与三昭三穆②）；诸侯设五庙（太祖与二昭二穆）；大夫设三庙（太祖与一昭一穆）；士设一庙；庶人则无庙而祭于寝。天子诸侯按礼制一年要祭祖四次，即春礿、夏禘、秋尝、冬烝。周代所立宗庙祭祖之制，历代帝王奉为典范。但实际上，随着宗法社会的变迁，这种古

---

① 陈来在其《中国伦理与宗教》中引述陈梦家的观点说：“陈梦家指出，在卜辞中，上甲以后的王、妣属于一大类，而上甲以前的先公高祖、河、王亥是属于另一大类。这两类神灵的一个主要区别是：王、妣、臣对时王和王国有作祟的力量和作用；而先公高祖、河、王亥则是福佑的力量，是时王祈求丰年雨水的对象。”（见该书第113—114页）

② 所谓昭穆就是将先祖隔代分为左昭右穆两个序列，以确定其灵位与太祖灵位的远近位置。

制也代有变化。牟钟鉴教授总结这种演变，把整个演变历史分为三期：

> 纵观中国历史上的祭祖与丧葬，就其宗法性的演化而言，可分为早期、中期、晚期三大阶段。周代为早期，行政系统与宗法体系相一致，全国如同一个大家族，祭祖既是宗教活动，又是政治活动。秦汉至宋为中期，以地域为基础的行政区划和选拔官僚制打破了无所不包的宗法体系，宗法制缩小为宗族内部的制度，祭祖不再是全国统一的政治行为，官阶品位有时比嫡庶之分还重要。明清是晚期，贵族的宗族与民众的宗族之间分野更显著，家庭的作用增强，祭祖活动更加分散和放宽。例如庶人以往只能祭父，明代就可祭祖父母，清代便可祭父、祖、曾、高四代祖先了。上述趋势并不表示宗法制的衰落，只意味着它的形态在变化，因为社会的行政系统固然在京都、州、县、乡、里，而人们的生活依靠和精神寄托仍在宗族与家庭，所以社会上祭祖敬宗的风气盛行不衰，它维系着上层社会与平民社会的正常运转，是中国人经久不懈的内聚力的重要保障。①

这段论述，概括了中国祖先崇拜制度的历史全貌，值得参考。

社稷崇拜体制及其他

中国宗法性传统宗教的崇拜对象庞杂众多，但有一个等级系统。天或上帝地位最高，而祖先之灵实居核心地位，祖先崇拜最为普遍而且重要。除敬天法祖之外，国家宗教最为重视的就要算社稷崇拜了。

宗法性传统宗教中的社稷崇拜是从原始农业公社的土地崇拜和谷物崇拜发展出来的。天子，诸侯统治大片土地，为了保持对国土的统治权就要崇拜封土为社的地域保护神（社神）。在农业社会，农作物的丰收是国运民生所系，故必须崇拜农作物之神（谷神），土地是农作物生长之地，两者关系紧密不可分开，故而在国家宗教中发展为“社稷崇拜”，其重要性仅亚于敬天法祖。《孝经纬》对古代的社稷之神作了这样的说明：

> 社，土地之主也。土地阔而不可尽敬，故封土为社，以报功也；稷，五谷之长也。谷众不可遍祭，故立稷神以祭之。

① 牟钟鉴：《中国宗教与文化》，第98—99页。

按此，社稷神的神性功能对于王朝最高统治者而言，实为国家的保护神，故国家与社稷江山同义；对于全国各地民众而言，社稷神则是保佑本地区农作物丰收、人口衣食吉庆之神。

社稷神本来应是自然神，但由于它具有浓厚而直接的社会政治含义，部落首领和国之君王便常把自己的英雄祖先转奉为社稷之神。这样一来，社稷崇拜便与祖先崇拜结合甚至融为一体。《左传·昭公二十九年》说，共工氏之子句龙为后土，后土为社；烈山氏之子柱为稷，夏代以前祀之；周弃为稷，自商以来祀之。《礼记·祭法》的说法与此也相同："共工氏之伯九有也，其子曰后土，能平九州，故祀以为社（神）。"但《淮南子·氾论训》的说法则有些差别，它说："禹劳天下，而死为社（神）；后稷作稼穑，而死为稷（神）。"为什么有这些不同的说法呢？看来应作这样的解释：社稷之神早在共工氏、烈山氏（夏商周以前）就已出现，三代以后继续崇拜。但在不同时期、不同地区、不同族群，人们选择了不同的有功烈于民的英雄祖先，奉为本地区、本族群的社稷之神。在宗法等级社会内，社神随之而地区化和等级化。据《礼记·祭法》所记："王为群姓立社，曰大社；己自立为社，曰王社；诸侯为百姓立社，曰国社；诸侯自立为社，曰侯社；大夫以下，成群立社，曰置社。"

一个国家或一个社区的土地虽大小范围不等，但总都是辽远广大，难以一览无余。故古人祭拜社神时，一般都选择某个具体的实物（如树木之类）作为社神的象征。《论语》有段记载谈到这种情况："哀公问社于宰我，宰我对曰：'夏后氏以松，殷人以柏，周人以栗。'"实际情况是各朝各代以至各地区为自己的社区选立了不同的象征物。历代帝王都很重视社稷之祭，除设坛以祭社稷之外，还立祠以祭先农。我国古都北京至今仍保存社稷坛和先农坛。社稷坛与皇朝之太庙并列于故宫端门左右。在国家宗教仪典中，宗庙之祭与社稷之祭有同等重要的意义。

我国的宗法性传统宗教为保国泰民安，帝运隆昌，除了敬天法祖祭社稷之神外，还对日月星辰等自然神举行国家级的祀典。因为日月星辰之神主管风雨气候，关系农业收成，国家不能不拜而祭之。还如《左传》所说："山川之神，则水旱疠疫之灾，于是乎禜之；日月星辰之神，则雪霜风雨之不时，于是乎禜之。"禜，是古代禳除灾害之祭，崇拜日月山川之神，目的是求神恩德，免降灾害，祈求农业丰收。我国自古以来以农立国，故宗教对各种自然神灵的崇拜与祭祀，基本上都与农事有关；最终目的当然仍在求得帝王的国运长治久安。这也正是我们称这种传统宗教为“国家宗教”的本质所在。

特点和作用

在对中国宗法性传统宗教的主要内容及其沿革的概述之后，我们还要谈谈它的一些特点和作用。

第一，源远流长，连续不断。

中国宗法性传统宗教作为国家宗教形成于夏商周三代。它的核心内容是敬天、法祖、祭社稷，并在此信仰的基础上形成了一整套崇拜行为，并规范化、仪规化为相应的郊社制度和宗庙制度。这种宗教体制完备、源远流长。它来源于以血缘为纽带的原始氏族制社会的祖先崇拜、自然崇拜和天神崇拜。随着宗法等级社会的发展与完善，它逐渐发展为适应这个社会的宗法性宗教，成为国家法定的全民性信仰。中国原始宗教国家化的情况和过程，在其他早期文明古国（埃及、巴比伦、波斯、希腊等）也发生过。所不同者，这一些文明古国在进入中世纪后，其古代宗教信仰都发生较大的转向，改信其他宗教。传统中断，源远而流不长。唯我国宗法性宗教不同，不仅信仰传统未曾中断，而且在进入中世纪之后更加完善，更加发达。不论朝代如何兴替，都不曾影响其正宗信仰的地位。道教的兴起，佛教和其他外来宗教的传入，都不能动摇其作为国家民族宗教的正宗地位。

第二，宗教神权与宗法社会的皇权、族权、父权紧密结合，并为之服务。

宗法性传统宗教作为宗法等级社会的国家宗教，本质是维护宗法等级秩序的上层建筑。它的宗庙制度、郊社制度和丧葬制度的根本性作用就是强化以至神化宗法等级秩序的皇权、族权和父权。一国之君、一族之尊、一家之长在相应的宗教祭仪中是当然的主祭者，宗教赋予他们神圣的权威，转化为社会生活和政治生活中的权力和地位。特别是王朝君主，更被国家宗教称之为“奉天承运”的“天子”。他通过祭天、祭社稷、祭宗庙等宗教活动，取得了天命所归、奉天承运的合法性和神圣性。皇帝本人甚至也被认为是具有神性的与凡人不同的“真命天子”。中国的君主专制制度之所以历数千年而不变，宗法性传统宗教这一套观念和崇拜体制是其中的重要原因之一。

在中国历史上，祭司阶级虽然属于社会的上层，但这个阶级历来没有得到充分的发展，没有形成权力集团。这是因为他们从来只是依附于皇权的附属品，皇帝本人直接主持国家祭祀大典，是最高的“祭司长”，而巫、祝、卜、史之类祭司阶级不过是皇帝属下的官吏，不享有举足轻重的行政权力，国家宗教只能为皇权服务，而不可能对皇权构成威胁。其他国家宗教和中世纪的基督教、伊斯兰教，教权直接掌握皇权或用各种方式控制和威胁皇权的情况，在中国历史上从来没有出现过。这种宗教神权完全从属于皇权的情况，是中国宗法性传统宗教作为国家宗教的一大特点。

第三，宗法性传统宗教与儒学既有区别又有密切关系。

孔孟儒学不是宗教，不能等同于宗法性传统宗教。宗法性传统宗教形成于夏商周三代，而儒家学派兴起于东周春秋战国时期。如果把宗法性宗教说成是“儒教”，那它在孔子之前那段漫长的发展史又怎么称呼呢？孔子和儒学关于天命鬼神思想以及对表现宗法等级制度的仪礼（礼学）的大力提倡，无疑来源于三代以来的宗法性传统宗教，但孔子和儒家又有“敬鬼神而远之”的非宗教性一面，他的基本形态是一种人文性的学术理论，是宗法性传统宗教的人文化。所以，尽管儒家学派与宗法性传统宗教有密切关系，但本质上不是宗教。它们之间有联系，又有区别。二者都是宗法社会的上层建筑，都主张敬天法祖，维护宗法社会的君权、族权与夫权，但宗法性传统宗教是以宗教观念（天命鬼神）和宗教崇拜体制使之神圣化，而儒学则以忠君孝亲、三从四德之类社会伦理学说使之理性化、合理化。二者的区别与联系都清楚地体现于此。

由于孔孟儒家对作为三代以来国家宗教的宗法性宗教的基本态度有着既有区别、又有联系的双重性，所以，它反过来对传统宗教的影响和作用也有双重性。儒家学说在西汉之后一直被王朝奉为独尊至上的“国家哲学”，这就使它的双重影响都非常强而有力。一方面，儒学主张“神道设教”支持宗法性传统宗教对社会人伦的教化之功；另一方面，它的重人道的人文倾向，又限制了传统宗教的发展和影响。前一方面，使宗法性传统宗教作为“国家宗教”而与儒家作为“国家哲学”共生共存，历久不衰；后一方面，又使宗法性传统宗教始终处在儒学的独尊地位之下，不可能超越儒学而得到独立的发展。这样一来，我们就可在中国历史上看到这样一种情况：中国的宗法性传统宗教曾孕育和神化了皇权，但它自身却始终臣服于皇权支配之下；它曾孕育了儒家学派，但它自身却在儒学成为“国家哲学”之后，降格为从属于儒学的“次尊”的地位。中国的宗法性传统宗教自身的性质、内容、作用和历史命运，就是在它与皇权、与儒学的这种复杂交错的关系中决定的，离开这种关系，我们就不可能对它有真切的认识。

第五节 婆罗门教作为古代印度国家—民族宗教的形成与发展

早期吠陀时代的印度社会和吠陀宗教到婆罗门教的发展

创造古代印度文明和宗教的民族是征服了土著人达罗毗荼族的雅利安人。麦克斯·缪勒把雅利安人种说成是世界宗教史的主角，因为他们创造了世界上最早的“有圣典的宗教”（即吠陀经典和婆罗门教），由此进一步发展出拥有“三藏”经典的世界性大宗教——佛教。雅利安人的另一支进入古代波斯以后，又创造出了另一种“有圣典的宗教”（即拥有《波斯古经》的琐罗亚斯德教）。我们已指出，雅利安人的“有圣典的宗教”，无论是印度人的婆罗门教，或是波斯人的琐罗亚斯德教，实质上不过是他们的社会和宗教国家化、民族化的产物。

雅利安人属印欧语系，原居中亚细亚一带。约在公元前三四千年分为两支迁徙，一支向西北进入欧洲；另一支向东南。这一支后来又再分为两支，一支进入伊朗，产生波斯的文化与宗教；另一支则进入印度，与原住民族达罗毗荼长期征战，最后战胜后者，在南亚次大陆定居下来并建立起自己的国家。这部分人自称“雅利安人”（意思是高贵者），而把土著民称为“蔑戾车”（野蛮人）或“达萨”（奴隶）。实际上，达罗毗荼人的文明进化程度当时高于外来的雅利安人，他们已进入阶级分化，产生了早期国家机构。而雅利安人进入印度时尚处于游牧时代，社会组织犹是氏族公社结构。但随着雅利安人征服战争的胜利，雅利安人的社会也随之而阶级化了。雅利安人作为“高贵者”自然而然地成了社会的统治者，被征服者自然而然地降为奴隶（达萨）。在此基础上，古代印度社会演变成分为四个社会等级（瓦尔那）的社会：

婆罗门：祭司贵族；

刹帝利：军事贵族和世俗统治阶级；

吠　舍：村社成员、自由民、劳动者；

首陀罗：战争中的被征服者，在阶级分化中失去土地和氏族部落关系的人，这是社会地位最低的贱民和奴隶。

为了巩固瓦尔那制度，上层贵族统治阶级一方面制定出许多“达磨”——“法”，对瓦尔那的社会地位、权利、义务和生活方式、宗教地位作出了严格的规定；另一方面则通过宗教神话和宗教生活体制把这些“达磨”所固定的瓦尔那制度神圣化，利用早期吠陀经典的宗教神话和宗教观念，形成了作为民族—国家宗教的婆罗门教。从吠陀时代以至近现代，瓦尔那制度一直是印度社会和国家体制的基本结构，国家的根本职能实际是用各种办法来维护这种社会结构。其中之最有力的工具就是宗教，主要是古典时代的婆罗门教及其近代的变态印度教。

古代印度文明的最重要的标志，就是他们大约在公元前二千纪中叶就逐渐形成了“有圣典的宗教”，这个“圣典”就是《梨俱吠陀》（*Rigveda*）。这是雅利安人南下定居于印度河上游五河地区时期的作品。内容是宗教祭司在祭祀仪式上对所敬诸神唱的赞歌和祭祀祈祷文，共 1070 首，分辑为十卷。《梨俱吠陀》用大量的神话和赞歌反映出来的宗教观念，是一种以自然力为崇拜对象，以神话为表现形式的宗教。

吠陀神话中神灵数量众多。其原因，一是自然事物众多，万有皆神；二是因为雅利安人进入印度的时间有先有后，地区分布各据一方，长时期都未形成统一的王国。异时异地的氏族部落各自选择了自己的崇拜对象。《梨俱吠陀》中有五种族之别。种族之内又分部属，再分聚落，每个聚落包括若干个家庭。各家的家长，既是一家之长，又是宗教祭祀的主持人。不同的家长和部落首领对于主神的选择各有所异，这些神灵还没有谱系化，彼此不相隶属。看来这是统一国家形成之前的社会结构在宗教上的反映。

吠陀诸神大体上分为天空地三界。天界为日月星辰之神，空界为风雨雷电之神，地界为山川草木之神。

天界主要神灵有：

特尤斯（Dyaus），此神名之词根“Dyu”为发光之意，显系太阳光的神格化。此神与希腊的宙斯（Zeus）、罗马的朱比特（Jupiter）为同一词根，故可推断此神是印欧共住时代印欧雅利安人种共有的神。此神被称为天父，在神话中有牡牛的形状。

伐楼拉（Varuna）。这是吠陀神话中天界最有势力的神，是代表道德和秩序的司法神。其词根 Var 为包含之意，象征天空包含万有，故可推断是天空自身的神格化。

天界的其他一些神多与太阳某一方面的特性有关。如密多罗（Mitra）是表示太阳在白昼间的恩惠的神；苏里耶（Sūrya）是代表太阳之具体形象的女神；莎维特丽（Savitr）是代表太阳之活动性能的神；普闪（Pūsan）是表示太阳在养育万物方面之性能的神；毗湿奴（Vaishnava）的特性为三步跨过全世界，象征太阳早出于东、午达于中、晚没于西的运动；乌舍（Usas）为黎明女神，天父特尤斯之女，夜之女神拉脱丽之妹、太阳神苏里耶之母。其神性是日日新生、永如少女，显然是每日初升太阳的神格化。

空界神灵有：

因陀罗（Indra）。这是空界最有权势的大神，是雷霆之神。神话说他的母亲是牛，他是破裂其母之胁而生。生后即为一勇猛善战者，跳舞惊动天地，手中常持金刚杵为武器。波斯拜火教亦有因陀罗，但是恶神，故此神为雅利安人在印伊共住未分之时产生的神。

罗特罗（Rutra）。在神话中此神怒时常以霹雳之矢击杀人畜、损伤草木。其神性与雷电之力和瘴疠之气有关。

梵尤（Vāyu）。风之神格化者，行速为诸神第一，是雷神因陀罗的同盟。

地界神灵有：

阿耆尼（Agni）。火之神格化者。是地界之主神。古人祀火，故为祭坛之神。

祈祷主（Brhaspati），亦为地上祭坛之神。

苏摩（Soma）。酒神。苏摩本为一种能制酒的草，因祭神时用酒，故转为酒神。

三界神灵之外，尚有众多的动物神、植物神、魔神以及与人事有关的巧匠神……。

三界神灵中，原来最有权势的是天界伐楼拉、空界因陀罗、地界阿耆尼和苏摩。但是，雅利安人自进入印度之后，因为常与土著居民发生征战，代表道德和秩序的、文绉绉的司法神伐楼拉不再适应战争的需要，其在天国的势力和地位逐渐下降，在后出的《阿达婆吠陀》中竟降格为不重要的水神。雷霆之神因陀罗则因雷霆威力巨大而成为摧敌降魔的战神，发展为古代印度雅利安人最受崇拜的国民保护神。火神阿耆尼和酒神苏摩则成了因陀罗的两位最得力的助手。神话中说因陀罗打仗时常豪饮苏摩酒，因此而增长大力，因陀罗成了独霸三界的诸神之王。《梨俱吠陀》有四分之一的赞歌是歌颂他的战绩的。这些神话是雅利安入侵者对于自己征服印度的经历的历史回忆。

吠陀神话世界中诸神杂处、群神无首的状况逐步发展为因陀罗特受尊崇的局面，是原始氏族制逐渐解体，部落联盟逐步转化为国家的宗教反映。但是，在早期吠陀时代，并未形成一神独尊的统一的至上神崇拜。大体上，不同的地方崇奉的主神不同，不同的时间又有改变。他们是崇拜多神的，但在特别崇拜某一神时，即将最美好的颂词（如最上、最美、最大；光明、智慧、威力、慈悲等词）献给他，甚至将他视为宇宙的主宰。麦克斯·缪勒把古代印度宗教的这种现象称为“轮换主神教”。

从早期吠陀的诗文中可以看到诸神与人的关系是密切而且相当亲近的，不像犹太人的宗教那样，神与人是主人与奴仆的关系。印欧共住时代的雅利安人已称天为父。至吠陀时代，常把神称为我等之父。吠陀认为人类的祖先是摩奴（Manu），他是遍照神与工巧神沙罗尼尤（Sarnyu）所生，所以人类皆为神的子孙。当时的印度人礼拜和颂赞诸神，但没有神的偶像，也未给神建造神庙。对神的礼拜多在各自的家中进行。敬拜的中心是火堆，其旁边立一个用草席盖起的祭坛作为神座及献供之所。礼拜时向祭坛唱诵赞词和祈祷，投供物于火中，神则吸取火焰之气。这种情况说明吠陀时代前期的神人关系是亲族关系，家族与神直接建立联系，表现了氏族制社会的人际关系。

但是，随着古代印度社会的阶级分化和四个瓦尔那等级制度的确立，早期吠陀宗教所表现的那种神人关系和人际亲缘关系，显然与社会的演变不相适应，必须在宗教中作出适应性改变。研究吠陀经典的学者一般认为，雅利安人定居印度河流域，建立城邦国家之后，开始对大自然的神秘作系统的思考，逐渐在吠陀神话的基础上形成新的神学世界观，出现了适应社会国家化后的政治需要的“高位神”、“统一万有，主宰一切”的神灵观念。这种转变可见于《梨俱吠陀》第十卷的《创造之歌》、《金卵歌》、《原人歌》之中。

《创造之歌》认为宇宙原初只是无差别的一片混沌，当时所存在的只是空虚所包的“太一”，它由于自身的热力而有生机和欲爱，于是生发而为万有世界。

《金卵歌》认为“金卵”（金色的胚胎）出现于太古之初，生来是一切创造生物的唯一之主。他创生一切，主宰万有，故又称为“生主”（Prājapati），“他是诸神之神，无与伦比”。金卵是太阳形象的写照，是把太阳的创生力予以人格化而成。所以可认为“生主”是从太阳转化而成的最高生殖神。

《创造之歌》和《金卵歌》对宇宙的本源和产生的过程作了近乎唯物主义的说明，开后世非吠陀主义哲学之先河。但其中也未脱尽神话色彩，提出了统一万有和诸神的“生主”概念，对于梵书时代形成泛神论的“梵”概念颇有影响。

《原人歌》则把原人作为宇宙的本体。当诸神把原人作为牺牲举行祭祀时，“从这伟大的总祭品上，产生赞歌和咏歌，咒语由此作，祭词也由此生”，产生了地界、天界和空界的一切。《原人歌》最著名的思想是说印度社会各阶级也产生于原人身体的不同部分：“他的口是婆罗门，他的两臂作成刹帝利，他的腿变成吠舍，从他的脚生出首陀罗来。”这段歌词清楚地说明当时印度社会已出现阶级分化，宗教则用神的名义使这种阶级划分神圣化。《原人歌》显然是婆罗门祭司的作品，因为它把宇宙万有和人事社会的创生，归结为祭典献祭的结果。在神学思想上，则是多神崇拜统一起来，归结为最高神或泛神宗教的尝试。糜文开先生指出：《原人歌》由一神的泛神论立场出发，把万有造化的原理归因于具体的原人，这种“最高神一元思想的确立，开梵书奥义书之新时代，并形成祭祀万能、吠陀天启、婆罗门至上的观念，而为树立婆罗门教三大纲领作地步……总之，我们可以认为原人歌产生之时，印度社会正在转移期，故此歌结束吠陀时代数百年之思想，而开发以后数百年之新思潮，实为吠陀末期继往开来之重大作品也”。[①] 这个论断很有见地。所谓古代印度社会的“转移期”，实质上就是阶级社会、城邦国家的形成期。在宗教上则表现为原始性的吠陀宗教演变为民族—国家宗教的婆罗门教。

婆罗门教在印度社会中是长期居于支配地位的民族—国家宗教，但它也有一个适应社会的需要而不断发展的过程。学者们一般划分为三个阶段：

第一阶段为后期吠陀和梵书时期（约公元前 1000 年—前 700 年间）。

---

① 糜文开编译：《印度三大圣典》，第 44 页。

第二阶段为奥义书时代（约公元前700—前500年间）。

第三阶段为经书时代（约自公元前600年—200年间）。

后期吠陀和梵书时代的婆罗门教

公元前一千纪后，婆罗门祭司贵族取得最高瓦尔那的统治特权，他们便把早期吠陀时代的神话宗教和自然宗教改造为作为国家宗教的婆罗门教。一方面把婆罗门、刹帝利的政治统治，特别是婆罗门祭司贵族的特权神圣化；另一方面又规定种种极其烦琐的祭仪，把各阶级的精神生活和生活行为置于宗教规范的严格控制之下。婆罗门祭司在《梨俱吠陀》之外，又编著了三种吠陀典籍：①《沙摩吠陀》（Samaveda），歌咏明论，祭典时歌咏者所用；②《夜柔吠陀》（Yajurveda），祭祀明论，祭典中祭司所用；③《阿闼婆吠陀》（Atharvaveda），禳灾明论，其内容多为消灾、降福、调伏，除垢等巫术和咒文。学者们认为这些东西本是土著居民达罗毗荼族的宗教信仰，被雅利安人逐渐吸收到祭仪之中的。这三种吠陀与梨俱吠陀一起构成“四吠陀”。因为婆罗门祭司举行祭仪时有四种祭祀官，他们各司其职，各自应用相应的颂文和祷词，后来编辑时遂集为四部。婆罗门祭司又在编辑的四吠陀之后，对有关祭典祭仪的事项详加论述，一一附以因缘、故事、来历，并以散文作出解释。这些附入吠陀本典的部分称为《梵书》（Brahmana）。三吠陀本集和梵书和编辑时间约在公元前1000年至公元前700年或600年之间。这些经典构成古典婆罗门教教义和信仰的基本内容：即婆罗门教的三大纲领。

一、吠陀天启。早期的《梨俱吠陀》本是雅利安人对大自然神秘力量的敬畏感、惊奇感的自然流露，情动于中发之于口形成赞歌。赞歌是歌者口口相传的。这些歌者大体上都在祭祀仪式上发挥作用，逐渐成为祭司世家。据传，梨俱赞歌分别保存于七个家族之中，古代印度人因此认为它们是由“七圣”所作。这“七圣”实为七大祭司家族。在祭祀日趋制度化之后，祭祀仪典和赞歌、颂诗、祷词、咒语之类越来越被视为神圣。专擅其事的祭司家族自然也有意编造神话故事把它们的来历和作用吹得神乎其神。他们鼓吹吠陀经典是“神圣的天启”，一颂一词都是神的旨意，是神灵通过祭司之口而宣示于众的，以此来加强人们对吠陀经文和婆罗门教义的信仰。

二、祭祀万能。婆罗门祭司阶级由于掌握了宗教祭祀之权，特别强调献祭和祭仪的作用。按祭司们的说法，神原来也有死，但因为人多给神献祭，神才得以长生，人活着是靠天，神活着是靠人献祭；婆罗门祭司有控制神的力量，祭祀时，婆罗门可用咒语捉住一位神，强使他留在祭坛之上受祭。婆罗门教在各种祭祀中特别重视以马为牺牲的马祭，认为国王行马祭可使国王成为王中之王。一个国王如行一百次马祭，可以推翻因陀罗的王座，成为宇宙的主宰和众神之主。宗教祭祀的作用竟到了使祭祀者成为神和众神之王的程度。

三、婆罗门至上。婆罗门祭司宣传祭祀万能，实际上也就是宣传主持祭仪的祭司万能。在婆罗门教中，婆罗门祭司的作用被神化了，他们的权威甚至比之于神犹有过之。

早在《梨俱吠陀》后期，祭司们就通过《原人歌》造人故事说什么婆罗门是由原人的口中生出，因此比生于双臂的刹帝利高贵。至于比之于生于腿的吠舍和生于脚的首陀罗，那是更其尊荣了。随着婆罗门教的发展，婆罗门祭司贵族作为最高瓦尔那的特权地位，在其经典中得到越来越明确、越来越具体的规定。

《阿闼婆吠陀》已开始有了“业”的思想，认为人的恶行为必受相应的惩罚，故有除罪消灾的咒文。由此进一步，便认为人对自己的善业和恶业需负责任。在此基础上，逐渐产生轮回的教义，梵书已开始提到轮回问题，但只是片断的。关于轮回境界的种类，业的赏罚期限，灵魂往返状况、解脱问题……皆无明确说法。说明这些问题是奥义书时代的事情。

奥义书的宗教思想

奥义书相传有两百多种，其中最古的部分形成于公元前 700 年—前 500 年之间，即佛教产生之前。

古奥义书的产生在一定程度上是反对梵书时代婆罗门教三大纲领的。由于时代的进展，祭祀至上已不能满足智者的要求；婆罗门祭司借主持祭祀仪式以图利，更引起社会的反感。于是一部分婆罗门学者便在梵书的最后部分（各梵书卷末森林书的附属部分）发挥他们关于吠陀经典的终极意义的见解。梵书的这一部分称为“吠檀多”（Vedanta，词由 Veda + anta 构成，意为吠陀之终末部分，转解为吠陀的究竟的、本质的意义）。吠檀多实际是一种哲理性的考察，它取代了梵书时代宗教祭祀的至上地位。这部分文书又称“优婆尼沙昙”（Upanisad）。此词为 Upa + ni + sad 的合成词。意思是子弟侍坐于父师之侧，父师教授人所不知的秘密教义，故意译为奥义书。

奥义书作为一种宗教哲学，其根本思想就是“我是梵”。梵书时代把创生宇宙的“生主”转化为“梵”，奥义书则进一步把梵视为世界的本体。世界上的一切现象，上至梵天（自在天）的世界支配神，下及各种有情物（胎生、卵生、湿生、芽生）以及天、空、地三界世界，皆为本体之梵的显现。故我们个人的自我与梵在本质上实为同一。因此，“我即是梵”，“此我即是彼梵”。推而言之，梵也即是“大我”。

既然自我即是梵，故自我是真实的。这真实的自我便是生命的根源，个人内在的统御者，而且是永恒不灭的。人可以通过精神上对自我的认识而体认梵，达到梵我同一，实现精神上的解脱。

可是人们并不能体认自我，达到梵我同一的永恒境界，这主要是因为“业”的作用。“业”的意义为“动作”，包括一切思想言行。奥义书认为我们一生的思想言行是一种潜在的力量，它们蓄积起来会在未来产生相应的结果。由于业力的影响，便使我们死后的自我（灵魂）不能回归于梵，与梵同一，而必须接受轮回的果。或转生为鸟兽虫鱼，或转生为人、神；或升天国，或入地狱。既然人的业行导致轮回，所以印度人认为人生是痛苦的，免除轮回之苦才是解脱。宗教上的祭祀和世俗的道德只是相对的善行，而不是解脱的正道，只能作为促成解脱的辅助性步骤。根本途径在于静修与苦行。主要的修行方法就是禅定和瑜伽。由于奥义书这种宗教哲学的影响，当时许多印度人都远离人间，遁迹山林。在那里离动住静而作内观，端坐调息，将心集于一境，通过念诵“唵”（Om，“梵”之象征词）字密语，达到精神恍惚的出神境界。他们认为，这就是梵我同一的境界，在这种境界中实现了精神上的暂时解脱。

奥义书否定了婆罗门教注重外在的宗教祭仪的三大纲领，开始了宗教哲学的沉思，从而出现了婆罗门教的很多正统派别，同时也推动了各种非婆罗门教派（耆那教、佛教等皆属之）的兴起。但它的梵我同一观念却与业报轮回思想结合起来，使因果报应、生死轮回的宗教迷信泛滥成灾，成为印度后来各种宗教和宗教哲学的基本信条，它对后代印度人民精神上的影响和作用远远超过婆罗门教的三大纲领。马克思评马丁·路德的宗教改革的意义时说：“的确，路德战胜了信神的奴役制，只是因为他用信仰的奴役制代替了它。他破除了对权威的信仰，却恢复了信仰的权威。他把僧侣变成了俗人，但又把俗人变成了僧侣。他把人从外在宗教解放出来，但又把宗教变成了人的内心世界。他把肉体从锁链中解放出来，但又给人的心灵套上了锁链。”[①] 奥义书宗教思想之于婆罗门教的祭祀至上主义，颇类似于路德派新教之于罗马天主教。它“破除”了对外在祭仪的信仰，却发展了业报轮回之类内在信仰上的权威；他把印度人从外在宗教解放出来，但又把宗教变成了人的内心世界。

经书时代的婆罗门教

印度学者所谓的“经书时代”，按照麦克斯·缪勒的说法，大约是自公元前6世纪至公元前2世纪之间。经书的梵语是“修多罗”（Sūtra，意为“线织”）。意思是说用提纲挈领的语句总括教义的大纲，好像用线把散落的珍珠编连成串一样。如果说，奥义书的基本精神是吠陀经典在理论上的发展，那么，经书的主要内容则是把吠陀经典和梵书的制度和仪式经典化、体制化。它完成和固定了婆罗门教的实际宗教生活。若不研究经书，便不能完全了解婆罗门教。

经书属于吠陀经者，又称为劫波经（Kalpa Sūtra），由下列三类组成：

（一）法经（Dharma Sūtra），搜集四大社会等级的权力义务、生活行为的规定以及社会法规而成。

（二）天启经（Srauta Sūtra），说明婆罗门祭司所主持的大祭。

（三）家庭经（Grhya），说明家庭中由家长所司祭的仪式。

上述三种经书完成了婆罗门教实际宗教生活的说明。主要内容是阶级制度和祭祀制度。

一、婆罗门教的阶级制度

婆罗门教本质上就是古代印度种姓社会的上层建筑，它的全部任务部是用宗教的形式把社会的种姓制度或瓦尔那制度神圣化、合法化。故法经对四大种姓的社会地位、权利义务和生活方式作了详细的规定，以保证婆罗门的至上地位和刹帝利的统治权。

婆罗门的主要职责有六：学习吠陀，为自己司祭，为他人司祭，教授吠陀，自行施舍，接受布施。

刹帝利的职责在于用武器保护人们的财产，并且施行善政。

吠舍即是平民，从事农商和牲畜的生产者，有向王族缴纳税金和供养婆罗门的义务。

首陀罗是奴隶，没有任何公民权利，其唯一义务是以劳动来奉养以上

---

① 《马克思恩格斯选集》，第1卷，第9页。

三种姓。

婆罗门、刹帝利和吠舍有信仰宗教和死后升天的权利，能参加宗教上重生的再生礼，故称“再生”族；首陀罗没有信仰宗教的权利，不能在宗教中重生，是宗教所不救的贱民，故称“一生族”。

这种种姓制度，由于婆罗门教对它的神圣化，一直成为印度社会延续至今的社会体制。

二、婆罗门教的祭祀制度

经书把婆罗门教的“祭祀万能主义”具体化为繁多的祭祀。生活就是祭祀，离开祭祀即无生活可言。全部祭祀分为天启祭和家庭祭祀两类。

天启祭由婆罗门祭官主祭。其中又分为供养祭和苏摩祭。

供养祭：包括置火祭、火祭、新满月祭、祖先奉饼祭、初穗祭、四月祭、供兽祭。

苏摩祭：供养祭以外的大祭皆为苏摩祭。其中包括力饮祭、即位祭、奉乳祭、火坛祭、马祠、人祠、一切祠等。“马祠”是婆罗门教的大祭，一国之君如想征服四方，便选用一匹做牺牲的马，祭司作法后，派贵族少年武士放牧于东南西北各一年，由马任意到邻国领土上吃草。马所经之国如自知无力抵抗放马之国，则当以精兵加入放马之国，以示承认放马之国的宗主权，否则即以兵力相抗发生战争。“人祠”是以人做牺牲的祭礼。“一切祠”是婆罗门在出家前将财产妻子眷属全部奉献于神或布施于人，自己则隐居山林的祭仪。

家庭祭是人一生中的生命关节礼。按照经书规定，人的一生实际上不过是按照生命关节的次序而行宗教祭礼的历程。家庭祭以家长为司祭，在家庭中进行。种类包括从人之坐胎开始而至人死下葬的各种仪式。如：

受胎礼：夫妇婚后怀孕而进行的祭。

成男礼：怀孕三月，希望生男而行的祭。

分发礼：成男礼后一个月行之，将发分开，祈求母亲和胎儿安泰。

出胎礼：临盆时，生产时，生下后，断脐时，由父母共行之，祈求涤除胎前的不净。

命名礼：一般在生后十日行之。

出游礼：初出门时，生后四个月行之。

养哺礼：初进食物时，生后六个月行之。

结发礼：婴儿期结束进入童子期时行之。

薙发礼：剃除头发的四边，表示童子期结束进入成年期。

入法礼：此为人生四个时期第一期的开始，婆罗门八至十六岁、刹帝利十一至二十二岁、吠舍十二至二十四岁之间为入法期。若此时期中不行入法礼，即失去再生族的特权和宗教权利。

归家礼：由师家学成返家之前所行之礼。

结婚礼：归家后结婚成家的大礼。

除此以外，还有许多祭祀。总之，人在一生中的重要关节时期和各种重要活动，莫不要举行祭仪，从而把人的生活行为和思想严格地束缚在婆罗门教的教义规定和行为规范之内，社会秩序当然也就因此而得到巩固。

印度教（新婆罗门教）的形成

婆罗门教作为印度社会的上层建筑，当然是为婆罗门和刹帝利两大种姓组成的统治阶级的利益服务的。但是，由于婆罗门教强调吠陀天启，祭祀万能、婆罗门至上三大纲领，把广大的首陀罗种姓和其他贱民排除于宗教生活之外，必然会引起他们的失望与不满，加剧社会矛盾。当公元前一千纪中叶雅利安人势力扩张到恒河流域以后，被征服的达罗毗荼族等土著居民被赶进首陀罗和贱民的队伍，阶级矛盾日趋尖锐。在统治阶级内部，刹帝利种姓也不会甘于二等贵族的地位而接受婆罗门至上主义。所以，公元前5世纪前后，在印度兴起了各种非婆罗门教的宗教和宗教哲学思潮，它们的代表人物大多出身于刹帝利种姓，兴起和传播的地区主要是在恒河流域。其中最主要的是佛教、耆那教和生活派（“邪命外道”）。佛教不承认吠陀权威而自立教义，不赞成祭祀万能而寻求新的解脱之道，不接受婆罗门至上、首陀罗不能再生的主张，而主张四姓在宗教上平等，人皆可得解脱。佛教的这些主张缓和了阶级矛盾，从根本上有利于种姓制度的巩固，代表了刹帝利王族的利益。所以，佛教在释迦牟尼在世之时就得到了一些国君的支持，不断发展。公元前3世纪孔雀王朝的阿育王，尊佛教为国教，压倒了传统的婆罗门教。公元1世纪以后，印度分为“南北朝”，北印度为大月氏人建立的贵霜王朝，尊奉佛教；南印度的安达罗王朝则大力提倡婆罗门教，与佛教对抗。公元4世纪笈多王朝时代，婆罗门教吸收佛教，耆那教的若干教义和民间的多神信仰，逐渐演化为新婆罗门教——印度教。这里所说的印度民间的多神信仰主要是指一直流行于非雅利安的土著民族中的各种信仰、仪式等。婆罗门教为了宣传他们的信仰，便用通俗的形式，编辑了史诗：《摩诃婆罗多》和《罗摩衍那》，以及具有神话内容的大量的《普罗那》(《古史谭》)。这些著作在某些方面改变了早期吠陀中神灵世界的结构，把梵天、毗湿奴、湿婆抬高为三位一体的至上神，并把民间传说的英雄附会为毗湿奴的化身。《摩诃婆罗多》中的哲学诗篇《薄伽梵歌》，调和各种思潮，对婆罗门教义作出新的说明。它针对佛教脱离生产和社会生活的教义，主张各社会阶级严守自己的地位，尽自己阶级所应尽的社会职责。至于由于尽社会职责而产生的业因，可通过对至上神的虔诚信仰和热爱而得到解脱。《薄伽梵歌》的很多思想，为古典婆罗门教向新婆罗门教（印度教）的发展起了极为重要的推动作用，印度教迄今仍将该书奉为经典。公元8—9世纪，商羯罗（788—820）站在奥义书一元论的立场，吸收佛教的教义，对婆罗门教一系列理论问题作了新的阐发，并在实践上改革了婆罗门教的行事。他云游印度各地传道，与顺世论（唯物论）、佛教徒和其他教徒进行辩论，在印度各地建立印度教寺院，组织正式的印度教修行团。由于统治者支持印度教，夺取佛教寺院的地产和财富，佛教势力衰落，印度教在全国获得优势，直到现代。

商羯罗宗教改革后的印度教，在教义信仰和宗教仪礼上随着历史的进展，不断有新的变化，但其基本精神仍是婆罗门教传统的延续。

印度教的神灵观

神灵观念和神学世界观基本上是发挥奥义书的梵我同一思想，把“梵”认作为世界的主宰，把世界万物和个人灵魂的“我”说成是梵的显现，把诸神视为梵的具体化或人格化形式。不过，各个印度教思想家的具体说法并不完全相同。商羯罗提出“不二一元论”，认为现实世界是“摩耶”(Maya，幻现）而非真实，只有作为个体灵魂的“我”和作为宇宙灵魂的“梵”才是同一不二的真实存在。罗摩奴阇（1017—1127）的“制限不二论”则有所不同。他认为神、世界和我皆为真实，神、世界和我与作为最高存在的梵，在属性上既有相同的方面，也有相异的方面。梵即是神、神是梵的人格化，其化身便是印度教崇奉的主神毗湿奴。大体上，印度教吸收了佛教关于法身佛、化身佛的观念，把印度人敬拜的众多神灵和民间传说的英雄人物都说成是梵或神的化身，不过是用许多神灵之名来称奉那难以捉摸的最高神——“梵”而已。这是因为梵是世界的本体，遍在于全世界一切事物之中，可以显示为任何事物，表现为任何形态。奥义书是这样来形容神的遍在性的：

> 他——太阳——没有任何颜色，由他的力加上目的而产生无穷的颜色，在他里面，这一切在开始时一起现出来，在终了时分散而还于太初——愿他（神）赋予我们好的思想。
>
> 彼（自我）确实是阿耆尼（火），是亚提多（太阳），是梵由（风），是旃陀罗（月），同样也是白净的星，彼是梵（金卵），是水，是生主。
>
> 你是女人，你是男人；你是男孩，你是女孩；你，成为一个老人，扶着你的杖蹒跚；你天生你的脸转向各处。
>
> 你是深蓝色的蜜蜂，你是红睛绿鹦鹉，你是雨云，是季节，是海洋，你无开始，因转现而遍在，从你，一切世界出生。①

印度教把绝对本体的梵具体化、人格化为三位一体的三位大神：①梵天：宇宙的创造神；②毗湿奴：宇宙的保护神；③湿婆：宇宙的破坏神。三大神都是一元之世界本体的梵所作的三种不同的显现。吠陀时代以来的其他诸神，均降格为三位大神的下属。

梵天被认为是世界万物的创造主。在古代印度的神灵世界中是至高无上的。但因梵天作为创造物之主，不仅创造诸神，而且也创造魔鬼和灾难，而且他在创造世界之后已经尽了他的天职，梵天在三位一体神中地位越来越低，信奉者越来越少。现在的印度崇祀他的庙宇只剩下一座了。而毗湿奴和湿婆的权威则大增。他们的信奉者各奉毗湿奴和湿婆为最高神，从而形成印度教中两大主要教派：毗湿奴派和湿婆派（加上性力派，即为印度教三大派）。这两位大神又从各自的信奉者那里获得更多的神性和称号。

毗湿奴派。罗摩奴阇在 12 世纪所创建，崇奉毗湿奴为最高的神，此外还崇奉他的妻子和他的各种化身。最重要的化身有十种：鱼、龟、熊、野猪、人狮、矮人、持斧罗摩、罗摩、黑天、佛陀以及作为“未来化身”的迦尔基。毗湿奴信徒实行苦行和禁食，认为通过默念神名和修瑜伽可获解脱。此派在印度是势力最强的宗教集团。在南印度，此派信徒在额上画有三叉形捕鱼叉作为标记。

湿婆派。湿婆神的神性复杂，信徒认为他既是众生的毁灭者（当一

---

① 糜文开编译：《印度三大圣典》，第 88 页。

劫终时，他便杀尽一切众生，以至梵天与毗湿奴，用火把他们烧成灰)，又是众生的再生者（毁灭之后又再造并予保护)；既是苦行禁欲的模范，又是欢乐纵欲的神灵（常与其妻歌舞宴乐，拥抱交欢)。湿婆作为再生之神，其信徒常以男性生殖器“林伽”作为其神性象征。

由于湿婆神性复杂，故其名称极多，据说共有一千零八个异名，湿婆派因此而有许多分派分布于南北印度。湿婆信徒在自己额上横画三线来表明自己的信仰。

性力派，最初是对最高生殖力和生殖器的崇拜。在印度教中崇拜对象为最高性力女神。她们或被说成是毗湿奴之妻吉祥天女（Lakshmi)，或是湿婆之妻杜耳加（Durgā，难近母）和嘉莉（Kali，时母）……性力派以宇宙的破坏和再生之神湿婆及其妻作为象征，又用男性生殖器林伽和女性生殖器优尼（Yoni）象征男女二神。

性力派崇拜的发展，导致放荡的淫猥之风，说什么人体机能分属六轮，最下部的生殖器最为重要。由此轮而修男女的瑜伽术，可引出贯通全身六轮之力，产生超自然的奇迹。此派进一步把女性生殖器视为修男女瑜伽术的曼陀罗（Mudra，印契)。修此术者在密室中通过一定的秘密仪式而行所谓最上秘密法。

印度教除了上述三大派外，对太阳神苏里耶和象头神的崇拜也曾广为流行，其庙宇和神像遍于全印度。

印度教的人生观和解脱道

佛教认为人生皆苦，苦因之根本为作业，业必有报，故人死必进入新的轮回，生死不已，苦苦相连。解脱之道当然只能是脱离生产，离开家庭和社会，通过出世修行而避免作业。佛教这种消极出世的解脱之道使大量的僧侣脱离生产和家庭，这就加重了社会的负担，孤儿寡妇大增，给社会带来很大的弊端。统治阶级不能不提倡某种新的宗教信仰对印度人民进行更有效的精神控制。《薄伽梵歌》针对佛教的上述主张，提出了新的解脱之道。它宣称人生有四个目的：一是利（artha)；二是欲（kama)；三是法（dharma，达磨)；四是解脱（moksha)。解脱是人生之最高和最终的目标，前三项则是为达到最终目标的阶段。印度教因此而有重视现实的利欲和物质的享受一面。主张一个人应该为了子孙的繁殖和富贵而孜孜不倦地经营人生，负担起家庭的责任。但是，一个人要追求和实现自己的利欲和享受，必须遵循和服从“法”或“达磨”，接受“达磨”的社会法则和道德律的约制。“达磨”一词有许多含义，除了“法则”以外，还有正义、任务、人伦、秩序等意义。印度教正统派通常把“达磨”解释为“法定的地位”，其核心是印度社会（从奴隶制到封建制以至现代的资本主义社会）一以贯之的瓦尔那种姓阶级制度。因此，所谓按达磨立身处事，实际上也就是严格遵守这种阶级制度，严守自己所属阶级的身份，享受相应的权利，接受相应的义务。只有这样，才合于法则，合于人伦秩序，合于道德律的要求，从而也就为自己的最终解脱做了道德上的准备。

按照上述基本思想，印度教正统派把一个人的一生划分为四个阶段（“四行期”）：

（一）青年时期：拜师求学，勤学苦读，特别是学宗教经典和祭法。是为“梵行期”。

（二）成年时期：结婚成家，生儿养女，供神祀祖，是为“家住期”。

（三）俗务和家事完成以后，离开家庭入森林修行习定，悟道求真，是为“林栖期”。

（四）晚年时期托钵修行，云游岩化，作为“圣者”而终此一生。这个时期称为“遁世期”。

印度教就这样通过人生四种目标和四行期的宗教人生观把个人与社会协调起来，把对实利的追求与最终的解脱统一起来。

但是，现实的享受与最终的解脱毕竟不是一回事，而且是有矛盾的。要实现宗教上的解脱，必须有一套宗教的步骤。印度教的思想家们为此苦思冥想提出了各种理论和方法。他们的说法各有不同的侧重点。总起来大致有三种修行方式或解脱之道。

（一）行为之道：将自我奉献于神，让神行于自我由此产生行动。印度教不主张放弃工作而断绝业因的佛教解脱道，而主张有所行动，参与工作。但为了调和追求实利与宗教解脱的矛盾，便强调人的行动的自发性，要求行动的动机不为一己的私欲所控制，不斤斤计较于行动后果的利害得失。认为只要这样，即使做了许多工作，也没有业因及由此而生的苦果。《薄伽梵歌》强调说：“一个人，他的每一动作不系缚于欲望与效果，他的业便被智慧之火焚化掉了，智者称他为圣人。出离了业界的系缚，永远知足，不受拘束，虽则他做了许多工作，他完全没有业。不要希望什么，控制住自己的心，出离了贪求，只用身体去工作，他就不沾染罪垢。”①这就是说，只要在动机上纯正，专心献身于神，那么工作的主体便只是身体，这种性质的工作就完全没有业，不沾染罪垢。

（二）虔信之道：印度教认为只要对神有热烈的爱和虔诚的信仰，就必然会蒙受神的恩宠。在《薄伽梵歌》中，神说：“我对一切众生一视同仁，我不憎恨任何人，我不偏爱任何人。但凡虔诚地礼拜我的，他们寓居于我之中，我寓居于他们之中。即使一个元凶极恶，他用专诚的虔敬来礼拜我，他当被认为善，因为他有了善的决心。迅速地他变成一个正直的灵魂而达到永久的和平。……你要知道，信仰我的人永不被毁灭。”②后来，罗摩奴阇极力发挥这个思想，强调只有虔诚地信仰神，绝对地皈依神，才会导致解脱。他认为信仰比智慧更重要，最关紧要的不是摆脱无知和无明，而是加强信仰，因为对于神献身的信仰比之于知识上的探求更为有效。

（三）智慧之道：在理性上追求真理，通过对“梵即是我”的体证而悟道解脱。《薄伽梵歌》说：“像一切燃着的火烧成灰烬……同样的智慧之火把一切的业烧成灰。因为在世界上，没有再比智慧之力能净化一切的了，已经到达瑜伽完整境地的人，许多时日以后他自己便发现智慧在他自己之中。有信仰的人能控制他的感觉便得到智慧。得到智慧之后，他立即达到至高的和平。”③被尊为印度教最高的哲学家的商羯罗特别强调智慧对于解脱的决定性作用。他认为只有明确地证悟我即是梵、梵我同一的绝对真理，认识到梵才是绝对实在，其他一切都是假象和幻影，人才能摆脱无知无明的境界，达到最终的解脱。

上述三种修行方法（即所谓瑜伽）究竟何者最为重要和有效，在不同的印度教派中强调的重点各不同，争论不休。但三种方法在印度教中都各有其修行的效能，皆被认为能导致灵性上的完全，促进个体的我与终极的梵的融合。

印度历史上的宗教斑斓多彩，品种繁多，远不只限于婆罗门教和印度教，而且在婆罗门—印度教系统之内也有众多的分派和令人眼花缭乱的教

---

① 糜文开编译：《印度三大圣典》，第 113 页。

② 同上书，第 121 页。

③ 同上书，第 113 页。

义和仪式，同时随着历史的变迁，各派宗教都在不断发生变化，难以尽说。

第六节 古代伊朗宗教的国家化或民族化

古代伊朗的早期居民伊兰人的社会情况和宗教信仰情况，人们现在所知甚少。伊朗的宗教传统主要来源于早期印度—伊朗雅利安民族，麦克斯·缪勒说他们也是世界宗教史的主要角色，创造了属于他们的“有圣典的宗教”（《波斯古经》和琐罗亚斯德教）。本书把它看成是随着古代伊朗这个文明古国的兴起而发展起来的民族—国家宗教，对其民族化、国家化的过程作简要的论述。

古代伊朗国家与国家宗教的形成

伊朗高原最早的居民是伊兰人。早在公元前四千纪他们已有了自己的语言和文字。公元前三千纪，河流地区的伊兰人部落已进入阶级社会，在公元前二千纪发展为相当强大的国家。公元前二千纪，原来居住于中亚地区属于印欧语系的雅利安民族中的一支，越过兴都库什山进入伊朗高原，定居于此，创立了自己的文化与宗教。公元前6世纪，波斯人首领居鲁士统一伊朗，征服西亚大部分地区，建立了雄踞中西亚，强盛一时的波斯帝国。但这个帝国于公元前3世纪为马其顿王亚历山大所灭。波斯人于公元3世纪重新统一伊朗，建立起萨珊王朝统治的新波斯帝国。642年，萨珊王朝又为阿拉伯人所征服，伊斯兰教随之传入，并成为历代王朝的官方宗教——国教。这种情况一直延续至今。本书这里主要讨论古代伊朗宗教（包括琐罗亚斯德教）民族化、国家化的情况。

要了解古代伊朗人的宗教信仰，除波斯古经《阿维斯陀》（Avesta）以外，别无可靠的资料来源。而这部古经在历史的变乱过程中大部被毁和散失，这就使我们对他们的宗教信仰也不甚了了。只是由于早期伊朗人和印度人同属雅利安民族，有共同的血缘关系，语言接近，一度有共同的宗教信仰，因此，研究宗教的学者们一般通过对古代印度的早期吠陀经典和波斯古经《阿维斯陀》的比较研究，寻找两者的共同因素，据此再现早期伊朗人的宗教信仰。这两部经文确有许多共同之点，如表现出性质相同的多神论，崇拜不少共同的神灵和其他对象（主要是与印度的密多罗神

［Mitra］相同的伊朗的密瑟拉神［Mithra］，对火的崇拜，用圣酒献祭……）。此外，公元前1380年，赫提皇帝和米坦尼（Mitanni）国王缔结的条约中提到了一系列神名，其中有密多罗、伐楼拉、因陀罗和一对孪生神拉撒提亚（Nasatyas）等。这些神也是吠陀经典中的神。这些神的神性和功能也与吠陀神灵相似。他们都是社会统治阶级的化身，代表着社会的三种职能和统治阶级中的三种成分。密多罗代表维护社会秩序的司法方面，伐楼拉代表神迹和祭司方面，因陀罗则是战神，代表武士贵族。拉撒底亚女神则代表与人类生存有关的养育功能和社会的结合性质。早期伊朗的神灵崇拜表明了社会的阶级分化和宗教本身的阶级性。

随着伊朗的逐渐统一，米底王国和波斯帝国的建立和君主专制制度的发展，古代伊朗人的自然崇拜和多神信仰便逐步走向统一，发展为在宗教史上颇具特色的二元神教。在印度—伊朗的早期神话（吠陀）中已有天神“提婆”（deva 或 daiva，一个印度—伊朗名词，近乎拉丁语的 deus）和恶魔“阿修罗”（Asura）的区分。伊朗人则进一步把这种分别扩大化、绝对化，用来对一切神灵和超自然力量进行分类，把他们分为善恶对立的两大类。他们尊奉“阿胡拉”（Ahuras，意为“主神”）为善神之主，尊称为“阿胡拉·马兹达”（“Ahura Mazda”，马兹达，意为“贤明”、“智慧”），而把与印度天神“daiva”（提婆）相当的“daeva”（台瓦）降为恶魔一类。这种善恶对立的二元神宗教是从多神教走向一神教的一种特殊形式。从各方面推断，“阿胡拉”原来可能是波斯人中某个强大氏族的祖先神或部落的保护神，他被奉为最高的主神是统一帝国和君主集权的反映，是波斯皇帝用来统一帝国各民族的信仰和思想，以加强自己的统治的表现。居鲁士大帝征服巴比伦帝国之后对巴比伦人和犹太人的宗教信仰采取了宽容的态度，而大流士及其继承者则独尊阿拉玛兹达（Auramazda，即阿胡拉·马兹达）。对阿胡拉以外的其他的神则禁止崇拜，或者贬为“daeva”（恶魔）。大流士把自己的一切行为和政治决策都说成是秉承阿胡拉的意旨。他在自己的铭文中列举了他所统治的各省名称之后，宣称：“这些省归属于我，按阿胡拉·马兹达的意旨，在我的统治之下，向我交纳贡税。”被贬为恶魔的“台瓦”（daeva）看来多是被征服者原来信奉的神。例如，大流士的后继人塞尔西斯一世（公元前486—前465年）在波里的铭文中写道：“朕遵阿胡拉·马兹达的意旨，战胜此族（指被征服的部落）……在上述国家中原先有信奉台瓦者，朕遵照阿胡拉·马兹达的意旨，拆毁台瓦庙，下令今后不得祭祀台瓦……其他谬风陋俗，朕皆一一纠正。”阿黑门尼德王朝历代帝王都自称是阿胡拉·马兹达的使者，神的意志通过帝王宣示人世。古代伊朗的二元神宗教观念就是在这种历史条件下发展起来的，它是适应伊朗各民族走向统一和波斯大帝国和社会政治需要的产物。二元神教的典型表现形态便是琐罗亚斯德教。

琐罗亚斯德的宗教改革

琐罗亚斯德是一位宗教改革者，他对古代伊朗人的宗教信仰进行了改革，创建了一种新的宗教，史称琐罗亚斯德教。琐罗亚斯德教可以认为是人类历史上最早在传统的体制化的国家宗教之外创建的一种新宗教。按照琐罗亚斯德教的传统说法，他生于公元前628年，死于公元前551年。据传说，他是由一个15岁的童贞女所生，这当然是宗教神话，意在神化琐罗亚斯德。这则神话实为基督教关于耶稣由童贞女所生的先例。一般认为他出生在伊朗西北部米底亚区拉格斯镇（今德黑兰郊区）一个名叫斯比泰玛（Spitama）的骑士家庭。他是某一个拥有“马兹达”称号的“阿胡拉”（主神）的祭司。琐罗亚斯德在一首赞美诗中随同其他的“阿胡拉”一起提到了这位称为“马兹达”的“阿胡拉”。这位祭司据说在二十岁时弃家隐修，三十岁时得到“神的启示”，因此便对传统的多神信仰进行改革，创立一种主张善恶二元对立的二元神论宗教。他尊奉阿胡拉·马兹达为最高的善神，自称是阿胡拉·马兹达派来的使者，向世人传道，劝世人悔改。他劝人勿饮酒、勿邪行、勿欺诳，而以他所传的新宗教的真理为信仰。以后他流浪于伊朗各地宣传他的新教义。坚持传统宗教信仰的祭司阶级当然持反对态度，对他进行迫害。他传道十年，只得了一个信徒。看来他以后针对国王和贵族的传教活动收到了成效。公元前588年，他的新宗教受到了国王维斯塔巴（Veshtāspa，大流士的父亲）和贵族们的信仰。他的女儿嫁给了波斯帝国的宰相耶马斯普（Jāmāsp），他自己也娶了波斯大臣的女儿为妻。在国王的支持下，很多王公大臣都皈信了琐罗亚斯德的新宗教，推动了它的传播。琐罗亚斯德据说是在公元前551年统治阶级内部的一次战乱中被杀的。

琐罗亚斯德教的经典

琐罗亚斯德教奉《阿维斯陀》为圣书。此书是伊朗最古的文献。阿黑门尼德王朝末期用古波斯文编成该书，故又称《波斯古经》。该书在马其顿王亚历山大大帝征服波斯的战乱中丧失殆尽，仅存一卷。以后经过连续几个世纪的收集与整理，才在萨珊王朝时期编纂成书，共二十一卷，三十余万字，用阿维斯陀文写成。这时，琐罗亚斯德教被萨珊王朝尊为国教。《阿维斯陀》成了广大国民必读的经典。公元7世纪，由于阿拉伯人的征服，琐罗亚斯德教日趋衰落。《阿维斯陀》又逐渐散失，至今只剩下八万余字。伊朗学者们通过对该书的长期研究，将《阿维斯陀》分为六个部分：

一、伽泰（Gatha），意为颂歌，是歌颂神灵的赞美诗，共十七章。所用韵律和方言与《阿维斯陀》其他部分不同，相传是琐罗亚斯德本人所作，是《阿维斯陀》最古老的部分。由于这个原因，琐罗亚斯德教祭司把这部分从“耶斯纳”中抽出来作为单独的一卷。“伽泰”极力推崇阿胡拉·马兹达为智慧与善良之主，对他和诸天使极尽讴歌赞美之能事。说阿胡拉·马兹达是善良、智慧、光明、纯净、真实、创造和生命的象征与源泉。而安格拉·曼纽则是邪恶、污秽、虚伪、破坏与死亡的根源。人是善神的创造物，在善恶的斗争中有选择的自由意志，但应听从阿胡拉·马兹达的召唤，避恶向善，弃暗投明。

二、耶斯纳（Yasna），词义为赞颂，是《阿维斯陀》的主体部分，内容是祭司在祭仪上所唱的歌颂神灵的赞歌，共有七十二章。其中十七章即上述“伽泰”部分。各章内容除赞颂主神阿胡拉·马兹达外，还赞颂他属下的诸天使和世上一切美好的事物。

三、耶斯特（Yasht），词义与耶斯纳相同，内容均为对神的赞颂。但耶斯纳为一般意义的赞颂，耶斯特则专门讴歌善神和诸天使。耶斯特共有二十一篇，分别赞颂二十一位天使，并以所颂天使之名为篇名。耶斯特在《阿维斯陀》中篇幅最长，写得也较为生动有趣，其中保留了许多古代伊朗人的神话传说，从中可以了解古代伊朗与邻国的战争和一些帝王的故事。

四、维提吠达特（Vidēvdat），又称梵提达德（Vandidad），为驱除魔鬼的律法，故为琐罗亚斯德教的驱魔之书。这里的魔鬼一词为daeva，在吠陀经典中为天神。这反映了雅利安人古代宗教传统在伊朗的变化。梵提达德共二十二章。第一章谈到善神阿胡拉·马兹达创造了十六个国家，恶魔安格拉·曼纽则给这些国家带来灾难；第二章谈到世界的毁灭；第三章谈到土地因得到耕种而喜悦，因尸骨遍野而恼怒；第十八章则说公鸡报晓，是代表传令天使索鲁什唤醒沉睡的人们，摆脱睡魔布沙斯伯的纠缠，开始一天的工作；第十九章提到亡灵的归宿和恶魔阿里曼对琐罗亚斯德的欺骗。

值得注意的是从第四章至第十七章的内容，这部分说明了琐罗亚斯德教教徒在日常生活中所应遵守的仪规和戒律。其中有关于如何处置尸体，怎样避开不净之物，如何治病，如何赎罪之类的规定，以及对违反教规者采取的各种惩罚。因此，这一部分内容可以视为该教的法典。

五、维斯卜拉特（Visprat）。此词是由“Visp”和“rat”二字组成，意为“出类拔萃者”。这部分诗歌是对阿胡拉·马兹达创造的一切美好事物和那些品德出众的善人的赞颂。

在维斯卜拉特中还包括有对宗教节日，对每天各个时辰，以及对祭仪上的祭品的赞美。故人们称之为祭仪之书。

六、库尔达（Khorda），意为“小阿维斯陀”，它并不是阿维斯陀的组成部分，而是它的选本，是在萨珊王朝沙普尔二世（309—380）执政期间由大祭司长阿扎尔帕德·梅赫拉塞潘丹编选成书的，目的在于供教徒在日常的生活中方便使用。

除上述以外，有关琐罗亚斯德教的典籍还有多种对《阿维斯陀》的注释本，统称“赞德”（Zand）。它们是在萨珊王朝统治的四百年间编写的，总共有二百余万字。其中有两个主要的注释本：《邦达赫森》和《丁卡尔德》，前一部书是关于世界起源、神祇与恶魔争战的叙述，后一部书阐明了琐罗亚斯德教的祭礼、仪规和戒律。

善神与恶神的对立和斗争

琐罗亚斯德教在教义信仰上最有特色的主张是善恶二元论，它认为宇宙中存在着善良与邪恶两种绝对对立的力量，并把二者人格化为善神与恶魔两大阵营。善神一方的最高神是阿胡拉·马兹达（希腊文是 Ormazd，奥尔马兹达），他的神性是光明、洁净、创造、生命、善行、道德、秩序、真理……善神一方的对立物是恶魔安格拉·曼纽（Angra Mainyu），又称阿里曼（希腊文 Ahrimam），他的性格意味着黑暗、不洁、污浊、破坏、死亡、谎言、虚伪、恶行。善神阿胡拉·马兹达与恶魔阿里曼各自拥有一群僚属，彼此的性格一一对立，互相对抗。

阿里曼作为一切罪恶之源，经常驱使属下的恶魔为害人类，陷人以罪孽，给人以痛苦，导人以虚伪，致人以疾病与死亡。善神之主奥尔马兹达为保护人类，征服阿里曼，便率其部属群神与阿里曼邪恶势力展开长期的较量与反复的斗争。这是光明与黑暗、善与恶、正与邪、真实与虚伪的斗争。斗争时起时伏、时胜时败，但阿里曼即使在某一历史阶段取得胜利也只是暂时的。奥尔马兹达作为无所不能的至上神必将取得最后胜利。不过，这场斗争是长期的、持续进行的。琐罗亚斯德教把整个世界的全部历史定为一万二千年，划分为四个时期，每一期均为三千年。在第一个三千年中，主神奥尔马兹达创造了精神世界，但不赋予物质形式。所造之物，虽有感触，但却静止不动，因而也是不朽之物。第二个三千年为主神奥尔马兹达创造物质的时期。首先创造了无限光明，从光产生火，从火产生一切其他事物。在这一时期阿里曼开始他的罪恶破坏活动，创造了一一相应的恶魔，与奥尔马兹达展开了战斗。奥尔马兹达借助于阿胡拉·弗里亚（Ahara Vairya）祈祷文（琐罗亚斯德教的最神圣的祈祷文）打败了阿里曼的第一次进攻。第二个三千年在阿里曼降服后平安度过。第三个三千年是善恶两界神灵决战的时期。到了这一时期的末叶，琐罗亚斯德奉善神之主奥尔马兹达的命令来到这个世界，创立真的宗教——琐罗亚斯德教，使奥尔马兹达得以同阿里曼进行势均力敌的战斗。直到这第三个三千年的结束，才最终彻底战胜阿里曼。

在最后的大决战中，善界军队与恶界军队将进行一场恶战。奥尔马兹达的战士将分别打败并杀死各自的对手。于是创世之初的和平状态便得以恢复。此后，全人类都享受幸福。那时人类的生活将返回到创世时的原始状态。至于恶魔之首阿里曼，即使不被杀死，也将变得软弱无能，无力为害人类和世界。大体上，这就是第四个三千年——太平盛世的盛况。当然，从琐罗亚斯德教的观点看来，这第四个三千年也是琐罗亚斯德教支配全世界的时代。

关于救世主的信仰

在古代伊朗的宗教中普遍有救世主的信仰。救世主观念的核心，是人们相信他是受神的委托来到人世传达神的启示的。救世主是神的使者。受神之命下降尘世而生为人。在宗教作为国家上层建筑的历史条件下，国王总是被神化为救世主，人们对未来救世主的希望异化到国王的身上。根据皇族的传说，国王作为救世主，他的出生和教育有神迹出现。出生时，国王的神星会出现于天空之上。伊朗宗教的救世主信仰在琐罗亚斯德教中继续发展。尽管琐罗亚斯德教承认个人意志对于善恶的选择决定自己的命运，但仍认为人类要想摆脱邪恶势力的侵袭，还必须依靠阿胡拉·马兹达的力量。阿胡拉·马兹达为拯救受迫害的义人，将要从天上派遣救世主到世界上来消灭邪恶势力。琐罗亚斯德曾经常祈求救世主的保佑，相信这救世主将像每天的晨曦一样来到人间，他自己也希望成为（而且自认为是）一个救世主。琐罗亚斯德去世之后，对于救世主即将来临的信仰又有发展。信徒们期待着琐罗亚斯德重新回来，如果他本人不能亲自来，将派他的三个儿子分期回来。三个救世主中的最后一个阿斯特瓦特·埃雷塔（Astvatereta），是正义的化身，人们简称为“救世主”（Saoshyans）。

善恶报应与来世生活

琐罗亚斯德教认为在奥尔马兹达为代表的善界与阿里曼为代表的恶界的长期斗争中，人有选择善恶的自由意志，也必须参加这场决定人类命运的斗争。在这方面，琐罗亚斯德教表达了印度宗教关于“业报”的主张，认为人们“从善者得善报，从恶者得恶报”，“愚痴受到永世的惩罚，真理引向丰硕的生命”（《耶斯拿》第30章第17节）。个人对善恶的选择决定着自己的命运。

由于强调善与恶的对立，使琐罗亚斯德教成为重视和强调道德伦理的宗教。但琐罗亚斯德的道德教训集中在保持生命和与邪恶作斗争方面。为了保存生命，人们必须养牛种庄稼，还要生儿育女。所谓与邪恶作斗争，就是要打败魔鬼及其属下的任何恶人和动物。伦理上的善与恶的对立，在实际生活上被等同于生命与死亡的抗争。由于邪恶势力即是死亡势力，所以，生命的教训也就由之而转化为反对死亡恶势力的战斗教训。在琐罗亚斯德教看来，人们如果不杀死某些生命（如恶毒的动物）就不能与邪恶势力斗争。由于这个缘故，琐罗亚斯德教无视佛教所谓的“普度众生”和印度僧侣所奉行的素食主义。

在理论上，琐罗亚斯德教并不像后来的诺斯替教、基督教和摩尼教那样，把善恶的对立归结为精神与物质的矛盾。它认为，人类并不是用精神反对肉体的形式，而是以他的灵魂和肉体一起参加善与恶的斗争的。因此，该教不主张斋戒和禁欲（除非作为洁净仪式的一部分）。但人类必须保持纯洁和善，避免受到邪恶力量的污染，不能与此类物质接触。琐罗亚斯德教主张人必须接受该教的教导，敬拜阿胡拉·马兹达，在思想、语言和行为诸方面修德积善，是为善思、善言、善行，避免恶思、恶言、恶行。该教把三善或三恶与来世生活联系起来。死后的灵魂将要接受末日审判，根据其生前行为的善恶而在来世得到相应的报偿。

庙宇和祭司阶级

古代伊朗人和其他印欧种族一样，原来并没有庙宇、偶像之类。但伊朗西部的人民由于邻近西亚，受该地区文化和宗教的影响，到阿黑门德王朝时代已经出现了庙宇。它们一般规模不大，里面放置圣火。但圣火有时也放置在可以移动的圣坛上。

由于祭祀活动的需要，古代伊朗已有专门的祭司，其称号与印度吠陀时代的祭司相同，他们被说成是充满灵感的人。在米底王国和波斯帝国时代，祭司阶级发展为强大的社会政治力量，统称“麻葛”，意为“从神那里得到恩惠的人”。琐罗亚斯德本人就是一个麻葛，他创建的宗教也沿用了这个称号。该教在萨珊王朝定为国教之后，麻葛中逐渐形成了分为等级的教阶制度。教阶中最高的为大祭司长，其下有祭司长、祭司、助理或事火祭司。祭司一般出自圣职家族，父子世代传承，可结婚，但嫁娶对象只能在圣职家族中选择。这种宗教体制保证祭司阶级成为一种固定的社会力量。

琐罗亚斯德教在历史上的发展

琐罗亚斯德适应阿黑门尼德王朝政治统一的需要，独尊阿胡拉·马兹达，使统治者可以把一切不适应于政治需要的神灵打成安格拉·曼纽属下的邪恶势力。所以，他所创建的宗教，一度得到统治阶级的赏识和支持。但自公元前3世纪，由于马其顿王亚历山大大帝的征服，琐罗亚斯德教和其他伊朗传统宗教几乎被希腊的宗教崇拜所淹没。但在公元前1世纪中叶以后，在波斯的宗教崇拜对象中出现了希腊神与波斯神混为一体的现象，如：宙斯—奥罗马兹达（Zeus-Oromazdes），阿波罗—密瑟拉（Apollo-Mithra），希里奥斯—赫尔墨斯（Helios-Hermes），阿塔尼斯—赫拉克里斯—阿里斯（Artagnes-Heracles-Ares）。

公元3世纪萨珊王朝建立以后，琐罗亚斯德教得到复兴，并取得了国教的地位。国王下令收集和整理希腊—马斯顿统治时期散失的经书，制定教规。琐罗亚斯德教的麻葛们提出口号，要“把马兹达的宗教恢复到万王之王的人马所到达的非伊朗国家”。在霍尔米兹德（Hormizd）时代，他被封为“奥尔马兹达的麻葛祭司之长”。一位致力于恢复琐罗亚斯德教的麻葛神学家卡特（Kartēr）被国王巴赫拉二世（Bahram Ⅱ）尊称为“巴赫拉姆灵魂的拯救者”，把他升到“王国贵族”的高位。另外还给予他一系列称号，如：“帝国的法官”、“典礼官”、“火的治理者”……卡特对犹太人、佛教徒、婆罗门、基督徒和各种非马兹达的异教徒进行迫害。在沙普尔二世（Shapur Ⅱ），最高祭司阿塔巴特（Atarpat）在确定阿维斯陀经文的含义的争论中由于通过了把熔化的金属溶液倒在胸上的考验，似乎这就证实了他所理解的教义的真实性质，从而彻底击败了其他教派和异教徒，确立了琐罗亚斯德教的独尊地位。

公元642年，阿拉伯的伊斯兰大军征服伊朗，开始时，琐罗亚斯德教徒只要缴纳人头税仍可保持自己的信仰。但这种宗教宽容为时不久，在武力和其他手段的胁迫下，琐罗亚斯德教徒被迫改宗，该教从此逐渐在伊朗本土销声匿迹。到20世纪70年代，残留者不过一万七千余人。当时，不愿改宗者逃亡到了印度，现在集中居住于孟买，被称为帕西人（Pasis）。他们信奉的琐罗亚斯德教被称为帕西教，目前有教徒约十万人。他们有较高的文化水平，经营工商业，或者从事专业的技术工作，在印度的经济生活中有重要影响。著名的塔塔集团，就是帕西教教徒。

琐罗亚斯德教传入中国后，被称为祆教，曾受到统治者的支持。9世纪唐武宗排佛时，祆教和景教、摩尼教等外来宗教也在排斥之列，渐趋消失。

第七节 从古代希伯来宗教到作为以色列—犹太民族—国家宗教的犹太教

我们现在来看世界宗教史舞台上由闪米特以色列人领衔主演的宗教戏。他们不愧是麦克斯·缪勒所赞许的世界宗教史上的主要角色。这不仅是因为他们在人类文化的黎明时期创建了一个“有圣典的宗教”（《旧约圣经》和犹太教），而且这个宗教直接导致了两大世界宗教——基督教和伊斯兰教。如果不了解这个“有圣典的宗教”，就好像是在看一出没有主角的戏剧。犹太教是与希伯来—犹太民族命运相连的民族宗教，至今仍是以色列国的国家宗教，经历了数千年的历史发展。本书的任务只是探讨和叙述它作为希伯来—犹太民族的民族—国家宗教的形成过程，以与其他民族宗教的民族化和国家化过程相比较。因而本节所述并非一部犹太教的简明通史。

首先需要说明一点：人们一般都把犹太民族的宗教称之为“犹太

教”，同时又把“犹太教”当做典型的一神教。这个说法不太确切。尽管犹太人的圣书（《旧约圣经》）确实把他们信仰的传统宗教描写成有史以来信仰唯一上帝耶和华的一神教，但这并不符合于历史的真实。历史和宗教史的批判考察证明，犹太人把耶和华确定为唯一的神或上帝，经历了一个长期、曲折、反复多变的历史发展过程。作为一神宗教的犹太教并不是犹太民族自古以来就有的信仰，而是在传说中的摩西时代开其端，在结束“巴比伦之囚”、返回耶路撒冷之后定其型的。在此之前以信仰民族部落神为主体的多神宗教就不能叫做犹太教。犹太人古称希伯来人，因此，我们可以把古代希伯来人所信的宗教叫做“希伯来宗教”，而把作为一神宗教的犹太教视为希伯来宗教的继续和发展。就社会形态而言，古代希伯来民族在西亚和北非诸民族的征服与反征服、冲突与融合的长期斗争过程中，经历了从原始的氏族部落社会发展为民族国家的过程；反映在宗教形态上，则是耶和华从氏族部落神发展为创世主和宇宙神，从氏族部落宗教发展为民族宗教或国家宗教的过程。对于罗马帝国征服犹太人之前的古代希伯来宗教和犹太教的全部历史发展过程，大体上可以分为三个阶段：

（一）亚伯拉罕时代：古代希伯来氏族—部落宗教。

（二）摩西时代：犹太教作为民族—国家宗教的创建。

（三）定居迦南以后：犹太教的发展与完成。

亚伯拉罕时代：古代希伯来人的部落宗教

犹太人的祖先原是闪米特人的一个分支，曾一度游牧于两河流域。据《旧约圣经》，犹太人的祖先亚伯拉罕即出生于巴比伦尼亚。犹太人之所以称为希伯来人，近代学者通过考证已有比较一致的结论：“希伯来”一词的原始意义是“另一边”，据此推知，希伯来人是指从幼发拉底河“另一边”越河而来的人[①]。圣经又载：耶和华为亚伯拉罕的儿子雅各取名为以色列。所以，希伯来人自称为“以色列的子民”，或称以色列人。这与《圣经·创世纪》关于亚伯拉罕出生于幼发拉底河下游的乌尔的记述，在地理上能够吻合。亚伯拉罕当然只是一个传说中的人物，但圣经中关于他的记载必然包含有后来的圣经作者对其祖先的历史回忆，可以作为探索犹太历史的蛛丝马迹。据一些学者的考证，如果我们假

① 见高望之《论犹太教和希伯来民族的同步形成》，刊于《世界宗教研究》1984 年第 4 期。

定圣经中的亚伯拉罕是个历史人物，那么他生活的年代大概是在公元前20世纪到前18世纪。他是当时希伯来人某个部落的酋长，带领他的部落民从乌尔迁居迦南，因遇大饥荒又逃荒到埃及。他在埃及积蓄了极多的金银和牲畜，返回迦南。他养了大批奴隶，他“家里生养的精练壮丁三百一十八人”，他曾带领这支军队打仗。这些记载说明，亚伯拉罕的部落已是一个阶级社会，他本人是个富有的奴隶主和这个部落的统治者。

据《圣经·创世纪》所载，似乎当时亚伯拉罕只相信一个创造世界的、独一无二的耶和华，然而，宗教学者一般都持否定态度。巴比伦时代的闪族各个氏族部落都崇奉本氏族的保护神。除此以外，还有别的信仰和崇拜对象。亚伯拉罕所在的氏族部落作为闪族希伯来人各氏族部落中的一支自然也不例外，他们选择了耶和华作为本氏族部落的保护神和上帝。

圣经中总是强调说耶和华是亚伯拉罕及其直系子孙的上帝。甚至亚伯拉罕的仆人也并不直接把耶和华认作自己的上帝，而只是说“耶和华我主人亚伯拉罕的上帝”（《创世纪》第24章第27、48节）。耶和华也把自己说成是亚伯拉罕及其子孙的上帝。耶和华对亚伯拉罕之孙雅各说：“我是耶和华你祖亚伯拉罕的上帝，也是以撒（雅各之父）的上帝”。雅各的岳父拉班是亚伯拉罕同胞兄弟拿鹤的孙子，本来都是希伯来民族，而且血缘关系很近。可是在拉班眼里，耶和华似乎并不是他这个家族的上帝，而是雅各家族的上帝。拉班对雅各说：“我已算定，耶和华赐福与我，是为你的缘故。”（《创世纪》第30章第27节）雅各见其岳父拉班对他态度不好，便对其妻说：“我看你们父亲的气色向我不如从前了。但我父亲的上帝向来与我同在。”（《创世纪》第31章第5节）。耶和华指示雅各离开拉班回到雅各原来所住的地方伯特利：“凡拉班向你所做的，我都看见了。我是伯特利的上帝。你在那里用油浇过柱子，向我许过愿。现今你起来离开这地，回你本地去罢。”（《创世纪》第31章第12、13节）。拉班家族当时至少是同时崇拜其他的神，并敬拜他们的偶像的。因为当雅各携其妻利亚·拉结（拉班之女）逃离亚兰（拉班所在之地）时，拉结曾偷走了他父亲家中的神像，拉班带领人马追了七天。上帝在梦中启示拉班不要危害雅各，但拉班却是这样对雅各说的：“我手中原有能力害你，只是你父亲的上帝昨夜对我说，你要小心，不可与雅各说好说歹。”（《创世纪》第31章第29节）这就是说，拉班也把耶和华当做雅各家族的上帝。他怕上帝的报复，不敢加害雅各，但执意要搜回被拉结偷走的神像，这神像显然比耶和华更受拉班家族的崇拜。圣经中的这些记载，似乎可以说明，耶和华在亚伯拉罕氏族世系之外并没有受到同等的信仰和崇拜，它们可能各有自己的保护神。甚至直到摩西时代，以色列民族的各个分支，尚各自信奉自己的保护神，而且也不否认上帝之外尚有其他神灵的存在。根据圣经所载，大体上可以断定，亚伯拉罕时代希伯来人的宗教信仰绝非一神教，而是多神宗教，只不过更为强调对本部落保护神耶和华的信仰而已。亚伯拉罕既出生于两河流域，流浪于迦南、埃及诸地，就不能不接受流行于当时当地的多神崇拜。圣经上不断提到迦南本地人民信奉的“埃尔”（El）和“巴力”（Baal）。这是古代迦南和叙利亚一带部落民崇拜的主要神灵。亚伯拉罕部落来到迦南之后显然也接受了当地的神灵。亚伯拉罕长子以实玛利（Ishma-el），词意是“愿埃尔神闻其声”；耶和华赐名雅各为以色列（Isra-el），其词意可能是“埃尔神的战士”。亚伯拉罕在迦南的居留地伯特利（Beth-el）意为“埃尔神之屋”。《圣经·创世纪》多次提到的“全能的神”，希伯来原文也是“埃尔”，读作 Elshaddai。雅各家族既信耶和华，也信“外邦神”。《创世纪》第 35 章第 1—4 节有一段这样的文字：“上帝对雅各说：起来，上伯特利去住在那里，要在那里筑一座坛给上帝，就是你逃避你哥哥以扫的时候向你显现的那位。雅各就对他家中的人，并一切与他同在人的说，你们要除掉你们中间的外邦神，也要自洁，更换衣裳。我们要起来，上伯特利去，在那里我要筑一座坛给上帝，就是在我遭难的日子，应允我的祷告，在我行的路上，保佑我的那位。他们就把外邦人的神像和他们耳朵上的环子交给雅各。雅各却藏在示剑那里的橡树底下。”这说明，他们当时除了信仰和崇拜耶和华之外，还信仰和崇拜外邦神；而耶和华作为上帝是与“外邦神”相对而言的，因而实质上只是雅各所属部落的保护神。对于“外邦”而言，耶和华也是“外邦神”。

亚伯拉罕时代的希伯来宗教，除了信奉“外邦神”以外，还有祖先崇拜。亚伯拉罕本人就被犹太人说成是半神半人式的人物。他和历代其他氏族部落的首领经常直接与上帝耶和华见面打交道，寿命长得惊人。挪亚活了九百五十岁，比我国历史传说中最长寿的寿星彭祖还多活一百五十岁。他的直系子孙，尽管寿命越来越短，也是长命几百岁、百余岁，非凡人可比。《圣经》是这样记叙的：“洪水以后二年，闪一百岁生了亚法撒。闪生亚法撒之后，又活了五百年，并且生儿养女。亚法撒活到三十五岁，生了沙拉。亚法撒生沙拉之后，又活了四百零三年，并且生儿养女。沙拉活到三十岁，生了希伯，沙拉生希伯之后，又活了四百零三年，并且生儿养女。希伯活到三十四岁，生了法勒。希伯生法勒之后，又活了四百三十年，并且生儿养女。法勒活到三十岁生了拉吴，法勒生拉吴之后，又活了二百零九年，并且生儿养女。拉吴活到三十二岁，生了西鹿。拉吴生西鹿之后，又活了二百零七年，并且生儿养女。西鹿活到三十岁，生了拿鹤。西鹿生拿鹤之后，又活了二百年，并且生儿养女。拿鹤活到二十九岁，生了他拉。拿鹤生他拉之后，又活了一百一十九岁，并且生儿养女。他拉活到七十岁，生了亚伯兰（上帝改名为亚伯拉罕）……他拉共活了二百零五岁。”（《创世纪》第 11 章第 10—32 节）亚伯拉罕则活了一百七十五岁。这一连串希伯来人的祖先之所以在传说中享有如此高寿，显然是被后人神化的结果。他们既是希伯来人的祖先，又是部落的世袭头人，他们被神化，是氏族宗教和部落宗教的典型反映。

亚伯拉罕时代的信奉多神、神化祖先的希伯来宗教，不同于后来成型的、作为一神教的犹太教。但据《圣经》所载，当时已形成了两个基本观念，使得后来的发展成为可能。第一，亚伯拉罕氏族特别强调对耶和华的信仰，虽不否定“外邦神”的存在，但越来越多地排斥对“外邦神”的崇拜。耶和华说：“亚伯兰信耶和华，耶和华就以此为他的义。”（《创世纪》第 15 章第 6 节）正是这种以信耶和华为义的信念，发展为信其他神为不义，否认其他神的存在的犹太教一神观念。第二，耶和华与亚伯拉罕立约，耶和华承担义务，立亚伯拉罕为多国的父，子孙繁多。国度由他而立，君王由他而出，将迦南全地赐给亚伯拉罕及其子孙永远为业；亚伯拉罕及其子孙后代的男人，生下后的第八天都要受割礼，从肉体上作永远的约，以表示对耶和华的信仰。不受割礼者，即为背约，必从民中剪除。“割礼”使信耶和华者与信其他神者严格区别开来，使信仰耶和华者从内在信念到外在仪式上都具有明显的排他性。这种从宗教仪礼上加强对耶和华的信仰，在摩西时代得到了更大的发展，有了一系列更详细、更具体、更严格的规定。如果说，犹太教的仪礼和律法成型于摩西时代及其以后，那么，这些仪礼规定则植根于亚伯拉罕时代。

摩西时代：犹太教的创立

如果犹太圣经所说的摩西实有其人，他应该算是犹太教的创建人。但摩西始终是个为大量神话传说包围着的人物，没有可靠的历史证据证明其人的历史真实性。但是，摩西带领以色列的子孙逃离埃及，在历史上可能真有其事。如此重大的行动，以色列人如果没有一个领袖人物是不可能的；在当时的历史条件下，也只有假借上帝的名义，采用宗教的形式才能团结以色列人，应付各种困难艰险的局面。因此，不管历史上是否真有摩西其人，但摩西式人物的出现、希伯来民族对于耶和华的传统信仰发展为犹太教，却有其历史的必然性。

《圣经·创世纪》叙述了亚伯拉罕的孙子雅各（以色列）及其十二个儿子在大饥荒的岁月举家逃荒埃及的故事。《出埃及记》则讲述摩西的故事。以色列人逃离埃及的年代，史家说法不一。有些人根据《圣经》的记载推算为公元前15世纪中叶，有些人则认为应在公元前13世纪。哪种说法更可信，难以肯定。摩西从其出生开始，一生的经历都充满神话色彩。按照《圣经》的说法，他的母亲是利未家族的约基别。当时，埃及法老鉴于以色列十二分支人丁兴旺，实力壮大，难以治理，便企图消灭以色列人，下令杀死所有男婴。约基别便把其子装在一个抹了石漆和石油的蒲草箱里，放在河边的芦荻丛中，法老的女儿收养了这个孩子，取名摩西。这个故事是一则苏美尔神话的翻版。苏美尔人关于萨尔贡一世的传说是这样说的："我是阿卡德的强大的萨尔贡王，我的母亲是个穷人，我不知道我的父亲是谁；……我母亲很贫苦，她秘密地生了我，把我放在一个芦苇篮子里，用沥青涂闭篮口，把我抛在河里，河水没有淹没我，河水把我漂走，把我带给了灌溉者阿基。灌溉者阿基善心地接受了我。灌溉者阿基将我抚养到童年。灌溉者阿基使我成了园丁。我作为一个园丁的工作博得伊什塔尔的喜悦，于是我成了王。"① 摩西后来的经历就更加神乎其神了。他打死了一个欺侮以色列人的埃及人，被迫逃亡。上帝在烈火中向他显现，要他承当以色列人的救世主，带领他们脱离埃及，到那"美好宽阔流奶与蜜之地"——迦南。并赐给他一根会现神迹的神杖，用灾祸的恐吓迫使埃及法老同意他们出走的请求。摩西和他的哥哥用这根神杖，使尼罗河水变成血，腥臭不能饮用；使青蛙遍于大地，苍蝇虱子遍于国中，瘟疫流行，人畜皆病；尘土遮天蔽日，冰雹袭击庄稼。最后，以色列人的上帝亲自出马击杀所有埃及人的长子和头生的牲畜。于是，法老只好哀求摩西把他的民族带走。摩西率领以色列十二支族走到红海，用神杖把海水分成甬道，顺利登上彼岸。埃及追军在法老率领下追到海底甬道时，上帝

---

① 赫·乔·韦尔斯：《世界史纲》，人民出版社1982年版，第272页。

使海水合拢，使埃及全军葬身海底。摩西出埃及胜利实现。

这一连串神话没有任何可信之处。但在这个过程中可能出现过许多波折、困难与危险，而某个摩西式的人物则用耶和华的名义，制造类似我国陈胜在鱼肚中装进宗教预言之类“神迹”，用以组织队伍，鼓舞信心。历史被幻想地反映为宗教的神话。

摩西出了埃及，不仅没有结束以色列人的困难，而且迎来了更大、更难解决的问题。大队以色列人在沙漠中行军，吃喝问题很难解决，势必引起埋怨之心。加上十二支系以色列人在宗教信仰上对于耶和华的忠诚也不可能完全一样，又没有律法和典章制度来保证各支系在思想、信仰和行动上的统一。这些情况加深了意见分歧。到了玛拉没有水喝，到了汛的旷野，没有粮食吃。以色列人向摩西和亚伦发出怨言：“巴不得我们早死在埃及地耶和华的手下，那时我们坐在肉锅旁边，吃得饱足，你们将我们领出来，到这旷野，是要叫这全会众都饿死啊。”（《出埃及记》第16章第3节）摩西很是紧张，时刻担心以色列人会用石头打死他。总算以色列人命不该绝，他们发现了一种叫吗哪的菌类，找到了一处泉水。摩西利用这个机会，把这偶然的机遇神化为上帝耶和华的恩赐，稳住了这群愚昧迷信的群众，把他们带到西乃山。在这种情况下，摩西当然会认识到用强化信仰耶和华上帝的办法统一以色列十二支系的信仰的必要性。恰好在这时，摩西的岳父从埃及跑来送行，见摩西处境危险便出了两条主意：第一，奏告上帝，用上帝的律法治理群众；第二，建立各级官吏，对百姓加强管理（“摩西的岳父说：……现在你要听我的话，我为你出个主意，愿上帝与你同在。你要替百姓到上帝面前，将案件奏告上帝。又要将律例和法度教训他们，指示他们当行的道，当做的事。并要从百姓中拣选有才能的人，就是敬畏上帝，诚实无妄，恨不义之财的人，派他们做千夫长、百夫长、五十夫长、十夫长，管理百姓，叫他们随时审判百姓，大事都要呈到你这里，小事他们自己可以审判。”见《出埃及记》第18章）。实质上这是向摩西传授埃及法老利用国家宗教维持统治特权的经验，要求摩西把乌合之众的难民组织为“国家”和“政权”的形式，并把希伯来民族的传统宗教强化和改造为“国家宗教”，摩西则以耶和华的名义实行神权统治。摩西以后的作为，基本上就是按照他这位埃及岳父的主意行事的。他事先召集长老会议，声称上帝召他上西奈山为以色列人立法，要求全民斋戒三天，等候他带回上帝的约法。除摩西以外，谁都不许靠近山界，否则将被上帝击杀。摩西安排妥当后，上到西奈山顶，一住就是四十昼夜。他自称面见上帝，上帝约法十条，并用指头写在两块石板上，带回去作为以色列人永远遵守的律法和戒条。可是，在这期间，其兄亚伦在以色列人的要求下铸造了金牛犊作为崇拜的偶像，与摩西带回的戒条完全对立。摩西勃然大怒，摔破石板、捣毁金牛犊，把崇拜金牛犊神像的百姓视为背叛上帝的大恶。他发动忠于自己的利未家族去惩办那些在宗教信仰上持有不同意见的百姓，一次就杀死三千人之多。如此残酷，在宗教史上也属罕见。这次屠杀的结果，当然就使其他持不同信仰的以色列人，慑服于耶和华的权威和摩西的屠刀之下。创建独尊耶和华和尊奉上帝约法的犹太教的政治条件成熟了。于是，摩西再度上西奈山，重新制作了两块刻有上帝约法的石板，据此作为耶和华赐给以色列人必须遵守的戒条。同时，摩西又用上帝启示之名，颁布了一系列律法。在此基础上，摩西时代形成了一套内容广泛的体制：它既规定宗教的信条，又规定了行为的准则；既建立了宗教的体制，又建立了社会的结构和国家的律法；既设立了专门的祭司世家，又规范了宗教的礼仪。犹太教的雏形于是形成。

一、十诫

摩西从西奈山上带回了上帝约定的十条诫命：

1. 除耶和华以外，以色列人不可有别的神；
2. 不可制作并事奉偶像；
3. 不可妄称耶和华上帝的名；
4. 当纪念安息日，守为圣日；
5. 当孝敬父母；
6. 不可杀人；
7. 不可奸淫；
8. 不可偷盗；
9. 不可作假见证陷害人；
10. 不可贪恋别人的妻子和一切财物。

“十诫”的前四条是宗教信仰方面的内容，目的在于强化对上帝耶和华的信仰。虽然仍未完全否定别的神的存在，但已完全否定了以色列人对别神的信仰。耶和华在规定以色列人不可信奉别神和侍奉偶像时自己就承认：“我耶和华你的上帝是忌邪的上帝，恨我的，我必追讨他的罪，自父及子，直到三四代。”（《出埃及记》第20章第5节）。耶和华这种严厉的排他性，使他逐渐发展为绝对的唯一神，为犹太教一神信仰奠定了基础。“十诫”的后六条是社会伦理方面的内容，早在原始时代氏族部落社会内部已成了调整人与人之间关系的行为准则。世界各民族都有此类行为规定，绝非以色列人和犹太教的独创。正因为它们是氏族部落社会内部的行为规范，所以对于其他民族是不适用的。以色列人及其上帝对其他民族进行的偷盗抢劫、杀人越货、淫人妻女、欺骗失信等行为，在《圣经》中连篇累牍，触目惊心。但是，无论如何，摩西十诫在统一以色列各支系的信仰和行为方面，无疑起了重要的作用。

二、律法

摩西在颁布上帝十诫之后，接着又宣布了一系列律法。其内容载于《出埃及记》第20章到第23章。这一部分可以认为是一部希伯来法典，通常称为《圣约书》。内容涉及宗教和民事，规定得相当具体，可以认为是“十诫”的条文化、法典化。这说明摩西时代的宗教已成为律法规定的上层建筑和国家宗教。

三、祭司阶级

在早期氏族部落宗教的宗教生活中，各氏族的道领，部落的酋长和家庭的家长同时也就是祭仪的主持人。亚伯拉罕时代的希伯来民族也不例外。随着阶级的分化、国家的形成和宗教的国家化，祭司贵族也随之形成。摩西创建犹太教时，也设立了专职的祭司和世袭的祭司制度。摩西选定在镇压偶像（金牛犊）崇拜者的屠杀中站在摩西一边的利未家族为世袭的祭司。耶和华对摩西说：“你要从以色列人中使你的哥哥亚伦和他的儿子拿答、亚比户、以利亚撒、以他玛一同就近你，给我供祭司的职分。”（《出埃及记》第28章第1节）。上帝要求给亚伦及其儿子涂膏成圣，世世代代永远当祭司的职任（《出埃及记》第40章第13—15节）。他甚至对祭司的穿戴和具体的职务都作了详细具体的规定。利未家族作为犹太教的专职祭司享有种种特权，成为以色列人的祭司贵族。

四、宗教礼仪

《摩西五经》对各种宗教活动及其礼仪规范作了具体的规定。这些宗教礼仪当然不可能是摩西在西奈山见上帝耶和华后一下子就全盘托出，而必然是逐渐发展起来的。主要的宗教礼仪有：

1. 割礼　上帝与亚伯拉罕立约时就规定希伯来人男婴出生八天须行割礼。摩西是在成年之后发动以色列人逃离埃及的运动中才行割礼的。这说明以色列人在居留埃及期间可能逐渐丧失了行割礼的宗教传统。为恢复民族意识，加强对耶和华的信仰，摩西恢复了这一传统礼仪。出埃及的当天夜里，就规定寄居以色列人中的外邦人向耶和华守逾越节的男子务要受割礼。后来又进一步明确规定，男婴出生第八天要行割礼。遵行割礼是以色列人严守与上帝所立之约的表现，是犹太教信徒信仰上帝的标志。

2. 献祭　献祭形式很多。《利未记》对献祭仪式和祭品有具体规定。“燔祭”：要献没有残疾的公牛、公羊、斑鸠或雏鸽，祭司在圣坛的柴火上焚烧。燔祭是献给耶和华为馨香的火祭。“素祭”：也是火祭，不过祭品为细面或无酵饼。但凡作素祭的供品都要配盐而献，因为盐是与上帝立约的标记。“平安祭”：又称“报恩祭”。祭品为整牛整羊，公母皆可，但必用无残疾者。“赎罪祭”：百姓若犯禁戒，或因祭司犯罪而使百姓陷于罪，则向耶和华献祭赎罪。“赎愆祭”：摸了不洁之物，闻人发誓不出来作证者，即为有罪，应该献祭赎罪，以蒙赦免。各种祭仪都由祭司主持，并具体规定供品的一部分归祭司享用，作为亚伦及其子孙世代永得的份。这些规定保证了祭司阶级在经济上的收益和特权。

按照圣经的说法，上述这些戒条、律法和礼仪规定都是上帝通过摩西颁布的，实际情况则是摩西之类人物为统一以色列人的思想信仰和行为以应付危难的局面而假借上帝之名规定的。卓越的犹太哲学家斯宾诺莎深刻地指出：“当犹太人初离埃及的时候……他们没有文化，陷于悲惨的奴隶状态。因此之故，统治权不得不操于一人之手，这个人统治约束其余的人，制定法律，说明法律。……摩西制定法律，也是因为战争迫在眉睫。因为激发士卒急于获得荣耀，总胜于威胁恐吓。这样每人才会竭力奋勇争先，不仅是为了避免惩罚。所以，摩西借他的美德与神名，开创了一个宗教，这样则众人各尽其职是出于虔诚之心，不是出于畏惧。”① 由于摩西诫命和律法的制定，乌合之众的以色列十二分支被组织为一个严密的政治实体，希伯来民族的传统宗教发展为具有统一的信条和教仪的犹太教。神权与政权融为一体，宗教与国家高度结合。正是有了这样一种条件，以色列民族才有可能走向迦南，与原来定居当地的其他民族展开了争夺迦南的长期战争。

---

① 斯宾诺莎：《神学政治论》，商务印书馆 1982 年版，第 83 页。

犹太教的发展与完成

摩西时代的犹太教虽然已独尊耶和华，不许信仰别神，但并不否定别神的存在，所以还不能算作严格意义的一神教。作为一神教的犹太教是在以色列人返回迦南之后，又经历若干世纪的发展才完成和定型的。

摩西死后，约书亚继承他的职位，率领以色列人入侵迦南，历尽艰辛，终于在迦南土地上争夺了一块立足安身之地。但约书亚并未能完全控制这块上帝应许的土地，约书亚初期的一些战争胜利并未重复。《圣经·士师记》是一系列失败的忧郁的记录。在一次与腓利斯人的大战中，以色列死了三万人，连上帝的约柜也被掠去。以色列人悲观失望，竟至抛弃对耶和华的信仰，改而崇拜当地迦南人信奉的巴力神和伊斯他录神，并同腓利斯人、赫梯人以及其他种族通婚。[①] 大约在公元前 993 年，大卫王终于统率以色列各部落，战胜腓利斯人和叙利亚、约旦河以南各族，建立了一个统一的以色列王国。大卫之子所罗门在位期间，以色列国势臻于鼎盛。所罗门王对于犹太教所作的贡献就是用了二十年的时间建了一座金碧辉煌的神庙。但他个人对于耶和华的信仰并不虔诚。他妻妾众多（据说有一千人之多），其中不少娶自外邦。他在宗教信仰上似乎较为宽容，允许这些来自外邦的妃嫔在宫中建造祭祀本族的小庙，崇拜她们自己的神灵。这就大大地违背了耶和华和摩西的诫命了。所罗门死后，以色列分裂为南部犹太、北部以色列两国（公元前 922—前 722 年）。南北两国彼此争战不已，实力大为削弱。公元前 722 年，北部以色列王国为强邻亚述帝国所灭，十万余众的以色列人被放逐外国，在历史上销声匿迹。南部犹太王国的命运也好不了多少，先是臣服于亚述，得以苟延残喘。公元前 586 年，巴比伦王尼布甲尼撒攻陷耶路撒冷，焚圣殿，把犹太人掳往巴比伦。犹太国家从此不再存在。但这一部分犹太人的命运比北部以色列人为佳，巴比伦统治者允许他们保持自己的血统和宗教。公元前 538 年，波斯帝国居鲁士大帝征服巴比伦。波斯统治者对犹太人的政策很宽大，很快就把犹太人送回故乡，并帮助他们重建耶路撒冷城和圣殿。

以色列—犹太人这一段曲折艰辛的历史加强了他们的民族意识。他们

---

① 《圣经·士师纪》写道：“以色列人竟住在迦南人、赫人、亚摩利人、比利洗人、希未人、耶布斯人中间，娶他们的女儿为妻，将自己的女儿嫁给他们的儿子，并事奉他们的神。”（第 3 章第 5、6 节）

认识到，要想在巴勒斯坦这块强邻四逼的土地上保持自己民族的存在和民族的特性，只有加强共同的宗教信仰。在这几百年充满危险和曲折多变的历史时期，以色列—犹太人形成了几个作为犹太教基本信条的宗教观念。

一、上帝耶和华是宇宙之独一真神

进入迦南以后的以色列人开始时由祭司长“士师”进行神权统治，撒母耳为士师时，改制建立王国。士师时代和王国时代，以色列人与迦南其他民族的斗争在政治上、军事上和宗教信仰上都非常激烈。种族斗争越是残酷，宗教斗争越是尖锐，以色列人越是抬高耶和华的地位，夸大他的权能，把他高举于其他一切神灵之上，终而至于否认耶和华之外一切别神的存在。耶和华神性的这个发展经历了长期的历史过程。先知以利亚与信奉巴力神的巴力先知斗争得非常激烈，最后竟发展到鼓动以色列人杀死全国的巴力先知四百五十人。但他当时也并不曾否认巴力神的存在，而只是公开嘲笑巴力神无能，不能帮助巴力先知创造神迹。但是，当犹太人沦为巴比伦之囚以后，犹太先知为加强犹太人的团结和对耶和华上帝必能拯救他们的信念，便无限地夸张耶和华的权能，把他说成是宇宙间独一无二的真神。在这时出世的先知书《圣经·以赛亚书》中，耶和华一再发表自己是唯一真神的声明：“我是首先的，我是末后的，除我以外再没有真神。”（第44章第6节）“我是耶和华，在我以外，并没有别神，除了我以外再没有上帝。”（第45章第5节）。耶和华不断宣称，只有信仰他以色列才能称义得救，信奉巴比伦的神，只能成为无益的重负：“彼勒屈身，尼波弯腰，巴比伦的偶像驮在兽和牲畜上，他们所抬的如今成了重驮，使牲畜疲乏。都一同弯腰屈身，不能保全重驮，自己倒被掳去。”（《以赛亚书》第46章第1、2节）

二、以色列—犹太人的灾难，是上帝对他们所犯的罪的惩罚

这是以色列人的传统宗教观念。以色列、犹太亡国之后，先知们更大肆宣传这个观念。他们认为亡国毁家之祸、圣殿被焚之灾、流放为奴之辱，都是祖先和自身不遵守与上帝立约时所应承担的义务，不遵守上帝的诫命（特别是信奉别神和崇拜偶像），从而惹得上帝的愤怒，于是上帝便抛弃以色列人，并假亚述人和迦勒底人之手对他们进行惩罚。一切灾难都是咎由自取，只有反省己过，虔信耶和华，才能得到上帝的拯救。由于有此信念，在流放巴比伦期间，犹太人竟成为更虔诚、更狂热的耶和华崇拜者。

三、救世主观念

尽管犹太人因信奉别神和其他的罪而为上帝所抛弃，但毕竟是上帝特选的子民，上帝是不会置斯民于水火而不顾的。先知们把实现新生活的时刻推到未来，寄希望于上帝和派来的“弥赛亚”（救世主）。诸先知书着力宣扬救世主观念，《以赛亚书》反复宣称上帝就是救主，而且除耶和华以外别无救主，他必将拯救流放各地的犹太人，使他们复归故土：“雅各呵！创造你的耶和华，以色列呵，造成你的那位，现在如此说，你不要害怕，因为我救赎了你。我曾题你的名召你，你是属我的。你从水中经过，我必与你同在。你蹚过江河，水必不漫过你。你从火中行过，必不被烧，火焰也不着在你身上。因为我是耶和华你的上帝，是以色列的圣者，你的救主。……不要害怕，因我与你同在。我必领你的后裔从东方来，又从西方招聚你。我要对北方说，交出来。对南方说，不要拘留。将我的众子从远方带来，将我的众女从地极领回。”（《圣经·以赛亚书》第43章第1—6节）“唯有我是耶和华，除我以外没有救主。”（同上第11节）但是，先知们又说，上帝作为救主并不一定亲自出马，他可以派遣“弥赛亚”（“受膏者”）以帝王身份出现拯救以色列人，而且具体预言这位弥赛亚将出生为大卫王的后裔。他作为万民的救星，将灭绝上帝的敌人，拯救上帝的忠仆，在耶路撒冷建立公义之国。《耶利米书》写道：“日子将到，我要给大卫兴起一个公义的苗裔，他必掌王权，行事有智慧，在地上施行公平和公义。在他的日子，犹太必得救，以色列也安然居住，他的名必称为耶和华我们的义。”（第23章第5、6节）犹太教的这种弥赛亚思想是犹太民族渴望民族解放在宗教幻想上的反映，它后来为基督教所继承，成为“耶稣是基督”这一基督教信条的宗教根据。

在巴比伦流亡的七十年间形成和发展起来的这些宗教观念，对犹太族的影响是非常之大的。当他们被波斯人放回耶路撒冷的时候，已不再是既崇拜巴力神、伊希塔尔神，也崇拜耶和华的那种犹太人了。他们流放巴比伦之前是一群在政治上分裂、在宗教信仰上混乱的人，而返回耶路撒冷时则已统一在耶和华的旗帜之下从而具有强烈排外的民族意识。他们去时尚没有一部普遍熟悉的文献，是没有文化的野蛮人①，而七十年来由于巴比

① 《旧约圣经》的所有记载都没有关于以色列人在流放巴比伦之前有文字典籍的说法。《列王纪下》第22章说，约西王在耶和华神殿里发现了《律法书》，即使此事为真，这也只是在放逐之前四十年的事。因此，有些学者认为《律法书》也可能是在流放期间编成的。

伦文明对他们的熏陶，他们已学会了应用文字，并带回了《旧约圣经》的大部分材料，为编写圣经、制定一个完善的教义系统和崇拜礼仪体制奠定了基础。

犹太人返回耶路撒冷之后，在波斯帝国控制之下建立了一个以祭司贵族为主体的神权政体，也最后建成了一个崇奉耶和华为宇宙独一真神、排斥一切其他宗教信仰的犹太教。这个宗教是犹太人民族意识的象征，曾给予他们建立公义之国的遐想，但这却不过是耶路撒冷神权政体的上层建筑和国家宗教。

第八节　几点认识

在对世界上几个主要的文明古国的国家—民族宗教进行了一番比较研究之后，我们对宗教史上的国家—民族宗教形态可以概括出几点一般性的认识：

第一，从世界上几大文明古国形成的国家—民族宗教的渊源来看，它们都是从原始社会末期的氏族—部落宗教演变而来，国家民族宗教所崇奉和各种神灵都植根于原始时代的祖先崇拜、图腾崇拜、自然崇拜和天神崇拜。只不过在文明古国的等级制社会或阶级社会里，国家赋予这些神灵以新的神性，使之更适合国家社会的特点和需要而已。

第二，国家—民族宗教本质上是国家社会的上层建筑，它随着政治国家和阶级社会的形成而形成，随着它的演变而演变。社会的秩序和结构决定神灵世界的秩序和结构，它的演变也必然伴随着神灵世界秩序和结构的演变。在君权至上的国家社会里，原来不相统属的众神世界就会出现超越众神的至上神。国家崇奉的主要神灵和至上神与一国君主常被国家宗教肯定为有着极为亲密的关系，或者认为王权为天神所授，或者认为天帝与君王之间有着血缘亲属关系。国家的神往往就是祖先神，或由祖先神发展而来，国家君王常常自称“天子”或神的“后代”。

第三，在国家宗教体系中逐渐形成了一个专门侍奉神灵（实际上是在神庙中侍奉神的象征物、主持祭仪、觇知天命和神意）的祭司集团和巫祝阶层，他们是享有特权的宗教贵族，常常高踞于等级社会金字塔的上层或顶端，并有强大的寺院经济作为其政治权势的经济基础。正像原始氏族部落社会中氏族长老和部落首领往往本身就是宗教长老和祭仪主祭一样，早期国家的君主一般也是全国最高的宗教首领和国家祭祀大典的主祭人。这就是说，不仅在宗教神话和天启神谕中，君权来自神权，而且在现实的宗教生活和社会政治生活中，君权与神权也常常是直接统一的。当然，有些文明古国在后来的发展中，祭司贵族也有与世俗贵族分化的情况（如古印度的婆罗门与刹帝利，古代埃及和巴比伦也有类似情况）。这时，世俗贵族与宗教贵族常有矛盾和斗争，有时甚至很激烈。但世俗贵族从未否定宗教和神权，而是寻找或培植一种更直接地为其君主服务的新的宗教形式和祭司阶级。这种情况更清楚而明确地证明神权与君权的内在联系和宗教的国家化。

第四，国家—民族宗教虽然具有明显的阶级实质，其主要功能是为了维持统治阶级的利益和现存的社会秩序，但是，作为国家体制的重要组成部分，它把对国家神灵的信仰和崇拜确定为全体民众的强制性义务。全国民众，无论宗族家族，不分男女老少，都将按国家的法典和民族的惯例和习俗，崇奉官定的和传统的神灵，没有任何个人选择的余地。因此国家宗教具有全民信仰的种族宗教或民族宗教的特征。正因为国家宗教的全民族性，它自身就无须建立独立于国家社会结构形态的宗教教会组织，正像氏族制社会和氏族结构就是氏族宗教的宗教组织一样，在国家—民族宗教体系中，国家的社会组织结构也就是宗教的组织结构，二者是互相重合的。

第四章　世界宗教

第一节　世界宗教的特点

佛教、基督教、伊斯兰教是三大世界性宗教，它们产生于一两千余年前的古代，但至今仍然存在，并保持着相当旺盛的生命力，各自在世界上众多国家拥有数量庞大的信众。它们孕育、诞生于特定的国家，但却很快超出其植根的国界，对许多国家和地区的群众发生着强大的影响。世界性宗教的出现是世界宗教史上的一种新的形态，具有不同于传统的氏族—部落宗教形态和国家—民族宗教形态的一些特点。概括言之，主要有三点：1. 神性和信众的普世性；2. 产生的创建性；3. 组织的独立性。

神性和信众的普世性

在世界宗教出现于世之前的传统宗教，无论是原始时代的氏族—部落宗教，还是阶级社会的国家—民族宗教，其信仰者都具有地域的局限性和种族的狭隘性。氏族—部落宗教信奉者只限于以血缘关系为纽带而结成的氏族公社和部落社会；国家—民族宗教的信奉者则是各个国家管辖疆域内的民众。不同氏族部落和不同国家崇奉的神圣对象主要是本氏族、本部落和本国家的图腾、祖先神和地域或国家保护神，自然神亦主要是与本地域民众生产生活密切攸关的自然物和自然力的人格化。这些崇拜对象的神性、功用和权能，彼此不仅常不相同，而且往往互相排斥。图腾是氏族的标志，不同氏族、不同部族所奉图腾只在本氏族、本部落之内才有意义；祖先神只在血缘所系的本家族、本宗族的后代子孙范围之内才是祭祀崇拜的对象；国家保护神则只对特定国家的君主赐予权威，对其臣民给以福佑，敌对国家的国家保护神必然在神性上互相对立。因此，氏族—部落宗教和国家—民族宗教及其所奉神灵的权威在一般情况下不可能超出本族和本国的疆界之外。正如我国古籍所说："神不歆（受祭）非类，民不祀非族"，

"鬼神非其族类，不歆祭祀"。神人关系在古代的氏族—部落宗教和国家—民族宗教之中，是血缘上的同族同类关系，扩大到国家范围之内，则是同一国家民众与本国保护神的同类关系。神非同族同类同国，不受其祭；民也不祀异族异国之神。这是氏族—部落宗教和国家—民族宗教的一般特点。佛教、基督教和伊斯兰教的情况则大不相同。它们越过了血缘的谱系和国家的关卡，在不同种族、不同肤色、不同语言和不同国度里找到了自己的信众。佛教的佛和释迦牟尼、基督教的上帝和耶稣基督以及伊斯兰教的真主和穆罕默德，都不再是原始创教者所属的特定种族和国家所专有的神圣崇拜对象，他们的神性、功用和权能都具有超种族、超国家的普世性。

产生的创建性

原始时代的氏族—部落宗教和阶级社会的国家—民族宗教都是古已有之，世代传承的传统信仰，它们没有特殊的个人作为宗教的创建人。氏族宗教的诞生完全是自发的。虽然它必然发自人，但这个"人"，绝不是某个有名有姓的个人，而是整个氏族成员全体。推而广之，是整个原始人类。因此，它的"开端"不可能有确定的年代，而是原始社会漫长的历史发展的产物。一个简单的"图腾"观念，也是经历了若干万年历史沉积的结果。国家宗教虽然在其开始阶段即已带上为祭司贵族、政权首领操纵以为己用的"人为性"的特点，但它本质上是传统氏族部落宗教的国家化、是传统信仰的历史延续。这种自发信仰的"人为"化、氏族—部落宗教的国家化、民族化的过程，是伴随部落联盟国家化的进程同步发生的，往往也有一个漫长的历史过程，其间并没有什么开天辟地，过此即彼的界限。在某个氏族部落和民族国家中，任何人从其出生之日起，即面对祖先传承下来的传统信仰和既有的宗教体制。他们接受这种宗教信仰，不是发自个人的信念和独立的选择，而是既有的传统以及传统本身的强制力。任何人都得接受这种传统信仰，没有任何例外。佛教、基督教和伊斯兰教在这方面则大不相同，它们的产生不是传统宗教的复制，而是对它的改革，在基本教义和宗教仪式上具有反对传统信仰及其礼仪的特征。它们是某个（或某些）特殊的个人按照自己的宗教信念和宗教体验创建的新型宗教。这种新宗教在其开始阶段，都是通过创建人的传教活动来争取人们的信仰和皈依。最初的信徒当时之所以接受这种宗教，基本上出于个人的选择。就此而论，我们可以把氏族—部落宗教和国家—民族宗教叫做

“祖传宗教”，而把佛教、基督教、伊斯兰教叫做“创建宗教”。前者基于集体和国家坚守的传统，后者则出自个人在传统信仰之外另作的选择。

组织的独立性

氏族—部落宗教和国家—民族宗教的信仰者是氏族部落的全体成员和国家管辖下的全体民众，在氏族部落和国家的范围之内，没有任何一个成员可以在信仰上作别的选择。因此，社会的体制直接就是宗教的体制，社会的组织直接就是宗教的组织，氏族的长老和部落的酋长，国家的君王往往就是主持宗教仪式活动的祭司长。在社会政治组织结构之外没有、也不需要有独立的教会组织。三大世界性宗教则不然。这是因为它们最初都是教主个人创建的宗教，其信奉者是一个一个地分别皈信入教的。他们在开始阶段必然是社会的少数，而且又独立于传统的信仰体制之外。为了在面对传统宗教信仰的敌视和反对时维持自己的生存，新宗教的信仰者有必要在共同信仰的基础上建立起自己的教会组织，以便共同表达自己的信仰，举行自己的宗教仪式，同时结成一种社会力量。释迦牟尼的皈依者建立了“僧伽”组织，早期的基督教徒建立了教会，穆罕默德的信徒则组织为严密的具有军事、政治性质的穆斯林公社。教会组织的出现使宗教有了固定的集团结构，促进了信徒之间在信念和行为上的一体化，加强了宗教首领对全体信仰者的控制力，大大加强了宗教的社会作用。在有各种不同的宗教共同存在、互相竞争的社会里，宗教组织成了对内控制、对外竞争的工具。在现阶段，三大世界性宗教都有自己的国际性的宗教组织。

与此同时，我们也要注意到，世界性宗教区别于传统宗教的三大特点只有相对的意义，而且具有历史的阶段性，主要存在于它们创建的初期。随着它们在国家和社会中的地位和作用的变化，这些特性也在发生变化，甚至趋于消失，或者转化到原来的反面。佛教、基督教、伊斯兰教在其创建之初都不是特定国家的国家宗教，但当各个国家的君主和统治阶级皈信它们之后，往往用行政权威和军事手段抬高它的地位，尊为至高无上的国教。在这种情况下，它们虽然不是某一特定国家的国家宗教，却同时是许多国家的国家宗教，成了超国家的国家宗教。在这些国家中，宗教的教义和教会的信条同时就是政治信条，宗教经典的词句具有法律的效力，教会组织高踞于社会之上，民众信奉这种宗教，已不再是由于个人出自信念的选择，而是出于传统的强制。古代世界各国之国家宗教在信仰和体制上的专断性，现在也成了世界性宗教的品性。

第二节 宗教世界化的原因

佛教、基督教和伊斯兰教之所以能超出产生它们的特定的民族和固有的国界，有其多方面的原因，概括起来是两个方面，一是宗教方面，二是社会方面。

宗教世界化的宗教原因

三大世界宗教在宗教观念上与氏族—部落宗教、国家—民族宗教的最大区别，就在于佛教的佛（特别是大乘佛教之佛的佛性）、基督教的上帝、伊斯兰教的安拉都摆脱了种族和地域的狭隘性，具有超世界的神性和形象。如果说，氏族—部落宗教和国家—民族宗教所奉神灵的神性本质上是本氏族、本国家的人性的异化，那么，世界宗教的神的神性则是抽象的人性和人的“类的本质”的异化。正如恩格斯所说：“在［宗教］更进一步的发展阶段上，许多神的全部自然属性和社会属性都转移到一个万能的神的身上，而这个神本身又只是抽象的人的反映。这样就产生了一神教……”[①]“随着宗教的向前发展，这些神越来越具有超世界的形象，直到最后，由于智力发展中自然发生的抽象化过程——几乎可以说是蒸馏过程，在人们的头脑中，从或多或少有限的和互相限制的许多神中产生了一神教的唯一的神的观念。”[②] 万能的唯一神观念，是对一切神灵（包括氏族保护神、国家保护神）的否定。它的“唯一性”，取消了各国信众对其他神灵的自由选择；它的“万能性”，又为各国信众提供了可能的福佑，为他们对于幸福的追求准备了幻想的满足。在宗教观念上，基督教的上帝已不再是犹太人的“父”和“主”，而被认为是一切人的“父”和“主”；伊斯兰教的真主安拉也不单是古莱氏部族和阿拉伯人的“主”；按照《古兰经》第一章“法谛海”的说法，他是“全世界的主”。上帝和真主的全知全善和全能，可以满足全世界各族皈信者的要求。基督教和伊斯兰教的神学则宣称，他们的上帝和真主无形象，无方所，这就是说，上帝并不是白种人，真主也不只是阿拉伯人，这种神学观念也为世界其他种

① 《马克思恩格斯选集》，第3卷，第355页。
② 《马克思恩格斯选集》，第4卷，第220页。

族人民接受上帝或真主，免除了民族感情上的障碍。早期佛教主要讲个人觉悟成佛，佛的神格化不太明显。但当时的佛教所谓成佛后的“终极涅槃”，则已为一切“觉悟者”敞开了大门，为佛教的普世化做了观念上的准备。在佛教的后来发展中，佛神格化了，“佛性”泛存于世界上一切人和一切物之中，神格化的佛又被认为是志在“普度众生”，而不仅是古代印度人或某个特定的种族。这种“佛性”观念，使佛教超出了种族和地域的狭隘性。

宗教世界化的社会原因

基督教、伊斯兰教神性观念的抽象化和人类化，佛教佛性观念的泛在化和普世化，并不完全是宗教创建人灵机一动的发明，更不是上帝的天启或佛的真传密授，而是有其更深刻的社会原因。基督教和伊斯兰教产生的西亚地区，那里曾是各种种族激烈竞争的地方。不同种族和不同国家之间的斗争，决定了各种民族宗教和国家宗教之间的竞争。在众多的神灵和宗教的角逐中，他们都要抬高自己所奉神灵和宗教的权能，压倒以至否定其他的神灵和宗教。一批一批的种族和国家在斗争中的失败和灭亡，最终促使他们的神灵和宗教的灭亡。作为胜利者的民族和国家，其所奉之神灵和宗教自然会从局部地区的神坛跃升到高高的天堂。跨国度的和世界性的帝国是在民族国家的废墟上建立起来的。主宰宇宙的神和世界性的宗教也是在民族宗教或国家宗教走向崩溃的基础上发展起来的。恩格斯是这样来论述这一历史发展进程的：

> 这样在每一个民族中形成的神，都是民族的神，这些神的王国不越出它们所守护的民族领域，在这个界线以外，就由别的神无可争辩地统治了。只要这些民族存在，这些神也就继续活在人们的观念中；这些民族没落了，这些神也就随着灭亡。罗马世界帝国使得旧有的民族没落了……旧有的民族的神就灭亡了，甚至罗马的那些仅仅适合于罗马城的狭小圈子的神也灭亡了；罗马曾企图除本地的神以外还承认和供奉一切多少受崇敬的异族的神，这种企图清楚地表现了拿一种世界宗教来充实世界帝国的需要。但是一种新的世界宗教是不能这样用皇帝的敕令创造出来的。①

① 《马克思恩格斯选集》，第 4 卷，第 250—251 页。

基督教不是靠罗马皇帝的敕令创建出来的，但基督教的一神观念的形成和发展却完全有赖于罗马世界帝国对其他民族国家的征服和各民族宗教观念在帝国范围内的竞争和融合。

同时，我们还要看到，世界帝国虽不能创造世界宗教，但一种宗教之所以能走向世界，却总是借助于世界帝国政治上和军事上的权威。如果罗马皇帝君士坦丁大帝不宣布基督教为国教，如果罗马帝国本身不是一个雄跨欧亚非的大帝国，基督教在欧洲和地中海沿岸各国的胜利是不可想象的；如果不是欧洲列强对世界各地的殖民扩张和帝国主义侵略，基督教走向全世界也是不可想象的。同样，如果没有穆罕默德对于信奉多神教的麦加古莱氏贵族在军事上的胜利，麦加克尔白神庙的多神殿是不会改而崇奉真主安拉的；伊斯兰教真主的权威也是随着哈里发帝国的军事扩张而走向世界的。释迦牟尼用个人悟道成佛的解脱之道来否定吠陀诸神和婆罗门教的权威，打破了传统的部落宗教和国家宗教的狭隘性。他在世的时候，佛教的传播虽已在恒河流域的若干部落小国中取得了一些胜利，但把佛教推广到印度全境，却有赖于阿育王的孔雀王朝在印度全境的统治。而贵霜王朝则把佛教从印度带到中亚细亚，进而影响中国。正是由于汉唐王朝的隆盛和强大，以及历代中国皇帝对佛教的宽容与支持，才使佛教不仅在中国大地上扎下自己的根，而且通过中华大帝国在东方世界的强大影响，又使佛教传播到朝鲜、日本、越南，成为名副其实的世界性宗教。在探讨世界性宗教形成和发展问题时，如果仅仅着眼于宗教本身的神圣权威，忽略社会、政治、军事的原因，那绝不是科学的结论。

本书上两节对世界宗教的特点及其世界化之原因的分析是极其简略的，为了对此问题有一些比较具体的认识，以下将对三大世界宗教的形成和走向世界化的历史进程作一非常概括的说明。主要是用最基本的历史事实揭示三大世界宗教创建者如何发展出自己的特殊的宗教观念和宗教体验，社会化为广大信众的信仰对象和崇拜行为，最后规范化、体制化为教会组织的信仰体制和礼仪制度。正是因为佛教、基督教、伊斯兰教赖以构成的“宗教四要素”的特殊性，使它们在一定社会历史条件下产生、发展并走向世界，因此，本书的论述，其主旨不是“史”，而是“论”。对于那些意在了解三大世界宗教历史的读者来说，本书以下三节不是为他们写的。他们可以直接阅读现今大量流行于世的宗教史读物。

第三节　佛教的形成和世界化

佛教兴起的社会历史条件

在世界宗教史上，佛教是最早兴起的世界性宗教。它由创教者创建，信教者个人选择，最后冲破了传统信仰和国家地域的限制，走向亚洲和世界。佛教的兴起和发展有其历史的背景和社会的条件。

古代印度是一个实行等级森严的瓦尔那制度的阶级国家，统治阶级利用传统的婆罗门教来神化这种社会秩序，把四大瓦尔那的阶级划分神化为不可变更的宇宙秩序。要求各瓦尔那严守自己的社会身份，尽其应尽的社会职责，这意味着，祭司贵族（婆罗门）永远是祭司贵族，世俗贵族（刹帝利）永远是世俗贵族，劳动者（吠舍）永远劳动，奴隶（首陀罗）永远当牛做马。婆罗门教宣传吠陀天启、祭祀万能、婆罗门至上三大主义，借以维持婆罗门祭祀贵族在印度社会结构中的特权地位。按照婆罗门教的教义，一个人的灵魂（我）只有断绝生死轮回，与“梵”融为一体，才能得到最后的解脱，其基本途径则是向神供献祭品，遵守宗教禁忌，举行宗教仪式，实行宗教修行。但是，它却说，只有婆罗门祭司才能完成复杂的祭仪而得到解脱。刹帝利和吠舍则需要在婆罗门祭司的指导下，进行艰苦的修行，甚至还要经历长期的轮回，才有可能在最后达到我与梵的合一。至于首陀罗，虽然可以多做善事以期来世得到较好的报应，但其灵魂是永远不能获得解脱的，注定要在生死流转的苦海中不断地轮回下去。婆罗门教的这种教义不仅关死了首陀罗进入梵天的一切门径，使他们对未来绝望，而且也表现了他们对刹帝利和吠舍的贬低，只能激起他们的不满，一旦社会历史条件变化，他们就要寻找某种更适合于自己利益的新宗教。在公元前6世纪时，这种条件出现了。这时，雅利安侵入者已在印度河流域完成了对土著居民达罗毗荼人的军事征服，进一步扩张到恒河流域。其结果是，大量的达罗毗荼人被征服沦为奴隶（首陀罗）。同时，雅利安人的军事胜利使专门从事征战的武士贵族（刹帝利）的权威大为增强，他们在新占领的土地上割据称雄，建立起一批城镇国家。他们作为国家的统治者除了要求与祭司贵族享有社会的、宗教的平等权利以外，也必须防止数量大增的首陀罗因对宗教解脱的绝望而去寻找社会解放的实际道路。他们为此而要求改革传统的婆罗门教，致力于寻求和创建某种更有效地维护社会秩序的新宗教。恒河流域显然是一块产生非婆罗门教思潮的最合适的地区，因为这一地区的阶级力量对比有利于刹帝利；与印度河流域比起来，婆罗门教的精神控制相对薄弱，新的宗教观念和社会思潮比较容易生长。于是，恒河流域一带这时兴起了各种各样的具有非婆罗门教色彩的沙门思潮。按耆那教的经典说，当时有“三百六十三见”，佛教则说有“九十六外道”。如果不是社会各阶层对婆罗门的不满和传统婆罗门教社会控制力的削弱，这种情况是难以出现的，许多沙门思潮大体上属于社会学说和哲学理论，一般地说，对广大下层群众不可能有太大的影响。在古代印度社会，由于传统的宗教始终居于意识形态万流归宗的地位，一种思想要想拨动社会大众的心弦，只有依靠宗教家的弹奏，所以，当时对社会最有影响的是佛教和耆那教，而获得最大成功的是佛教。

佛教继承了婆罗门教关于因果报应、业报轮回、追求超越生死的最终解脱等传统宗教思想，但却表达了刹帝利和其他社会等级反婆罗门的情绪和要求，认为获得最终解脱的正途不是婆罗门教的三大主义，而是道德的生活和宗教的修持。针对婆罗门教按种姓等级制发放个人解脱证的褊狭教条，佛教提出了宗教解脱上的抽象平等观念，宣称世人不分种姓和等级，只要皈信佛教的正道都可获得解脱。正是这种众生平等，皆可解脱的宗教平等观念受到了婆罗门以外各色人等的欢迎，保证了新宗教的成功。当然，这种宗教解脱上的平等不等于现实生活上的平等，它只会使被压迫的苦难大众在追求摆脱生死轮回的超自然解脱时，忘记了争取现实幸福的斗争。从本质上看，佛教是适应恒河流域刹帝利世俗贵族的根本利益而产生的一种新的宗教。

佛陀的创教活动及其基本教义

“佛陀”，是对佛教创建人乔答摩·悉达多的尊称。我国佛教学者一般都肯定他是一个真实的历史人物。他的生卒年仍未取得一致意见，但大致认定在公元前6—前5世纪，与我国的孔子（公元前551—前479年）相当。他出身刹帝利贵族，其父是一个名叫迦比罗卫（Kapila - Vastu，今在尼泊尔境内比拍罗波［Piprava］地方）的小城邦的城主。佛陀又被称为释迦牟尼，意为释迦族的贤者。他幼年按照传统接受婆罗门教的教育，但成年以后逐渐表现出非婆罗门的思想倾向。据说他于二十九岁时出家修行，寻求解脱之道。当时的印度宗教界，风行禅定和苦行的修持方法，意在获得神秘的宗教经验，达到所谓“非想非非想”的定境，并认为这就是解脱境界。释迦牟尼先从数论派修习禅定，据说已达定境，但仍不以为已得解脱。改从苦行外道禁欲苦修六年，更觉无益。这些说法也许有故意贬低婆罗门教和外道之意，但在当时印度那种宗教环境下，释迦牟尼尝试过这一类宗教修持方法是完全有可能的。他在三十五岁时，有一次单身端坐在菩提树下苦思解脱之道。经过七天七夜，自觉大彻大悟，成就“无上正觉”。这就是说，他发现了宇宙人生的奥秘，找到了解救众生苦难的途径。此后四十余年，他把悟到的道理在恒河流域一带到处宣传，争取信众，形成教义，组成僧伽教团，建成了佛教。释迦牟尼的创教传道活动进行得相当成功，生前就有大量的信徒，其中有一些国君、刹帝利贵族和富商大贾，也有奴隶、乞丐和妓女之类下层群众。他于八十岁时逝世。他要求弟子把他所传示的“法”视为指路的灯光，向世人进行教化，弘扬他所开创的宗教。释迦牟尼所传“佛法”或基本教义，主要就是“四圣谛”、“八正道”、“十二因缘”、“三法印”这几条。

四圣谛和八正道

“四圣谛”是佛陀所创教理的集中体现，也是他最早证悟向信众宣讲的道理。谛（Satya）是“实在”和“真理”的意思。“四圣谛”即是佛陀发现的四条根本道理，佛教徒把它美称为“四谛法轮”。轮是一种兵器，喻四谛为转法轮，象征佛法可以摧破一切邪知邪见。

“苦谛”之义，在于说明世界一切皆苦，人生无事不苦。广义言之，佛教认为三界五趣之属，有情无情之类，无一物不是五蕴诸法因缘会合而成，也必将随此种因缘关系的分解而消灭。因此之故，宇宙万物皆不能免于生灭变化的流转过程。一切有生灭，故一切皆苦。人生从始至终充满了苦，共有八种：生、老、病、死、怨憎会（互相仇恨，但却必须生活在一起）、爱别离（互相友爱，但却必须分开）、求不得（欲望不能满足）、五蕴炽盛（身心的烦恼）。人的一生当然也有欲求实现而享受到快乐。但诸行无常，好景不长。一时之乐无非过眼云烟，到头来终成空幻，依然是苦。

苦的原因，佛教名之为“集”。所谓“集谛”即是对苦因的推究。佛陀认为苦之原因有两种，业是致苦的正因，烦恼是致苦的助因。人的一思、一言、一行，皆是作业。内在的思想谓之“意业”，表之为语言谓之“语业”，发之为行动谓之“身业”。作业好比播种，必将生根开花结果。

现世所受生死诸苦，乃由前世所集业因而致；现世之因所集，则必致未来之苦。

但众生之所以作业亦有其缘起。这种助缘，佛教称为“烦恼”。主要是说人由于认识上愚痴无知，从而产生贪欲，贪欲而致行动就是作业。作业有善恶，果报随之不同：或为天、或为人、或为阿修罗、或为地狱、或为饿鬼、或为牲畜，是为六道轮回。无论果报如何，皆必须重新进入新的生命过程以便领受果报。所谓新的生命过程，也就是再度经历生老病死，这实质仍是苦。这就是说，任何一种“业”和“烦恼”，必然带来苦果，故此二者乃是致苦之根本原因。

所谓“灭谛”，就是在明白集谛道理的基础上，灭绝苦的根源——业和烦恼。若断苦因，即绝苦果；既不作业，即不受报。众生于是就可从生死流转中解脱出来，不再进入六道轮回，从而进入解脱的境界，达到永恒的寂灭。此种境界，即为“涅槃”。

所谓“道谛”，就是灭苦的道路和达到涅槃境界的方法。释迦牟尼把这些方法归结为八种，是为“八正道”。据他说，如果按此八种修行之法行事，就可进入涅槃之境。八正道的具体内容是：

（一）正见：正确的见解，即佛陀的教训。

（二）正思维：正确的意念，即对正见的内容深思熟虑，坚持不懈。此为“意业”的实践。

（三）正语：这是根据正确的思维、表达于“口业”的实践。也就是不妄言、不绮语、不两舌、不恶口；而且还应善言爱语，隐恶扬善，随喜赞叹。

（四）正业：这是根据正确的思维，表达于“身业”的实践。也就是不造作杀生、偷盗、邪淫等恶业；同时应行放生、布施、清净、智慧等善业。

（五）正命：这是使用正当的谋生方法，过正当的生活。如能做到，也就是身口意三业清净。三业若能绝对清净，即是解脱境界。

（六）正精进：即正确的努力。因一般人不能一下子做到三业绝对清净，故需力求上进。佛教要求其信徒对已做之恶立即断除，未做之恶不要再做；已做之善更进一步，未做之善立即去做。

（七）正念：正确的思想，即使思想合乎“正见”。

（八）正定：定即禅定，通过禅定修持，保持精神的统一，达于空如的实在，这也就是进入涅槃境界。

佛教的修行方法花样繁多，但都不过是八正道的演绎。其具体内容可再概括为戒、定、慧三学。

戒——正语、正业、正命
定——正定、正念
慧——正见、正思维、正精进
（以上合为）八正道

八正道的内容属于四圣谛中的道谛，佛教各宗派由之演化出许多修行法门，但佛法的基本原则则是四圣谛法。大体上，释迦牟尼“悟道”之后“初转法轮”（传道）的内容主要就是四圣谛。

四圣谛从认识一切皆苦，分析苦因开始，以消灭苦果，达到涅槃为终极目的，从宗教的角度反映了现实的苦难社会，表达了苦难众生要求摆脱苦难的愿望。佛教把“苦”归结为一切有情无情之物的自然的和生理的必然性，这就掩盖了社会苦难的社会根源。人生皆苦之说把上层贵族的“求不得苦”与苦难大众的“求不得苦”混为一谈，模糊了两种根本不同之“苦”的阶级区别。按照佛教的一切皆苦说，则被压迫是苦，压迫人亦苦；挨打是苦，打人亦苦；路有冻死骨是苦，朱门酒肉臭亦苦……对立双方，彼此彼此。其社会含义显然不公平。

佛教关于苦因的说明（集谛）也是如此。如果业是苦因，那就只有不作业，这就意味着生命的死亡和社会的消灭。如果果报的优劣取决于业的善恶，那么婆罗门、刹帝利的现世富贵，植因于前生行善，乃是福有所归，理所当然；反之，首陀罗和其他劳动人民的受苦受难，则是由于前生为恶，因而罪有应得，活该如此。佛教的“集谛”可以为一切不平等的社会制度提供神圣的根据。

十二因缘

业报轮回是古代印度各种宗教和学派共同坚持的信仰，释迦牟尼的特点是为这种传统信仰提供一套哲理性的说明。这就是十二因缘说。此说的内容也就是四圣谛中的苦谛与集谛的发展，目的在于说明众生之所以为众生，是由十二种因缘会合而成。由此十二种因缘决定众生必然处于三世流转、业报轮回的过程之中，它把三世流转的过程归结为因果相生、次第相接的十二种因缘。据《俱舍论》卷九，其过程和关系如下：

（一）无明：即贪嗔痴之类烦恼心，惑乱心。

（二）行：即前生由于无明之惑而造的善恶诸业，是为“无明缘行”

（“谓诸愚夫于缘生法不知唯行”）。

（三）识：即由前生所造种种善恶诸业，汇集成为托胎投生的生命主体，是为“行缘识”（“由引业力，识相续流，如火焰行，往彼彼趣，凭附中有，驰赴所生，结生有身”）。

（四）名色：即托胎后的身心状态。是为“识缘名色”（“于此趣中，有名色生”）。

（五）六处：即胎儿的眼、耳、鼻、舌、身、意等六种感官，是为“名色缘六处”（“如是名色渐至成熟时，具眼等根，说为六处”）。

（六）触：婴儿出生后，其六处与外在的对象接触，从而发生感触或认识，是为“六处缘触”（“次与境合便有识生，三和故有顺乐等触”）。

（七）受：即由接触外境所感受到的或苦或乐、或爱或憎的心境和感受，是为“触缘受”（“依此便生乐等之受”）。

（八）爱：有苦乐爱憎的感受，就会产生对事物的贪求和欲望（“爱”），是为“受缘爱”（“从此三受，引受三爱”。“三受”，指苦、乐、不苦不乐三种感受；“三爱”，概指对世俗世界的欲求）。

（九）取：既有对外物的贪欲，便会在行为中表现为对外物的索取或占有（“取”），是为“爱缘取”（“从欣受爱，起欲等取”）。

（十）有：在行动上有所索取，就是作业，从而种下了来生果报之因。此种作为来生果报之因的存在，就是“有”，即有所本之意，是为“取缘有”（“由取为缘，积集种种招后有业，说名为有”）。

（十一）生：既有今生之业的存在（“有”），必然导致来世之再生（“生”），是为“有缘生”（“有为缘故，识相续流趣未来生”）。

（十二）老死：既有来世之生，必将老病而死亡，是为“生缘老死”（“以生为缘，便有老死”）。

以上十二因缘，构成了因果相生的链条，决定了众生过去、现在、未来三世不断流转的过程。其中，无明与行是过去之因，识、名色、六处、触、受五项是现在之果；爱、取、有三项为现在之因，生与老死则是未来之果。总括起来，便是佛教关于“三世两重因果”的著名教义。如图1所示：

十二因缘说，把众生的三世流转说成是因果相生的必然性，颇具哲理性的外观，但实质上却是神学的呓语。过去世—现在世，现在世—未来世的贯串，始终不过是幻想的产物。无明与行，为什么一定会投胎托生为生

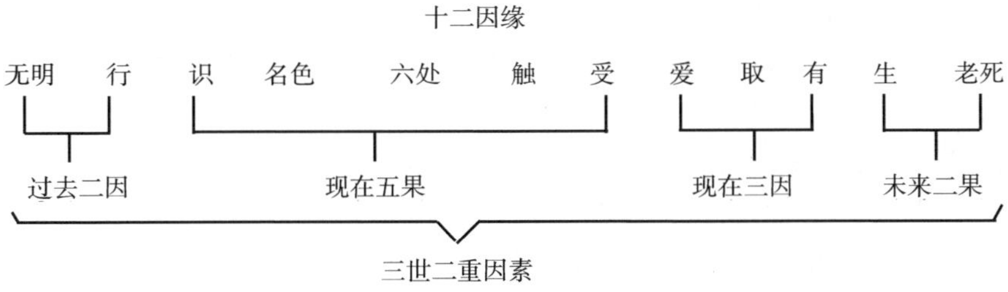

图 1

命主体呢？爱、取和有为什么又会产生来世的五蕴之身呢？这只能是一种神学的假定。释迦牟尼把社会的苦难归结为生死流转之苦，又把苦因归结为众生盲目求生意志所造成的业力，这实质上是让苦难人民自己去承担自身受苦的责任，掩盖苦难社会的社会根源。既然一切苦难的最后根源是自己的无知以及由此而生的实践，那么，要消除苦难，也就只有按照佛教的教义进行自我净化，消除无明，放弃改造社会的斗争。这种理论显然是为维护既存的统治秩序服务的。

三　法　印

狭义的十二因缘说只是一种人生观，意在说明众生受三世轮回之苦的必然性。但佛教常把十二因缘说广义地理解为“缘起说”，以说明整个宇宙一切现象的生灭无常及其原因。作为佛教人生观的十二因缘说可以视做佛教宇宙观的缘起说的一部分。

十二因缘说把众生轮回之苦的原因最后归结为“无明”。那么，究竟是对什么事理的无明呢？佛教认为主要是两种东西，一是众生坚信有一个实实在在的“我”的存在（“我执”）；一是坚信外界事物有其实在的存在（“法执”）。由于有此两种偏见，就会产生贪欲自私之心和索取占有外物之举。从而作下了业，堕入生死流转的因果循环之中。为了破除无明，求得最后解脱，释迦牟尼用缘起说来否定世界万物的实有，得到了“诸行无常，诸法无我，涅槃寂静”三大结论，并以此作为衡判佛法之是非真假的标准，这就是“三法印”。所谓印，即证明印可之意。用上述三条根本道理去衡判一切道理，就是三法印。以三法印，印一切法，合乎三法印者，无论是否出于佛亲口所说，便是佛法，否则便不是。

按照释迦牟尼的缘起说，世界上一切事物均由各种因缘和条件因缘会合而生，处于一定的关系之中，因一定关系的会合而产生，也因此种关系的分解而消失。“有此则有彼，此生则彼生；无此则无彼，此灭则彼灭。”因此，佛教认为，事物本身并没有独立自存的本体，不是常住不灭的。也就是说，一切事物和现象都是无常的。生命现象也是如此，一切众生都不过是“五蕴”的因缘会合。五蕴就是色蕴、受蕴、想蕴、行蕴、识蕴。色蕴包括一切物质事物和众生身体所有的眼耳鼻舌身等感觉器官，总称为“色”；受、想、行、识等蕴就是众生的心理的、思维的活动，包括一切精神世界，总称为“名”。人和一切有生之类都是由名和色，即精神与物质等五种因素的因缘蕴集而产生的。合则为生、分则为灭。五蕴之外，别无其他。一切事物都没有五蕴之外起主宰作用的、独立自存的本体（我或灵魂）的存在。五蕴分合无常，故亦无常住不灭的事物。这就导致佛教的两条根本性的原理：“诸行无常”、“诸法无我”。

在佛教看来，只要认识到诸行无常、诸法无我的道理，人就摆脱了无明状态，就不会为“我”所驱使而产生贪欲、并为满足贪欲而采取行动；既然诸行无常，人们也就不会认真看待周围发生的一切事件的作用和影响，从而不会产生苦乐的感受和索取的行动。这样一来，众生就可摆脱“我”的驱策和物的役使，停止作业。既不作业，就不会有果报，于是就可断生死，绝轮回，得到永恒的寂静和最后的解脱，这种绝对寂静的境界，就是所谓的“涅槃寂静”。诸行无常，诸法无我，涅槃寂静，是佛教从缘起学说推导出来的三条基本原理。

佛陀关于“无常”、“无我”的原则，确实是否定婆罗门教关于梵天和神我的信仰的一面，这也意味着对作为一般宗教之基础的神和灵魂的否定。但这绝不等于说佛教不是宗教而是哲学，更不等于说佛教是什么无神论的宗教。这主要是因为佛陀在高谈诸行无常的同时又承认了某种永恒寂静的绝对物——“涅槃”。如果众生的生死流转是自然法则决定下的自然状态，那么，超出生死流转之外的永恒寂静便只能是超自然境界。入涅槃而成佛岂不就成了常住不灭的超自然实体，佛教的佛、罗汉、菩萨，事实上就是宗教的神灵，至少在佛教后来的发展中是如此。

佛教的“诸法无我”包含有无法克服的内在矛盾，佛陀的十二因缘说意在说明无明作业，业必有报，三世因果相续，六道轮回不止。如果没有贯穿三世的同一实体——“我”——也就没有承担业报的主体，众生又何必溯及过去，顾及未来。即使在现在世，由于念念不同，亦无主宰其间的我，究竟谁造其业，谁受其报？佛教业报轮回之说必以贯通三世的不灭灵魂为其前提，与诸法无我原则绝对无法调和。佛陀死后，小乘佛教和大乘佛教的某些教派就试图修补这个漏洞。小乘犊子部提出在五蕴之外，另有一种“不可说的补特伽罗”（Pudagala），认为它就是从前世转到后世的联系者，亦即轮回与解脱的主体。这实际仍是“我”的异名。小乘经量部说法略有不同，叫做“胜义补特伽罗”。“胜义”即真实之意，也就是说是一种真实的我，经量部也是把它作为承受业报轮回的主体来肯定的。他们认识到：“此若无者，云何有忆识诵习恩怨等事？谁能造业？谁覆受果？谁于生死轮回诸趣？谁覆灭苦求趣涅槃？”大乘法相宗一方面主张“万法皆空”，另一方面却又主张“诸法唯识所现”，并肯定人有一种作为个人和世界之本体的常住不灭的“阿赖耶识”，它实际就是不灭的灵魂。佛教内部各派关于“自我”与“无我”的激烈争论属于神学上的分歧，不值得认真看待，但从逻辑上看，有我论比无我论矛盾要少一些。

佛陀的“无我”论虽然在神学理论上与婆罗门教的“神我”论和其他宗教的灵魂不灭论是对立的，但两种瓶子装的东西却都具有同样消极的社会政治内容。佛陀的真意是：只有“无我”，才能无欲；只有无欲，才能无争。其社会实质是要求被压迫人民放弃改善苦难现实的愿望和反对现实社会不合理制度的斗争。

佛教教团——僧伽的形成

佛陀的传道活动，进行得相当顺利，陆续有人接受他的教义成为他的信徒。信徒日增，自然形成教徒组成的会社，称为“僧伽”（Samgha）。初期的佛陀弟子泛指来听声闻或教法的人们，后来则专指精进勤修“八正道”的出家僧众。弟子有出家的，男的称比丘，女的称比丘尼。有在家的，男的称优婆塞，女的称优婆夷。出家者专门修行悟道，于是便有了僧院生活。出家者经过一定时期的宗教教育，接受戒律训练后宣誓为僧。僧院体制是逐渐发展成型的。佛陀创教传道初期，皈信修行的弟子并无固定建筑物。他们有时栖于山谷之间的洞穴，有时则寝于墓地或丛林。特别是在每年夏天雨季来临时，因为不便外出游化，便安居于一处（即所谓雨安居处），集体修行，互励于冥想修定的宗教生活。但随着皈信弟子日益增多，小小洞穴无处存身，于是便有了设置永久性建筑的必要。据记载，有一些刹帝利贵族和富商大贾曾捐资修建僧院。

精舍中的修道生活比之于最初的森林洞穴中的情况，那是优裕得多了。但性质也因之而发生变化。为管理生活于僧院中的出家僧众，不可避免地要有一套规章制度，他们必须遵守的戒律规定也日益烦琐。出家僧众在僧院中修行的目标，当然是为了达到最后的解脱——涅槃境界。僧院长老们自然要为这种解脱境界提供一些说法，作一番具体描写。在这种情况下，受到强调的当然只能是涅槃境界的神秘性方面，并为达到这种超自然的神秘境界规定出精神灵修的层次和阶梯，要求修行者一级一级地向上攀登。同时，僧院的管理也必然产生对修行的僧众进行等级划分的要求。特别是当僧院有了财产和寺院经济之后，这种等级划分逐渐具有阶级划分的意义。原始佛教是倡导种姓平等的。一切接受佛教的弟子不分种姓是一律平等的。《长阿含·小缘经》说："汝今当知，今我弟子，种姓不同，所出各异，于我法中出身修道。若有人问，姓谁种姓，当答彼言，我是沙门释种耶。"这虽只是宗教生活中的平等而不是社会生活中的平等，但比之于婆罗门教神化的种姓制度总还是有一定进步意义的。但随着僧院制度和僧伽组织的等级化，它原来那一点有限的积极意义便逐渐淡化而被抵消了。

释迦牟尼的神格化

释迦牟尼本人虽自称觉悟成佛，但他所谓成佛，也就是觉悟了的意思，并不自认为是传统宗教所崇奉的神灵。他死时，也只是要求信徒们要尊奉和弘扬他所传的"佛法"。最初的信徒大体上也是把他敬奉为宗教真理的发现者和伟大的导师。但随着时间的流逝，信众的佛陀观念越来越神格化了。佛陀所谓的涅槃境界本来就是一种超自然的神秘境界，在僧院的修行生活中，这种神秘性日益受到强调和夸张的描写。佛陀作为第一个达到涅槃境界的佛，当然也就逐渐成了超自然的神圣存在。佛陀的神格化也是佛教传教活动的需要。由于对"佛法"的尊奉，虔诚的信徒们逐渐认为发现"法"或佛教真理的佛陀，乃是佛法显现为人的形貌，以便对世人进行教化。于是，释迦牟尼被称为"婆伽梵"（Bhagavat）、"世尊"，即"主"、"法王"之意。他不再是佛法的发现者，而是佛法的显现者。"佛陀就是法"。既然佛法常存，那么，佛陀的入灭便不是一般的死去，而是进入摩诃般涅槃，即进入涅槃的状态。这样一来，他变成了不死不灭的存在。为了传教，需要向声闻听众夸大佛陀的功德和品格，于是便编造出了大量的关于佛陀本生本行之类神话故事。这些本生故事基本上都是按照佛教的业报轮回，因果报应教义，用“前世积修善行，今生得为佛陀”的概念和方法编写出来的。历史上的乔答摩·悉达多就这样变成了一个神话人物，最后又变成了真正的神。

早在吠陀时代，印度人就有关于作为救世主的转轮圣王的信仰。人们虽不知这位转轮圣王何时才能降临于世，但却相信他一定会出世，而且出世时将伴随有白象、白马等七种神迹作为象征。随着佛陀的超人化、神格化，在社会大众的心目中，他就是传统信仰的转轮圣王，而且作为转轮圣王之象征的异象，也被用到佛陀身上。佛陀被描写成“三十二相”、“八十种好”。传说中的转轮圣王在登基之际，帝释天授以“轮宝”（即法的象征），圣王轮转“轮宝”，打破四界恶魔，建立理想国家。这个神话也移花接木转移到佛陀身上。他证悟的佛法被说成“法轮”，他则转动法轮与苦恶斗争，破除一切邪知邪见。看来，正是有了佛陀的神格化，演化成了群众心中向往的救世主，佛教才顺利地赢得了人们的信仰，发展为世界性的宗教。

佛教的发展

统治阶级对佛教是很支持的。当时印度的摩揭陀国国王瓶沙王、阿阇世王都成了佛教的信徒。佛教的顺利发展把印度社会中的各色人等大批地卷进佛教教团的队伍。

古代印度本来是一个政治不统一、阶级关系很复杂的社会，各种宗教思想争妍竞丑，互较短长。这种情况不能不反映到佛教教团中来，逐渐造成佛教的分化。佛陀死后不久就开始了分化的过程。

古代印度没有纸，佛陀说教不立文字，搞的是口头宣传。徒众来源不同，成分复杂，佛陀说法，因人而异。声闻各有不同，意会更有差别。佛陀死后不久，大弟子大迦叶为防止分歧的发展，曾在摩揭陀国的王舍城召集了五百名佛徒参加的会议，各自回忆自己所听的佛陀说教，定为“佛说”，形成了最早的佛教经典和戒律，企图以此来维护佛教的统一。佛教史把此次集会称为“第一次结集”。相传就在此次会议期间，以富娄那为首的另一批佛徒另外召集了五百名佛徒的集会，亦把自己所闻定为“佛说”。两大集会各集“佛说”，反映了佛教的早期分化。

佛陀死后一百余年，教团内部分歧更趋明朗化。主要分歧集中在戒律问题上。以东方跋耆族为代表的比丘对十种戒律（十事）的态度较自由，西方的比丘则视十事为非法。两派僧众在毗舍离城开会，就所争执的问题展开辩论。这是佛教史上的“第二次结集”①。辩论结果，两派正式分裂为上座部和大众部。这次有关戒律宽严的争论有现实的社会意义。原始佛教所定戒律实在过多偏严，不利于吸引更多的信徒。从要求扩大佛教的影响出发，就有必要改革旧章，放宽戒律。特别是这时已有一大批上层人物入教，这些人当然反对早期佛教关于“沙门释子不应蓄金银”之类戒律。大众部的主张适应了这一批人的要求，因而也得到了社会上层人物和统治阶级的支持。

佛教的分裂，除了戒律宽严之争以外，还有关于理解教义教理的分歧。由于对于一经一偈有不同的理解，大众和上座两部又各自分裂为许多教派，据载有十八部或二十部之多。

公元前3世纪，也就是佛陀死后二百余年间，摩揭陀国孔雀王朝强大起来，征服各地，建立了统一的国家。为了统治新征服地区的人民，阿育王（公元前274—前232年）认识到武力镇压有局限，宗教教化更有用。他于是皈信佛教，大兴佛法。他亲自巡行印度各地，瞻仰佛教圣迹，到处修佛寺，建佛塔，树立石柱，颁刻诏令，宣称征服不应假手于战争，而应依靠佛法。于是他派遣佛教传教师到邻近各国，甚至远及亚洲、北非和东欧的希腊系统诸王国。据说，阿育王的王子摩亨陀（Mahinda）被任命为派往锡兰的传教师，伽玛蒂公主（Carimati）则作为比丘尼派往尼泊尔从事传教。由于阿育王的努力和孔雀王朝的国威，佛教不仅成了印度的国教，而且越出了印度的国界，第一次走向世界。

据巴利文“三藏”所记，阿育王为结束部派佛教的纷争，曾在华氏城召集了一千名佛徒参加的大会，编辑三藏经典，史称“第三次结集”。

---

① 任继愈主编之《宗教词典·第二次结集》对‘十事’的解释是：“南传佛教史书《大史》、《岛史》等载，释迦逝后一百年时，古印度东部跋耆族比丘提出十条戒律新主张（“十事”），以耶舍为首的诸长老比丘为此在毗舍离城召集七百比丘，审定律藏，宣布十事非法，此为第二次结集。十事是：（1）角盐净，食盐可储蓄在角器中，供日后食用；（2）二指净，日影偏过正午二指后，还可进食；（3）他聚落净，饭后到其他聚落还可进食；（4）住处净，在一个地方居住的比丘，可分别举行布萨仪式（出家僧尼，每半月聚会一次，专诵戒律的仪式）；（5）赞同净，僧团中一部分比丘，可先作决定，然后征求其他人同意；（6）所习净，按惯例行事，不算违律；（7）不搅乱净，允许喝未搅动的牛乳；（8）饮阇楼疑净，可喝未发酵的棕榈酒；（9）无缘座具净，可用随意大小的座具；（10）金银净，比丘可以接受金银财物。”

阿育王作为一个大帝国的统治者，他主要关心的是用佛教来统一印度的精神和文化，使其帝国变成一个宗教社会。为此，他力图使国家官吏转变为宗教导师，使各地僧院佛寺成为负责地区教育和社会事业的中心，他把忠实于佛教的“法”作为官吏的标准。这样一来，佛法不单是个人解脱之道，而且有了社会的、政治的、经济的、文化的诸方面的内容。本来是出世主义的佛教在阿育王手中演变成了入世主义的救世福音，可以说，阿育王给佛教带来了某种新的风格。

佛教在阿育王支持下的大发展还带来了其他方面的新问题。由于佛教僧众享受到王室的优待和供养，其他宗教的信徒便纷纷改宗佛教。其中当然不乏真心改宗者，但很大一部分人主要是生活所迫而不得不改宗者。他们必然会把本非佛教的外道思想带进佛教之中。不管阿育王本人如何热心于统一佛教信仰，但客观的趋势总是使之更深地分裂。各派佛教围绕一系列重要的教义问题（如宇宙是实有，还是假有？有我，还是无我？有神，还是无神？等等）展开了激烈的论争。

公元1世纪，大月氏人侵入印度，在北部印度和中亚一带建立贵霜王朝，与南印度的安达罗王朝对立，是为印度史上的“南北朝时期”。贵霜王国的统治疆域，西至咸海，东至葱岭，南达印度河和恒河流域，是一个庞大的帝国。它地处东西南北的交通要道，商业繁荣，各民族交往频繁。帝国统治地区内包括了不同的社会结构和宗教文化。贵霜王朝的统治者为了维护帝国的统治，对各种不同的宗教和文化采取了兼容并包的政策。印度的佛教和婆罗门教、波斯的袄教、希腊的宗教都有发展的余地。各种宗教一方面互相排斥，另一方面也互相吸收。迦腻色迦（约129—152年）在位时，像阿育王一样，特别提倡佛教。在他的护持下，佛教举行了“第四次结集”，编辑和注释了三藏经典。在次大陆南北朝分立时代，奴隶制度逐渐衰退，封建制度开始发展，阶级关系复杂，各种宗教思潮互相影响。在这种历史条件下，大众部佛教与上座部佛教更趋分化，遂形成大乘佛教和小乘佛教。大乘佛教是大乘派的自称，“小乘”，则是大乘派对部派佛教的贬称，意在说部派佛教只讲个人解脱，属于小道小业，是佛陀为小根器人所说的教法，大乘佛教才是佛陀的真传和佛教的正统。这是佛教内部派性的表现。客观的研究者只能承认大乘与小乘分派的事实，但不能在褒此贬彼的意义上使用这两个名称。我们注意到，两派佛教在教义、教理和宗教修行方法上确实有一些不同之点：

第一，在宗教世界观上，小乘佛教一般主张“我空法有”。认为众生和事物均是各种元素（法）的因缘结合，故无独立自存的本体（“我”），但作为客观世界的法却是存在的。大乘佛教则主张“法我皆空”。此派经典《般若经》说：“色即是空，空即是色，色不异空，空不异色。”大乘小乘都是唯心主义，但大乘派更为彻底。

第二，在佛陀观上，小乘有些部派仍保持原始佛教的特点，视佛陀为历史人物；大乘佛教则接受了婆罗门教—印度教的影响，把佛、菩萨神格化、偶像化，提出了佛有法身、应身和化身的说法，进一步宣扬神异，崇拜偶像，以此来加强信众的宗教感情。循此以进，后来甚至有一派逐渐发展为玩弄巫术，崇拜性力肉欲的大乘密教。

第三，在修行的目标上，小乘一般主张个人解脱，修得阿罗汉果。大乘则主张普度众生，目标是菩萨行。大乘认为菩萨高于阿罗汉。阿罗汉虽已破我执，但还未破法执；虽已证我空，但还未证法空；虽已断烦恼障，但还未断所知障。菩萨则已证法空，已断所知障，故已解脱生死成佛。只是为了解脱众生之苦，才自由往返于生死之中。

在修行方法上，小乘一般主张修戒定慧三学，八正道。大乘菩萨行则兼修六度四摄。所谓六度是：布施、持戒、忍辱、精进、禅定、智慧。所谓四摄是菩萨摄受众生皈依佛道而应做的四件大事，即“布施摄”（若众生乐财则施财，爱乐佛法则施佛法）、“爱话摄”（随众生的根性善言慰喻）、“利行摄”（做利益众生的种种事）、“同事摄”（与众生同处，随机教化）。

小乘佛教无疑比较接近于早期佛教。大乘佛教的一切发展，其中心是适应新形势的需要，从各方面加强佛教的作用，扩大佛教的影响。大体上可以这样说，在孔雀王朝阿育王时代，佛教在统治阶级上层得到支持和发展。在贵霜王朝迦腻色迦王时代，则由于大乘佛教的出现和形成，佛教从上层阶级更多地向庶民阶级渗透。这时候，舍利崇拜、佛像崇拜趋于普遍化，各地建造了不少埋葬圣者遗物的墓冢，雕凿了许多著名的石窟佛像。佛教的教育系统也大为发展。著名的那烂陀寺（Nälandā），毗讫罗摩悉拉寺（Vikramasila）（两大寺院属大乘系统）和瓦罗毗寺（Valabhi）（属小乘上座部系统）是在公元4世纪左右兴办起来的。这一切说明佛教日益向世俗化和群众化方向发展，在刺激和调动宗教感情方面加强了对普通信众的影响。

贵霜王朝时代及其以后，佛教的发展和传播出现了一个有趣的现象，一方面，佛教再一次从印度走向世界。小乘系统向南传到印度南方邻国锡兰、泰国、缅甸、爪哇、柬埔寨、老挝等地，大乘系统佛教则从中亚越过葱岭进入中国内陆，并传入朝鲜、日本和越南等国，使佛教成为名副其实的世界性宗教。另一方面，在印度本土，佛教则面临新婆罗门教——印度教的激烈竞争。公元 10 世纪后，印度教在印度全国取得优势。同时，中亚伊斯兰教势力的入侵又对佛教进行了无情的镇压。至 13 世纪初佛教在印度全面溃灭了。在这方面，佛教的命运和基督教颇相类似。二者都走向世界，但在其出生地却失去了群众的信仰，成了历史的遗迹。

佛教走向世界的原　　因

佛教作为产生于印度的宗教之所以能广布亚洲大陆和亚洲之外，成为一种世界性的宗教，有着多方面的原因：

第一，从宗教本身的性质看，佛教具有完全不同于原始时代氏族宗教和古代国家宗教的特殊性。它不强调崇奉氏族和国家的保护神。在教义信仰上，佛教并不直接把维护种族和国家的繁荣昌盛作为宗教的最高任务，也不把某一特殊的种族作为选民予以特殊的恩宠。而是宣称，佛教的宗旨在于普度众生，使一切众生从生死流转的苦海中解脱出来得到永恒的寂静。这种宗教观念当然不是神圣的真理（“圣谛”），但却非常新颖，具有适用于全人类的普遍性。它抓住了一切人类都不能逃避因而都非常关心的生老病死问题，这就能拨动各种不同种族、各种不同阶级的人的宗教心弦。佛教一方面说世界诸行无常、人生一切皆苦，把举世各色人等、社会各大阶级都抛入生死流转的苦海之中；另一方面又宣称普天之下一切众生只要皈信佛教的正道皆可永超苦海，解脱尘缘，获得永恒的寂静。这种教义使佛教摆脱了传统的种族宗教的狭隘性。大乘佛教的佛和菩萨神格化以后，更是以度尽天下有情作为自己的任务，从而进一步加强了佛教的普世性的风格。

第二，佛教的基本教义适合于各种既得利益者的利益，因而得到不同国家的历代统治者的支持。佛教关于无明作业、业报轮回的教义，对于历史上一切统治阶级都是有利的。因为它把现实世界统治阶级的特权归因于前世善行的福报，而把苦难人民的苦难说成是前生作恶的苦果。这就使佛教有可能成为维护一切等级社会的上层建筑。佛教的传教史证明，它之所以能在不同国家找到立足之地，首先而且主要是由于统治阶级的大力支持。在印度国内，如果没有刹帝利世俗贵族，特别是像阿育王这样强有力的君主的支持，是不可能在许多宗教的角逐中取得胜利的。在印度国境之外也是如此。锡兰是在公元前3世纪接受佛教信仰的。这主要是由于阿育王的权威和锡兰国君提撒王（Tissa）的政治需要。当提撒王即位时，阿育王除了送去即位所需的赠礼以外，也送去了“佛法”：“我皈依三宝，自为在家佛徒……汝亦皈依王者的最高宗教，三宝，体会欢喜，信仰佛法，宿身法荫。”① 提撒王也按照阿育王的办法，接受佛教为国教。佛教在该国的影响一直延续至今。

小乘佛教在不少东南亚国家都被尊为国教。最高统治者以王权为后盾大力推行佛教的信仰，缅甸和泰国在历史上是典型的代表。

佛教在东汉传入中国，最初是从最高统治者那里得到所需的一切支持的。

佛教在朝鲜的命运完全取决于统治阶级的政治需要。日本宗教学者北川写道：“朝鲜佛教的历史，可以说盛衰荣枯，时起时伏。一言以蔽之，当掌权者接纳之，佛教便盛荣，反之则衰枯。且其兴亡过程也正如同步履着中国佛教兴亡的后尘。由此我们也可一窥朝鲜佛教的文化性地位了。从历史上概观朝鲜佛教史，则有如下述：13世纪时佛教达于极点，其后渐衰，到15世纪，由于政府扬儒抑佛，佛教便遭到毁灭性打击。”②

佛教在公元6世纪从中国通过朝鲜传入日本。圣德太子摄政时，他仿效中国的隋文帝，以佛教为国教，把佛教精神视为政治之本，使佛教在日本取得了惊人的发展。

总之，佛教是在各国最高统治者的支持下成为世界性宗教的，没有政治的强制，佛教是不可能自发地普及到各国普通民众之中去的。各国统治者之所以接纳佛教信仰，显然是因为佛教教义适合于他们的阶级利益和政治需要。

第三，佛教不仅没有民族宗教和国家宗教的狭隘性，而且与基督教和伊斯兰教比起来，也具有排他性较少、宽容性较多的特性。当佛教传布到其他民族和国家时，它一般总是把当地文化和传统宗教纳入佛教体系之中，以武力为后盾对异端迫害的情况比较少见。东南亚诸国的文化发展程

① E. W. 阿海卡拉姆：《锡兰早期佛教史》，锡兰1946年版，第50页。
② 北川：《东方诸宗教》，1965年版，第245页。

度较印度为晚，本来就处于印度文化的影响之下。佛教进入这些地区后又与当地古老的万物有灵信仰、祖灵崇拜和巫术仪礼结合起来，顺利地赢得了群众的信仰。

在中国，佛教极力使自己与中国传统宗教和强大的儒家文化相协调。我国西藏地区的喇嘛教则是印度大乘佛教的密宗与西藏传统和苯教相结合的产物。在日本则与富于巫术性的民间信仰巧妙地融合起来，使日本神道结合于佛教体系之中。佛教思想相对宽容的特性减少了它在各国传播过程中的阻力，使它在走向亚洲和世界的进程中，有可能不必依靠军事征服的威力。

第四节　基督教的形成与世界化

基督教产生的社会历史条件

基督教在公元1世纪时产生于罗马帝国统治下的犹太民族所居住的巴勒斯坦地区，犹太民族的传统信仰——犹太教的宗教背景，以及罗马帝国的社会历史条件，必然在基督教身上打上自己的印记。

犹太民族自称“上帝的选民”，但它的遭遇却多灾多难。如果说上帝对它有什么特殊的恩宠的话，似乎就是使这个民族不断遭受亡国毁家之祸，流放为奴之难。“巴比伦之囚”结束返国之后，却于公元前3世纪时为马其顿希腊所征服。公元前1世纪，又成了罗马帝国的一部分。按照以色列先知的说法，这一切灾难都是上帝假异族征服者之手对自己不遵守上帝之约所犯之罪的惩罚。不过犹太人似乎并不心甘情愿地接受上帝的惩罚，曾不止一次地举行过反抗罗马征服者的斗争和武装起义。但是终因实力悬殊，这些斗争和起义都以失败而告终，把犹太人抛入绝望的深渊。留给他们的，只有对传统宗教和上帝的虔诚。犹太先知曾一再预言说，上帝将派“弥赛亚”来拯救他们：“日子将到，我要给大卫兴起一个公义的苗裔，他必掌王权，行事有智慧，在地上施行公平和公义。在他的日子，犹太必得救，以色列也安然居住，他的名必称为耶和华我们的义。”（《旧约圣经·耶利米书》第23章第5、6节）正是这种对“弥赛亚”、救世主（基督）的传统信仰，使犹太人把民族复兴的希望寄托于“基督救世”的宗教信仰之上。当然，犹太民族中不同的社会阶层无论在政治上，还是在宗教上都各有自己的主张。

由祭司家族和贵族结成的政治集团“撒都该派”（the Saducees）在政治上屈从于罗马的统治；在宗教上代表古代犹太教保守思想，只承认律法，不相信对律法的传统解释，否认复活和个人永生，而大多数犹太人既反对异族统治，又坚信对律法的传统解释。

法利赛派（the Pharecees）是一批以严守律法传统的律法师和文士。他们极力主张保持犹太人与异族、犹太教与异教的隔离（pharicees之原意即为“被隔离者”）。在宗教思想上，他们继承了“巴比伦之囚”时代受到的波斯善恶二元论的影响，坚信存在着善与恶的精灵（这是一种关于天使与撒旦的教义），相信肉体复活，未来赏罚，盼望弥赛亚降临。这些宗教观念已在耶稣诞生之前的犹太社会中流行了两个世纪，成了基督教的思想源泉。学者们注意到，耶稣的门徒如保罗就公开自称他是法利赛人和法利赛人的子孙①。但是，法利赛派在政治上属于社会上层，对下层群众有一种天然的鄙视，对罗马统治者只是采取不合作的态度而不敢公然反抗，所以，其中之激进者便从中分化出来，形成所谓“奋锐党”（the Zealots），或称“积极行动者”。他们不仅反对罗马统治者，对依附于它的犹太当权派也持反对的态度。法利赛人在宗教上极力强调严守传统律法，认为只要严守律法就可得到善报。但律法只不过是宗教的外在形式，容易流于虚伪。宗教信仰者更需要的乃是内心对于公义的追求，希望宗教能在个人与上帝之间建立一种热切的关系；特别是那些由于未能完全遵守传统律法和被认为有罪的“迷途的羔羊”更需要得到宗教的慰藉。法利赛派的宗教主张不能满足这些社会需要，因而也必将得不到社会的支持。施洗约翰和耶稣传道时曾为此一再谴责和诅咒法利赛人。

由于对耶路撒冷正统犹太教的失望，出现了与之抗衡的艾赛尼派（the Essenes）。他们自己认为是以色列的真正教会，一方面宣称他们尊重律法，但又宣称他们得到特别的“启示”，对律法作出自己的解释，以体现律法的真义；定期举行净祓仪式，重申圣约，举行饼与酒的圣餐礼。他

---

① 《新约·使徒行传》第23章第6—8节：“保罗……就在公会中大声说：弟兄们，我是法利赛人，也是法利赛人的子孙，我现在受审问，是为盼望死人复活。说了这话，法利赛人和撒都该人，就争论起来。会众分为两党。因为撒都该人说，没有复活，也没有天使和鬼魂。法利赛人却说，两样都有。”

们强烈盼望“弥赛亚”以新先知、新教师、大祭司、国王等四个形象出现于世，将流亡各地的犹太人聚集在一起，打败以色列的敌人，开创以色列的新纪元。研究基督教史的学者普遍认为，艾赛尼派对基督教有直接的影响。施洗约翰和耶稣的早期门徒中有些曾属于这一教派。

巴勒斯坦是犹太人的故乡，又是基督教的发源地。在研究基督教的起源时，我们当然会首先想到此地的犹太教各教派与基督教的关系。但是，我们同时还应注意到，由于历史的原因，犹太人早已流散希腊—罗马世界各地。史家估计公元1世纪时，流散于巴勒斯坦境外的犹太人比境内高出四五倍之多（基督教正是在这些境外犹太人中得到更大的发展）。他们虽然散居各地，但普遍坚守犹太教传统信仰。同时，由于他们生活在外邦，又不能不受普遍流行于罗马世界的希腊文化和各种异教的影响。正如《耶稣传》作者斯特劳斯所说的那样：“毫无疑问，基督教是在犹太教的土壤里成长起来的，但这乃是在这块土壤已被外来成分所渗透和饱和之后。我们不妨这样说，如果在基督教的起源和最初形成期中，不是已经有西方和东方，有希腊—罗马精神和犹太精神共同参与其中，它就绝不会成为西方和东方的共同宗教，特别是后来成了西方特有的宗教。犹太主义必须在历史的研钵里经过痛苦的研磨，以色列民族必须一再分散到世界各其他民族中去，通过各种敞开的渠道，使外国文化进入其祖国里来，它才能获得能力，产生像基督教这样的产物，尤其是必须先有西方和东方在伟大的马其顿王所造成的局部势力的结合，这种结合的新婚床铺在亚历山大巩固地陈设起来，基督教这个现象才有受孕的可能。”① 基督教所接受的西方影响主要是希腊化时期的庸俗哲学，其东方影响则主要是神秘宗教。

按照布鲁诺·鲍威尔的研究，公元1世纪时亚历山大里亚的犹太哲学家斐洛（Philo，前30—50）乃是“基督教的父亲”。斐洛在宗教上是犹太教的正统教派，但他在哲学上却是个柏拉图主义者，同时，他还受到斯多噶派和新柏拉图派的影响。他力图把犹太教宗教观念和他所接受的希腊哲学融为一体。斐洛留给基督教的影响主要集中在三点：第一，论犹太教宗教精神与希腊哲学的和谐一致。他认为犹太人的圣经《旧约》是真正的神的启示，与柏拉图哲学和斯多噶哲学是一致的。这对基督教神学的发展有着深远的影响。第二，论上帝。他认为上帝至善，是绝对权能，绝对

① 斯特劳斯：《耶稣传》，吴永泉译，商务印书馆1993年版，第231—232页。

完美，绝对幸福；是纯粹精神智慧和理性；上帝创世是万物的基础和源泉，世界是上帝的善的体现。第三，论逻各斯。他认为上帝从自身存在中流溢出最高的理性和神圣的智慧——“逻各斯”。上帝不仅以“逻各斯”为代理人创造世界，而且其他一切能力也从它流溢而出。逻各斯是一切权能的权能，最高的天使，上帝的初生子，上帝的影像，上帝第二，神人，神圣的亚当。正如梯利所说的那样：“事实上，斐洛的逻各斯就是斯多噶学派的世界灵魂，世界的构成者，宇宙的模型或柏拉图的理念世界，被改造成介于上帝和世界中间的东西。有时候，他把这一基质说成是神圣的光的辐射，这种思想预示了普罗提诺的流出论。”① 通过斐洛的影响，逻各斯构成第四福音书《约翰福音》的基本观念之一，成了基督教“三位一体”的上帝的一个位格，成为基督教的一个基本信仰。

从上述三个方面看，鲍威尔把斐洛称之为“基督教的父亲”是有理有据的。

东方的神秘宗教也对基督教的构成产生了重要的影响。罗马帝国对于东方（西亚和埃及）的征服，把东方的各种神秘宗教及其崇拜仪式带进帝国广大疆域之中，后来成了基督教圣礼和某些教义的参照之源。威利斯顿·沃尔克在《基督教会史》中对此有深刻的论述。他指出，对基督教最有影响的东方宗教，有源于小亚细亚的大母神和阿提斯崇拜；源于埃及的伊西斯和萨拉匹斯崇拜及源于波斯的密特拉崇拜等：“所有这些宗教都讲一位救世的神，而且都来源于自然崇拜。各种不同的神话，都讲一位死而复生的神。在它们的影响下，生与死的自然交替要举行宗教仪式加以赞美，并应用到灵魂的重生，以此来克服死亡。所有这些宗教都认为新入教者以一种象征（圣礼）的方式分享所信的神的经验，与他同死，又与他一同复活；通常通过象征性地与他一同进步而分享神性并得到他的不朽的生命。这些宗教都有秘密的入教仪式，都有神秘的（象征性的）涤罪礼。在伊西斯和萨拉匹斯崇拜中，涤罪是用圣水沐浴；在太母教和密特拉教中，则用公牛的血，称为牛祭。据记载，新入教者经过这种涤罪礼仪式，即得到‘永久的重生’。这些宗教都应许信徒以来世的幸福生活。它们对这个世界的态度或多或少是禁欲主义的。有些宗教，如密特拉教，主张人

① 梯利：《西方哲学史》，上册，商务印书馆 1975 年版，第 144 页。

皆为兄弟，信徒在根本上是平等的。”[1] 在追溯了这些东方宗教的信念和仪式之后，沃尔克作出了自己的结论：

> 毫无疑问，早期基督教关于圣礼的教义的发展，如果不是直接受这些宗教的影响，至少也是受它们帮助创造并与之适应的宗教气氛的影响[2]。

如果说，斐洛赋予基督教以基本性的宗教观念或内在的灵魂，那么，东方神秘宗教则提供基督教以外在的崇拜礼仪，东西方宗教—哲学的这种结合，为基督教的诞生准备了内在和外在的条件。

耶稣其人其事

按照《新约》福音书的说法，基督教的创建者“拿撒勒人耶稣”本是上帝之子，上帝为拯救人类，派遣他借童贞女玛利亚之腹感圣灵而怀孕，希律王在位时（公元前37—前4年）诞生。玛利亚之夫约瑟是大卫王的后代。耶稣出生时伴有各种异象，幼年时即聪颖过人。其时，有一位名叫“施洗约翰”的先知在约旦河一带传道，大受犹太人欢迎。耶稣大约在三十岁时也为之吸引，从加利利来到约旦河接受约翰的洗礼。受洗之后，圣灵如鸽降临其身，天上传来声音，说耶稣是上帝的爱子。耶稣深信自己负有上帝授予的救世使命，开始了自己的传道活动，传扬上帝要在世上建立天国的福音。他教导世人承认自己有罪，悔改方能得救；他对一切被传统律法和被祭司、法利赛人认为有罪的人，贫困下贱的人说，只要他们信从他的教训表示悔罪，都将得到上帝的救赎，进入天国。他甚至公开以上帝和基督的名义赦免他们的罪，而对祭司贵族、法利赛人则进行公开的谴责和诅咒。耶稣在传播这些“天国近了”的福音时，还施行各种超自然奇迹。为人解急救难，赶鬼治病，使瞎者复明，聋者复聪，跛者复健，死者复活，从而赢得大批信众和一批忠实追随他的门徒（使徒），相信他就是上帝之子，是救世的基督。当然，这也是耶稣在传道过程中对其听众及其

---

① 威利斯顿·沃尔克：《基督教会史》，孙善玲、段琦、朱代强译，中国社会科学出版社1991年版，第11—12页。

② 威利斯顿·沃尔克：《基督教会史》，孙善玲、段琦、朱代强译，中国社会科学出版社1991年版，第11—12页。

门徒不断暗示，甚至公开声言的结果，四部福音书都有这方面的记载。旧约先知曾预言，上帝将派其子为大卫王的后裔作为救世的“弥赛亚”（基督）。但这位上帝之子将被处死，三天后将复活。耶稣认为自己就是这预言的基督。为此，他不顾危险，到耶路撒冷圣殿公开传道，以为上述预言作见证。他与大祭司、法利赛人公开论辩，使成千上万的人追随于他。祭司贵族和法利赛人感到恐慌，以耶稣聚众滋事、危害社会治安、僭称为“犹太人之王”等罪名，强迫罗马总督彼拉多判他死罪，钉死在十字架上。但三天后，耶稣果如其所预言的那样，复活升天，并向其门徒现身说法。从此，他的门徒深信耶稣就是犹太人世代期待的救世主、弥赛亚，即基督。他们继续在各地宣扬他的教诲和上帝的福音，并应用耶稣赋予他们的超自然异能，施行奇迹，赶鬼治病，接纳新的信仰者，形成了初期的基督教和基督教会。

福音书上的这些记载，后来不断受到历史学家的质疑和启蒙思想家的批判。启蒙思想家从科学和理性哲学立场出发，从根本上否定耶稣所行的那些超自然神迹的任何可能性，由此进一步否认耶稣其人其事和新约圣经记载的真实性。历史学家通过对新约圣经的历史考证发现它的记载有许多可疑之处和不少自相矛盾的说法。各福音书对耶稣身世的叙述互不一致，《马太福音》开列了从大卫王到约瑟的家谱世系为 26 代，而《路加福音》却列出了 41 代。两个家谱列出的名字绝大多数均不同名。耶稣的生年各福音书所记亦不相同。如按《路加福音》所记，耶稣应生于公元 6—7 年；而按《马太福音》所记推算，则应生于公元前 4 年。《马可福音》、《约翰福音》未提耶稣的诞生，而《马太福音》和《约翰福音》则未讲他的升天。历史学家还指出，耶稣的事迹在福音书中虽然被写得天花乱坠、引人入胜，可同时代和稍晚时的历史不知为什么却似乎闻所未闻，鲜有记叙者。塞涅卡、普罗塔克、斐洛、老普林尼的著作中均未提到基督教和耶稣之名。小普林尼、塔西陀等人的著作只记有“基督教”、“基督徒”，并说到其祖师基督，但并未提及耶稣其人。根据上述这些历史的考证与分析，不少学者对历史上是否真有耶稣其人持怀疑以至否定的态度。

这些质疑当然是有道理的，但也不是最后的结论。福音书上描述的那个到处施行超自然奇迹的耶稣无疑是不可能有的。但是，像早期基督教那样一种轰轰烈烈的社会运动却是无可怀疑的历史事实。要掀起这样一场运动，没有一个或一些像马克斯·韦伯所说的具有克里斯玛气质的宗教领袖，也是不可能的。这个宗教运动的领袖可能不一定就是耶稣，但他却是“耶稣式”的人物。尽管福音书对他作了过度夸张的描写和神奇的附会，但那个“耶稣式”的人物所具有的克里斯玛魅力以及他所宣扬的社会理想和宗教观念却留在他的信仰者之中。我们可以否认佛陀本生本行经所神化的那个佛陀的历史真实性，但却不能因此而否认释迦牟尼和他所领导的佛教运动；同样道理，我们可以否认福音书描写的那个到处施行神迹的上帝之子耶稣的历史真实性，但却不能否认基督教运动和“耶稣式”宗教先知的存在。

就福音书描述的耶稣故事本身看，这个耶稣并没有说他要创立一种不同于传统犹太教的新宗教，但是，他确实曾反复谴责撒都该派和法利赛派，宣传了某些不同于传统律法主义的新的宗教观念。他发挥了反映下层民众要求的艾赛尼派的宗教思想，由此发展而形成为基督教。

基督教的形成和发　展

构成基督教得以产生的本质因素，当然是福音书中那个耶稣在传道过程中宣讲的宗教教诲和渗透于其中的宗教观念，但这些教诲和观念并没有多少高深的神学理论，内容很是简单。他仍然信仰作为犹太人传统信仰对象的那个上帝，但他对这个上帝的神性赋予了自己的理解；他也仍然尊奉犹太律法，但却对法利赛律法师把遵从律法变为形式主义、教条主义采取了严厉批判的态度。耶稣宗教思想的最大特点，是他认为上帝是父亲而邻人是兄弟。在此思想基础上，他更加强调上帝对人类的爱和人对上帝的爱，以及人与人之间的兄弟之爱，因此，他把“爱上帝”和“爱人如己”说成是律法的总纲：

> 你要尽心、尽性、尽意，爱主你的上帝，这是诫命中的第一，且是最大的。其次也相仿，就是要爱人如己。这两条诫命是律法和先知一切道理的总纲。（《马太福音》第22章第37—40节）

为了爱上帝，财产可以抛弃；为了爱人，财产可以共享。只要是爱上帝和爱人如己，人的行为即使形式上有违于律法的规定，那也符合于律法的总纲或实质；反过来说，如果人的行为不是出于爱上帝和爱邻人，即使形式上符合于律法的规定，那也违背了律法的本质。福音书里记载了一则非常典型的实例：传统的律法主义把摩西诫命中关于“当守安息日为圣日”

的规定当成僵死的教条，要求犹太人严守安息日，连治病救人之类善事当天也不许做，否则就是有罪。耶稣对此进行了公开的批判。“耶稣说，你们当中谁有一只羊当安息日掉在坑里不把它抓上来呢？人比羊何等贵重呢！所以在安息日做善事是可以的”。（《马太福音》第12章第11节）他还说：“我喜爱怜恤，不喜爱祭祀。你们若明白这句话的意思就不将无罪的当做有罪的了。”（同上，第7节）在耶稣心中，怜恤重于祭祀，爱人胜于律法。他是想把对传统律法的形式上的遵从放在基于仁爱之心的道德原则之上，把对传统律法的被动性遵从变为一种主动承担的道德义务和道德责任。对于法利赛律法师所坚持的只强调外在形式的律法主义，这显然是一种具有反传统的新宗教思想。缺乏爱心的传统律法主义并未给苦难的犹太人带来拯救，只会引起人们的反感。在这种情况下，耶稣关于“爱上帝，爱人如己”的呼吁对人们无疑具有很大的吸引力。福音书中的耶稣还以自己的一系列治病救人、救苦救难的实际行动树立了一个“爱人如己”的典型形象，增加了耶稣宗教教诲的吸引力。即使我们否认耶稣其人和所行奇迹的历史真实性，但流传于当时社会中的诸如此类神话传说，仍然具有上述所说的宗教观念。神迹传说只会增加而不会削弱信众对它的兴趣。

耶稣关于“天国近了”，悔罪得救的宣传也迎合了犹太人盼望已久的在上帝派来的救世主的帮助下摆脱苦难、建立千年王国的希望。他的门徒和信众相信他就是基督、弥赛亚，即使在他遇难后，也相信他三天后复活升天，不久之后将面临此世，建立千年王国。这些观念和信仰，与释迦牟尼的佛教思想比起来，显得非常简单，几乎说不上什么神学理论。但它对当时切盼上帝派来救世主的犹太人说来，却富有吸引力，拨动了他们的宗教心弦，燃起了新的宗教热情，为基督教的诞生提供了最基本的观念和思想，形成了此后基督教的基本教义和系统的神学理论（如上帝观、基督观、天国思想……）。当然，后来发展而出的上述神学理论又都接受了希腊哲学的包装。

耶稣生前即已有一批忠实追随他的门徒（十二使徒）和信仰者，耶稣死后，他们建立起了基督教社团组织，而且采用了“教会”这个名称，以区别那些承认耶稣为弥赛亚的会众与那些不承认这一点的犹太人。耶路撒冷的基督教会组织发展很快，以使徒彼得为首，约翰次之，整个使徒与会众结为一体。

既有教会组织，就会出现一套宗教生活制度和仪式规范。初期基督教会仍未完全摆脱犹太教的传统。他们仍遵守犹太教的传统教规，到犹太教的圣殿和会堂参加仪式活动。但同时他们在这些仪式活动中引进了新的宗教内容。他们在宗教观念上深信耶稣是弥赛亚，他很快就要回来拯救他们；但要得救必须悔罪，不仅悔改自己的罪，而且要悔改犹太人不承认耶稣是弥赛亚这一全民族的罪。因此之故，基督教产生了自己的特殊仪式。即皈信者为表示效忠基督和悔改自己的罪，接受“洗礼”，即奉基督之名受洗，作为悔去罪恶，开始新关系的象征，然后就会得到圣灵，作为上帝认可的印记。早期基督教会还形成了一种最具特色的“掰饼”或“圣餐”仪式，入教者要将自己的财产交给教会充作公用，大家过一种财产共济、互通有无的生活。教徒定期聚会，自带食品共同会餐，称为“爱筵”，后来由此发展为每周一次的重要仪式——“圣餐”：掰开分吃象征耶稣已身之饼，喝一点象征耶稣之血的酒。这种财产共享的宗教生活，以及洗礼、圣餐之类宗教仪式加强了基督徒的认同感和凝聚力，它们使早期基督教具有鲜明区别于犹太教的特色。但与此同时，这些特色也招致并强化了后者对基督教的反对。法利赛犹太人反对基督教会宣传耶稣就是弥赛亚，认为基督教的这种宗教观念和宗教仪式导致了对犹太教传统观念和仪式的不尊重。矛盾的激化引起暴力，法利赛犹太人用乱石打死了基督徒司提反。他成了基督教的第一位殉道者。暴力压制基督教会的直接后果就是迫使耶路撒冷教会向其他地区分散。所有使徒都四出传教，将基督教种子散播到犹太全境和外邦犹太人之中（如撒玛利亚、该撒利亚、大马士革、安提阿、塞浦路斯岛等地）。非犹太人（希腊人、罗马人）也逐渐接受基督教信仰。

外邦人皈信基督教之后必然出现皈依者和犹太律法的关系问题。犹太基督徒一般认为应接受古代以色列律法，但外邦人自然而然地倾向于不同意接受这种束缚。这种争论关系到基督教能否超出犹太教传统成为世界性宗教的大问题。如果教会将犹太传统律法强加给外邦信徒，则基督教只不过是犹太教内部的一个新宗派；如果外邦信徒可以不接受犹太律法，则基督教就有可能为更多的非犹太人所接受，发展为超出犹太人局限性的世界性宗教。使徒保罗的活动使基督教的后一种发展趋向成为现实。保罗虽生长在一个严格的犹太人家庭，但却接受许多希腊化思想的影响。在他由于某种灵感确信耶稣是弥赛亚而且死后复活之后皈信了基督教。在他心中，既然耶稣是弥赛亚，又因是为反对法利赛人对律法的解释而受死，那么，律法将因上帝的干预而废除。后来，保罗历经危难在外邦各地传道。当时，外邦基督教会中在是否遵守传统律法问题（如是否接受割礼？守律法的犹太人与不守律法的外邦人是否可同席用餐？……）有激烈的争论。保罗支持外邦人在律法上的自由解释。他写下了著名的保罗书信，阐述了他一系列宗教观念，也说明基督徒不应再受犹太律法的束缚。保罗书信事实上成了使基督教走向普世化的宣言，得到外邦基督徒的普遍欢迎。甚至使徒彼得、雅各和约翰等也承认保罗在外邦人中所传的道符合基督教精神。保罗书信中的不少神学思想与福音书所记载的耶稣并不完全一致，但他对基督的热诚以及深厚的宗教感情却使他比早期门徒更深刻地理解基督的思想。如果没有保罗的宗教活动以及他那具有普世性的基督教观念，基督教就很难摆脱犹太教传统的束缚，在当时的世界性帝国罗马全境得到发展。保罗书信后来成了《新约圣经》的一部分。

基督教不仅在耶路撒冷受到犹太教传统的敌视，而且在进入罗马世界之后（公元1—4世纪）也不断受到官方操纵的大规模迫害。但基督教由于适应了社会的需要，得到了越来越大的发展。甚至一大批有权有势者和富人也参加到基督徒的行列，并且逐步控制了教会的领导权。他们重新解释了原始基督教中那些敌视当权者和有钱人的早期观念，以适应罗马统治者的利益。帝国统治者也认识到，对于基督教这样一支巨大的社会力量，与其采用不可能实现的暴力消灭政策，不如转而操纵以为己用。公元313年，罗马东部皇帝君士坦丁和西部皇帝李锡尼在米兰联合发表“宽容敕令”（史称“米兰敕令”），宣布所有宗教同享自由，不受歧视。从此基督教成为官方认可的合法宗教。君士坦丁战胜李锡尼后，更进一步扶植利用基督教，并于公元325年召集基督教“普世主教大会”、确定了基督教的正统教义。公元392年，狄奥多西一世以罗马帝国名义正式宣布基督教为国教。从此，基督教成了与统治阶级结为一体的统治性宗教。从东、西罗马帝国到中世纪欧洲各国以至资本主义时代的西方世界，基督教始终占据万流归宗的统治地位，一方面是超国家的普世性宗教；另一方面又是基督教世界各国的国家宗教。直到近代，在一些资产阶级民主革命进行得比较彻底的国家里，宗教与政治才逐渐分离，不再是国教。但即使在那些国家里，基督教的意识形态仍处于至高无上的地位。只是在基督教从西方世界走向全世界的情况下，由于面临非基督教的传统宗教的影响，才不可能在这些国家里如愿以偿地实现它在西方世界里千余年来的国教统治。尽管基督教一直为此奋争，而且现在仍未放弃这种努力。

随着基督教一往无前地胜利发展，它的内部，围绕着教义、教仪，教会统治权和世俗利益也在不断进行复杂而又尖锐的斗争，不仅不断出现教派的分裂，甚至继之以大规模的、长期的残酷暴力和血腥战争。详细叙述这些，是基督教史的任务。我们于此直接讨论本书的主旨：基督教如何走向世界，成为当代世界首屈一指的世界宗教。

基督教的世界化进程

基督教的世界化有一个长期发展过程。按照何光沪博士的概括，整个历程可分为三个阶段：

第一阶段是从作为犹太教内部一个具有某些反传统律法主义的小宗派逐渐打破民族樊篱而走向罗马帝国。罗马帝国在当时是一个统治地中海沿岸许多民族国家的世界性大帝国，当这个帝国为了维护帝国统一的需要而在宗教信仰上定于一尊，奉基督教为国教的时候，基督教也就逐渐成了帝国之内许多民族共同信仰的宗教，成了超民族、超国家的世界性宗教。

第二阶段是从地中海沿岸的古代文明世界走向整个欧洲，成为中世纪欧洲各民族和国家共同信仰的世界性宗教。早在公元3—4 世纪罗马帝国时期，阿里乌派基督教已开始渗入日耳曼贵族哥特人之中形成人数不多的基督徒团体，并曾把《圣经》（至少是《新约》福音）译为哥特语。公元 5 世纪，日耳曼贵族入侵罗马帝国，在罗马帝国废墟上建立起封建化的国家。为了适应他们统治下的民众和社会，贵族统治者及其部落（法兰克人、西哥特人、东哥特人、汪达尔人、勃艮第人、伦巴第人等）先后皈信了罗马公教会的基督教。由于皈依基督教，贵族统治者不仅赢得了罗马帝国民众的好感，而且得到罗马教会主教们的支持（一些原先信奉阿里乌派基督教的日耳曼各部族在公元 6—7 世纪时先后放弃阿里乌主义而皈依罗马公教会）。基督教会与日耳曼君主互相利用。君主们利用基督教来维持君权统治，教会则利用君权加强宗教神权的权威。公元 445 年，罗马教皇利奥一世通过西部皇帝瓦伦蒂尼恩三世正式颁布敕令，用法令形式规定所有人都得服从罗马主教，从而使罗马教会登上了帝国内至高无上的神圣地位（尽管这导致君士坦丁教会主教阿卡西乌和东罗马皇帝的反对而引起东西教会的分裂）。罗马教皇吉莱西厄斯（在位期：492—496 年）甚至致信东罗马皇帝公然宣称："统治这个世界的主要有两大权威：教皇神圣的权威和君主的权威。其中，祭司的权威远较王权伟大，因为在末日审判时，即令人间贵为君主者，他们的行为也得由祭司向上帝交代。"①与基督教世界化进程的第一阶段情况相比，欧洲中世纪的基督教不仅走向更广大的世界，而且取得了更强大的权威。

第三阶段是从欧洲和地中海沿岸地区（包括西亚、北非的部分地区）走向全世界各大洲。这个进程是与近代西欧资本主义向全世界扩张的过程相一致的。西欧资本主义是从 14、15 世纪发展起来的，随着所谓的"地理大发现"，西方资产阶级随即向他们新发现的地区进行殖民扩张。在这个过程中，他们利用了基督教，把基督教说成全人类的共同精神，把世界其他民族的传统信仰视为"异教"。他们力图用"基督教文明"去取代"异教文明"。基督教会的传教士跟随在资本主义殖民者和侵略大军的队伍之中，在坚船利炮轰开了其他国家的大门之后，踏进了其他"异教"民族的国土，把基督教传布到世界各地。

第五节 伊斯兰教的形成与世界化*

伊斯兰教产生的社会历史条件

伊斯兰教与佛教、基督教并称三大世界性宗教，公元 7 世纪时产生于阿拉伯半岛，迄今已有 1300 年的历史。据 1985 年的统计，全世界信仰伊斯兰教的穆斯林共有几亿人之众，信徒遍及全球各洲，但在西亚、北非、中亚、南亚和东南亚最为盛行，有三十多个国家至今仍定为国教。

伊斯兰教的创教者穆罕默德从其创教时就以信仰唯一真神——安拉作为新宗教的核心内容，与当时阿拉伯民族传统的多神信仰形成鲜明的对立。这种反传统的新宗教能出现于当时的阿拉伯世界，并在很短的时间内壮大与发展，取传统宗教信仰而代之，成为统一阿拉伯部落民唯一的、至

① 威利斯顿·沃尔克：《基督教会史》，第 156 页。

* 本书这一节参考了周燮藩先生有关伊斯兰教兴起的一些论著（如《伊斯兰教史》第一、二章和宛耀宾先生的《伊斯兰教》一文，载于《中国伊斯兰教百科全书》）。

高无上的宗教，实在是世界宗教史和世界政治史上的一大奇迹。我国伊斯兰教学者几乎一致认为，伊斯兰教的兴起不仅是一种波澜壮阔的宗教运动，而且是一种具有深刻社会意义的政治运动，是当时阿拉伯半岛社会经济、政治和宗教发展的历史产物。

阿拉伯人的祖先是古代闪米特人，阿拉伯半岛各地区都有闪族部落民的足迹。他们中的一部分逐渐定居于绿洲地区从事务农或经商以外，大部分部落民则逐水草而居，游牧于荒漠草原之上，过着游牧经济的生活。游牧经济的特点决定了游牧民的社会组织的形式和性质。由于食物匮乏，居无定所，游牧民群体的规模不可能很大。一般情况是有着共同血缘关系的十余个以帐篷为家的家庭组成一个氏族群体，同一地区的若干氏族游牧群又结成为一个部落。这种以血缘为纽带而结成的氏族—部落组织既是基本的社会组织，又是防御敌对部落侵犯的军事组织，这种小规模的游牧群因此而被称为“贝都因人”（Bedouins）（意为“荒原上的游牧民”）。他们的社会形态尚处于原始的氏族阶段。在贝都因社会中，氏族部落成员的地位平等，公共事物经由民主推选的长老或首领（谢赫）负责。世代相传的传统（逊奈）是维系人们关系的基本规范。如有违犯就将受到氏族和部落的惩处。氏族和部落则负责保护其成员的生存和权利，如其受到外人伤害，则为之进行集体报复。在氏族部落社会中，社会集体是个人生存的条件。这就养成了贝都因人的氏族感情，把维护氏族部落的利益视为个人无上的荣誉，对传统规范（逊奈）的忠诚遵守成了个人的道德义务。当然，氏族部落的传统和利益只对内部成员才是共同的。不同的氏族部落必然各有其自身的利益和传统。因此，一个氏族部落的利益和传统既是内部认同的凝结剂，同时又是不同氏族部落之间互相排斥以至互相敌对的契机，氏族部落之外的“外人”常常就是“敌人”。不同部落的贝都因人常常为争夺水草和牲畜而互相劫掠，劫掠的结果必然导致对方的集体报复。由于血亲复仇原则乃是贝都因社会的神圣义务，于是便酿成部落之间的世代仇杀。

公元 6 世纪末至 7 世纪，阿拉伯半岛社会发展到一个新的阶段。学者们一般认为当时已进入原始氏族部落解体、阶级社会形成的变革时期。引起这种社会变化的原因是多方面的，主要有两个方面。一是长期的部落仇杀和掠夺争战，不仅削弱了彼此的力量，而且使各部落民没有安全感。特别是实力较弱的中小部落更是为自身的安全难保而惶惶不安。它们只能想方设法投靠实力强大的部落的势力范围求取庇护，这种情况的出现和发展，就造成了原有的氏族制社会逐渐解体，推动血缘性氏族部落向地缘性部落联盟发展。而部落联盟之间的实力消长，又进一步促使它们走向更大规模的联合。部落联盟的形成与扩大，必然造成社会成员地位的变化，氏族制社会的平等关系逐渐瓦解，部落联盟首领随着权力的扩大而形成享有社会特权的贵族。社会走向阶级分化。还有一个重要的社会原因是商业经济的发展造成了食利者阶级和商业贵族阶级。阿拉伯半岛是欧、亚、非三洲交界之地。红海沿岸的希贾兹（汉志）地区，自古即是东西方贸易通商的必经之地，濒临红海的麦加绿洲，更是商道的重要枢纽。定居于麦加的古莱什部落独享地利之便，从经商中大获其利。部落中的贵族更利用其传统特权垄断麦加的商业贸易，形成商业贵族，而广大城镇居民则相对贫困化甚至破产，成为负债人。经济地位的不同造成了阶级分化，引起阶级间的矛盾和冲突。在商道畅通，贸易发达的时候，不仅商业贵族财运亨通，一般平民也能维持生计，社会矛盾自然易于缓和；但如经济情况发生较大变化，暂时平衡就会打破，加剧阶级矛盾。6 世纪末，这种情况就出现了。波斯帝国侵占了阿拉伯半岛南部之后，为垄断东西方贸易，便断绝了原来通过红海两岸经麦加而到达叙利亚和欧洲的商路，使商人只能经由波斯湾和两河流域而到达西方。这样一来，麦加、麦地那一带的商业贸易经济必然衰败，这就加剧了本已存在的社会冲突和社会危机。富人会加强对贫者的压榨，部落之间会更加频繁地进行争夺土地和牲畜的劫掠与仇杀。这就是在穆罕默德创建伊斯兰教之前几十年间，出现于阿拉伯半岛（特别是红海沿岸麦加、麦地那一带）的基本社会情况。唯一可行的解决途径就是想办法实行阿拉伯贝都因部落之间的联合，结束彼此间的长期劫掠，用统一的力量驱逐外族的统治，恢复昔日的繁荣。穆罕默德发动的伊斯兰教运动实际上就是这种社会要求的反映。它先用一神信仰的宗教形式去结束彼此排斥的氏族—部落的原始多神教，统一阿拉伯民族的宗教信仰，逐渐培育起了统一的民族感情和民族意识，同时在伊斯兰教的宗教信仰中灌注新的社会、政治、经济和伦理的内容，把宗教运动变成一场统一阿拉伯社会的社会政治运动。

阿拉伯宗教信仰的发展也为以一神信仰为核心内容的伊斯兰教的产生准备了可能的条件。在氏族部落社会，各氏族部落都有自己崇奉的神灵和相应的禁忌规定和献祭仪式。神灵通常以某种有形的自然物为其象征。如一块石头、一棵树或某处岩洞和井泉。部落民通常通过献祭仪式和分享牺牲的“圣餐”仪式，象征性地建立并保持部落与所奉神灵的血缘关系。随着氏族部落之间的联系和联合，不同的部落也出现共同崇拜的神灵和共同朝拜的宗教活动中心（圣地）。到6世纪时，出现了超越氏族部落局限的地区神灵。其中最受崇拜的有被称为“安拉女儿”的三女神：拉特、欧萨和默那。拉特（本义是女神）的祭坛是一块方形的白石，位于塔伊夫附近的瓦吉谷地。麦加人和其他地区的人都到那里去朝拜和献祭，塔伊夫人把她奉为“女主宰”。欧萨（大能者）的祭坛在麦加东面奈赫莱的加卜山洞之前，其象征物为三棵阿拉伯胶树，其中一棵是欧萨树。希贾兹有许多部落向她献祭。但她在麦加最受尊崇。据说，穆罕默德年轻时向她献过祭。默那（命运）是主管时间和命运女神，据说她掌管剪断生命之绳的剪刀，她的祭坛为一块黑石，位于麦加与麦地那之间。她被认为是古老的神，是阿拉伯人的家神。这些神灵受到众多部落民的崇奉和朝拜，说明血缘性氏族部落宗教正在向地缘性民族宗教演变。

有了共同的神灵，神灵的象征物所在地自然就会发展为信奉者共同朝拜和献祭的“圣地”，麦加的克尔白是阿拉伯部落民心中最为重要和神圣的崇拜中心。克尔白神殿本是一座简单的立方体建筑，在那里供奉有360多尊各氏族部落的神灵偶像和被作为祭坛的神圣物。贝都因人在集市交易之后和特定节日之际都要前往克尔白向其献祭和祈祷。克尔白墙上嵌着一块黑色的陨石，阿拉伯各部落民都视之为神物，成了他们共同崇拜的神灵象征物。各部落民来此朝拜者都要争相接近它，用手抚摩它或亲吻它。正因为如此，这块神圣的黑石头成了寄托整个阿拉伯部落民民族宗教感情的共同象征物。这是阿拉伯人从民族部落宗教逐步走向统一的民族宗教的初步表现。在这种漫长的发展过程中，犹太教和基督教的教义和神话在阿拉伯一些地区的流传也起到了催生阿拉伯一神观念的催化作用。在伊斯兰教产生之前，半岛上已经出现了一种由“哈尼夫”教派发动的宗教活动。哈尼夫（Hanif，真诚者）声称追随“易卜拉欣的宗教”，主张抛弃传统的偶像崇拜，承认和信仰唯一的神，相信天命、复活、惩罚和报应等基督教式的观念和教义。在宗教行为方面，他们提倡苦行和隐修，过着禁欲的生活。从哈尼夫的宗教观念和修道行为看，他们明显接受了犹太教和基督教的一神观念和宗教教义的影响，企图按此模式来改革阿拉伯的传统宗教。哈尼夫教派不是伊斯兰教，其中一些人在伊斯兰教创教时期甚至还曾激烈反对过，但他们的宗教思想反映了阿拉伯人从传统部落社会多神教走向某种一神教的趋势。穆罕默德创建伊斯兰教时无疑接受了他们的影响。如果离开阿拉伯宗教上述这一系列的演变和发展，如果没有哈尼夫教派的影响，穆罕默德开创一神信仰的伊斯兰教是不可能的。

穆罕默德和伊斯兰教的形成

伊斯兰教的创建者穆罕默德是一个真实的历史人物。他的祖先本是麦加古莱什部落的哈希姆贵族，但因早年父母双亡，家道衰落，无力就学而沦落到为人放牧。12 岁后，随人外出经商，因此而广泛接触社会，不仅积累了经商经验，而且也学到了丰富的社会知识和人生体验。特别是在此过程中结识到基督教教士和犹太教徒，从他们那里受到基督教和犹太教教义的启发，使他有可能摆脱传统宗教观念的束缚，进行新的宗教探索。25 岁时，他与富孀赫蒂彻结婚，生活条件大为改善，可以不再为衣食奔走，有闲暇时间进行社会问题和宗教问题的思考。伊斯兰教研究者推测，他这段时间可能结识了一些麦加的哈尼夫（如赫蒂彻的堂兄韦赖盖和宰德·本·阿慕尔），使他逐渐形成一神教观念。他经常到麦加山的希拉山洞中静坐隐修，沉思冥想，日以继夜。在这种精神状态下，当然容易产生某种宗教体验。

据说在公元 610 年的一天夜晚，他在希拉山洞静修中已达精神恍惚之际，突然体验到天使吉哲布勒伊来向他传达真主给他的“启示”，要他蒙召受命成为传达真主的先知。《古兰经》第 53 章第 1—11 节对此有一段描写：“以没落时的星宿盟誓，你们的朋友既不迷误，又未迷信，也未随私欲而言。这只是他所受的启示。他在东方的高处，然后他渐渐接近而降低，他相距两张弓的长度，或更近一些，他把他所应启示的启示他的仆人，他的心没有否认他所见的。”据说以后他又不断遭遇这种体验，接到圣灵降示的启示。穆罕默德确信他的主观体验的真实性，开始了此后历时 23 年的传道创教活动。最初是在麦加进行秘密传教，有一些亲友成了他最早的信徒。公元 612 年转为公开传道。早期传道的主要内容当然要宣称安拉是唯一真神，是万物的创造者和主宰者，人们应抛弃多神信仰和偶像崇拜，信仰独一无二的真主安拉。但他对此似乎并无过多的强调，更多的是宣传死者复活和末日审判的教义，宣称真主将在末日审判时对个人生前的道德行为进行清算，信道而又行善者将受到奖赏进入天国，而不信道的罪人则将受到惩罚，打入火狱。在这种奖善罚恶的宣教中贯穿了穆罕默德对社会问题和道德问题的思考。他宣示的早期经文谴责那些不顾氏族义务，排斥亲邻贫人，欺凌孤儿弱者，侵吞别人财产，高利盘剥，唯利是图的社会罪恶，认为对财富的追逐是造成社会罪恶和道德沦丧的原因，教诲人们从信赖财富转为信赖造物主，从追求今生的荣华转向追求来世的永福。在斥责这些社会罪恶的同时，他提出凡穆斯林不分氏族部落，皆为兄弟，应消除过去的血亲仇杀；他还主张禁止高利贷，行善施舍，赈孤救贫，释放奴隶。穆罕默德的这些教义宣传和社会主张在许多人，特别是社会下层群众的心里引起强烈的共鸣，许多人皈信伊斯兰教。但是，这样一来，穆罕默德也因此而树立了自己的敌人。这是因为他宣传的这一套教义直接反对了氏族部落传统的多神信仰，动摇了它们的传统地位。同时，如果穆罕默德的伊斯兰一神教在麦加得势，那么各地贝都因部落就将不会定期到麦加来朝拜克尔白部落神灵的圣物和偶像，进行集市贸易。这明显地触犯了麦加古莱什贵族和商人的经济利益及他们控制克尔白神殿的宗教特权。于是，他们对穆罕默德的创教活动表示日益强烈的反对，对穆罕默德及其追随者的迫害日甚一日，迫使他们无法在麦加继续活动和生存下去。一些皈信者开始逃走他乡。

公元622年穆罕默德带领他的穆斯林信徒分批逃离麦加，迁居麦地那。麦地那地区各部落为争夺土地和财物长期争战仇杀，人们自然会产生和解的愿望。穆罕默德的伊斯兰教一神教义恰好适应了这种社会需要。他关于安拉为独立真神以及末日审判的说教，吸引了大批麦地那人的信仰，相信只有皈信安拉及其使者，才能结束现世的纷争，顺利通过末日审判而得以摆脱火狱的惩罚，得到来世的福报。他对追逐财富的谴责和对乐善好施之类道德正义的强调，也打动了麦地那人，麦地那人把穆罕默德及其宗教看成可以结束世代仇杀，带来和平和正义的希望。在这种情况下，纷纷皈信了伊斯兰教。穆氏还在他的伊斯兰教队伍内进行了一系列政治、经济和宗教方面的改革，在统一的伊斯兰教信仰的基础上建立了一个完全打破旧有的氏族界限的新颖的“社团”（乌玛）。并与各个氏族集团订立了“麦地那社会章程”（麦地那宪章）。这个章程宣布，他们是区别于（其他）族人的一个统一的社团，由“古莱氏和雅斯里布的信士和穆斯林，以及那些服从和依附他们并与他们共同作战的人”所组成，包括麦地那的犹太人和异教徒。所以，开始它是一个由不同血缘和信仰的全体居民组成的地域性组织，其目的在于实现麦地那地区各不同氏族，不同信仰的人们之间和平共处，实现麦地那的统一。麦地那地区统一之后，乌玛成了超越部落关系之上的公共组织，伊斯兰的共同信仰取代了部落血缘关系，乌玛成了事实上的政教合一的政权。名义上，安拉是宗教首领，其至高无上的权威则通过穆罕默德发布的“启示”体现出来，由他来决定社会决策，仲裁社会争端。穆罕默德成了麦地那宗教、政治、司法以至军事上的真正领袖。在此期间，穆罕默德以真主安拉“启示”的名义为麦地那乌玛社团制定了民事、刑事、商事、司法等方面的教法制度；而且完成了伊斯兰教教义体系和礼仪制度的建设。他确定了以信奉独一安拉为核心的五大信仰纲领；规定了穆斯林必须遵守奉行五大功课，把崇拜真主安拉的行为规范化为伊斯兰的宗教礼仪制度，确立了以惩恶扬善为目标的社会道德准则和行为规范；特别是他还在共同信仰基础上组织起了一支颇具战斗力的穆斯林军队。在初步实现了这一系列社会改革和宗教建设的基础上，穆罕默德率领他的伊斯兰武装与麦加贵族展开了争夺麦加的战争。经过几次战役之后，穆罕默德的伊斯兰军队终于取得了军事上的决定性胜利。

公元 630 年，麦加贵族在伊斯兰军队威逼之下，与穆罕默德签订城下之盟，投降穆罕默德，承认穆罕默德的先知地位，麦加全城居民宣告皈信伊斯兰教。穆氏则下令捣毁克尔白神殿内的所有的多神偶像（黑石作为圣物得到保留），克尔白庙改为清真寺，成为全世界穆斯林的朝觐中心。麦加的多神信仰是整个阿拉伯半岛部落宗教的朝拜中心，它的失败和皈信伊斯兰教，自然地就成了传统信仰失败和新宗教胜利的象征。公元 631 年末，阿拉伯半岛各部落继麦加之后，先后皈依信伊斯兰教，不仅初步实现了阿拉伯社会的宗教统一，也基本实现了政治上的统一。公元 632 年 3 月，穆罕默德率 10 万穆斯林到麦加朝觐，在仪典上发表著名的“辞朝演说”，以安拉启示的名义说：“我已选择伊斯兰作你们的宗教。”伊斯兰教称这是安拉通过穆罕默德所发的最后一道“启示”，它宣布了伊斯兰教的胜利。是年 6 月 8 日，穆罕默德在麦地那病逝。如果我们把公元 610 年穆氏自称第一次接受安拉“启示”作为伊斯兰教创教之始，到公元 632 年他发布最后一道“启示”作为创教成功之日，其间不过 23 年时光，这在历史上不过只是短暂的瞬间。而穆罕默德却在如此短暂的时间取得了如此非凡的成功，不仅为阿拉伯半岛建立了一个新的统一的宗教，而且把半岛从部落社会发展为一个统一的政教合一的国家。参诸世界各民族的政治史和宗教史，很难找出这样的先例。我们不能不承认，创造这个历史奇迹的人是一位伟大的人物。

但是，伊斯兰教在全世界的胜利发展并未随着穆氏的逝去而终结，而是方兴未艾，以一日千里的速度向全世界其他地区挺进。

伊斯兰教的教义和礼仪制度

伊斯兰教和其他各种宗教一样，有一套由基本宗教观念发展而出的教义体系，以及由此出发，外在化为相应的崇拜行为，规范化为伊斯兰教的礼仪和制度。

伊斯兰教的基本观念和教义集中体现在《古兰经》和记录穆罕默德言行的《圣训》之中。《古兰经》是伊斯兰教最神圣的经典。穆斯林认为，它是真主安拉在穆罕默德23年创教过程中陆续降示的启示。“古兰”一词的本义是“诵读”。因此，所谓《古兰经》，意即它是汇集穆罕默德所传安拉启示而成的一部“诵读的经典”。《古兰经》的阿拉伯文字是安拉的话语，源自保存在第七层天上的“天经原本”。① 据说穆氏是个文盲，伊斯兰神学家们据此论证说，如果《古兰经》的文句不是安拉的启示，一个文盲是不可能说出如此优美而且睿智的话语来的。但是，研究《古兰经》的学者却证明，尽管穆氏确是以启示之名发布他的宗教教义，但弟子的记载却不仅零碎分散，所记常各有不同，且后降启示经文与前所降更常冲突；后三任哈里发费了很大力气才收集整理，在文字和意义上都进行了加工、统一、订正，同时销毁了各地所传的不同版本，最后才形成流传至今的定本。经过这些周折，《古兰经》的文句究竟能在多大程度上还保留穆氏启示的“天经原本”呢！对于穆斯林来说，《古兰经》作为安拉的神圣启示是不容怀疑的。它是教义的基础，信仰的源泉，道德行为的准绳，伊斯兰教的立法原则。根据哈里发奥斯曼时编定的《古兰经》，共有30卷114章6200余节。在麦加时期降示者称为“麦加章”计有86章。主要内容是穆罕默德创教时提出的教义和信条。穆氏迁徙麦地那后降示的经文称为“麦地那章”计为28章，其主要内容是他这时作为宗教先知和政治领袖，为解决当时面临的社会政治问题而以安拉名义宣布的社会立法和教法制度。经文制定了有关信仰、礼拜、斋戒、朝觐等礼仪制度、各种宗教禁忌规定、宗教义务和社会道德行为规范，等等。伊斯兰教义学家把

---

① 《古兰经》第43章第2—4节：“以明白的经典盟誓，我确以此为阿拉伯文的《古兰经》，以便你们了解。在我那里的天经原本中，它确是高尚的，确是睿智的。”

这些分为三个基本部分：宗教信仰、宗教行为和善行。实际上也就是本书所主张的宗教四要素。

伊斯兰教宗教观念被教义化、信条化为五种信仰，即“五信”：

（一）信安拉。这是伊斯兰教最基本的宗教观念和宗教信条。认为安拉是宇宙独一的真主：“万物非主，唯有真主。”按《古兰经》第 112 章的说法，“他是真主，是独一的主。真主是万物所仰赖的，他没有生产，也没有被生产，没有任何物可以做他的匹敌。”

（二）信使者。相信穆罕默德是安拉的使者和先知。安拉曾在不同时期派遣不同的使者和先知向人间传道，最重要的有亚当、挪亚、亚伯拉罕、摩西和耶稣。穆罕默德则是安拉所派的一个最后（“封印”）使者和先知。

（三）信经典。相信安拉曾给不同民族降示过 104 部经典。《古兰经》中只提到四部：《讨拉特》、《则逋尔》、《引支勒》和《古兰经》。《古兰经》是安拉最后的启示，它证实以前的经典，并澄清了过去经典在流传中的讹误和窜改。因此，《古兰经》是最完整、最可靠也是最神圣的经典，是“原本天经”的复制品。

（四）信天使。天使是安拉以“光”创造的精灵和妙体，其职司是充当安拉的仆役，传达和执行他的旨意和命令。天使数目颇多，职责各有所同。最重要的天使有四，即传达天启的哲布勒伊来，观察宇宙的米卡伊来，末日审判时吹号的伊斯拉菲来，专司死亡的阿兹拉伊来。其中哲布勒伊来的品级最高。

（五）信后世。今世是暂时的，后世才是人的归宿。世界终有一天毁灭，那就是世界末日。那时，每个死去的人都要复活，他一生的信仰和行为，善行和恶行都将受到最后的审判。安拉将对之进行裁判以行赏罚，善者进入天园，恶者罚入火狱。至于在圣战中的殉教者则可不必等待审判日而立即升入福乐的天园。

除上述“五信”之外，中世纪的伊斯兰教义学家还将“信前定”列为第六条信仰。他们根据安拉全能的信仰进而推定世间万事万物的生灭变化。人生吉凶祸福，生死寿夭，皆为安拉的先天安排，是任何人都无法改变的。当然，安拉完全可以根据其绝对意志改变原来的命定，或者给予帮助，或者使之遭遇新的厄运。

伊斯兰教的这五种（或六种）基本观念和基本信仰确立了至高无上

的安拉权威说，预言了具体详尽的末日审判和天园的幸福以及恐怖万分的火狱的惩罚，万事万物以及人生遭遇的命运都取决于真主的意志……这一切必然加强穆斯林对伊斯兰教和安拉的敬畏感和服从心，由此而外在化为各种崇拜的行为与活动。伊斯兰教逐渐把这些行为与活动规范化、制度化，最后确定为五项宗教义务和修行功课，此即伊斯兰教所说的“五功”（念、礼、斋、课、朝）。

（一）表白信仰（念）。证言的内容是：“我作证：除安拉外，再没有神；穆罕默德是安拉的使者。”伊斯兰教规定：穆斯林在成年或智力健全后，至少要当众念诵上述证言一次。在每日五次的礼拜中，还要念诵多次。这个证言的当众念诵，实质上就是对信仰伊斯兰教的表白或誓言。任何人只要当众承认和念诵这一证言，就表明并被承认他皈信了伊斯兰教。

（二）遵行礼拜（礼）。穆斯林对安拉的崇拜行为的表现形式就是礼拜。礼拜是他们向安拉表示归顺、皈信、感恩、赞颂、祈求、忏悔的一种规范化的宗教仪式。按伊斯兰教的礼仪制度规定，穆斯林必须每天朝麦加克尔白方向做五次礼拜；每周星期五举行一次“聚礼”（即主麻礼）；每年到清真寺举行两次集体“会礼”。一次为斋月后第一天举行“开斋节”，一次为朝觐时在米那宰牲那一天举行的“宰牲节”。

礼拜时有一套严格的仪式规定，主要是消除不洁的洁净仪式，以表示对安拉的虔敬。

（三）坚持斋戒（斋）。按教规，每年伊斯兰教历9月（莱麦丹月）为全月斋戒。在此期间，穆斯林必须从黎明到日落时，禁吃一切食物，禁止房事。但对老、弱、病、残、孕以及旅行者有可以例外和补斋的规定。

（四）完纳天课（课）。穆罕默德创教时即强调用自愿施舍财物来周济贫穷者，把这作为一种善行。后来逐渐发展为一种按财产不同种类以一定比例征收的法定课税制度。

（五）朝觐圣地（朝）。伊斯兰教规定，每一个穆斯林，在身体和经济条件允许的情况下，均应在其一生中去麦加朝觐一次，凡朝觐过的穆斯林就获得了一个特殊的荣誉称呼：“哈吉。”大朝在每年12月上旬（伊斯兰教历）举行。每年的那几天，世界各地的穆斯林不远万里云集麦加圣地，举行一系列隆重盛大的伊斯兰教宗教仪式，大大加强了穆斯林虔诚而又狂热的宗教感情。

与佛教、基督教和其他许多大宗教比起来，伊斯兰教的教义体系

（“五信”）和礼仪体制（“五功”）的确简单明了，便捷易行，比较容易为文化落后、思想简朴的阿拉伯部落民所理解和接受。它规定的宗教义务和礼仪规范虽然很严格，但同时它却又打开了可以变通缓行的方便之门，如礼拜要求用水净手净身的洁净礼，但如在缺水的时间和地方，则可用沙或土代之；斋月规定看似苛刻难行，但只限于日升到日落之际，一过白天，晚上即可随意随喜而行，而且老弱病残和旅行者还可延缓补斋。这些办法表明伊斯兰教建立的宗教体制非常灵活地适应了千变万化的社会情况。穆罕默德发动的伊斯兰宗教运动之所以能以飞快的速度取得胜利的发展，从根本上说固然是因它的一神教义适应了阿拉伯民族统一的历史趋势；但另一方面与它在教义体系和礼仪体制上的便捷易行也有关系。

伊斯兰教的世界化进程

随着穆罕默德在麦地那建立起来的宗教军事力量的发展与壮大，特别是在军事上打败了反对伊斯兰教的麦加贵族势力并占领麦加之后，半岛各地的阿拉伯部落纷纷向穆氏表示归顺，甚至当地的基督教徒和犹太人部落也在伊斯兰军队的征讨下望风归降。公元 631 年，穆罕默德宣布，一切归顺者不仅只是交纳贡献，而且必须加入穆斯林社团，尽穆斯林应尽的宗教义务，作公开的信仰表白，交纳天课；以后又宣布，非穆斯林不许进入麦加。任何阿拉伯部落若不按此条件皈依伊斯兰教，不许进入麦加，部落间的盟约将予废除。也就是说，若不皈信伊斯兰教，那就将面对伊斯兰教的军事征服。这一所谓的“禁朝”命令，当时几乎毫无阻碍地得到遵守。说明穆罕默德发动的伊斯兰教宗教运动已从麦地那、麦加走向整个阿拉伯半岛，信仰多神的氏族部落宗教的阿拉伯半岛已统一在伊斯兰教的旗帜之下。

但是，公元 632 年，穆罕默德去世，半岛各地部落趁机以拒绝交纳“天课”为由，否认穆氏后继者的统治权。首任哈里发艾布·伯克尔遂发动讨伐战争，用军事手段迫使变节部落重新皈依。经历这次军事讨伐战争之后，伊斯兰教统一下的阿拉伯哈里发政权得到巩固。此后，哈里发统治下的阿拉伯国家开始实行对外扩张征服政策，进行一系列以讨伐异教徒为名的“圣战”。由于“圣战”的不断胜利，伊斯兰教便从阿拉伯地区性的单一民族宗教，发展为世界性的多民族信仰的宗教。

伊斯兰教走向世界化的整个过程，有些伊斯兰教学者把它划分为四个阶段[1]：

第一阶段：公元632年，穆罕默德逝世后，伊斯兰教进入“四大哈里发时期”。随着统一的阿拉伯国家的对外征服，伊斯兰教向半岛以外地区广泛传播，史称“伊斯兰教的开拓时期”。继首任哈里发艾布·伯克尔征服变节者，重新统一阿拉伯之后，第二任哈里发欧麦尔趁波斯、拜占庭因连年战争而实力大衰之机，先后征服了叙利亚、巴勒斯坦、伊拉克、波斯、埃及。第三任哈里发奥斯曼西征北非，攻占伯尔克、的黎波里、迦太基；在东部则征服亚美尼亚，远征军则达到中亚的巴尔赫、喀布尔和伽色尼。伊斯兰大军所达之处，这些地区的众多居民亦随之改信伊斯兰教。

第二阶段：公元661年起，伊斯兰教进入阿拉伯帝国时期，历经伍麦叶王朝和阿拔斯王朝，成了地跨亚、非、欧三大洲的大帝国，伊斯兰教成为帝国占统治地位的宗教。史称“伊斯兰教发展的鼎盛时期”。伍麦叶王朝（661—750）东征占领阿富汗、印度西北部和外高加索，直抵帕米尔高原。在西部，继占领迦太基之后，征服了马格里布，然后，渡过直布罗陀海峡，占领比利牛斯半岛的大部分地区（今西班牙），将伊斯兰教传入西南欧。

阿巴斯王朝（750—1258）时期的最初100年间，对外扩张战争停止，在宗教上，王朝已经完成了征服地区阿拉伯化和伊斯兰化的过程。伊斯兰教的思想和观念渗透到政治、经济、文化和社会生活的各个领域，变成穆斯林的社会生活方式，伊斯兰教的宗教学术（教法学、古兰经学、圣训学、苏菲学等）得到很大发展。各种文化（文学、哲学、医学、数学、天文学等）都有辉煌成就。

第三阶段：由于帝国分裂，外族入侵，帝国于1258年为蒙古西征大军所灭。中世纪晚期，伊斯兰世界并立着奥斯曼、萨法维、莫卧儿三大帝国，其中奥斯曼帝国最为强大，史称“伊斯兰教第三次大传播时期”。

奥斯曼帝国（1299—1922）于1453年攻占君士坦丁堡，灭拜占庭帝国。15世纪末，占领整个小亚细亚及巴尔干半岛，将伊斯兰教传入西南欧地区。16世纪时帝国势力臻于鼎盛，所辖疆域包括以前之拜占庭帝国和阿拉伯帝国的大部分领土。奥斯曼帝国奉逊尼派教义为国教。

---

① 本书这里主要征引了宛耀宾先生在《中国伊斯兰百科全书》中所载之《伊斯兰教》一文的观点。见四川辞书出版社1994年版，第13—18页。

萨法维帝国（1502—1722）兴起于16世纪的伊朗，以什叶派教义为国教。其版图东至阿富汗，西达幼发拉底河，北抵阿姆河，南临波斯湾。

莫卧儿帝国为蒙古人帖木儿六世孙巴布尔于16世纪在印度建立起来的，其领土达于南亚次大陆的整个北半部。本地区居民的伊斯兰化也在这一时期初步完成。

第四阶段：18—19世纪以来的近现代伊斯兰教。在此期间西方殖民主义者相继侵入伊斯兰教地区，许多国家相继沦为殖民地和半殖民地。伊斯兰世界各国人民在“圣战”和教派运动的旗帜下，多次掀起反抗殖民压迫的民族斗争。一些伊斯兰国家内部也逐渐出现了伊斯兰教现代主义的改良运动。在土耳其奥斯曼帝国就爆发了凯末尔领导的资产阶级民族革命，1924年废除哈里发制度，实行政教分离，走上了世俗化道路。其他一些伊斯兰国家也逐渐出现了以赛义德·阿赫默德汗、哲马鲁丁·阿富汗尼、穆罕默德·阿卜杜、伊克巴尔等人为代表的各种形式的现代主义思潮，以及各种名义上打着现代主义或原教旨主义旗号，实质上却改革传统神学以适应新的社会需要的教派运动。20世纪中叶以来，在范围广大的伊斯兰世界都出现了伊斯兰教复兴运动。1979年，伊斯兰什叶派领袖霍梅尼领导的“伊斯兰革命”，具体体现了伊斯兰教复兴运动的世界性影响。由于伊斯兰世界的宗教传统和社会需要，伊斯兰教的复兴运动在可见的将来仍将继续发展。这个发展趋势不仅在其国内、而且在国际政治生活中都是一个不可忽视的因素。

第 三 编

宗教与文化

第一章　概说宗教与文化的一般关系

第一节　宗教是一种社会文化形态

本书在讨论宗教的定义问题时，已把宗教规定为由宗教观念、宗教体验、宗教行为和宗教体制四要素有机构成的“社会文化体系”，这就提出了宗教与文化的一般关系问题。既然宗教是“文化”的一个部门，一种形态，那我们自然必须回答一个先导性的问题：何谓“文化”？

文化即人化——本书的理解

“文化”的含义，是一个聚讼纷纭的问题。有些学者统计，现今关于文化的定义约有二百种之多。这个统计数大概并不完全，实际上远不止此。对如此众多的文化定义作出分析评论，可以写成一部文化学思想史。那不是本书的任务，本书只想按照我们这个题目的需要，对文化的含义作一种最概括的理解，以便有助于解答宗教与文化的关系问题。

各派文化学者所下的文化定义，不管其内容和文字有多大的差异，但似乎都承认两点共同的事实：第一，只有人类才有文化。文化是专属于人类所有的事物，一切非人类的存在皆与文化无缘，即使具有相当智力的高级灵长类动物（如猩猩、猿猴之类），皆没有属于它们自己的“文化”。第二，文化是人类的一种创造性活动的产物，而不是人类与生俱来、自然而有的东西。文化专属于人类，但属于人类的一切并非都是文化。人作为动物，其所有的生理—物理活动，如血液循环、呼吸空气、觅取食物以及饮食排泄之类，由于纯出于自然本能，显然不属于创造性活动，不具文化性质。所谓创造性活动的产物，意思是：这种产物应是处在自然状态的人类和自然界本来没有的东西。当人处在纯粹自然状态时，他是赤条条地生活于自然界之中，生于斯、长于斯、死于斯。除了按照自身的自然本性而活动和生存以外，既未对自然界有新的创造，留下自然界本来没有的新产物，也未对自身的自然本性有自我意识而使之有所自觉和“升华”。这种处于纯自然状态下的“人”，与作为自然物的兽类没有什么太大的差别，实质上不是真正意义的人类。但是，人之所以异于禽兽者，恰恰在于人类的活动不是单纯地顺应自然，而是在于他能“创造性”地改变自然，按照人性的需要而创造“新的自然”。这种“创造性的活动”就是文化创造活动；其活动的产物就是“文化”。只有人类，才有自觉地改变自然的创造性活动，因而也只有人类才有文化。在这种意义上，我们可以说，文化的创造是人之所以为人的标志，是人之所以异于禽兽者的本质性特征。

“文化”与“自然”是正相对立的两个概念。单纯的自然不是文化，文化的本义就是并非自然。从中西语言中关于“文化”一词的辞源意义的比较看，我们的祖先在创造“文化”这个词时，就是这样在与“自然”相对峙的意义上来理解它的。《论语·雍也》记有孔子说的一句话：“质胜文则野，文胜质则史，文质彬彬，然后君子。”可见孔子所理解的“文”不仅与“自然”（“野”）相对峙，高于质野的自然，而且由于人创造了“文”而把自己升华为“文质彬彬”的“君子”。《尚书·舜典》疏还对“文明”下过定义：“经纬天地曰文，照临四方曰明。”天地者，自然万物也。自然天地本身无所谓“文”，“文”乃经纬天地的结果。所谓“经纬”，应是人类改变自然的质野状态，赋予它新的意义、秩序和形制的一种“创造性活动”。有经纬天地之文，乃可以有“照临四方”之“明”。于是，所谓“文明”便具有化育万物、化导苍生的意义和作用。文明既可以变化天地，养育万物，也可以教化人自身。自然万物（天地）如不以文变化（“经纬”）则“质”，人类自身无文之教化（“照临”）则不明而“野”。可见，我国古代思想家（如孔子）早已把“文化”视为与质野之自然（包括自然无文状态的质野之人）相对待的东西，看成人类对自然万物（包括人自身）进行创造性活动的产物。

西方语言中“文化”一词的意义与《尚书》、《论语》中的理解大体相同。拉丁文的“Cultura”、英文、法文的“Culture”、德文的“Kultur”、俄文的“Кчлвтчра”，原本意义均为培育禾苗、农业耕种之类活动，是人按人的生存需要对自然的创造性改造。由此而引申为对人类自身的精神性活动（知识、德行、情操等）的教化。可见西方人的祖先也是把“文化”理解为人类对自然的再创造，而非自然原有的质野状态。

人是自然界的一部分，他的一切活动只能在自然界中进行。在这个过程中，人是活动的主体，其客体便是自然万物。人作为动物，有其自然而有的本能并构成人的基本人性，那就是维持人的生存。为了维持个人的生存，必须饮食；为了维持种族的生存，必须性媾。此即古人所谓“食，色，性也”。完完全全遵循自然本能而食而色，既未超越生物的本能，也未对自然产生新的变化，不会有创造的产物，这是自然过程，而非文化创造过程。一旦人超越生物性的本能，对其有新的自觉或意识，并作用于自然，从而改变自然的原有特性而使之具有新的功用，以适应提高或升华了的人的人性需要，这个人与自然互相作用的过程便不同于过去的那种“自然过程”，而是一种依人性之所需而改变自然的创造性过程。这就是一种人类所特有的“文化创造过程”，其创造性的产物便是“文化”。人类的祖先——类人猿也具有“食、色”之类动物本能，但它们之食色过程乃遵循无改于自然之道的自然过程，无任何文化创造可言。在此意义之上和范围之内，它们是属于类人之猿，而非属于类猿之人。只是在从猿到人的长期进化过程中，人类的原始祖先逐渐对人自身、对自然、对人与自然之关系有了新的觉知，在人与自然互相作用的过程中，既对外在自然进行改变使之具有新的功用，满足生存需要；也对人的内在自然有了新的觉知，使人的动物本能具有人的特性，使人的生物之性进化（升华）为“人性”。只有在这时，人与自然的关系才超越一般动物与自然的那种自然关系，变成一种文化创造过程。这就是说，在人类之前是没有文化的，文化是人类创造的。有了人类，才有文化。反过来说，没有文化的创造，人类也不成其为人类。因此，我们既可以说，人类创造了文化；也可以说，文化创造了人类自身。文化是从人类出现于世之后才随之出现的；随着人类的进化与发展，文化也就随着这个进化过程而发展。人类的整个历史也就是文化的全部历史。

如果本书的理解可以成立，我们似乎就可以得出一个一般性的结论：所谓文化，实质上就是自然的人性化。人类的文化创造过程，实质上是人类把自身的人性加于自然之上使自然人性化的过程；而文化作为人类创造性活动的产物，则实质上不过是被“人性化了的自然”。简言之，如果说文化的创造过程是“自然的人化”，那么，“文化”作为创造的产物则是“人化的自然”。

文化和文化创造过程的这种理解，最典型最原本的体现就是人类的“劳动”。我们常说，劳动创造世界，劳动创造人类自身。劳动是人类把自身的人性需要加于自然之上使之适用于人类生存所需的过程，所以劳动所改变和创造的世界，不是本来的自然，而是一个“人化了的自然”。劳动的产物就是“文化”。在劳动过程中，人提高了技能，获得了对自然物性能的认识和对自身之自然本性（内在之自然）的觉知，此内在的自然也就因此而成为“人性化了的自然”或“人化的自然”，使自身进化为具有自觉人性的人类。人通过劳动过程创造了劳动产品，其本质内容就是使自然物按人性需要发生变化，被赋予人的人性，具有人的价值性功用。自然界中山水木石，当其处于与人无关的纯自然状态中时，是不具任何文化意义的。但当被人类有意识地击打和磨制而成为改造自然的劳动用具时，它就被人类赋予了人的人性，具有满足人性需要的新的价值功能，成了人类石器时代文化的标志。黄山之奇，峨眉之秀，青城之幽，三峡之美，成了中国人以至整个人类的“文化遗产”。但它们之所以具有文化意蕴的“奇”、“秀”、“幽”、“美”……乃是人类通过人性的审美要求和审美判断而赋予或添加于这些自然山水之上的。没有这些人性的附加，它们就不具有任何审美的价值和意义，失去了文化的性质。至于弯木以为弓，削竹以为矢，构木以为巢，缫丝以为衣，尝百草以为药，育五谷以为食……更是人性变化自然而后“开物成务”的文化创造。

人类作为群居动物，不仅生活在自然之中，而且也生活在群体之中；不仅与自然界发生关系，而且也与群体内各个个体发生关系。人与人在群体内的关系也有“自然状态”与“文化状态”之别。当群体关系完全循着生物本性的途径而发生和运行时，那不过是一种与蚂蚁、蜜蜂之类无所差别的自然状态。如果人类超越其自然本性，或者按特定的生存需要或一定的价值取向而改变、抑制或升华其本有的自然本性，从而构成某种新的群体结构，个体与个体结成一种新的关系时，它就超出本来的“自然状态”而演变为“社会状态”，产生出相应的行为准则和行为规范；个体与个体的关系就成了人类才有的社会结构或社会体制。这种社会关系、社会结构、社会体制、社会规范乃是改变或抑制人的自然本能而使人性升华之后的社会体现，是人性的一种文化创造。正是这种社会性的文化创造活动，一方面创造了社会性的文化；另一方面也使人类从“自然状态”下的高级动物进化为“社会状态”下的人类。性媾是人作为动物所有的自然之性，性本能驱使之下的性关系只是一种自然关系。但人类进化到一定阶段之后，便会采取社会性的强制措施，限制血缘内的性行为，实行不同血缘之间的族外性关系，这样一来，就在人类社会中出现了以族外婚为构架而形成的“氏族制度”以及与此相适应的一系列行为规范和社会准则（道德、民俗、法、宗教）。这一切便是人类抑制和升华原有的自然本性而创造的社会文化。

人类之所以进行文化创造活动，其根本目的无非是满足自身的需要。但人类的需要有不同的内容；并在自身的发展中，其所需内容越来越复杂；人性本身也日益自觉，日益升华。按照马斯洛“第三思潮”心理学的研究，人不但有生存所必需的生理需要，还有对归属与爱的需要，自尊和来自他人尊重的需要，自我实现的需要，对认识和理解的需要，对正义、秩序的需要，对真、善、美的需要，等等，用马斯洛的话说，既有满足生存的基本需要，又有实现存在价值的发展需要。这一切都是人性的因素和内容。如果我们承认马斯洛所说的这些人性需要，那么，人一旦在适当条件下把它们付诸实现，就会把自然人性化，按照人性的不同内容，用一定的方式去改变对象（自然）使之适合于人的不同需要。为满足人的生理需要，人要渔猎耕作纺织，为此就要创造和使用各种不同的生产工具和生产技术，从而形成技术文化和器用文化（物质文化）；为满足种族的生存和性的需要，人类在性媾行为过程中建立了不同形式的性关系，逐渐形成种种性生活行为规范和婚姻制度；为实现安全需要和尊重需要，人类就既要自尊，也要尊重别人，在互相制约的交往过程中建立种种社交礼仪行为规范，逐渐发展出各种社会制度方面的行为文化（道德、法、信仰）；一切需要的满足和实现，都必须包含对于对象的认识和理解，这就发展为人类的认识及相关的符号系统，形成包括各种知识和科学以及哲学的认识文化；对美的需要，使得人把自己对美的意识与判断（审美判断）用之于对象之上，对之进行审美判断以至美的创造，于是就出现了各种艺术文化（音乐、舞蹈、美术、诗歌、神话、小说、建筑……），在这个意义上，我们可以说，文化的各种不同的内容和形式，实质上就是自然被人性化时，被人以不同的方式，赋予了不同的人性内容。

宗教是一种社会文化形式

宗教是人类社会发展到一定历史阶段的产物。宗教的四要素及其综合构成的宗教整体都是人类的创造，是人性升华和放射，并客观化、对象化而形成的社会文化体系。

宗教的本质因素是对于超自然、超人间力量的神灵（或神圣物）的信仰和崇拜。自然科学不承认任何超自然力量的存在，科学的宗教学则通过理智性的宗教研究，证明一切宗教的神（或神圣物）都不过是人性的一种异化。神的一切神性（超人、超自然的全知、全能、全善）实际上只是人的人性（人的智慧、能力、德行）被无限制地放大之后，通过异化加之于神圣对象之上，因此而为自己造就了一个高于人类并反过来支配人类生活、主宰人类命运的神圣对象。如果说，人类创造物质财富的劳动过程是一种物质文化创造活动的话，那么，人类创造神和神圣物的宗教异化过程，无疑是一种更高级、更复杂的精神文化的创造活动。

随着人性的升华和发展，它异化而出的神之神性也将随之升华和发展。神性观念伴生的宗教感情将会日益强化。宗教信仰越是虔诚，对神和神圣物的崇拜之心，敬仰、畏怖、震慑之情也将愈益强烈，而且会日益神圣化。这种神圣化的宗教感情，神秘化的宗教感受是人类内在的自然人性本来所没有的，这种人性的宗教化和神圣化的发展，构成了宗教信仰者各种宗教行为的内驱力。没有信仰者对神灵及其神性的感情和感受，就没有相应的宗教崇拜行为，也就不会有宗教性文化的创造。至于宗教的各种制度，本质上无非是宗教诸要素的规范化、体制化的结果。无论是宗教观念的教义化和信条化，宗教感情、宗教体验的目的化，宗教行为的规范化，宗教信徒的组织化，宗教生活的戒律化和制度化……所有这一切，都是人性异化的产物，是人类的一种文化创造。

既然一切文化创造活动都意味着人性在自然中的对象化，那人性的对象化便包含有“异化”的可能性。如果人性化于自然之后所创的文化产物（物质器物、社会规范……）能重新回到文化创造者手中，为人所利用和控制，这就意味着人性的复归。如果此文化创造物从此不复回归于文化创造者之手，甚至反过来成为控制自己的异己力量，这就是所谓“异化”现象。在不合理的社会制度之中，这种异化现象是大量存在的。但是，一般来说，一切非宗教的文化，都会被人们认为是人自己的创造物，在一定条件下，有可能重新回复到创造它们的人的自身，并不必然异化为异己力量。人劳动创造的产品，既可成为自己的生活所需，也可异化为资本家的“资本”，成为劳动者的“异己”力量。人创造出了管理社会的政府和规范行为的社会规章，既有可能成为服务于社会的力量，也可成为与人民和社会作对的异化之物。但是，它们毕竟是人造之物，人们既可创造它们，也可改造它们，把“异己力量”改造为为我所用的东西。宗教则不然。宗教崇拜的神圣对象以及规范崇拜行为而形成的宗教制度，固然也是人性对象化而成的文化创造，但当它们出现于人的头脑之中和人类社会之上时，却总是被抬高为自然和社会的创世之主，创神之人反倒成了神创之物，人异化于神之身的人性被认之为支配人和自然的神性，再也不能复归于人之自身，而置于人的控制之下，宗教与人性异化有着必然的联系。没有人性的异化，就不可能有神和神圣物，从而就不可能有宗教的产生；取消了异化，也就取消了宗教。一旦人们把异化于神的人性夺取回来，使之复归于人之自身，人就会成为自身命运的主人，宗教与神便不复存在了。正是在这里，我们看到了宗教文化与非宗教文化的区别与联系。

第二节　宗教在文化体系中的地位和作用

三种不同的宗教文化作用观

对于宗教在文化体系中的地位和作用，历来有不同的观点，彼此差异很大，甚至严重对立。影响最大的是三种不同的观点。

第一种是宗教神学家的观点。正如各种宗教崇奉的神灵被宗教家、神学家们视之为君临世界、职掌万事万物的主宰一样，它们也被后者视为人类社会各种文化形式的神圣源泉，一切文化形式几乎都被他们说成是上帝或诸神的创造，人类物质生活、精神生活的各个领域也被他们说成是各司其职的神灵主宰其间。

我国夏商周三代的天命神学认为一切典章制度，礼乐文化皆为天命所规定，此即《尚书》所谓的“天唯与我民彝”、“天叙有典”、“天秩有礼”、“天命有德”。古代希腊罗马宗教中的职能神基本上就是开创文化、职掌文化生活之神。奥林匹斯诸神中，雅典娜是战神，阿波罗是诗歌音乐之神、预言之神，赫尔墨斯是牧羊神、商人、演说家及市场的保护神，阿芙洛蒂特是爱情和美之女神，德米特尔是农业之神……此种宗教文化观念广泛存在于世界各民族的传统宗教之中。

第二种是中外思想史上的启蒙思潮。他们在不同的历史时期用各种不同的理论形式否定超自然神灵及其对人类生活的无所不在的干预，把人异化为神性的人性从神灵那里回归于人的自身，使人逐渐成为人类生活和人类文化的创造者和主宰者。他们一般都谴责和批判传统宗教对社会文化的消极影响，甚至进一步把传统宗教与文化对立起来，全面否定传统宗教在文化生活中的作用与影响。在这方面，以费尔巴哈的人本主义宗教观最为典型。

费尔巴哈心目中的“文化”，几乎就等于“科学”。在此观念基础上，他把宗教完全放在文化的对立面。在他看来，人的生存要依赖自然，但人的生活目标却是为了使人最终摆脱这种依赖性。要达到此目的可以有两种途径：一是经由理性观点和文化与科学途径来制服自然界，达到一种不受自然界粗暴制约的幸福生活；二是经由无文化的途径来达到此目的，这就是宗教。宗教或者用礼品、牺牲、献祭之类办法去讨好主宰自然之神，或用巫术之类去制服它们以为己用。可是宗教这一套手段是无法达到制服自然的目的的。当然，文化也不像宗教信仰那样万能，但文化并不施行超自然奇迹，而只依靠自然的手段去制服自然界。

费尔巴哈把宗教比喻为“无知的小孩”。小孩不能依靠自己的力量和活动来实现自己的愿望，只好向他们所依赖的父母去祈求。所以宗教发端于人类的幼年时代。而幼年时代也就是无知、无经验和无文化的时代。那时，幻想支配一切，人生活在荒唐的观念和热烈的感情之中。但是，费尔巴哈同时也承认，宗教也是人对文化的需要而发生出来的，因此，也可以说，宗教是人类生活中最初的、然而却还是粗鄙和庸俗的文化形式。所以，人类文化史上每个时代、每个重要阶段，都是伴同宗教而开始的。后来成为人类自我活动的对象，即成为文化之事的一切对象，当初都是宗教的对象。一切艺术、一切科学的萌芽，当初都是宗教及其代表人物（教士）的职司。如哲学、诗、天文学、政治法律（神判法）、医学，当初都是宗教上的事务。

在肯定了宗教在文化发育上的作用和意义之后，费尔巴哈进一步考察了宗教与文化之关系的历史发展。他明确指出，在人类文化的发展中，宗教成了文化的敌人和进步的障碍。因为，正是由于最初的文化萌芽被置于宗教之中，最初的文化手段便被视为神圣事物。古代埃及人的医术除了使用念咒、魔法、祈祷之类超自然方法之外，也还使用自然医疗方法。但在文化黎明时期，这些医学科学的萌芽便具有宗教的意义，记载医疗方法和药品的书便被埃及人视为“圣书”。从此之后，一切与“圣书”不同的改进与革新便像宗教信仰上的“异端”一样被严厉禁止了。这种反对文化发展的情况在其他文化技艺领域同样存在。一切有用于人，增加人生优美和高尚的东西，都被古代宗教尊为宗教中的神圣物，不可侵犯、不能更改。于是，在人类文化的发展进程中，宗教便总是成为真正文化的敌人和社会进步的障碍。宗教总是与那些迷信和非人道的观念联系在一起的，本质上包藏有反文化的因素在内。它将人类幼年时代所造成的观念、习惯和发明仍然当做神圣法则以供成年时代的人类之用。宗教观念阻止人把文化的萌芽发展为真正的文化，妨碍人类从野蛮走向文明。既然宗教是人类文化发展的障碍，那么，现今时代的使命自然便是用文化和科学去代替宗教，把文化科学普及于社会各个阶层：

> 唯有当人的行为是从那含在人性内的原因发生出来时，原则和推论、原因和效果中间才有一种和谐，才是圆满无缺的。文化便是这样做，或向这个方向努力去做。宗教据说是要代替文化的，但代替不了；文化则确实代替了宗教，使得宗教成为无用之物。歌德已经说过："凡是有了科学的人，便无须宗教。"我要用"文化"来替换这句话中的"科学"，因为"文化"包括整个的人……不要把人做成宗教信徒，而要教育人，要使文化普及于一切社会阶层——这便是现今时代的使命。①

费尔巴哈虽然把宗教放在人类"幼年时期"文化的位置上，肯定它在那个时期包含有各种文化的因素和萌芽，但从整体上和本质上是否定宗教的文化作用的。今天看来，他这种把宗教与文化对立起来的观点虽然有其历史的根据，但确也具有一定的片面性。文化与宗教的关系并不完全等同于自然与超自然、理性与反理性的对立，不同时代的宗教都曾与世俗性文化与自然科学发生过冲突，但它也常常接纳世俗性文化与科学的某些东西来改变过时的宗教信条，以适应新的文化与科学发现。因此，在历史的不同阶段上，既存在宗教与文化的冲突，也要注意到二者之间的相互渗透的情况。

第三种是近现代比较宗教学的观点，以泰勒、弗雷泽等人为代表的宗教人类学研究一开始就把宗教作为人类文化的重要部分。泰勒的代表作《原始文化》有一个说明其主题内容的副题：《关于神话、哲学、宗教、

---

① 《费尔巴哈哲学著作选集》，下卷，第716—717页。

艺术和风俗的发展的研究》，他心目中的“原始文化”，其基本内容就是当时的宗教。宗教学中的社会功能学派（宗教社会学）更特别着重于研究宗教的社会文化功能问题。学者们普遍认为，宗教是一种维护社会的统一、协调、系统化、整体化的文化工具。杜尔凯姆认为，宗教的信仰和仪式活动的基本目的就在于加强信徒与神的关系，而宗教的神圣不过是社会本身的象征表现，因此，宗教通过加强人对神的从属感而强化个人对社会共同体的服从。马林诺夫斯基强调巫术与宗教在人类社会生活中起着重要的文化作用：它铸型和调整人的个性与人格；规范人的道德行为；它把社会生活引入规律和秩序；规定和发展社会的风俗和习尚；巩固社会和文化的组织，保持社会和文化传统的延续；宗教使人类的生活和行为神圣化，于是变成了最强有力的一种社会控制机器。马克斯·韦伯更深刻地指出：宗教的理念决定着人类行为的轨道与方向。决定人们生活态度之方向的终极价值，实际上乃是宗教制约下的产物。这就是说，在近现代宗教学者看来，社会文化生活的各个方面和各个领域，政治、法律、伦理、风俗习惯、人性、人格、人的生活态度以及决定它的终极价值观念……都与宗教密切相关；甚至可以说宗教是它们的一种决定性因素。对于宗教在人类社会生活和文化体系中的这种决定性的地位和作用，许多宗教学者都作了肯定性的评价。他们的理论与方法都是理智性的研究与分析，并非信仰主义的宗教神学，我们应该认真吸取其一切有价值的成果。但我们同时也注意到，他们在作这种高度肯定性评价的时候，其着眼点往往集中在原始时代宗教与文化的关系之上（马克斯·韦伯有所不同）。如果仅仅从原始社会的情况看，当时的原始性宗教确曾对社会生活和文化生活起着重要的、而且常常是决定性的作用。在这一点上，甚至费尔巴哈与它们也是一致的。但是，原始社会及其文化并不是一种永远静态的存在，它也在发展、进化与演变之中。在社会与文化的进一步发展中，宗教的作用就不那么永远积极了。原始宗教把一切神圣化、标准化、一体化，确曾铸型了个人的人格，整合了人的行为，赋予社会安定与秩序，创造并维持文化传统。惟其如此，原始宗教也成了社会的制动器，思想的窒息剂，阻碍了文化的进一步发展和社会的进步。事实上，在原始社会向文明社会发展的关头，以及在历史上的各个社会变革时期，传统宗教几乎总是成了反对新文化和社会进步的保守因素。社会不是静态的，而是动态的。对于宗教与文化之关系的静态分析，既不适合于动态的社会，也不适合于动态的宗教。

同时，我们还应注意到，当我们肯定宗教具有使社会一体化的文化功能时，乃是指一种单一的宗教在一个单一的群体社会的作用而言。在一个单一的群体社会中，一种独一无二的宗教信仰无疑可以起到整合社会的作用。但是，随着社会的发展，多种族、跨地区、跨文化的复杂社会体形成了。这时，多种宗教和多种仪式规范同时并存，它们之间往往互相排斥，各自以神圣的名义去压制以至消灭对方。在这种情况下，宗教在整个社会中所起的文化功能，往往不是在单一社会群体中的“一体化”作用，而是由宗教排他性而引起的分裂作用了。

从“四要素”说看宗教的文化功能

上述各种宗教文化观关于传统宗教对社会文化生活的作用与功能的评价各有不同，有全面肯定者，有批判其消极作用者，也有更多肯定其积极作用者。观念和结论尽管各有不同，但对于传统宗教在社会文化各方面有着深刻而巨大的影响都是承认的。这是历史事实，应该成为我们科学分析这个问题的出发点。在漫长的历史中，宗教几乎一直高踞于社会上层建筑的顶端，支配着广大人类的精神世界，对人类社会各种文化形式的影响也是具有支配性的。早在原始时代，各种文化的幼芽几乎无不包含在原始人的宗教观念和宗教活动之中。从那时起，宗教及其神灵的权威就渗入于社会文化生活的各个领域，成了人们包罗万象的纲领，思想的原理，行为的原则，激情的源泉，道德的校准，人际关系的纽带，社会秩序的保证。人际社会关系和各种文化形式几乎无不打上宗教的印记，从宗教观念吸取自己成长所需的营养，通过宗教活动来展现自己的存在，并由之而获得自己的表现形式。文化与宗教的这种历史性的结合，并不是上帝的启示，也不完全是统治阶级的阶级意志，其中也有自然而然的成分，表现出某些历史的必然性。

至于宗教作用于文化的性质，我们也应有全面性的评价。宗教既有阻碍各种世俗文化自然发展的消极作用方面，也有在一定条件下促进文化发展的积极性一面，本书研究宗教的基本理论和基本方法是宗教四要素说。我们力图根据这个学说对宗教的文化作用问题作出全面而且具体的分析。宗教四要素作为宗教文化体系的组成要素，它们本身都具有文化的意义，发生文化的功能。问题在于，宗教四要素为什么能够、又如何发挥其社会文化功能？这是本书必须具体解决的重要理论问题。

宗教的观念主要是灵魂观念、神灵观念、神性观念之类，其最初的萌芽发端于原始时代野蛮人的头脑之中，可以想见，这些神圣的观念的原初形式本来是粗俗简陋的。但在那个使用石器的野蛮人的头脑中，诸如此类的观念却是他们当时所能想象得出来的最伟大、最崇高的一种存在。它是原始人的人性的最高升华，集中了原始人的最高智慧，寄托着它们对美好生活的期待以及对人类自身命运的关注。我们时代的文明人类不妨设身处地地想一想，石器时代这些凭借自然本能、终日以生存为务的原始人群，竟能构想出某种脱离肉体的“灵魂”观念；再进一步，竟至构想出灵魂的永存和不死；构想出飘忽不定的“精灵”；构想出超越自然律的限制，创造人类不能创造的“神迹”的“神灵”……我们有理由这样说，这样的想象是一首奇妙的诗，是一部原始时代的“科幻小说”，比之于现代科学家设计的脱离地球引力场的宇宙飞船是毫不逊色的。这种宗教文化观念是划破原始时代黑暗世界的一道曙光。神灵观念给原始人的想象添上了超自然的羽翼，使之解脱了人类生理本能的自然束缚，翱翔于超自然的无限空间；也使原始人超出动物式的感性直观。正是这种具有超人性、超自然性的宗教灵魂观念、宗教神灵观念、宗教神性观念孕育了人类关于超人与人、超自然与自然的思考，成了文明时代各种神学思辨、哲学思考和科学探索的起点。我们当然不能像爱德华·泰勒那样，把产生万物有灵观念的原始人称为“原始的哲学家”，因为他们头脑中所有的东西，不过是某种模模糊糊的意念，而不是明晰的概念和推理。但是，如果原始人没有某种关于“超自然力量”的意念，就不会有超人的宗教之神，也就不会在文明发展的一定阶段，出现论证它的理性神学和宗教哲学；与此同时，也就不可能因此而激发起把这种“超自然力量”还原为自然力量的自然科学，把超人还原为人，把神性还原为人性的启蒙哲学。这两种思潮，一方面是论证超自然神灵的宗教神学和宗教哲学；另一方面是把超自然、超人力量还原为自然力量和人的自然科学和启蒙哲学，在历史上不断论战和斗争，又不断互相渗透和启发，既推动了宗教神学、哲学和自然科学自身的发展，又激发了人类理论思维和各种文化思想的发展。

宗教感情是随着神灵观念的产生而自然地伴生出来的。随着神灵观念的演进，神的神性愈益崇高，神的权能日益巨大，神的形象日益完美，信仰者对神的依赖之感和敬畏之情也就相应膨胀。对神的信仰越是虔诚，人的宗教感情便越发强烈。内在的情感必然外在化为相应的言辞和身体动作，以之来表现他心中的神灵和自己内心对神灵的体验。由于神灵和神性只是想象中的存在，任何人都不可能对神有实实在在的感触，所以，一切表现神灵及其神性的言辞和身体动作便不能不是拟人化的、象征性的。或者用某种感性的形象、物质性的实物和偶像来象征那本属虚无缥缈的神灵；或者用比喻性的言辞来表象神灵的性状；或者用模拟化的身体动作来表现神灵的行为、事功以及自己对神灵的感受和体验……一切“象征性”、“符号化”的表现，都是超越自然本能的人性升华或人性的创造性活动，具体化为形象性的艺术。语言的象征性描述，发展为讴歌神灵之事功、感谢神灵之恩德的宗教文学和宗教艺术；身体动作的象征性模拟，发展为再现神灵行为和神话故事的“手之舞之，足之蹈之”的舞蹈艺术和宗教戏剧；神灵偶像和礼器、法器的制作发展为雕塑绘画之类造型艺术，明堂、礼拜堂的建筑和装饰发展为建筑艺术……当然，人类的艺术活动和艺术创作冲动之最深刻的源泉，无疑是他们的社会实践。但同样无疑的事实是，在人类社会的早期及以后很长的历史时期内，各种艺术在社会中的存在和发育，不可能脱离宗教观念，宗教的神圣感情以及宗教崇拜活动的刺激和哺育。文化人类学告诉我们，世界各民族的早期以及宗教兴隆时期的文化艺术，从内容到形式几乎都具有宗教的色彩。

道德、法律和社会习尚的形成与发展，也与人类的宗教生活和宗教行为有着密切关系。人们对超人间、超自然神灵的依赖总是表现为向神祈求，对神献祭之类崇拜行为；对神灵的敬畏，又总是体现为对自身行为的克己限制和禁戒规定。不管是在原始社会的氏族宗教中，还是在民族国家的国家宗教中和个人选择其信仰而结成的教派组织中，全氏族、全民族以及全教派的成员由于有着共同的信念，信奉共同的神灵，进行共同参加的宗教活动，从而产生把他们联结在一起的道德力量，形成共同遵从的规范化的宗教礼仪，它把整个宗教共同体的全体成员纳入于一个有共同信仰、普遍化的行为模式和统一性的宗教体制之中，共同的教义和信念、规范化的宗教礼仪、神圣的宗教体制具有超个人的权威，对共同信仰体制中的每一个人的思想、信仰、行为与活动具有神圣性的社会强制力，迫使共同体制下的各个成员逐渐强化了对教义规定、社会规范的服从和对个人行为的限制。这些神圣的信念、禁忌规定和行为规范，逐渐构成人们在生活中必须遵守奉行的“无上命令”，使人所潜在天赋的动物性本能受到抑制，由此而受到自制的教诲。年深日久，这些神圣的信念，禁忌规定和行为规范演变而成为社会共同体的价值取向，形成社会的风俗习尚。外在的强制内化为内在的责任，行为上的“必须”积淀为良心上的“应该”，这就强化了源于人际关系的行为准则和伦理意识。在人类社会的很长历史时期，特别是早期原始社会，如果社会上没有与宗教信仰、宗教崇拜相联系的信仰体制、礼仪制度和与宗教禁忌相联系的禁戒规定，以及随之而来的对犯禁违礼者的严酷可怕的神圣制裁，人类社会的道德规范、伦理准则和“法纪性”规约是难以建立和维系的，社会的文明和进步就难以想象了。

在原始时代的氏族制社会和早期民族国家中，宗教的体制与社会的体制基本上是浑然一体的，或者常常是重叠交叉的。社会体制宗教化，宗教崇拜活动的规范制度也构成了社会的制度。例如，在氏族制社会中，由图腾崇拜而固定了同一图腾氏族男女不婚的外婚制；由祖先崇拜而巩固了以血缘关系为基础的氏族制，规定了相应的丧葬制度和相应的礼仪规范，发展为宗法性社会制度和宗庙制度；与生产活动相联系的自然崇拜和丰产巫术发展为各种郊社祭祀制度……这一切都充分说明，宗教的各个要素作为社会文化的组成部分，深深地渗透到社会生活的各个方面，规范人们的社会行为，固定乃至构成社会生活的各种重要制度。许多社会规范和社会制度在人类早期和古代社会，往往是作为宗教的一个组成部分而表现出来的。尽管随着社会的演进，许多上层建筑、社会文化形式和社会制度或先或后脱去了宗教的因素而世俗化为人文性的社会文化，但如追根溯源，我们几乎总是可以在其中发现宗教因素的作用与影响，而在原始时代和人类早期的宗教中则可以找到它们诞生之初的原初表现形态。

根据以上的分析，宗教的四大要素在社会文化诸形式中的作用和功能是非常明显而且深刻的。宗教四要素说应该有可能为我们研究宗教的文化功能问题提供一种有效的方法。在概括地说明了宗教与文化的一般关系的基础上，我们尝试对宗教与几种最重要的文化形态（道德、政治、艺术、科学）的关系作一些比较具体的研究。

第二章　宗教与政治

第一节　对马克思、恩格斯有关宗教与政治的论述的回顾与思考

在我国条件下，宗教学者如果要想研究和分析宗教与政治的关系问题，不能不首先面对马克思、恩格斯有关此问题所写的大量论述。这些论述事实上构成马克思主义宗教观中最重要的一部分，它们一直被马克思主义政党视为认识和处理宗教问题、制定宗教政策的理论依据。我国“大跃进”和“文化大革命”年代在宗教领域推行极“左”路线所造成的严重后果发人深省，不少人对马克思主义宗教观产生了不同程度的怀疑。这种情况是可以理解的。在学术研究领域，理性的怀疑与审思常常是学术进步的契机，是修正错误、发展真理的必要步骤。我国的宗教学者和宗教实际工作者应该发扬实事求是的科学精神，对马克思主义宗教观的各方面内容，特别是对其中有关宗教与政治之关系的论述进行认真地回顾与思考，既不偏执地肯定一切，也不盲目地否定一切。

马克思论宗教一政治的基本观点

关于宗教与政治之关系的论述，是马、恩全部宗教理论中最主要的内容，要科学地分析它们，我们必须注意到这样一个事实：马克思、恩格斯乃是创建共产主义学说的思想家，发动并领导世界无产阶级革命的革命家。他们毕生追求的理想目标是推翻旧世界的一切剥削制度，创建他们理想中的“科学社会主义”社会和共产主义社会。他们总是从社会革命的角度来看待宗教与政治的关系，分析宗教在历史上所起的社会政治作用。这就决定了他们对宗教采取了激烈的批判和否定态度。总的说来，他们认为宗教是维护经济基础的上层建筑，本质上是历史上的统治阶级用来维护其统治秩序的工具；对于被压迫人民而言，则不过是麻痹

其革命意志的精神鸦片，马克思在其《〈黑格尔法哲学批判〉导言》一文中对此观点作了最集中的说明。在此文中，马克思大体上从三个方面论述了宗教与政治的关系。

第一，宗教是颠倒的世界借以安慰和辩护的普遍根据。

《导言》写道：

> 国家、社会产生了宗教，即颠倒的世界观，因为它们本身就是颠倒了的世界。宗教是这个世界的总的理论，是它的包罗万象的纲领，它的通俗逻辑，它的唯灵论的荣誉问题，它的热情，它的道德上的核准，它的庄严补充，它借以安慰和辩护的普遍根据。①

马克思把宗教说成是“颠倒的世界观”，它的政治作用是为“颠倒的世界”提供感情上的安慰，道德上的标准和理论上的辩护。所谓“颠倒的世界”指的是历史上人压迫人、人剥削人的政治制度和统治秩序，宗教用神、佛、上帝的名义从各方面论证这种制度和秩序在道德上的正义性、政治制度的合理性，把它美化为上帝天命的安排，使之具有神圣不可侵犯的性质。

第二，宗教给人民以幻想的幸福，为人民身上的锁链装饰上虚幻的花朵。

马克思认为，人民在颠倒的世界里本来生活在苦难之中，可宗教却说，只要安于苦难，就会进入来世的天堂；人民身上戴着锁链，可宗教却在锁链上装饰以虚幻的花朵，使人民在精神上有所慰藉而不愿扔掉它们。宗教对苦难人民的精神世界起了麻醉作用。所以，马克思主张进行宗教批判，使人民从宗教麻醉中清醒过来，为砸碎锁链、争取现实幸福而斗争：

> 废除作为人民幻想的幸福的宗教，也就是要求实现人民的现实的幸福，要求抛弃关于自己处境的幻想，也就是要求抛弃那需要幻想的处境。因此，对宗教的批判就是对苦难世界——宗教是它的灵光圈——的批判的胚胎。②

---

① 《马克思恩格斯选集》，第1卷，第1页。

② 同上书，第2页。

> 宗教批判摘去了装饰在锁链上的那些虚幻的花朵，但并不是要人依旧戴上这些没有任何乐趣任何慰藉的锁链，而是要人扔掉它们，伸手摘取真实的花朵。①

在马克思看来，“幻想的幸福”、“虚幻的花朵”，尽管会对信教者的感情发生安慰作用，但这种安慰是对信教者的欺骗，是鸦片式的精神麻醉。

第三，宗教是现实苦难的表现和抗议。

马克思说：

> 宗教里的苦难既是现实的苦难的表现，又是对这种现实的苦难的抗议。宗教是被压迫生灵的叹息，是无情世界的感情，正像它是没有精神的制度的精神一样。宗教是人民的鸦片。②

意思是说，在现实苦难世界里，被压迫生灵往往找不到摆脱苦难处境的现实道路，很容易相信宗教的说教，希望在来世天堂的幻想幸福中寻求苦难的解脱。而对来世天堂的追求，实际上是被压迫生灵无可奈何的一声叹息，但这也包含了他们对现实生活的不满，表现了对现实苦难的抗议。不过，这种宗教式的“抗议”没有实际意义。对于那些企图保持现实苦难秩序的社会阶级而言，他们不仅希望为自己的来世保留一个极乐的天堂，而且也乐意把天堂的大门向被压迫者打开。所以，宗教天堂对现实苦难社会的“抗议”，对被抗议的苦难世界有利无弊，正表现宗教不过是麻醉人民的精神鸦片。“宗教是人民的鸦片”这句话，虽只是一句形象化的比喻之词，的确集中代表了马克思对于宗教在政治上的基本作用的看法。后来，列宁不为无因地说：这句话“是马克思主义在宗教问题上全部世界观的基石”。显而易见，在马克思心目中，宗教的基本政治作用就是为统治阶级的利益服务。在他于 1847 年写的《“莱茵观察家”的共产主义》一文中对基督教的社会政治原则作了更激烈的批判和否定：

> 基督教的社会原则有过一千八百年的发展，它并不需要普鲁士国

---

① 《马克思恩格斯选集》，第 1 卷，第 2 页。

② 同上。

教顾问做任何进一步的发展。

基督教的社会原则曾为古代奴隶制进行过辩护，也曾把中世纪的农奴制吹得天花乱坠，必要的时候，虽然装出几分怜悯的表情，也还可以为无产阶级遭受压迫进行辩解。

基督教的社会原则宣扬阶级（统治阶级和被压迫阶级）存在的必要性，它们对被压迫阶级只有一个虔诚的愿望，希望他们能得到统治阶级的恩典。

基督教的社会原则把国教顾问答应对一切已使人受害的弊端的继续在地上存在进行辩护。

基督教的社会原则认为压迫者对待被压迫者的各种卑鄙龌龊的行为，不是对生就的罪恶和其他罪恶的公正惩罚，就是无限英明的上帝对人们赎罪的考验。

基督教的社会原则颂扬怯懦、自卑、自甘屈辱、顺从驯服，总之，颂扬愚民的各种特点。但对不希望把自己当愚民看待的无产阶级来说，勇敢、自尊、自豪感和独立感比面包还要重要。

基督教的社会原则带有狡猾的假仁假义的烙印，而无产阶级却是革命的。

基督教的社会原则就是这样。①

在这里，马克思完全是从阶级斗争史观来看待宗教（基督教）在历史上的社会政治作用：对于统治阶级，基督教是维护其统治秩序的工具；对于被压迫人民，则是假仁假义的欺骗。马克思在其全部著作中对于宗教的社会政治作用几乎没有作过肯定性的评价，而且在《共产党宣言》之后，他几乎再没写过一篇集中讨论宗教问题的著作和文章（个别性的论断例外）。看来，马克思很可能认为他此前的宗教批判已经得出了应该得出的结论，无须再作什么修正和补充了。正如他在《导言》中所宣布的那样："就德国来说，对宗教的批判实际上已经结束。"他的任务是从宗教的批判转向尘世的批判。而要批判尘世，在宗教问题上只要揭露出"宗教是人民的鸦片"这种消极的社会政治作用也就够了。

---

① 《马克思恩格斯全集》，第4卷，第218页。

恩格斯的“宗教外衣论”

与马克思相比，恩格斯对宗教问题似乎更有兴趣，更为关心，写的论著也更多。就宗教的社会政治作用而言，恩格斯的观点是与马克思基本一致的，他还联系宗教史的实际作过更具体的发挥。值得我们注意者，恩格斯后来似乎意识到宗教在历史上所起的社会政治作用并不完全是消极的、否定性的；在一定的历史条件下，也可以起到某种积极的、肯定性的作用。但为了与他和马克思过去彻底否定宗教的主张相协调，他提出了“宗教外衣”这个新的概念。恩格斯的一些论著分析了中世纪的异端运动，德国的农民战争和早期资产阶级革命的状况，他发现，所有这些反封建制度的运动都曾打着宗教的旗号，具有浓厚的宗教色彩。作为革命家，他和马克思都毫无保留地肯定这些反封建斗争；但作为历史唯物主义者和无神论者，他们对宗教在历史上的社会政治作用又从来予以否定。在这种情况下，恩格斯提出了“宗教外衣论”：在历史上宗教居于绝对统治地位的情况下，被压迫人民的一切反抗斗争都必须穿上一件“宗教的外衣”。按照笔者初步统计，他至少有六个地方提到了“宗教外衣”这个概念，不妨摘抄如下。

其一，见于1850年的《德国农民战争》：

> 16世纪的所谓宗教战争也根本是为着十分明确的物质的阶级利益而进行的。这些战争，同稍后时期英国和法国的国内冲突一样，都是阶级斗争。如果说这许多次阶级斗争在当时是在宗教的标志下进行的，如果说各阶级的利益，需要和要求都还隐蔽在**宗教外衣**之下，那么这并没有改变事情的实质，而且也容易用时代条件来加以解释。[①]

其二，也见于《德国农民战争》：

> 由此可见，一般针对封建制度发出的一切攻击必然首先就是对教会的攻击，而一切革命的社会政治理论大体上必然同时就是神学异端。为要触犯当时的社会制度，就必须从制度上剥去那一层**神圣外衣**。

① 《马克思恩格斯全集》，第7卷，第400页。

反封建的革命反对派活跃于整个中世纪。革命反对派随时代条件之不同，或者是以神秘主义的形式出现，或者是以公开的异教的形式出现，或者是以武装起义的形式出现。[①]

恩格斯在这里把“神圣外衣”进一步穿在“封建制度”身上。当然，他同时认为中世纪革命反对派的三种斗争形式都穿的是“宗教的外衣”。

其三、其四、其五，均见于恩格斯在1886年写的《路德维希·费尔巴哈和德国古典哲学的终结》中：

中世纪把意识形态的其他一切形式——哲学、政治、法学，都合并到神学中，使它们成为神学中的科目。因此，当时任何社会运动和政治运动都不得不采取神学的形式；对于完全受宗教影响的群众的感情说来，要掀起巨大的风暴，就必须让群众的切身利益披上**宗教的外衣**出现。[②]

当路德的宗教改革在德国已经蜕化并把德国引向灭亡的时候，加尔文的宗教改革却成了日内瓦、荷兰和苏格兰共和党人的旗帜，使荷兰摆脱了西班牙和德意志帝国的统治，并为英国发生的资产阶级革命的第二幕提供了意识形态的外衣，在这里加尔文教是当时资产阶级利益的**真正外衣**……[③]

由此可见，基督教已经踏进了最后阶段，此后，它已不能成为任何进步阶级的意向的意识形态**外衣了**；它越来越变成统治阶级专有的东西，统治阶级只把它当做使下层阶级就范的统治手段。[④]

其六，见于《〈社会主义从空想到科学的发展〉英文版导言》：

---

① 《马克思恩格斯全集》，第7卷，第401页。

② 《马克思恩格斯选集》，第4卷，第251页。

③ 同上书，第252页。

④ 同上书，第252—253页。

> 当时反对封建制度的每一种斗争，都必然要披上**宗教的外衣**，必然首先把矛头指向教会。[①]

尽管恩格斯认为宗教在这一切反封建制度的革命中所起的社会政治作用，只是提供一件意识形态的“外衣”，而非宗教的实质内容，但他毕竟对宗教的这种作用是肯定的，比之于他和马克思此前对宗教的全盘否定有所改变。

回顾之后的思考

马、恩对于宗教在历史上的社会政治作用的批判是激烈的，否定是相当彻底的。今天的宗教学者尽可以持不同意见，但应该承认，他们的理论分析是相当深刻的。从总体上看，世界性的几种大宗教以及许多民族的传统宗教，在其发展到阶级分化的时代后，确是先先后后发展为维护统治阶级的利益、神化统治秩序的工具，起到了安慰被压迫人民的精神，使之安于苦难现实的作用。就此而论，马、恩的宗教—政治理论是与各民族的宗教史实和政治史实符合的。宗教的这种社会政治作用，就是在近现代西方的比较宗教学者和宗教史学家的著作中，大多都是承认的。问题在于，宗教的社会政治功能是否仅此而已？马、恩的有关理论是否尽善尽美，全面无遗？看来，情况并非如此，我们今天需要对之进行理性的思考。

第一，即使人们完全赞同马、恩的观点，把宗教视为统治阶级维护其统治秩序的工具，这个观点也只有针对阶级分化的社会才有意义，对于尚未有阶级分化的社会（例如原始氏族制社会），当时的宗教显然不是为统治阶级服务的。

第二，即使在阶级社会里，宗教作为政治制度的灵光圈，神化了统治阶级的统治秩序，人们仍然有理由进一步提出疑问：这种“神化”是否完全是消极的、反动的呢？马、恩作为志在打碎旧世界的革命家，对宗教的这种社会政治作用历来是否定的，而且在马、恩从事共产主义革命事业的历史年代里，欧洲的基督教会确实也是把共产主义运动视为洪水猛兽，力图消灭而后快。在这种历史条件下，马、恩无论是出于理论的逻辑，还是出于对实际阶级关系的考虑，都只能把传统宗教视为敌对的意识形态和剥削制度的上层建筑。革命形势的需要迫使他们不能不对宗教的社会政治

---

① 《马克思恩格斯选集》，第3卷，第390页。

功能进行更多的批判。影响所致，后来的列宁更着重于批判和揭露宗教的这种消极的、反动的社会政治作用，言辞更为尖锐，调子更为激烈。而马克思主义、列宁主义的其他后继人更是把这种观点推到极端。他们几乎总是把宗教等同于统治阶级的政治需要，进一步又把统治阶级等同于反动阶级，再进一步，宗教就成了反动政治意识的同义语。这种情况，我们在十月革命后的苏联、“大跃进”和“文化大革命”时期的中国不是曾不断见到过吗！

但是，这种观点及其推论有很大的片面性。即使人们承认宗教的全部政治作用就是维护统治阶级的利益及其统治秩序，也不能就此得出结论，说宗教等于反动。马克思主义唯物史观的基本精神是历史辩证法，它认为历史上的一切事物都不是永恒不变的存在，而是有一个发生、发展和消亡的过程。社会的政治制度和一切社会秩序是如此，社会上的统治阶级也是如此。一种政治制度或一种社会秩序，当其应社会的需要而产生出来，符合于历史发展规律的时候，它们就起着一种推动社会发展和历史进步的积极作用；只有当它们在历史的进一步的发展中成为一种阻碍社会继续进步的东西时，它们才是一种保守的因素，必然为某种新的制度和秩序所代替。唯物史观的历史辩证法本身意味着它绝不否定统治阶级在一定历史阶段上有可能起着积极作用。当统治阶级所维护的统治秩序符合于历史发展的要求时，它就是社会生活中的积极因素和进步力量。只有当它们所维护的制度和秩序成为社会历史发展的障碍时，这时的统治阶级才是保守的、反动的社会力量。马、恩的《共产党宣言》在分析资产阶级的历史作用时，就使用了这种历史辩证法的分析方法。他们曾充分肯定资产阶级在其上升时期在历史上所起的巨大进步作用。既然如此，我们也可以把这种历史辩证法应用到宗教领域中来，承认统治阶级在其进步时期利用宗教的积极意义，只有当宗教为反动、保守的统治阶级服务时，它的社会政治作用才是保守的、反动的。

第三，恩格斯的“宗教外衣论”是一个很有新意的概念，它可以使历史唯物主义宗教—政治观解释宗教在历史上的社会政治作用问题时，具有更多的灵活性，使它可以从全盘否定宗教的僵硬态度上解脱出来。当然，喜欢探索的人不会完全满足于这个概念。他们会进一步问：难道宗教在历史上的进步运动中，特别是在反封建制度革命中所起的作用仅仅是“外衣”吗？难道宗教的“内容”就不起作用了吗？这是一个应予深入探讨的问题。但是，宗教在历史上为反封建革命和其他进步运动所提供的东西，无论是“外衣”也好，“内容”也好，都不是决定性的东西。反封建制的社会力量（中世纪的农民和早期资产阶级）之所以奋起反抗，决定性的原因是他们所处的社会地位，以及由此而产生的社会的、政治的、经济的要求，而宗教的“外衣”和“内容”都不过是他们用以实现其要求的工具。在这个意义上，恩格斯的“宗教外衣论”大体上可以满足学者们解释历史事件的要求。

第四，马克思、恩格斯有关宗教—政治问题的全部论述，大体上都只是从阶级关系和阶级斗争这一角度来分析宗教的社会政治作用的。如果把宗教的社会政治作用仅仅局限在这个范围，马、恩的结论看来是顺理成章的。可是，问题在于，宗教的社会政治作用绝非仅限于此。任何一种社会形态，即使是阶级社会，都包含有大量的、复杂的人际关系，远不限于统治阶级与被统治阶级之间的阶级关系这一个方面。而如何处理这些复杂的人际关系，每一项行政举措（制度、法律），每一种行为规范（道德准则、风俗习惯），都具有政治意义。这就是说，社会生活中的人际关系和政治关系，既有阶级与阶级之间的阶级关系，也有非阶级性的人际之间的公共关系。在传统社会里，由于传统宗教事实上居于上层建筑的顶端，它对社会人际关系的各个方面都会发生直接间接的作用和影响。这种作用是多方面的。宗教在调剂、制约、维护非阶级的公共关系方面所发挥的社会政治作用，是不能视而不见，弃之不顾的。至于这方面的作用如何，是积极还是消极，那要根据历史条件作历史的分析。

第二节　原始时代的宗教与政治的缘起

宗教神学的政治天命论

自从社会出现了群体生活的管理，人际关系的约制，特别是出现国家政权以及相应的律法和典章制度以来，各民族历史上的宗教差不多把它们说成神的决定和天命的安排。我国最古老的典籍《尚书》非常系统完整地宣扬这种天命神学。“无旷庶官，天工人其代之。天叙有典，勅我五典五惇哉；天秩有礼，自我五礼五庸哉；同寅协恭，和衷哉；天命有德，五服五章哉；天讨有罪，五刑五用哉。”（《尚书·虞书·皋陶谟》）国家的政治法律制度和社会的人伦秩序在这里一概被归因于天之所命。《尚书》被儒家奉为经典，它这一套天命论观念也被历代统治者奉为天经地义，一直支配着几千年来中国传统社会的政治观念。

古代印度宗教把“达磨”（“法”）作为神圣的宇宙法则。认为一切社会人伦秩序、政治、法律、人应尽的社会义务和应负的社会责任，皆本之于“法”。人的社会地位（种姓制度）为达磨所规定，不能改变。因此，任何人皆必须遵从这种由神圣法则前定的社会体制，严守自己的阶级身份，享受相应的权利，接受相应的义务，只有这样做，才能得到最终的解脱。这种宗教观念实际上是把印度的社会政治制度说成神圣天命的安排。

至于犹太教、基督教和伊斯兰教这些同出一源的所谓“启示宗教”，更是把社会的政治生活中的一切都说成是神的耳提面命，或通过先知或天使发布的“启示”。《圣经》和《古兰经》把这种神启的情况说得活灵活现，生动具体，煞有介事。类似的说法普遍见之于许多民族传统宗教的神话传说之中，不仅在古代社会中占据统治地位，而且在直至近代的政治学说史上，不少有学问的人仍在用各种方式重复这种具有宗教神学色彩的政治天命论。

政治和宗教都是人类创造的文化现　象

历史上具有理性启蒙思潮的思想家在对传统宗教神学提出各种怀疑以至否定的同时，也对神创政治论或政治天命论作出了各种批判，并以人性和社会的需要为出发点来构建政治起源论。这种思想倾向发展至近代，就形成了著名的“社会契约论”。它成了近代资产阶级民主革命的主要理论武器。

马克思主义历史唯物论关于经济基础与上层建筑的理论，为政治的起源问题提供了新的说明，它认为，政治、法律、国家政权和宗教、道德、哲学、艺术……一样，都是在一定生产关系构成的经济基础之上建立起来的上层建筑的各种形式。上层建筑的任务是为适应经济基础的需要，维护经济基础的存在和巩固服务的，因此，它们随着经济基础的产生而产生，也随着经济基础的发展而发展。唯物史观关于经济基础与上层建筑的理论对包括宗教在内的各种上层建筑的起源和基础问题给出了一个统一的说明，从根本上否定了任何形式的政治源于神启和宗教的观点。

本书不仅把宗教、政治、道德、艺术……视为建立于经济基础之上的上层建筑，而且同时把这些上层建筑视为人类为满足人类各种层次的需要而创造出来的不同形式的文化。人类的经济活动，即物质生产活动，也是人类的一种文化创造，它的产品构成直接满足人类生存需要的物质文化。人类的物质生产活动总是社会地进行的。人与人在生产中结成各种各样的人际关系，构成社会网络，它自然而然地要求网络中每一个体必须调节和规范自己的行为，以维护人际关系的运转，这就构成社会的秩序和制度。社会对个人行为的调节与规范有各种不同的方式：或通过社会舆论和民俗习尚要求行为者自觉其应该遵守；或通过强制性的社会手段迫使行为者必须遵守。前一种方式构成社会的伦理规范和道德准则；后一种方式则形成政治制度、律法规定以及相应的政权机构。因此，道德和政治，本质上不过是社会为维系人际关系和社会秩序而创造出来的一种规范人类行为的文化。我们可以称之为“行为文化”。

宗教本质上也属于行为文化范畴。从原始时代起，宗教就渗透到人们的一切行为之中，认为与人生存攸关的一切对象以及与对象打交道、使之能为己所用的一切活动，均有超人间超自然的神灵操纵其间，人必须敬而畏之，崇而拜之。至于规范人际行为和社会秩序的道德准则和政治制度更被说成秉诸神意，宗教赋予道德和政治神秘的色彩和神圣的意义，把必须遵从的社会规范积淀为良心认可的价值标准，把被动性的外在服从内在化为精神上的信仰。没有宗教的神化，人类的道德行为、价值准则，以及社会秩序、政治制度、律法体系是难以维持和巩固下来的。在这个意义上，尽管宗教并非政治、道德等行为文化的来源，但却是它们得以产生和发展的“助缘”。这在原始文化中表现得最为明显。

原始社会中的政治与宗教

“文化大革命”之前，社会上习惯于把“政治”与阶级斗争、阶级专政、阶级国家连在一起，甚至混为一谈，由此而导出对“政治”产生两个重大的误解：第一，原始社会既无阶级，即无国家和政治；第二，强调政治国家的职能是阶级专政，忽视以至不承认它在维持社会公众公共生活秩序和非阶级人际关系方面的职能。现在既然我们把政治视为一种“行为文化”，那么，政治文化无疑早已出现于原始社会的公共生活和人际关系之中；而且在阶级社会中，它不仅作为阶级国家而发挥其阶级专政职能，也在非阶级的人际关系和公共生活之中发挥其作为“行为文化”的作用。

原始社会既是群体性社会，当然就有把群体结合在一起的社会结构和社会体制，因而也就是一个政治性的社会。原始社会的社会体制的巩固与发展，除了经济基础的要求与发展起了根本性的作用以外，与原始时代的宗教文化的形成与发展有着密切的关系。宗教诸要素都对原始社会的政治生活发生过重要的影响。

当原始人心中的宗教观念客观化（异化）为宗教崇拜的对象，如从氏族图腾到女性和男性祖先，从“祖有功，宗有德”的文化英雄到神圣化的部落首领以至超血缘的地域保护神……它们在原始社会的不同发展阶段成为氏族—部落群体共同信奉和崇拜的对象，从而大大强化了个人对群体的认同感和社会凝聚力。这些共同的信念分别是母系氏族制社会、父系氏族制社会和部落社会的社会体制赖以构成、得以巩固的心理根源和文化基础。

在共同信念基础上产生的宗教感情、宗教行为以及它们被制度化后而形成的崇拜体制，更使氏族—部落社会共同体从内在的感情到外在的行为有了一致的规范。被赋予神圣意义的宗教礼仪制度和宗教禁忌规定具有超个人的社会强制力，逐渐成为规范人们行为的神圣准则。在原始时代，它们事实上构成了维系社会秩序和人际关系的政治律法体系（民俗、习惯法、神判）。由于不同氏族—部落社会的宗教礼仪和宗教禁忌各有自己的规定，它们成了对内认同和对外立异的标志，赋予不同的氏族、不同的部落以个性和特色。

如果说原始氏族制阶段的宗教观念和宗教崇拜体制一般只是起一种维系氏族群体共同生活的作用，那么，在部落联盟时期，随着私有制和阶级分化的出现，宗教也逐渐具有阶级色彩，除了仍发挥维系群体共同生活的非阶级性作用以外，更越来越突出地成为部落首领、氏族贵族和祭司贵族保持其特权利益的工具。许多民族的历史证明，早期阶级国家大体上是以巫师和宗教祭司为核心建立起来的。在这方面，弗雷泽进行过广泛而深入的宗教人类学研究，他关于神圣君权起源于巫师阶层的理论，至今看来，仍引人入胜，富有说服力。

弗雷泽指出，在原始社会中巫师由于职责的需要迫使他们从艰苦的体力劳动中解脱出来，去探索气象的变化、季节的转移、日月星辰的运行、疾病的医治、生死的秘密，因而成为当时最有知识和权威的特殊人物，并被社会认之为具有神秘的魔力能与精灵鬼神打交道，这就使他们在社会上居于举足轻重的地位，受到社会的敬重和畏惧，也使巫师们得以有可能攫取社会的最高权力，成为部落的酋长和一国的君主。为了证明自己的观点，他在《金枝》中列举了大量民族学上的事实：澳大利亚中部原始部落的头人们都是公众巫师；美拉尼西亚的部落酋长之所以享有权力，是因为人们相信他能与魔鬼打交道，掌握别人的命运和祸福；非洲的国王常常是从公众巫师（特别是祈雨师）发展而来……

> 总起来说，我们似乎有理由推引出这样的看法：在世界很多地区，国王是古代巫师或巫医一脉相承的继承人。一旦一个特殊的巫师阶层已经从社会中被分离出来并被委以安邦治国的重任之后，这些人便获得日益增多的财富和权势，直到他们的领袖们脱颖而出，发展成为神圣的国王。①

弗雷泽所谓的“神圣君权源于巫术师”一语中的“源于”，从“起源”的根本意义上说应作“缘于”，因为原始宗教作为神圣君权之“源”是在一定“经济基础”之上发生的次级原因。没有原始社会晚期萌芽而生的私有财产制度和社会的等级分化，就不可能有巫术师和祭司之类宗教职业者作为特权阶层的出现。我国古代文献也有类似的记载，其中最有史料意义的当推《国语·楚语下》所载观射父答楚昭王关于“绝地天通”之问：②

> 昭王问于观射父曰：“周书所谓重黎使天地不通者，何也？若不然，民将能登天乎？”对曰：“非此之谓也。古者民神不杂。民之精爽不携贰者，而又能齐肃衷正，其智能上下比义，其圣能光远宣朗，其明能光照之，其聪能听彻之，如是则明神降之，在男曰‘觋’在女曰‘巫’，是使制神之处位次主，而为之牲器时服。而后使先圣之后有光烈，而能知山川之号，高祖之主，宗庙之事，昭穆之世，齐敬之勤，礼节之宜，威仪之则，容貌之崇，忠信之质，禋洁之服，而敬恭明神者，以为之‘祝’。使名姓之后，能知四时之生，牺牲之物，

① 弗雷泽：《金枝》，上册，第128页。

② 这段话本书第二编第二章曾作过征引，考虑到它直接记载了古代宗教与政治的关系，与本章内容密切攸关，故不惮重复，再次引用并予分析。——作者

玉帛之类，采服之仪，彝器之量，次主之度，屏摄之位，坛场之所，上下之神，氏姓之出，而心率旧典者，为之‘宗’。”

于是乎有天地神民类物之官，是谓“五官”，各司其序，不相乱也。民是以能有忠信，神是以能有明德，民神异业，敬而不渎。故神降之嘉生，民以物享，灾祸不至，求用不匮。

这是一段十分重要的史料，它直接记叙了“古代”（原始时代）宗教与政治之间的因缘关系，它告诉我们，男觋女巫在古代社会中是具有超乎常人之上的聪明才智的特殊人物，惟其如此，神灵才降附其身，使其成为通神事鬼的巫觋。正是他们掌握并规定了神灵世界的位秩和崇拜神灵的礼仪制度，并发展而为“宗”、“祝”（此即“宗教祭司”）。他们不仅主持社会群体（早期国家）的公共祭仪，而且熟悉规范上下人伦关系的典章制度。他们也由此而成为掌管政事的各种“官吏”（职掌天、地、神、民、类物之职的“五官”）。观射父和楚昭王是生活在公元前6—前5世纪的人，他的这番谈话是说明我国原始社会时代宗教与政治之关系的权威史料。其所以权威，不仅因为它年代的古老，更重要的是它的内容与世界许多原始性民族的情况非常一致，符合于古代政治—宗教关系的普遍规律。观射父这番谈话只谈及官僚系统与巫觋宗祝的渊源，并未直接断言早期国家的国王起源于巫祝阶层。但人们不会忘记，我国从原始时代的氏族长老、部落首领到夏商周三代以来的历代君王，都不仅是社会和国家的行政首脑，而且也是全社会、全国家公共宗教祭祀大典的主祭人，是最高的祭司长，后来更直接自称为上天（上帝）的“嫡长子”（天之元子），奉天承运、天命所归的“天子”。君权与神权、政治与宗教，在中国历史上从来都是合流的。如果说，还有什么“中国民族特色”的话，那就是中国的宗教历来附属于中国的政治，神权历来服从于君权而已！①

① 关于从原始时代的巫术师发展为神圣国王的具体情况，本书第二编第二章第六节：“原始社会晚期氏族—部落宗教的演变”作了一定的分析和论述，我们在那里讨论了原始时代的巫术和巫术师（“萨满”）从“全民性巫术”（“民神杂糅”、“家为巫史”）→“氏族性巫术”（氏族中出现了巫术师或萨满，主持氏族的宗教仪式，但未专职化）→巫师专职化和祭司化（“民神异业”）→集神权与王权于一身的“首领崇拜”。这个四阶段演变过程比较具体地展现了原始社会宗教—政治关系的发展进程。请读者参阅那里的论述，这里不再重复。

第三节 阶级社会中的宗教与政治

宗教与阶级斗争

没有原始社会晚期的社会分工和阶级分化，就不可能出现一个从艰苦的谋生劳动中解脱出来，从事文化创造的特殊阶层，整个社会也就不可能从野蛮进到文明。正是这个缘故，世界历史上的文明时代都必然是阶级分化的社会。社会上有了不同利益的阶级或集团，它们在各自利益的驱动下，不可避免地要为捍卫自身利益而斗争，这就是阶级斗争。在阶级社会中，阶级斗争成了政治生活的重要内容。宗教与政治历来密不可分，各个利益不同的阶级都会利用传统宗教作为维护自身利益的工具和手段。统治阶级会利用宗教，被统治阶级也会利用宗教。这种情况在世界各国的历史上很普遍，已成为古今中外概莫能外的传统。这里就向我们提出了一个学术问题，既然社会各阶级在历史上都曾利用宗教为自己的阶级利益服务，那么，是否可以认为，宗教本身没有阶级性，而是像生产工具、科学技术一样的纯工具性的东西呢？它是否可以一视同仁地为社会各阶级服务呢？这个看法貌似有理，实际上经不起进一步的推敲。宗教是社会意识和上层建筑中最重要的组成部分之一，在阶级社会中，宗教是有其一定的阶级特性的。表面上看，似乎各种社会力量都曾利用宗教作为为己所用的工具，而工具本身没有特定的阶级色彩。但问题在于这里所说的“工具”只是一个抽象概念，工具本身却有不同的种类和性质。人类所用的工具，既有从事生产斗争的生产工具，也有从事阶级斗争的思想工具。前一种工具可以不经任何改装而一视同仁地为利用它的各色人等服务。思想工具则不然。不同的思想原则，常常是为不同利益集团的利益所决定。有些思想原则表面上不同利益集团都在使用，但它们各自在利用它时，却总是在其抽象的一般形式中装进不同的阶级内容。这正是思想原则作为“工具”使用时，与生产性工具的本质区别所在。不同的阶级往往信仰同一种宗教，礼拜同一个神灵和上帝，但这个神、这个上帝，却总是被信仰它们的人涂上自己利益的色彩，按照自己的需要加以改装或重新塑造。墨子天志论之天与孔夫子天命论之天大不相同。孔夫子的天命论与周公旦的天命论的性质和内容也并不完全一致。欧洲中世纪末期，在罗马教廷与世俗君王争夺权力的斗争中，尽管双方都主张君权神授的说教，但却各有不同的理解。罗马教廷所谓的君权神授，是强调上帝通过其在世上的代表——罗马教皇授予世俗君主以君权，因此，各国的世俗君权应听命于教廷的神权；世俗君主的君权神授说则反其道而行之，认为皇权由神直接确立，教皇应服从君主的统治。14世纪的威廉·奥卡姆在其《有关教皇权力的八个问题》中，从理论上论证世俗政权是上帝直接授予的，教皇无权册立世俗君主。教皇和教会只有宗教上的权力，在政治上应服从世俗君主。后来，英国的威克里夫运动和捷克的胡司运动继承和发展了这种主张。教廷和君主本来不过是同一个统治阶级中的不同集团，但因其有各自不同的利益，这就使本来具有同一阶级属性的君权神授说涂染上了不同的色调。看来，宗教和其他社会意识形态一样，一旦成了阶级斗争的工具，就被打上了阶级的烙印。如果没有这种烙印，它就起不到“工具”的作用。这就像一张没有签字和图章的支票没有任何信用一样。

宗教与群体性的政治生活

在我们承认宗教在阶级社会常常成为阶级斗争的工具这一历史事实的同时，却也不能忘记历史告诉我们的另一方面事实：阶级关系、阶级社会既不是人际社会关系和人类社会的原始形态，更不是人际社会关系和人类社会的唯一形态和永恒不变的形态。同时，即使在阶级社会中，阶级关系也不是人际社会关系的全部内容，除此以外，还有非阶级性的人际社会关系，例如：

人作为人类的一分子，与人类其他成员结成普遍性的人类关系；

人作为血缘种族中的一分子，与种族内部其他成员结成种族性（民族）关系；

人作为地缘性社区中的一分子，与社区内部其他成员结成社区共同生活的社会关系；

人作为不同行业集体中的一分子，与行业集体中的其他成员结成行业性集体关系；

人作为某种宗教的信仰者和教会组织的成员，既有与本教其他成员的关系，也有与其他宗教及其成员的关系；

由这种关系还衍生出一系列社会关系，如由血缘关系衍生出亲属关系，由地缘关系衍生出邻里关系……

上述这一切非阶级性的社会关系都具有政治的、律法的、伦理的性质。人生活于这一系列关系之中，都需要调整和规范自己的行为，以适应于这些社会关系的性质与要求，否则，人际之间就会发生冲突，相应的人际社会关系就将瓦解，社会生活秩序就会受到破坏。伦理规范、律法规定和政治制度中的许多内容都是适应这些非阶级性的社会关系，为维护整个社会群体秩序的稳定而服务的。这一部分并不具有为特殊阶级服务的阶级性色彩。传统宗教在历史上对这一部分不具阶级色彩的伦理规范、律法规定和政治制度，也不断发挥巨大而深刻的影响和作用。宗教以神圣的名义，用“神意”、“天命”、“上帝的启示”、“神律”之类把这些人际社会关系以及相应的伦理规范、律法规定和政治体制神圣化，赋予这一切不可改变、不容侵犯的神圣性，这就强化了社会成员对这些社会关系的认同和对相应的伦理规范、律法规定和政治制度的服从。宗教的这种政治作用、律法作用以及伦理作用，是维系社会群体共同生活的需要，并不具有阶级性。世界各大宗教体系所规定的基本戒律都反映了这方面的内容。耆那教、佛教和中国道教的“五戒”（佛、道还有十善），犹太教、基督教奉为上帝神启的“摩西十诫”，其基本内容大同小异，都提出不可杀人（佛教进一步主张“不杀生”）、不可奸淫、不可偷盗、不可作假见证（佛、道进一步主张“不妄语”）、不可贪恋别人妻子和财物以及须孝敬父母等规定。对于信仰这种宗教的社会群体而言，这些戒律规定不仅是他们必须自觉遵守的伦理规定，而且构成社会群体强制其一切成员必须服从遵行的律法规定和政治准则。这些非阶级性的人际社会关系和相应的伦理规范、律法规定和政治制度，虽然不是产生于神的天命和宗教的创造，但它们之所以能得到社会的承认和实行，却有赖于宗教对它们的神圣化。

宗教在政治方面的普遍性作用尚不仅限于上述五戒、十诫之规。国家—民族宗教赋予整个国家和全民族以共同的信仰对象和共同的教义信条，这就能加强一个国家和民族的认同感和一体化，有助于使它在种族冲突和国际斗争中维系自己的独立存在。如果没有犹太教，犹太民族早就消磨在历史的海洋之中了；如果没有伊斯兰教的共同信仰，阿拉伯国家恐怕也很难在殖民主义、帝国主义、霸权主义的压迫下维持民族的特性和国家的独立。

如何评价宗教在维系社会共同体方面的非阶级性的政治作用，也需要科学的态度和方法，要作历史的、具体的分析，不能绝对化地一概而论。宗教在这方面的政治作用常常也是具有两面性的。各种宗教当其成为国家、民族和群体的共同信仰时，一方面固然可以形成并加强信仰者的认同感和凝聚力；但另一方面，这种共同信仰同时也强化了对持不同宗教信仰的国家、民族和群体的立异感和排斥力。它使人把宗教信仰相同者视为“兄弟”，但同时又使人把不同宗教信仰者打成敌人和“异端”，由此而在历史上引发了讨伐异教、消灭异类的宗教战争。此类战争在历史上屡见不鲜。当然，此类宗教战争和教派斗争在历史上的出现，有其深刻的历史背景和社会原因，不能完全算在宗教的排他性账上。但也应该如实承认，正是这种宗教所特有的排他性，深化和神化了它们之间原有的社会矛盾，使之具有神圣的性质，越来越难以调和。

共同的宗教信仰对于社会群体的认同作用和凝聚作用也并不是什么在任何情况下都绝对美妙、没有任何缺陷的东西。这是因为宗教总是把这种共同的信仰或信念绝对化、神圣化，不许人对它持怀疑审视的态度，更不许对持不同信仰的异教文明表示赞许，这种绝对化的单一信仰固然可以维持稳定的社会秩序和政治结构，但它同时也把这种秩序和结构凝固起来，把人们的思想和观念冻结起来。知识无从更新，社会亦难以发展。宗教在政治领域所起的作用，无论是在阶级斗争领域，还是在非阶级性的群体生活领域，都具有双重性。既有其积极性的方面，也有其消极性的方面，在一定历史条件下起积极作用的东西，在时过境迁的另一种历史条件下，可能转化为消极的东西。

第四节 宗教为统治秩序服务的几种形式

在阶级社会的发展史上，统治阶级利用宗教来巩固统治秩序大体上有三种形式。

宗教国家化为国教

宗教国家化为国家规定的全民性信仰，曾是文明国家形成后宗教发展的必然趋势。

在原始社会，氏族—部落宗教曾经是氏族—部落的全民性信仰。统一国家出现之后，统治阶级往往以自己部落的神祇或神祇系统为全国共奉之神，或者以征服者的宗教取代被征服者原来所信的宗教，或者创立或接受某种新宗教，将其定为全民必须信奉的国家宗教或国教。在国教体制中，国教的祭司或僧侣往往享有特权地位，对国家的社会政治生活发挥举足轻重的影响，并排斥其他宗教信仰，造成国教信仰在意识形态中的单极化状况，以宗教信仰上的一致来维护统治秩序的稳定。

宗教国家化和国教化在世界历史上极为普遍。古代的几大文明古国，其传统宗教都随着国家的出现而发展为国家宗教。

古代埃及从原始社会发展为政治国家的历史过程大体是氏族公社→农村公社→地区性的州→更大地区的统一或半统一的王国，在这过程中，一般总是强大的氏族或地区首领取得政治、经济上的特权地位，成为政治国家的世袭国王，他们原来所崇奉的图腾神和祖先神一般也就成为该地区的地方保护神。当某个州成为统一王国的政治中心（首都）时，它的地方保护神也就相应地升格为全国的最高神。古埃及宗教的神不过是国家和王权的象征，神的神性实际上是维护法老政权统治的神圣不可侵犯性。

两河流域地区是人类文明和国家的发源地。据历史学家考证，世界上第一个国家形态的政权是由苏美尔祭司建立起来的，神庙是苏美尔城邦国家的中心，祭司控制政权。以后，由于部落间的不断征服，政权不断更替。但祭司贵族始终高踞于国家权位的顶端。新旧统治者看到了宗教维护国家统治权的好处，便不断利用和加强传统的宗教，或者培植为自己服务的新的祭司贵族，或者直接把自己变成新的祭司贵族。由于征服与被征服，统治者可以变迁，但宗教作为巩固国王统治权的上层建筑，不但没有变化，反而日益国家化。在两河流域，从苏美尔到阿卡德再到巴比伦的古代历史上，宗教作为国家宗教的功能和特点，日益强化。

我国三代以来的以“敬天法祖”、社稷崇拜为核心内容的传统宗教，事实上就是制度化了的国家宗教，它的社会政治任务就是调动一切宗教形式来维护宗法社会的社会秩序，用神权的力量来强化宗法社会的君权、族权和夫权。我国古代典籍对此有充分而又系统的论述。例如《国语·楚语下》有这样一段说明：

> 国于是乎蒸尝，家于是乎尝祀，百姓夫妇择其令辰，奉其牺牲，敬其粢盛，洁其粪除，慎其采服，禋其酒醴，帅其子姓，从其时享，虔其宗祝，道其顺辞，以昭祀其先祖，肃肃济济，如或临之。于是乎合其州乡朋友婚姻，比尔兄弟亲戚。于是乎弭其百苛，殄其谗慝，合其嘉好，结其亲昵，亿其上下，以申固其姓。上所以教民虔也，下所

以昭事上也。天子禘郊之事，必自射其牲，王后必自舂其粢；诸侯宗庙之事，必自射牛，刲羊，击豕，夫人必自舂其盛。

这是关于中国的宗法性宗教如何通过自己的宗教祭祀活动服务于宗法性社会秩序的生动描述。它明确宣告，其最终目的主要是“上所以教民虔也，下所以昭事上也”。中国的传统宗教，几千年来一直发挥着这样的作用。

传统宗教国家化、国教化的情况普遍存在于各大文明古国之中。后来的三大世界宗教先先后后都曾被不同国家封为“国教”，如佛教之于阿育王的孔雀王朝，基督教之于罗马帝国和中世纪的欧洲各国，伊斯兰教之于阿拉伯帝国和近现代许多伊斯兰国家。一种宗教之所以产生和流行，当然不是统治者的一纸敕令所能造成的，但是，它能否成为国教，则有赖于统治者的政治意志，取决于统治者是否认为它有利于自己的统治。世界上几乎所有重要的宗教都曾登上过国教的宝座，这个历史事实可以证明，宗教确实是有利于统治秩序的。

政 教 合 一

政教合一是君权与神权、政权与教权合二而一的政治制度。这种体制在不同的国度和历史时期，其结合有不同的程度，其表现也有不同的形式，二者完全结合者就形成“神权政治”，未完全合一者，有如上面所说的“国家宗教”或“国教”。从历史趋势看，政教合一的程度有日渐松弛之势。

在上古时代，各文明古国的政治制度都或多或少包括有神权政治的成分。传统宗教作为维持统治秩序的强大支柱，国家的重大政务往往以宗教形式作出决策，政治活动的成败得失往往归因于神意，国君被视为神的化身、后裔或代理人，他们或者出身于祭司贵族，或者兼任国家的最高祭司，总揽一国之政权与教权；上层统治集团包含大量的宗教上层人物，祭司和僧侣也兼管教务和政务。中世纪时代，各国封建君王普遍宣扬君权神授，以神权巩固君权。这一时期神权政治的突出代表有罗马教皇国、哈里发帝国和中国的西藏地区。资产阶级革命之后，出现了政教分离、废除神权政治的趋势，但政教合一和神权政治的现象仍在不同程度上保留至今，并未灭迹。伊斯兰教占统治地位的地区，这种情况更为显著。哈里发帝国虽已成历史，但一些伊斯兰国家的元首至今仍采用“苏丹”或“埃米尔”这样的政教合一称号。霍梅尼伊斯兰革命之后的伊朗，宗教领袖事实上仍享有国家的最高权力。伊斯兰教对穆斯林国家的社会政治有全面深入的影响，伊斯兰教的教法往往被作为国家的民法和刑法，并形成了“佥议”、“类比”等宗教性的立法准则。政教合一至今仍以不同形式存在于伊斯兰国家之中。

基督教国家的政教合一情况比较复杂。其极盛时代是中世纪，极端的典型是教皇国。在欧洲的中世纪，基督教渗透到政治法律的一切方面，《圣经》的词句具有法律的效力；帝王即位由教皇涂膏加冕，主教同时拥有世俗权，其中包括领地内的司法权，教会法规取代了罗马法，异端裁判所一度凌驾于世俗法庭之上；教育全掌握在僧侣或修士手中，“七艺”成为神学的附庸，神甫成了乡村和基层社会生活的指导者，这些情况在资产阶级民主革命后逐渐淡薄消失，但仍保留了某些遗迹和外在形式。佛教的政教合一倾向相对较弱，大乘佛教尤其如此。这与佛教教义的出世性较强有关。但在南亚小乘佛教地区至今仍存在一定程度的政教合一现象。至于我国民主改革前的西藏地区，则是中世纪式的政教合一、神权政治的典型形式。

非国教形式的宗教与统治阶级

在历史上，并不是所有的国家都一直把某种宗教宣布为国教，或实行政教合一的政治体制。在一定历史阶段上，有些国家出现了多种宗教互相竞存的局面。对于它们，统治阶级或者选择其中之最有利于自身权益者作为定于一尊的国家宗教；或者兼容并蓄，让各种各样的神（上帝、真主、佛、玉皇大帝、各路神仙）都成为保护自己江山社稷的保护神。这种情况之所以可能，根本原因在于一切宗教一般总是把人民苦难的解脱放在来世的“天国”之上，人民因此而淡化了对现实苦难的关切，放弃了争取现实幸福的斗争，有利于现存统治秩序的巩固。

但是，各种宗教（甚至同一宗教中的不同教派）毕竟各有自己的社会基础，它们的宗教思想、宗教仪规，特别是社会政治主张，常由于其所根基的民族、阶级、阶层的不同而有差异。在面临宗教竞争和宗教斗争的复杂情况下，统治者则总是根据自身的利益分别对待，或者拉拢利用，或者分化打击，甚至视为异己力量，必欲除之而后快。这种情况在中国历史上表现得非常明显。佛教传入中国后，历代君主差不多都持大力支持、尽量利用的态度，但同时也有“三武一宗”（北魏太武帝、北周武宗、唐武宗和后周世宗）主张消灭佛教，有些朝代的君主在尊奉佛教和道教的同时，一时抬高道教的地位以压低佛教，一时也抬高佛教的地位以压低道教。但无论何种宗教，它之所以或受推崇，或受贬抑，都是由统治阶级自身的利益所决定的。

世界历史上亦有类似情况。基督教在罗马帝国境内先是遭受镇压达三百年之久，以后帝国政府则改弦更张加以利用，甚至封为国教，但对其中之异端教派仍予打击。西罗马帝国崩溃以后，贵族统治者起初信奉阿里乌斯教派，后来信奉罗马公教，仍然打击教内异端。宗教改革，西欧各国君主或则扶持天主教，排挤迫害新教徒，或则反其道而行之。在伊斯兰世界教内各派更直接成为各派政治力量的武器，统治者总是根据自己的利益，支持一派，打击别派。

第五节　被统治阶级利用宗教的几种形式

在古今中外的阶级社会里，宗教与政治的关系，不仅表现为宗教为统治阶级的政治需要服务，而且社会的被统治阶级也常常利用宗教信仰来为自己的政治利益服务。在这方面，主要有三种情况：

一、打着宗教旗帜的人民起义；

二、宗教改革和教会改革；

三、异端神学和异教运动。①

打着宗教旗帜的人民起义

在阶级社会的漫长史上，宗教都被统治阶级放在社会上层建筑的顶端，享有至高无上的尊荣地位，在传统文化的长期熏陶之下，人们的思想、感情几乎都带上宗教的色彩。社会政治观念往往使用宗教的语言，政治斗争的行动也常常打着宗教的旗帜。正如恩格斯所分析的那样，这种情况之所以如此，是因为在中世纪，宗教成了统治性的意识形态，意识形态的其他形式（哲学、政治、法学）都合并到宗教神学之中。因此，当时任何社会运动和政治运动都不得不打着宗教的旗号，采取神学的形式，我国历代

① 这三种形式是恩格斯总结出来的：“反封建的革命反对派活跃于整个中世纪革命，反对派随时代条件之不同，或者以神秘主义的形式出现，或者是以公开的异教的形式出现，或者是以武装起义的形式出现。”（《马克思恩格斯全集》，第7卷，第401页）

的农民起义差不多都是这样。秦末的陈胜吴广起义是我国历史上第一次大规模农民起义，他们在大泽乡发动起义时在鱼腹中装进了“陈胜王”这一宗教谶言，天下苦于秦之暴政的人民立即追随“上符天命”的陈胜“揭竿而起”。汉末张角、张宝、张梁三兄弟利用太平道作为组织起义大军的组织纽带，发布“苍天已死，黄天当立，岁在甲子，天下大吉”的宗教预言，动员起了广大被压迫人民为建立自己的理想世界（“黄天当立”）而斗争，掀起了黄巾大起义，促使东汉统治秩序走向衰亡。

德国16世纪时闵采尔领导的农民战争和我国19世纪洪秀全领导的太平天国运动是中外历史上规模最大的农民武装起义，两大起义的性质和情况极其相似，都是直接打着宗教的旗帜。当然，两国农民起义者为之献身的理想，并不直接是宗教的天堂，而是切身的政治经济要求，但二者都利用了宗教的天堂观念和教会的组织形式。闵采尔受马丁·路德所译《圣经》的启发，要求在地上建立早期基督教所预言的“千年王国”和人人平等的社会。他认为人人皆有神性，个个可升天堂，但天堂不在彼岸，而在此世，基督教的使命就是要在现世把天堂建立起来。洪秀全、冯云山、杨秀清等人发动太平天国起义的情况与闵采尔发动德国农民战争的情况基本相同。洪秀全在基督教教义的启发下，建立了拜上帝会。在教义思想上，则借用了基督教的一神论观念，宣传皇上帝是独一真神，而把中国封建社会各种宗教崇拜对象斥为“阎罗妖”，声称耶稣基督是皇上帝的长子，他本人是次子，是耶稣的弟弟，他亲奉天父、天兄所命，来此世上，要把一切阎罗妖斩尽杀绝。这实质上是用拜上帝会的宗教形式来否定中国的传统神权及其所维护的清朝封建政权，他声称他要在中国大地上建立一个“凡间小天堂”：

> 神国在天是上帝大天堂，天上三十三天是也。神国在地是上帝小天堂，天朝是也。天上大天堂是灵魂归荣上帝享福之天堂，凡间小天堂是肉身归荣上帝荣光之天堂。①

至于这个“凡间小天堂”的实际内容，则是《天朝田亩制度》所描写的“天下皆天父上主皇上帝一大家，天下人人不受私物，物归上主，则主有

① 《钦定前遗诏圣书批解》，载《太平天国史料》，第77页。

所运用，天下大家处处平均，人人饱暖矣”！这无疑是中国农民的平均主义理想国的宗教表现形式。洪秀全的《原道救世歌》还提出“天父上帝人人共”、“何得君王私自专”的口号，用上帝的神圣权威去打倒君王的神圣权威，这对深受纲常名教束缚的农民群众，显然具有解放思想的作用。在战争过程中，一度出现了洪秀全远离、冯云山被捕、拜上帝会人心动摇的紧急情况，杨秀清假托天父附身，以上帝代言人的名义主持拜上帝会，营救冯云山，稳住了起义组织的阵脚，这种具有浓厚迷信色彩的宗教形式在特定环境下起了重大作用。洪秀全还制定《十款天条》，把参加拜上帝会者的日常活动表现为神圣的宗教仪式，成为规范其生活行为的准则，起义后更演变为军纪条例。这些利用宗教手段达到政治目的的做法，对于太平军的斗争都起到了特殊的作用。洪仁玕在其《资政新编》附《兵要四则》中写道：“即我天朝，初以天父真道，蓄万心如一心，故众弟兄只知有天父兄，不怕有妖魔鬼。此中奥妙，无人知觉。”[①] 洪仁玕这段话肯定了拜上帝会的宗教形式对于太平天国早期胜利发展的积极作用。

但是，与此同时，我们也不能不注意到事情的另一方面。

第一，当德国和中国的农民武装打起宗教旗帜时，统治集团也利用传统宗教作为反对农民起义的武器，为镇压闵采尔领导的德国农民起义，马丁·路德按照统治集团的需要写了《劝基督教徒勿从事叛乱书》（1522），说“上帝禁戒叛乱”，群众起义是“魔鬼的挑动”，呼吁基督徒服从执政者。1523 年，他又发表《论世俗当局的权力》，宣称封建君主的法律和权力乃是出于上帝的旨意，世俗君主是神的刽子手，人人应该服从。他还把闵采尔称为魔鬼的工具。对于闵采尔的被捕和起义军的失败，他说：“这是上帝的旨意，要使民众懂得惧怕，不然，魔鬼就要更加肆虐。……这是上帝的审判。凡动刀的必死于刀下。上帝的旨意得到彰显，使我感到安慰。要使农民看到他们的行动有多可恶，或许他们将不再谋叛。所以，对这事件不必过于在意，它对众人来说，其实是好事，使他们懂得惧怕，断了造反的念头。”闵采尔可以利用基督教的某些教义发动革命，统治阶级也可以利用基督教的另一些教义来镇压革命。

当洪秀全利用西来的基督教来反对中国的封建君权和传统宗教神权时，曾国藩则利用中国的传统宗教，特别是孔孟儒家的纲常名教来反对洪

---

① 见《太平天国》，第二册，第 540 页。

秀全：

> 自唐虞三代以来，历世圣人扶持名教、敦叙人伦；君臣父子上下尊卑，秩然如冠履之不可倒置。粤匪窃外夷之绪，崇天主之教，自其伪君伪相，下逮兵卒贱役，皆以兄弟称之；惟天可称父，此外凡民之父皆兄弟也，凡民之母皆姊妹也；农不能自耕以纳赋，而谓田皆天王之田；商不能自贾以取息，而谓货皆天王之货；士不能诵孔子之经，而别有所谓耶稣之说，新约之书。举中国数千年礼义人伦，诗书典则，一旦扫地荡尽，此岂独我大清之变，乃开辟以来名教之奇变，我孔子孟子之所痛哭于九原，凡读书识字者又无可袖手安坐，不思一为之所也?!
>
> 自古生有功德，没则为神；王道治明，神道治幽，虽乱臣贼子，穷凶极丑，亦往往敬畏神祇。李自成至曲阜不犯圣庙，张献忠至梓潼亦祭文昌。粤匪焚郴州之学官，毁宣圣之木主，十哲两庑，狼藉满地。嗣是所过郡县先毁庙宇，即忠臣义士如关帝、岳王之凛凛，亦皆污其官室，残其身首，以至佛寺道院，城隍社坛，无庙不焚，无像不灭。斯又鬼神所共愤怒，欲一雪此憾于冥冥之中者也。
>
> （《曾文正公文集》卷二）

洪秀全的基督教碰到了曾国藩的中国传统宗教，各有自己的宗教。若专就两种宗教的力量对比而论，没有根基的外来宗教显然不是源远流长的传统宗教的对手!

第二，宗教自身的局限性必然会对利用它的农民武装集团带来消极性的影响。洪秀全宣扬皇上帝的神圣权威，虽可使信仰者兴奋于一时，亦可使他们麻醉于长久。相信上帝天命决定一切，人的革命主动性就很难发挥。战争过程必然会遭遇到的暂时挫败，就会动摇人们对上帝和整个事业的信仰与忠诚。洪秀全晚年在政治军事形势出现严重危机的时候，却变本加厉地沉迷于神秘主义的昏睡之中。据《李秀成自述》所记，洪秀全在1856年韦、杨内讧之后，“就一味靠天”、“不言人事”。1860年第二次打破江南大营之后，“格外不由人奏，具（俱）信天灵，诏言有天不有人也。……不问政事，具（俱）是叫臣证实天情，自言（然）升平之语”。天京垂危之际，洪秀全不听李秀成、李世贤让城出走的合理建议，仍胡吹什么“朕奉上帝圣旨，天兄耶稣圣旨下凡，做天下万国独一真主，何具（惧）之有。……朕铁桶江山，尔不扶，有人扶，尔说无兵，朕之天兵多过与（于）水”。对宗教的迷信到了麻木不仁的程度，岂有不败之理。当然，太平天国的失败有多方面的原因，不能完全归结于宗教信仰。但这无疑是其原因之一。当时参加太平军的英人哈喇分析洪秀全军事失败的原因之一，就是“对上帝的保佑信赖得太过”。

太平天国定都南京之后，洪、杨政权日益明显地步入封建化的过程，实际建立的并不是起义农民所向往的那个人人平等、个个兄弟的“地上小天堂”，而是君主专制制度、封建等级制度再加上封建神权制度的混合物。拜上帝教的教义这时成了这种新的封建体制的神学根据。《太平礼制》的根本观念是“贵贱宜分上下，制度必制尊卑”。它规定：“臣下有言及谈及后宫姓名位秩者，斩不赦”；“臣下有敢起眼窥看后宫面者，斩不赦”；《幼学诗》借用皇上帝的天命给洪秀全授予神圣不可侵犯的权威：“天朝严肃地，咫尺凛天威，生杀由天子，诸官莫得违。”《天父诗》说：“只有媳错无爷错，只有婶错无哥错，只有人错无天错，只有臣错无主错”，“一句半句都是旨，认真遵旨万万年”，“遵旨得救违旨刀”……洪秀全的这些主张，实际上是把中国封建社会的政治伦理规范（三纲五常）用拜上帝教的神学语言加以神圣化。如果句句照办，那么，代清之后的太平天国，必将是一个类似中世纪欧洲、伊斯兰哈里发帝国和民主改革之前的西藏农奴制那样一种政教合一，封建神权专制制度的国家。

宗教改革和教会改革

宗教改革和教会改革。宗教改革和教会改革是社会关系的变化在宗教上的反映，是上层建筑对经济基础的适应。不少宗教在其历史发展过程中都曾为了适应社会的变化而发生过各种改革，其中既有神学信条的改变，也有教会组织结构的革新，这种改革的性质和作用，决定于它们所适应的社会变迁的性质和阶级关系的内容。一般来说，在剥削阶级专政的社会里，占统治地位的宗教总是统治阶级的宗教，而且教会组织的中上层往往就是统治阶级的一部分。但是，由于历史的原因，信奉同一宗教的善男信女并不限制在统治阶级的范围之内，有些宗教具有相当广泛的群众性和民族性，故人民群众对于变革苦难现实的愿望，就常常通过对现存宗教和教会组织的改革要求而曲折地反映出来。它有时形成声势浩大的群众运动，对历史的发展起一定的积极作用。所以，宗教改革既可能有积极的意义，也可能是消极保守的，要具体分析，不可一概而论。西藏佛教在15世纪时，由宗喀巴发动了一次宗教改革运动，创立了黄教教派（格鲁派），并取得西藏佛教的统治地位。改革的内容主要是严格僧侣的戒律生活，禁止僧侣娶妻生子和参加生产劳动，反对追求尘世的功名利禄。为了把僧侣吸引和控制在寺院之内，他为黄教寺院规定了一整套管理制度。宗喀巴的宗教改革实质上是适应西藏的封建领主阶级对加强宗教以维护农奴制度的需要而发生的。他希望通过严格戒律规定，克服当时佛教僧侣中广泛的腐化堕落现象（“颓废委靡之相”。《续藏史鉴》绪言），振兴佛教于丧失人民信仰的危亡之中，强化西藏佛教对人民的精神麻醉作用。改革的结果，使黄教得到封建领主阶级的支持，大为兴盛，并因此而使已经日趋尖锐的阶级矛盾得到暂时的缓和，巩固了封建领主对人民的统治。宗喀巴的宗教改革深深地打上了封建领主阶级的烙印。当然，由于阶级矛盾的相对缓和，也可能为经济文化的发展提供了一定的条件，不能绝对否定。但从根本上看，宗喀巴改革之后，黄教寺院经济逐渐形成和强大起来，僧侣的政治地位越来越高，随着历史条件的形成，逐渐在西藏地区形成了政教合一的政治体制，封建农奴制和佛教僧侣的神权统治紧紧地结合起来，融为一体，佛的灵光使野蛮落后的农奴制度具有神圣不可侵犯的性质。至于不许僧侣娶妻生子和参加生产劳动等规定，对藏族社会的消极影响更是不言而喻的事情。

西方的基督教在其发展过程中曾经经历过多种形式和各种性质的改革，它不断改革自己的教义信条、神学理论和组织形式，使之适合于奴隶制、封建制和资本主义制度的需要。基督教的阶级属性虽然随着欧洲奴隶制到封建制的历史进程而改变，但它并未促进和推动这两种社会体制的交替。当基督教成为罗马帝国的国教时，奴隶制早已走上了没落的道路，帝国统治者的目的是要利用基督教作为挽救奴隶制度的工具。日耳曼人的入侵，促进了帝国的崩溃和奴隶制的灭亡，封建制代之而兴。基督教也随之而发生相应的变化。在中世纪，随着封建制度的发展，基督教形成一种同它相适应的、具有相应的封建教阶制的宗教。基督教的封建化过程，并没有伴随过人民群众广泛参加进来的群众运动。但是随着资本主义关系的发展，欧洲早期资产阶级反对封建制的几次大起义却采取了宗教改革的形式。

对于欧洲各国宗教改革的原因和性质，恩格斯有深刻独到的分析。他指出，由于罗马教会是整个西欧封建社会的政治中心和最大的封建领主，由于基督教给封建制度绕上一圈神圣的灵光，所以，要在每个国家内从各个方面成功地进攻世俗的封建制度，就必须先摧毁它的这个神圣的中心组织。在反对罗马教会权力的斗争中，最有直接利害关系的阶级是资产阶级。而当时反对封建制度的每一种斗争，都必然要披上宗教的外衣，必然首先把矛头指向教会。欧洲的各种宗教改革运动，从英国 14 世纪的威克利夫运动，15 世纪捷克的胡司运动到德国 16 世纪的路德派宗教改革，瑞士、法国、尼德兰等地的加尔文派宗教改革和英国 17 世纪的清教运动，它们都是直接起因于市民和资产阶级的反封建的政治经济要求。所谓“宗教改革”的主要内容无非几条：政治上反对罗马天主教会的神权高于世俗的君权，要求各国教会直接服从于本国君权的统治；教义上，强调圣经至上和“因信得救”，主张信徒可以直接通过对上帝和圣经的信仰而灵魂得救，不必经过天主教会各级神职人员的中介，削弱教会的权威；教仪上，简化豪华浪费的宗教仪式，取消偶像崇拜；教会组织上，加尔文派采取由市民教徒民主推选长老和牧师，共同管理教会组织。应该说，这些主张适应了市民阶级（新兴资产阶级）为发展资本主义而加强世俗国家政权的要求，表达了各国人民当时要求民族独立，摆脱罗马教廷控制的愿望，贬低了适合封建制度需要的教会权威，强调了适合资本主义需要的个人自由，有利于减轻农民阶级所受的封建压迫，符合于历史发展的趋势。正因为如此，运动得到了各个国家广大群众的支持，加尔文派的宗教改革在日内瓦的胜利，创建了政教合一的资产阶级共和国。在英国，继亨利八世的宗教改造之后，又出现了信奉加尔文教的清教运动，并发展为克伦威尔领导的英国资产阶级革命。这场革命，首次在欧洲把一个封建君主——查理一世送上断头台，推翻了君主专制制度。

异端神学和异教运动

异端神学和异教运动。许多宗教在其发展的各个阶段先后曾分裂为众多的教派，各教派都以得自教主或神灵的真传自诩，以“真正的宗教”和“真正的教会”自居，互把对方打成异端。它们之间的斗争有时非常残酷，甚至不惜以兵戎相见，酿成旷日持久的宗教战争。有些异教和异端神学确实具有反对旧的传统宗教神学的内容，常常得到下层群众的支持和信奉，故易于被人们赋予进步的意义，甚至被视为人民自己的宗教。其实，异端神学和宗教改革一样，也是不可一概而论的。在正统宗教和异端神学的争论和斗争中，有些是纯属信仰主义范围之内的烦琐神学之争，并无多大的社会意义；有些则是社会矛盾在宗教教义上的折光。在后一种情况下，异端神学的性质取决于它所反映的社会政治内容。

总结各大宗教的历史事实，我们似乎可以看到一种比较普遍的情况，社会阶级冲突表现为异端与正教的斗争，常常是发生于那些正统宗教在意识形态上居于绝对垄断和独占统治的地区和国家。如果各种宗教可以同时并存，不同教派的斗争尽管也很激烈，但一般多属于宗教内部的问题。佛教在中国也曾不断分化为许多宗派，但是，由于中国历史上容许多种宗教同时并存，互相竞争，故各个社会阶层的社会政治要求可以直接表现为哲学、道德、政治和法权的形式，而不必一定要诉诸宗教神学的哈哈镜（当然，为了强化和神化其政治要求，使用宗教语言的情况也是存在的）。早期佛教在印度曾分裂为上座部和大众部，它们又各自再分裂为数以十计的宗派，彼此争论很是热闹。论战的胜败，有时激烈到以败者自杀为条件。但这些宗派的争论并没有多少政治内容，或起因于对一经一偈的不同解释，或起因于对佛门戒律的不同规定，或起因于对修行成佛的方式有不同看法。大乘派反对小乘派着重自我修行的传统教义，贬小乘为利己，主张度尽天下一切有情，以利他为标志。我国大乘派也是如此。南北朝时名僧竺道生宣传人人皆有佛性，“一阐提人皆可成佛”；禅宗进一步主张“我心自有佛，自佛是真佛”……此类宗教主张，其内容似乎平等地为一切众生开辟成佛的通道，反映了社会下层信徒的要求。不过，它与其他教派的争论，基本上属于对神学的不同理解。

中世纪以来的欧洲和哈里发时代以后的伊斯兰世界的情况则大不相同。基督教和伊斯兰教分别成为这些地区各个国家的国教，宗教经典的条文和信条具有法律的意义，意识形态的其他一切形式都被合并到宗教体系之中成为神学的分支。人民群众自降生之后，他们的信念和感情就受到宗教的熏染和范型。在传统观念和社会习俗的重压之下，反映人民群众利益的社会政治要求，便不能不体现为对传统宗教的信条作出某种新的解释，或者利用传统资料构造某种新的宗教学说。异端和异端神学的产生，其社会根源即在于此。当罗马帝国宣布基督教为国教、尼西亚会议确定三位一体和原罪说为正统教义以后，人民群众反对社会现实的要求，便很难通过非宗教和其他宗教的形式表现出来。从公元4世纪起，异端神学便不断出现，与三位一体说与原罪说唱反调，其社会含义则是以此来反对和削弱已成为统治集团重要组成部分的教会权力。亚历山大地区的阿利安教派提倡基督人性论，以此反对教会的神性；埃及、叙利亚地区的“一性派”则强调基督的神性，据此要求教会神职人员放弃对物质财富和世俗权势的追求。两派在神学理论上完全相反，而其社会含义则殊途同归，明显地表现出神学异端实质上是某种社会政治观念的宗教外衣。

中世纪时期，基督教和伊斯兰教都曾出现过神秘主义异端。理论上，神秘主义比正统神学更为荒唐，但神秘主义的外衣却掩藏不住它所包含的世俗内容。公元10世纪，阿拉伯人为了反对阿巴斯王朝的残暴统治，便参加和组织各种秘密教派（如卡尔玛特派、新伊斯玛仪派、暗杀派等），形成政治上的反对派。有些人则由于反对和鄙弃现实生活而变成神秘主义者，其著名代表是哈拉智（825—922）。他宣传神秘的直觉主义，说什么通过对神的虔信和热爱的激情，可以达到与真主圣灵的交融，领悟到圣爱的欢乐与神恩，这种神秘主义实际上表达了对传统宗教信条和社会陈规的蔑视。13—14世纪，德国的神秘主义思潮更有影响。他们也是强调个人可以直接与神交通，而不必通过教会神甫和烦琐的宗教仪式。这就否定了教会的权威和必要性，为16世纪的教会改革准备了条件。

中世纪异教运动几乎遍及欧洲各国。7—9世纪拜占庭帝国发生了保罗派农民运动；10世纪，保加利亚、塞尔维亚等地发生了波高美尔派运动；12—13世纪发生了以法国南部为中心的华尔多派（“里昂穷人派”）和纯洁派（卡塔尔派）运动等。这些异教运动在神学上大同小异，大致都是在摩尼教关于光明与黑暗、精神与物质、善与恶绝对对立的二元论教义的影响下，发展出一种严格的禁欲主义。他们否弃现实世界和物质生活，说尘世物和肉体都是恶魔所造；他们讴歌清贫，以受苦为灵魂得救之道；他们主张教徒抛弃财产，献给教团公有；在教会组织内，则主张信徒平等，只分“完人”（Perfect）和“信士”（Credenti）；在教仪上，反对偶像崇拜和豪华奢侈的祭礼……这些异端神学当时之所以能吸引广大的下层群众，主要是由于它具有反封建的社会政治内容。它的禁欲主义实际上是反对天主教会的腐化堕落；教会内部的平等实际上是反对封建教阶制；财产公有的主张更是破产农民关于未来生活的理想。如果不是这些异端神学具有反封建的政治内容，罗马教会和封建统治阶级是不会对之进行迫害和镇压的。镇压总是导致反抗，最后发展为武装斗争。

为了科学分析上述种种异端的性质和作用，我们有必要把它们的宗教神学和政治内容分开。就异端神学的纯宗教方面来说，不过是更为荒诞无稽的信仰主义和蒙昧主义，与被压迫人民的根本利益毫不相干。严酷的禁欲主义只会使被剥削人民更加安于贫困生活，甚至演出许多无谓赴死的人间悲剧。卡塔尔派宣扬灵魂得救的唯一道路是摆脱肉体的束缚，临终时的受苦可以避免来世遭难，其结果使许多信徒以自杀方式来寻求解脱。有的绝食自尽，有的使自己窒息而死，有的更以吞食碎玻璃、服毒或割破血管的办法了此一生。卡塔尔派神学极端厌恶婚姻关系，说什么亚当和夏娃的最大罪过就是他们的淫乐，淫乐才是伊甸园的禁果；生子是把善神造化的灵魂囚禁在恶魔造化的肉体之中，夫妻同居比通奸更可诅咒；有孩子的妇女是恶鬼缠身……诸如此类的神学说教，对被压迫人民实无积极意义可言，客观上倒只会有利于封建统治阶级。具有积极意义的部分，主要是隐藏于其中的社会政治观念，这些才是吸引群众感情的磁石和导致群众斗争的动因。

但是，异端神学或异教毕竟给予这些具有积极意义的社会政治观念以一种宗教形式，使之更易于调动起被压迫人民的革命精神，因此，它所具有的积极意义也是应该肯定的。

第三章　宗教与道德

第一节　宗教与道德的起源

道德神启说剖析

宗教究竟是不是道德的源泉？这是宗教学和伦理学都非常关心的基本理论问题，历史上的宗教神学和启蒙思想、无神论之间一直为此进行着激烈的争论。宗教神学以及附属于它的伦理学一贯鼓吹“道德神启说”，说什么神的启示是道德的源泉，没有神的存在，一切人间道德均无从说起。

宗教如何从神引出道德呢？对此，不仅各种宗教体系的说法不同，而且同一宗教体系内部也不尽一致。值得注意的大致有三种形式。

第一种：神直接颁布或启示道德诫命，并安排社会伦理秩序。

持此说者，在各种宗教中相当普遍，而以犹太教和基督教最为典型。《圣经》（旧约）把所谓摩西十诫说成是永恒的道德规范和社会的基本准则，还说十诫是上帝耶和华在西奈山上从烈火中现身说法，亲自向摩西颁布，与犹太人约法的。基督教继承了这一教义。还说，耶稣基督是上帝之子，与上帝三位一体。他道成肉身，以人的形式出现于世，传福音，行善事，教化世人，他以其尽善尽美的道德行为树立了为人的伦理标准。伊斯兰教大体上也是如此主张，真主安拉是绝对的善，他派遣使者穆罕默德在世上教化人类，缓和人的恶性，弘扬人的善性。《古兰经》中所教导的一切伦理准则和道德规范都是真主通过穆罕默德启示于人的。

我国古代宗教也讲社会伦理秩序和道德规范由天帝所定。不过，我国古代宗教所理解的天或上帝，其人格性不像犹太教和基督教那么具体，因此，天帝不是直接颁布道德诫命，而是以天人感应的原则来安排社会人伦秩序。现存最古老的历史典籍《尚书》就把古代宗法社会中的一切社会伦理关系，以及维护和调节这种关系的道德规范说成是天命所定。《尚书·康诰》说："天惟与我民彝。""民彝"即人伦之常。儒家解释为"父义、母慈、兄友、弟恭、子孝"。《尚书·虞书·皋陶谟》说得更为广泛，认为"天叙有典"、"天秩有礼"、"天命有德"、"天讨有罪"，这就是说一切伦理准则以至社会政治制度（礼法）均源出于天的命定。

孔孟以后的儒家天命神学特别致力于这种道德天定的说教。但对天如何制定道德伦理规范，又如何启示，这些神秘主义问题，孔孟都略而不详。孔子只说"天生德于予"，如何生则未讲明。西汉董仲舒则用天人感应的神秘主义来具体说明这个问题。他把封建宗法社会的基本人伦关系和道德规范（"三纲五常"）说成是天帝的安排和阴阳五行的体现①。

董仲舒的"道德天启说"把封建宗法社会的政治伦理关系神圣化，为封建社会的君权、族权和夫权提供了神学根据，因此而得到此后历代统治阶级的支持，成为我国历史上政治伦理观的正统。宋明理学所谓"天理"，可以说是董仲舒上述学说的变形。

我国道教的伦理道德起源论与儒家天命神学大同小异，认为伦理规范源出于"道"：

> 夫所谓道，岂唯养生之事而已乎？易曰：立人之道，曰仁与义。凡言道者，上自二仪，下逮万物，莫不由之，但黄老执其本，儒墨治其末耳。（《抱朴子内篇》卷一一）

实质上，这无非是用道教的理论和术语，来表达儒家的道德天启论。因为道教的"道"和儒家的"天"一样，都是主宰世界的超自然本体。

"道德神启说"在近代西方宗教学者中也有其信奉者。宗教人类学者、天主教神甫施米特力图用人类学资料来证明神是"道德的根源、道德的创造者"。他认为原始民族就认为神创立道德律导人为善，以其全知来维护道德和监督人的道德行为；他还说，原始人的这种观念乃是神的

---

① 董仲舒的具体说法是："君臣、父子、夫妇之义，皆取之阴阳之道。君为阳，臣为阴；父为阳，子为阴；夫为阳，妻为阴。""是故仁义制度之数，尽取之天。天为君而覆露之，地为臣而持载之；阳为夫而生之，阴为妇而助之；春为父而生之，夏为子而养之……王道之三纲，可求于天。"（《春秋繁露·基义》）至于"五常"，即仁义礼智信等封建伦理规范，则被说成是"五行相生"而成："木生火，火生土，土生金，金生水，水生木，此其父子也。……土之事天竭其忠。故五行者，乃孝子忠臣之行也。"（《春秋繁露·五行之义》）

“原始启示”的结果。

第二种：上帝至善，人的一切善德均起源于对上帝的爱或追求。中世纪基督教神学家、经院哲学家托马斯·阿奎那说，上帝是善，并且本身就是善，是万善之善、最高的善。他创造了这个尽善尽美的世界，并通过这种创造体现上帝自身是全善。人的理性和意志所追求的最后目的就是那普遍的、最高的善。正是这种欲望和追求，产生了人的道德活动和道德行为。他为道德下过一个定义：道德是理性创造物向着上帝的运动，起源于对上帝的爱和追求。

第三种：道德源出于人的天赋而有、与生俱来的“本性”或“良心”。

在我国，孟子是这种观点的典型代表。他主张人性本善，仁义礼智，生而有之：“仁义礼智，非由外铄我也，我固有之也。”（《孟子·告子上》）“尽其心者，知其性也。知其性，则知天矣。”（《尽心上》）道德规范既源于性，也本于天。

托马斯·阿奎那也有类似主张。他认为，人的道德行为乃是人性的自然倾向，是上帝刻印在人心之上的自然命令或自然律的体现。

现代西方天主教神学继承了老托马斯的上述理论。新托马斯主义主要代表之一波亨斯基认为：

> 人的行为决定于他的良心，而良心本身又不过是自然法的表现，即内在于（寓于）人的天性的道德律的表现。

“道德律”就是“自然法”，内在于人的天性之中，但仍是上帝的安排：

> （自然法、道德律）实际上就是永恒规律的表现，是作为世界的基础的上帝的计划的表现。①

上述道德神启说的三种形式，说法不尽相同，但实质内容基本一致。都是主张道德直接或间接地源于神启，神是道德的源泉。

道德神启说在中外历史上有持久和强烈的影响。一方面把传统的道德

---

① 波亨斯基：《现代欧洲哲学》，加州大学1957年版，第248页。

规范抬高为神圣的诫命；另一方面则借此说明天、帝对人事的控制，加强宗教的权威，维系传统的道德准则和现存的社会秩序，当传统社会成为社会进一步发展的障碍时，就会阻碍以至反对社会的变革和道德的进步。

道德神启说在理论上更经不起理性的审判。超自然的天或帝根本不存在，直接启示道德诫命纯属神话。所谓神灵全善①，也包含不可克服的内在矛盾。早在古代希腊时代，怀疑主义者卡尼底阿斯即曾对此进行过深入的分析和批判：如果神是善，神就为道德律所确定，因而神就不是至高无上的存在；如果神不善，则比人还不如。而且，善总是预先假定不善才有其意义，正如一个人必须面临险境方可言勇、抑制肉欲方可言节制有度。神怎能表现自己的善呢？一个根本不具情欲的存在如何抑制根本就不会影响神的肉欲呢？难道神还缺乏节欲自制的善德吗？如其缺乏，又怎能说神"全善"？既然上帝按善的理念造了这个尽善尽美的世界，现实世界又何以存在如此之多的"恶"（疾病、痛苦、毒蛇猛兽之类危害人类的事物）？卡尼底阿斯从恶的存在得出的结论是：神不仅不是"全善"和善的源泉，而且神的存在也属于可疑之事。以后，自由主义的思想家们又不断重提类似的批判。这个批判在逻辑上是健全的。既然上帝全善，世界何以有恶？如果上帝万能，又何以不去除此恶？如果上帝有意造恶，则其居心不善；如果上帝无意为之，则其理智定不健全。上帝全善论和道德源出上帝论必然在逻辑上导致对自身的否定。17、18 世纪的德国哲学家莱布尼兹为了解救神学的困难，提出过所谓"神正论"。说什么全善的神之所以在其所造的最美好的世界中容许恶的存在，不过是为了使善与恶相对而显得更善，恶的存在不是神性全善的反对理由，而是其善性所必需的陪衬。他认为这个世界的善超过了恶，因此，它仍是一切可能世界中最好的世界。莱布尼兹的神正论很有名，但仍是经不起推敲的诡辩之词。正如卡尼底阿斯所说，如果神的全善还需要恶来陪衬，此善必是相对之善而不是全善。莱布尼兹的神正论在社会政治上显然是为现实社会中的罪恶不德作神学辩护。罗素对此有一段一针见血、非常精彩的评论：

---

① 所谓神灵全善之"善"就其本体论上的意义而言，是肯定上帝的存在和属性的完善与完美，它包括伦理学意义上的善或美德，但并不等同于此。我们在这里只是分析所谓神灵全善的伦理意义方面。

> 这套道理明显中了普鲁士王后的心意。她的农奴继续忍着恶，而她继续享受善，有一个伟大的哲学家保证这件事公道合理，真使人快慰。①

所谓道德良心和道德原则天赋而有的理论也经不起理论分析。在这个问题上，17世纪英国经验派哲学家约翰·洛克曾对之作过深刻的批判。他指出，如果道德原则确为天赋而有，那么，它们就应该具有普遍必然的自明性，一切可称为人者，都应该普遍具有并赞同这些原则。可事实上任何道德原则都缺乏这种性质。不仅不存在普遍具有和同意的道德原则，而且对同一原则，不同的人常有不同的理解。违反道德原则而受到“良心”谴责的情况，也不足以证明人类有共同的良心和道德原则。因为世界上不同人群，由于民族习尚和宗教信仰的不同，常常本着自己的良心而做着别人视为灭伦大罪的恶行，可他们却心安理得，毫无受到良心谴责的样子。明格来良人（Mingrelians）是基督徒，却往往活埋自己的女子；格里卜人（Caribbs）阉割子女，以便养肥食用；杜平纳布人（Towoupinambos）以能杀人报仇、多吃敌人为可以进入天国乐园的美德……各民族尊奉的道德准则如此对立，所谓普遍必然的天赋道德原则又在何处？洛克根据经验主义认识论作出了自己的结论：各不同人群尽管把自己的道德原则奉为神圣，实则并无高贵的来源。它们不是产生于上帝的赋予，而是来源于乳母的迷信和老妇的权威。她们在儿童的天真理智中，灌注一套自己信奉的意见，年深日久，这些意见就逐渐获得原则的美名。传统的教育、习俗的熏染与舆论的压力，可以把任何荒谬的成见变成天赋的原则，把心中的妖怪视为神灵的影像和上帝手造的作品。

洛克的批判既有逻辑上的健全推理，又以各不同民族道德习尚的经验事实为根据，至今看来，仍具有说服力。因为，所谓道德天赋，无论就哪一种形式而言（孟子的“心性说”也好，西方神学唯心主义所谓上帝在人受生之初刻画于灵魂之上也好），既然是先天而有，便不应受后天环境和时空差异的影响，道德良心和道德原则就应该具有绝不因人而异、因时而异、因地而异的普遍必然性。既然这种普遍必然性与经验事实相矛盾，道德天赋论当然只能被认为是一种神学的虚构。

---

① 罗素：《西方哲学史》，下卷，商务印书馆1976年版，第117页。

启蒙思想家对道德源泉问题的探索

道德是调整人们的行为以适应一定社会体系中的人际关系的规范。它的源泉，不能在超自然、超人间的天上，而只能在人们结成的社会体系中去寻找。中外历史上反对道德神启的启蒙思想家一般都把探索的目光从神转向人、从神的启示转向由于人性而结成的人伦关系。荀子认为，礼义之类道德规范不是基于天赋的心性，而是先王和圣人为了平衡和协调人的欲求，制止人欲引起的争乱，才人为地制定出来的[①]。王夫之、戴震反对宋明理学的道德天赋论，把道德规范的产生与人的生活欲求明确地联系起来，主张“天理”即在“人欲”之中。按戴震的观点，只要把人的欲望推己及人，就构成仁义礼智之类道德规范：

> 所谓恻隐，所谓仁者，非心知之外别有物藏于心也。己知怀生而畏死，故怵惕于孺子之危，恻隐于孺子之死。故无怀生畏死之心，又焉有怵惕恻隐之心？推之羞恶、辞让、是非亦然。……故圣贤所谓仁义礼智，不求于所谓欲之外。
>
> 人之有欲也，通天下之欲，仁也。
>
> 民之质矣，日用饮食，无非人道。所以生生者，一人遂其生，推之而与天下共遂其生，仁也。（《孟子字义疏证》）

戴震实质上是把人的“怀生畏死”欲望当做道德的出发点和各种道德规范的基础，否定了任何神启或天赋的作用。

无独有偶，与戴震同时代的18世纪法国启蒙思想家们，特别是与他同年所生（1723年）的霍尔巴赫，在道德起源问题上几乎持与他完全一致的观点。他认为，道德的基础和源泉不是神灵和宗教，“而是建立在存在于结成社会的活着的人们之间永恒而不变的关系”。人要想自我保存和求得幸福，也得“让同我们一起生活的人得到幸福”，这是一种从永恒的人际关系中产生出来的必然性。它引申出人的道德义务，提供出善与恶、

① “礼起于何也？曰：人生而有欲，欲而不得，则不能无求；求而无度量分界，则不能不争；争则乱，乱则穷。先王恶其乱也，故制礼义以分之，以养人之欲，给人之求，使欲必不穷于物，物必不屈于欲，两者相持而长，是礼之所起也。”（《礼论》）“礼义者，是生于圣人之伪，非故生于人之性。”（《性恶》）

德与不德相互区分的根据[①]。拉美特利说得更为明快：人的自然本性是追求快乐和享受，而在这种追求中必然要遵守“己所不欲，勿施于人”的自然法则。这个法则决定人追求快乐的限度。过此限度就会损及别人，从而引起冲突，到头来损人而不利己。其结果，“己所不欲，勿施于人”便成了人人必须遵守的法则，并从中引出实践美德、善良、人道、慈善、仁爱、宽宏大度等，而人在道德实践中也得到满足和快乐[②]。

费尔巴哈深刻指出：道德本质上是人与人之间的行为规范，道德的本质内容必然涉及人和人的关系。只有当自我与他人发生关系时，才会产生自己应负的义务和他人应负的义务，也只有在这种人与人的关系中，才谈得上道德的存在。

费尔巴哈进一步指出，道德的根基不是宗教和上帝。人之所以承担道德义务，是由于人的利己主义：

> 道德和法所立足于上的天然的脚，便是对生命的爱，便是利害关系，便是利己主义。所以，认为一旦抛弃了上帝则势必也要使法与非法、善与恶之间的区别消失掉，这样的观念或恐惧，是最最没有根据的了。只要“我”与“你”之间的区别存在，则上面这个区别也就存在并且将要存在下去，因为，只有“我”与“你”的区别才是道德与法之源泉。即使我的利己主义允许我去偷窃，然而，别人的利己主义就绝不允许；即使我出于自己本身完全不知道和不愿意知道什么大公无私，然而，别人的私自利益却使我觉悟到大公无私是一种美德；即使我的男性的利己主义偏向于一夫多妻制，然而，女性的利己主义却抗拒这种偏向，坚决主张一夫一妻制……总之，即使我对自己是善是恶漠不关心，然而，别人的利己主义却就不会对这漠不关心。迄今为止，谁是国家之统治者呢？上帝吗？不！神灵们仅仅在幻想之天堂中统治着，但却不在凡俗的实在地域上统治着。那么是谁呢？只是利己主义。[③]

---

① 霍尔巴赫的道德起源论，在其《自然的体系》中有详细的论述。见该书上卷，商务印书馆1964年版，第119—121页。

② 见拉美特利《人是机器》，三联书店1956年版，第46—47页。

③ 《费尔巴哈哲学著作选集》，下卷，第805—806页。

费尔巴哈所谓的“利己主义”，即是生物的“自爱”本能，也就是荀子所谓的“人生而有欲”，戴震所谓的“怀生畏死”之心，拉美特利、霍尔巴赫、爱尔维修等所谓的“自我保存”和对快乐与幸福的追求。上述诸思想家在这个问题上的基本主张是一致的，都是从人的自然本性，而不是从神性出发来寻找道德的根源。

人的“自我保存”的“自爱”本能，当然首先是一种生物之性，但这些思想家并没有把自己的目光局限在这种单纯的生物之性上面。他们差不多都从这里出发，看到了人与人之间在追求自身幸福过程中的互相作用和互相限制，看到了自利与利他、自爱与爱人的矛盾统一，从而进一步认识到了我与你、人与人的社会关系是一切伦理关系和道德规范的基础。他们所理解的人的自然本性，超出了单纯的生物之性而具有社会的属性。在他们的伦理学说中，道德的基础已经建立在因人性的互相作用而结成的人际关系，也就是社会关系之上。应该说，这种理论的提出，是历史上的先进思想家在否定传统的宗教伦理观之后，为探寻道德的真正基础而作出的重大发现，它使我们对这个问题的认识大大地向前迈进了一步。因此，它不仅具有反对宗教神学、反对旧的传统的战斗意义，而且也具有深刻的科学意义。

当然，它也有局限性，主要是对人际关系的理解有表面性。一般地说，它只把人际关系归结为在追求人性实现的过程中，由于“己所不欲，勿施于人”的自然作用而结成的互利互存的关系。而这种关系实质上只是一种人伦关系，既非人与人之间社会关系的全部，更非社会关系的基础和本质。人的自我保存（亦即生活和生存）取决于生产劳动，而生产劳动又必然是在社会的人所结成一定的生产关系中进行的。因此，生产关系是人类社会一切关系中最基本的关系。互利互存的人伦关系能否实现，如何实现，必然依赖于生产关系的性质。由于生产关系有不同的性质，人伦关系也有不同的性质和形式。在一定的生产关系的基础之上，人与人的关系可能是互利互存的，在另一种生产关系的基础之上，人与人的关系可能出现一方面互相依存，另一方面又互相矛盾的情况。这就是说，社会伦理秩序有不同的形式，它们是由生产关系的性质所决定，随生产关系的变化而变化的。在原始氏族制社会，由于生产资料公社共有，共同劳动，共同分配，在这种生产关系基础之上必然产生适应于它的社会伦理关系，形成原始公社制社会的道德伦理规范。而在生产资料私有制的生产关系基础之上，社会人群分化为利益不同的阶级集团，社会伦理关系在很大程度上受阶级关系的影响。霍尔巴赫、费尔巴哈所设想的那种放之四海而皆准的互利、互存、互爱的伦理秩序和道德规范从而变成了一堆空想。

正是在这里，我们看到了道德的最终源泉以及他们的伦理学说的真正缺陷。道德规范是社会伦理秩序的直接表现，而社会伦理秩序并不是人与人之间社会关系的全部内容，它决定于社会的生产关系的性质。只有社会的生产关系才是一切社会关系的基础，包括人伦关系在内的一切社会关系都是作为社会之基础的生产关系的表现。在伦理关系问题上，事实上有一种多层次的社会结构：生产关系→人伦关系→伦理观念和道德规范。如果这种层次性的社会结构可以成立，我们就可以全面评价霍尔巴赫和费尔巴哈等人的伦理学说的是非功过了。他们的功绩不仅在于把伦理学说从宗教神学的束缚下解放出来，把伦理学还原为人本学和社会学，把人与人的社会关系作为伦理道德的基础。到此为止，他们的学说的基本倾向是正确的，问题只是在于他们把人与人的社会关系归结为人与人之间的伦理关系，并就此停下了前进的脚步，没有追溯人伦关系赖以存在的生产关系。

马克思主义论道德的产生及其源泉

马克思、恩格斯批判和克服了 18 世纪法国百科全书派和 19 世纪费尔巴哈伦理学说的抽象人性论，从人性看到了它所反映的社会内容，从一般的社会关系进到更深的层次，发现了构成社会伦理秩序和道德观念的真正基础——社会生产关系。在此基础上，把道德规定为社会意识形式和上层建筑的一部分。这就解决了道德的基础和源泉是什么的问题。

从马克思主义唯物史观看来，宗教与道德都是社会意识的一种，同属上层建筑的范畴。社会的经济基础是二者的共同源泉。宗教是以幻想的超人间形式来表现现实世界中支配人们日常生活的异己力量；道德伦理观念则是以社会舆论和传统习俗所表现的行为规范的形式来调节和维系现实社会中人与人之间的社会关系。它们的本质内容都是人们生活于其中的社会关系，而经济关系则是一切社会关系的基础。宗教和道德，如果离开这个基础，就都没有反映和表现的对象，会失去其存在的客观根据。因此宗教与道德，就其自身而言都不能成为对方的根据和源泉。把宗教说成是道德的源泉，无异于说一种观念形式产生于另一种观念形式。这是以观念自身说明观念产生的原因，没有触及问题的根本。

当然，上层建筑中的各部分之间常常是互相影响的，在一定范围内，也有互为因果的情况。宗教与道德之间无疑也存在这种复杂的关系。但是，从总体上说，二者之间不是谁产生谁的问题。

如果我们更深一层地推进我们的探究，那么，我们还会发现，宗教不仅不是道德的源泉，而且在二者发生、发展的历史层次上，应该说道德先于宗教。

上层建筑各部门，意识形态各形式，本质上都产生于和依赖于经济基础，但它们的产生并不是同时出现的。

与哲学和宗教相比，道德伦理显然更接近于社会的物质经济基础。物质生产活动是人类最基本的实践活动，社会人群既要进行生产活动，必然要调整彼此的活动与行为，道德规范便由之而产生出来。适应生产关系而产生的人伦关系以及反映这种人伦关系的伦理观念和道德规范，事实上乃是人类社会最早出现的上层建筑，是伴随着人类社会的出现而出现的。宗教观念和宗教制度事实上出现在道德观念产生之后。马克思和恩格斯在《德意志意识形态》一书中指出，人类的社会关系中有三种最基本的关系：一是物质生产；二是需要；三是人与人的社会伦理关系（如夫妻、父子之类家庭关系[①]）。这三个方面，“从历史的最初时期起，从第一批人出现时，三者就同时存在着”。因此，包括人伦关系在内的三种基本社会关系，出现于其他上层建筑之前，与宗教没有任何关系：

> 由此可见，一开始就表明了人们之间是有物质联系的。这种联系是由需要和生产方式决定的，它的历史和人的历史一样长久；这种联系不断采取新的形式，因而就呈现出“历史”，它完全不需要似乎还把人们联合起来的任何政治的或宗教的呓语存在。[②]

上述结论，已不仅仅是根据唯物史观的原理所进行的理论分析，从史前文化的考古资料中也已得到证明。宗教观念最早产生于旧石器时代中期的“智人”阶段，距今不过十余万年。而人类和人类社会的出现比这早得多。人类考古学的研究把从猿到人的时限日益推向更遥远的古代，即350万年以前甚至更早。我们怎能设想在“智人”之前的几百万年之间，就没有调整原

---

① 人类学研究证明家庭关系也是历史发展的产物。人类最早出现的是血缘群婚制，以后才发展为对偶婚制，逐渐出现家庭关系。尽管如此，原始人群的生产活动既然是社会地进行的，也必然有相应的社会人伦关系。——著者

② 《马克思恩格斯全集》，第3卷，第33、34页。

始人群内部人与人之间关系的伦理意识和道德规范呢？他们既然要在生产力极度低下、生活环境非常险恶的条件下进行集体性的生产活动，就不能不按照集体的分配方式来分配集体的劳动所得。在这种情况下，如果原始集群内部不形成一定的行为规范和习惯，一方面调节彼此的行为，另一方面又进行自我调节，那怎能维持这种集体性的生产和分配方式呢？又怎能维持原始集群的生存呢？散伙单干是不可能的。生存和生活的必要早就把原始人的祖先——类人猿和猿人群体化了。原始集群作为群体的存在乃是个人生存的必要条件，而正是这个必要条件决定并导致各种原始集群所必需的社会人伦关系，形成相应的行为规则。如：必须共同进行狩猎，必须共同抗御外敌，必须公平分配劳动所得……这些客观的“必须”，反映在原始人的意识中，就成为主观上的“应该”，成为社会的“道德命令”和个人的“道德义务”，这些就是人类社会最早出现的道德意识。原始人就是按照这些自然形成的行为规则来约制和调节人们的和自己的行为。凡符合这些规则的，就会受到人们的赞许，反之就会受到制裁。原始社会的道德规范（如团结、互助、平等之类）就是这样形成的，它是原始人对原始社会生产关系和人伦关系的直接反映。道德意识产生的直接性，表明它不需要任何神灵观念的帮助，更不需要神灵作为道德立法者。

宗教作为远离经济基础的更高层次的上层建筑，它在原始社会中的产生，远在道德意识之后。原始人的宗教观念乃是出于对强大的异己力量的恐惧以及对它的依赖。原始人之所以崇拜这种异己力量，不是因为它具有什么神圣而又崇高的美德。把宗教与道德如此这般地联系起来，这种人为的虚构，是需要相当发达的智力水平的，这既不符合于旧石器时代中期之前的原始人在认识论上的质朴性，也不符合于原始道德和原始宗教在发生学上的自发性。

第二节 宗教与道德的保证

道德的真正保证不是宗教，而是社会的人际关系

各种宗教体系以及附属于它们的神学唯心主义不仅把宗教说成是全部道德的源泉，从神的启示引申出伦理准则和道德规范，而且把宗教视为道德的基础，从神的审判导引出道德的保证。按照他们的说法，正是由于宗教信奉作为赏善罚恶之正义主宰的神的存在，规定了灵魂不灭、因果报应、天堂地狱、来世报偿等教义信条，这才促使世人去恶向善，并为人们的道德行为提供了神圣的保证，为社会伦理秩序的稳定和道德的净化奠定了可靠的基础；如果没有宗教这一套教义信条，人们的行为就会无所顾忌，社会上必然出现道德沦丧，天下大乱的局面；一个由无神论者组成的社会，定然是人欲横流的禽兽世界；他们常常把这一点作为论证宗教必须万古长存的根据和理由。

值得注意者，历史上有不少著名的启蒙思想家和无神论者也深受此种说法的影响。他们在世界观上怀疑或否定超自然神灵的存在，但又觉得为了维持社会伦理秩序必须保留神和宗教的地位。持此主张者，古今中外不乏其人。荀子是先秦时代最大的无神论者，可他仍然主张“神道设教”，通过宗教崇拜来维护和加强封建宗法社会的伦理关系。

在西方，18世纪法国启蒙思想家泰斗伏尔泰力持此说。他在哲学上是自然神论者。他之所以不否定神的存在，主要着眼于社会伦理上的必需，他说，承认上帝存在比否认要好，因为相信有一个上帝在那里赏善罚恶，可以防止人们从事罪恶活动。他希望他的仆役和妻子都信仰上帝，这样，就很少有人来抢劫他的财产或给他戴绿帽子。他有一句名言：即使没有上帝，也要造出一个来。

康德更是这种理论之集大成者，他在哲学认识论上否认上帝存在、灵魂不死之类基本神学信条的可证明性，予传统宗教神学以沉重的打击。但是，他认为为了在人类社会中实现至善的道德要求，我们必须假定灵魂的不死和上帝的存在。因为，至善的道德行为要求至福生活作为报偿，这是道德律的必需。但这种必需在有限的现实生活中却不能保证实现。为此，不仅必须假定灵魂的不朽去享受至福的生活，而且必须假定上帝存在来保证在来世实现这种报偿。

荀子、伏尔泰以及康德的观点与传统宗教神学大有区别，但在视宗教为道德之必需这一点上却不无共同之点，客观上适应了宗教神学的要求。如此深邃的思想家竟然主张这样的观点，从侧面说明了这种观点的确具有颇大的迷惑力。

我们不赞成宗教保证道德之说。人死神灭，根本没有不死的灵魂作为业报的主体到阎罗王的审判台前去接受死后的审判。神或上帝不过是人的异化，由他们赏善罚恶纯属一种迷信。把这种信仰作为人类伦理生活的保证和道德行为的基础，无异于把虚无缥缈的海市蜃楼作为人们生活起居的宫殿，视幻梦为真实。这样的结果只能是使社会的伦理秩序和道德生活丧失任何可靠的基础，把伦理学变成神学的附庸。

既然社会道德是人与人社会关系的反映，人的道德行为也就受这种客观的社会关系的制约。当人的道德行为符合于其赖以产生和存在的社会关系的性质和需要的时候，就会受到社会舆论的肯定，否则就会受到谴责。所以，人的道德行为本身是依靠社会舆论以及个人与他人、个人与集体、个人与整个社会在社会关系上的互相制约发挥监督和保证作用的。

宗教“保证”道德的历史作用和消极影响

当然，我们也要看到，在旧时代的社会结构中，人的社会关系对道德的监督和保证常常是自发的、不充分的，宗教便因之而有了在道德领域发挥其作用和影响的余地。它把社会道德宣布为神圣的诫命和死后奖罚的标准，用宗教神秘主义的恐惧心加强了善男信女尊奉道德诫命的必要感。就此而言，宗教对社会道德在历史上确曾起过维护、监督和保证的作用。而遵行这些维系社会基本伦理秩序所必需的道德规范，特别是普遍性的社会公德，对于社会是必不可少的。在这个特定的意义上，宗教在客观上对道德的“保证”作用，我们应该予以历史的肯定。

我们这里所肯定的东西，只是宗教“保证”社会道德的某些客观效果，既不是肯定它的本质和原则，也不是肯定它的全部作用。我们应该注意到，宗教的某些教义不仅不能有效地“保证”社会道德的遵行，而且常会起相反的作用。

按照神学家的说法，神的奖赏，天堂的欢乐，导人为善；神的惩罚，地狱的痛苦，止人作恶。在这方面，各种宗教都极尽其想象之能事，把天堂的幸福吹得天花乱坠；把地狱的残酷说得淋漓尽致。从表面上看，这种种说教，确是以劝善止恶为其目的，为促使人们的行为符合于道德规范的要求提供了宗教的保证，似乎无可厚非。但是，问题在于宗教主要是利用善男信女对神的奖赏的欲求和对神的惩罚的恐惧，来换取他们对道德准则的实践。在这里，无论是欲求，还是恐惧，其客观效果往往也会激发起人们的贪欲之心，无助于培养自觉的道德义务感和真正的道德意识。

各种宗教为其信徒准备的来世天堂，其境界无非都是集人间荣华富贵之大成，实为帝王贵族生活之极致。在这方面，大乘佛教的想象力尤其丰富。净土宗把涅槃境界描写为极乐世界，说什么只要善男信女一心称念“阿弥陀佛”，快则一天，迟则七天，“即可往生阿弥陀佛极乐国土”，成为八地以上菩萨（大乘佛教菩萨分为十地［级］）。在那里“无有众苦，但受诸乐”；黄金为地，到处装点着珠宝琉璃，天雨宝花，宝树成行，春风拂面，神鸟雅鸣，思衣即得“妙衣”，思食即得“美食”；应念现前，无不俱足；随心所欲，乐不可言。

道教为其信徒提供的天堂更为直接，只要按照道教的信条修炼，今生即可长生不老，羽化成仙，享神仙之乐。道教的神仙世界与净土宗的极乐净土极相类似。据葛洪《抱朴子·对俗卷第三》的描写：“果能登虚蹑景，云舆霓盖，餐朝霞之沆瀣，吸玄黄之醇精，饮则玉醴金浆，食则翠芝朱英。居则瑶堂瑰室，行则逍遥太清……或可以翼亮五帝，或可以监御百灵，位可以不求而自致，膳可以咀茹华璃，势可以总摄罗酆，威可以叱咤梁柱。”“或升天或住地……各从其所好耳。”伊斯兰教的来世乐园，按照《古兰经》的描写也很“美好”：“信道而行善者，我必不使他们的善行徒劳无酬，这等人得享受常住的乐园，他们下临诸河，他们在乐园里，佩金质的手镯，穿绫罗锦缎的绿袍，靠在床上。那报酬，真优美！那归宿，真美好。”（第 18 章第 30、31 节）

善男信女诚心皈依、礼神拜佛的最终目的就是挣得这种来世富贵和死后天堂的幸福生活。当然，按照宗教家的说法，如要得此福报，必须行善去恶。但行善去恶的目的在于求得来世的福报，在这里起作用的原则实际上不过是商业中的等价交换。在人—人社会关系中形成的道德准则所要求于人的道德责任心和道德义务感，在宗教中变成了对来世富贵和死后极乐世界的追求。崇高的道德在宗教中受到歪曲，变形为一种赤裸裸的宗教利己主义。

神对罪人的审判和惩罚，也许可以使信仰者生前不敢为非作歹，但这不过是利用人对地狱生活的恐怖感，而不是基于人的道德意识。佛教的十八层地狱，集中了人间一切惨不忍睹的刑罚。过刀山、下火海、抽筋剥皮……无所不用其极。犹太教、基督教的上帝对不遵行其诫命者的惩罚极其严厉。据《圣经·申命记》：

> 你若谨守耶和华你上帝的诫命，遵行他的道，他必照着向你所起的誓，立你作为自己的圣民。天下万民见你归在耶和华的名下，就要惧怕你。……他必使你身所生的、牲畜所下的、地所产的，都绰绰有余……你必借给许多国民，却不至向他们借贷。（第 28 章第 9—12 节）

你若不听从耶和华你上帝的话，不谨守遵行他的一切诫命律例，就是我今日所吩咐你的，这以下的咒诅都必追随你，临到你身上。……耶和华必使瘟疫贴在你身上，直到他将你从所进去得为业的地上灭绝。耶和华要用痨病、热病、火症、疟疾、刀剑、旱风、霉烂攻击你，这都要追赶你直到你灭亡……耶和华必用埃及人的疮、并痔疮、牛皮癣与疥攻击你，使你不能医治。耶和华必用癫狂、眼瞎、心惊攻击你……你聘定了妻，别人必与他同房……耶和华必攻击你，使你膝上、腿上，从脚掌到头顶，长毒疮无法医治。（第 28 章第 15—35 节）

这些经文告诉我们：宗教使得对道德善行的爱成为对特权（上帝选民）和财富、使别人惧怕自己、使自己成为高利贷者的爱；使得对违背道德诫命的避免成为对瘟疫、疾病和埃及人的毒疮、牛皮癣的恐惧。如此这般的神灵，其本质不是道德，而是对信仰自己与否而进行奖惩的权力。只要遵信上帝耶和华，上帝就帮助你打败一切仇敌，使你成为多福多寿的人和高利贷者；如果不遵信，就要使你多灾多难，以致让你的老婆与别人同床睡觉。至于使别人沦为奴隶和欠债人，与别人老婆通奸是否符合道德，上帝就不管了。

道德是在人与人的社会关系中调整人的行为，互相承担道德义务是自然而然形成的。真正高尚的道德行为乃是人出自道德义务感和道德责任心对别人、对集体、对社会作出无私的贡献。宗教用神的奖惩、诱之以富贵、吓之以灾祸，即使能使善男信女的行为客观上符合于社会道德的要求，但对培养和发展人们的良善的道德意识，却有不容忽视的消极作用。

斯宾诺莎认为宗教宣扬对灾祸和天罚的恐惧，只会给人们的精神带来压制和痛苦，而不会带来平静和幸福，因而是不道德的：

世俗迷信之徒，只知诅咒罪恶，而不知教导道德，他们所汲汲从事的，不在于以理性去指导人，而在于用恐怖去恫吓人，只在于使人避害，而不在于使人爱德。其目的实不外乎使他人也像他们一样的苦恼。无怪乎这类的人大都是很令人厌恶痛恨的。①

---

① 斯宾诺莎：《伦理学》，商务印书馆 1958 年版，第 203 页。

斯宾诺莎对宗教在道德方面的消极作用的谴责，是发人深省的。

第三节　宗教道德的性质与意义

宗教道德的性质及其与世俗道德的区别

“宗教道德”，是一个在日常生活和学术著作中广泛使用的概念。可是这个概念的性质和意义，却似乎并未得到认真的分析和科学的确定，而这种分析和确定应该成为评价宗教道德的开端。

各种宗教体系以及附属于它们的神学唯心主义，事实上把道德和宗教道德等同起来。他们往往把社会生活中一切主要的道德规范都说成是源于神启、佛说和圣训的“宗教道德”。这主要是因为他们把宗教说成是道德的源泉，从神的启示引申出伦理价值观念和道德规范所致。实际情况也是如此。历史上各个时代的社会道德先先后后都被纳入各种宗教体系及其神圣经典之中，成为宗教教义信条体系的一部分。仅就佛教、道教的“五戒”、“十善”，犹太教、基督教的“十诫”以及伊斯兰教关于道德的训诫和教法的规定而言，内容就非常广泛，涉及社会道德生活的各个方面。

如果我们不加分析地接受上述说法，把宗教经典所记载、宗教体系所主张的一切道德都说成是“宗教道德”，那么，在整个道德体系中，不属于宗教道德范畴的社会道德或世俗道德，即令不是一无所有，至少也是所余无几了。这样一来，我们也就在事实上返回到“道德神启说”，在评价上不能不把宗教道德奉为神圣。

有些宗教研究者为了彻底否定“道德神启说”以及宗教神学对“宗教道德”的美化，便从否定“宗教道德”的存在入手。他们认为宗教体系所谓的宗教道德实际上都充满了世俗性的社会内容，是世俗道德或社会道德的宗教化、神圣化，它们的源泉和基础乃是世俗社会，因此，宗教道德实质上就是世俗道德。

这两种说法都有片面性。无论是把社会道德归结成宗教道德，或者是把宗教道德归结为世俗道德，都不符合于客观实际。两者的共同缺陷都在于未对世俗道德和宗教道德的基础和本质进行科学的比较和研究，因而不能对这两种在性质和表现形式上不同的道德规范作出准确的规定和区别。

一切道德规范都是调整人与人的关系的行为准则，它们规定和约制人的行为使之符合于一定历史阶段上的人与人的社会关系。因此，人与人的社会关系构成一切道德规范的客观基础，道德规范是人际社会关系的反映。在这个意义上，一切伦理观念和道德规范本质上都是社会性的道德。

但是，作为道德之基础的人—人社会关系却可以在人的观念中表现为不同的形式。人，在观念中可以表现为感性的人，也可以异化为非感性的神。因此，人—人关系既可以表现为感性的人之间的世俗性的社会关系，也可以表现为感性的人与非感性的神之间的非世俗的宗教关系。人与神的关系是人与人的关系的异化表现，本质上仍然是人际社会关系的反映。但既然人—神关系已从人—人关系中异化出来，它也就不同于非异化的现实的人—人关系。我们可以揭示人—神关系的内涵的人—人关系的社会内容，但却不能把人—神关系完全等同于人—人关系，或者用人—人关系去取消人—神关系。不然，宗教作为一种客观存在的社会现象，也就失去其存在的根据和意义了。

如果说，人—人社会关系乃是一切社会道德赖以产生的基础和本质，那么，这种关系之分裂为人—人之间的世俗关系和人—神之间的宗教关系，这两种表现形式，便是社会道德之划分为世俗道德和宗教道德的客观根据。

所谓“世俗道德”，就是以感性的人—人世俗关系为基础，调整人们的行为使之适合于人—人世俗关系要求的规范和准则。

所谓“宗教道德”，就是以非感性的人—神宗教关系为直接根据，适应信仰者与信仰对象的关系的行为，使之适合于人—神关系要求的规范和准则。

人—人世俗关系无疑会产生世俗性的社会道德，这是一般人的常识所能理解和承认的。人—神关系能否产生，又如何产生宗教道德呢？这往往会被人们视为可疑的事情。这就需要我们作一些必要的说明。

尽管科学和唯物论哲学已经证明神事实上不存在，灵魂实际上有死，因果报应，末日审判，天堂地狱……都是神学的说教，但善男信女坚定而又顽强地相信这些说教却是事实。从他们的宗教信仰上无疑会产生出某些约制其行为的规范，而且，从人—神关系本身即可引申出特殊的准则和道德规范。从理论上说，一切社会关系都包含有把关系中的有关各方纳入一定结构的客观联系，它要在此一定结构中规定有关各方的责任和义务及制约它们行为的范围和尺度。在这个意义上，一切客观的人际社会关系总是意味着一定的伦理关系，在观念上反映为调整各方行为的道德规范，并在此规范所制约的范围内使各方承担道德义务。人—人关系是如此，人—神关系也不例外。既然人异化出了神并与之发生了一定的关系，在宗教观念上就会要求人与神彼此承担一定的义务，使自己的行为符合于这种关系的性质与要求。各种宗教体系赋予其所信奉的神的神性各有自己的特点，它们对人—神关系的道德义务的规定亦随之而有所不同。原始人对图腾神的崇拜，必然随之而规定与此种崇拜有关的信条、仪式与禁忌；氏族社会对祖宗神的崇拜，则相应地规定了对它们奉献香火血食的祭祀义务，而祖宗神则被规定了承担保佑其子孙后嗣平安吉庆的责任；犹太教通过上帝耶和华与摩西所代表的犹太人订立契约，犹太人承担永遵上帝“十诫”的义务，耶和华则允诺视犹太人为特殊选民而予以恩宠；耶稣与基督徒订立新的契约，基督徒信奉耶稣为救世主（基督），耶稣则拯救其信徒于罪孽之中；净土宗佛教徒虔心信佛，念诵“阿弥陀佛”，阿弥陀佛则承诺在信佛念佛者死后把他们的灵魂迎入西天净土。诸如此类的人—神关系都包含着伦理关系的内容，并以诫命、禁忌、契约、承诺等形式反映为具有宗教特性的道德义务和道德规定。所谓“宗教道德”由此而生。同时，“宗教道德”与“世俗道德”亦由此而得到明确的区分。

总括起来看，各种宗教体系所谓的道德，事实上有两个组成部分：一是涉及人—神关系的行为规范，如对该宗教神灵的信仰、敬畏和爱；与崇拜神灵的宗教生活有关的宗教禁忌和戒律，等等。以犹太教、基督教的“十诫”为例，则崇拜唯一上帝耶和华，不可制造和崇拜别神，不可妄称主名，须守安息日为圣日等条属之，这一部分是典型的宗教道德。二是涉及人—人关系的行为规范，如佛、道教的五戒、十善，犹太教、基督教“十诫”中关于必须孝敬父母，不可杀人，不可奸淫，不可偷盗，不可作假见证，不可贪恋别人的妻子、财物等规定属之。这一部分道德诫命本质上是反映人—人社会关系的社会道德，不属于宗教道德范畴，而是把世俗道德神圣化。

从对犹太教、基督教“十诫”的分析中得出的关于宗教道德的说明及其与世俗道德的区分，看来大体上适用于其他各种宗教体系的情况，具有一定的普遍意义。因为尽管各种宗教崇拜不同的神灵，信奉不同的教义，但它们对超自然、超人间的神的信仰和崇拜却是共同的。这种信仰和崇拜构成了一切宗教体系中人—神关系的普遍性的形式。正是从这种普遍性的人—神关系中引申出了适应人—神各方行为的伦理价值准则和道德规范，并在此基础上承担了相应的道德义务。事实上，世界各种宗教几乎都把对神的虔诚和敬畏，对神的圣洁纯净的爱，相信和服从神的命令和审判，为神的荣光奉献自己的一切尘世利益，以致以生命作为献祭的牺牲，等等，作为神圣的伦理义务和最高的美德。各种宗教所塑造、讴歌、赞美的“圣徒”、“高僧”、“高道”，往往被它们说成是这些美德的化身和集中体现。这说明这些范畴是从人—神关系中导引出来的宗教道德的基本内容，它们反映了人—神关系的本质。

在概念上分析和规定宗教道德的性质和含义，并把它与世俗道德区分开来，有重要的理论意义和实际意义。由于我们比较了两种道德范畴在性质、内容和特点上的差异，说明了它们各有自己的直接所依的基础和源泉，这就使世俗道德脱去了宗教的袈裟，恢复了它独立的地位和本来的面目，在人—人社会关系中为它找到了世俗的基础和真正的源泉，从而剥夺了宗教对于世俗道德的垄断权，打破了所谓道德即宗教道德的神学恒等式，使宗教神学关于道德源于神启、伦理基于宗教的说教，失去了合理的根据。同时，由于上述分析把宗教道德的直接基础归原为人—神关系，也使我们有可能对宗教道德的各个方面作出比较科学的说明。

宗教道德的社会意义

把宗教道德与世俗道德、人—神关系与人—人关系区分出来，并不意味着宗教道德就是不食人间烟火、不具任何世俗内容的东西。人—神宗教关系既然是人—人社会关系的幻想表现和天国形式，从这种关系中引申出来的宗教道德，在内容上便不能不具有深刻的社会意义。

抽象起来看，宗教道德的具体内容主要是讲人对神的信仰、虔诚、敬畏、顺从和爱，与人事无关，但宗教所崇奉的神，其神性却是社会的人赋予它的。各种宗教体系在教义上如何规定神的权力和道德属性，要求善男信女服从神的什么性质的诫命，却是按照社会的要求和人—人社会关系的性质来决定的。一旦人—人社会关系发生变化，它或迟或早总会在人—神关系中反映出来，改变宗教道德规范的具体含义以适应人际关系的演变。

在阶级社会中，人—人社会关系的内容主要是阶级关系。一般地说，神性，特别是人赋予神的道德特性，其核心内容往往是人的阶级特性的一种表现，人—神宗教关系实质上依赖于人—人的社会关系，特别是阶级关系。原始氏族制社会和部落社会没有阶级，当时的氏族和部落的保护神基本上是氏族长老和部落酋长的影像。奴隶制社会和封建制社会国家崇奉的至上神则具有明确的阶级性，基本上是专制君主的象征。当时的人—神关系不能不是主—奴、君—臣、统治者—被统治者的关系。资本主义社会的上帝也是统治阶级利益的捍卫者，但他逐渐丧失了专制君主的传统统治权，变成了对世界统而不治、供默无为的立宪君主。

在各种社会体制和社会关系下的人—神宗教关系以及以此为基础而产生的宗教道德规范，抽象起来看，并没有什么变化，始终存在着人对神的信仰、虔诚、敬畏、顺从和爱，但人—神关系所表现的人—人关系却有了实质性的变化，这就使得宗教道德规范的具体内容具有不同的社会意义和阶级特性。在宗教已经成为统治阶级的上层建筑的历史条件下，宗教道德规范尽管对社会各阶级的信众具有普遍的制约力，但本质上是为统治阶级的利益服务的，甚至就是统治阶级道德的一部分。

宗教道德的这种阶级特性在历史上并非总是起着消极的、保守的作用。在特定的历史条件下，它也可能有某种积极的意义。对神的敬畏和神命的服从，无疑会起到维护现存社会秩序的客观效果。但它的性质，则视其所维护的社会秩序是否符合社会发展的规律而定。当这种社会秩序在社会历史发展长河中起着积极作用的时候，宗教道德对它的维护就具有一定的积极意义。

宗教道德与人道主义

宗教家、神学家以及其他附属于宗教神学的伦理学家为了强调宗教的道德功能，常常把宗教道德和人道主义道德等同起来，说什么神的一切作为都充满了对人的爱，宗教的博爱意味着对一切人的爱，所以宗教和宗教道德乃是人道主义道德的基础。

把人—神关系说成是神对人的爱，实际上既不符合于人—神关系的本质，也不符合宗教史上的基本事实。

从人—神关系引申出来的宗教道德，既然是适应人与神之间关系的行为规范，那它本质上只能是人对神的盲目的信仰、绝对的敬畏和单方面的服从。因为，在人—神关系中，神是支配和操纵人类命运的主宰，人—神关系变成了主—奴关系、君—民关系。在宗教世界中，神越是崇高，人越是卑微；神越是伟大，人越是渺小。即使善男信女用最最美好的道德术语把神装扮成美德的化身，也不能改变人—神关系实为主—奴关系的实质。神之所以逐渐被善男信女说成是大慈大悲、至仁至善的救世主，正是人越来越丧失自己的独立性，亟待超自然、超人间的力量来救其苦难、渡其危厄的表现。一个掌握了自己命运的人是绝对不会把对自己命运的主宰权转交给非人之神的。人—神关系是不平等的，而且绝对不能改变。如果神不具有至高无上、主宰一切的超人之性，也就丧失了自己的神性；神要是与人平等，神就不复为神。

人—神关系的本质既是如此，由此出发导引出来的伦理准则和道德规范，便只能是一套要求人信仰神、敬畏神、服从神的诫命、律法和规定。这种性质的宗教道德，在理论上和实际生活中都必然与人道主义道德发生冲突。人道主义道德作为调整人—人间最普通的社会关系的行为规范，要求人们在人与他人、人与社会、人与集体的关系中互相承担道德义务，而宗教则要求人对神单方面和无条件地服从，而在无条件服从于神的宗教生活中，有时就不免会导致对他人、对集体以及对全社会所承担的道德义务的忽视。在这个意义上，费尔巴哈指出，宗教与道德是根本对立的：

> 是的！道德与宗教、信仰与爱，是直接互相矛盾的。谁只要爱上了上帝，谁就不再能够爱人，他对人间一切失去了兴趣。可是，反之亦然。谁只要爱上了人，真正从心里爱上了人，那他就不再能够爱上帝，不再能够拿自己的热乎乎的人血徒然地在一个无限的无对象性与非现实性之虚空的空间中蒸发掉。①

费尔巴哈这里所谓宗教与道德的对立，实即宗教道德与人道主义道德的对立。他的批判是相当深刻的。对神的绝对肯定必然包含着对人的否定；对神的绝对信仰必然降低对人应负的道德义务；对神的绝对服从必然意味着对人的抛弃。各种宗教体系差不多都认为，只要出于对神的信仰，即使做出在社会道德看来完全违反人道的事情，也表现了对神的爱，属于宗教的美德，理应得到上帝的奖赏。许多宗教都有不可杀人的戒律规定，但为了表示对神的信仰，可以杀人弑亲作为对神的献礼。历史上，有些宗教为了普及对本教神灵的信仰，可以用火与剑的手段大开杀戒，从肉体上消灭异教徒和异端信仰者。从人道立场看罪大恶极，而从神道立场看则是最高的善行。许多宗教经典都有此类记载。据《旧约圣经》，上帝耶和华

---

① 《费尔巴哈哲学著作选集》，下卷，第800页。

就曾亲自出面启示亚伯拉罕将其儿子献祭（《创世记》第22章）。耶弗他也曾按照自己的誓愿打算将女儿献祭（《士师记》第11章）。据《撒母耳记上》第15章记载：耶和华指示扫罗消灭亚玛力人，“灭尽他们所有的，不可怜惜他们，将男女、孩童、吃奶的、并牛、羊、骆驼和驴尽行杀死”。扫罗杀尽众民老弱，但为贪图牛羊，留下未杀，亚玛力王亚甲也未杀。上帝大为不满，最后撒母耳按照上帝的命令，杀亚甲于耶和华面前作为献祭。可见，直到以色列王朝的扫罗时代，宗教仪式还存在着杀人献祭。

各种宗教体系所信奉的神，本质上都具有否定和排斥其他宗教神灵的排他性，这种情况在一神教中表现得尤其突出。一神宗教总是要求信教者对本教崇奉的神灵和教义表示盲目的信仰和绝对的服从，它总是宣传自己信仰的神才是至高无上、独一无二的上帝或真主，自己信仰的教义才是真正的启示和绝对的真理。各种不同的宗教，甚至同一宗教的不同教派，它们所信奉的神的神性和教义，不仅互有差异，而且常常彼此对立，然而却被他们各自奉为神圣。这就决定它们总是不可调和，更不能互相承认。从任何一种宗教的立场本身看，其他宗教所信仰的神如果不是虚假的，至少也是低下的，甚至就是魔鬼。凡与本教教义有所不同的教义，就绝不可能是神的启示。神和教义的神圣性必然导致宗教的唯我独尊性；神和教义的唯一性和绝对性必然导致宗教的排他性。宗教神性的唯我独尊性和排他性在现实的社会生活中就会表现为对不同宗教和不同教派的歧视和迫害。佛教高唱慈悲平等，忍辱无争，可谓人道之至；而其内部各宗派之间却常因一经一偈的不同理解而互相视若仇敌，他们之间的争辩常发展为不可调和的矛盾，往往以败者自杀为条件，胜者有权用粪水浇败者之头。大乘佛教的经典《大涅槃经》就借佛的口宣传为了敬重大乘佛教而残杀“诽谤”佛经的婆罗门：“我（佛）念往昔于此阎浮提作大国王，名曰预仙，爱念敬重大乘经典。……善男子！我于尔时心重大乘，闻婆罗门诽谤《方等》（大乘佛经），闻已，即时断其命根（据说一次即‘杀五百婆罗门’！）。善男子！以其因缘，从是以来，不堕地狱！善男子！拥护摄持大乘经典，乃有如是无量势力。”（《大涅槃经》卷十二《圣行品》第七之二）“善男子，我……以爱念故，断其命根，非恶心也。”（同上，卷十六，第八之二）据此，为了拥护本教教义可以杀戮“异端”，而且一次杀五百人，也是出于护教的“爱念”，而非犯戒的“恶心”。如此杀人如麻，非但不是犯罪而且是莫大的功德，因此善行得以永远不堕地狱。我国天台宗第二代祖师慧思和尚根据这类故事发表评论予以颂扬：“若有菩萨，行世俗忍，不治恶人，令其长恶，败坏正法，此菩萨即是恶魔，非菩萨也。何以故？求世俗忍，不能护法，外虽似忍，纯行魔业。菩萨苦修大慈大悲，具足忍辱，建立大乘及护众生，不得专执世俗忍也。”（《法华经安乐行义》，《大正藏》卷四十六，第701页）这就是说，不信大乘，即是恶人，对此绝对不可容忍。容忍不信者，是“令其长恶，败坏正法”。是乃世俗之忍，纯粹是恶魔之行，此菩萨也即变成了恶魔。对于不信本教的异教徒，佛教的大慈大悲，忍辱无争一概抛弃在九霄云外。代之而起作用的是杀人有德，不杀有罪。宗教信仰主义的排他性，于此淋漓尽致地体现无遗。犹太教的上帝耶和华亲自规定只许犹太人信仰他自己，列为“第一诫命”，并把不许信仰别神列为“第二诫命”。他下令以色列人对信仰别神的赫人、革迦撒人、亚摩利人、迦南人、比利洗人、希未人、耶布斯人要“灭绝净尽”（《圣经·申命记》第7章第1、2节），对引诱以色列人信仰别神的人，“总要杀他，你先下手，然后众民也下手，将他治死，要用石头打死他”（《申命记》第13章第9、10节）。

基督教高唱上帝爱大家，一切罪过都可得到赦免，圣子耶稣为救赎人类的罪献出自己的生命。可是耶稣对不信其教者绝不宽容赦免：“不与我相合的，就是敌我的；不同我收聚的，就是分散的。所以我告诉你们，人一切的罪，和亵渎的话，都可得赦免，唯独亵渎圣灵，总不得赦免。凡说话干犯人子的，还可得赦免。唯独说话干犯圣灵的，今世来世总不得赦免。”（《马太福音》第12章第30、31、32节）

各种宗教既然都把本派宗教视为神圣不可侵犯，把其他宗教视为异教，那就不可避免导致不可调和的冲突。耶稣就说过，他的传教活动将在世界上和人群中引起关于“事主与不事主的纷争”：

> 我来要把火丢在地上，倘若已经着起来，不也是我所愿意的吗，我有当受的洗，还没有成就，我是何等的迫切呢。你们以为我来，是叫地上太平吗！我告诉你们，不是。乃是叫人纷争。从今以后，一家五个人将要纷争，三个人和两个人相争，两个人和三个人相争。父亲和儿子相争，儿子和父亲相争。母亲和女儿相争，女儿和母亲相争。婆婆和媳妇相争，媳妇和婆婆相争。（《路加福音》第12章第49—53节）

事实上，基督教产生后，确实在罗马世界引起了普遍的宗教信仰争端。在基督教与犹太教、各种多神教、异教和后来的伊斯兰教之间，纷争不已，直至引起大规模的宗教战争。

伊斯兰教的《古兰经》规定穆斯林不可无故杀人，但为捍卫主道，对不信者，迫害者，可以大开杀戒：

> 你们在那里发现他们（反对伊斯兰教者），就在那里杀戮他们，并将他们逐出境外……（第2章第191节）

基督教、伊斯兰教在惩罚异教徒的旗帜下兴师动众，大张挞伐，争夺耶路撒冷圣地之战进行了长达200年之久。基督教内部也是如此。宗教改革之后，新旧两教派的斗争在欧洲大地上广泛开展，直至兵戎相见，都把对方视为异端，必欲从肉体上消灭而后快。在伊斯兰教内部的教派斗争更是十分激烈，什叶派和逊尼派长时期中视同水火，两不相容。这种血肉相残的斗争在今日的阿拉伯—伊斯兰世界仍在继续，随处可见。历史上和当代世界上连绵不断的宗教战争和教派斗争，它们的出现有其深刻的历史背景和社会、民族原因，不能完全归结为神和宗教的排他性。但无可怀疑的事实说明：正是这种排他性深化和神化了不同信仰者之间的固有的社会矛盾和民族矛盾，使这种矛盾具有神圣的性质，常常弄到不可调和的地步。既然把对本教神灵的信仰和服从当成最高的美德，当然便把持不同信仰者视为异教徒，把迫害和消灭异教徒的恶行视为美德。这种情况乃是宗教道德与人道主义道德本质上不相一致的表现。

威廉·詹姆士在《宗教经验之种种》中承认宗教的种种非人道劣迹。他认为，对上帝的过度虔诚，会导致“信奉狂”，把虔奉上帝本身视为理想，把对神的牺牲和谄媚看成美德：

> 这种心境的一个直接结果，就是为神的尊荣而起的妒忌。信徒表示他的忠诚，怎样能够有比由在这方面的敏感表示他更好的方法呢？圣徒对极微末的对神的侮慢或轻忽必须愤怒，神的敌人必须受耻辱。在心思过度狭窄并意志过度活泼的人们，这种忧虑可以变成了他唯一的事业；并且人曾经宣传要派遣十字军，曾经煽动大屠杀，只为了要

消除一个他们幻想别人曾加于他们上帝的轻蔑。将神形容做顾惜他们的体面的那些神学，以及抱有帝国主义的策略的教会曾经同谋，把这种脾气煽动到炽热发火，因此不宽容（Intolerance）和追逐异己者变成了在有些人必定以为与圣徒心性相连的恶德。这些恶德，无疑是圣徒心性常犯的罪过。圣徒的脾气是道德的脾气，而道德的脾气往往是残忍的。它是党派的脾气，而党派的脾气是残忍的。一个大卫（David），不知道他自己的仇敌与耶和华的仇敌有何分别；一个急于要把是她那时代的污点的基督徒的内讧停止的细恩那的卡塔林（Catherine of Siena）不能想出比出兵去屠杀土耳其人这件事更好的联合基督徒的方法，路德对于把再洗派（Anabaptists）首领弄死的残忍的非刑，并不抗议或表示惋惜；一个格莱威尔赞美主，因为主把他的仇人交付给他去施刑。固然，在一切这种事例，都有政治的关系；可是虔信心也觉得这种合伙不太不自然。所以，在“自由思想者”告诉我们说宗教与信奉狂是“双生子”之时，我们不能够对这个谴斥作无条件的否认。

詹姆士的结论颇有意思：

一个太窄的心灵只有可容一种感情之地。在爱上帝的感情占有了这种心灵之时，这种感情就把一切爱人类并为人类效用的心排除掉了。对这种可怜的过度虔奉，英文内没有名字，因此我把它叫做“奉神病状态”①。

詹姆士事实上看到了爱神与爱人类的矛盾。在无可争辩的宗教史实面前，持有与我们完全不同的世界观和宗教观的威廉·詹姆士作出了与我们大体相似的结论。

宗教道德与禁欲主义

宗教一般都在教义信条上，把为善去恶作为进入天国的条件，但许多宗教却把罪恶的根源归结为物质对象的诱惑和肉体的情欲，把苦行苦修作为崇高、圣洁的宗教美德，从而导致否定一切物质享受、违反人道原则的苦行主义和禁欲主义。宗教导致禁欲主义的原因大致有三：

---

① 《宗教经验之种种》，第365—366页。

首先，宗教为了拨动善男信女的感情，往往把世界二重化。在现实世界之外虚构出幸福的天堂和极乐的净土，并把它与现实世界对立起来；尘世生活是短暂的，而天堂才是永恒的；尘世生活充满罪恶，而天堂才无限美好；尘世生活一切皆苦，而天堂才无限幸福。这是因为任何宗教都只能利用尘世生活的苦难，而不能在现实世界中解脱这种苦难。他们大肆渲染尘世生活的苦难，就是要使善男信女鄙视现实世界，不要去争取现实的物质利益，而要把物质世界的一切视为罪恶之源而抛弃；四大皆空、一切皆苦，从而看破红尘，遁足空门，到宗教幻想世界中去寻找最后的解脱。

其次，宗教一般多是用精神—物质、灵魂—肉体的二元论来解释个人在道德上的原因。许多宗教都认为尘世和肉体是一切罪恶的根源，是恶魔所造；弃绝物质生活，自觉忍受苦难才是灵魂得救之道。一些极端的宗教苦行主义甚至宣扬灵魂得救的唯一道路便是摆脱肉体的束缚，其结果是使许多信徒竟以自杀方式来寻求灵魂的解脱。

最后，在人—神宗教关系中，人要求得自己的解脱和升天堂的权利，就要取媚于神，方法之一就是禁欲苦行。这似乎可以使神注意到自己在向神哀告，克己苦修，因此理应得到神的怜悯、同情和拯救，赦免自己的一切罪愆而进入与神同在的极乐世界。

在宗教苦行主义、禁欲主义的影响之下，历史上出现了许多极端可笑的事情。

印度人拿牺牲、舍身、热心祷告、研究经典、压抑感情，作为崇拜神灵的手段。……在自苦和忏悔上，在实行这种宗教锻炼的杰作上，没有一个民族能够赶得上印度人。松奈拉特在他的《东印度中国游记》中提到印度的忏悔者说：他们有些人不断地用鞭子抽打自己的肉体，或者拿一条铁链把自己钉在一根树干上面直到寿终为止；另有些人则发愿终生维持一个困难的姿势，比如紧握着拳头从不放开，指甲长了也不修剪，直至指甲刺穿了手掌；又有些人永远双臂交叉在胸膛前或者伸直在脑壳上面，直至双臂都残废了不能使用；还有好多人自己活埋在土里，只通过一个小洞交换空气。印度人在虔诚方面是登峰造极的，甚至于卧在大路上让破坏之神（湿婆）的大神像所坐的赛会车子，碾过他们的身体。

与印度人相比，古代基督徒那些自我刻苦、自我否定的行为也不逊色。比如西蒙·斯提里特用三十年以上的光阴消磨在一根柱子上面；圣安东尼很久住在一个坟墓里，他把人的本有意志和各种自私的肉体冲动禁制到这样的程度，以至于从来未曾驱除过身上的一个小虫，未曾洗过一次身体。

这些可笑的事情都是宗教的产物，它表现了人—神宗教关系的本质。费尔巴哈指出：

> 究竟人在宗教中为什么要否定自己呢？为的是获得他的神灵的恩宠，能够有求必应。由于刻苦忏悔，人们便有权利要求神灵答应他的一切愿望，甚至立刻实现他的念头。[①]

从神看来，禁欲主义无疑是圣洁的标志，是崇高的美德；但从人看来，则是残忍不仁、愚蠢可笑的事情，与真正美好的道德南辕北辙，背道而驰。道德以人—人社会关系为基础，以维护现实社会中人的合理利益和幸福生活为原则。如果道德规范和伦理准则的实践竟不允许现实社会的人过一种合乎人道的幸福生活。就绝不是真正的道德。宗教禁欲主义意味着对人的物质利益和合乎人道的幸福生活的否定，本质上是非人道的。宗教禁欲主义不是宗教的偶然表现，它植根于人—神的宗教关系之中，是神道主义的必然结果。禁欲主义的宗教道德与人道主义道德的对立表现了神道主义与人道主义的对立。随着社会的进步，特别是由于人文主义、启蒙思想对宗教禁欲主义的批判，不少宗教的禁欲色彩逐渐淡化，在神学观念和宗教制度上承认人的某些世俗欲望的合理性（如基督教新教允许教士结婚），这种世俗化的趋向，我们也应该注意到。

第四节　宗教在历史上对道德的影响

既然宗教与道德共存于同一社会体系之中，共生于同一经济基础之上，它们之间就不可能没有联系。在上层建筑、意识形态各部门之间，事实上存在着互相影响、互相作用、互相制约乃至在一定条件下互为因果的情况。宗教与道德的关系尤其如此。道德用伦理准则和行为规范来调整人—人的关系，使之符合于社会经济基础的性质和需要，宗教则用神的意

---

① 《费尔巴哈哲学著作选集》，下卷，第568页。

志和天命的安排来神化以现存经济关系为基础的人—人社会关系。社会本质的共同性把它们联系在一起。道德为宗教教义信条体系提供了部分社会内容，宗教则为道德准则涂抹上一层神圣的色彩。一方面，宗教把道德抬高为宗教的教义、信条、诫命和律法，把恪守宗教关于道德的诫命作为取得神宠和进入来世天国的标准；另一方面，宗教的教义和信条又被神以道德诫命的形式强加于整个社会体系，被说成是一切人的行为之当与不当、德与不德、善与不善的普遍准则。这就在历史上形成所谓道德的宗教化和宗教的道德化的现象。

社会历史处于不断变化和发展的过程之中，生产力的不断发展，在一定历史阶段就会引起社会生产关系的变革，每一重大变革都会引起人与人的关系的重新调整，从而使整个上层建筑及其各部门的关系发生相应的变化。宗教与道德，作为两个重要的上层建筑部门，它们之间的互相影响，既为经济基础所决定，也随着经济基础的变革而发生相应的变化。在原始社会和阶级社会，情况是不同的。在阶级社会的不同阶段（奴隶制社会、封建制社会、资本主义社会），也各有其历史的特点。

原始社会中的宗教与道德

原始社会的基本社会结构是以血缘关系为纽带而组成的氏族制社会。在氏族集团内部实行财产公有，共同进行生产，平均进行分配，形成氏族公社。一个氏族集团的成员不会很多，据一些人类学资料，一般不超过一百余人。在氏族公社内部，没有阶级，没有剥削。原始社会的道德就是这种以氏族公社所有制为基础的人与人的社会关系的反映，它的基本内容是调整氏族成员的行为使之符合于氏族公社的人与人的关系，保护整个氏族集团的团结，在强大的自然压迫和与其他种族集团的斗争面前，维护本氏族集团的生存。这种道德规范，是原始社会中以氏族公社所有制为基础的人与人之间的社会关系的反映。它们是自然形成的，是属于全民性的社会道德。

原始社会的宗教，也和当时的道德一样，是自然而然地自发形成的，在全氏族制社会内部是全民性的宗教。原始宗教作为原始氏族制社会的上层建筑，它的目的和任务及其发生作用的根本形式便是通过对氏族祖先的神化和氏族集团传统的神化来维护氏族制度的稳定，加强氏族集团的内聚力，保障氏族集团的生存。原始宗教并不创造道德规范，但它却可以通过宗教神话和宗教礼仪的宗教形式来强化传统道德的社会影响力。

第一，崇拜共同的氏族祖先，加强氏族集团的血缘关系。

各个氏族集团各自信奉不同的图腾和氏族神灵。这些图腾和氏族神灵最初并没有道德伦理上的含义。氏族成员除了尊奉它们为同一氏族的共同祖先以外，并未赋予它们什么伦理上的美德。不过，由于有了共同的祖先神崇拜，会加强氏族成员的认同感和氏族社会内部的内聚力。

从原始宗教的实际活动中也会产生出各种影响原始人的行为的行为规范。祖先崇拜逐渐与英雄崇拜结合起来，氏族祖先常在原始人的神话中成为能征善战，具有神力和智慧、有功于氏族的战斗英雄和文化英雄。古希腊的奥林匹斯诸神就是这样的典型。他们的道德行为是卑下的，不足为人师表，但他们神奇勇武的英雄业绩却对希腊人维持生存的斗争发挥特定的道德影响。

原始社会的宗教信仰必然伴生相应的宗教仪式和宗教禁忌。图腾崇拜的主要仪式一般有繁殖图腾对象的仪式和表演图腾祖先神话的仪式，同时还产生了与图腾崇拜有关的食物禁忌（如禁食图腾物），这些仪式和禁忌的社会功能就在于一方面把本氏族和其他氏族集团在信仰上和生活行为上严格区分开来，体现为对外族的隔离性和排他性；另一方面则借此加强本氏族社会成员的认同感，体现为加强氏族集团的内聚力和维护氏族传统的稳定性。宗教禁忌在原始氏族制社会中起着行为规范的实际作用，成为习俗规约。违犯禁忌是对神圣的污秽和亵渎，被视为严重的道德犯罪，会受到严厉的社会制裁。

早在原始宗教中，就对一个人的生命成长的各个阶段赋予神圣的意义，逐渐发展为生命关节礼仪。几乎各民族的宗教都有“成年礼”，即在所定的成年年龄时举行宗教礼仪。其目的在于通过宗教礼仪教导其成员履行与其年龄相应的道德义务。许多民族的成年礼很隆重，一连要进行几个月。主要是在穿着、言谈、举止、品行等方面进行教诲。在此之前，这些方面的宗教规范对未成年者是严格保密的。举行成年礼就是在一个非常神秘的环境和气氛中使成年入礼者与超自然神灵发生联系，从而对成年后的行为产生神圣的道德使命感。生命关节礼仪是原始宗教影响当时社会成员之行为的重要方式，具有重要的社会功能和道德价值。

第二，神作为道德的监护人和立法者而对原始社会的道德发生影响。

原始时代氏族制社会的神灵本来是作为氏族集团的保护神出现于世的。保护与不保护，乃是相对而又相连的观念，有保护的一面，就有不保护的一面。由此出发，就逐渐产生出氏族祖先神灵主宰其氏族成员之祸福的观念。祸福之来固由于氏族神灵的主宰和决定，而神灵的决定则依据原始人本人道德行为之当否，用原始人行为之当与不当、德与不德来解释氏族神灵到底是赐福还是降祸的根据。这样一来，原始社会的宗教与道德就逐渐发生了比较密切的关系。它们之间的互相影响，在一定程度上是通过这种渠道发生作用的。

同时，由于原始社会尚未形成国家，缺乏集中的、具有强制性的世俗行政权力，关于什么才是正当行为的道德律法，便逐渐通过宗教的途径，由神的诫命来作出决定。这并不是宗教产生出道德规范，而不过是用神的名义支持并强化祖先传统教导的伦理原则。如果某人没有对其亲属履行当时人—人社会关系所规定的义务，便是不道德的行为，必将遭到神用疾病之类灾祸予以惩罚的报应。当原始宗教把神视为社会道德的监护者和立法者的时候，这些神灵便逐渐伦理化而具有道德的品性。一方面是原始社会道德的宗教化，另一方面则是宗教神灵的道德化。具体体现了原始社会中道德与宗教的互相影响。我们完全有理由肯定，与其说宗教神灵是社会道德的源泉，而不如说，宗教神灵的道德属性乃是社会道德的对象化；与其说没有宗教就没有社会道德，不如说，没有社会道德就没有宗教的道德内容和道德化的宗教神灵。

第三，原始宗教的神判法在维系社会伦理关系中的作用。

当原始氏族的神灵逐渐具有道德属性，成为道德的监护人的时候，它们也逐渐成为原始人关于善恶是非争端的审判官，由此发展出宗教的神判法。当人们无法用人的智力来判断人与人之间各种争议的是非曲直和某一道德犯罪的嫌疑时，往往借助于神明的裁判。

神判法是原始社会宗教（神灵）对社会道德纠纷的直接干预，具体体现了当时宗教对于道德的作用与影响。

原始社会中，宗教影响道德的方式，择其要者，大体上有上述三种。这种种观念，反映了原始人幼稚的幻想，说来令人可笑。但在当时，这一切都是自然发生的，并无人为的欺骗成分。由于原始社会没有阶级分化，宗教与道德都没有阶级性，故宗教所神化的道德准则，也没有基于阶级偏见的选择。社会道德的宗教化和神化，在尚没有国家权力结构的时代，对于原始氏族制社会中人—人社会关系的稳定和维系无疑是必要的。这种历史现象的出现不依当时任何人的意志为转移，也不依现代人的好恶而变化。我们对它的历史作用应该作历史的肯定。只是到了原始社会后期，随着私有制的产生和发展，阶级分化和国家体制也随之而出现和发展。氏族公社制必须打破，与之相联系的上层建筑——原始宗教和原始社会的道德观念逐渐变成了社会进一步发展的障碍。阶级社会产生了与之相应的宗教和道德，在新的社会经济基础之上，又开始了社会道德宗教化和宗教道德化的新的过程。

阶级社会中宗教对于道德的影响

在阶级社会中，统治阶级总是利用传统宗教为自己的阶级利益服务。他们常常用神和天命的安排神化现存的统治秩序和人与人的阶级关系；用来世的天堂和死后的奖赏使被统治阶级安于现实的苦难。这就决定了宗教—道德关系的基本性质。宗教既要神化现存的人—人阶级关系，就必须用宗教和神的名义把这种阶级关系说成是正当的、合乎道德的。这就意味着神化统治阶级的伦理准则和道德规范；宗教既要诱导被统治阶级安于现实的苦难而致力于追求来世的天堂，就要把遵行统治阶级的道德规范作为进入来世天堂的标准。当然，宗教也常常把表现人与社会之最基本关系的社会公德神圣化。即使如此，也不会忘记使社会公德适应于统治阶级的根本利益。宗教神化的统治阶级道德，目的在于把被压迫人民的行为纳入有利于统治阶级的社会秩序。这一部分道德的神化，在性质和作用上视统治阶级在历史上的地位而定。当这个阶级处于上升地位，与历史发展的规律相一致的时候，他们的社会、政治、伦理观念，客观上符合于社会发展的需要，宗教在这种特定的历史阶段把它们神圣化，事实上是符合历史发展要求的。这种客观作用是不依人们的好恶和主观意志为转移的。但是，历史上任何一个起过进步作用的统治阶级，都是会随着历史的演变而发生变化的，会从进步的阶级演变为保守的、反动的阶级。他们的意识形态，他们的伦理道德思想也因之而成为维护其反动统治的工具。这是历史的一般情况。宗教在这种历史条件下对统治阶级伦理原则和道德规范的神圣化和宗教化，其社会作用无非是把加于被统治人民身上的镣铐饰以神圣的花朵。

我国历史上的宗教与道德

我国古代社会自进入到奴隶制时代以后，宗教崇拜的基本内容是天帝崇拜与祖先崇拜，其作用是加强和维护宗法奴隶制社会秩序。周代以前宗教观念的政治内容极为突出，周代开始，则逐渐强调天的道德属性和天命的道德内容。一方面认为伦理秩序和道德规范是天命所定，另一方面则认为天对人的奖惩和对人事的干预以人的言行是否符合于道德为转移，这就是所谓“皇天无亲，唯德是依”。当然，周人所神化的道德规范主要是统治阶级的道德。

过渡到封建制社会以后，传统宗教的“天”成了封建帝王的上帝。“天命”的性质和内容，本质上是维护以封建宗法制度为基础的君臣、父子、夫妻等人—人社会关系和封建统治阶级的利益，为了强化封建制社会的君权、父权与夫权，把全国人民的伦理生活纳入封建地主阶级的道德规范，儒家思想家董仲舒通过天人感应的宗教神学，把封建地主阶级伦理观念的集中表现——三纲五常，神化为“源出于天”的神圣准则。由于这种神学化的结果，三纲五常的封建道德成为我国整个封建时代的统治思想，具有不可动摇的神圣地位。其他一切宗教如果要想在中国大地上扎根立足，也必须把儒家的伦理道德观念作为该宗教的伦理道德观的基础。中国土生土长的道教和民间宗教是这样，外来的佛教、伊斯兰教、基督教也在不同程度上照此行事。

我国的道教自魏晋以后深得历代帝王的欢心，多次被帝王列为三教之首。在漫长的封建时代，一直与儒、释一起成为我国封建社会中居于统治地位的宗教之一。道教和我国封建制社会中其他上层建筑部门一样，它的基本任务是为巩固封建社会的经济基础和维护封建地主阶级的统治秩序服务。在这方面，道教特别重视宗教对道德的影响和作用，力图用道教教义信条的道德内容，把善男信女的行为纳入封建宗法社会的伦理秩序和道德规范的要求。最早的道教经典《太平经》就直率地宣传用道德来教化民众，防止小人无道自轻，犯上作乱，从而达到“长安国家，令帝王乐也”的目的。那么，用什么样的道德来教化小人呢？在以封建宗法制度为基础的社会关系之中，在反映这种社会关系的儒家道德已成为神圣不可侵犯的、占统治地位的道德的情况之下，道教实在不可能有自己特殊的道教道德，而只能是接受儒家道德。它所能起的特殊作用无非是把儒家道德作为所谓“得道”之“道”的核心和长生成仙的标准。《太平经》宣称一个人的行为合于“道”，就有可能升天成仙，而所谓“大道”，其内容则是忠君孝亲。它认为最大的善（“上善”）就是帮助帝王建立太平盛世，使朝政上得天心，下得地意。葛洪《抱朴子》具体说明了道德行为与长生成仙的关系：

> 欲求仙者，要当以忠孝和顺仁信为本。若德行不修，而但务方术，皆不得长生也。行恶事大者，司命夺纪，小过夺算，随所犯轻重，故所夺有多少也。凡人之受命得寿，自有本数，数本多者，则纪算难尽而迟死；若所禀本少，而所犯者多，则纪算速尽而早死。……人欲地仙，当立三百善；欲天仙，立千二百善。若有千一百九十九善，而忽复中行一恶，则尽失前善，乃当复更起善数耳。……积善事未满，虽服仙药，亦无益也。若不服仙药，并行好事，虽未便得仙，亦可无猝死之祸也！

以长生诱人为善，以早死戒人止恶，把行为的善恶与生死寿夭、长生成仙紧紧联系起来，道教对道德的强调不可谓少。问题在于这里所强调的善恶是“以忠孝和顺仁信为本”，完全照搬了封建地主阶级的儒家道德。南宋以后的净明道又称净明忠孝道。其中心主张就是提倡三纲五常，以忠孝为本。它认为只要明心净性，正心诚意，养此忠孝之心即与道通，也就可得道成仙：“忠孝之心非长生而长生之性存，死而不昧，列于仙班。”（《净明四规明鉴经》）净明道的上述主张与宋代理学完全一致，本质上是理学的伦理道德观的宗教化，这集中地反映道教与以儒家伦理学说为代表的封建道德的密切关系。

佛教与道德

佛教修行的最后目的是超脱生死轮回而达到涅槃世界。为了能涅槃成佛，佛教除了有一套修行的理论和方法以外，还规定了一套行为规范和善行标准，集中反映为“戒律”。佛教戒律非常之多，据《四分律》，僧戒二百五十，尼戒三百六十四。主要是“五戒十善”。“五戒”是不杀生、不偷盗、不邪淫、不妄语、不饮酒。“十善”另加不两舌（不挑拨离间）、不恶口（不骂人、不说人坏话）、不绮语（不花言巧语）、不嗔恚（不愤怒）、不邪见（不违佛理）。这是从否定方面谈“十善”，如从肯定的积极的方面看，十善则分别是放生、布施、恭敬、实语、和合、软语、义语、修不净观、慈忍、皈信正道。与十善对立的行为就是“十恶”。行为的善恶是为“业”，将决定生死轮回中的来世果报。修得十善，可升“天堂”；而行十恶，则堕入地狱。

佛教道德特别为人称道者还有关于众生平等、皆可成佛、大慈大悲、忍辱无争的教义。常被人们认为是佛教道德的精髓。佛陀本生经编造了许多“舍身饲虎”、“割肉贸鸽”之类的故事，集中体现了佛教关于慈忍无争的道德主张。

佛教关于“不杀生”、“放生”、大慈大悲、众生平等之类戒律和教义，具体表现为对一切有情物（动物）的平等，反对屠宰，禁止渔猎，修放生池。这些规定对从事生产的劳动人民并不有利。他们为了生活，不能不生产，而生产便不能不伤及虫蚁、猎获禽兽。这样一来，劳动人民岂有不犯杀戒、不下地狱之理？倒是富贵人家可以买生放生，大修功德。当然，佛教关于众生平等的教义，针对古代印度婆罗门教的婆罗门至上主义对贱民们在宗教生活上的歧视而言，未始没有积极的社会意义，但这是非常有限的，无非是为贱民们争取到一点宗教生活的平等权，可以在来世转生到更高等级人家，如此而已。这种教义实质上只能增加贱民们对来世的幻想而安于现实的苦难，对人间的不平等忍辱无争。

以佛教道德为基础的因果报应、生死轮回的说教，从字面上看，对一切人机会均等，对社会各阶级具有同等的道德约束力。但在阶级社会中无疑对上层阶级更为有利。历史上，信奉佛教的上层阶级总是根据因果报应之说，把现实社会中富贵贫贱的阶级区分说成是前生善恶业行的果报，绝对合乎道德。看来，佛教之所以能得到许多国家统治阶级的支持，与佛教的上述教义合乎他们的利益不无关系。

佛教之所以在中国封建社会取得立足之地，在很大程度上得力于这一套善恶果报、生死轮回的说教。佛教为了博取中国封建统治阶级的欢心，还逐渐吸取传统的儒家道德，使之与佛教道德调和融合，证明儒佛一致。早在三国时期，康僧会即已进行这类宣传。据《康僧会传》，他与吴主孙皓进行过一场辩论：

> 皓问曰：“佛教所明，善恶报应，何者是耶？”会对曰：“夫明主以孝慈训世，则赤乌翔而老人（指南极星）见。仁德育物，则醴泉涌而嘉苗出。善既有端，恶亦如之。故为恶于隐，鬼得而诛之；为恶于显，人得而诛之。《易》称：积善有庆；《诗》云：求福不回。虽儒典之格言，即佛教之明训。”皓曰：“若然，则周孔已明，何用佛教？”会曰：“周孔所言，略似近迹；至于释教，则备极幽微。故行恶则有地狱长苦，修善则有天宫永乐。举此以明劝阻，不亦大哉！”

康僧会把“儒典的格言”同“释教的明训”等同起来，用佛教的“地狱长苦”、“天宫永乐”来加强儒家道德的劝化作用。

印度佛教根据生死轮回的教义本来是不讲敬王孝亲的，与中国封建宗法社会关于君臣、父子、夫妻等人际关系的道德规范格格不入。儒家和道教攻击佛教无父无君，不讲忠孝，这使佛教极为狼狈。因此，佛教在中国的进一步发展，便明确地把儒家道德规范作为佛教善恶观的标准和业报轮回的基础。南北朝以后，佛教常把“五戒”比作儒家“五常”。北齐儒家知识分子颜之推在其《颜氏家训·归心十六》中就已接受此种说法：

> 内外两教，本为一体。渐积为异，深浅不同。内典初门，设五种禁（五戒）；外典仁义礼智信，皆与之符。仁者，不杀之禁也；义者，不盗之禁也；礼者，不邪之禁也；智者，不酒之禁也；信者，不妄之禁也。

正是由于佛教在中国接受了儒家道德规范，适应了中国封建宗法社会的人际关系，才使佛教成为中国封建社会的上层建筑，并在唐宋以后，形成三教合流的局面。

基督教与道德

我们这里主要分析见于《新约圣经》中基督教所宣扬的道德观念。

基督教最初是罗马帝国统治下的各族下层人民在犹太教弥赛亚思想的基础上形成的一种社会运动。它宣传救世主基督还将复临救世，对世界进行最后审判，信基督者必将得救，上帝的国即将实现。在政治上体现了对财富的蔑视和对统治者的不满，在伦理上则反映为禁欲和某种平等的要求。但是，为时不久，随着富有的有产者和有权有势者的相继入教，基督教成员的阶级构成逐渐发生变化。基督教社团生活对富有者的依赖，使这部分有产阶级的代表人物逐渐掌握了基督教社团和教会的领导权。保罗事实上就是中产阶级的代言人。保罗派为了使基督教得到统治者的承认和有产者的支持，一方面在神学上修改早期的教义，另一方面则吸取统治阶级所能接受的政治伦理思想。他在神学上不再强调在地上建立神的统治，而是宣传信徒因信基督而得以进入天上神国的个人得救；在政治伦理上则宣扬服从地上有权柄者的统治，鼓吹忍让、勿抗恶之类有利于统治者和当权者的奴隶道德。保罗书信和福音书中所包含的道德说教就是基督教这种演变的具体反映。也正是由于基督教在神学上和政治伦理上有了这种演变，才使基督教终于在公元4世纪成为罗马帝国的国教，并在以后的欧洲历史发展中，成为适应奴隶社会、封建社会和资本主义社会的上层建筑。基督教作为争取统治阶级的承认并在后来的历代社会中居于至高无上的统治地位的宗教，它所宣扬的道德也不能不是统治阶级的道德。当然，我们应该看到，《新约》各书所塑造的耶稣基督，是一个救人于疾苦、脱人于灾难的道德形象。他向门徒和信众所作的道德训诫也不乏对财富的蔑视和对权势者的谴责。耶稣要求一个财主把所有财产分给穷人，然后才能求得永生。而当这个财主留恋财富时，耶稣则对财主作了一般的谴责。“耶稣对门徒说，我实在告诉你们，财主进天国是难的。我又告诉你们，骆驼穿过针的眼，比财主进上帝的国还容易呢。”（《马太福音》第19章第23、24节）

诸如此类的训诫，无疑是早期基督教作为下层劳苦大众的社会运动的社会伦理愿望的反映。但是，基督教并没有把这种社会伦理愿望变为在地上实现的革命要求。而且，基督教在其发展中为了适应统治者的利益，便在教义上逐渐把基督徒早期关于在地上建立神国的希望，搬到来世的天堂。随着这种变化，在道德规范和伦理准则上，便要求信徒忍受现实苦难和顺从当权者的统治，把这视为基督徒的美德和进入来世天国的条件。这一点，事实上构成基督教道德说教的基本内容和最终目的。下面对《新约》各书中道德训诫的主要内容作一些必要的分析。

第一，爱主。

耶稣说：“你要尽心、尽性、尽意爱主你的上帝，这是诫命中的第一，且是最大的。”（《马太福音》第22章第37、38节）上帝是审判一切的主宰，必须对主心存敬畏，做顺命的儿女，以求蒙恩赎罪，进入天国。这个“上帝”是否恩赐“永生”主要看你是否信基督。如其不信，即已定罪，上帝的震怒常在他身上。

道德上的恶棍，本不能进上帝的国，但如信基督爱上帝，也就洗净罪愆，“成圣称义”了。

在这种教义规定面前，道德上的罪或恶变成了对上帝或基督的信或不信。上帝作为赏善罚恶的主宰变成了对不信者的惩罚。作恶多端者只要信仰基督爱上帝，都一概免罪进天堂得永生。国家统治者既把基督教尊为国教，又怎能不得到上帝的恩宠呢？

第二，顺从。

爱上帝，就得顺从上帝的天命，服从神的安排。《新约》极力强调这一点，把顺从主命作为基督徒的基本德行。在阶级社会，天上的上帝无非是地上统治阶级的化身。这在保罗书信中得到事实上的承认，于是，对上帝和天命的顺服就落实为对“有权柄的”的顺服。

第三，忍恶勿抗。

忍恶勿抗可能是《新约》道德规范之最有特色者。保罗书信和福音书所塑造的耶稣基督的道德形象，已不复是早期基督教所崇奉的那个救人苦难、伸张公义的救世主，而演变成了教导信徒忍恶勿抗，但悔己罪的榜样。他要求人们顺受一切横逆，容忍一切压迫，饶恕一切恶人。他宣传“不要以恶报恶”，视“报恶”为“恶”；他反对论断别人，认为论断有“罪”。

在保罗心目中，抗恶即是恶，就是“为恶所胜”；忍恶方为善，才是“以善胜恶”。这个道理如应用于人民内部当然有一定道理。但如像基督教那样作为普遍的伦理原则，应用于真正的恶人则无异于纵恶人为恶。

第四，爱人如己。

《新约》继承了古犹太人摩西所传的诫命，但着重强调“摩西十诫”中有关人—人社会关系的行为规范部分，而对与古代犹太人宗教生活有关的特殊禁律则不那么多事鼓吹。基督教比犹太教更强调对人的“爱”，并把摩西诫命中关于不可奸淫、不可杀人之类的规定解释为“爱人如己”。保罗致罗马人书说：

> 凡事都不可亏欠人，唯有彼此相爱，要常以为亏欠。因为爱人的就完全了律法。像那不可奸淫，不可杀人，不可偷盗，不可贪婪，或有别的诫命，都包在爱人如己这一句话之内了。爱是不加害与人的，所以爱就完全了律法。(《罗马书》第13章第8—10节)

《马可福音》、《马太福音》还把“爱人如己”作为仅次于第一诫命“爱主你的上帝”的重要诫命，并认为“这两条诫命，是律法和先知一切道理的总纲”(《马太福音》第22章第34—40节；《马可福音》第12章第28—31节)。

用“爱人如己”来总括摩西诫命的内容，无疑是升华和净化了犹太律法的道德内容。从人们不得不遵守律法和诫命的被动性行为，提高为从爱人如己出发而具有主动性的道德义务和道德责任。就此而论，基督教的伦理道德观念显然高于犹太教。也正是因为基督教对“爱人如己”的强调，使基督教道德具有更大、更持久的吸引力。不可杀人，不可偷盗，不可贪婪，不可奸淫之类的道德规范，反映了人与社会的普遍性关系，属于社会公德，我们不能笼而统之地贴上阶级的标签。但是，也正是这个缘故，我们也反对宗教神学家把这些社会公德说成是基督教道德。如果因为基督教《圣经》把这些道德规范归之于上帝的神启并记载于《圣经》之中，就说它们是基督教道德，那么，根据同样的理由，我们也可以把它们说成是犹太教道德、佛教道德、道教道德……因为，世界各种宗教体系的道德诫命和戒律体系之中差不多都有类似的规定。这些道德产生于人际社会关系，与一切宗教信仰无关。宗教的作用只不过是借神启而使之具有神圣的意义。同时，我们也要看到，这一类道德规范尽管具有普遍性的人伦意义，但在阶级社会中总是不可避免地受到阶级特性的影响。各个阶级一般总是按照自己的阶级地位和特殊利益来理解和执行此类社会公德的。例如，不可偷盗，本身是私有财产制的产物，是维护私有财产制度而形成的行为规范。在有剥削的社会里，剥削阶级显然更愿意利用宗教使之神圣化。在劳动人民内部，执行不偷盗的行为规范可以维护彼此的团结互助；而用在剥削阶级与被剥削阶级、有产者和无产者之间，把它神圣化，它的社会功能主要就是维护剥削制度了。历史上的剥削阶级之所以拼命神化此类社会道德，其真正秘密盖在于此。

见于《新约圣经》的基督教的道德观还有其他许多内容，但其中之最主要者，大致有上述几条。这些道德规范，有些具有高尚的伦理意义(如“爱人如己”)，对培养基督教社会的道德情操，起过重要而且有益的作用。但有些规范则常被社会的统治者、当权者作有利于自己的私利的解释和利用。所以，对它们在历史上和现实生活中所发生的具体作用，要作历史的、具体的分析。

伊斯兰教与道德

道德训诫，是穆罕默德创教传道活动的一项主要内容，它构成伊斯兰教体系的一个重要方面。伊斯兰教的道德伦理观，尽管打着真主天启的名号，但仍和任何一种道德观念一样，本身并不具有超阶级的普遍性和超时代的永恒性，而是当时阿拉伯世界人—人社会关系的反映，带有特定阶级的印记。

穆罕默德领导的伊斯兰教运动，实质上是一场具有深刻的政治、经济、伦理含义的社会运动。它有一个重要的特点：一神信仰与阿拉伯半岛政治上的统一，宗教与社会伦理思想在运动中紧密地结合起来。穆氏在宗教神学上宣传信仰唯一的真主、信使者、信前定、信宿命、信来世、信天堂地狱，用一神信仰代替在氏族部落制基础上产生的传统多神信仰，为统一阿拉伯半岛、建立民族国家提供了统一的意识形式。在社会伦理方面，由于氏族部落制社会的解体和私有制阶级社会的发展，传统的习俗、礼法、道德观念随着人—人社会关系的变革日益濒临崩溃，穆罕默德便在宗教运动中不断以真主的名义发布各种启示，调整社会关系，提出和建立一系列穆斯林应该遵行的行为规范和宗教律法，把信众纳入新的社会关系之中。早在麦地那时期，他就创立了政教合一的伊斯兰教徒公社“乌玛”(Umma)。一方面组织信徒群众从事政治军事斗争，同时又组织他们的宗教生活，还要处理他们之间的各种民事和刑事纠纷，规范和调节他们的行为。因此，穆罕默德就人们的各种社会关系（经济关系、财产关系、政治关系、人伦关系……）订立了一大套细致而又具体的规定。这些规定既具有道德诫命的意义，又具有宗教律法的性质。随着伊斯兰教在阿拉伯半岛和周围广大地区的胜利和哈里发封建大帝国的建立，伊斯兰教和它所宣扬的社会政治伦理观念成了帝国的上层建筑。

穆罕默德在《古兰经》中所表现出来的伦理道德思想，突出强调个人行为的善恶。它不再依靠已趋解体的氏族部落社会的习惯法，而代之以真主的末日审判和赏善罚恶，企图以此来维护和保证人的道德生活。它也不像基督教那样宣扬人有“原罪”以待耶稣基督的救赎，而完全诉诸个人行为本身的道德责任，听命于真主的公正无私的审判。它认为任何人都得对自己的行为承担道德责任，无善不报，无恶不罚。任何人都不能逃脱真主的审判，任何行为都因其善恶的性质和程度而得到相应的报偿。在这里，人人在真主面前平等，没有阶级的区分。但是，《古兰经》所理解的善恶却是历史的具体的范畴，是当时阶级关系的反映。

《古兰经》中的道德训诫散见于各个章节，内容很多，主要有两个方面：

第一，崇拜真主。

对真主的信仰、热爱、敬畏和服从，被《古兰经》规定为伊斯兰信徒的基本德行和最高的善功。真主安拉的神性被描写为纯道德的属性：至大至公，至仁至慈。有些伊斯兰教学者认为，伊斯兰教在神学上的“特殊贡献”就是它赋予真主以纯道德的属性：

> 伊斯兰教对世界宗教思想的特殊贡献，在于它关于神、人和人类兄弟的概念。在伊斯兰教之后，安拉不再是摩西时代严厉的专制者耶和华……它被描绘为“创造者”、“供给者”和“保护者”，它的主要属性是谅解和怜悯。为了供给和保佑，安拉一方面运用力量和权能的属性，另一方面运用仁慈和怜悯的属性。①

其实，在这方面，伊斯兰教的真主，与其他一切宗教的神佛一样，它的“仁慈和怜悯”都是相对的、有条件的。对于信仰真主和伊斯兰教者，真主确乎是“仁慈和怜悯”的。但这种“仁慈和怜悯”，主要表现在对信徒的“罪行”的宽恕上面：“唯悔过而且信道并行善功者，真主将勾销其罪行，而录取其善功。真主是至赦的，是至慈的。”（《古兰经》第25章第70节）而对于虽有善功但却不信伊斯兰教者，真主的“仁慈和怜悯”就不见了；相反，真主对他们是极其严厉和残酷的：“终身不信道，临死还不信道的人，必受真主的弃绝，必受天神和人类全体的诅咒。他们将永居火狱，不蒙减刑，不获宽限。”（第2章第161—162节）在这里，被真主打入火狱的人，其主要的罪并不是道德上的罪行，而只是因为他们“终身不信道，临死还不信道”。即使这些不信道者道德上行善，他们的“善功”也因其不信而化为乌有，难逃火狱之罪：“谁背叛正教，至死还不信道，谁的善功在今世和后世完全无效。”（第2章第217节）“不信主者，他们的善功比如一堆灰。”（第14章第18节）在这里，伊斯兰教和其他宗教一样，总是以对神的态度作为道德上善恶的标准。

第二，关于人—人社会关系方面的道德要求。

《古兰经》要求伊斯兰信徒孝敬父母，尊重亲友和邻居，乐于施舍，救助孤贫，宽待奴仆，显然体现了对人—人社会关系中形成的基本道德的肯定和尊重。有些伊斯兰教学者却借题发挥，说什么这一切表现了“人

---

① 赛·菲·马茂德：《伊斯兰简史》，中国社会科学出版社1981年版，第31页。

类兄弟关系的新概念”：

> 伊斯兰教的第三个贡献是关于人类兄弟关系的新概念。……根据这种概念，一切人皆平等，都是兄弟。身世与地位无关紧要。在真主面前，主人与奴隶是平等的……在伊斯兰教里，不曾有过一个种族或集团，只是因为出身而享有超越他人的特权。尽管后来出现了社会等级差别，但在穆斯林世界，共同的信仰仍把人们联结在一起，因之都是同一社会大家庭的成员。①

穆罕默德和伊斯兰教的社会伦理思想并不存在这种人人平等的“人类兄弟关系的新概念”。事实上，穆罕默德和伊斯兰教在社会、政治伦理问题上的核心和出发点，就是维护和发展当时社会上已经形成的私有财产制度以及在此基础上产生的人与人的阶级关系。穆罕默德把社会上关于主奴、贫富、贵贱的阶级划分，说成是真主的决定和安排：

> 在给养上，真主使你们中一部分人超越另一部分人，给养优厚者绝不愿把自己的给养让给自己的奴仆，从而他们在给养上与自己平等，难道他们否认真主的恩惠吗？（《古兰经》第16章第72节）
>
> 你看我怎样使他们中的一部分人超越另一部分人；后世确是品级更高，优越更甚的。（第17章第21节）

这种一部分人“超越”另一部分人的现象既是真主的安排，人们便只能安于这种处境，不得妄冀非分。由于这种互相超越的关系已定，必将在后世继续延续下去。

私有财产制度和阶级关系既然如此神圣不可侵犯，人与人之间就不可能有真主的平等关系和“人类兄弟关系”。

当然，我们必须看到，穆罕默德神化私有财产制度和不平等的阶级关系，是当时阿拉伯世界社会历史的需要，它反映了社会从原始氏族公社制向新兴的私有财产制发展的历史必然性，这是一种社会进步，惟其如此，穆罕默德领导的伊斯兰社会运动才有可能取得历史性的胜利。我们不应对

---

① 赛·菲·马茂德：《伊斯兰教简史》，第32页。

这种社会发展规律的历史必然性倾注道德上的愤懑之情。这就是说，穆罕默德的社会伦理思想的社会进步意义恰恰是他对私有财产制度和阶级关系的肯定，是他的社会不平等的主张，而不是什么“人类兄弟关系的新概念”。处在阿拉伯社会新兴的阶级关系正在形成和发展时期的穆罕默德，他的头脑中，不可能有这种近代资产阶级的“新概念”。

《古兰经》关于人—人社会关系方面的任何一条道德规范，不仅没有违反私有制和阶级关系，而且是为了维护这种制度。它的特点主要表现在从道德行为方面对当时的社会阶级关系中出现的矛盾进行适当的调整。例如，《古兰经》主张主奴关系不可改变，但要求“宽待奴仆”（第4章第36节），奴隶可以赎身（第24章第33节）；主张维护私有财产制度，不许把财产交给奴隶，但却主张“以财产的利润供给他们的衣食”（第4章第5节）；还主张分出一部分财产进行“施舍”，救赈贫民；主张买卖贸易，但反对高利贷，而且在买卖中要公平交易。其次，如尊重亲友邻居，怜恤孤儿，款待旅客等，这一切道德要求的根本目的，都不是改变私有财产制度和不平等的阶级关系，建立“人类兄弟关系”，而是对这种关系和制度所引起的矛盾和冲突作适当的调整，从而有利于它们的进一步完善和巩固。

在这方面，《古兰经》特别强调“施舍”的重要性，把这作为突出的“善功”和进入天国的重要条件：

> 为主道而施舍财产的人，比如［一个农民，播下］一粒谷种，发出七穗，每穗结一百颗谷粒。真主加倍地报酬他所意欲的人，真主是宽大的，是全知的。为主道而施舍财产，施后不责备受施的人，也不损害他，这等人，在他们的主那里，要享受他们的报酬，他们将来没有恐惧，也不忧愁。（第2章第261、262节）

伊斯兰现代主义思潮夸大这种道德行为的意义，甚至与现代社会主义思想等量齐观。应该说，在任何情况下，施财济贫，都是一种美德。但如把这种人道主义的德行说成是社会主义思想，那就未免“指鹿为马”了。财主的施舍和贫民的受施，并不能改变贫富的根本对立。它只能暂时调整和冲淡贫富分化所引起的阶级对抗，而不会消除阶级矛盾。

因“施舍”的善功而进入天国者，也只有富有阶级才最有资格。贫苦人民、无产者，维持起码的生计尚有困难，又如何可能施财济贫？他们与施舍的善德，注定是没有多少缘分的。

从《古兰经》中，我们当然还可归纳出其他一些道德规范，但从总体上看，它们或者属于人—神关系的宗教道德，或者属于人—人关系的社会道德，但无论哪一种，都是当时社会关系的表现，本质上都是为私有制和阶级关系服务的。由于私有制和阶级关系的发展相对于原始氏族制的必然解体，是一种历史的进步，因此，适应这种历史发展过程和新的社会关系而产生的道德规范，相对于原始氏族社会的风俗习惯、礼法、道德，也应该是一种历史的进步。但是，也正是这个缘故，穆罕默德的伦理道德观念本质上是新兴阶级和商业贵族的意识形态。伊斯兰帝国建立之后，随即开始了封建化的过程，伊斯兰教所宣扬的道德伦理思想也相应地封建化，适应于封建社会的需要。

第四章　宗教与艺术

第一节　宗教与艺术的异与同

宗教与艺术之异

宗教与道德、政治、艺术、科学、哲学等各种文化形态都是人类为满足自身的人性需要而创造的文化，就作为“自然人性化”的文化而言，它们都是人性的种种表现，彼此之间有着密切相通的关系。既有着表现共同人性之“同”，又具有表现不同的人性需要之“异”。这种“同”和“异”在宗教与艺术的关系中似乎表现得尤为明显而且突出。正如宗教在内容和形式上不同于道德、政治之类文化一样，它也有别于艺术。宗教作为文化创造活动，它的产物为宗教崇拜的神灵，而艺术创造的产物则是使人产生美感，给人以愉悦之情的作品与经验；[①] 神灵具有超自然、超人间的“神性”，它可以用超自然的方式安排世间的秩序，决定人们的生活；至于艺术产品，无论其为实用目的的产物，抑或其为出于纯粹审美目的的作品，它们之所以被创造出来，都是为创造它们的人之所用，给人以愉悦和美感；宗教之神支配人的日常生活以至生存，艺术产品则满足人类精神生活中的审美需要；宗教之神的神性本是人之人性的创造和升华，但此人性升华之后却成了高踞人性之上的神性，它从此不再复归于人之自身，变成了主宰人之命运的“异己”力量，因此，宗教是一种典型的异化现象。艺术则不然。一切艺术品的创造，实质上也是人把自己人性中的审美需要加

① 《简明不列颠百科全书》对“艺术”下了这样一个定义：“用技巧和想象创造可与他人共享的有美感的物品、环境或经验。”它进一步解释说：“艺术一词亦可专指习惯上以所使用的媒介或产品的形式来分类的多种表达方式中的一种；因此我们对绘画、雕刻、影片制作、舞蹈及其他许多审美表达方式皆称为艺术，而对它们的总体也称为艺术。”（该书中文版第 11 卷第 325 页）

之于自然之上，使自然（包括外在的自然和内在的自然）人性化、美感化为艺术作品，为满足人类的生活实践和审美需要服务。在这个意义上，对象化于艺术作品中的人性又重新复归于人类自身。艺术的整个活动，既包含艺术的创造，又意味着艺术的享受；既包含人性的对象化，又意味着人性在审美过程中的复归，艺术产品不是“异己”力量，艺术活动本质上不存在“异化”现象。如果说，宗教异化构成宗教文化的本质特征，那么，人性在艺术创造和审美享受过程中的复归，“异化”之被克服，则是艺术作为文化形态的基本属性。

宗教与艺术之同

尽管宗教与艺术作为不同的文化形态，各具特殊的性质和内容，但二者在如何表现其各自的内容问题上，却有着相似的形式。第一，无论是宗教信仰的对象，还是艺术表现的境界，都要借助于人的想象力的虚构和想象。宗教信仰的各种神灵和神圣物都被认之为超自然、超人间的力量，既为超自然、超人间，它们就不存在于自然和人世间之中，也不能为人的自然感官和自然经验所感触，神灵的性状和形象究意是何等模样，神灵所在的境界究竟是什么样子……便只有依靠人的想象力的虚构和幻想。艺术表现的对象虽然本质上是现实生活和生活所依的“自然”，但如果艺术只是镜子似的映照生活与自然，而没有人性的创造和附加，那就不成其为艺术，而只是生活与自然本身。自然人性化是一切艺术的本质。

但自然如何人性化为艺术，就得依靠艺术创造者的想象，只有想象才能使自然人性化，变成具有人的灵性的人格化的艺术形象。当然，宗教的想象与幻想，比之于艺术的想象与幻想是不同的。宗教的想象与幻想不仅把想象中的神灵、神圣物，超自然境界构想出来，而且还进一步相信它们是实际存在的东西。但一切艺术的虚构和幻想，对于艺术创造者而言，都只存在于他们的想象世界之中。他们可以把一块大理石雕刻为一尊神像，也可以在一块画布或墙壁上画出美妙无比、富丽堂皇的天堂，但他们并不认为那是真正的神灵和实际的天堂。正如费尔巴哈所说的那样：

> 艺术认识它的制造品的本来面目，认识这些正是艺术制造品而不是别的东西；宗教则不然，宗教以为它幻想出来的东西乃是实实在在的东西。艺术并不要求我将这幅风景画看做实在的风景，这幅肖像画看做实在的人；但宗教则非要我将这幅画看做实在的东西不可。纯粹

> 的艺术感，看见古代神像，只当做看见一件艺术作品而已。但异教徒的宗教直感则把这件艺术作品、这个神像看做神本身，看做实在的、活的实体，他们服侍它就像服侍他们所敬爱的一个活人一般。他们把神像拴系起来，怕它离开了他们；他们给他穿上衣服，装饰它，拿着贵重的食物和饮料款待它，安置它在柔软的食堂沙发上面……给它洗浴、替它涂上香膏，供给它以人类需要的种种化妆品和奢侈品以及镜子、手巾、按摩器，男仆和女婢，早晨向它请安，像对高贵主人一般，有时还要演剧和做其他有趣味的事情娱乐它。①

宗教与艺术对人类想象力幻想出来的东西虽然看法不同，态度各异，但宗教想象之所以视属神的艺术想象为真实，也正是因为两种想象都是想象，正是它们的共同性，宗教才把艺术想象与宗教想象混为一样，视为一体，把艺术想象塑造和描绘出来的神像和神灵境界视为“真实的存在”。

第二，艺术和宗教都把各自的对象表现为具体的感性形象。一切艺术思维的特性就是它的具体性。即使是一个抽象的美的理性和构思，它也得具体化为可感的情节和形象。与此相似，一切宗教的观念无论它多么神圣崇高，多么虚无缥缈，但如其要使它成为信众共同信仰的对象，便必须具体化、物态化为可感形象，只有如此，才能使信众可以共同体认，共同崇拜。正是这种共同的表现形式，才使艺术与宗教这两种文化形式发生了彼此交融和交相为用的关系。在宗教与艺术结合的漫长历史上，艺术常常成为表现宗教观念、宣泄宗教感情的艺术象征形式，而宗教则常常构成艺术所要表现的内容，这种结合特别明显地表现于“宗教艺术”之中。

第三，宗教与艺术之所以发生密切相通的关系，甚至在“宗教艺术”中结为一体，其中的一个重要原因在于它们有着共同的人性基础——即人的感情的宣泄和激情的表达。没有审美感的满足，没有对给人以美感的艺术作品的愉悦和激动之情，那就不仅没有艺术的欣赏，也没有人对艺术的需要，从而也就没有艺术本身。人性中感情因素的需要和满足乃是艺术创作的直接目的。与此相同，在各种宗教信仰和宗教崇拜活动中，也都伴随信仰者深沉而且强烈的宗教感情。关于超自然神灵主宰人的吉凶祸福的宗

① 费尔巴哈：《宗教本质讲演录》第20讲，引自《费尔巴哈哲学著作选集》下卷，第684—685页。

教观念必然伴生宗教信仰者对它的尊敬、景仰、畏怖、赞美之类宗教感情，产生一种与神灵相交往，求其恩宠，免其罪愆的强烈感情。一切感情上的激动都需要宣泄出来，此即所谓情动于中必发之于外。在这方面，宗教感情和艺术感情都是一样的，感情的宣泄总是通过具有象征性的语言、文字、身体动作和某种具体的物态形式予以表达。这就是说，不仅艺术的激情展现而为象征性的艺术形式，宗教的激情也总是展现而为象征性的艺术形式。

正是由于宗教与艺术在上面所说的三个方面的相似性和共通性，这就决定二者之间必然发生密切的关系。

第二节　宗教与艺术的起源

“神创艺术论”和“艺术源于巫术论”

在分析和研究宗教与各种文化形态的关系的时候，宗教学者似乎总是难以回避一个重大的学术问题：我们正在研究的这种文化是否起源于神灵或宗教？对于宗教家和神学家而言，答案是现存的，既然神或上帝是世界万物的造物主，人类及其文化当然只能是神的创造。我们已经看到过“道德神启说”、“政治神启说”。在艺术起源问题上，我们也碰到了类似于此的“艺术神创说”。只要我们回顾一下世界许多民族早期宗教信仰和古代的神话传说，都会发现诸如此类的说法和故事。在这方面，古代希腊神话表现得最为典型和突出，主管科学、文艺的女神名叫缪斯。她是宙斯和记忆女神摩涅莫绪涅所生的女儿。宙斯与勒托所生的儿子阿波罗则是诗歌音乐之神。这些说法，固然只是神话故事，但它们却也包含早期人类的世界观，得到人们的信仰。古希腊诗人赫西阿德就认为：“蒙缪斯女神和阿波罗神的恩宠，诗人来到人世间并朗诵抒情诗。”① 荷马的史诗《伊利亚特》和《奥德赛》都是从对缪斯女神祈求开宗明义的。

“神创艺术说”还有一种表现形式：它并不直接说各种艺术是神灵自身的活动，而是认为创造艺术的人之所以能有如此高雅美好的创造，乃是由于神之灵附体于其人之身，从而使其人具有艺术创造的灵感。诗人之所

---

① 伍蠡甫主编：《西方文论选》，上卷，上海译文出版社 1979 年版，第 4 页。

以吟唱出抒情的诗歌，舞者之所以跳出动人的舞，画家之所以画出传神的画……皆得力于神助，发之于神赋之灵感。这种观念不仅存在于早期人类，甚至在文明时代仍继续流行。当然，在这种形式的神创艺术论中，神的创造作用是间接性的。希腊大哲学家柏拉图对此有一系列的论述，例如：

> 科里班科巫师们在跳舞蹈时，心理都受一种迷狂支配，抒情诗人们在作诗时也是如此。……不得到灵感，不失去平常理智而陷于迷狂，就没有能力创造，就不能 wt 诗或代神说话。①

> 迷狂，是由诗神凭附而来的。如凭附到一个温柔贞洁的心灵，感发它，引它到兴高采烈、神色飞舞的境界。流露于各种诗歌，颂赞古代英雄的丰功伟绩，垂为后世的教训。如果没有诗神的迷狂，无论谁去敲诗歌的大门，他和他的作品都永远站在诗歌的门外。尽管他自己妄想凭诗的艺术可以成为一个诗人，他的神智清醒的诗遇到迷狂的诗就黯然无光了。②

> 优美的诗歌本质上不是人的，而是神的，不是人的制作，而是神的诏语。③

直接的“艺术神创说”也好，间接的“艺术神创说”也好，都是以肯定神的存在和神的艺术创造为前提，但这个“前提”既不可能有感官的实证，也无法找出理性的根据，故只能是一种信仰，一种神话的虚构，宗教学者是不会把这当成一种“学理”、“学说”认真看待的。与此不同，在近代的宗教学和研究艺术的起源和本质问题的人文学者中提出了艺术起源于巫术的学说。对此，无论我们是赞成与否，都应承认，这个学说是建立在一定的考古事实和学术理性的基础之上的。我们不应因它与宗教沾亲带故而一笑置之。考古学家和人类学家发现，人类最早的宗教遗迹发现于

---

① 柏拉图：《文艺对话集·斐德若编》，朱光潜译，人民文学出版社 1983 年版，第 118 页。

② 柏拉图：《文艺对话集·伊安篇》，第 9 页。

③ 同上书，第 8 页。

尼安德特人的墓葬。尼人创造的“莫斯特文化”包括带有图案性的画痕，装饰性的器物，甚至出现了洞穴壁画。由此，不少学者都认为人类最早的宗教萌芽和艺术萌芽同时出现，表明宗教与艺术的联系。有些学者则进一步认为，这些艺术的早期萌芽起源于宗教活动和巫术行为的需要。法国考古学家所罗门·雷纳克认为：“我们在这里所遇到的事实是艺术本身起源于巫术，因为艺术旨在施行某种巫术来招引部落赖以维生的动物。”[①] 研究原始艺术的德国学者赫伯特·屈恩支持这个观点。他在其著作《关于冰河时期人类的遗迹》中指出：艺术与宗教一样，乃是人揭示神灵的永恒奥秘的一条途径，是接近神灵的一种方法。因此，绘画一开始就必然与宗教膜拜连在一起。

艺术源于巫术说不同于艺术神创论，因为巫术作为宗教的一种行为和活动，始终是人的活动（尽管巫术和宗教的信仰者相信这些巫术行为和宗教行为的背后有着神灵的作用）。如果艺术是人类的一种文化创造活动的产物，那么，巫术也是人类的一种文化创造活动的产物。科学、科学的哲学和宗教学可以否定神的真实存在，在此基础上，可以自然而然地否定“艺术神创论”的真理性。但否定神创论并不必然要否定艺术源于巫术论。因为从巫术行为和宗教活动的需要出发导出艺术的产生和起源，在理论上并不需要作出神灵存在的假定，仍然可以在人性需要的范围内作出相应的推论。所以，“艺术源于巫术说”是一种人文性的、学术性的学说，不是神话的虚构，也不是宗教的信仰。但是，这并不意味着我会完全同意并接受这种学说。关键在于如何理解并规定所谓“艺术起源于巫术”这一论断中的“起源”一词的含义。如果这里的“起源”是从根本意义上来使用的话，我是不予赞同的。因为，在我看来，巫术，作为宗教的一种行为和活动，它和艺术一样，都是为满足人性之需要而进行的一种创造性活动，艺术与宗教（巫术）都植根并起源于人类为满足其人性需要的社会生活，它们是在作为共同根源的社会基础上生长出来的两种不同的文化之花。既谈不上巫术（或宗教）产生艺术，也谈不上艺术产生巫术（或宗教）。然而，如果把这里的“起源”的意义，限制在次一层次的“缘于”（“因缘、助缘”）之上，讨论艺术和宗教（巫术）作为不同文化形式之间是否有互为因缘的关系，那么，这种“因缘”关系显然是客观存

① 所罗门·雷纳克：《俄耳浦斯·宗教通史》俄译本，第136页。

在的。这就是说，根本意义上的“起源”和互为因果的“因缘”是两个不同层次的问题，二者并不互相否定，都可以成立。

艺术起源于社会生活

艺术是一种审美活动。如果人的人性中没有对美的感受和审美的需要，人就不会对客观存在的事物作出审美的判断，或按此判断认识美在形式和内容方面的规律，进行艺术的创造。但这并不是说，人性的美感需要和审美判断是人类先天赋有的东西。人所拥有的原始本性无非是“饮食男女”之类生存本能。它可以是一切文化创造（当然包括艺术）的出发点，但并不包含有任何随手拈来、现存可用的文化和艺术。美食和性的满足可能使原始人感到生理上的愉悦，但这是自然而然的生理反应，而非艺术创造带来的精神上的美感。不过，正是这种因人性本能的实现而带来的快感，以及它的不能实现引起的痛苦，促使人类去认识外在自然和内在自然，自觉地把自己提高和升华了的人性需求加之于自然之上，从而创造出适合并满足人性需求的产品。这种人性的对象化和自然人性化的过程典型地体现在早期人类的生产实践和劳动过程之中。生产劳动把人性加之于自然并使自然人化为生存所需，它满足了人的需要，实现了人的生存，从而也引发了人的快感和愉悦。人类的美感正是在此过程的反复不断地进行中逐渐生成和深化的。劳动工具的制造和把自然物改造为生活所需的劳动生产都是人类的一种目的性的活动。要使劳动工具更有利于生产，并使劳动产品更适合于生活所需，都必须认识自然的特性和形式上的规律（对称、均衡、节奏之类形式美的要素）这种特性和规律被认识和掌握了，就能生产出更多更适用的产品，更好地满足人的生存需要，人的目的于是得以实现，由此而自然感到快乐和愉悦。在这个意义上，我们可以说，人类在通过劳动工具的制造加工于自然，使自然人性化的过程中，不仅依照必然性和合目的性的规律，而且必然依照美的规律。人类的美感，审美判断由此形成，艺术创造由此开始。它的真正的根基是人类的生活需要。

社会生活是复杂的。除了劳动生产之外，还有其他许多方面的生活内容，它们也会对人类的艺术需要和艺术创造产生影响。德国著名艺术史家格罗塞在《艺术的起源》一书中对此作了深刻的研究和论证，他用大量资料证明，艺术的起源除与人类的经济活动有关以外，也与其他方面的社会生活有关。例如，人类的装饰和舞蹈与两性交际中吸引异性的需要有关；与战争中恐吓敌人的需要有关；诗歌、舞蹈和音乐与战争中激励士气有关，特别是与社会群体团结的需要有关。因此，他指出："艺术也不但是一种愉快的消遣品，而且是人生最高尚和最真实目的之完成。"① 人类社会生活的这些方面对于艺术源起的影响，虽然不如劳动生产过程那样根本，但却更为直接。它们不是艺术缘起的本原，但却是艺术得以发展的"因缘"。在这个认识的基础上，我们就有可能对宗教或巫术于艺术的起源与发展的作用和影响问题，作出更好的理解和说明了。

原始宗教与原始艺术的因缘关系

在具体分析宗教与艺术的"因缘"关系时，我们必须注意到考古学发现的两个方面的事实。第一，人类宗教的萌芽，发现于尼安德特人所代表的新石器时代的"智人"的墓穴遗迹之中。在此之前的旧石器时代和新石器时代的文化遗址中，我们可以发现原始人制造的石器工具越来越精致，越来越具有形状方面的规范，不仅具有更加合乎目的性的实用价值，而且也更符合形式美的规律。这说明，智人阶段之前的原始人类虽然尚无宗教的萌芽，但却有艺术的萌芽，我们据此似乎可以得出这样一个结论，人类为了生存的需要而改变自然使之人化的劳动实践，乃是人类艺术之所以萌生的原始根基。第二，人类早期艺术的考古发现，大量出现于尼安德特人及其以后更发展的人类的文化遗址中，如墓葬中的装饰性器物（着有色彩和线条的图形），洞穴画、壁画，人物和动物的雕塑，巫术性法器和祭祀性礼器……这些具有明显的艺术特征的文化遗物，大多同时具有不同程度的宗教色彩，与当时人类的宗教信仰、宗教仪式活动密切相关。这说明，原始艺术的形成与兴盛，与原始时代的宗教生活有伴生共长的关系。原始人宗教生活的需要刺激了原始艺术的发展；原始艺术的创造服务于原始宗教的需要，又反过来激发宗教的想象力，促进宗教的发展。

如果上述考古学发现的事实以及我们由此事实推论出的结论可以成立。那么，我们就应该对原始宗教与原始艺术之间的这种伴生共长的"因缘"关系进行深入的研究，提出具体的说明。在这方面，"宗教四要素说"是本书进行这种探讨的认识论和方法论。我们的基本观点是：宗教的四要素都要通过象征性的感性形象展现出来，由此而表现为各种形式

---

① 格罗塞：《艺术的起源》，商务印书馆 1984 年版，第 239、240、241 页。

的艺术。

原始人的宗教观念，无论是图腾崇拜和祖先崇拜的对象，还是自然崇拜的对象，都不过是头脑中的一种想象。它们可以出现在梦中，但醒来却无影无踪；它们被认为生活在原始人的周围，决定着生活中的吉凶祸福，但看不见，摸不着，不能直接呈现在人的感官之前。为了使这些被人格化、神格化的宗教观念和崇拜对象超出个人的主观想象，成为群体社会共同礼拜的对象，就得把它们感性化、具体化、形像化，使之成为群体社会可以共同体认的对象。这只有两种方式：一是用象征性的语言，去形容、模拟和描述那想象中的神灵，说它如何如何，像什么东西，像这个，或像那个……所谓“像什么”，就是用某个具体形像之物，作为其崇拜对象的“象征”；二是把想象中的神灵观念物态化。或者直接指认某个自然物体（一棵大树，一个怪石，一座高山……）作为神灵的寓体和象征，或者图形化为绘画，或者雕刻塑造为偶像。物态化的象征表现发展为造型艺术。于是，我们就在世界各地的原始文化考古遗址中发现了各种形式造型艺术的宗教遗迹，如我国辽宁东山咀遗址的孕妇像，牛河梁“女神庙”中的人头塑像和猪龙玉雕像，安徽含山的玉雕人像，四川广汉三星堆的青铜人像，云南沧源和华北阴山等地的岩画，欧洲、亚洲各地的“维纳斯女神”像，澳洲、美洲部落民的“图腾柱”……诸如此类原始造型艺术作品，显然不具有实用价值，而是直接表现某种宗教观念，直接为宗教崇拜活动服务的。从事情的本来面貌分析，似乎可以认定，是宗教的想象伴生和激发出艺术的想象，然后物态化为象征宗教崇拜物的造型艺术。

原始人的神灵观念和神性观念无论多么粗陋，但总是被人们赋之于超人间、超自然的权能，以超自然的方式决定着个人和社会的吉凶祸福，激发起关于神灵之神力异能和神迹异事的想象，发之为语言的象征性描述，逐渐发展为讴歌神灵之事功、感谢神灵之恩德的神话传说和宗教文学。各民族早期口口相传的口头传说，差不多都是这一类东西，其中之典型表现就是各民族的史诗和宗教仪式上的颂神诗和祝祷词。如古印度《梨俱吠陀》、《沙摩吠陀》、《夜柔吠陀》和《阿闼婆吠陀》，古波斯的《阿维斯陀》，古希腊的《荷马史诗》和赫西阿德的《神谱》之类。

由宗教观念激发而起的宗教热情，外在化为象征人神交际的仪式活动。信仰者用象征性的身体动作来展现和宣泄其内在的宗教感情，发之于表达心声的音调和手舞足蹈的动作，这就促进了原始时代音乐和舞蹈等艺术形式的发展。巫术在这一过程中起了特殊的作用。正如泰勒所指出的那样，巫术的本质特征之一就是相信象征性的模拟行为与所期望的目的有直接的因果关系。巫术师在巫术仪式中总是用象征性的身体动作和巫术语言来模拟性地表现他与鬼神的交往过程以及降魔驱邪的法术过程。因此，巫术仪式必然采取亦歌亦舞的艺术形式。我国古代典籍《书·伊训》记载说："敢有恒舞于宫，酣歌于室，时谓巫风。"疏曰："巫以歌舞事鬼，故歌舞为巫觋之风俗也。"这些记载忠实地再现了历史上的事实。"巫风"之所以表现为"恒歌"、"酣舞"的形式，其根本原因即在于巫术的本质决定它相信，使用"象征性模拟"的行为就能达到预期的目的。

自发性的宗教行为规范化、体制化为社会群体集体奉行的神圣宗教仪典之后，象征性的艺术形式得到多方面的使用和发展，不仅载歌载舞，而且还要根据特定仪式的性质和内容，把相应的神话传说用一系列象征性的语言和动作再现出来，从而形成戏剧性的表演。

古代民族的传统戏剧的内容，大多都是宗教性的神话剧。澳大利亚土人的图腾崇拜仪式一般总是由仪式参加者扮演图腾神话中的各种角色，把神话内容戏剧性地再现出来。

古代宗教的各种仪式活动对于艺术的需要是多方面的。为了调动和激发仪式参加者的宗教感受，仪式场合总是具体地象征性地体现人们关于神灵境界的想象：要塑造和设置神灵的偶像；要使用各种祭献的礼器和法器；要对仪式场所进行装饰，再进一步，甚至建造专门的神庙或神坛……所有这些宗教的想象都激发了人们的艺术想象，感性化为各种形式的艺术。当然，艺术创造者的艺术想象力总是比一般人更为发达，更为多姿多彩。他们塑造和画出的神像总是集人体美之极致，他们制造的礼器和法器总是集技艺之精华；他们构想的神话故事总是充满神奇怪异，能人之所不能，为人之所不能为，集人间英雄之大成……艺术的高度想象又反过来作用于宗教的想象和宗教的观念。《荷马史诗》中的奥林匹斯诸神的形像与事功，虽然以古代希腊人的民间传说为蓝本，但他们已被荷马的艺术想象所涂饰，形象更高大，故事也更神奇。艺术与宗教在其初生时代有着非常密切的"因缘"关系。

第三节　宗教对艺术发展的影响和作用

社会生活的发展是推动艺术发展的基本动因

尽管宗教对于文明时代各种艺术的发展起着多方面的作用，但艺术发展的基本动因仍然是社会生活的发展。我们之所以作出这个判断主要有如下三个方面的考虑：

第一，艺术的本来意义就是技术，一定程度的技术乃是艺术赖以产生和得以发展的物质条件和认识基础，技术水平是与社会生产力的发展水平相适应的。原始时代的技术水平和社会生产水平很低，除了利用天然的石头或树木作简单的加工制作作为生产工具以外，不能提供专门用于艺术生产的艺术工具和材料。因此，原始人只能通过语言、声音和身体动作来表达因目的的满足而产生的愉悦、快乐和美的感受，或者利用天然的有色物质涂画出一定的线条和图形，由此而产生了原始时代的音乐、舞蹈和绘画之类艺术。只是随着社会生产力和技术水平的逐步发展，社会才创造了艺术发展所需要的工具、材料、颜料，制作了乐器、戏剧的服装、装饰性的道具以及舞台设施之类……没有这一切，我们就很难设想古代希腊精美绝伦的雕塑和撼动人心的戏剧以及古代文明国家所创造的各种灿烂辉煌的古代艺术；更难设想文艺复兴时期达·芬奇、拉斐尔的绘画，米开朗琪罗的雕塑，以及流行于现代社会生活中电影、电视之类影视艺术。

第二，艺术的发展是与社会分工和专业艺术家的出现分不开的。如果没有脱离体力劳动的脑力劳动者的出现，社会就不可能有专门从事精神活动的文化人和艺术生产的艺术家。一旦社会上出现了艺术家，他们就有可能发展自己的审美能力和艺术技巧，研究艺术美的形式和内容的规律性，提高艺术的水平。社会分工的出现和发展，是社会生产力发展到一定阶段的产物。

第三，艺术虽然直接表现人性的审美感受，满足人的审美需要，但人的审美需要和审美感受的性质和内容却取决于人生活中的社会关系。社会关系的内容常常决定个人的审美感受，社会生活的演变或迟或早会推动艺术的发展，使艺术的形式和内容适应于社会生活和社会关系的需要。正是社会生活的演变和发展，给艺术提供了不断发展的思想内容，造成了日新月异的审美趣味。前者就是艺术史上所谓艺术反映的“时代精神”的原因，后者则是艺术史上所谓“艺术风格”、“艺术时尚”变动不息的根源。原始人写不出仁人志士慷慨悲歌的人格美，因为他们没有经历过波澜壮阔的社会斗争及其所激发起来的英雄气概。野蛮人写不出文明时代诗人笔下那样的缠绵悱恻的爱情诗，因为原始时代社会生活造成了两性关系的单纯性和狭隘性，使得他们的爱情不可能有丰富深刻的社会意义和高尚优美的道德情怀。不仅“社会美”是如此，“自然美”也是如此。花鸟草木，高山大河，月明风清，古往今来并无多大不同，然而不论中外，自然美在审美中占据重要地位都发生在文明发展程度较高的阶段。为什么早期的人类不去吟咏月亮，欣赏梅花？为什么原始狩猎民族几乎不去欣赏草原上茂盛的花草？只有当社会生活的充分发展导致了人与自然的关系充分展开的时候，自然才被赋予了人性的意义，自然界才被人性化为“人化的自然”，人们才逐渐发展出了对自然的人性的理解，把花鸟草木、高山流水，乃至凶禽猛兽、大漠旷野画到自己的画布上，写进自己的诗歌小说之中。

各个时代都有自己的时代精神，艺术倘不反映这种精神，便是一具没有灵魂的僵尸，毫无生命可言。艺术之所以成为一个人生动活泼，不断发展的过程，就是因为它以不同时代社会生活中的时代精神作为自己表现的内容，构成自己的活的灵魂。因此，我们可以说，社会生活乃是艺术在思想内容上欣欣不已的生命力的源泉。

艺术的表现形式也向着日益丰富多彩的方向发展，涌现出纷纭万千的风格和流派。这是人们的审美趣味和艺术情调不断变化和日益丰富的结果。这些形形色色的“艺术时尚”，正是各个民族在不同时代所经历的特殊的社会环境和社会生活的产物。

在谈论艺术发展的动因时，我们无疑应强调分析事物变化的内因。艺术发展的内因在于艺术内部所固有的形式与内容这一矛盾的发展。当内容有了重大的发展，旧的形式与之不相适应时，旧形式就会被突破，新形式就开始形成，二者逐步在更高层次上实现新的统一。这种矛盾的发展推动着艺术的发展，艺术发展的这一普遍规律，充分证明社会生活的发展是推动艺术发展的根本动因。有了这个认识作为前提，我们就可以比较恰当地来讨论宗教对于艺术发展的作用，分析这个作用的地位，探讨它起作用的途径和方式了。

宗教在艺术发展中的影响

社会生活的发展对包括宗教和艺术在内的各种文化提出了更多的需要，同时也提供了更丰富的内容和更充分的条件。宗教在发展，艺术也在发展，二者之间的关系自然也会演变。在原始社会，宗教事实上是上层建筑、社会意识和社会文化的总汇，各种文化形式几乎完全处于宗教文化的支配和影响之下；甚至可以说，它们是作为宗教文化的一部分而取得自己的存在。艺术也不例外。当然，为满足日常生活需要的实用性艺术仍有自己的独立存在地位。我国新石器时代文化遗址中发现的生产工具和制陶艺术显然属于此类。但得到最大发展的，却是为宗教—巫术仪式直接服务的宗教性艺术。即使到文明时代，这种格局仍然继续存在。不过，随着社会和文化的演进，逐渐出现了新的情况：世俗性艺术开始摆脱昔日那种依附于宗教文化的附属地位，越来越明显地独立出来。世俗性艺术本质上以表现社会世俗生活作为主要内容，往往具有非宗教以至反宗教的倾向。我们在分析宗教与艺术的关系，研究宗教在历史上对艺术的影响和作用时，有必要注意到这方面的事实，不能只是强调宗教对艺术发展的积极影响，而忽略其消极方面；也不能只看到艺术对于宗教的依附，而忘记了艺术在历史上对宗教的反抗。

在各民族的文明史上，社会的绝大多数都是宗教的信仰者。他们既要过世俗生活，也虔诚地信仰宗教，礼神拜佛，参加宗教仪式，礼庆宗教节日。而且，人们相信，其世俗生活是否吉祥如意，取决于宗教信仰上是否虔诚，举行的宗教仪式是否隆重和规范。这种生活态度反映在艺术需要之上，就使得现实生活的艺术表现，既有宗教性的方面，也有世俗性的方面。两个方面互渗互补，融为一体。宗教性艺术往往是世俗生活的折光，世俗性艺术则常常打上了宗教的印记。

只要我们回顾和检索人类艺术史上留下的稀世珍品，应该承认，它们多是宗教性的艺术。埃及的金字塔，希腊的帕提侬神庙，印度的阿旃陀石窟，中国的敦煌壁画，印尼的婆罗浮屠，柬埔寨的吴哥石窟，意大利的圣彼得大教堂，法国的巴黎圣母院，以及遍及世界各地的神庙和神坛，都是宗教崇拜的艺术结晶。我国近年发现的被誉为世界第八大奇迹的秦始皇兵马俑，本质上也是产生于对灵魂不死和冥世生活的信仰。无论是东方，还是西方，中国还是外国，各种古代艺术（诗歌、小说、戏剧、音乐、绘画、舞蹈、雕塑、建筑……），从题材到风格，从内容到形式，许多都渗透着宗教的观念、感情和精神。中国传统艺术与宗法性传统宗教、道教和佛教之间，印度传统艺术与其传统宗教之间，西方世界传统艺术与基督教之间，阿拉伯世界传统艺术与伊斯兰教之间……有着千丝万缕的联系。如果没有传统宗教的影响和作用，艺术的发展即使不是难以实现，也会变换为别的模样。

各民族的传统宗教之所以如此深刻而广泛地影响着民族艺术的发展，最重要的社会原因，当然仍是在各民族历史上宗教几乎总是居于至高无上、万流归宗的神圣地位，这就迫使其他各种文化和艺术附属于它。在艺术领域，各种艺术形式主要是去表现宗教的观念和精神，宣泄宗教的激情，适应宗教传道的需要。就宗教与艺术的这种关系而论，艺术之接受宗教的影响，或者说，艺术之所以成了宗教观念的表现形式和宗教感情的宣泄渠道，是迫于形势（宗教的统治地位）之不得不然。然而，实际情况也并不全然如此。除此之外，宗教之所以在历史上对艺术发展产生巨大的影响，还因为宗教自身的性质决定它必须而且必然通过艺术形式得到自己的表现。宗教的诸要素（宗教观念、宗教感情、宗教行为和宗教仪式活动等）之社会表现的基本特征就是“象征化”。而“象征化”就是感性化、具体化、形像化，亦即“艺术化”。宗教诸要素在必然采用象征化的艺术作为表现自己的同时，又必然作用于艺术，形成和助长了宗教与艺术之间伴生共长的关系。就宗教之所以影响艺术，或艺术之所以接受宗教的影响的这一方面的原因而论，它来自宗教与艺术这两种文化形式在性质上的共通性。不是迫不得已的被动接受，而是二者之间的“同声相应，同气相求”。这种关系和作用，不仅可见之于原始艺术的形成过程，而且还体现在文明时代各种艺术的进一步发展过程之中。随着宗教的发展，走向宗教观念更为神圣和高尚、神灵形像更为完美、仪式活动更为壮观和多姿多彩的国家宗教和世界宗教时，这些发展了的宗教诸要素同时也就强化和深化了它们象征化为各种艺术的要求，从而进一步刺激了艺术的发展。社会的文明程度越高，宗教越是发达，神灵及其神性观念越是神圣和完美，宗教仪式越是丰富多彩，宗教对艺术的需要和要求于是而越来越多，越来越高，它对艺术的影响和作用也就越来越深。看来，正是宗教与艺术之间的这种内在的深刻的关系，才造就了世界各民族在其文明昌盛，宗教发达的历史时代各种艺术的发展，给今日之世界留下了那么辉煌灿烂的艺术奇葩。

上述这种从宗教诸要素的性质来分析宗教与艺术的关系，说明宗教对于艺术发展的影响的说法，还只是一种纯概念的东西，它是否有几分道理，应证之于各民族艺术发展史的历史事实。以下，我们尝试就中国历史上宗教对于各种艺术的影响问题，作一些简略的分析。

在我国，夏商周三代以来的宗法性传统宗教，在汉代以后，又一直被历代统治者和作为统治思想的儒家学说奉为国家宗教，成为上下几千年来一以贯之的正统信仰。广泛流行于传统社会的巫术性宗教与神仙方术相结合在东汉时发展为道教。与此同时，印度佛教传入中国，在中国大地上扎下根来，开花结果。三大宗教的教义信仰和思想观念从互相竞争逐步走向共存共处，以至互相渗透融合。它们对我们民族的社会生活以及文化和艺术的各个领域、各个方面都产生了深远的影响。在艺术领域，道教和佛教的作用和影响尤为深远。

尽管佛道的基本教义和修行实践各有特色，但其宗教上的终极目标都是追求超自然的神圣境界（或者涅槃成佛，或者长生成仙），其修行之道无非是遵守戒律，广做法事，乐善好施，礼佛拜神，举行宗教仪式（水陆道场，斋醮符咒之类）。影响所及，广大的中国信众，大多是佛道双信，仙佛并求。兴建寺庙，修筑宫观，开凿石窟，刻印经卷，雕塑佛像，彩绘神仙。如遇病痛或灾难，则或者延请和尚诵经消灾，或者请求道士伏魔降妖。遭逢家人死亡或忌辰，则举行水陆法会，请僧道追荐亡魂。节日吉庆之时，则请僧道讲经说法或讲一些神仙菩萨济世渡人，因果报应，生死轮回之类故事……由于这些崇神拜佛之类宗教崇拜活动，在善男信女中就燃起了狂热的宗教情绪，刺激起追求神奇怪异的宗教神灵境界的生活意趣，在文化人中则激发起种种色彩瑰奇的艺术意象和艺术想象力，由此而创造出了各种与宗教有关的艺术。研究中国艺术史的学者普遍都承认佛教与道教对于中国艺术发展的巨大影响。葛兆光先生的《道教与中国文化》一书对道教在中国文化与艺术各个方面的作用与影响，进行了颇有深度的研究。他努力揭示出道教的神怪观念和仪式活动究竟是如何激发起中国传统文学艺术的审美情趣的：

> 道教的终极目的是生存与享乐，理想是飞升羽化，信仰的是天尊神鬼，手段是斋醮符咒，炼丹服食，在这里，神仙真人驾飞龙，乘鸾凤，飘荡来去于天人之界，厉鬼魔魅狰狞可怖，遍及人间，斋醮仪式

上挂图乱目，幡盖旌扇令人眼花缭乱，钟磬和奏，音乐聒耳，灯火闪烁，星灯交映，神秘诡谲，道士们做鬼装神，令人惊愕迷惑。道教给人描述了一幅过于神奇而热闹的图景，置身于这种色彩缤纷，五音嘹亮，舞姿环绕的氛围中，哪里还谈得上什么"坐忘"与"心斋"，只有在强烈刺激下的浑身精血的沸腾与冲动，只有脑海中无穷无尽神奇的幻想，人的本能——生存欲与享乐欲，在这种迷狂的气氛中，化作了对虚幻彼岸的热烈追求，人的心灵，也在这热烈追求中得到了抚慰，得到了霎时宣泄的快感。

因此，与老庄不同，道教带给人们的不是一种宁静的情感与恬淡的心境，而是一种热烈与迷狂的情绪，它带给中国文学艺术的，乃是一种追求绚丽神迷的审美情趣，一种色彩缤纷，瑰伟怪诞的意象群，一种近于沉浸于幻觉之中的热烈想象力。①

按照葛兆光先生的研究，道教为文学艺术提供的神奇美丽的意象，主要有三组，即：关于神仙与仙境的意象；关于鬼魅精怪的意象；关于道士与各种法术的意象：

这些相貌清奇、神通广大的神仙，面目可憎、谲诡狰狞的鬼魅，堆金错玉，奇花异木的仙境及出神入化的道士，变化多端的法术，构成了道教神仙故事的基础，也给中国古典文学提供了光彩照人，经久不衰的意象。道教吸收了从宫廷到民间的种种传说，给它们披上道教衣冠，加上种种道教所擅长所推崇的法术或其他成分，使它们增添了更为神奇的色彩，而这些故事随着道教从民间渗入宫廷与文人，又传播到知识阶层，文人才子们接受了这些神奇的故事，又在这些故事中羼入自己的想象，加上了自己的语言，使这些故事更加瑰丽神奇，摇曳生姿。在这种往复交叉的双向对流中，故事被一而再，再而三地讲述、修改、转播、加工，变得越来越精致、复杂、美丽、奇异，而且开始变得富有文学色彩。②

---

① 葛兆光：《道教与中国文化》上海人民出版社 1987 年版，第 371 页。

② 同上书，第 387—388 页。

葛兆光先生关于道教与中国艺术的这种分析，对于佛教也应该有一定的适用性，因为佛教的宗教观念（佛法无边的佛、菩萨和天神饿鬼阿修罗之类）和仪式生活为文学艺术提供的“瑰伟怪诞的意象群”和“热烈想象力”，比之于道教有过之而无不及。范晔的《后汉书·西域传论》早就通过比较总结出了佛教的这一大特点：“然好大不经，奇谲无比，虽邹衍谈天之辩，庄周蜗角之论，尚未只概其万一。又精灵起灭，因报相寻，若晓而昧者，故通人多惑焉。”孙昌武先生的《佛教与中国文学》概括了佛经在文学思维和艺术表现手法上有三个特点：

第一，夸诞。“佛典善于利用夸饰来描绘出完整的场面……中国人没有印度人那样离奇的思想，夸张……主要表现为修辞手段，而佛典在夸张中却创造出另一个世界……给人以离奇却很清晰的印象。”[①]

第二，玄想。“佛典描写的另一个特点，就是常用高度的想象。文学离不开想象，要进行艺术概括就得利用想象，佛典创造一个冥想的世界，在利用想象上与文学相通。”[②] 佛教构想的佛国冥世之类宗教境界以及六道转回、因果报应之类宗教想象，“在宗教宣传上本是无稽之谈，但却打开了艺术想象的一个广阔天地，扩大了文学的表现手段。在当初，迷信借助了艺术想象，但在发展中，宗教的幻想又可能升华为艺术，并造成奇特不凡的艺术表现”。[③]

第三，神变。“佛典充满了夸诞、玄想、神变，造成了一种超现实的奇异的境界，给人以强烈的印象……在文学上，更开辟了艺术构思与艺术表现的新领域。”[④]

孙昌武对于中国的佛教与文学艺术之关系的分析，与葛兆光对于道教的分析，用词虽不相同，但在思路上却颇有相似之处。佛教的宗教观念、宗教玄想及其表现方式的艺术特点，不仅对广大的中国佛教信徒，而且对中国文化人的生活追求，生活情趣和审美意趣产生了极大的影响，推动了各种艺术的发展。首先是佛教寺庙建筑的发展。信仰佛教的王公贵族和广大的善男信女既然希求佛和菩萨的拯救与超度，自然便不惜一切代价大兴

---

① 孙昌武：《佛教与中国文学》，上海人民出版社 1988 年版，第 49—50 页。

② 同上书，第 52 页。

③ 同上书，第 56 页。

④ 同上书，第 59 页。

土木，广建寺庙，而且务求壮观庞大，以致有时超过皇帝的宫殿（武周时，狄仁杰谏书说："今之伽蓝，制过宫室。"）。杜牧诗："南朝四百八十寺，多少楼台烟雨中。"这显然只是指建有楼台亭阁的名刹大寺而言，江南一叶尚且如此，全国之大，更难数计了。名僧太虚认为佛教对于中国艺术之影响第一就是建筑："比如建筑虽不如西洋之切于实用，然皆能力求美观，如房屋前后之布置，左右美妙之点缀，尤其是寺院之庄严伟大之形式，皆是模仿原始佛教之状态，如此处之大雁塔、小雁塔等，俱能代表崇高坚强之精神。"①

我国历史上最早的绘画久已失传，一些汉代的绘画以石碑和石刻的形式得以流传，艺术风格流于淳朴。佛教传入之后，由于佛教的影响才使绘画发扬光大起来。北宋以前，最有名的画家多以佛像作为画题，如公元4、5世纪时的顾恺之，8世纪的吴道子、王维，11世纪时的李龙眠都是以绘佛像而著称于世。以佛道为题材的寺庙壁画在唐代盛极一时。据有人统计，唐代画有壁画的寺庙183寺，画家70人，单是吴道子一个人就画了25寺，300多间。这个统计显然是极不完全的。据载，仅成都大圣慈寺到宋代时还保存有唐代壁画8524间，其中有佛画像1215幅，菩萨像10488幅，罗汉、祖僧画像1785幅，天王、明王、佛会、经变、变相画158幅，由此可见当时宗教题材绘画的盛况。② 佛教对于中国绘画的影响当然并不限于佛像画。山水画的发展亦曾接受禅宗思想的深刻影响。中国禅宗佛教倡导的那种超然物外的宗教精神与中国老庄哲学影响下的文化人气味相投，追求人与自然之和谐，与萧疏清旷之自然山水融为一体，表现在绘画上逐渐形成画意与禅心相结合的山水画。王维是开创此一画风的祖师，以后长期影响了中国画的画风。方豪先生在其《宋代佛教对绘画之贡献》一文中写道："宋代佛教对绘画之另一贡献，则为禅的心物合一境界，与禅的空灵境界，使画家不仅知写实、传神，且知妙悟，即所谓'超以象外'。……论画者，喜言唐画尚法，宋画尚理，所谓理者，应为禅家之理，亦即画家所谓气韵"；"宋代绘画，仍有佛教题材，唯不在寺

---

① 太虚：《佛教对于中国文化之影响》，载《佛教与中国文化》，上海书店1988年版，第32页。

② 凌空：《印度佛教艺术与中国早期佛教画》，载《佛教与中国文化》，上海书店1988年版，第177—188页。

塔，而在气势高远，景色荒寒，以表现明心见性的修养。”①

在佛教传入中国之前，中国已有石刻艺术，但却没有立体圆雕，据考订，第一位著名的中国雕刻家是公元3—4世纪的戴安道，他和他的兄弟共同雕塑了一尊巨大的佛像。此后几个世纪，中国各地出现了一批大规模石刻佛像艺术宝库，如河南龙门石窟，山西云冈石窟，甘肃麦积山石窟，四川大足石窟。如此巨大的艺术工程，如果没有为佛教信仰燃起宗教热情的广大善男信女和艺术家、工匠忘我地献身于这项宗教事业，是不可能实现和完成的。

中国文学（诗歌·小说）从内容到形式，从题材到文学体例，特别是艺术想象力，都直接或间接地接受了佛教的影响。中国早期的诗从《诗经》的四言诗到汉魏的乐府诗和五言诗，基本上是以抒个人之情的短诗。叙事诗和史诗之类，是从南北朝的《孔雀东南飞》和《木兰辞》开始的。按梁启超的说法，这种新的诗体是在佛经译本中的《佛所行赞》的影响下发展起来的。

中国小说的兴起与发展与佛教有特殊的关系。鲁迅先生在《古小说钩沉》中把佛教的“幽验冥征”故事视为中国早期小说的萌芽形态；六朝之鬼神志怪书和唐代传奇小说既源于道，亦源于佛：“中国本信巫，秦汉以来，神仙之说盛行，汉末又大倡巫风，而鬼道愈炽；会小乘佛教亦入中土，渐见流传。凡此，皆张皇鬼神、称道灵异，故自晋迄隋，特多鬼神志怪之书，其书有出于文人者，有出于教徒者。”② 唐人传奇中有些作品（如《枕中记》·《南柯太守传》）渗入了人生如梦，消极出世和“谈祸福以寓惩劝”（鲁迅语）之类佛教观念。至于唐代以来民间流传的通俗文学作品（讲经文、变文、话本之类）则直接导源于魏晋时代佛教传道时所使用的转读、唱导、俗讲等讲经形式，由此逐渐发展出具有非宗教的现实内容的作品，即由佛经神变故事变文，演变为讲民间传说故事、历史故事以及当时时事故事的变文。这一类变文和俗讲，对中国小说的发展有直接的影响。

佛教对于中国文学艺术的影响是多方面的，除提供题材内容和文学体裁形式之外，更重要的影响应该说是它大大激发了中国文人、艺术家和俗讲人的艺术想象力，如果没有丰富多彩、超凡脱俗的艺术想象，那是不可

① 载《佛教与中国文化》，前引书，第149页。

② 《鲁迅全集》，第9卷，第43页。

能创造出震撼人心的伟大艺术作品的。中国人自古以来的正统宗教信仰是宗法性传统宗教。儒家奉之为正宗，宗教则接受了儒家思想作为基本教义，宗法性宗教直接为宗法社会的伦理纲常服务。在这种儒家和宗法性宗教的长期熏陶下，中国人重视人伦，崇道务实，积极入世，不尚空玄之想，艺术表现贴近世俗，缺乏想象。在世界各民族的宗教中，佛教的想象力最为发达，其离奇怪诞的程度，举世无出其右者。佛教的传入中国，佛经的翻译传播，不仅带来了佛教的哲学和宗教教义，也带来了它那高度发达的想象力，这就给中国的各种艺术注入了新鲜的活力，产生了像《西游记》、《封神榜》之类富有极高的艺术想象力的伟大著作。胡适在其《白话文学史》中写道："中国固有的文学很少是富于幻想力的，像印度人那种上天下地毫无拘束的幻想力，中国文学里竟寻不出一个例（屈原庄周都远不够资格），长篇韵文如《孔雀东南飞》只有写实的叙述，而没有一点超自然或超过空间、时间的幻想，这真是中国古文学所表现的中国民族性。在这一点上，印度人幻想文学之输入确有绝大的解放力。试看中古时代的神仙文学如列仙传，神仙传，何等简单？何等拘谨？从列仙传到《西游记》、《封神榜》，这里面才是印度的幻想文学的大影响。"[①] 胡适对印度佛教对中国文化的影响，从整体上是持严厉批判态度的，但他对印度佛教对中国文学之艺术想象力的影响却是实事求是地承认的。

本书这里只是简略地分析了中国宗教（特别是道教和佛教）在历史上对于中国各种艺术发展的影响，中国如此，其他各种民族也不会有太大的例外。大体上可以说，世界各民族的艺术无不接受宗教的深刻影响；离开该民族所信奉的传统宗教的哺育，几乎都不可能有独立的发展。离开了印度诸种传统宗教，离开了古代希腊宗教，所谓印度艺术、希腊艺术，是难以想象的。如果没有基督教和伊斯兰教的作用和影响，西方和伊斯兰世界的艺术史上，也许就会留下一段长长的空白。至于各民族历史上宗教与艺术的具体关系，笔者只好留待宗教史家和艺术史家作更为专业的论述。

宗教影响艺术的双重性

承认宗教在历史上对艺术的发展起了巨大的作用，并不意味着我们承认宗教在这方面的一切作用都是积极有益的。一切事物都具有两重性，宗教之于艺术的历史作用也是这样。对宗教的积极作用，我们不能否认；但对它

① 胡适：《白话文学史》，转引自《佛教与中国文化》，第114页。

的消极作用，我们也不能忽视。

宗教为艺术提供的观念、意境、形像和想象力，是受宗教的观念、教义及其所追求的神圣境界的支配和制约的。把宗教意像和宗教幻想象征化而形成的艺术，必然局限在宗教的领域而走向片面化的发展。宗教的想象力及其所想象的意像过于炽热，就会抑制世俗现实生活的艺术想象。看来，正是由于这个缘故，古代文明留传下来的艺术珍品几乎全是宗教性艺术。它固然因此而展现了宗教激发艺术创造的积极性方面，但也因此而表现了宗教限制艺术全面发展的消极性方面。这种消极性影响在一神教信仰居于绝对统治地位的社会中表现得尤为突出。在信仰多神教，允许多神宗教同时并存的社会里，尽管宗教仍只能为艺术提供局限于宗教诸要素象征化的意像，但多种宗教和多种神灵观念毕竟还能为各种艺术提供多彩多姿的神灵形像和宗教意像，可以展现为丰富多彩的宗教性艺术；而在一神教独家统治的社会里，神性高度抽象化，丧失了许多感性化的具体性，阉割了多神信仰时代诸神混迹人间，与人事生活息息相关的世俗生活内容，它为艺术所能提供的意象和想象力必然是相对贫乏的、空洞的。多神信仰的古代希腊曾经创造出了辉煌灿烂、丰富多彩的艺术，但在基督教独家垄断神坛的中世纪，这些艺术均被视为“偶像崇拜”和“异教艺术”而横遭禁绝。例如，古代艺术奇珍“维纳斯女神像”就是被贬为“女妖”予以毁灭。特别是随着基督教隐修苦行思想的传播与流行，中世纪欧洲人的生活理想和审美情趣也逐渐染上了宗教禁欲主义的色彩。基督教把禁欲，苦行视为崇高的美德，而把人的自然情欲的满足看成一种低级的、有罪的东西予以鄙弃，单纯鼓吹人对神的爱和对所谓“神福”的体验。在这种审美意趣的支配下，绘画、雕塑、建筑等艺术，成了表现宗教道德的感性象征，蜕化为宗教教义的点缀物。正如黑格尔所分析的那样：

> 绘画在这里的主要任务就在于用摧残肉体的形状把殉道者的沐神福的气象衬托出来，在面容和眼神的特点上描绘出抛舍，对苦痛的克服，以及自觉神的精神就体现在身上的喜悦。…… [而雕刻则只能] 把肉体上所体现出来的那种痛苦痉挛状态突出地表现出来。[①]

① 黑格尔：《美学》，第2卷，第308页。

在基督教的历史上，曾经掀起了不止一次的“圣像破坏运动”。公元8—9世纪，保罗派就开始否定偶像供奉。公元726年，拜占庭帝国皇帝利奥三世下令拆除一切圣像，查理帝国也以“确保教会的纯正信仰”的名义起而响应。路德维希一世在位时（814—840），运动达到高潮，16—17世纪宗教改革运动中，加尔文教派和新教其他教派都把废除圣物作为改革的一项内容，1566年尼德兰加尔文教派把教堂的全部圣像圣物砸毁。1641年，英国清教派控制的长期国会通过决议，要求把三位一体的“可耻绘像”、“圣母玛丽亚的画像、十字架和其他迷信绘像”从英国教会中清除，禁止在安息日跳舞，剧院被视为亵渎神灵的场所而长期关闭，许多娱乐活动皆被禁止，除了唱圣诗，音乐不受欢迎，教堂的艺术装饰全被摧毁……新教发动的这些破坏圣像、排斥艺术的运动，大有我国“文化大革命”时期“破四旧”的味道。这些历史事实说明，宗教信仰不仅有限制世俗艺术和排斥异教艺术的狭隘性，而且宗教禁欲主义更具有反艺术的性质。真正的艺术本质上是升华了的人性之审美情趣的展现，它的健康发展要求走在人道主义的艺术道路之上，人性的自然展现绝不能永远为神道主义的神性所束缚和扭曲。

在此探讨一下意大利和西欧文艺复兴时期人文主义艺术的发生与发展，可能具有特殊的意义。只要我们把分析的眼光投向这个时代，就不禁会问：为什么当时会产生一大批像达·芬奇、米开朗琪罗、拉斐尔、提香那样的伟大艺术家？为什么他们能创作出如此美妙绝伦、至今犹令人叹为观止的艺术杰作？其中的原因无疑是多方面的，社会方面的原因可能在其中起决定性的作用。但就艺术领域而言，直接起作用的原因只能在艺术自身中去寻找。应该承认，文艺复兴时期涌现出来的伟大艺术是在摆脱传统宗教的审美判断之后的产物，它所表现的艺术气质和审美情趣必然具有反传统宗教艺术的性质。传统的宗教神学及其艺术观把人的肉体、感官、情欲说成是罪恶的渊薮，应予诅咒和抛弃，把人的自然人性异化出去成为敌视人的异己力量，因此，一切美的事物，特别是美的女人，便被神圣的宗教视为魔鬼的诱惑，不能成为艺术表现的对象。这种敌视人的神本主义、敌视人性的宗教禁欲主义乃是中世纪时代文化艺术衰败萎谢的根本原因。文艺复兴时期兴起的人文主义思潮适应社会生活发展的需要，反其道而行之，用以人为中心的人本主义去代替以神为中心的神本主义。认为艺术应该发现人，肯定人。这种对人的尊严和价值的自我意识，体现在艺术创造上就形成了新时代的审美观，认为人和自然应该成为文化艺术和社会生活的主体；艺术应该展现自然美和人体美。如果把人的一切情爱都交给宗教之神，而不热爱人和人的肉体，不热爱大自然，那就不可能有真正的艺术。正是这种人本主义观念以及在此基础上升华出来的审美情趣，才造就了文艺复兴时代的伟大艺术家及其创造的伟大艺术。尽管当时的伟大艺术家们差不多都是受雇于教皇和教会，把他们的艺术创作献给教堂的兴建和艺术装饰；雕刻、绘画的题材多以圣经故事和神话故事为其主题，但其内容和形式却有了本质上的变化，神的形象实际上是人的情貌风范的再现。许多艺术大师把维纳斯和圣母玛利亚作为绘画主题，但画布上的维纳斯和圣母集女性人体之美于一身，与其说是宗教的神，不如说是使人牵心动魄的美人。拉斐尔画了50幅圣母像，都是选择最美丽的女人做模特儿，他着意表现的东西是女人的人体美、儿童的天真可爱和母子之间的人性爱。达·芬奇的绝世之作《最后的晚餐》描绘出了耶稣与其十二门徒在一场戏剧性情节刹那间的各种表情，实际上是世俗生活的缩影和世俗人性的再现。米开朗琪罗的《大卫王》被称为雕塑史上的顶峰，它通过细腻的肌肉纹理，完美而又健壮的体态，高雅果敢的面貌来表现一位圣经故事中的英雄，他面对可怕的巨人歌利亚，准备战斗；鼻孔略张，眉毛紧缩，呈高度兴奋，但又似缺乏自信的紧张。无论是形体的造型，还是精神状态的表现，都是人性化的。正因为这些艺术表现了生动的社会生活，真实的人性，才使之具有震撼人心、动人感情的艺术效果，成了永恒不朽的艺术杰作。在人类艺术史上，意大利文艺复兴时期的艺术绝不是唯一的例证。它的伟大成就从反面证明宗教之于艺术发展的消极影响。这种消极影响，乃是艺术的进一步发展所必须挣脱的精神镣铐。意大利的文艺复兴成了世界各民族文化复兴和艺术发展的起点，不仅在西方世界各个国家掀起一波又一波的破除宗教的精神束缚，创造新时代的文化艺术的新浪潮，而且几百年间影响着世界许多民族文化艺术的发展。世界艺术发展史一再证明，如果不克服传统宗教影响艺术的消极性方面，反映时代精神的伟大艺术的出现和发展是难以设想的。

第五章　宗教与科学

第一节　宗教与科学的本质区别

科学的历史发展与宗教

科学知识的幼芽萌发于人类早期的社会实践中，古代文明已包含有许多近代科学得以发展的因素和内容。但是，应该说，当时的科学知识尚处于逐步展示其本质的发展过程之中，从近代科学的观点看，只能算是科学前的科学。它在认识上的特点是对事实的经验观察并对经验事实作出因果性的推断。由于社会实践在深度和广度上的历史局限性，必然造成人类认识上的不完善和经验材料的不完全。在这种情况下，人们不能不用想象的联系代替事实的联系，以猜测性的推理填补自然界因果链条上的空白。这就使科学知识在很长的历史时期一直附属于在思维方式上尚未摆脱想象性和猜测性的自然哲学体系，甚至寄生于更具幻想性的宗教神话世界观之中。因此，我们在古代人的神话里可以看到人类在自己的想象中对自然力的征服，在占星术中可以看到对自然天象的经验观察和天体运行规律的推算，在中国道教的内丹炼气和印度宗教的瑜伽术中发现古代人对人体内在的生理功能和精神功能的发掘，而在中国和西方的炼丹术中找到近代实验化学的萌芽。

不过，科学与宗教的这种历史的混合状态必然随着历史的进展走向解体。由于社会实践的发展和人类认识的深化，过去那种在想象和猜测中表现出来的知识，或者得到经验的确认和理性的论证，逐步克服了原来所有的想象性和猜测性，从自然哲学体系和宗教神话世界观中分化和独立出来，成为实证性的科学。在科学知识的这种发展面前，历史上的宗教一般总是站到实证科学的对立面，视科学为异端。这是因为作为古人幻想产物的神话世界观已被宗教神圣化为不可更改的教义，神灵安排和操纵的自然秩序绝不能跟在科学发现的后面随时改变。至于哲学世界观对此的反应，则出现两种不同的情况：或者适应实证科学的发展而不断充实自己的内容，改变自己的形态，并为科学的进一步发展提供认识论和方法论的工具；或者附和已被新的科学发现所推翻的旧说和神话世界观，并为之提供玄学上的辩护。科学、哲学、宗教三者之间的这种关系，普遍存在于东方和西方的历史中，而在近代实验科学的发源地——西欧，表现得尤为明显，也更加尖锐。以哥白尼太阳中心说为开端的近代实验科学，是科学的本质的真正体现，是近代科学与宗教世界观彻底决裂的第一次宣告。惟其如此，传统的宗教神学对之作出了激烈的反应。宗教与科学本质上的对立被历史所掩盖的那种朦胧状态从此结束，它们的本质从此都越来越充分地展现于历史进程之中，走上了公开冲突的道路。这种冲突犹在继续。至于今后，尽管已有调和宗教与科学之对立的各种方案，而且有些神学家和有些科学家、哲学家都曾为此做了努力，但至今看来并未取得多少实际的效果，科学的新发现仍在不断冲击宗教神学的堤岸。二者的对立，看来是本质性的，难以调和与克服的。那么，从哪些方面可以说明科学与宗教本质上的对立呢？这种对立在历史上是如何展现的呢？这种对立性能不能调和呢？以下我们将分别讨论这三个问题。由于产生于西欧的近代实验科学乃是自然科学的标准形态，它与基督教的关系又集中而典型地反映了科学与宗教各自的本质，所以，我们选择了它们作为参照系展开我们的论述。宗教与科学在本质上的对立可以从下述四个方面予以说明。

宗教是对超自然对象的信仰与崇拜，科学不承认任何超自然的对象

首先，科学是反映客观世界的性质和运动规律的知识体系。科学知识的本质特征是从世界本身寻找说明世界的根据和原因，而不作任何人为的附加。科学把一切研究对象视为不依任何人的精神或神的意志而存在的客观实在，它们的产生是由于事物本质所决定的自然原因，它们的变化服从于客观的规律。真正的科学不承认任何超自然的力量及其对自然物的作用，因此也反对用超自然的原因和力量去说明任何自然现象及其发展进程。在对事物的说明和理解中只要引进超自然的力量和范畴，那就不再成其为真正的科学。

宗教则与此完全相反。宗教就其本质而言就是对超自然力量的崇拜，相信超自然的上帝和神灵主宰自然界。因此，宗教一般是用超自然的原因去说明对象，把世界上的自然现象归结为超自然神灵的意志的表现，其发生和发展取决于神意和天命。宗教的本质决定它必然否认有客观存在的必然性和规律。这是因为如果承认自然的必然性和规律的客观性，那么一切事物的性质和表现就都是客观规律所决定的，它们的发展进程是必然的。这样一来，宗教所信奉和崇拜的神灵或上帝就没有任何可以违反自然规律而影响自然进程的能力，他们就不能实现超自然的神迹来惊世骇俗，显示自己的存在；也不能用超自然的形式来满足宗教信仰者的祈求。上帝和神灵就只能是由自然必然性所决定的、普普通通的自然存在，而不再是可以随心所欲地创造世界，改变自然进程的造物主。这就意味着，神不再是神，宗教也因之而不复成其为宗教。对超自然力量的肯定与否定，决定了宗教与科学二者在本质上的对立。宗教对超自然力量的肯定与科学对它的否定，都是不可改变的，因为这种改变意味着自身的本质规定性的丧失。

科学的认识方法是经验与理性的结合，宗教的认识方法则是反经验反理性的信仰主义

其次，宗教与科学在认识方法上也根本不同。科学要认识自然事物的本质及其规律，就必须在经验观察的基础上进行理性推理，通过再现自然进程的科学实验，或者从事物的原因推知事物的结果，或者从事物的结果推知事物的原因，或者从事物的外部特征探索决定它们的内在本质，或者从对事物内在本质的认识出发推论其外在的必然表现。科学方法本质上是经验与理性、科学实验与逻辑推理的有机结合。一切科学知识都必须建立在经验观察的事实基础之上，并通过经验和实践去检验，反对任何人为的虚构。恩格斯对此作了概括的说明："在自然科学中必须从物质的各种实在形式和运动形式出发；因此，在理论自然科学中也不能虚构一些联系放到事实中去，而是要从事实中发现这些联系，并且在发现了之后，要尽可能地用经验去证明。"①

各种宗教信条、教义规定和神学体系的基本内容，是对超自然境界、超自然神灵及其创造的超自然神迹的信仰。这些东西根本不存在，任何人都不可能通过感官体验对之感知和认识，更不可能通过科学的仪器或实验使之重复再现，也就不可能在经验事实的基础上作出合乎理性的逻辑证明。因此，宗教神学总是而且只能强调这些东西超出于人类的任何经验和理性之外。在宗教神学看来，人类的经验和理性只能认识有限的事物或自

① 《马克思恩格斯选集》，第3卷，第469—470页。

然的物体，对于超自然神灵的认识，则只有依靠超经验、超理性的启示或神秘主义的直觉。对于善男信女，宗教主要要求他们对神灵要虔诚地信仰，要无条件地爱，而不是经验的确认和科学的验证。有些宗教神学体系有时也借助于貌似理性的逻辑推理，论证其教义的真理性和上帝的存在，但由于所要证明的对象根本不存在，这种纯逻辑的推论便只能是一种概念游戏。许多宗教神学家和为宗教作辩护的哲学家有鉴于真正的理性思维必然会推翻宗教的基础，便坚决反对把宗教建立在理性主义基础之上。他们认为，如果那样做，只能是让宗教去经受它本来经受不起的考验。宗教认识其信仰对象（神）的基本方法必然是信仰主义，与科学的认识方法有着明显的区别。

日本的佛教哲学家池田大作明确承认：

> 一切宗教，或多或少都有用逻辑无法彻底说明的神秘性要素，而且，且有哲学所没有的宗教特质。……宗教有神秘的成分，这是必然的。然而，过分强调它，就会使宗教与现实相脱离；过于淡化它，对于一切都作理性的说明（当然，是否可能，应另当别论），宗教性也会丧失殆尽。①

池田大作的对话者威尔逊也持相同的观点：

> 对于您所认为的，一切宗教从本性上来说都含有神秘主义的因素这一点，我深有同感。在各种宗教传统中，即使是最理性主义的宗教，一旦达到某种境界，就会产生理性无法解释的情况。此时，任何解答都必然是神秘主义的。②

池田大作和威尔逊都承认，反理性主义的神秘主义与宗教的本性是紧密相连的。威尔逊还进一步指出科学与宗教在认识方法和论证方法的尖锐对立：“科学的论证和实验，作为一种思想方法与宗教形成尖锐的对照，科学知识随着时代的发展常常受到新发现的怀疑与批判，在宗教中，知识依

---

① 池田大作、B. 威尔逊：《宗教与社会》，四川人民出版社 1991 年版，第 23—33 页。

② 同上。

存于信仰和皈依；科学可以提出假说，这种假说通过有效程度的反复试验而得到证明，同时还接受反证的检验，而宗教的真理，是不能反证的，科学的思考方法承认谬误，期待自身的发展，宗教则自认为已经穷尽了一切真理。”池田大作把宗教在认识论上的这个特点归结为信仰主义：“宗教把‘信’作为出发点，因此，不接受来自信奉教义的人们的批判，常常安于信仰的皈依上。这不能不说是导致宗教信徒堕落的原因之一。大部分宗教要求信徒绝对信从，无论是教义中的与科学知识相符的部分，还是与科学知识相反的信条。”①

科学可以转化为生产力，宗教则妨碍生产力的发展

第三，宗教与科学对社会生产发展的影响也大不相同。科学可以转化为社会生产力，物化为社会财富，创造出新的物质文明。近代以来的三次工业革命都是自然科学新发现的产物。17—18 世纪的实验科学促进了机器化的大生产；19 世纪电磁理论的问世，使电气工业从无到有；20 世纪以来，在相对论和量子力学的基础上，出现了以电子计算机和航天技术为中心的自动化工业体系。

但是，宗教对社会生产力的发展总的来说是起阻碍作用的。这样说，并非指责教会僧侣一般只从事脱离物质生产的神职活动，更不是抹杀广大信徒所进行的生产劳动，而是由于宗教对超自然神秘力量的信仰与崇拜，妨碍人们对自然力的原因和规律的探索，从而使生产技术不可能在科学认识的基础上顺利发展。特别是宗教在历史上对科学的压制和对科学家的迫害，推迟了一些重大科学发现的推广和应用。

科学是推动社会发展的革命力量，宗教常阻碍社会的变革

第四，对于社会发展所起的作用，宗教与科学也完全不同。恩格斯在《马克思墓前的讲话》中说：“在马克思看来，科学是一种在历史上起推动作用的、革命的力量。”② 科学技术的重大发展，必将造成巨大的社会生产力，而生产力的发展或迟或早必然要引起生产关系和上层建筑的变革。近代科学技术对资本主义社会的产生和发展有着明显而直接的影响，用马克思的话说，“手推磨产生的是封建主为首的社

---

① 池田大作、B. 威尔逊：《宗教与社会》，第 42—43 页。

② 《马克思恩格斯选集》，第 3 卷，第 575 页。

会，蒸汽磨产生的是工业资本家为首的社会”。[1] 考虑到科学技术对社会发展的推动作用，马克思“把科学首先看成历史的有力的杠杆，看成是最高意义的革命力量”。[2] 至于宗教，情况则有所不同。我们承认，在特定的历史条件下，宗教运动也曾对社会发展起过特殊的推动作用。但是，总的说来，宗教在历史发展中常常是一种消极和保守的因素。因为，当宗教把神或上帝奉为世界和人生的主宰的时候，它也把现存社会制度当成天命或神意的体现，变成神圣不可侵犯的东西了。罗素作为一位精通现代自然科学的哲学家，他清楚地看到了僧侣阶级与旧制度和统治阶级的利害关系，并揭示了僧侣阶级反对科学、反对社会进步的社会经济根源：“教义是宗教与科学冲突的理智上的原因，但对立之所以尖锐剧烈则一直是由于教义同教会和道德法规的联系。过去，那些对教义表示怀疑的人们削弱了教士的权力，可能还削减了教士们的收入；此外，他们还被认为削弱着道德的基础，因为道德义务是教士根据教义推断出来的。因此，世俗的统治者，和教士们一样，感到自己有充分理由害怕科学家们的革命学说。”[3] 当代的天主教神学家汉斯·孔在访问中国社会科学院的一次学术讲演中也承认宗教在历史上与旧社会制度之间互相勾结的关系：“直到 20 世纪初，欧洲历史舞台上所演出的，依然是政治与宗教领袖，‘王座’与‘祭台’，宪法与教会法之间因互相庇护而唱的戏。教会眼中的异端也成为国家的敌人。政府的敌人也被当成异端。……当时的人们反对信神，也是因为当时的君王（因‘神恩’而掌权的君王们）利用这信仰来防止理性之光——自由、平等、博爱的思想的传布，而骑在人民的头上。”汉斯·孔是一个有着善良的愿望和进步的思想的神学家。他不仅承认宗教在历史上反对社会进步的事实，而且主张改造天主教正统神学。他希望把传统宗教那种反对人的自由和民主权利的神改造为自由主义的神：“神既不剥夺人的自由（信不信神的自由），又不限制人的自由，也不轻视人的自由。神给人以自由，神维护人的自由，神也完成人的自由。”[4] 可是汉斯·孔的“自由主义神学”忽略了一点最基本的东西：如果人的自由不是自身的权利，

---

① 《马克思恩格斯选集》，第 1 卷，第 108 页。

② 《马克思恩格斯全集》，第 19 卷，第 372 页。

③ 罗素：《宗教与科学》，商务印书馆 1982 年版，第 2 页。

④ 《关于“宗教与科学”的九个题目》，载《世界宗教资料》1980 年第 3 期。

没有社会的经济结构和政治制度作为自由的基础和保障，而必须依靠神的“给予”、“维护”和“完成”，那么，人仍不是自己命运的主人，仍是听天由命的奴隶。这种“自由”，绝不是真正的自由。更何况，汉斯·孔所盼望的这种神所给予的自由，梵蒂冈教廷并不承认。他们把汉斯·孔的神学观点视为异端。只有合乎社会发展规律的社会变革，才能在合理的社会结构内实现人所渴望的真正自由；而要正确认识社会的发展规律，就得排除神对社会和历史的主宰。显而易见，这是科学，特别是社会科学的任务。

第二节 自然科学的发展把上帝的影响从一个个领域中清除出去

科学与宗教在本质上的区别与对立，必然导致二者在历史发展过程中的冲突和斗争。《科学史》一书的作者丹皮尔说得好：“科学并不是在一片广阔而有益于健康的草原——愚昧的草原——上发芽成长的，而是在一片有害的丛林——巫术和迷信的丛林——中发芽成长的，这片丛林一再地对知识的幼芽加以摧残，不让它成长。”① 丹皮尔这里所说的危害科学知识成长的“巫术和迷信”，实际就是一般意义的宗教，因为巫术不过是宗教的一种行为表现，而迷信也就是宗教信仰主义和蒙昧主义。科学知识要想得到发展，就必须同宗教的危害作斗争。事情很明显，只有剥去传统宗教裹在自然对象身上那件超自然的神秘外衣，自然对象才能在科学家面前展现其本来面目，成为科学研究的对象；只有斩伐有害的丛林，才能开辟出一条通向科学真理的大道。

自然科学的理论基础是唯物主义世界观，至于科学真理的发现者是否自觉地意识到这一点，那倒是相对次要的问题。因此，科学在宗教问题上必然导致对宗教神学的否定，得出无神论的结论。科学在每一领域的任何重大成就，都意味着在这个领域内自然规律的发现和对超自然力量的否定，意味着把上帝的作用和宗教的影响从这个领域中清除出去。在这个特定意义上，我们甚至可以说，自然科学的整个发展过程，实质上也就是一

① 丹皮尔：《科学史》，商务印书馆 1975 年版，第 29 页。

个接一个地攻占宗教堡垒的过程。由于两千多年来科学知识的发展，特别是欧洲文艺复兴以来近代实验科学的发展，自然界的许多领域基本上已为科学所征服，使作为造物主的上帝失去存身之地。恩格斯指出："在科学的猛攻之下，一个又一个部队［宗教］放下了武器，一个又一个［宗教］城堡投降了，直到最后，自然界无限的领域都被科学所征服，而且没有给造物主留下一点立足之地。牛顿还让上帝来作'第一次推动'，但是禁止他进一步干涉自己的太阳系。神甫赛奇虽然以合乎教规的一切荣誉来恭维他，但是绝对无条件地把他完全逐出了太阳系，只允许他在关系到原始星云的时候还有一次创造行为。在一切领域中，情形都是如此，在生物学中，他的最后的伟大的堂吉诃德，即阿加西斯，甚至责成他去做十足荒唐的事情：他不仅应当创造实在的动物，而且还应当创造抽象的动物，即创造鱼这一个类！最后，丁铎尔完全禁止他进入自然界，把他放逐到情感世界中去。而他还允许他存在，只是因为必须有一个对这一切事物（对自然界）比约翰·丁铎尔知道得更多的人！这和旧的上帝——天和地的创造者、万物的主宰，没有他就一根头发都不能从头上落下来——相距不知有多远！"[①] 恩格斯的论述，概括地反映了自然科学从自然界中清除上帝作用的进程。我们在本章打算对此作一些具体的说明。

古代希腊的自然哲学对万物有灵论神话世界观的冲击

如果说，近代意义的科学开始于欧洲文艺复兴时期发展起来的实验科学，那么，它的萌芽或最初形态则应该是古代希腊的唯物主义自然观或自然哲学。按照恩格斯的说法，最早的希腊哲学家同时也是自然科学家。在古代希腊，哲学是一切知识的总汇，对自然界的认识包括于哲学之中，与哲学融为一体。唯物主义的自然哲学，作为一种力图从自然本身去说明自然界的一般世界观，也就是当时的自然科学，它孕育着近代自然科学的胚芽。

古代希腊的唯物主义自然哲学是在反对传统的以万物有灵论为特征的多神宗教和神话世界观的斗争中发展起来的。按照这种传统的神话世界观，自然界的各种自然事物和自然力量，社会生活中的各个行业都不过是某种神秘力量或某种人格化神灵操纵其间的外在表现。各种神灵既是自然现象的原因，又是社会生活的主宰。按照亚里士多德的说法："神原被认

---

① 《马克思恩格斯选集》，第3卷，第529—530页。

为是万物的原因，也被认为是世界第一原理。”① 既然神是万物的本原和原因，那么，一切现象当然就得用神灵的意志和超自然的力量作出解释。但是泰利士以来的各派唯物主义哲学却提出了与此完全相反的自然观：世界万物的本原和原因不是任何超自然的神，而是自然本身。物质性的元素是一切自然事物的本原，不同性质的万物及其生灭变化，归根到底不过是作为世界本原的物质元素的分解与组合。至于这种作为世界本原的物质元素到底是什么东西，各派自然哲学的说法各不相同：水、气、无限者、种子、土、原子……众说纷纭，不一而足。

这种种哲学理论都不过是一种理性的想象和推测，并不符合于我们现代人所了解的自然科学。可正是这些猜测性的哲学推理引导人们逐步打开了自然奥秘的大门，开辟了通向真正自然科学的道路。它的科学意义在于否定了传统宗教及其所奉神灵的权威，从自然界本身去寻找自然现象的原因，用人类自己的理智去代替神灵的意志；不仅打破了神灵对“自然秘密”的垄断，而且也从对“自然秘密”的解释中排除了神灵的作用，力图用物质本原与万物的物理交换或物质循环过程来说明自然事物的生灭变化及其原因，用物质元素在数量上的增减和结构上的变化，来说明物质形态及其属性的多样性。这样一来，神灵在自然界的作用就不再需要了，神灵的存在就可有可无了。希腊神话中开天辟地的泰坦诸神被自然哲学家视为“古代人的虚构”而否定了；② 那些散居在山川森林之中的“尼姆斐”仙女们被自然哲学家们一笔勾销了；高踞于奥林匹斯高山之巅的宙斯神族或者被放逐于人们视野之外，或者被驱赶到宇宙诸天层的空隙之中。赫拉克利特断然否定神灵创造世界的传统神话：“这个世界对一切存在物都是同一的，它不是任何神所创造的，也不是任何人所创造的；它过去、现在和未来永远是一团永恒的活火，在一定的分寸上燃烧，在一定的分寸上熄灭。”③

古代希腊哲学家的这种自然观的基本原则为近代的实验科学奠定了理论基础，提供了认识自然的基本原则和基本方法。以德谟克里特为代表的

---

① 亚里士多德：《形而上学》，商务印书馆 1959 年版，第 6 页。

② 克塞诺芬尼说：“不要歌颂泰坦诸神，巨人或半人半兽的怪物们的斗争，这些都是古代人的虚构。”《著作残篇》哀歌［D. I］：《古希腊罗马哲学》，三联书店 1957 年版，第 45 页。

③ 《古希腊罗马哲学》，第 21 页。

原子唯物论把物质世界的一切现象归结为原子在组合为物时的数量、形状、大小和组织排列的多样性。这个思想事实上是道尔顿原子论的理论先驱，它本身就是一种科学理论，也可以视为理论物理学的原始形式。它构成17世纪以来近现代一切自然科学的认识论和方法论基础。现代物理学关于物质结构的电子模型、层子模型、夸克模型——都可以视为原子论的进一步深化和发展，因为它们本质上都是在物质结构的更深层次上用物质的量的组合和空间结构的差异来说明物质的质的不同。基本思路一脉相承。

尽管古代希腊唯物主义自然哲学具有丰富而且深刻的科学内容，但它毕竟具有想象和猜测的性质，不可能在实验室中再现出来得到科学的检验。当唯物主义哲学家用“想象和猜测”的哲学世界观去否认超自然神灵的权威的时候，唯心主义哲学家和宗教神学家也同样可以用“想象和猜测”的神学唯心主义来论证和加强超自然神灵的权威。再加上统治阶级对宗教的需要和利用，宗教不仅未被科学和哲学所压倒，而且继续发展，在整个欧洲的中世纪竟成为压倒一切的上层建筑，取得万流归宗的至上地位。科学成了宗教的牺牲品，哲学成了神学的婢女。它们都不能超越教会信条所规定的界限。

哥白尼天文学说对于神学世界观的第一次反叛

近代自然科学对神学世界观的第一次反叛是1543年哥白尼的《天体运行论》一书的出版。恩格斯把这件事比之为与马丁·路德焚烧教谕事件一样的革命行为。罗素也认为这是“神学与科学的第一次对阵”。[①] 从此以后，开始了近代自然科学摆脱神学世界观束缚的解放过程。

哥白尼所反对的地球中心说并不是罗马天主教的发明。早在古代希腊时代，欧多克斯、亚里士多德、阿波罗尼、依巴谷等人就先后提出了此种主张，而由托勒密集其大成。基督教在一度反对地心说之后，转而接受了它。但基督教也作了自己的“新贡献”。这就是在亚里士多德—托勒密地心说体系之上涂上了一层神学目的论的油彩，使之具有神圣的灵光。按照基督教圣经的说法，上帝创造了天、地、万物和人类。人是上帝按照自己的形象创造出来的，因而在创造的世界体系中居于特殊的地位；大地是作

---

① 罗素：《宗教与科学》，第8页。

为人类栖息之所创造出来的，因而应该居于宇宙的中心，其他天体则围绕地球转动。至于世界万物，皆是由于上帝对人类特有的仁慈和恩惠而为人类创造出来的。托勒密的地球中心说成了基督教关于上帝创世说和神学目的论的科学根据，是中世纪基督教神学世界观的理论支柱。

哥白尼的太阳中心说本身并不是完美无缺的。因为太阳的位置并不像他所说的那样处于宇宙的中心；太阳系行星绕日轨道也不是正圆，而是椭圆，太阳则居于椭圆的一个焦点之上。但这些缺陷并不降低哥白尼学说的革命意义：第一，它把地球从宇宙中心的宝座上拉了下来，降为太阳系中的一颗行星。从而人类也不再是什么上帝特宠的“选民”，在宇宙中并没有特殊的地位。这从科学上彻底粉碎了基督教的上帝创世说和神学目的论的世界观。第二，日心说的科学结论与人们感性直接观察到的经验事实（太阳绕地球的视运动）直接冲突，为自然科学如何把经验观察与理性分析结合起来、透过现象把握本质的思维方法和认识方法，提供了有力的刺激和推动。第三，在自然事物方面向教会权威进行了公开的挑战，打开了教会统治的第一个缺口。

紧跟哥白尼之后，在天文学上推进从他开始的革命进程的科学家，是开普勒和伽利略。开普勒的巨大贡献是他发现的关于行星运动的三条规律：

一、行星的运动轨道是椭圆形，太阳则处于这椭圆的一个焦点上；

二、行星与太阳之间的连接线，在相等的时间内扫过相等的面积；

三、行星在轨道上运行一周的时间的平方与其至太阳的平均距离的立方成正比例。

不管开普勒本人主观上是否自觉，这三条定律具有深刻的无神论意义。开普勒定律以准确的数学方程式揭示了天体运行的规律，证明了哥白尼的太阳中心说，使教会的反对态度更显得荒唐无理，教会再也堵不住哥白尼在神学世界观上打开的那个缺口了。关于行星运行轨道不是正圆形，而是椭圆形的主张，也有反对传统教义和神学世界观的意义。传统的神学世界观认为天体是最完美的形体，本来就是神，完美物体的运动必然也是完美的，最完美的运动就是圆周运动，因此，天体必然是做圆周运动的。开普勒第一定律粉碎了这种神学的先验论。根据开普勒的第二定律，天体运行的速度也不均匀，距太阳近时则快，远时则慢。从神学世界观看来，这种观点简直就是亵渎神灵。完美天体的完美运动必须是匀速的，才具有神圣天体所应该具有的威严堂皇的性质，绝不能一时急促，一时偷懒。宗教神学加于天体运行上的神圣面纱一经揭穿，科学家的思想闸门就得以打开。他们就可以如实地去看待天体和一切自然物体，摆脱神学世界观的束缚，得出科学的和无神论的结论。

需要说明的是，上述开普勒三定律的反宗教神学的意义，是就它所包含的客观价值及其对后来的科学和无神论的发展的实际影响说的。一个人的理论和主张常常违背本人的意愿而被后人作相反的应用，这在历史上屡见不鲜，开普勒就是一个。开普勒本人并不是无神论者，甚至是一个虔诚的基督徒和占星术的信徒。在世界观和方法论上，他受毕达戈拉斯和柏拉图的影响至深。他深信世界是上帝按照完美的数学原则创造出来的，他自己的全部科学工作的最后目的，便是努力发现上帝心中的数学的和谐。他认为，他发现的天体体系的几何学结构就是行星距离的真正原因。他和柏拉图一样，认为上帝总是在应用几何学。不过，这种数的神秘主义并不能改变开普勒定律本身的科学实质，而一切真正的科学发现总是和宗教神学根本对立的，不管这些科学规律的发现者本人是否愿意，它们迟早总要导致与宗教神学的直接冲突，把上帝的作用从这个领域中清除出去。这种结局稍后不久就由伽利略实现了。

伽利略热心拥护哥白尼和开普勒的科学发现，并通过自己的科学活动进一步证实和发展了哥白尼体系。1609 年，他借助于自己制成的望远镜发现了一系列天文现象：太阳有黑子、月亮表面布满崎岖的山脉和荒凉的山谷……证明天体并不像传统神学世界观所说的那样完美。根据哥白尼学说可以推论出行星必然有周期性的盈亏现象，可是因为肉眼看不到而无法证实，伽利略的望远镜看到了金星的“周相”，哥白尼学说于是得到证实。1610 年年初，伽利略发现了木星的四颗卫星，并有可量度的周期，这证明木星及其卫星是太阳系的缩影。同年，伽利略写了《星际使者》一书，指出木星的四个卫星是证明哥白尼学说的“一个强有力的证据”。

伽利略发现的物体运动的惯性原理也具有深刻的无神论意义。受神学世界观左右的传统偏见一直认为，每个运动如要得到保持，都必须有继续不断的推动力；天上的行星则必须有亚里士多德所谓的“不动的推动者”的不断推动才有可能维持它们的持续不断的运行。这种“不动的推动者”，实际上就是神或上帝。伽利略的惯性原理一反这种传统的偏见。一切运动如果听其自然，不受外力干扰，都会沿着直线以匀速运动持续不断地进行下去。只有运动在速度和方向上的变化才需要外力作用。这就是说，一切运动的继续维持并不需要外力的不断推动，行星系一旦开始运动，就不需要神或“不动的推动者”的推动了。

惯性原理也有被宗教神学歪曲利用的可能性。它可以说明行星运动的继续维持，但却不能说明行星运动怎样开始，也不能说明为什么行星不断偏离直线轨道而做绕日运转的圆周运动。伽利略没有向自己提出这个复杂的科学——哲学问题。他的惯性原理把上帝的推动作用取消了，但他本人并不完全反对上帝的存在。据他说，上帝已把数学的必然性赋予了自然界，并通过自然创造了人类的理解力，而人类只要依靠自己的理解力就可以探寻到自然的秘密，不需要处处借助于上帝的神力。这种观点当然还不是彻底的无神论，但它却为无神论的发展打开了广阔的天地。在一切自然的奥秘被人类的理解力揭开的地方，上帝的超自然作用也就从那块阵地上被赶了出来，科学把上帝赶进了死胡同。

伽利略死于 1642 年。就在这一年，牛顿诞生了。牛顿总结和发展了开普勒和伽利略的科学成果，建立了系统完整的古典力学。牛顿力学的胜利，最后打破了罗马教会和神学家对哥白尼学说的反对。牛顿发现的万有引力定律用科学的规律和语言，圆满地解释了天体的运动，从太阳系和茫茫太空中排除了上帝的干预。星体依靠本身的动量，按照自身的规律在那里不息地运转。由于惯性定律不能解释星体运动的最初动因，牛顿宣布上帝是“第一推动力”。但上帝的作用也就到此为止。一旦上帝做完这件事，并颁布了万有引力法则之后，太阳系和整个世界体系就开始运转起来，上帝从此不复插手其间。牛顿本人是一个虔诚的宗教徒，但他的科学世界观却严重削弱了上帝在宇宙中的地位和作用。基督教圣经所载的那位绝对自由、为所欲为地操纵自然事物，支配人间祸福的万能上帝，变成了一位尊重科学、讲求理性、按照自然规律办事、拱默无为的立宪君主。

近代实验科学的无神论意义

一切宗教所崇奉的神灵都是超自然、超人间的实体，他（他们）统治着宇宙中的各种事物。一神宗教把众多神灵的全部神性和权能集中到独一无二的上帝之手，上帝的威德和权能于是便膨胀到无限之大，成了全宇宙支配一切、操纵一切的主宰。这样一来，宇宙的一切现象，大而至于天地的创造，小而至于一只豆荚长几粒豆，都被说成是上帝的决定和安排。基督教的《圣经》说什么没有上帝的旨意，一根头发都掉不下来。奥古斯丁把这种说教发展为上帝的天命决定一切的命定论。伊斯兰教神学更是极端，宣称真主安拉“周知宇宙一切事物，无论是现在的，或过去的，或未来的，无所不知”，“宇宙间的一切有始的事物都是造物主借自己的能力，依自己的知觉而创造的”。[①] 物体的一切特性均是安拉的创造与安排，并非物体固有的属性，也无自然的因果。按照基督教和伊斯兰教的上述教义，世界一切事物和现象及其性质，都是由上帝的意志所决定的，根本不存在自然的因果和规律。大体上可以说，在近代科学发展起来之前，普天之下沉迷于宗教的善男信女都是受这种神学世界观所控制的。

在欧洲中世纪基督教经院神学中，这种神学世界观采取了一种特殊的哲学形式。神学家们先后受柏拉图的“理念论”、亚里士多德的“形式质料说”和新柏拉图主义的“流溢说”的影响，把它们与上帝决定一切的神学信条结合起来，形成了一套颇有特色的说明世界现象的理论模式。他们认为世界上一切现象，各种事物的性质，都是上帝按照其思想中的“理念”或“形式”创造出来的。因此，这些理念或形式也就是一切事物的“原型”或“模式”。如果人们想要追溯事物何以具有构成其特性的性质，只要把它们说成是上帝按照其理念的原型创造而出就行了。也就是说，事物之所以具有如此这般的性质，表现为如此这般的现象，原因在于它们“分有”作为其原型的理念或形式。桌子之所以是桌子，原因在于它分有桌子的“理念”，红花之所以是红的，根源于它分有红的“形式”。理念和形式是决定事物之外在性质的“隐秘性质”。我们可把这种理论称为“隐秘性质说”。隐秘性质说是欧洲中世纪经院神学理解和说明世界的基本思维模式，直到牛顿时代仍在自然科学领域保有其强大的影响。牛顿的门徒科茨在其为牛顿的《自然哲学的数学原理》一书第二版写的序言中谈到过这一情况：“有些人把一些特殊而隐蔽的性质归属于不同种类的物体；根据他们的看法，一些特定的物体的现象是按照某种不知其所以然的方式进行的。渊源于亚里士多德和逍遥学派的各种经院学派，它们各种学说的总和，就是以这个原则为基础的。他们断定，物体的各种作用是由这些物体的特殊性质所引起的。”[②] 隐秘性质说本质上是上帝创世论的一个变种。在自然观上，它用一种隐秘的质说明自然事物的现象和性质，完

---

① 爱勒吉斯尔：《回教真相》，第 120、121 页。

② 《牛顿自然哲学著作选》，上海人民出版社 1974 年版，第 139—140 页。

全是一种同语反复的废话。用这种方式解释自然，除了增添一个更加神秘、更难理解的隐秘性质以外，不可能使我们对自然界的认识前进一步。相反，它必然会把我们导向超自然领域，从上帝中心的理式引出一切自然现象和性质的根据和原理。

显而易见，上述上帝安排一切的天命论、上帝创造万物的创世说和隐秘性质说是自然科学的对立物。整个中世纪时期，自然科学之所以长期处于停滞状态，与诸如此类的神学世界观的泛滥流行有着密切的关系。因此，对它们的批判与否定是近代实验科学发展的前提和条件。

问题在于，既然自然界的一切现象、自然物的一切属性不是从上帝那里生出，不是出自上帝天命的安排，在上帝那里没有什么隐秘的性质（理式）作为它们的原型，那么，它们的原因和根据何在？自然事物何以能产生和消灭，变化和发展？一种事物何以具有此种性能，另一种事物又何以具有彼种性能？要想在对这些问题的回答中排除上帝和天命的作用，就得在消除神学自然观的同时，对自然事物进行具体的科学研究，这就导致近代实验科学的兴起和发展。

17 世纪首先在欧洲兴起的近代实验科学主要是以机械力学为中心的物理学和从炼金术中脱胎而出的化学。实验科学的根本特点是用科学实验的方式排除次要的，非本质的因素，孤立并再现自然过程中的本质联系，借以探索那决定自然过程的因果关系和自然规律，发现它们之间的准确的数量关系，并力图用数学方程式予以表述。就像开普勒发现天体运动的力学规律一样，新兴实验科学也要求发现普通自然物进行物理运动和化学变化时的力学规律。在实验科学的发展过程中，科学家们因此而逐渐培养起一种思想方式和说明方式（自然观），要求用数学和机械力学的规律对整个自然界作统一的说明，把物质的一切性质还原为可以用数学和力学规律去把握的物质粒子的机械结构和数量组合。这就是盛行于 17、18 世纪的机械论自然观。这种自然观具有深刻的无神论意义，因为它在从神圣的天体到普通的自然物的整个自然界中排除了上帝安排一切的天命神学和神秘主义的隐秘性质说。近代实验科学的奠基人和机械自然观的主要代表人物，在物理学中是伽利略和笛卡儿，在化学中是波义耳。伽利略和笛卡儿强烈反对神秘主义的隐秘性质说。伽利略认为，为了说明一种自然现象而假定某种相应的隐秘的质作为根据，绝对不能说明任何问题，因为这些隐秘的质究竟是什么东西，更待说明。笛卡儿指出："我们不应当在解释这些事物时，杜撰一些莫名其妙的新奇事物，如元质（first matter）、实体的形式（substantial forms）以及许多人所爱假设的好些性质。因为这些性质和我们所实在知觉的事物并无关系，而且它们本身比它们所要解释的那些事物还要难懂。”① 伽利略和笛卡儿都认为自然物体本身所固有的“质”，只有两种：一是对空间的占有（广延性），一是进行运动。一切物体都是物质微粒（原子和分子）组成的，由于物质微粒有不同的形状、大小（广延性），它们组成物体时又有不同的数量和空间排列，又有快慢不等的运动，于是就产生出自然物的各种不同的性质，构成千变万化的世界。他们用这种机械论的自然观去说明各种物理现象，把物理学变成一门真正的实验科学。波义耳把这种自然观应用于化学研究之中，把元素的一切物理性质和化学性质也归结为物质分子的机械组合和空间排列，奠定了近代化学的基础。伟大的牛顿继承和发展了这种自然观，用以说明声光电磁等各种现象，在各种领域都取得了重大的成果。同时，他又研究自然物体运动的规律和自然物体之间互相作用的规律，发现了三条普遍性的规律和万有引力定律，这就使得整个自然界的一切现象都被纳入牛顿力学的范围。自然界的一切运动、一切变化都服从于自然规律的支配，都有其数学的必然性，都因此而得到合乎规律、合于理性的说明。不仅在天体运动范围内，而且在一切普通自然物的范围之内，都没有任何超自然的力量，上帝和神灵对于自然物的主宰作用基本上被近代实验科学清洗出去了。近代实验科学具有鲜明而深刻的无神论意义，它直接导致哲学和宗教观上的无神论。这就是：17 世纪以霍布斯为代表的机械唯物主义无神论，17 世纪到 18 世纪遍及整个欧洲的自然神论，一直发展为 18 世纪法国的战斗无神论和 19 世纪德国的费尔巴哈人本主义无神论。

19 世纪，由于电子的发现，17、18 世纪的机械论物质观受到了冲击。现代物理学的一系列重大发现，从宏观到微观，从大宇宙到小宇宙，使我们对物质的认识进入了新的层次。但这既不意味着机械论自然观的否定，也不意味着它所具有的无神论价值发生动摇。相反，现代物理学用更丰富的科学事实，在更深的层次上一再证明物质的一切属性都决定于物质微粒在结构为物时的数量组合和空间排列。这种说明方式已从物理学扩展到生物学、遗传学，建立了分子生物学和分子遗传学。近年来，又进一步扩展

---

① 笛卡儿：《哲学原理》，商务印书馆 1959 年版，第 57—58 页。

到与大脑活动相联系的精神科学。一旦这种自然观进入一个新的领域，原来占据那个领域的超自然势力就被自然科学驱逐出去。17 世纪以来，近代实验科学所开始的这个从自然界各领域中清除上帝主宰作用的进程仍在继续，它的势头是不可阻挡的。

天体演化说与生物进化论对上帝创世说的否定

人和世界万物的最初起源问题，是人类智慧猎奇求索的对象。古代各民族的宗教神话中差不多都有神灵如何创造世界万物的故事。在宗教的后来发展中，这些创世故事差不多都被纳入各种宗教的教义体系之中，成了所奉神灵的基本神性，是神灵之超自然权能的具体表现。在悠远的古代，当人类智慧尚处于萌芽状态时，对人和万物如何起源这种复杂深奥的科学—哲学难题，人们只能采取神话的形式。智窦初开的古代人驰骋其不成熟的理智和丰富的想象力编造了一个又一个的创世神话。我们与其说这些神话是宗教的迷信，不如说是神话创造者理智困惑之余的思考。当其尚未被奉为神圣不可更改的信条的时候，并未对人们的理智和想象构成严重的束缚。人们可以按照自己的想象力和思维模式去构造另外的创世神话，其中也包含不同程度的哲学思考的颗粒和科学探索的因素。正是这些合理的成分推动了人们对世界起源问题的思考，促进了科学和哲学的诞生。但是，一旦制度化的宗教把某种传统的创世神话选择为正统的教义信条之后，它就成了全体信众不可更改和违背的神圣信仰，对于人类和世界万物如何起源的科学探讨，于是便变成宗教所禁止的异端思想。

在古代世界各民族的创世神话中，希伯来民族的创世神话比较系统。一方面，由于基督教把它奉为神圣教义，它们对后来的文化和科学的消极影响也更为严重。另一方面，由于近代欧洲的科学最为发展，它对上帝创世说的批判也最为有力。

基督教在中世纪欧洲的精神统治，《圣经·创世纪》讲的那些上帝创世的神话长时期被人们相信为确凿的历史事实。神学家们甚至根据圣经所记亚当后裔的家谱推断出上帝创世的确切年代。例如据厄谢尔大主教的考证，上帝是在公元前 4004 年创造世界的。这个年代为新教基督徒普遍接受。剑桥大学副校长莱特富特博士也接受这一年代，他还进一步推算出人是十月二十三日上午九点创造出来的。牛顿力学虽然发现了天体的运动规律，但由于他对宗教的虔诚和世界观上的局限性，仍未摆脱上帝创世的正统信仰。他心目中的宇宙是一个没有发展的宇宙，很可能是上帝一次性地创造出来的。为了说明天体运动的最初来源，特别是为了说明那些使行星不至于坠入太阳之中的行星切向速度，他假设了上帝的第一次推动，说上帝用手把行星抛掷出去，以后则按万有引力定律进行永不停息的运动。

但是，由于近代实验科学从自然界各个领域否定了上帝的主宰作用，也必然随之而对上帝作为“世界第一因”和“第一推动力”的创世活动产生怀疑，并用“进化”的概念来说明宇宙的形成和人类的产生，17—19 世纪，进化理论在天体物理学、地质学和生物学中取得了重大的成就，形成了与上帝创世信仰直接对抗的天体演化说、地质发展观和生物进化论。

近代欧洲，在以机械力学为中心的物理学的基础上，首先提出天体演化理论的科学家是笛卡儿。笛卡儿坚持自然界的物质统一性。他认为，无限世界都是由具有广延性的物质组成的，天上和地下的物质都是一样的，世界不是多元的。即使有无限之多的世界，它们也是由这种物质构成的。笛卡儿关于世界的物质统一性的原理从理论上否定了非物质的神灵世界的存在。笛卡儿进一步指出，既然一切可能的世界都是物质的世界，那么它们也必然服从于共同的规律，因此，只要用这普遍规律就可说明整个世界。笛卡儿有一句名言：“给我物质和运动，我将为你们构造出世界来。”他的天体演化假说是这样来构成世界的：原初物质是一种混沌状态，按照物理学的规律进行着一种旋涡式的运动。随着运动的进程，物质分化出土、空气和火三种元素。旋风式的旋转运动把重的物质——土甩出中心而形成行星，轻的火元素则留在中心形成太阳。行星的旋转引起了新的宇宙空间的旋风，形成了一些与我们的太阳系不同的其他的太阳系。笛卡儿的旋涡理论后来经牛顿用数学证明与观测资料和开普勒的第三定律不相符合。但是，这个学说在科学和哲学上都是伟大的创举。在科学上，他第一次用机械力学的原则去说明天体起源的大问题。尽管具体细节不尽科学，大方向却是完全正确的。他把宇宙视为按力学规律运动发展的产物，完全排除了上帝创世之类神学说教，与《圣经·创世纪》里所谓上帝在六天之内创造世界的神话形成鲜明的对比。笛卡儿对自己学说的反宗教含义及其危险的后果是早有预料的。他煞有介事地宣告说，我们固然知道世界确是像《创世纪》中讲的那样创造出来的，但是如果看它可能如何自然形成，那也很有意思。照此说法，似乎他的天体演化学说只不过是与上帝创世说并不冲突的语言游戏。这是一种“此地无银三百两”的手法，不仅不能掩盖笛卡儿学说的无神论实质，反而更加突出地表明他是自觉地在进行反对上帝创世说的斗争。

德国哲学家康德在1755年出版的《自然通史与天体理论，或根据牛顿定理研究整个宇宙的结构及其力学起源》一书中提出了著名的太阳系形成假说。在康德看来，只要根据牛顿的万有引力定律就可以说明太阳、行星和卫星的起源，而无须上帝的创造和第一次推动。他也有一句笛卡儿式的名言：给我物质，我就能给你们看，怎样从物质中产生出世界。根据康德的假说，原始的物质是稀薄的星云，由于引力和斥力的互相作用而产生旋涡运动，最后形成旋转着的球形物质凝结物——天体。物质的宇宙是无限的，有一个从混沌状态到有组织状态的渐化过程，进行着宇宙体系永恒的和自然的产生和灭亡过程。对于康德的假说，罗素从科学上作了肯定的评价：“这种理论虽然一部分在数学上站不住脚，但是大体上同后来的研究方向是一致的。”①

1796年，法国科学家拉普拉斯在其《宇宙体系论》中在完全不知道康德假说的情况下提出与之类似的关于天体演化的星云假说。他认为，现在由太阳和行星组成的体系本来是一团漫散的星云；星云逐渐收缩，因此其转速也逐渐变快；离心力把物质团块甩了出去，从而形成行星；这同样的过程重复出现，便产生了行星的卫星。拉普拉斯是生活于法国大革命时代的自由思想家，根本不承认上帝创造说。拿破仑问他，为什么在他的体系中没有提到上帝，他自豪地回答道：“陛下，我不需要那种假说。”拉普拉斯的天体演化理论从科学上消灭了上帝的创世作用。从那以后，天体演化理论仍在不断发展，一种学说接着一种学说，但科学已经完全不需要上帝了。

以基督教《圣经·创世纪》为典型代表的上帝创造人类和生物的宗教神学，直到19世纪才被达尔文的生物进化论彻底粉碎。而生物进化论之所以诞生则得力于地质学关于地层演化的理论。18、19世纪期间，地质学家发现地球的地层保存着许多现已绝种的生物的化石，而且越是古老的地层，生物越是简单；越是新生的地层，生物越是复杂，更加接近于高等生物。这些地层的形成自然而然地被认为是通过悠久的历史过程而慢慢

---

① 罗素：《宗教与科学》，第27页。

演化的结果（其中有水成派与火成派的争论）。如果按照《圣经·创世纪》的说法，地球的整个历史不过六千年左右，这对于地层化石层的沉积来说，时间实在是太短了。随之而来的结论是，既然不同化石层中的生物有着巨大的时间差距，《圣经·创世纪》所谓上帝在六天之内创造整个世界和一切生物的说法也只能当做神话故事。把不同化石层的生物物种联结起来，可以合理地构成一部生物连续进化的谱系和历史。

同时，生物学的发展也不断冲击着神创论。新大陆上许多动物的发现，很难使人相信那是诺亚方舟的主人从阿拉腊山[①]远涉重洋带去的，动物种类的巨大数量（数达几百万种），也不是诺亚那个小小的方舟所能容纳得了的。[②] 各种动物之间的互相残杀和互相折磨，更难使人相信造物主的仁慈。在这种历史条件下，关于生物进化的思想逐渐发展起来。法国生物学家拉马克开其端、英国生物学家达尔文总其成。达尔文于 1859 年 11 月发表了科学巨著《物种起源》，系统论证了生物进化论。它有两个基本内容：一是生物由进化而来；二是由于生物的高度生殖力引起生存斗争，进而产生对遗传变异汰劣留良的自然选择过程，于是造成了生物的进化，所以，自然选择是生物进化的原因和机制。达尔文学说以其丰富的实证和科学的推理很快在学术界和公众中产生了巨大的反响。对于宗教神学的上帝创造说，这是真正致命的打击。宗教神学家惊恐万状之余，对达尔文主义进行了疯狂的围剿。1860 年（即《物种起源》问世后第二年），威尔伯福斯主教在英国协会怒斥达尔文主义说："自然选择原则同圣经是绝对不相容的。"[③] 奇切斯特的教长在对牛津大学师生的布道讲演中说："那些拒绝按照其显而易见的本意来接受关于人类始祖的创造史，而赞成代之以时髦的进化梦想的人们，使整个拯救人类的计划成了泡影。"[④] 这些来自神学家的攻击并不能阻挡科学真理的胜利传播。赫胥黎为达尔文主义所作的辩护和阐述，得到了生物学家们的支持和公众的承认。对于达尔文的伟大科学发现及其无神论意义。恩格斯给予高度的评价和热情的赞扬，1859

---

① 《圣经·创世纪》所说诺亚方舟于大洪水之后的停泊之地。

② 据《圣经·创世纪》第六章说，上帝指示诺亚造的那个方舟长三百肘，宽五十肘，高三十肘，分上中下三层，而且指示诺亚："凡有血肉的活物，每样两个，一公一母，你要带进方舟，好在那里保全生命。"

③ 罗素《宗教与科学》，第 39 页。

④ 同上。

年12月（即《物种起源》出版后的下一个月），恩格斯即在致马克思的一封信中写道："我现在正在读达尔文的著作，写得简直好极了。目的论过去有一个方面还没有被驳倒，而现在被驳倒了。此外，至今还没有这样大规模的证明自然界的历史发展的尝试，而且还做得这样成功。"① 神学目的论的被驳倒，实质上也是整个神学世界观的破产。

本节以上所说概述了从哥白尼到达尔文以来自然科学反叛宗教、清除上帝势力的情况。这个说明是极其简略、非常不完备的。宗教和上帝所丢失的堡垒绝不是我们所提到的那几个领域。欧洲文艺复兴时期以来，各种自然科学都在全面而迅猛地发展，都有重要的发现。一切科学发现之所以是科学，本质上就在于它发现了自然物自身运动发展的客观规律，因而从此不再借助于超自然力量。自然科学的发展史清楚地证明，科学发展的过程实质上是不断与宗教神学作斗争，并不断清除上帝作用的过程。科学与宗教本质上是不可调和的对立物，正如自然力是与超自然力量不可调和的对立物一样。

第三节 宗教与科学的对立能调和吗

近现代自然科学的胜利虽然已经从自然界的各个领域把宗教的作用和上帝的权能驱逐出境，但由于宗教赖以存在的社会基础依然存在，宗教是不会自动退出历史舞台的。神或上帝仍旧活在那些需要神或上帝的人们的幻想世界之中。宗教神学也总结了历史上与科学作斗争的教训，不再像过去那样死守写在古老圣书上的每一句教条，愚蠢地反对自然科学的一切新的发现，用对待布鲁诺的办法把科学家送上火刑场。资本主义社会的统治阶级是资产阶级，他们与中世纪的统治阶级——教会僧侣与封建贵族有不同的阶级特性。教会僧侣与封建贵族坐食俸禄，不事生产，他们并不需要科学技术的不断发展来维持自己的经济地位。近代资产阶级是商品经济的产物，他们与生产有着紧密的联系。要想在自由竞争中站住脚跟，获得更多的利润，便只有改善经营、发展生产，这就得依靠科学技术的发展。所以近现代资产阶级的阶级利益决定它对自然科学只能采取支持的态度。可

---

① 《马克思恩格斯全集》，第29卷，第503页。

是近现代资产阶级作为居于统治地位的剥削阶级，他们更关心的事情是维护资本主义制度。在这一点上，与中世纪封建贵族是一致的。各国资产阶级取得政治统治权之后都逐渐改变了革命时期反对宗教的态度，转而利用和支持宗教。既需要科学，又需要宗教；既要利用自然规律来发展生产，又要利用上帝的超自然神力来维护资本主义制度，这就是近现代资产阶级的阶级特性和阶级需要，它决定他们必须想尽一切办法来调和宗教与科学的矛盾。正是这个缘故，在19世纪以来的西方世界中，流行着各式各样的调和宗教与科学的对立的理论和思潮。它们的花样很多，难以尽说，但其中最有影响的大体上可以归纳为三种：一是利用哲学上的不可知主义，划分宗教与科学的范围，使之各得其所，和平共处；二是歪曲科学发现的性质，利用科学的暂时困难，使科学转而为神学服务；三是把资本主义社会在应用科学成果上造成的弊端归罪于科学，转而强调用宗教来挽救科学。这种种调和的理论和手法究竟是否能达到最终调和宗教与科学的对立呢？我们有必要对此作一番科学的、实事求是的分析。

有没有专属于宗教而为科学所不可企及的超经验、超自然领域

企图从根本上调和宗教与科学的对立的理论，主要是哲学上的不可知主义。它通过对人类认识的本性和能力的分析，认为科学的认识对象和所能达到的范围只限于经验感知的领域，科学绝不能超过经验的限制而把握超经验的对象。宗教所信仰的上帝灵魂和自由意志，就是这种超经验的对象，它们是科学不可企及的领域。宗教与科学各有自己的天地，彼此井水不犯河水。

这种调和论来源于休谟和康德。

休谟在哲学上自称为“温和的怀疑主义”。他认为，人类的全部知识源于感官印象，而认识的界限也止于感官印象。至于感官印象源于何处？它之外是否有一个物质实体或精神实体作为其客观源泉？原则上不可知。因为我们的一切知识都不能超出感官印象之外而作出进一步的推论。在休谟的哲学世界中，感官印象是唯一可予确证的实在，其他一切存在（物质、精神），由于得不到印象的确证，都是值得怀疑的。既然“精神实体”是否存在不能确定，那么，宗教神学所谓非物质的、不死的灵魂以及上帝神灵的存在也就成了可疑的对象。就此而论，休谟的怀疑哲学具有鲜明的反宗教倾向。但是，另一方面，它又对物质实体的存在表示了怀疑，同时又把作为自然科学之基础的因果律化为主观上的观念之间的习惯性联想，这就动摇了唯物主义哲学和自然科学的基础。休谟的怀疑哲学在宗教与科学的关系问题上实质上是一把“双刃刀”：一方面对宗教神学的合理性表示怀疑；另一方面对自然科学的合理性表示怀疑。既然自然科学也只能描述和整理经验事实而不能认识经验之外的世界，那么它也无权否定超经验世界的存在。宗教神学超越经验的限制而肯定灵魂和上帝之类当然是一种虚构，但却可以信仰它们的存在。宗教的真正基础不是理性的论证，而是单纯的信仰。休谟在批判了传统的宗教神学之后，又在超经验的领域内为宗教神学找到了一块自然科学和唯物主义哲学不能进击的领域。这种调和科学与宗教的对立的路线在德国哲学家康德那里得到进一步的发展。

康德作为德国资产阶级的思想代表在宗教理论上具有浓厚的妥协性。他所标榜的“批判哲学”，锋芒指向两个方面：既反对与宗教关系密切的唯心论，也反对反宗教的唯物论；既反对狂热的信仰主义，也反对无信仰者；既反对宗教神学，也反对无神论和怀疑主义；既主张保留宗教，又主张发展科学。在康德看来，上述左右双方都有一个共同的错误，即他们在把“理性”应用于宗教领域之先，都未对“理性”本身的性质和能力进行批判性的审查，从而导致理性的误用，超出了理性所适用的范围。康德对唯物主义哲学和自然科学所推崇的“理性”本身进行了认识论上的批判考察，目的是要证明人类的理性对于宗教领域的对象是可望而不可即的，既不能用人类的理性和科学去论证宗教，也不能用它去否定宗教。

康德通过一套极其复杂晦涩的哲学推理向人们证明，人类的全部知识（包括具有普遍必然性的科学知识）都是感官材料和人类悟性的先天思维形式（时空直观和知性范畴）组合而成。思维形式无感觉材料则空，感觉材料无思维形式则盲。但感觉材料是客观对象作用于感官所引起的主体之变化，故经此变化已不再是客观对象自身的再现。时空直观和知性范畴虽然具有普遍必然的性质，但它们也只有和感觉材料相结合才能形成知识，其功能无非是把杂多的感觉材料纳入先天的直观形式和思维形式之中加以范型，综合起来，使之具有必然的秩序。但是这种关于自然界的知识仍然是感觉经验所提供的，只对经验有效。但人类的全部经验，如上所说，并不是客观对象（物自身）的直接反映。因此，人类的一切知识、一切科学，都只是在经验中有效的经验知识。它所认识的对象，乃是现象，而不是物的自身。现象，本质上不过是主体的感觉，而物自身则是非感性的，超经验的，绝不是感性直观和知性范畴所能把握的。用康德的说法，所谓物自身或现象的本体，实际上乃是我们对之绝无所知，而且绝不能有所知的“X”。这个“X”不是知识或科学的对象，而是宗教信仰的对象。从这种不可知论的观点出发，可以得到一个在哲学、科学和宗教上非常重要的推论：唯心主义哲学所肯定的精神实体，唯物主义哲学所肯定的物质实体，宗教神学所肯定而为无神论所否定的上帝、自由意志、灵魂不死之类，都是就这个“X”而言，它们都是对人类理性未经批判而误用的结果。物自身永远是“X”，永远不可知。无论是把“X”说成什么东西，都超越了人类理智的合法权限而对超经验的东西作了论断，因而都是错误的。康德的理性批判一方面否定了建立理性神学的可能性，另一方面也否定了标榜理性权威的唯物主义哲学和无神论对宗教神学的批判。康德在经验领域内，承认科学知识的普遍必然性，但他认为自然科学绝对不能达到超经验的领域，解答不了“X”（物自身）之谜。

按照康德自己的说法，他之所以限制理性和科学的范围，意在为宗教留下一块不受理性和科学攻击的安全岛。既然“X”不能为理性与科学所解证，那么，为了道德实践的需要，我们可以信仰它是维护道德所必需的上帝、自由意志或不死的灵魂。于是，宗教就作为道德的条件而成为社会的必需。

休谟与康德的不可知主义哲学及其对宗教与科学之关系的说明，彼此不尽相同，但基本思路大体上是一致的，都是把理性与科学的权威限制在经验的领域，而把宗教的基地置于超经验的领域，视为信仰的对象。按照他们的说法，科学和宗教各有自己的合法领地，彼此互不相干，文艺复兴时期以来，科学与宗教的尖锐冲突从而得到调和。休谟哲学与康德哲学对后来思想的发展影响极大。19世纪以来的西方世界中，许多最有影响的企图调和宗教与科学的对立的思潮，基本上都是从休谟与康德的上述思路发展而来。尽管这种调和论有其深刻的社会背景，在思想界有着广泛的影响，但其理论基础却也难以经受严格的批判分析。问题的关键在于它把主观认识与客观对象的对立性过分夸大了。人的认识虽然不能等同于客观对象自身（物自身），但它却来源于客观对象在感官上的作用，本质上是客观对象在主观认识中的反映。反映与被反映者之间有对立，也有统一。在形态上可能相似，也可能不相似，但前者既为后者所决定，它们之间就有着内容上的一致性。通过科学的分析，人类完全有可能区别出认识中的主观因素和客观因素，认识客观对象的特性和本质。在主观认识与客观对象之间并不存在不可逾越的鸿沟，人们完全有可能通过认识的发展达到对于客观对象的认识。所以，把认识与对象的差别夸大为经验与超经验的绝对对立是不能成立的。超经验的对象根本不存在。一切对象只要是客观存在，就完全有可能成为人类认识的对象，为经验所认识和把握。即使不能为人类的感官直接把握，也可以为作为人类感官的延长——科学仪器——所把握；即使暂时尚不能成为经验的对象，也可以随着认识的发展和感官的延长（科学仪器的改进）而迟早成为经验的对象。正如人类感官不能直接经验到的分子、原子、电子、原子核、层子、夸克……已经逐步成为经验的对象，为科学所把握一样。如果一种东西本质上永远超经验，不能为任何经验所把握（如上帝、灵魂之类），那只能是因为它们根本不存在。从理论上看，超经验对象是虚无，是神学家和唯心主义哲学家的虚构。企图在这个领域为宗教找出一个不受科学攻击的安全岛，是一种神学的妄想。

新科学发现能为宗教提供论证吗

第二种常见的调和宗教与科学的论调和手法，就是歪曲科学新成就的性质和意义，利用科学在前进中的某些暂时性的困难和曲折，力图把科学纳入神学体系之中。在科学发展的历史上，每一个重大的发现，几乎总是一开始就遇到来自宗教神学的攻击和教会的迫害，而当得到实践的证实和普遍的承认以后，宗教方面无法继续反对了，便改变策略，转而歪曲科学的性质和意义，对它作出有利于宗教的神学解释。达尔文生物进化论的遭遇是这方面最典型的说明。最先，基督教会把它视为洪水猛兽全力围剿；失败之后，便转而采取顺应达尔文主义的策略，企图在进化论基础上建立新的神学。有些神学家根据进化论改造传统的上帝观念，把《圣经》中那个超世界之上而存在的上帝改造为内在于世界之中的上帝，并在此基础上来调和达尔文主义与上帝造人的神学说教的对立。按照他们的新说法，虽然达尔文认为人是猴子的后代，但基督徒仍可按《圣经》的传统说法，把自己认为是上帝的子孙，因为上帝存在于一切生命的内部。另有一些神学家的说法更为巧妙，据他们说，“进化”本来就是上帝头脑中的一个观念，生物的进化历程就是它的展示。

19 世纪以来，自然科学的重大发现一个接着一个：电子和放射现象，相对论、量子力学，测不准原理，星体红移和宇宙大爆炸学说，层子模型和夸克理论、遗传密码、有机物的合成……相继问世，新的发现总是包含有否定旧学说的一面，其自身也有尚待进一步完善、作出科学的理论解释的地方。宗教神学常常利用科学在发展进程中自身扬弃的机会大做文章，一方面把旧学说的否定说成是自然科学的破产，另一方面又把新发现歪曲为对神学的新的证明。爱因斯坦的相对论被宗教神学和唯心主义哲学歪曲为一切科学知识的相对性和主观性，以此来证明自然科学对神学世界观的否定不具有客观真理的意义；量子力学的测不准原理被宗教神学歪曲为物质粒子并不遵循自然规律的决定而是具有自由意志的精神性的存在；星体红移和宇宙大爆炸被歪曲地说成是上帝创世说的最新证明；从热力学第二定律导出的“宇宙热寂说”则被神学家和具有宗教倾向的科学家利用来证明基督教的世界末日论……所有这些对自然科学新发现的神学歪曲，尽管喧嚣一时，颇有声势，但科学的进一步发展却总是走到神学世界观的反面，导致对自然规律的更完善的表述。例如现代物理学已不再把牛顿的经典力学、爱因斯坦的相对论和量子力学视为不可调和，非此即彼的对立学说，而是找到了它们各自适用的条件和范围，把研究高速运动的相对论、研究常规运动的经典力学和研究微观世界的量子力学有机地统一起来。这不是自然科学的破产，而是它的发展和完善。这种发展不是有利于神学，而是进一步证明神学世界观的虚伪。罗素就对于量子力学的神学歪曲曾作过颇有说服力的评论：“这种从原子行动中推断出来的反对决定论的论据，完全依赖于我们现在的无知；也许明天由于某种新规律的发现它将遭到驳斥。在某种程度上，这种看法是正确的。我们最近才对原子有了详细的认识，因而我们完全有理由认为这种认识还将加深。任何人也不能否认，那些将表明原子为什么在某种场合下选择这种可能性，而在另一种场合下选择另外的可能性的规律是能够发现的。现在，我们不知道这两种不同选择的前提有什么相应的区别，但是总有一天这种区别会被发现。要是我们有充足的理由相信决定论，那么这种论据是很有分量的。”① 尽管罗素对决定论思想如何表述有他自己的说法，但他在上述论述中所阐明的科学认识的发展观是充满辩证法精神的。只要我们看到科学不断发展的事实，那么我们就会承认，一切过去和现在尚未被认识的自然规律总有一天会被自然科学所认识。所谓自然规律，乃是自然本身的规律，是没有任何

① 罗素：《宗教与科学》，第 80 页。

超自然力量发生作用的余地的。因此，自然规律的新发现，自然科学的新进展，总是必然地导致对上帝作用的进一步否定，揭穿一切对自然科学的神学歪曲。

是科学的弊端，还是社会的弊端

第三种常见的宗教与科学的调和论，是把当代社会在应用科学方面造成的社会弊端说成是科学的缺陷，然后据此要求人们不要迷信科学的权威，而要皈依宗教。他们甚至进一步宣称要用宗教来挽救科学，拯救社会。这种调和论，随着战后科学技术和资本主义物质文明的迅速发展而甚嚣尘上。自然科学本身是没有阶级性的，没有什么资产阶级的物理学和无产阶级的物理学。科学是对自然力和自然规律的正确认识，不依任何阶级的意志和利益为转移，可以一视同仁地为各个社会阶级服务。但是，科学掌握在什么人、什么利益集团或什么阶级手中，他们如何利用科学成就，却是由应用科学的人及其阶级利益所决定的。科学按其本性说是一种改造自然的巨大生产力，可以造福于人类。但如其操纵在反动的利益集团之手，也会为其反动的利益服务，给人类带来比自然灾害更残酷的不幸，造成社会弊端。这种情况被有些人利用来证明科学本身的缺陷，宣称科学有两重性：它既可以创造文明，也可以带来野蛮；化学既可以合成人类生活所需的高分子化合物，也可以创造杀人盈城的化学武器；原子物理学既可建造给人类带来光明和能量的核电站，也可建造毁灭人类的原子弹、氢弹和中子武器；电子计算机和机器人促进了生产自动化，减轻了工人的劳动强度，但也造成了工人的失业；大规模的工业化创造了高度的生产率和高水平的福利社会，但也带来了环境污染，破坏了固有的生态平衡，大大提高了癌症发病率，特别是引起了人们对物质利益的肆无忌惮的追求，使道德水平下降，赤裸裸的拜金主义泛滥流行，不可收拾……在这些人的眼里，科学已经不再是人类的福音；拯救人类和社会的真正福音，只能是宗教。甚至像海森堡这样的大科学家也迷惑于此种错误的思潮。在他看来，科学技术只能用作达到某个目的的手段，但其结果却取决于人们使用科学技术的目的是否善良。他认为目的不能由科学技术自身来决定；只有在宗教这种精神形式中，人们才能找到自己行动的正确指针，才能具有明确的分辨善恶的能力，社会才有进步的希望。[1] 梵蒂冈的官方神学新托马斯主义则到处宣

① 参见海森堡《科学真理与宗教真理》，载《物理学和哲学》，第163—164页。

传原子时代的到来、现代物理学的发现会产生毁灭世界的灾害，人们不能保证科学技术不致毁灭人类的进步和幸福；在面临死亡的威胁面前，必须使科学服从“正确的道德意志和真正的人生目的”。为了确保科学的应用给人类带来一个幸福的世界，人类迫切需要的东西，“乃是一种新的人道主义，一种以神为中心的或完满的人道主义”。[①] 新托马斯主义者主张，科学不仅不能解决或取消宗教，反而需要得到宗教智慧的引导。

毫无疑问，科学技术在当代社会中的应用，确实造成了两重化的社会效果，这是客观存在的事实，视而不见是不行的。但是，问题的根源不在科学而在社会，即不合理的社会制度所造成的病态的社会结构。因此，如果真要克服科学应用的消极后果，便不是在科学真理与所谓“宗教真理”之间寻求调和或平衡，而是改造这种不合理的社会制度，使社会结构合理化。一个合理的人际关系和社会结构，当然要有高尚的伦理观念和道德规范，但高尚的伦理观念和道德规范并不来源于上帝和宗教，而是对合理的经济关系和社会制度的向往。因此，首要的步骤仍然是对不合理的社会制度进行改造。能不能借助于神圣的宗教来实现社会的改造呢？能够给这个问题提供有说服力的答案的，只能是历史事实。历史曾经长时期为宗教提供了作出这种回答的机会。在人类社会长达几千年的文明史中，宗教始终居于社会上层建筑的顶端，起着举足轻重的作用。但宗教在任何地方也没有建立过一个合理的社会结构。相反，宗教在历史上常常被用作不合理的社会制度的精神支柱。社会的变革几乎常常是在与宗教的激烈斗争中才能实现。要改造自然界就得认识自然界的规律，要改造社会就得认识社会的规律。只有适应自然规律，才能实现合理的人与自然的关系；只有适应社会规律，才能实现合理的人与人的关系。也就是说，只有科学（自然科学和社会科学）才能帮助人类去建立合理的社会结构，实现人的解放。一旦实现了这一点，旧的社会结构在应用科学上造成的弊端就可随之得到克服。如果世界上消灭了战争的社会根源，新的科学发现就不致被用于制造毁灭人类的新武器。在科学技术的应用过程中也有主要是由于认识上的原因，而非由于社会的原因造成的弊端，但是这种科学的局限性也只有依靠科学本身的发展来克服。工业污染的消除，生态平衡的再建，与工业化有关的职业疾病的防治……离了科学技术的发展，断无解决的希望；不管

---

① 马里坦：《经院哲学与政治》，《西方现代资产阶级哲学论著选辑》，第432页。

我们如何虔诚地皈信宗教，向上帝呼吁和祈祷，都无助于问题的解决。那么，怎样才能克服当代社会在应用科学上造成的弊端呢？我们的结论是：正确的道路绝不是使科学与宗教调和，而是科学的发展加上社会的变革，使人类成为自然和社会的主人。

附　　录

宗教的未来

宗教作为一种重要的社会文化现象，与其他一切社会现象一样，既有它的历史，也有它的未来。宗教寄托着广大信仰者对未来的希望和对人生的关切，因此，信仰者也就像关切自己的人生和命运一样关注宗教的未来。惟其如此，如何理解宗教的未来，自然也就成了宗教学必须关注并作出解答的课题。在中外思想史上，已经有众多的宗教家、神学家、哲学家、社会学家和宗教学家对此作了自己的回答，在不同观点之间进行了长期的讨论。讨论中的一个重要问题是：宗教的未来命运是永恒存在，还是走向消亡？对不同的论点作必要的概括和分析，必将使人们对这个重要问题有更深入、更系统、更全面的理解。

第一节　关于“宗教永恒论”

相信宗教将永恒存在或永久存在，对于宗教的崇信者、创建宗教的宗教家以及构造神学理论的神学家而言，无疑是神圣的绝对真理。随着历史的发展，一部分富有智慧和理智的哲学家、思想家也逐渐加入到这个队伍中来，对宗教永恒或宗教永存这个命题，不是盲目地信仰或武断地宣告，而是提出了各种理论性的说明。于是，宗教永恒论或宗教永存论便从信仰主义层次进入到理智色彩层次，具有多种形式。最具代表性的是以下三种：

一、从神性永恒导出宗教永恒

任何宗教都是以神观念（神灵、神圣、神性物）为中心的信仰体系。在宗教信仰者、宗教创建人和宗教神学家的心目中，他们信仰和崇拜的神或神性物都是具有超自然特性的实体。所谓“神性”，即是不受自然法则所限制的超自然性。宇宙中的一切事物均为自然物，必然受自然法则的限制。“受限”就是“有限”，只能按照自然律生存、活动于一定的时间、空间之内。故自然物必为有限之物。神性物既不受自然法则的限制，也就意味着不为时空所限，乃是超时空的无限者。佛教所谓的泛在的佛性、基督教的上帝、伊斯兰教的真主，皆被各教的神学家说成是无所不在、无时不在的“全在”。“全在”在时间上就是“永恒”。既然神性和神灵永恒，信仰和崇拜神灵的宗教当然也就永恒了。不信仰和不崇拜神的宗教，就不是真正的宗教；相信神灵“可死”那就等于承认“神”不过是有限的自然物，不具真正的神性。如果宗教竟把“可死”的自然存在物当做信仰和崇拜的对象，那就无异乎宣告宗教自身的死亡，这对宗教神学而言是断乎不能接受的。神性永恒，宗教永恒，在他们心中是天经地义的绝对信条。

可是，这个“绝对信条”却受到近现代自然科学和理性主义启蒙哲学的挑战和质疑。自然科学把被宗教神学宣布为“超自然”的事物和领域，一个接一个地予以否定，以至进一步把自然界的一切事物都置于自然律的统治之下。否定任何的“超自然”存在，也就从根本上否定任何神和神性物的存在。理性主义的启蒙哲学则从哲学推理上证明宗教神学对于神的存在的一切理论证明，都不过是经不起理性推敲的概念游戏。神的存在和信神的宗教日益成为令人怀疑的对象。哲学家尼采则公然宣称“上帝已死”。尼采的宣告使宗教失去了存在的根基。因为如果上帝确已“死去”，宗教的未来就屈指可数了。萨特也曾尖锐地指出：“上帝不存在是一件极端尴尬的事情，因为随着上帝的消失，一切能在理性天堂内找到价值的可能性都消失了。”[①] 上帝不存在了，“理性天堂”没有了，宗教和教会还会有神圣的永恒价值吗？

二、宗教为人性天赋论

在哲学和宗教神学的理论推理中，神或上帝乃是外在于人、超越于世的超理性、超经验的绝对存在，既不能为理性所证明，也不能为经验所触及，因此，把宗教建立在如此的上帝观念基础之上，是不牢靠的。于是，一些宗教神学家便改弦更张，从“超越神论”转向“内在神论”，认为宗教的永恒性不能立足于外在于人的超世之神，它的根基就在人类内在的天

① 萨特：《存在主义是一种人道主义》，周熙良、汤永宽译，上海译文出版社 1988 年版，第 12 页。

性，此即人性中天赋而有的“宗教性”。许多有思想的学者也曾提出过诸如此类的观点。

一种最常见的说法是：人是生命有限的生物，生而具有对死的恐惧，从而产生对永生的渴望。这种乐生避死之心乃是人类天赋的人性和本能，也就是宗教赖以产生、得以永存的深层根据。这种通俗的说法有些道理，也有宗教史上的根据。中国道教的根本宗旨就是追求人的长生不死，肉体成仙；佛教的终极目标则是断生死、绝轮回的涅槃境界。但是，从哲理上推究，从对死的恐惧到对宗教永生的追求，并无必然的联系。因为对生死的理解，可以是宗教的，也可以是科学的和哲学的。随着科学和哲学的发展，越来越多的人在越来越深的程度上认识到生的有限性和死的必然性。既然如此，与其徒劳无益地信仰宗教而求永生与来世，不如实实在在地求助科学以获健康和益寿。在这个问题上的经验事实是：从人类乐生畏死的人性或本能出发，既可能走向宗教信仰，亦可能走向科学和哲学，两种走向都只具有一定的或然率。如果说，在原始时代和科学不发达的社会走向宗教以求永生的或然率相对较大，那么，在科学飞速发展的现代社会，走向科学以求益寿的或然率必然会越来越大。那种建基于上述人性本能之上的“宗教永存论”（宗教与人类永久共存）日益清楚地发现，它们在这里得到的只是“失望”。

对于这个问题的理性分析，可以在麦克斯·缪勒那里找到类似的案例。他在其名著《宗教的起源和发展》中系统阐发了一种学说，认为一切宗教的基础和本质在于人类潜在的一种本能，即相信在感觉和理性所把握的“有限之物”的背后和之内，有一个“无限者”的存在，它支配和主宰着“有限之物”的活动，这也就是各种宗教的“神”。这种在有限之后追求“无限者”的人类本能，产生了宗教的神。世界上各民族和历史上的各种宗教所崇奉的“神”以及他们的名号，不过都是不同人群对于“无限者”的不同体认而赋予的不同名称。一部人类宗教的发展史，实质上是不同民族、不同时代的人们体认和把握“无限者”的历史。

“宗教永存论”者大概会因此而把麦克斯·缪勒引为同道。因为在有限物背后去体认“无限者”（神）既是人类的潜在本能，那宗教的命运岂不将与人类的命运同其永久，共其始终。只要是人类，就有这种本能，从而就有宗教。但对于麦克斯·缪勒本人而言，上述推论却只有一半的真理。向前再走一步，他就与宗教分道扬镳了。他指出，历史上人们之所以把“无限者”体认为“神”，那不过是人类在体认“无限者”的过程中对它无知、认识不完善的表现。人类关于无限观念的“最终的或最高的顶点”，就是认识到，一切宗教的“神”都是对“无限者”的错误表达，是一种“语言诟病”。对无限的认识越是完善，必将导致对虚妄不实的神的否定，从而走向“诚实的无神论”。未来的宗教必然而且应该建立在为这种“诚实的无神论”所净化了的、完善的无限观念之上，那才是“人类的真正宗教”。但是，一种无神论的宗教，与其说是“人类的真正宗教”，不如说是关于“无限非神”之认识的哲学体系。在缪勒那里，宗教失去了它得以神圣化的永恒性，而被一种理性的哲学所代替。

精神分析大师弗洛伊德关于人类意识层之下的“潜意识”的发现，使人类进一步洞悉精神现象的内在奥秘。他曾应用自己这个发现来分析宗教的本质和起源，构建了一种无神论的宗教学理论。可是，也有一些哲学家、思想家（如美国的实用主义哲学家和宗教心理学家威廉·詹姆士、英国的历史学家和思想家汤因比等）却把人类潜意识这种生命本能的“神秘性”与宗教联系起来，把它说成是宗教的源泉：“潜在意识无疑是诗情和宗教洞察力的源泉，它还是一切情动和冲动的根源。”[①] 而此潜意识与作为整个宇宙的终极实在是同一的。这个“终极实在”也就是各种宗教所信奉的上帝或神。因此，人类的一切意识和心理活动都通过“潜意识”而与作为“终极实在”的上帝发生联系和交通。心理活动、精神体验本质上是灵魂与上帝的交往，是对上帝的直觉。威廉·詹姆士在分析“宗教经验”的最终基础时也发表了相似的看法。在汤因比和詹姆士那里，作为人类天赋本能的“潜意识”变质为“宇宙精神”、“终极实在”——上帝在人类精神上的表现，成了一切宗教的基原。既然“潜意识”为人类的天赋本能，以它为基原的宗教自然将与人类命运一样永久了。把“潜意识”神秘化以至神化，是完全违背它的发现者弗洛伊德的初衷的。

企图在人类的天赋人性和本能的范围内建立宗教的根基，并以此来说明宗教的“永存性”，除了上述这几种说法以外，还可以找到其他一些类似的说法。但人类作为一种有生命的物体，一种生物，仍不过是自然之

---

① 《展望二十一世纪——汤因比与池田大作对话录》，简春生等译，国际文化出版公司1985年版，第17页。

物。人的一切，包括人生而具有的生命本能和人性，本质上是自然之性；它可以具有科学一时难以穷尽的奥秘，但绝非超自然的神秘。它是自然科学，特别是生命科学、精神科学的研究对象，而永远不是宗教信仰的对象。任何想在天赋人性之内建立宗教永恒性的努力，终将是徒劳无功之举。

三、宗教为社会必需论

为证明宗教的“永恒性”，还有一种最常见的理由，就是认为宗教是社会赖以维持其自身而必不可少的需要，没有宗教的维护作用。社会就不可能正常地维持和运转，只要社会存在，宗教就必须存在。这种宗教与人类社会共永久的理论，对于宗教家、神学家和宗教笃信者说来，无疑是天经地义、理所当然的。因为，宗教一般总是把神或上帝尊崇为世俗社会以至整个世界的主宰。人类为上帝所创，社会秩序为天命所安排，个人与社会的苦难必须等待大慈大悲的菩萨和仁爱如父的上帝的拯救，人类社会的存在是离不开宗教与上帝的。

在这个问题上，更应值得人们注意的一件历史事实是：在古今中外历史上的无神论者和启蒙思想家中，不少人也曾以各种不同方式赞成宗教为社会所必需。荀子是先秦时代最大的无神论思想家，他把传统的神圣之天归结为自然之天，否定降福救灾的鬼神，可他仍然主张“神道设教”，通过宗教崇拜的仪式活动来维护和加强宗法社会的伦理关系和政法关系。他完全是从社会的需要来理解敬天祭祖的宗教活动：“故先王案以之为文，尊尊亲亲之义至矣。故曰：祭者，志意思慕之情也，忠信爱敬之至矣，礼节文貌之盛矣，苟非圣人，莫之能知也。圣人明知之，士君子安行之，官人以为守，百姓以成俗。其在君子，以为人道也；其在百姓，以为鬼事也。”（《礼论》）举行各种宗教祭祀活动，不过是利用神道设教对老百姓进行精神教化作用的文化活动：“日月食而救之，天旱而雩，卜筮然后决大事；非以为求也，以文之也。故君子以为文，而百姓以为神。以为文则吉，以为神则凶也。”（《天论》）

18 世纪法国启蒙运动的旗手伏尔泰更是力持此说。他把基督教的历史视为人类的不幸，对基督教的各种教义和信条都采取严厉批判的态度。但他主张使上帝净化为摆脱一切神迹故事的道德化身，把传统宗教改造为消除了神学教条的道德宗教。他认为一个社会、一个人如果不依靠对超自然主宰的信仰，是不能单靠自己的道德律令来抗拒个人本能的原始冲动的。在《无神论者与圣人》一文中，伏尔泰通过“圣人”之口说：

> 我将假设（上帝禁止它！）所有的英国人都是无神论者。我承认有某些平和的公民，天性宁静及其财产足以使其诚实。他们追求荣誉，举动谨慎，设法在社会中共同生存。……但是一个穷光蛋的无神论者如果获知能够逃避惩罚，还不谋财害命，他必定是个笨蛋。如果这样，社会所有的枷锁都可以撤除。秘密罪行将泛滥得像看不出的蝗虫一样布满世界……一个无神论的君主远比一个狂热的教徒危险……信仰一个奖善罚恶的上帝对人类较有益处。[①]

基于社会需要宗教的考虑，伏尔泰留下了一句名言：即使没有上帝，也要造出一个来。

杜尔凯姆则从宗教社会学的角度来证明宗教为社会所必需。他指出，社会的一体化需要一体化的宗教。宗教信仰的基本特点就是它对于其信仰者群体而言具有共同性。由于其成员有着共同的信仰，便由之而构成群体的统一性，并把共同的信仰化为实践活动，结成教会组织，组成统一的社会。宗教信仰的共同性还通过宗教仪式的不断举行来予以维持。仪式的功能在于它强化信仰者与神的关系，也由之而强化个人与社会的关系。仪式本身就是一个手段，社会集体通过它定期地重新肯定自身，那些认为有共同信仰对象（社会或神）的个人，通过共同的仪式活动而意识到他们在道德上的一致性。社会由此而形成了一个道德共同体。在杜尔凯姆的宗教社会学里，超自然、超人间的上帝本来是不存在的。但他认为上帝或神就是社会本身。如果社会存在，就必然会把自己象征地表现为上帝或神。宗教之于社会，不仅是必要的，也是必然的。

杜尔凯姆的宗教社会学理论，在整体上的是非可另当别论，但就其所谓社会的一体化需要一体化的宗教这一论点而言，对于一个多种宗教同时并存的社会，特别是对于高度个人化的现当代社会，其适用性和合理性显然是不足的。这是因为杜尔凯姆所谓的“一体化的社会”和“一体化的宗教”似乎都已渐行渐远地成了过去的历史，不同的个人选择不同的宗教信仰的自由度越来越大。德国当代社会学家托马斯·卢克曼在其《无

---

① 引自威尔·杜兰《世界文明史》，第29卷，幼狮版，第366页。

形的宗教——现代社会中的宗教问题》中对此作出了新的分析。

他认为，在前现代社会，经济政治制度能否有效地运转，取决于其制度规范对个人的约束力，而这种约束力又取决于个人是否有效地把社会规范纳入其主观意识系统，并据此形成社会化的自我。作为意识形态的制度化宗教在这种内在化过程中起了重要作用。但是，在以高度复杂的劳动分工为主要特征的工业社会，社会制度的功能合理化所带来的是角色专门化，这一变化从根本上改变了个人和社会整体的关系。作为个体的“可替换性”，决定了社会的关注点在于对角色的有效控制，人格的塑造不再是社会控制的重要方面。宗教在意识形态方面的控制作用也就相应减弱了，“制度领域只需要关注对扮演的有效控制”，“扮演在某种制度领域内的‘意义’是由这一领域的自主规范所决定的”，于是“‘官方’宗教模型和流行的主观‘终极’意义系统之间的近似和谐一致丧失了”。宗教正在变成越来越私人化的东西。[①] 然而，卢克曼并没有就此提出宗教的消亡，而是提出了“无形的宗教”的概念。

卢克曼指出，现代社会中政治与经济领域的自我合法化使宗教在传统上所行使合法性功能丧失了意义。由于这种社会转化，现代神圣世界的基础既不可能在教会中，也不可能在国家中，更不可能在经济制度中找到，它的社会结构基础只可能是处于私人领域内的个人自我认同构建。这意味着个人无须通过公共制度而直接与神圣世界相沟通。但这也意味着对于终极意义的追求成了纯粹的“私人”需要。宗教制度和宗教表象现在成了私人消费品，它们必须迎合自主的消费者不时变换的需要。“现代工业社会的神圣体系不再代表一个强制性秩序结构，并且这一体系也不再作为一致的主题性整体而得到清楚的表述。……传统社会秩序的神圣世界包含清晰明了的主题，这些主题组成了一个依据自身逻辑合理地连贯起来的‘终极’意义体系。现代神圣世界也包含着可以合法地定义为宗教性的主题，这些主题也能被潜在的消费者内化为‘终极’意义。”但这些主题不是被“自主的”消费者作为一个整体来内化，而是被他们有所选择地纳入一个或多或少不太稳定的私人“终极”意义系统之中。[②] “在欿少‘官方’模型的情况下，个人可以从形形色色的‘终极’意义主题中进行挑

---

① 卢克曼：《无形的宗教》，覃方明译，卓越书楼 1995 年版，第 106—107 页。

② 同上书，第 114、117、130 页。

选。挑选基于消费者的偏好，而这种偏好又取决于个人的社会经历。”[1]现代社会宗教信仰的多样性和多元性都是这种“终极”意义体系的市场化的表现。卢克曼的理论，比之于杜尔凯姆，显然更适合于解释现当代社会中宗教多元性的情况。但他并不否定宗教在现当代社会由个人进行价值选择时的优先地位，而只是揭示了宗教在一个个人主义社会被个人选择的特殊性：“可以说，现代神圣世界象征着个人主义的社会—心理现象，它以各种不同的表述方式将‘终极’意义赋予了‘私人领域’的由结构所决定的现象。我们试图表明，现代神圣世界结构及其主题内容代表着一种新的宗教社会形式的出现，而这种形式又是由个人与社会秩序之间关系的根本转变所决定的。”[2]

杜尔凯姆和卢克曼都把宗教说成是社会的需要，不过，杜氏的神和宗教就是社会自身，而卢氏的神和宗教不过是个人“基于消费者的偏好”而把自己纳入一个“不太稳定的私人终极意义系统之中”。尽管这个“终极意义系统”也指“传统社会秩序的神圣世界”，但其被作为“消费者”的个人有所“偏好”地“挑选”而内在化后，这个“神圣世界”或“终极意义系统”的内容和性质也必然多样化了，与传统宗教信仰的神或上帝可能就大异其趣了。在一个飞速变化着的现当代社会中，在经由个人高度自由地挑选其“终极意义系统”的时代，我们所能看到的宗教图景，与其说是宗教的“永恒”存在，不如说是宗教的永恒不断地变化。伏尔泰希望保留的那个作为社会和人类之主宰的神和上帝，演变成杜尔凯姆的社会一体化之象征性的符号，而在卢克曼的现当代社会里，它又变成了个人挑选的“终极意义体系”。但是，既然这种神圣世界可以像商品一样，任由消费者的个人偏好挑来选去，它还具有“终极意义”吗？它的“神圣性”又在何处？

第二节　关于“宗教消亡论”

中外历史上的无神论思想家们在不同的时代从科学理性和哲学理性的

---

① 卢克曼：《无形的宗教》，覃方明译，卓越书楼 1995 年版，第 114、117、130 页。
② 同上。

高度，否定宗教神学所谓的主宰自然界和人类命运的各种超自然、超人间的诸神或上帝，揭露教会的黑暗、僧侣的腐败、教权统治的各种祸害，对传统宗教进行了尖锐的批判。但是，理论上的无神论并不一定在实践上主张消灭或废除宗教的存在。这是由于宗教不仅是一种信仰和崇拜超自然、超人间力量的社会意识，而且还拥有广大的信众，是一种以教会组织为基础的强大的社会力量；如果主张废除宗教的思想家没有足够强大的社会政治力量做后盾，是不敢贸然提出这种口号的。中国历史上出现过荀况、王充、范缜等卓越的无神论思想家，但他们却从未对以“敬天法祖”为核心内容的宗法性传统宗教挑战。西方历史上无神论与宗教神学的论争历代均在进行，形式更为尖锐，但在 18 世纪法国启蒙运动之前，无神论思想家几乎都通过各种形式与传统宗教妥协，只求改变宗教的内容和形式，几乎没有人敢于否定宗教本身的存在。文艺复兴时期的人文主义，17 世纪以机械力学为中心的自然科学和唯物主义自然哲学，斯宾诺莎的无神论唯理主义哲学，17—18 世纪的自然神论思潮，都是这方面的典型代表。只是在 18 世纪的法国，以百科全书派为代表的启蒙运动才喊出了战斗无神论的口号，公开向传统的宗教和教会势力宣战，要求废除宗教。19 世纪的德国，从青年黑格尔派到费尔巴哈继承了这个传统，马克思、恩格斯的历史唯物主义宗教观则把它发展到极致，坚决主张与一切宗教实行彻底的决裂，论证在未来社会中宗教必然走向消亡。

这就是说，要求在社会中废除和消灭宗教的理论，从 18 世纪法国百科全书派以来已经形成了一种思潮和传统，有众多的思想家、哲学家、政治家继承并推动了它的发展。在理论形式上，他们各有特色，具体的论说并不完全相同。列宁在《论工人政党对宗教的态度》一文中对这个问题作过研究，他把“坚决反对一切宗教”的无神论区分为两种类型：一种是非马克思主义的文化主义观点，另一种则是马克思主义的辩证唯物主义和历史唯物主义。二者的根本区别在于对宗教存在的根源有不同的看法，由之而在消除宗教的途径、方法和策略问题上分道扬镳。本书对列宁所说的这两种“宗教消亡论”作一些具体说明。

一、文化主义的宗教消亡论

马克思主义之前和之外的各种主张废除宗教的“宗教消亡论”，按其理论基础而论，大概均可归属于列宁所指称的“文化主义”范围，总的来说，他们基本上都是从文化学的角度来认识宗教的本质与特性、起源与发展，也从文化学的角度论证废除宗教的必要性，提出相应的途径。以18世纪法国的启蒙思想家为例。他们对上述这些问题展开过广泛深入的讨论，写出了大量名垂青史的理论著作。但如果要用一句最简单的判断来概括他们的基本思路的话，较为贴切的仍是那句众所周知的老话，宗教产生的原因就是“骗子碰上了傻子”。梅叶的说法最为极端和激烈：

> 任何宗教仪式、任何敬神行为都是谬误、舞弊、错觉、欺骗和奸诈行为。所有利用上帝和诸神的名义，以及利用他们的声明发布的规则和命令，都不外是人捏造出来的东西，这正和为庆祝诸神而举行的盛大祝典、祭典及其他宗教性及宗教祭祀性的活动都是人捏造出来的一样。我已说过：所有这一切都是先由奸猾狡诈的阴谋家虚构出来，继而由伪预言家、骗子和江湖术士予以渲染扩大，而后由无知无识的人盲目地加以信奉，最后由世俗的国王和权贵用法律加以维持和巩固。①

霍尔巴赫在《自然的体系》中为探寻人类宗教的基础和起源，从具体人的心理状态追溯到普遍的人性，从当代人追溯到远古时代的野蛮人，他使用的理论和方法颇类似于近现代的宗教人类学和宗教心理学。但他所得出的结论仍然未突破那个时代的基本思路：“人往往是在无知、惶恐和灾难的深处，引出他们关于神的一些最初的概念的”，②“使众神得以诞生的，不是别的，乃是过去人们对自然原因和自然的种种力量的无知”。③宗教的祭司则利用人的无知谋取特权和财富，建立起祭司制度，给人类社会带来数不清的灾难。宗教必须被消灭。如何消灭？既然是无知产生宗教，那消灭之道就是通过文化教育，消除无知，宣传无神论，发扬人的理性，研究认识自然。这显然是一种文化主义的宗教消亡论。

19世纪德国青年黑格尔派发动了宗教批判运动。按照恩格斯的说法，这场斗争名义上“是用哲学的武器进行的”，但其实质“已经直接是要消灭传统

---

① 梅叶：《遗书》，见《十八世纪法国哲学》，商务印书馆1963年版，第676页。

② 霍尔巴赫：《自然的体系》上册，管士滨译，商务印书馆1997年版，第11、19页。

③ 同上。

的宗教和现存的国家了”。[①] 青年黑格尔派在哲学上坚持黑格尔的绝对理性主义，把宗教信仰主义视为对理性的束缚和对精神的奴役。因此，要实现人的解放和理性精神的解放，首先必须实现人的宗教解放；要打碎人的“世俗桎梏”（此即恩格斯所说的消灭“现存的国家”），首先必须打碎“宗教桎梏”（此即恩格斯所说的消灭“传统的宗教”）。传统的基督教赖以产生和建立的福音神话不过是“观念”（圣经中的“救世主”观念）在人类意识中的表现，本质上是人无意识地（施特劳斯）或有意识地（布·鲍威尔）进行的一种编造，并无历史的真实性。只要按照青年黑格尔派的主张，通过理性哲学的分析和对圣经历史的批判研究，就可使人们认识到传统的宗教不过是骗人的虚构；不是神和宗教创造了人，而是人创造了神和宗教。达到这种认识，人们就将从传统宗教的欺骗下解放出来，恢复人的尊严和理性精神的自由。理性于是战胜信仰，哲学于是取代宗教。

费尔巴哈本来也是青年黑格尔派反宗教大军中的一员，但他把宗教批判运动的哲学基础从黑格尔唯心主义转向唯物主义和人本主义。他继承了施特劳斯和布·鲍威尔关于人创造神的无神论路线，但这个创神的“人”已不再是施特劳斯和鲍威尔所理解的那个作为绝对精神（观念、自我意识）之外在体现的抽象的“人”，而是作为自然之物的、活生生的、世俗的、感性的人，这就把神和宗教置于世俗基础之上。费尔巴哈否定了一切宗教及其神灵。他主张通过教育和无神论的宗教批判，使人摆脱宗教偏见的精神奴役，把对神之爱转移为对人之爱，使人从爱神者变成爱人者，从宗教的奴仆和政治的奴仆变成自由和自觉的公民。宗教之神在宗教批判下消失之后，人就只会把自己的爱从虚幻的神那里转移到真正的人的身上，使人与人之间充满爱的精神和爱的热情，用对人自己力量的信仰来代替对神的信仰，人于是就能成为自己命运的主人，人类就可能结成合理的社会，过上充满爱心的美好生活。费尔巴哈有时把这种“对人的爱”称为“唯一真正的宗教”。不过，这种“爱的宗教”本质上并非真正的宗教，而不过是费尔巴哈的一种道德理想。他的真正目的并不是建立某种新宗教去此替传统宗教。而是想用“文化”去代替宗教：

唯有当人的行为是从那含在人性内的原因发生出来时，原则和推论、原因和效果中间才有一种和谐，才是圆满无缺的。文化便是这样做，或向

① 《马克思恩格斯选集》，第4卷，人民出版社1995年版，第221页。

这个方向努力去做的。宗教据说是要代替文化的，但代替不了；文化则确实代替了宗教，使得宗教成为无用之物。歌德已经说过："凡是有了科学的人，便无须宗教。"我要用"文化"来替换这句话中的"科学"，因为"文化"包括整个的人。……不要把人做成宗教信徒，而要教育人，要使文化普及于一切社会阶层——这便是现今时代的使命。①

一言以蔽之，费尔巴哈的宗教消亡论就是以文化代替宗教，这可以视之为各种文化主义的宗教消亡论的基本思路。不过他们把这种代替传统宗教的"文化"说得不尽相同：有些人说是"科学"，有些人说是"哲学"，有些人则说是"道德"或"美育"。

孔德的实证主义在宗教问题上实质上也是主张以科学和道德来取代传统宗教。他认为自己在人类智力发展问题上，"发现了一条伟大的根本规律"，即思想发展的三阶段律。他说：我们的每一个知识部门，都在发展中经历三个阶段。第一是神学的虚构阶段；第二是形而上学的抽象阶段；第三是科学的实证阶段。照此说来，神学虚构和附和神学的形而上学抽象最后必将让位于科学的实证，为科学和基于科学的实证哲学所代替。不过，孔德却又企图在他的这种哲学思想基础上建立一种新的宗教——人道教。人道教宗拜的对象不是神学虚构的上帝，而是服从于自然秩序的人类自身；人道教的基本宗旨是实现将人类各部分联络在一起的相互之间的爱，为人类服务；这也是人类最高的道德责任。孔德的人道教尽管采用了宗教的形式，但内容却完全变了，本质上是用科学、哲学和道德来取代传统宗教 。

从哥白尼的天文学革命以来、自然科学各领域迅猛发展，特别是 19 世纪末达尔文生物进化论的伟大发现，深刻而突出地暴露了传统宗教信仰和神学理论的虚妄，科学家、哲学家、社会思想家实际上普遍相信传统宗教的基础已被推翻，科学必将代替宗教。这种思想实质上构成了近现代比较宗教学的认识论和方法论。以泰勒、弗雷泽、马雷特为代表的宗教人类学专门研究宗教的起源和发展问题。他们的基本主张是：人类是进化的，宗教也是进化的。宗教起源于原始时代野蛮人出于无知的推理，神和宗教是野蛮人的错误观念；尽管宗教在文明时代仍在发展，但终将随着人类理智和科学的发展而让位于科学。这种出自宗教学家的"宗教消亡论"集

① 《费尔巴哈哲学著作选集》，下卷，荣震华、王太庆、刘磊译，第 716—717 页。

中体现在弗雷泽的宗教学说中。弗雷泽提出了一个著名的人类精神发展从巫术→宗教→科学的三阶段论，即认为人类最早企图通过巫术来控制事物；由于巫术的失败，人类便转而祈求神灵的帮助，从而形成宗教；宗教祈求无效，便让位于科学。弗雷泽以宗教人类学的理论形式论证了宗教必然消亡，为科学所取代。

清末民初，西方的宗教启蒙思想随“西学东渐”而传入中国，在知识界的影响日益扩大。五四运动中，中国的启蒙思想家高扬科学精神与民主精神，传统宗教被视为为封建君主专制制度张目的迷信，遭到严厉的批判。一些著名的启蒙思想家也仿效西方启蒙先驱的榜样，提出了以各种文化来代替宗教的宗教消亡论。在这方面，蔡元培的观点堪称典范。他认为，中国数千年来的君权和神权必须破除。现代社会应以人道主义去君权之专制，以科学知识去宗教之迷信。科学与宗教本质上是对立的，应以科学真理的“理信”代替对传统宗教的“迷信”。传统宗教排斥人在现实生活中的快乐和幸福，既不合乎人性，也不利于道德的培养。社会应该以培育高尚情操的美育来代替宗教。人类未来的信仰必将是哲学，在哲学发展以后，宗教没有存在的价值。

以梁漱溟、冯友兰为代表的新儒学坚持认为儒学具有永恒的价值，早已取代了宗教的地位，成了中国文化的主体。建设中国新文化的正确道路是使儒学现代化。至于如何现代化，二人各有侧重。梁漱溟相信未来的中国社会和中国文化应继续发展儒家的道德理想，建设以伦理为本位的社会，未来的中国文化仍应像周孔以来那样以道德代替宗教。冯友兰则主张中西文化互补，吸取西方文化之所长，发扬儒家哲学；因此，未来的中国文化和世界文化必然是以哲学代替宗教。

综观上述中外历史上的种种“宗教消亡论”，尽管说法不一，但却有共同之点，这就是它们普遍把宗教的基础和根源归结为一个文化问题，即文化水平的低下导致人类认识上的无知。解决之道自然也就是通过发展文化教育，发展科学，发扬人的理性，最终以文化来代替宗教。它们有时也讨论人类何以无知的问题，但往往归结为社会环境的缺陷（政治制度和法律不完善）。至于决定社会环境的经济制度，则几乎没有涉及。正是在这个问题上，列宁把它们称为“资产阶级的文化主义”，与马克思主义唯物史观关于经济基础决定上层建筑的原理，以及由此发展而出的宗教消亡论，形成明显的区别。

二、马克思主义的宗教消亡论

关于宗教的未来和命运问题，马克思、恩格斯的论著中曾进行过深入的讨论。这部分宗教理论是与唯物史观关于宗教存在的社会根源及其消亡的条件和途径的基本原理联系在一起的，它构成马克思主义宗教观理论体系中最为深刻、最有特色也最为重要的组成部分。

青年时代的马克思、恩格斯都曾是青年黑格尔派的主要成员，热情参加宗教批判运动，致力于消除宗教的迷雾。但是，当他们形成历史唯物主义世界观，成为社会主义运动的领袖之后，他们对宗教的看法便有了很大的改变。他们认识到，宗教的消灭并不是消灭旧社会制度的条件。宗教作为颠倒的世界观，它的根源在于颠倒的世界。只有消灭颠倒的世界，才能除去宗教赖以产生和存在的基础，从而创造出宗教消亡的条件。颠倒的世界之所以颠倒，是由于在私有财产制度基础上产生的一个阶级对另一个阶级的剥削和压迫；如果要把它颠倒过来，只有首先消灭私有财产制度，实行社会主义或共产主义。马克思是在批判鲍威尔和费尔巴哈时系统展开这一理论的。

在1843年的《论犹太人问题》中，马克思对鲍威尔把社会不平等归结为宗教信仰问题，把废除宗教视为社会解放的根本途径的理论，提出了不同的主张。他指出，宗教上的不平等并不是社会不平等的原因，而是它的结果：

> 但是由于宗教的存在是一个缺陷的存在，那么这个缺陷的根源只应该到国家自身的本质中去寻找。在我们看来，宗教已经不是世俗狭隘性的原因，而只是它的表现。因此，我们用自由公民的世俗桎梏来说明他们的宗教桎梏。我们并不认为：公民要消灭他们的世俗桎梏，必须首先克服他们的宗教狭隘性。我们认为：他们只有消灭了世俗桎梏，才能克服宗教狭隘性。我们不把世俗问题化为神学问题，我们要把神学问题化为世俗问题。相当长的时期以来，人们一直用迷信来说明历史，而我们现在是用历史来说明迷信。①

既然宗教对于人的精神压迫（“宗教桎梏”）根源于社会对于人的物

① 《马克思恩格斯全集》，第1卷，人民出版社1956年版，第425页。

质压迫（“世俗桎梏”），那么，要想消灭社会的不平等，正确的途径便不是首先废除宗教，而是革新社会，进行废除私有制度的社会革命。

马克思在《1844年经济学—哲学手稿》中通过对宗教异化与劳动异化的关系的讨论，深入论述了只有通过消除劳动异化的社会主义革命才能消除宗教异化的理论。费尔巴哈通过对基督教的批判已经得出了一个重要的结论：上帝是人把自己的本质自我异化的产物。异化的结果造成了人与上帝的颠倒：创造上帝的人成了上帝的创造物，而被人创造的上帝反倒成了创造人的主体。宗教异化现象还把人从人类中分离出来，变成脱离了与其他人交往的孤独的、利己主义的个体。只有消灭宗教，人才能重新跟人类统一起来，从而也才能够过上符合人的本质的、合乎理性的生活。那时候，人类之爱就会代替人对上帝之爱，并成为人类生活的最高准则。这就是费尔巴哈通过宗教批判达到的“人道主义”或“人本主义”。马克思接受并改造了费尔巴哈的异化理论。他进一步认为，人的自我异化现象不仅存在于宗教之中，也存在于社会和国家之中；而且人之所以自我异化，其主要原因不是宗教，而是以私有制为基础的社会关系。人要消除自己本质的异化并且过上符合其本质的生活，就不能只是消灭宗教，而必须首先消灭以私有制为基础的资产阶级社会以及与之相适应的政治国家。以私有制为基础的资本主义社会必然产生异化劳动，而异化劳动的消灭必须以消灭私有化为条件。

马克思当时认为，人为了把自己确立为真正的人，必须自由地、自觉地活动；这种活动主要就表现在人把自己的生命力外化为劳动并自己占有劳动的产品。在劳动过程中，人为自己创造了一个自然界，这个自然界当作为人的活动的产物时，便失去了它的异于人的异己性和客观性，成为人化的自然。当人把自己的活动异化为劳动产品，又重新占有了自己的劳动产品时，人便在其中重新发展并确立自身。人异化出来的劳动产品在回到劳动者手中以后，也就不再是一种异己的存在。可是，在资本主义社会，由于私有制的统治，劳动者的劳动产品不但不为劳动者所占有，反而变成了资本家的资本，变成了独立于劳动者之外的异己的对象，劳动者转而受到异化物（资本）的统治。由于劳动的异化，劳动者便不能通过自己的劳动产品重新发现自身、确立自身。人与人的社会关系便只有通过商品交换这种物化的形式来进行。人的生活本身变成了一种异化的生活。为了克服人性的异化，劳动者阶级就必须通过社会革命粉碎以私有制为基础的剥削制度，消除异化劳动，使劳动产品回复到劳动者手中，而不再成为与自己作对的力量；过去物化于劳动产品之中的人性或人的本质从而得以恢复，劳动者阶级于是就成了自己劳动的主人，成为一个真正的人。

劳动异化的消除，必将消除一切形式的异化，人将解决人与人之间和人与自然之间的矛盾。消除了异化的人将会解决个体与类、个人与他人的矛盾而成为社会化的人。同时，自然也将不再成为与人作对的异化对象，而成为人化了的自然界。“社会化的人”与“人化了的自然界”于是达到了自然的统一。劳动异化现象的消灭，也就是整个社会的解放。随着社会异己力量的消失，必将导致宗教异化现象的最后消失。在这里，马克思把克服宗教异化的无神论和克服劳动异化的共产主义革命紧紧地联系起来。无神论由于否定神而否定了人和自然界的非实在性，共产主义则由于废除了私有制而创立了人的真正存在。但是，单纯的无神论仅是一种抽象的哲学，只有扬弃私有财产制度才能废弃宗教异化，使人在异化的对象世界中重新确立自身，实现人的本质的完全复归。在后来的马、恩著作中，他们更具体地认为宗教存在的最深刻的根源是人与自然、人与人之关系的不合理，从而使自然力量和社会力量对人成为盲目起作用的、异己的支配力量。只有当人与自然、人与人之间的关系变得明白而且合理，人在社会生活中成为自由的人，社会生产方式成为自由人自然结合的产物，物质生产过程处于有意识、有计划的控制之下时，宗教才将失去其存在的社会基础而趋于消亡。马克思在《资本论》中是这样论述这个问题的：

> 只有当实际日常生活的关系，在人们面前表现为人与人之间和人与自然之间极明白而合理的关系的时候，现实世界的宗教反映才会消失，只有当社会生活过程即物质生产过程的形态，作为自由结合的人的产物，处于人的有意识有计划的控制之下的时候，它才会把自己神秘的纱幕揭掉。但是，这需要有一定的社会物质基础或一系列物质生存条件，而这些条件本身又是长期的、痛苦的历史发展的自然产物。[①]

马克思的这段话论及宗教的根源和消亡的条件，显然已不完全局限于

① 《马克思恩格斯全集》，第 23 卷，人民出版社 1972 年版，第 96—97 页。

私有财产制度问题。他提出了宗教消亡的两个条件：一是人与人的关系极为明白而且合理；二是人与自然的关系极为明白而且合理。要实现这两条，一必须实现社会主义，使人与人之间的关系在社会生活和社会物质生产中是自由结合的关系。这当然意味着必须消灭建立在私有财产制度基础上的资本主义制度。二必须“有一定的社会物质基础或一系列物质生存条件”。这就意味着社会的物质生产力高度发达，使人成为自然的主人。这个条件并不是单纯消灭资本主义、消灭私有财产制度就能自动实现的事情。所以，马克思接着说：“这些条件本身又是长期的、痛苦的历史发展的自然产物。”苏联搞了七十多年的社会主义革命，多次宣布已经彻底埋葬了资本主义制度，正在走向共产主义。可是，这个世界上第一个社会主义国家彻底失败了。那里的宗教不仅一直未曾消灭，而且大有重新燎原之势。这就充分证明，私有财产制度并不是宗教存在的独一无二的根源。私有财产制度的消灭，也不能自动地带来一个人与人的关系极明白而且合理，人与自然的关系也极明白而且合理的理想社会。如果用马克思这个论断去分析苏联社会宗教之所以继续存在的原因，那就必须承认，那个国家和社会的人与人的关系、人与自然的关系仍是“不明白”、“不合理”的。由于那里的“社会生活过程”并非是“作为自由结合的人的产物”；人际关系不明白、不合理，那里的人民并未成为掌握自己命运的主人；由于那里缺乏“一定的社会物质基础或一系列物质生存条件”，人民并未完全控制自然力、成为自然的主人，所以，正当苏联社会的各种宗教仍然继续健在的时候，立志要消灭它的社会主义国家体制倒先期崩溃了。苏联人民用自己的亲身经历证实了马克思的预言：这是一个“长期的、痛苦的”历史过程。

在恩格斯生活的晚期，他集中讨论宗教的根源和消亡问题的著作是《反杜林论》。他仍然坚持生产资料私人占有制对社会成员的奴役是宗教的根源，但与此同时，他又认为宗教的消亡，不仅必须实现生产资料的社会占有和有计划地使用，而且只有在“谋事在人，成事也在人”的时候才能实现：

当社会通过占有和有计划地使用全部生产资料而使自己和一切社会成员摆脱奴役状态的时候（现在，人们正被这些由他们自己所生产的、但作为不可抗拒的异己力量而同自己相对立的生产资料所奴役)，当谋事在人，成事也在人的时候，现在还在宗教中反映出来的最后的异己力量才会消失，因而宗教反映本身也就随着消失。原因很简单，这就是那时再没有什么东西可以反映了。[1]

恩格斯这里提及的宗教异己力量消亡的条件至少有三条：一是消灭生产资料的私人占有制，实行社会占有制；二是社会对生产资料实行有计划的使用；三是谋事在人，成事也在人。除了第一条比较明确具体以外，后两条的内涵很抽象，很模糊，可以作弹性很大的多种解释。但是，无论如何，有一点还是可以比较清楚地看出来的，后两个条件并不等同于第一个条件，因而，即使实现了第一个条件，把生产资料的资本主义占有制改变为社会主义的占有制，并不就自动实现了社会对生产资料的有计划地使用，更不等于实现了谋事在人，成事也在人。大体上，恩格斯的宗教观里，已经比较清楚地意识到，从私有财产制度产生出来的支配力量并不是社会中唯一的异己力量，因而也不是宗教产生和存在的唯一根源。即使在消灭了资本主义，把私有制改造为社会所有制之后，如果社会还不能有计划地使用生产资料，消除经济关系中支配人们日常生活的异己力量，使人成为自己命运的主人，宗教反映的根源仍将存在。苏联七十余年，中国六十年的社会主义实践一再证明，要实现社会对生产资料的有计划地使用，消除经济生活中的盲目性和异己力量，并不是消灭私有制之后自动实现的。甚至不顾社会发展的客观规律和现实的社会条件，从某种平均主义的道德理念出发而采取立即消灭一切私有制这种激进行动本身，就是一种更大的盲目性，人民并未因此而成为经济关系和社会的主人，人的命运仍在很大程度上被各种异己力量所支配。人民仍将“长期的、痛苦的”和各种异己力量作斗争，甚至在“痛苦”之余跑到宗教幻想的天国里去寻找精神上的安慰。

总而言之，从《资本论》和《反杜林论》的这两段论述中，我们可以看到，马克思、恩格斯已经意识到宗教的根源和消亡问题的复杂性，逐渐认识到不能把私有制度当做宗教的唯一根源。他们已提到：人与人之间、人与自然之间的关系不明白、不合理，社会物质基础的不充分；社会未能实现有计划地使用生产资料，“谋事在人，成事也在人”的社会条件

---

① 《马克思恩格斯选集》，第3卷，人民出版社1995年版，第668页。

的缺乏；这些也可能构成宗教的根源。这些想法是极富教益的。沿着这条思路，人们对一个未来的理想社会可以产生许多构想：究竟什么样的人与人、人与自然之间的关系才算是极为明白而且合理？什么样的社会生活形态才算是自由结合的人的产物？有计划地使用生产资料的准确含义是什么？在什么样的社会条件下，才有可能实现“谋事在人，成事也在人”？为什么这些条件未能实现的时候，宗教就不可能自然消亡？这一切，已经远远超出了宗教观的范围，涉及马克思主义科学社会主义学说的理论基础。遗憾的是，马克思、恩格斯生前似乎并没有对这一系列问题作出非常具体准确的回答。他们的后继人常常从那些相对模糊的前提推出错误的结论。这些后继人一般总是认为在消灭了资本主义所有制之后，颠倒的世界就颠倒过来了；劳动者阶级就因此而成了生产的主人、社会的主人、自己命运的主人；人与人之间的关系和人与自然的关系就因此而极为明白合理了；私有制的结束也就意味着生产无政府状态的结束，国民经济有计划、按比例发展的法则已经实现了；在社会主义社会，人已由必然王国进入自由王国，谋事在人，成事也在人了；于是，在苏联东欧的社会主义国家和我们中华人民共和国，先后不止一次地采取过用行政手段消灭宗教的措施。其结果也是众所周知的：毫无例外地以失败而告终。如果我们今天以一种客观的、理性的态度来分析这个问题，那么，应该说，马克思、恩格斯本人除了主张通过社会主义革命消灭一切私有制的途径来消灭宗教以外，他们是反对用行政手段来消灭宗教的。在他们生活的后期，更意识到了宗教消亡的其他社会条件，他们不能承担其后继人在这个问题上所犯错误的责任。问题只是在于他们的有关论述有相当的模糊性，存在着错误解读的可能性。马克思主义宗教学者应该吸取的历史教训是，不能把马、恩的个别论述当成绝对真理的教条，而应该深入具体地研究现实生活中的宗教问题，把宗教研究推向前进。

第三节　几点认识

在本章第一节、第二节，我们概略地评述了几种主要的宗教永恒论和宗教消亡论。通过这种考察，可以得到几点基本认识：

首先，从永恒的神和上帝导出宗教的永恒，只是一种宗教神学，没有科学的根据，也经不起哲学的分析批判。我们人类生存于唯一而且无限的自然宇宙之中。除了作为整体的自然宇宙本身以外，其中的一切存在，大到星团星系，小至物质微粒，都是有限之物，既有开端，也有终结，生命体更是一个生死流转的过程。人类自身的存在尚且有限，信神的宗教又怎能永恒！离开人类，宗教岂不成了无人信仰的东西！

其次，“宗教为人性天赋论”和“宗教为社会所必需论”与信仰主义的神学不同，是一种学术性的理论。它所主张的宗教永恒性不是与神的永恒存在相联系的绝对永恒，而是与人类和社会的存在相联系的相对永存。不过，即使这种相对性的宗教永存论也经不起学术理性的推敲。

如果人类有某种宗教的天性，那么，自地球上出现人类那一天起，即应当相应而伴生人类对宗教的信仰和崇拜。可考古学和人类学的科学事实却告诉我们，最原始的宗教萌芽是人类发展到一定历史阶段的产物，即智人时代，距今至多十万年左右。在此之前的原始人是没有任何宗教观念和崇拜活动的，而从类人猿到智人，人类已走过了三百万年至五百万年的发展历程。在那如此漫长的岁月里，人类为何不信仰宗教？人类天赋的宗教性跑到哪里去了？

如果人类有某种宗教的天性，那么，无论何时何地，凡为人者均应有宗教信仰，概莫能外。可是，从人类进入文明时代以来，就逐渐出现了一批一批的哲学家和科学家，他们中许多都不相信超自然、超人间的神，也不信仰宗教，甚至还提出各种批判和否定宗教的无神论理论，这是宗教天性论所不能解释的。饮食男女，人之天性也。因如不饮食，个人生命即告终结；如无男女之事，人类种族无法延续。而所谓天赋宗教性之说显然不能与“食色，性也”之类真正人性或生命本能相提并论。

从社会必需来论证宗教永存，也将面临考古学和人类学的诘难，解答不了前智人原始社会何以没有宗教的问题。至于人类的未来社会中是否仍像过去几千年那样必需一个宗教来维系社会的秩序和道德，那是一个存在着许多不确定性的未知问题，人类社会的未来还很长很长。根据天体物理学说，地球终有毁灭的一天，但那是几十亿年甚至上百亿年以后的事。人类进入文明时代，至今不过几千年。对于人类和社会的未来，在五百年、一千年、一万年、十万年乃至更长的时间之后，究竟是个什么样子，当时需要什么，谁能讲得清楚，说得明白！在已成过去的人类文明史上，宗教适应了社会的需要，发挥了特定的功能。这是历史事实，谁也不能否认。

但是，第一，对于宗教在历史上所发挥的社会功能，我们的评价不能绝对化，既要辩证地看，也要历史地看。有些好作用，但也有很多不好的作用；有时起好的作用，有时则起很不好的作用。第二，已成历史的社会需要宗教，不能据此推断未来的社会必然需要宗教，因为其间没有逻辑的必然性。例如，天体力学早已算出，由于太阳系星体之间引力场的演变，太阳终有一天不会出现于地球的东方。社会中的一切事物亦复如此。历史中的一切存在，终将成为历史。这里所说的"一切存在"，也包括宗教在内。只要我们使用大尺度的历史观全景式地观察整个人类的文明史和宗教史，当不难发现，世界上一切民族对于宗教信仰的深度（虔信程度）和广度（信仰者在总人数中的百分比），几乎总是与文明（科学和文化）发展程度成反比。在中国夏商周三代时期，在印度吠陀时代及其以后的印度教时代，在以色列民族的亚伯拉罕、摩西诸先知时代，在基督教成为国教之后的整个中世纪，在伊斯兰教从哈里发帝国到奥斯曼帝国的整个时代……总之，在近现代理性启蒙思潮之前世界各民族的相应的历史阶段中，宗教曾是何等的辉煌，其地位是何等的神圣，它拥有的虔信度和广泛度又是如何之广大！难道这些文明史和宗教史的史实，不能反映宗教发展的历史趋势吗？当代有不少宗教学者似乎非常热衷于高谈阔论"宗教的复兴"，第二次世界大战以来，世界各大宗教都曾致力于宗教复兴的神圣事业。可是，这种口号的提出，这种努力的展现，不正说明宗教领袖们对于传统宗教信仰江河日下的颓势已感到惶恐与不安吗？

最后，宗教是一种重要的社会文化体系，它的产生有其文化上的原因，它的未来演变也会遵循文化发展的一般规律，因此，从文化主义角度探讨宗教的性质、起源、基础及其未来命运等问题，不仅是必要的，也是合理的。文化主义的宗教消亡论与唯物史观的宗教消亡论本质上并不互相排斥，而应是互补和兼容的。宗教的存在、发生及其发展，既有社会经济方面的原因，也有文化方面的原因。辩证地看世界，宗教与任何自然物和社会现象一样，都非永恒，终将走向自身历史的终结。如果在不确定的未来，宗教走向消亡，那必然既有社会经济变革的原因，也有文化（科学、哲学等）发展的原因。这必然是整个社会从经济基础到上层建筑、从物质层面到精神层面综合演变的结果。历史的经验已经给了我们有益的教训，单纯强调其中任一方面最后均事与愿违。文化主义的任何一种具体主张，用无神论宣传消除宗教愚昧也好，用科学、哲学、道德、美育去代替宗教也好，想法是美好的，目的是崇高的，但却始终壮志难酬。根本原因在于社会经济结构造成的社会不公平，必然形成社会大众享受文化教育的机会不均等（个人智力天赋不一尚且不论），能够用高雅深奥的文化去替代宗教信仰者，只能是社会中的少数精英，芸芸众生只能在通俗的信仰体系中去寻找精神的慰藉。另一方面，应用政治的强制力，通过取消私有财产制度来消除宗教的根源，废除宗教的存在，也被历史证明为不切实际的幻想。因为宗教赖以存在的文化方面和精神方面的原因，并未因私有财产制度的废除而自动消除。马克思、恩格斯在其后期关于宗教存在的根源以及消除宗教的条件的研究，把对这个问题的认识大大地深化了，既克服了上述两方面的局限性，又包含了它们的合理内容。宗教消亡的条件，既有物质的和社会制度建设的层面，也有精神发展和文化建设的层面。它要求建设一个物质文明和精神文明高度发展的文明社会。在这个社会中，人要成为不受任何异己力量支配的、“谋事在人，成事也在人”的真正自由的人，成为掌握自己命运的主人。这样的社会条件确实是高度完美的。虽非高不可及，却也难以攀登。只要尚未建成如此完美的社会，宗教就将有自己存在的根基。宗教的未来，在理论上绝不是永恒的；但在实际生活中，却将是长期的。宗教将在未来社会中长期存在，这是马克思主义唯物史观关于宗教的重要结论。基于这样的认识，我们人类在宗教领域史的努力方向，与其致力于宗教的消亡，毋宁致力于一个完美的理想社会的建设。在这漫长的未来历史过程中，对于黑暗势力利用传统宗教进行危害社会的非法活动，社会当然应保持必要的警惕；但与此同时，社会应以更大的努力，发挥传统宗教所含的那些正面有益的文化因素，使之有助于社会文化的建设。如何才能做到这一点，既往的历史也许尚未提供完善的经验，有待社会在未来的历史中去创造；但如果不这样做，历史却已积累了足够的教训，值得人类永远记取。